ମନର ଭୂଗୋଳ

ମନର ଭୂଗୋଳ

ଡ. ଫକୀର ମୋହନ ସାହୁ

ବ୍ଲାକ୍ ଇଗଲ୍ ବୁକ୍ସ
ଭୁବନେଶ୍ୱର, ଓଡ଼ିଶା

BLACK EAGLE BOOKS
Dublin, USA

ମନର ଭୂଗୋଳ / ଡ. ଫକୀର ମୋହନ ସାହୁ

ବ୍ଲାକ୍ ଈଗଲ୍ ବୁକ୍ସ : ଭୁବନେଶ୍ୱର, ଓଡ଼ିଶା • ଡବ୍ଲିନ୍, ଯୁକ୍ତରାଷ୍ଟ୍ର ଆମେରିକା

BLACK EAGLE BOOKS

USA address:
7464 Wisdom Lane
Dublin, OH 43016

India address:
E/312, Trident Galaxy, Kalinga Nagar,
Bhubaneswar-751003, Odisha, India

E-mail: info@blackeaglebooks.org
Website: www.blackeaglebooks.org

First International Edition Published by
BLACK EAGLE BOOKS, 2022

MANARA BHUGOLA
by **Dr. Fakir Mohan Sahoo**

Copyright © **Dr. Fakir Mohan Sahoo**

All rights reserved. No part of this publication may be reproduced, stored in a retrieval system, or transmitted, in any form or by any means, electronic, mechanical, photocopying, recording or otherwise without the prior permission of the publisher.

Cover & Interior Design: Ezy's Publication

ISBN- 978-1-64560-359-7 (Paperback)

Printed in the United States of America

'ଶାଶ୍ୱତ ଭାରତ' ପରି ସମ୍ଭ୍ରାନ୍ତ ପତ୍ରିକାର ପ୍ରକାଶନ ମାଧ୍ୟମରେ
ସର୍ଜନଶୀଳ ଓ ପ୍ରେରଣାଦାୟକ ଚିନ୍ତନ-ସାମଗ୍ରୀକୁ ଲୋକମାନଙ୍କ
ପାଖରେ ପହଞ୍ଚାଇବାର ଅହରହ ଉଦ୍ୟମ କରୁଥିବା ବନ୍ଧୁ
ଶ୍ରୀଯୁକ୍ତ ଆଶିଷ କୁମାର କରଙ୍କ ହାତରେ...

ପୁସ୍ତକ ସମ୍ପର୍କରେ

- ଜୀବନଶୈଳୀର ବିକାଶ ପାଇଁ ମାର୍ଗଦର୍ଶନ
- ମଣିଷକୁ ବୁଝିବାର ମନସ୍ତାତ୍ତ୍ୱିକ ଲେନ୍ସ
- ଗୋଷ୍ଠୀ ଜୀବନର ମଞ୍ଜି କଥା
- ମନସ୍ତତ୍ତ୍ୱ ଓ ସ୍ନାୟୁବିଜ୍ଞାନର ଜ୍ଞାନପେଟିକା
- ଜୀବନ ବିକାଶର ସଫଳ ମନ୍ତ୍ର
- ଲକ୍ଷ୍ୟସାଧନର ନିତ୍ୟସାଥୀ
- ଆତ୍ମସମୀକ୍ଷାର ସ୍ୱଚ୍ଛ ଦର୍ପଣ

ମୁଖଶାଳା

ପୃଥିବୀର ଭୂଗୋଳ ପୂରାପୂରି ଅପରିବର୍ତ୍ତିତ ରହୁନାହିଁ । କେଉଁଠି ହ୍ରଦଟି ଶୁଖି ଯାଉଛି ତ ଅନ୍ୟ କେଉଁଠି ନଦୀଟି ଗତିପଥ ପରିବର୍ତ୍ତନ କରୁଛି । ପୁରୁଣା ପାହାଡ଼ର ସବୁଜିମା ହଜିଯିବା ଏବଂ ନୂତନ ଉପତ୍ୟକା ଜନାକୀର୍ଣ୍ଣ ହେବା ଅସମ୍ଭବ ନୁହେଁ । ସମୟକ୍ରମେ ବିଶ୍ୱର ଭୂଗୋଳ ପରିବର୍ତ୍ତିତ ହେଲେ ମଧ୍ୟ ମନୁଷ୍ୟ ମନର ଭୂଗୋଳର ପରିବର୍ତ୍ତନ ଅଧିକ ଦ୍ରୁତ ଏବଂ ଅଧିକ ବିସ୍ମୟକର । ସେଥିପାଇଁ ମଣିଷ ମନର ରହସ୍ୟକୁ ବୁଝିବା ପାଇଁ ମନୋବିଜ୍ଞାନୀ ଓ ସମାଜବିଜ୍ଞାନୀ ଅଧିକ ଆହ୍ୱାନର ସମ୍ମୁଖୀନ ହୋଇଛନ୍ତି ।

ସୌଭାଗ୍ୟର ବିଷୟ ଯେ ମଣିଷର ବୌଦ୍ଧିକ ପ୍ରଗତି ଓ ସର୍ଜନଶୀଳତାର ବ୍ୟାପ୍ତି ଫଳରେ ମନର ନକ୍‌ସାଟିକୁ ପରିକଳ୍ପନା କରିବା ଏବଂ ସମ୍ଭାବ୍ୟ ପରିବର୍ତ୍ତନର ପୂର୍ବାନୁମାନ କରିବା ସମ୍ଭବ ହୋଇଛି । ବିଶେଷତଃ ବିକଶିତ ଜୀବନଶୈଳୀ ପାଇଁ କେଉଁଟି ଉପଯୋଗୀ ଏବଂ କେଉଁଟି ଅନୁପଯୋଗୀ, ତାହାର ଜ୍ଞାନ ସମ୍ଭାର ଉପସ୍ଥାପନ କରିଛନ୍ତି । ଆଧୁନିକ ଯୁଗରେ ସ୍ନାୟୁବିଜ୍ଞାନର ଅଭୂତପୂର୍ବ ଉନ୍ନତି ଓ ଲକ୍ଷ୍ୟ ପୂରଣରେ ଅଧିକ ସହାୟକ ହୋଇଛି । ସଦ୍ୟ ସମର୍ଥିତ ତଥ୍ୟରାଜିକୁ ଆଧାର କରି 'ମନର ଭୂଗୋଳ' ପୁସ୍ତକର ପରିକଳ୍ପନା । ଏଥିରେ ଅନ୍ତର୍ଭୁକ୍ତ କରାଯାଉଥିବା ଅଧିକାଂଶ ପ୍ରବନ୍ଧ 'ଶାଶ୍ୱତ ଭାରତ' ପରି ସମ୍ଭ୍ରାନ୍ତ ପତ୍ରିକା ଓ ଅନ୍ୟ କେତୋଟି ପତ୍ରିକାରେ ପ୍ରକାଶିତ ହୋଇଥିଲା । ସମ୍ପାଦକମାନଙ୍କୁ ମୋର କୃତଜ୍ଞତା ଜଣାଉଛି ।

ପ୍ରକାଶନ ଯୋଜନାରେ ଡକ୍ଟର ସତ୍ୟ ପଟ୍ଟନାୟକ ଓ ଶ୍ରୀଯୁକ୍ତ ଅଶୋକ ପରିଡ଼ାଙ୍କ ଆଗ୍ରହ ପାଇଁ ମୁଁ ଗଭୀର କୃତଜ୍ଞତା ଜ୍ଞାପନ କରୁଛି ।

୨୩ ନଭେମ୍ବର, ୨୦୨୨

ଫକୀର ମୋହନ ସାହୁ

ସାଇଛାୟା
VIM-୨୨, ଶୈଳଶ୍ରୀ ବିହାର
ଭୁବନେଶ୍ୱର-୨୧
ମୋ : ୯୪୩୭୧୨୧୨୭୯

ସୂଚୀପତ୍ର

❖ ସୁଖାନୁଭୂତିର ଭିତ୍ତିଭୂମି ୧୧

❖ ମନସ୍ତତ୍ତ୍ୱ ଓ ଆଧ୍ୟାତ୍ମିକତା ୧୮

❖ ମସ୍ତିଷ୍କର ସୁରକ୍ଷା ୨୬

❖ ଆତ୍ମ-କଥନ : ଆତ୍ମ-ନିୟନ୍ତ୍ରଣର ଏକ ସଫଳ ମାର୍ଗ ୩୧

❖ ଆତ୍ମମର୍ଯ୍ୟାଦାବୋଧ ୩୫

❖ ସାହସର ମନସ୍ତାତ୍ତ୍ୱିକ ପରିଭାଷା ୪୧

❖ ଅନ୍ତର୍ଜଗତରେ ବିଶ୍ୱାସର ବିକାଶ ୪୭

❖ କୃତଜ୍ଞତାର ମନୋବୃତ୍ତି ୫୫

❖ ଶାନ୍ତ ଭାବ : ଶକ୍ତି ପରିଚାଳନାର ସଫଳ ମାର୍ଗ ୬୦

❖ ବ୍ୟକ୍ତିତ୍ୱ ଓ ସାମର୍ଥ୍ୟ ୬୬

❖ ଉଦ୍ଦେଶ୍ୟପୂର୍ଣ୍ଣ ଜୀବନ ୭୫

❖ 'କ' ବ୍ୟବହାର ଭଙ୍ଗୀ ବନାମ 'ଖ' ବ୍ୟବହାର ଭଙ୍ଗୀ ୮୦

❖ ପ୍ରତିକୂଳତାର ପ୍ରତିରୋଧ ୮୭

❖ ମାନବୀୟ ବିକାଶ ସମ୍ପର୍କରେ ନୂତନ ଧାରଣା ୯୨

❖ ଅସାମାନ୍ୟ ବୃଦ୍ଧିସମ୍ପନ୍ନ ପିଲା ୯୭

❖ କିଶୋରକାଳୀନ ଉଦ୍‌ବେଳନ ୧୦୫

❖ ଯୌବନର ଆହ୍ୱାନ ୧୧୪

❖ ବାର୍ଦ୍ଧକ୍ୟକାଳୀନ ମାନସିକ ସମସ୍ୟା ୧୧୯

❖ ସ୍ୱର୍ଣ୍ଣାଭ ଉତ୍ତର ଯୌବନ ୧୨୯

❖ ମନୁଷ୍ୟ ସାମାଜିକ କାହିଁକି ? ୧୩୪

❖ ସମ୍ପ୍ରୀତିର ସୂଚକ ୧୩୯

❖ ସଂପ୍ରୀତିର ସୋପାନ ୧୪୪

❖ ସଂପ୍ରୀତିର ତ୍ରିକୋଣୀୟ ତତ୍ତ୍ୱ ୧୫୧

❖ ବୈବାହିକ ଜୀବନର କେତୋଟି ମନସ୍ତାତ୍ତ୍ୱିକ ଦିଗ ୧୫୫

❖	ଦାମ୍ପତ୍ୟ ପ୍ରେମ : ଅନୁରାଗ ଓ ଅନୁଶାସନ	୧୬୦
❖	କୃତଜ୍ଞତା ଜ୍ଞାପନର ପରମ୍ପରା	୧୬୩
❖	ଗୋଷ୍ଠୀଗତ ସ୍ୱାଭିମାନ-ଓଡ଼ିଶା ପରିପ୍ରେକ୍ଷୀରେ	୧୬୮
❖	ଆବେଗିକ ଶୈଳୀର ବିକାଶ	୧୭୪
❖	ନିଦ୍ରା ଓ ମାନସିକ ସ୍ୱାସ୍ଥ୍ୟ	୧୮୦
❖	ସ୍ୱପ୍ନ ରହସ୍ୟ	୧୮୭
❖	ନିଦ୍ରା ବିପର୍ଯ୍ୟୟ	୧୯୬
❖	ସ୍ମୃତି ଓ ସମୟ	୨୦୨
❖	ଆନୁବଂଶିକ ପ୍ରଭାବ : କେତେ ବ୍ୟାପ୍ତ, କେତେ ସୀମିତ	୨୦୯
❖	ମଣିଷର ହିଂସ୍ର ଆଚରଣ କାହିଁକି	୨୧୬
❖	ମୃତ୍ୟୁଚିନ୍ତନ : ଏକ ମନସ୍ତାତ୍ତ୍ୱିକ ବିଚାର	୨୨୫
❖	ସ୍ୱାତିକ୍ରମଣ (Generativity) ସାର୍ଥକ ଜୀବନର ଏକ ଅନ୍ତଃସ୍ରୋତ	୨୩୩
❖	ସଂକଟ ଓ ସମୃଦ୍ଧି	୨୩୮
❖	କରୋନା ପରିପ୍ରେକ୍ଷୀରେ :	
	ଟ୍ରମା (ଉତ୍ତ୍ରାସ) - ପରବର୍ତ୍ତୀ ବିକାଶ ସମ୍ଭବ କି ?	୨୪୯
❖	କରୋନା ପରିପ୍ରେକ୍ଷୀରେ : ବିପଦ ସଂକୁଳ ବିଶ୍ୱରେ ଭୟର ମୁକାବିଲା	୨୫୭
❖	ଜ୍ଞାନତପସ୍ୱୀ ଶ୍ରୀଅରବିନ୍ଦ ଓ ମନୋବିଜ୍ଞାନୀ	
	ଫ୍ରଏଡ୍‌ଙ୍କ ଦୃଷ୍ଟିରେ ଅଚେତନ ମନ	୨୬୩
❖	ଲେଖକଙ୍କ ରଚନା ସମ୍ଭାର	୨୭୨

ସୁଖାନୁଭୂତିର ଭିତ୍ତିଭୂମି

ସୁଖାନୁଭୂତି ସମ୍ପର୍କରେ ଯେଉଁ ଚିନ୍ତନ ଓ ଗବେଷଣା କରାଯାଇଛି, ତାହା କୌଣସି ଏକ ନିର୍ଦ୍ଦିଷ୍ଟ ଶୃଙ୍ଖଳା ମଧ୍ୟରେ ସୀମିତ ନୁହେଁ। ସାହିତ୍ୟିକ, ଦାର୍ଶନିକ, ସମାଜବିଜ୍ଞାନୀ, ମନସ୍ତତ୍ତ୍ୱବିତ୍, ନୃବିଜ୍ଞାନୀ ଏବଂ ଅନ୍ୟ ସବୁ ଭାବୁକମାନେ ଏ ଅନ୍ୱେଷଣ ପ୍ରକ୍ରିୟାରେ ସାମିଲ୍ ହୋଇଛନ୍ତି। ଜାତି, ଧର୍ମ ଓ ବର୍ଣ୍ଣ ନିର୍ବିଶେଷରେ ସମସ୍ତେ ସୁଖ ପାଇଁ ବ୍ୟାକୁଳ ହେଉଥିବାରୁ ସାଧାରଣ ଜନମାନସରେ ମଧ୍ୟ ସୁଖର ସଂଜ୍ଞା, ପ୍ରକ୍ରିୟା ଓ ମାର୍ଗ ସମ୍ପର୍କରେ କୌତୂହଳ ଚିରଜୀବନ୍ତ ରହିଛି। ବିଜ୍ଞତା ଦୃଷ୍ଟିରୁ ସବୁପ୍ରକାର ଆଭିମୁଖ୍ୟରୁ ସାରସଂଗ୍ରହ କରି ସୁଖର ଏକ ସର୍ବସମ୍ମତ ରୂପରେଖ ସ୍ଥିର କରିବା ଉଚିତ ହେଲେ ମଧ୍ୟ ପ୍ରାରମ୍ଭିକ ପର୍ଯ୍ୟାୟରେ ପ୍ରତିଟି ଶୃଙ୍ଖଳାର ମଞ୍ଜି କଥାଟିକୁ ଚିହ୍ନଟ କରିବାକୁ ହେବ ।

ସୁଖାନୁଭୂତି ପରି ଶବ୍ଦଟି ଉଚ୍ଚାରଣ କଲାମାତ୍ରେ ମଣିଷର ମନ ଓ ତାହାର ସ୍ୱରୂପର କଥା ଦୃଷ୍ଟିକୁ ଆସେ। ପରୋକ୍ଷରେ ମନସ୍ତତ୍ତ୍ୱବିତ୍‌ଙ୍କ ଚିନ୍ତାଧାରା ବିଷୟରେ ଆଗ୍ରହ ଉପୁଜିଥାଏ । ସୁଖର ସଂଜ୍ଞା କ'ଣ ? କେଉଁମାନେ ସୁଖୀ ? କେଉଁ କେଉଁ ଉପାଦାନକୁ ନେଇ ସୁଖାନୁଭୂତିର ଇଲାକା ଗଠିତ ? କେଉଁ କେଉଁ ଅବସ୍ଥା ଏହାକୁ ବିକଶିତ କରେ ? ପୁଣି କେଉଁ କେଉଁ ଘଟଣା ଏହାର ଜୟଯାତ୍ରାକୁ ବାଧା ଦିଏ ? ସୁଖାନୁଭୂତିର ଅଭିବୃଦ୍ଧି ପାଇଁ ମଣିଷ କ'ଣ କରିପାରିବ ? ଏପରି ପ୍ରଶ୍ନର ଉତ୍ତର ଅତୀତରେ ପୂରାପୂରି ଅନୁପସ୍ଥିତ ନ ଥିଲେ ମଧ୍ୟ ଆଧୁନିକ କାଳରେ ପରୀକ୍ଷା ନିରୀକ୍ଷାର ପ୍ରୟୋଗ, ଗଭୀର ମାନସ ମନ୍ଥନ ଏବଂ ବହୁ ସଂସ୍କୃତିର ମିଳନ-ଜନିତ ପ୍ରସାରିତ ବୈଦ୍ଧିକ ଚର୍ଚ୍ଚା ଅନ୍ୱେଷଣ ପ୍ରକ୍ରିୟାକୁ ଅଧିକ ଶକ୍ତିଶାଳୀ କରିଛି।

ସୁଖାନୁଭୂତି ସମ୍ପର୍କରେ ମନସ୍ତାତ୍ତ୍ୱିକ ତତ୍ତ୍ୱର ଆଲୋଚନା ଏ ପ୍ରବନ୍ଧର ଆଭିମୁଖ୍ୟ ନୁହେଁ। କେବଳ ମନସ୍ତାତ୍ତ୍ୱିକ ତତ୍ତ୍ୱକୁ ଆଧାର କରି ଯେଉଁ ଅଳ୍ପ କେତୋଟି ପ୍ରୟୋଗାତ୍ମକ ଦିଗ ଆମର ଦୈନନ୍ଦିନ ଜୀବନକୁ ସୁଖମୟ ଓ ରସାଣିତ କରିପାରିବ, ତାହାର ଅବତାରଣା

ଏଠାରେ ମୁଖ୍ୟ ଉଦ୍ଦେଶ୍ୟ ।

ମନୋବିଜ୍ଞାନୀମାନେ ସୁଖାନୁଭୂତିକୁ ଯେଉଁ ଦୃଷ୍ଟିରୁ ବିଚାର କରିଛନ୍ତି ତାହାର ଦୁଇଟି ମୁଖ୍ୟ ଧାରା ରହିଛି । ଗୋଟିଏ ଧାରାର କେନ୍ଦ୍ରବିନ୍ଦୁ ହେଉଛି ଆବେଗ (Emotion) । ଏହି ବିଚାର ଅନୁଯାୟୀ ଆନନ୍ଦାନୁଭୂତି ପରି ସକାରାତ୍ମକ ଆବେଗର ବହୁଳ ଅନୁଭବ ଏବଂ ନକାରାତ୍ମକ ଆବେଗର ଅନୁପସ୍ଥିତି ଓ ସ୍ୱଳ୍ପତା ହେଉଛି ସୁଖାନୁଭୂତିର ମୂଳ କଥା । ସୁଖାନୁଭୂତି ସମ୍ପର୍କରେ ବିଧିବଦ୍ଧ ଗବେଷଣା ଆରମ୍ଭ ହେବାର ବହୁ ପୂର୍ବରୁ ଏ ଧାରଣା ବଳବତ୍ତର ଥିଲା । ସୁଖର ଅନ୍ୱେଷଣ କରୁଥିବା ମଣିଷ ସଦାସର୍ବଦା ଆନନ୍ଦାନୁଭୂତି ପାଇଁ ପ୍ରୟାସ କରେ ଏବଂ ନିରାନନ୍ଦ ଏଡ଼ାଇବାର ପ୍ରଯତ୍ନ କରେ । ସକଳ ପ୍ରକାର ଚାହିଦାର ପରିପୂରଣ ମୂଳରେ ଏହି ଇଚ୍ଛା ସକ୍ରିୟ ଥାଏ ।

ସୁଖାନୁଭୂତିର ଦ୍ୱିତୀୟ ଧାରାଟି ହେଉଛି ଅର୍ଥପୂର୍ଣ୍ଣ ଜୀବନ । ଖ୍ରୀଷ୍ଟଜନ୍ମର ଚାରିଶହ ବର୍ଷ ପୂର୍ବରୁ ଗ୍ରୀକ୍ ଦାର୍ଶନିକମାନେ ଜୀବନାନୁଭୂତିର ସମ୍ପର୍କରେ ଯେଉଁ ଚର୍ଚ୍ଚା ଆରମ୍ଭ କରିଥିଲେ ତାହାର କେନ୍ଦ୍ରବିନ୍ଦୁ ଥିଲା ନୀତିପୂର୍ଣ୍ଣ ଜୀବନ । ବିଶ୍ୱବିଖ୍ୟାତ ଦାର୍ଶନିକ ଆରିଷ୍ଟଟଲ୍ ନୀତିସଙ୍ଗତ ଜୀବନ ଓ ସୁଖମୟ ଜୀବନ ମଧ୍ୟରେ କୌଣସି ପାର୍ଥକ୍ୟ ଦେଖୁ ନଥିଲେ । ସୁଖମୟ ଜୀବନଯାପନ ପାଇଁ ଯେ ବ୍ୟକ୍ତିକୁ ନିଶ୍ଚିତ ଭାବରେ ବିବେକାନୁମୋଦିତ ଜୀବନଯାପନ କରିବାକୁ ହେବ; ଏହା ଆରିଷ୍ଟଟଲ୍ ଦୃଢ଼ ଭାବରେ ଘୋଷଣା କରିଥିଲେ । ଆଧୁନିକ ମନୋବିଜ୍ଞାନୀମାନେ ମଧ୍ୟ ଏହି ଭାବଧାରାକୁ ସ୍ୱୀକୃତି ଦେଇଛନ୍ତି । ସୁଖାନୁଭୂତିର ଭିତ୍ତିଭୂମି ଯେ ସଦ୍‌ଗୁଣ ଓ ଚାରିତ୍ରିକ ବଳିଷ୍ଠତା, ଏହା ସ୍ୱୀକାର କରାଯାଇଛି ।

ସୂଚିତ କରାଯାଇଥିବା ଦୁଇଟି ଧାରା ବା ସଂଜ୍ଞା ମଧ୍ୟରେ କିଟିଟା ବ୍ୟବଧାନ ଥିବାରୁ କେଉଁଟି ଅଧିକ ଗ୍ରହଣୀୟ ସେ ବିଷୟରେ ପ୍ରଶ୍ନ ଉଠିପାରେ । ଦୁଇଟି ମଧ୍ୟରେ ସମନ୍ୱୟ ଆଣି ଏକ ବ୍ୟବହାରିକ ମିଳନଭୂମି ପ୍ରତିଷ୍ଠା କରିବା ପାଇଁ କେତେକ ବିଶେଷଜ୍ଞ ପ୍ରୟାସ କରିଛନ୍ତି । ସୁଖାନୁଭୂତି କ୍ଷେତ୍ରରେ ପ୍ରଖ୍ୟାତି ଅର୍ଜନ କରିଥିବା ଜଣେ ଅଗ୍ରଣୀ ମନସ୍ତତ୍ତ୍ୱବିତ୍ ଏହାକୁ 'ପର୍ମା ମଡ଼େଲ୍' (Perma = Pleasure + Engagement + Relation + Meaningfulness + Accrmplishment) ନାମରେ ଅଭିହିତ କରିଛନ୍ତି । ଏହି ମଡ଼େଲ୍‌ର ଉପାଦାନଗୁଡ଼ିକର ଭାବ ସମ୍ପ୍ରସାରଣ ନିଶ୍ଚିତ ଭାବରେ ଆମ ଜୀବନକୁ ଶ୍ରୀମୟ ଓ ସୁଖମୟ କରିବାରେ ସହାୟକ ହେବ ।

ଆନନ୍ଦାନୁଭୂତିର ବହୁଳତା :

ଛୋଟ ଛୋଟ ଝରଣାର ସମଷ୍ଟି ନଦୀର ପ୍ରବାହ ସୃଷ୍ଟି କଲାପରି ବିଭିନ୍ନ ସମୟରେ ଆନନ୍ଦର ଅନୁଭବ ହିଁ ଜୀବନର ସୁଖାନୁଭୂତିକୁ ରୂପ ଦିଏ । ଅନେକ

ଲୋକଙ୍କର ଧାରଣା ରହିଛି ଯେ ବଡ଼ ଧରଣର ଖୁସି ବା ଆନନ୍ଦ (ଯଥା : ଲଟେରୀ ଜିତିବା) ଜୀବନକୁ ସୁଖମୟ କରେ। ମାତ୍ର ଏହା ଏକ ଭୁଲ୍ ଧାରଣା। ଏପରି ଧାରଣାରେ ଦୁଇଟି ତ୍ରୁଟି ରହିଛି। ମନୋବିଜ୍ଞାନୀମାନେ ଲକ୍ଷ୍ୟ କରିଛନ୍ତି ଯେ ସୁଖ ଦୁଃଖର ଅନୁଭବ ପାଇଁ ପ୍ରତ୍ୟେକ ବ୍ୟକ୍ତିର ଏକ ପୂର୍ବ ନିର୍ଦ୍ଧାରିତ ସ୍ତର Set point ରହିଥାଏ। ଏହା ମୁଖ୍ୟତଃ ଜନ୍ମଗତ। ବ୍ୟକ୍ତି ହୁଏତ ଖୁବ୍ ବଡ଼ ଧରଣର ସୁଖ କୌଣସି କାରଣରୁ ଅଳ୍ପ ସମୟ ପାଇଁ ଅନୁଭବ କରେ। ଲଟେରୀ ଜିତି ହୁଏତ ଆନନ୍ଦରେ ବିହ୍ୱଳିତ ହୋଇଉଠେ। ମାତ୍ର ସେହି ଆନନ୍ଦପୂର୍ଣ୍ଣ ସ୍ଥିତିରେ ବହୁ ସମୟ ରହି ନଥାଏ। ଧୀରେ ଧୀରେ ତା'ର ନିଜସ୍ୱ ବ୍ୟକ୍ତିତ୍ୱ ଅନୁଯାୟୀ ପୂର୍ବ ନିର୍ଦ୍ଧାରିତ ସ୍ତରକୁ ଖସି ଆସେ। ଦୁଃଖାନୁଭୂତି କ୍ଷେତ୍ରରେ ମଧ୍ୟ ଅନୁରୂପ ଅବସ୍ଥା। ହୁଏତ ବ୍ୟକ୍ତି ଏକ ଦୁର୍ଘଟଣାର ଶରବ୍ୟ ହୋଇ ଦୁଃଖରେ ଅଭିଭୂତ ହୋଇପଡ଼େ। ମାତ୍ର କ୍ରମଶଃ ସେ ତା'ର ପୂର୍ବ ନିର୍ଦ୍ଧାରିତ ସ୍ତରକୁ ଉଠିଥାଏ। ସୁତରାଂ ଅତି ବଡ଼ ଭଲ ଘଟଣା କିମ୍ବା ଖରାପ ଘଟଣାର ପ୍ରଭାବ ଦୀର୍ଘସ୍ଥାୟୀ ନ ହୋଇ ଅଳ୍ପ ସ୍ଥାୟୀ ହୋଇଥାଏ।

ଦ୍ୱିତୀୟ ତ୍ରୁଟିପୂର୍ଣ୍ଣ ବିଚାରଟି ହେଉଛି ବଡ଼ ଧରଣର ଘଟଣାର ସଂଖ୍ୟା। ଏପରି ସବୁ ଘଟଣା ଜୀବନରେ କେତେଥର ଘଟି ଥାଏ ? ଜଣେ ମନୋବିଜ୍ଞାନୀ ସର୍ବେକ୍ଷଣ ମାଧ୍ୟମରେ ଲୋକମାନଙ୍କୁ ଏ ପ୍ରଶ୍ନ କରି ଦେଖିଲେ ଯେ ଖୁବ୍ ବଡ଼ ଧରଣର ଘଟଣା ବର୍ଷକରେ ପ୍ରାୟ ଦୁଇ ତିନି ପ୍ରତିଶତ ଦିବସରେ ହିଁ ଘଟିଥାଏ। ଏଣୁ ସୁଖାନୁଭୂତି କ୍ଷେତ୍ରରେ ଆନନ୍ଦାନୁଭୂତିର ତୀବ୍ରତା (Intensity) ଅପେକ୍ଷା ଘଟଣାର ବହୁଳତା ବା ବାରମ୍ବାରତା (Frequency) ଗୁରୁତ୍ୱପୂର୍ଣ୍ଣ। ଛୋଟ ଛୋଟ ଓ ମଧ୍ୟମ ମାତ୍ରାର ଆନନ୍ଦାନୁଭୂବର ସଂଖ୍ୟାଧିକ ଘଟଣା ହିଁ ଜୀବନକୁ ସୁଖମୟ କରିବ।

ଆନନ୍ଦ ଅନୁଭବର ଆବେଗ ଯେ ପ୍ରକୃତରେ ସୁଖର ଏକ ସୁନ୍ଦର ନିର୍ଝର, ତାହାର ବହୁ ବିଜ୍ଞାନ-ଭିତ୍ତିକ ପ୍ରମାଣ ରହିଛି। ଏଠାରେ ଗୋଟିଏ ଦୃଷ୍ଟାନ୍ତର ଅବତାରଣା କରଯାଇପାରେ। ଜଣେ ଗବେଷକ ସମାନ ଧରଣର ଲୋକମାନଙ୍କୁ ନେଇ ଛ'ଟି ଛୋଟ ଛୋଟ ଦଳରେ ବିଭକ୍ତ କଲେ। ପ୍ରତି ଦଳକୁ ଅଧଘଣ୍ଟା ପାଇଁ ଛୋଟ ଚଳଚ୍ଚିତ୍ରଟି ଦେଖାଇଲେ । ତିନୋଟି ଚଳଚ୍ଚିତ୍ରର କଥାବସ୍ତୁ ଥିଲା ସକାରାତ୍ମକ ଆବେଗ (ଯଥା - ପ୍ରେମ, କରୁଣା ଓ ହସଖୁସି)। ଅନ୍ୟ ତିନୋଟି ଚଳଚ୍ଚିତ୍ରର କଥାବସ୍ତୁ ଥିଲା ନକାରାତ୍ମକ ଆବେଗ (ଯଥା : ଭୟ, ଉଦ୍‌ବେଗ ଓ ବିଷାଦ)। ଚଳଚ୍ଚିତ୍ର ଦେଖିବା ପରେ ଅଳ୍ପ ସମୟ ବ୍ୟବଧାନ ପରେ ସେମାନେ କିପରି ସମୟ ଅଟକାଇବାକୁ ଚାହାନ୍ତି ବୋଲି ପଚରାଗଲା।

ଦେଖାଗଲା ଯେ ନକାରାତ୍ମକ ଆବେଗର (ଭୟ, ଉଦ୍‌ବେଗ ଓ ବିଷାଦ)

ଅନୁଭବ ପାଇଥିବା ଲୋକମାନେ ଏକାକୀ ରହିବାକୁ ଚାହୁଁଛନ୍ତି। ଘରକୁ ଯାଇ ଶୋଇ ପଡ଼ିବେ କିମ୍ବା ଚା' କଫି ପିଇ କୌଣସି ମତେ ସମୟ କଟାଇବାର ଯୋଜନା କରୁଛନ୍ତି। ଅନ୍ୟପକ୍ଷରେ ଅନୁକୂଳ ଆବେଗର (ସଂପ୍ରୀତି, କରୁଣା, ହସଖୁସି) ଅନୁଭବ ପାଇଥିବା ଲୋକମାନେ କିଛି ଭଲ କାମ ସର୍ଜନଶୀଳ କାମରେ ସମୟ ଦେବାର ନିଷ୍ପତ୍ତି ନେଉଛନ୍ତି। ଗବେଷକ ଲକ୍ଷ୍ୟ କଲେ ଯେ ଆନନ୍ଦାନୁଭୂତି (Pleasure) ଆମର ଅନ୍ତର୍ଜଗତର ସମ୍ବଳକୁ ବଢ଼ାଏ ଏବଂ ଆମକୁ ଅଧିକ କ୍ରିୟାଶୀଳ କରେ। ଜୀବନକୁ ରସାଣିତ ଓ ସୁଖମୟ କରିବା ପାଇଁ ଏପରି ସକାରାତ୍ମକ ଆବେଗ ଅନୁଭବର ବହୁଳତା ଆବଶ୍ୟକ।

କାର୍ଯ୍ୟ ନିବିଷ୍ଟତା :

ଦୁଇ ତିନି ଦଶକ ପୂର୍ବେ ଗୋଟିଏ ବିରାଟ ଧରଣର ସର୍ଭେ କରାଯାଇଥିଲା। ସେତେବେଳେ ମୋବାଇଲ୍ ଫୋନ୍‌ର ପ୍ରସାର ଏତେ ବ୍ୟାପକ ହୋଇ ନଥିଲା। ଗବେଷକମାନେ ସଙ୍କେତ ଦେବା ପାଇଁ ଗୋଟିଏ ଛୋଟ ଉପକରଣ ବ୍ୟବହାର କଲେ। ଏହାକୁ ପେଜର୍ (Pager) କୁହାଯାଏ। ଗବେଷକ ତାଙ୍କ ନିୟନ୍ତ୍ରଣ କେନ୍ଦ୍ରରୁ ସଙ୍କେତ ଦେଲେ ଏହି ପେଜର୍ ଫୋନ୍‌ର ଶବ୍ଦ ପରି ଶବ୍ଦ ସୃଷ୍ଟି କରିବ। ଗବେଷକ ପ୍ରାୟ ୧୦ ହଜାର ଲୋକଙ୍କୁ ଏପରି ପେଜର୍ ଦେଇ ଦେଇ ନିମ୍ନ ମତେ ଅନୁରୋଧ ଜଣାଇଲେ।

'ଜନ ସମାଜର ମଙ୍ଗଳ ପାଇଁ ଗୋଟିଏ ସର୍ବେକ୍ଷଣ କରାଯାଉଛି। ଆପଣଙ୍କୁ ଗୋଟିଏ ପେଜର୍ ଏବଂ ଗୋଟିଏ ଛୋଟ ଡାଏରୀ ଦିଆଯାଉଛି। ସକାଳ ସାତଟାରୁ ଆରମ୍ଭ କରି ରାତି ଦଶଟା ପର୍ଯ୍ୟନ୍ତ ପ୍ରତି ଅଧ ଘଣ୍ଟାରେ ଆପଣଙ୍କୁ ପେଜର୍ ମାଧ୍ୟମରେ ସଙ୍କେତ ଦିଆଯିବ । ସଙ୍କେତ ପାଇବା ମାତ୍ରେ ଆପଣ କ'ଣ କରୁଛନ୍ତି ଏବଂ କିପରି ଅନୁଭବ କରୁଛନ୍ତି, ତାହା ଡାଏରୀରେ ଦୟାକରି ଲେଖିବେ। ଏପରି କାର୍ଯ୍ୟକ୍ରମ କିଛିଦିନ ଜାରି ରହିବ। ଧନ୍ୟବାଦ ।'

ବେଶ୍ କିଛି ଦିନ ଏପରି କାର୍ଯ୍ୟକ୍ରମ ଚାଲୁ ରହିବା ଫଳରେ ବିପୁଳ ପରିମାଣରେ ଜନମତ ସଂଗ୍ରହ ହୋଇପାରିଥିଲା। ଏହାର ବିଶ୍ଳେଷଣ ପରେ ଏଥିରୁ ଗୋଟିଏ ଗୁରୁତ୍ୱପୂର୍ଣ୍ଣ ସିଦ୍ଧାନ୍ତ ପଦାକୁ ଆସିଲା। ଦେଖାଗଲା ଯେ ଲୋକମାନେ କୌଣସି କାର୍ଯ୍ୟରେ ନିବିଷ୍ଟ ଥିବା ସମୟରେ ସେମାନେ ଭଲ ଅନୁଭବ କରୁଛନ୍ତି। ନିବିଷ୍ଟତା (Engagement) ସୁଖାନୁଭୂତିର ଏକ ବିଶିଷ୍ଟ ଅନୁଭବ। ଅନ୍ୟପକ୍ଷରେ କିଛି କାମ ନଥିବା ସମୟରେ ମନରେ ଯେଉଁ ସବୁ ଭାବନା ଆସେ ସେସବୁ ଭାବନା ମୁଖ୍ୟତଃ ଦୁଶ୍ଚିନ୍ତାର ଭାବନା।

ସମ୍ପର୍କଶୀଳତା :

ସୁକାନୁଭୂତିର ତୃତୀୟ ଉପାଦାନଟି ହେଉଛି ସମ୍ପର୍କଶୀଳତା। ସମ୍ପର୍କଶୀଳତା ଆମ ଜୀବନକୁ କିପରି କମନୀୟ ରୂପ ନିଏ, ଏହାର ଅନୁଭବ ଅଳ୍ପ ବହୁତେ ସମସ୍ତଙ୍କର ରହିଛି।

ମଣିଷ ଉଦ୍‌ବର୍ତ୍ତନ ପ୍ରେରିତ। ବିବର୍ତ୍ତନ ଧାରାରେ ମନୁଷ୍ୟ ଶରୀରରେ ଏପରି ସବୁ ହର୍‌ମୋନ୍ ରହିଛି ଯାହାକି ପାରସ୍ପରିକ ସମ୍ପର୍କ ଓ ଅନ୍ତରଙ୍ଗତାକୁ ପ୍ରୋତ୍ସାହିତ କରେ। ଏପରି ଗୋଟିଏ ହରମୋନ୍ ହେଉଛି ଅକ୍ସିଟୋସିନ୍ (oxytocin)। ପରସ୍ପରକୁ ସ୍ପର୍ଶ କରିବା ସମୟରେ, ପ୍ରଶଂସା କରିବା ସମୟରେ ଏବଂ ଅଭିନନ୍ଦନ ଜଣାଇବା ସମୟରେ ଏହା ମଣିଷ ଶରୀରରେ କ୍ଷରିତ ହୁଏ। ବିସ୍ମୟକର ଭାବରେ ଏହାର ଭୂମିକା ଦ୍ୱିତୀୟ ବିଶ୍ୱଯୁଦ୍ଧ ସମୟରେ ଆବିଷ୍କୃତ ହୋଇଥିଲା।

ଦ୍ୱିତୀୟଟି ବିଶ୍ୱଯୁଦ୍ଧ ସମୟରେ ଜର୍ମାନୀର ସେନାବାହିନୀ ସାଧାରଣତଃ ରାତିରେ ଲଣ୍ଡନ୍‌ରେ ବୋମା ବର୍ଷଣ କରୁଥିଲେ। ତେଣୁ ଲଣ୍ଡନ୍‌ର ମହିଳାମାନେ ସେମାନଙ୍କର ଶିଶୁ ସନ୍ତାନମାନଙ୍କୁ ସନ୍ଧ୍ୟାବେଳେ ଗ୍ରାମାଞ୍ଚଳକୁ ପଠାଇ ଦେଉଥିଲେ ଏବଂ ପ୍ରତ୍ୟୁଷରେ ପୁନଶ୍ଚ ଫେରାଇ ଆଣୁଥିଲେ। ଶିଶୁମାନେ ମା'ଠାରୁ ଦୂରେଇଯିବା ସମୟରେ ଭୀଷଣ କ୍ରନ୍ଦନରତ ହେବା ଏକ ସ୍ୱାଭାବିକ କଥା। ପୁନଶ୍ଚ ସକାଳେ ମିଳିତ ହେବା ସମୟରେ ଶିଶୁ ଓ ଜନନୀ ମୁଖରେ ହସ ଫୁଟିବା ମଧ୍ୟ ସାଧାରଣ କଥା। ମାତ୍ର ଡାକ୍ତର ଓ ମନୋବିଜ୍ଞାନୀମାନେ ପରୀକ୍ଷାନିରୀକ୍ଷା କରି ଦେଖିଲେ ଯେ ଶିଶୁ ମା' ସହିତ ମିଳିତ ହେବା ସମୟରେ ଦୁହିଁଙ୍କ ଶରୀରରେ ପ୍ରଚୁର ପରିମାଣରେ ଏକ ହରମୋନ୍ କ୍ଷରିତ ହେଉଛି। ଏହା ହେଉଛି ଅକ୍ସିଟୋସିନ୍ । ଏହାର କ୍ଷରଣ ଫଳରେ ମାନସିକ ଶାନ୍ତି ଓ ପ୍ରସନ୍ନତା ଆସୁଛି। ପାରସ୍ପରିକ ବନ୍ଧନ ଦୃଢ଼ ହେଉଛି। ଅକ୍ସିଟୋସିନ୍‌ର ଏହି ଭୂମିକା ଯୋଗୁଁ ମନୋବିଜ୍ଞାନୀମାନେ ଏହାକୁ କୋଳାକୋଳି ହରମୋନ୍ ବୋଲି ଆଖ୍ୟା ଦେଲେ।

ଅକ୍ସିଟୋସିନ୍ ଏକ ସାମାଜିକ ବନ୍ଧନର ବିବର୍ତ୍ତନ-ପ୍ରଦତ୍ତ ହରମୋନ୍। ଶିଶୁର ସ୍ତନ୍ୟପାନ ସମୟରେ ଏହା ଯେପରି ମା' ଓ ଶିଶୁ ଶରୀରରେ କ୍ଷରିତ ହୁଏ, ଯୌନକ୍ରିୟା ସମୟରେ ମଧ୍ୟ କ୍ଷରିତ ହୋଇଥାଏ। ସାମାଜିକ ପରିବେଶରେ ପରସ୍ପରକୁ ପ୍ରଶଂସା କରିବା ସମୟରେ, ଅଭିନନ୍ଦନ ଜଣାଇବା ସମୟରେ ଏବଂ କରମର୍ଦ୍ଦନ କରିବା ସମୟରେ ଏହା ଆମ ଶରୀରରେ ପ୍ରବାହିତ ହୁଏ।

ସମ୍ପର୍କଶୀଳତାର ଉପାଦେୟତା ଏକ ସର୍ବସ୍ୱୀକୃତ ତଥ୍ୟ। ପରିବାରର ବିଭିନ୍ନ ସଦସ୍ୟମାନଙ୍କ ମଧ୍ୟରେ, ପତିପତ୍ନୀ ମଧ୍ୟରେ ଏବଂ ବନ୍ଧୁବାନ୍ଧବୀ ଗହଣରେ ଏହାର ସକାରାତ୍ମକ ପ୍ରଭାବ ବେଶ୍ ଅନୁଭୂତ ହୁଏ। ସୁଖାନୁଭୂତିର ଗବେଷକମାନେ ଦେଖୁଛନ୍ତି ଯେ ବିବାହିତ ବ୍ୟକ୍ତିମାନେ ଅବିବାହିତ ବ୍ୟକ୍ତିଙ୍କ ତୁଳନାରେ ଅପେକ୍ଷାକୃତ ଅଧିକ ସୁଖୀ। ଅନ୍ୟପକ୍ଷରେ ଏକାକୀ ଓ ନିଃସଙ୍ଗ ଜୀବନଯାପନ କରୁଥିବା ବ୍ୟକ୍ତିମାନେ କିଛି ମାନସିକ ସମସ୍ୟାର ଶରବ୍ୟ ହୁଅନ୍ତି। ସାମାଜିକ ସମ୍ପର୍କର ମଧୁରତା ବିଭିନ୍ନ ରୀତିରେ ଓ ବିଭିନ୍ନ ପରିପ୍ରେକ୍ଷୀରେ ଆମ ଜୀବନକୁ ଋଦ୍ଧିମନ୍ତ କରେ।

ଅର୍ଥପୂର୍ଣ୍ଣତା :

ସୁଖାନୁଭୂତି ସମ୍ପର୍କରେ ସଦ୍ୟତମ ମନସ୍ତାତ୍ତ୍ୱିକ ବିଚାର ପରିପ୍ରେକ୍ଷୀରେ ଚତୁର୍ଥ ଉପାଦନଟି ହେଉଛି ଅର୍ଥପୂର୍ଣ୍ଣତା (Meaningfulness) । ଏହାର ପ୍ରାଧାନ୍ୟ ସ୍ୱୀକୃତିଲାଭ କରିବା ମୂଳରେ ଦୁଇଟି ପରମ୍ପରାର ଭୂମିକା ରହିଛି ।

ପ୍ରଥମ ପରମ୍ପରାଟି ହେଉଛି ଆରିଷ୍ଟଟଲୀୟ ପରମ୍ପରା । ଏହି ପ୍ରବନ୍ଧର ପାରମ୍ଭରେ ସୂଚନା ଦିଆଯାଇଛି ଯେ ଆଧୁନିକ ମନୋବିଜ୍ଞାନୀମାନେ ବ୍ୟବହାରିକ ସ୍ତରରେ ସୁଖାନୁଭୂତିର ସଂଜ୍ଞା ନିର୍ଦ୍ଦେଶ କଲେ ମଧ ଆରିଷ୍ଟଟଲ୍‌ଙ୍କ ମୌଳିକ ଚିନ୍ତନକୁ ସ୍ୱୀକୃତି ଦେଇଛନ୍ତି । ଆରିଷ୍ଟଟଲ୍ ସୁଖମୟ ଜୀବନ ଏବଂ ନୀତିଗତ ଜୀବନକୁ ସମାର୍ଥବୋଧକ ବିଚାର କରୁଥିଲେ । ତାଙ୍କ ମତରେ ନୀତିଗତ ଆଦର୍ଶ ଓ ସଦ୍‌ଗୁଣ ଉପରେ ପ୍ରତିଷ୍ଠିତ ଜୀବନ ହିଁ ସୁଖମୟ ଜୀବନ । ଏପରି ମୂଲ୍ୟବୋଧଭିତ୍ତିକ ଜୀବନକୁ ପ୍ରାଧାନ୍ୟ ଦିଆଯାଉଥିବାରୁ ଜୀବନରେ ଅର୍ଥପୂର୍ଣ୍ଣତାର ଗୁରୁତ୍ୱ ସହଜରେ ଅନୁମେୟ ।

ବିଂଶ ଶତକରେ ଅର୍ଥପୂର୍ଣ୍ଣତାର କଥା ବଜ୍ରଗମ୍ଭୀର ସ୍ୱରରେ ବିଶ୍ୱଯୁଦ୍ଧକାଳୀନ ହିଟଲରଙ୍କ ମୃତ୍ୟୁ-ଶିବିରରେ ଜୀବନର ଶଙ୍ଖଧ୍ୱନି କରିଥିବା ମନୋବିଜ୍ଞାନୀ ଓ ମନୋଚିକିତ୍ସକ ଭିକ୍ଟର୍ ଫ୍ରାଙ୍କଲ୍ ଶୁଣାଇଛନ୍ତି । ପୋଲାଣ୍ଡ୍‌ର ଅସ୍‌ଉଇକ୍ ଯନ୍ତ୍ରଣା ଶିବିରରେ ସମୟ କଟାଇଥିବା ଏବଂ ଆଶାବାଦର ମନ୍ତ୍ର ଫୁଙ୍କିଥିବା ଫ୍ରାଙ୍କଲ୍ କୁହନ୍ତି ଯେ ମନୁଷ୍ୟ ଜୀବନର ଶ୍ରେଷ୍ଠତମ ଲକ୍ଷ୍ୟ ହେଉଛି ଅର୍ଥମୟତାର ଅନ୍ୱେଷଣ (Search of meaning) । ଏହି ଅର୍ଥପୂର୍ଣ୍ଣତା କେହି କାହାକୁ ଶିଖାଇପାରିବେ ନାହିଁ । ମଣିଷକୁ ଏହା ଆବିଷ୍କାର କରିବାକୁ ହେବ । ଅର୍ଥପୂର୍ଣ୍ଣତା ହିଁ ବିଷାଦର ବିଲୟ ଘଟାଇ ଜୀବନରେ ପରିପୂର୍ଣ୍ଣତା ଭରିଦେବ ।

ବର୍ତ୍ତମାନ ଜୀବନକୁ ଅର୍ଥପୂର୍ଣ୍ଣ କରିବାର ପ୍ରକୃତ ଅର୍ଥ ପ୍ରତି ଧ୍ୟାନ ଦିଆ ଯାଇପାରେ । ଜୀବନ ଅର୍ଥପୂର୍ଣ୍ଣ ହେବ କିପରି ? ଏ କ୍ଷେତ୍ରରେ ଫ୍ରାଙ୍କଲ୍ ଓ ଅନ୍ୟ ମନୋବିଜ୍ଞାନୀମାନେ ଦିଗଦର୍ଶନ ଦେଇଛନ୍ତି । ସେ ସବୁର ବିସ୍ତୃତ ଆଲୋଚନା ନ କରି ତାହାର ସାରବତ୍ତା ପ୍ରକାଶ କରାଯାଇପାରେ । ଜୀବନକୁ ଅର୍ଥପୂର୍ଣ୍ଣ (Meaningful) କରିବାର ପ୍ରକୃତ ମାର୍ଗ ହେଉଛି ଜୀବନର ଚାହିଦା ବା ଲକ୍ଷ୍ୟ ସବୁକୁ ଅର୍ଥପୂର୍ଣ୍ଣ କରିବା । ଯେଉଁମାନେ ବ୍ୟକ୍ତିଗତ ଜୀବନର ହାନିଲାଭ ଓ ସୁରକ୍ଷା ବଳୟ ମଧ୍ୟରେ ବନ୍ଦୀ ନ ହୋଇ ଅନ୍ୟର ଓ ସମାଜର ମଙ୍ଗଳ ପାଇଁ କାମ କରୁଛନ୍ତି ସେମାନଙ୍କ ଲକ୍ଷ୍ୟ ଅର୍ଥପୂର୍ଣ୍ଣ ନୁହେଁ କି ? ସଂକ୍ଷିପ୍ତ ପରିଭାଷାରେ ଏହାକୁ ସ୍ୱାତିକ୍ରମଣ (Transcendence) କୁହାଯାଇପାରେ । ଆପଣା ସ୍ୱାର୍ଥର ବନ୍ଧନ ମଧ୍ୟରୁ ନିଜକୁ ମୁକ୍ତ କରି ବୃହତ୍ତର ଗୋଷ୍ଠୀ ପାଇଁ କାର୍ଯ୍ୟ କରିବାରେ ନିଶ୍ଚିତ ସୁଖାନୁଭୂତିର ଉପଲବ୍ଧି ରହିଛି ।

ସଫଳତାର ଅନୁଭବ :

ପରିଶେଷରେ କୁହାଯାଇପାରେ ଯେ ଅର୍ଥପୂର୍ଣ୍ଣ ଲକ୍ଷ୍ୟର ସଫଳତା ଗଭୀର ପ୍ରାପ୍ତି ଓ ସୁଖାନୁଭୂତିର ଉପଲବ୍ଧି ଦେଇଥାଏ। ଅବଶ୍ୟ ନିତିଦିନିଆ ଜୀବନରେ ଆମେ ସଫଳତାକୁ ଯେପରି ମାପିଥାଉ ତାହା ଏଠାରେ ପ୍ରଯୁଜ୍ୟ ନ ହୋଇପାରେ।

ସୁଖାନୁଭୂତିର ଅନୁଭବ ପାଇଥିବା ବ୍ୟକ୍ତି ଉପଲବ୍ଧି କରେ ଯେ ସେ ଯେଉଁ ମହତ୍ ଲକ୍ଷ୍ୟ ନେଇ ଜୀବନଯାତ୍ରା ଆରମ୍ଭ କରିଥିଲା ସେ ସେପରି ଏକ ଲକ୍ଷ୍ୟ ବିନ୍ଦୁରେ ପହଞ୍ଚି ପାରିଛି। ଏହି ପ୍ରକ୍ରିୟାରେ ଆନନ୍ଦର (Pleasure) ଗଭୀର ଅନୁଭବ ଅଛି, କାର୍ଯ୍ୟ ନିବିଷ୍ଟତାର (Engagement) ପ୍ରତିବଦ୍ଧତା ଅଛି, ସମ୍ପର୍କଶୀଳତାର (Relatedness) ସ୍ୱାଦ ଅଛି, ଅର୍ଥପୂର୍ଣ୍ଣତାର (Meaningful) ଲକ୍ଷ୍ୟ ବିନ୍ଦୁ ରହିଛି ଏବଂ ସର୍ବୋପରି ସଫଳତାର (Accomplishment) ଉପଲବ୍ଧି ରହିଛି। ଗୋଟିଏ ଉପାଦାନର ପ୍ରାଚୁର୍ଯ୍ୟ ଅନ୍ୟ ଉପାଦାନକୁ ପରିପୁଷ୍ଟ କରିଛି। ଏପରି ଏକ Perma ମଡ଼େଲ୍‌କୁ ମନେରଖି ବାଟ ଚାଲିଲେ ଯାତ୍ରାପଥ ସୁଖଦ ଓ ପ୍ରୀତିପଦ ହେବାର ସମ୍ଭାବନା ଖୁବ୍ ବେଶୀ।

ମନସ୍ତତ୍ତ୍ୱ ଓ ଆଧ୍ୟାତ୍ମିକତା

ମନସ୍ତତ୍ତ୍ୱ ଓ ଆଧ୍ୟାତ୍ମିକତାର ସମ୍ବନ୍ଧ ସମ୍ପର୍କରେ ମନରେ କୌତୂହଳ ସୃଷ୍ଟି ହେବା ସ୍ୱାଭାବିକ। ପୁଣି ବେଶ୍‌ସଂଖ୍ୟକ ଲୋକେ ଏ ଦୁଇଟିକୁ ପୃଥକ୍ ବିଚାର କରିବା ସ୍ଥଳେ ଅନ୍ୟମାନେ ଏହାକୁ ଏକ ଓ ଅଭିନ୍ନ ବୋଲି ମନେ କରନ୍ତି। ଅତୀତରେ ମନସ୍ତତ୍ତ୍ୱ ଓ ଆଧ୍ୟାତ୍ମିକତା ସମ୍ପର୍କରେ ଯେଉଁ ପରିକଳ୍ପନା ରହିଥିଲା ବର୍ତ୍ତମାନ ତାହାର ବହୁ ପରିବର୍ତ୍ତନ ଘଟିଥିବାରୁ ଏ ଦୁଇଟିର ସମ୍ବନ୍ଧ ବିଷୟରେ ଆଲୋଚନା କରିବାର ଆବଶ୍ୟକତା ରହିଛି।

ଆଧ୍ୟାତ୍ମିକତା ତୁଳନାରେ ମନସ୍ତତ୍ତ୍ୱ ଇତିହାସ ଅତି ପୁରାତନ ନୁହେଁ। ଅଷ୍ଟାଦଶ ଶତାବ୍ଦୀ ପର୍ଯ୍ୟନ୍ତ ଆଧୁନିକ ଜଗତରେ ସ୍ୱତନ୍ତ୍ର-ଶୃଙ୍ଖଳା ରୂପେ ସ୍ୱୀକୃତି ଲାଭ କରିଥିବା ମନସ୍ତତ୍ତ୍ୱର ସେପରି କିଛି ସତ୍ତା ନ ଥିଲା। ଜର୍ମାନୀରେ ୧୮୭୯ ମସିହାରେ ପ୍ରଥମେ ମନୋବିଜ୍ଞାନରେ ଗବେଷଣାଗାର ପ୍ରତିଷ୍ଠିତ ହେଲା। ଚବିଶଟି ବିଶ୍ୱବିଦ୍ୟାଳୟରେ ମନୋବିଜ୍ଞାନ ବିଭାଗ କାର୍ଯ୍ୟକାରୀ ହେଲା। ଭାରତବର୍ଷରେ ୧୯୧୬ ମସିହାରେ କଲିକତା ବିଶ୍ୱବିଦ୍ୟାଳୟରେ ପ୍ରଥମଥର ପାଇଁ ମନୋବିଜ୍ଞାନ ବିଭାଗ ଆରମ୍ଭ ହେଲା। ବିଂଶ ଶତକର ମଧ୍ୟଭାଗ ପର୍ଯ୍ୟନ୍ତ ଓଡ଼ିଶାରେ ମନୋବିଜ୍ଞାନ ବିଭାଗର ସତ୍ତା ନ ଥିଲେ। ସେ ସମୟରେ ଓଡ଼ିଶାର ଛାତ୍ରଛାତ୍ରୀମାନେ ସ୍ନାତକୋତ୍ତର ଦର୍ଶନ ପାଠ୍ୟକ୍ରମର ଗୋଟିଏ ଅଂଶବିଶେଷ ପାଠ୍ୟପତ୍ର ରୂପେ ମନୋବିଜ୍ଞାନ ପଢ଼ିବାର ସୁଯୋଗ ପାଇଥିଲେ। ବିଂଶଶତକର ଦ୍ୱିତୀୟାର୍ଦ୍ଧରେ ହିଁ ଓଡ଼ିଶରେ ଏହାର ଚର୍ଚ୍ଚା ଓ ଅଧ୍ୟୟନ ଆରମ୍ଭ ହେଲା।

ଏହି ଐତିହାସିକ ବିକାଶର ସୂଚନା ଦେବାର ଉଦ୍ଦେଶ୍ୟ ହେଉଛି ଯେ ଦର୍ଶନଶାସ୍ତ୍ର ଓ ଆଧ୍ୟାତ୍ମିକତା ତୁଳନାରେ ମନସ୍ତତ୍ତ୍ୱ ଏକ ଶିଶୁର ବିକାଶ। ଏହା ମଧ୍ୟରେ ଏହା ବହୁ ପରବର୍ତ୍ତନର ସୋପାନ ଦେଇ ଯାଇଛି। ସୁତରାଂ ମନସ୍ତତ୍ତ୍ୱ ଓ ଆଧ୍ୟାତ୍ମିକତାର ସମ୍ବନ୍ଧ ମଧ୍ୟ ପରିବର୍ତ୍ତିତ ହୋଇଛି। ସମ୍ବନ୍ଧରେ ଏହି ରୂପାନ୍ତରଣ ପ୍ରକ୍ରିୟାକୁ ସୋପାନରେ ବିଭକ୍ତ କରାଯାଇପାରେ। ମନସ୍ତାତ୍ତ୍ୱିକ ଦୃଷ୍ଟିକୋଣରୁ ଏହି ସୋପାନର ପରିକଳ୍ପନା କରାଯାଇଛି।

ପ୍ରଥମ ସୋପାନ : ଆଧ୍ୟାତ୍ମିକତାଠାରୁ ଦୂରରେ

ପ୍ରାଥମିକ ପର୍ଯ୍ୟାୟରେ ମନସ୍ତତ୍ତ୍ୱବିଦ୍‌ମାନେ ନିଜର ସ୍ୱାତନ୍ତ୍ୟ ପ୍ରତି ଅଧିକ ସଚେତନ ରହି ଆଧ୍ୟାତ୍ମିକତାକୁ କେବଳ ଦୂରକୁ ପ୍ରତ୍ୟକ୍ଷଣ କରିଛନ୍ତି। ଏଠାରେ ସ୍ମରଣ କରାଇ ଦିଆଯାଇପାରେ ଯେ ପ୍ରଥମେ ମନସ୍ତତ୍ତ୍ୱ ଦର୍ଶନ ଶାସ୍ତ୍ରର ଏକ ଅଂଶ ବିଶେଷ ଥିଲା। ମାତ୍ର ଊନବିଂଶ ଶତକରେ କେତେକ ମନୋବିଜ୍ଞାନୀ ଏହାକୁ ସ୍ୱତନ୍ତ୍ର ରୂପରେଖ ଦେବାର ପ୍ରୟାସ କଲେ। ସୁତରାଂ ସଂଜ୍ଞାଟି ମନୋବିଜ୍ଞାନ ବା ମନସ୍ତତ୍ତ୍ୱ ରହିଗଲେ ମଧ୍ୟ ମୁଖ୍ୟତଃ ଏହାର ରୂପରେଖ ହେଲା ବ୍ୟବହାରର ବିଜ୍ଞାନ। ଯାହା ପ୍ରତ୍ୟକ୍ଷ ଭାବରେ ଦେଖିହେବ ଅନୁଭବ କରିହେବ ଏବଂ ଆକଳନ କରିହେବ ସେସବୁର ପରିକଳ୍ପନା ମନସ୍ତତ୍ତ୍ୱରେ ସ୍ଥାନ ପାଇଲା।

ମନୋବିଜ୍ଞାନୀମାନେ ଯୁକ୍ତିକଲେ ଯେ ଆଧ୍ୟାତ୍ମିକତା ପରିପେକ୍ଷୀରେ ଆମେ ଚର୍ଚ୍ଚା କରୁଥିବା ବହୁକଥା ଆମ ବାସ୍ତବ ଜଗତଠାରୁ ବହୁ ଦୂରରେ। ସେଗୁଡ଼ିକ ଆମେ ଗବେଷଣାଗାରରେ ପରୀକ୍ଷା ନିରୀକ୍ଷା କରିପାରିବା ନାହିଁ। ବିଜ୍ଞାନସମ୍ମତ ପଦ୍ଧତିରେ ପ୍ରମାଣ କରିବା ମଧ୍ୟ କଷ୍ଟକର। ବିଶେଷତଃ ବିଂଶ ଶତକର ଆରମ୍ଭରେ ମନୋବିଜ୍ଞାନ ରାଜ୍ୟରେ ବ୍ୟବହାରବାଦୀମାନଙ୍କର ପ୍ରଚଣ୍ଡ ପ୍ରଭାବ ରହିଥିଲା। ସେମାନେ ଯୁକ୍ତି କରୁଥିଲେ ଯେ ମନସ୍ତତ୍ତ୍ୱବିତ୍ ହିସାବରେ ଆମେ କେବଳ ବାହ୍ୟିକ ଆଚରଣ (ଖେଳିବା ବୁଲିବା ପଢ଼ିବା ଇତ୍ୟାଦି) ଅନୁଧ୍ୟାନ କରିବା ଉଚିତ। ଏ ଦୃଷ୍ଟିରୁ ଆଧ୍ୟାତ୍ମିକ ଜଗତର ବହୁପ୍ରଶ୍ନ, ବହୁ ଜିଜ୍ଞାସା ମନୋବିଜ୍ଞାନର ପରିସରଭୁକ୍ତ ହୋଇପାରିବ ନାହିଁ।

କେବଳ ଇନ୍ଦ୍ରିୟାନୁଭୂତ ଗବେଷଣା ପରିସରଭୁକ୍ତ ହେବା ଫଳରେ ଈଶ୍ୱର ବିଶ୍ୱାସର କଥାଟି ଏକ ଅବହେଳିତ କଥା ହୋଇ ରହିଗଲା ଏପରି ପ୍ରତିକୂଳ ପରିବେଶ ସତ୍ତ୍ୱେ ୧୯୦୨ ମସିହାରେ ଉଇଲିୟମ୍ ଜେମ୍‌ସ୍ ନାମକ ଜଣେ ପ୍ରଖ୍ୟାତ ଆମେରିକା ମନୋବିଜ୍ଞାନୀ ଧାର୍ମିକ ବିଶ୍ୱାସର ବିଜ୍ଞାନସମ୍ମତ ଅନୁଶୀଳନ ଆରମ୍ଭ କଲେ। ଜେମସ୍ ଦାର୍ଶନିକ ଥିଲେ ଏବଂ ମନୋବିଜ୍ଞାନୀ ମଧ୍ୟ ଥିଲେ। 'ଏଡ଼ିନ୍‌ବରା ବକ୍ତୃତାମାଳା ନାମରେ ଖ୍ୟାତି ଅର୍ଜନ କରିଥିବା ଏହି ନିବନ୍ଧମାଳାରେ ଜେମସ୍ ଧାର୍ମିକ ଭାବନାର ବିଭିନ୍ନ ପ୍ରକାରଭେଦର ସୂଚନା ଦେଲେ। ଧାର୍ମିକ ଭାବନା ଏବଂ ଆମ ଶରୀରର ସ୍ନାୟବିକ କ୍ରିୟାକଳାପ ମଧ୍ୟରେ ସମ୍ପର୍କ ଥାଇପାରେ ବୋଲି ମତବ୍ୟକ୍ତ କଲେ। ସମ୍ଭବତଃ ସମ୍ପର୍କ ଯୋଡ଼ିବାର ଏ ହେଉଛି ପ୍ରଥମ ବିଜ୍ଞାନ-ଭିତ୍ତିକ ପ୍ରୟାସ।

ଅତୀତରେ ବିଶିଷ୍ଟ ସମାଜ-ବିଜ୍ଞାନୀ ଡୁର୍ଖେମ୍ ମଧ୍ୟ ଆତ୍ମହତ୍ୟା ଓ ଧାର୍ମିକ ଭାବନାର ସମ୍ପର୍କ ବିଷୟରେ ଆଲୋକପାତ କରିଥିଲେ। ଧାର୍ମିକ ଭାବନାର ଅନୁଗତ ଦେଉଥିବା ଲୋକମାନଙ୍କର ଆତ୍ମହତ୍ୟାର ପ୍ରବଣତା ଏବଂ ଦୁର୍ଦିନର ସମ୍ମୁଖୀନ ହେଲେ

ମଧ୍ୟ ଏମାନେ ପରିସ୍ଥିତି ସହିତ ସଫଳ ସମନ୍ୱୟ ରକ୍ଷାକରନ୍ତି। ଏହା ତାଙ୍କର ଯୁକ୍ତି ଥିଲା।

ସମ୍ପର୍କକୁ ଯୋଡ଼ିବାରେ ଅନ୍ୟତମ ସଫଳ ଭୂମିକା ନିର୍ବାହ କରିଥିଲେ ବିକଳ୍ପ ଚିକିତ୍ସା ପଦ୍ଧତିର ମୁଖ୍ୟ ପ୍ରବକ୍ତା ନର୍ମାନ୍ କଜିନ୍ସ। ନର୍ମାନ କଜିନ୍ସ ୧୯୭୯ ମସିହାରେ ଭୟାବହ ରୋଗରେ ପୀଡ଼ିତ ହୋଇ ଦୀର୍ଘଦିନ ଚିକିତ୍ସାଳୟରେ ନିଃସଙ୍ଗ ଜୀବନଯାପନ କରୁଥିଲେ। ଥରେ ସେ ଖୁବ୍ ବିରକ୍ତ ହୋଇ କାହାକୁ କିଛି ନ ଜଣାଇ ଚିକିତ୍ସାଳୟରୁ ଲୁଚି ପଳାଇ ଆସିଲେ। ଗୋଟିଏ ହୋଟେଲ୍‌ରେ ଗୋପନୀୟ ଭାବରେ ଜୀବନ ଯାପନ କରି କେବଳଦୂରଦର୍ଶନର ହାସ୍ୟକର କାର୍ଯ୍ୟକ୍ରମ ଦେଖିଲେ। କୌଣସି ଔଷଧ ସେବନ କଲେ ନାହିଁ। ଧୀରେ ଧୀରେ ସୁସ୍ଥ ହେଲେ। ବାହାର ଜଗତକୁ ଆସି ଆଶାବାଦିତାର ମନ୍ତ୍ର ଶୁଣାଇଲେ। ଅନ୍ତର୍ଜଗତରେ ସବୁ ଚିକିତ୍ସାର ସବୁ ଔଷଧ ରହିଛି ବୋଲି ବାର୍ତ୍ତା ପ୍ରଚାର କଲେ। ତାଙ୍କର ପ୍ରଚାର ଫଳରେ ବିକଳ୍ପ ଚିକିତ୍ସା ପଦ୍ଧତି ଲୋକପ୍ରିୟ ହେଲା। ଆଧ୍ୟାତ୍ମିକତା ମାଧ୍ୟମରେ ମାନସିକ ସୁସ୍ଥତା ଲାଭ ସମ୍ଭବ ବୋଲି ଜନମତ ପ୍ରକାଶ ପାଇଲା।

ଦ୍ୱିତୀୟ ସୋପାନ : ଧାର୍ମିକ ଭାବନା ଓ ମାନସିକ ସ୍ୱାସ୍ଥ୍ୟ

ମନସ୍ତତ୍ତ୍ୱ ଓ ଆଧ୍ୟାତ୍ମିକତା ମଧ୍ୟରେ ସେତୁ ନିର୍ମାଣର ଦ୍ୱିତୀୟ ସ୍ତରରେ ଧାର୍ମିକ ଭାବନା ଏବଂ ମାନସିକ ସ୍ୱାସ୍ଥ୍ୟ ମଧ୍ୟରେ ସମ୍ବନ୍ଧର ଅନୁଶୀଳନ ପାଇଁ ଆଗ୍ରହ ପ୍ରକାଶ ପାଇଲା। ପ୍ରାୟ ୧୯୮୦ ବେଳକୁ ଅନେକ ମନୋବିଜ୍ଞାନୀ ଯୁକ୍ତିକଲେ ଯେ ଦର୍ଶନଶାସ୍ତ୍ର ଓ ଆଧ୍ୟାତ୍ମିକତାରେ ପ୍ରୟୋଗ କରାଯାଉଥିବା ବହୁ ପରିକଳ୍ପନା ବିମୂର୍ତ୍ତ (Abstract) ହୋଇଥିବାରୁ ମନୋବିଜ୍ଞାନରେ ସେସବୁ ଅନୁଶୀଳନ ଅସମୀଚୀନ ହୋଇପାରେ। ମାତ୍ର ଧାର୍ମିକ ବିଶ୍ୱାସ ଏକ ବିଶ୍ୱାସ ଜନିତ ଆଚରଣ (ଯଥା : ମନ୍ଦିର ଗୀର୍ଜା, ମସ୍‌ଜିଦ୍‌କୁ ଯିବା, ପୂଜାପାଠ କରିବା ଇତ୍ୟାଦି) ହୋଇଥିବାରୁ ମାନସିକ ସ୍ୱାସ୍ଥ୍ୟ ଉପରେ ଏହାର ପ୍ରଭାବ ଅନୁଧ୍ୟାନ କରବା ଖୁବ୍ ଯୁକ୍ତିଯୁକ୍ତ ରହିବ।

ଏ ଦିଗରେ ଅସଂଖ୍ୟ ସର୍ବେକ୍ଷଣ କରାଗଲା। ଧାର୍ମିକ ବିଶ୍ୱାସର ସରଳତମ ପରିପ୍ରକାଶ ହେଉଛି ନିୟମିତ ଭାବରେ ଧର୍ମପୀଠକୁ ଯିବା, ପୂଜାପାଠ, ପ୍ରାର୍ଥନା, ବ୍ରତ, ଉପାସନା ଓ ଧ୍ୟାନ ଇତ୍ୟାଦି। ଯେଉଁ ଲୋକମାନେ ଏସବୁ କାର୍ଯ୍ୟ କଳାପରେ ଅଧିକ ସମୟ ବିନିଯୋଗ କରନ୍ତି ସେମାନଙ୍କ ମାନସିକ ସ୍ୱାସ୍ଥ୍ୟର ମାତ୍ରା ଆକଳନ କରାଯିବାର ପ୍ରୟାସ କରାଗଲା। କୌତୂହଳର ବିଷୟ ଯେ ସାମଗ୍ରିକ ଭାବରେ ସବୁ ସର୍ବେକ୍ଷଣକୁ ବିଚାର କରିବାରୁ ପରସ୍ପର ବିରୋଧୀ ସିଦ୍ଧାନ୍ତ ଉପଲବ୍ଧ ହେଲା। କେତେକ ସର୍ବେକ୍ଷଣରେ ଦେଖାଗଲା ଯେ ଏ ଦୁଇଟି ମଧ୍ୟରେ ଅନୁକୂଳ ସଂଯୋଗ ରହିଛି।

ଏହାର ଅର୍ଥ ହେଉଛି ଯେ ଅଧିକ ପରିମାଣରେ ମନ୍ଦିର ବା ଗୀର୍ଜା ବା ମସଜିଦକୁ ଯାଉଥିବା, ପ୍ରାର୍ଥନା କରୁଥିବା, ବ୍ରତ ଉପାସନା କରୁଥିବା, ଧର୍ମଶାସ୍ତ୍ର ପଢୁଥିବା ଏବଂ ଏହିପରି ଆଚରଣ ପ୍ରଦର୍ଶନ କରୁଥିବା ଲୋକମାନଙ୍କ ମାନସିକ ସ୍ୱାସ୍ଥ୍ୟ ଉନ୍ନତ। ସେମାନେ ବିଷାଦମୁକ୍ତ। ସେମାନଙ୍କର ମାନସିକ ଚାପ କମ୍, ଉତ୍କଣ୍ଠା କମ୍ ଏବଂ ମାନସିକ ପ୍ରସନ୍ନତା ଅଧିକ।

ମାତ୍ର ଆଉ କେତେକ ସର୍ବେକ୍ଷଣରେ ବିପରୀତ ସିଦ୍ଧାନ୍ତ ମିଳିଲା। ଧାର୍ମିକ ବିଶ୍ୱାସ ଜନିତ ଆଚରଣ ଦର୍ଶାଉଥିବା ଲୋକମାନେ ଅଧିକ ମାତ୍ରାରେ ମାନସିକ ବିପର୍ଯ୍ୟୟର ଅଧିକାରୀ । ଏମାନଙ୍କର ବିଷାଦ ବେଶୀ, ଉତ୍କଣ୍ଠା ଅଧିକ ଏବଂ ମାନସିକ ଚାପ ମଧ୍ୟ ଅଧିକ । ପୁଣି ଅନ୍ୟ କେତେକ ସର୍ବେକ୍ଷଣରେ ଏ ଦୁଇଟି ମଧ୍ୟରେ କୌଣସି ସମ୍ପର୍କ (ଅନୁକୂଳ କିମ୍ବା ପ୍ରତିକୂଳ) ଥିବାର ପ୍ରମାଣ ମିଳିଲା ନାହିଁ।

ପରସ୍ପର ବିରୋଧୀ ଏପରି ସିଦ୍ଧାନ୍ତ ଏକ ଜଟିଳତା ସୃଷ୍ଟି କଲା। କାହିଁକି ଏପରି ଘଟୁଛି ସେ ସମ୍ପର୍କରେ ମନୋବିଜ୍ଞାନୀମାନେ ସୂକ୍ଷ୍ମତର ଭାବରେ ଚିନ୍ତା କଲେ। ଏ ଦିଗରେ ଅଧିକରୁ ଅଧିକ ଗବେଷଣା ହେଲା।

ପରିବ୍ୟାପ୍ତ ଗବେଷଣା ଫଳରେ ଏକ ନୂତନ ଦିଗ ଉନ୍ମୋଚିତ ହେଲା। ଜଣା ପଡ଼ିଲା ଯେ ଆମେ ଯାହାକୁ ପ୍ରକୃତରେ ଧର୍ମବିଶ୍ୱାସ ବୋଲି କହୁଛୁ, ତାହା ଗୋଟିଏ କଥା ନୁହେଁ। ତାହା ହେଉଛି ଦୁଇଟି। ଗୋଟିଏ ପ୍ରକାର ଧାର୍ମିକ ବିଶ୍ୱାସ ବାହ୍ୟିକ (External Religiosity)। ମନ୍ଦିରକୁ ଯିବା ପ୍ରାର୍ଥନା କରିବା, ଧର୍ମଶାସ୍ତ୍ର ପଢ଼ିବା ଏବଂ ବ୍ରତ ଉପାସନା ଏହି ବାହ୍ୟିକ ଧର୍ମ ବିଶ୍ୱାସର ସୂଚକ। ଦେଖାଗଲା ଯେ ଏପରି ବାହ୍ୟିକ ଧର୍ମ ବିଶ୍ୱାସର ଅନୁଗତ ହୋଇଥିବା ଲୋକମାନେ ବିଭିନ୍ନ ପରିଣତିର ଅଧିକାରୀ ହୋଇପାରନ୍ତି। ଏମାନଙ୍କ ମଧ୍ୟରୁ କେତେକ ବ୍ୟକ୍ତି ମାନସିକ-ସ୍ୱାସ୍ଥ୍ୟର ଅଧିକାରୀ ହୁଅନ୍ତି। ଏମାନଙ୍କର ମାନସିକ ଚାପ, ଉତ୍କଣ୍ଠା ଓ ବିଷାଦ କମ୍ ରୁହେ ଏବଂ ମାନସିକ ପ୍ରସନ୍ନତା ଅଧିକ ରୁହେ। କିନ୍ତୁ ଅନ୍ୟ କିଛି ଲୋକ ମାନସିକ ରୁଗ୍ଣତାର ଶିକାର ହୁଅନ୍ତି। ଏମାନଙ୍କର ବିଷାଦ, ଉତ୍କଣ୍ଠା ଓ ମାନସିକ ଚାପ ଅଧିକ ରହିଥାଏ। ପୁଣି ତୃତୀୟ ଧରଣର ଲୋକମାନେ ବାହ୍ୟିକ ଧର୍ମ ବିଶ୍ୱାସ ଫଳରେ ସେପରି କିଛି ଉଲ୍ଲେଖଯୋଗ୍ୟ ପରିବର୍ତ୍ତନ ଅନୁଭବ କରନ୍ତି ନାହିଁ। ଅନ୍ୟ ଭାଷାରେ କହିଲେ ଏମାନଙ୍କ ଜୀବନରେ ଧାର୍ମିକ ଭାବନା ଓ ମାନସିକ ସ୍ୱାସ୍ଥ୍ୟ ସମ୍ବନ୍ଧିତ ହେଲା ପରି ମନେ ହୁଏ ନାହିଁ।

ଧାର୍ମିକ ବିଶ୍ୱାସର ଅନ୍ୟ ଦିଗଟି ହେଉଛି ଅନ୍ତର୍ନିହିତ ଧାର୍ମିକ ବିଶ୍ୱାସ। ଏହା ମୁଖ୍ୟତଃ ମୂଲ୍ୟବୋଧ - ଭିତ୍ତିକ। ଏହି ଅନ୍ତର୍ନିହିତ ଧାର୍ମିକ ଭାବନାର (Internal Religiosity) ଅଧିକାରୀ ହୋଇଥିବା ବ୍ୟକ୍ତିମାନେ ମୌଳିକ

ମୂଲ୍ୟବୋଧରେ (ସତ୍ୟ, ଧର୍ମ, ଶାନ୍ତି, ପ୍ରେମ ଓ ଅହିଂସା) ଆସ୍ଥା ରଖନ୍ତି । ଲୋକଙ୍କ ଭାଷାରେ ସେମାନେ ହୁଏତ ନାସ୍ତିକ ହୋଇପାରନ୍ତି । ମାତ୍ର ମାନବୀୟ ସମ୍ବେଦନଶୀଳତା ସେମାନଙ୍କଠାରେ ଭରପୂର ରହିଥାଏ । ଗବେଷଣାରୁ ଦେଖାଗଲା ଯେ ଏପରି ଅନ୍ତର୍ନିହିତ ଧାର୍ମିକ ଭାବନା ଓ ମାନସିକ ସ୍ୱାସ୍ଥ୍ୟ ମଧ୍ୟରେ ସକାରାତ୍ମକ ସଂଯୋଗ ରହିଛି । ଏପରି ଧାର୍ମିକ ବିଶ୍ୱାସର ଅନୁଗତ ହୋଇଥିବା ଲୋକମାନଙ୍କର ମାନସିକ ବିପର୍ଯ୍ୟୟ ପ୍ରାୟତଃ ନାହିଁ । ସେମାନେ ମାନସିକ ଚାପ, ବିଷାଦ ଉତ୍କଣ୍ଠାର ଶରବ୍ୟ ନୁହନ୍ତି । ସେମାନଙ୍କର ପ୍ରସନ୍ନତା ଓ ସୁଖାନୁଭୂତି ଅଧିକ । କେଉଁସବୁ ଉପାଦାନ ମାଧ୍ୟମରେ ଅନ୍ତର୍ନିହିତ ଧର୍ମ ବିଶ୍ୱାସ ଓ ମାନସିକ ସ୍ୱାସ୍ଥ୍ୟର ସମ୍ପର୍କ ବିକଶିତ ହୁଏ ଗବେଷଣାର ତୃତୀୟ ସୋପାନରେ ତାହା ହିଁ ବିଶେଷ ଅଭିମୁଖୀ ହେଲା । ଅନ୍ତର୍ନିହିତ ଧାର୍ମିକ ଭାବନା ଓ ଆଧ୍ୟାତ୍ମିକତା ଏକ ପ୍ରକାର ସମାନ ଧରଣର ଶବ୍ଦାବଳୀ ରୂପେ ଗୃହୀତ ହେଲା ।

ତୃତୀୟ ସୋପାନ : ଅନ୍ତର୍ନିହିତ ଧାର୍ମିକ ଭାବନାର ସ୍ୱରୂପ

ବିଂଶ ଶତକର ଶେଷଭାଗ ଓ ଏକବିଂଶ ଶତକର ଆରମ୍ଭ ବେଳକୁ ଅନ୍ତର୍ନିହିତ ଧାର୍ମିକ ଭାବନା ଏବଂ ଆଧ୍ୟାତ୍ମିକତା ପ୍ରାୟ ସମାନ ଅର୍ଥରେ ବ୍ୟବହାର କରାଗଲା । ବର୍ତ୍ତମାନ ଗବେଷକମାନେ ଏହି ଆଧ୍ୟାତ୍ମିକତା କିପରି ଭାବରେ ଆମର ଶାରୀରିକ ତଥା ମାନସିକ ସୁସ୍ଥତାର ବିକାଶ ଦିଗରେ କାର୍ଯ୍ୟ କରୁଛି, ତାହା ସୂକ୍ଷ୍ମାତିସୂକ୍ଷ୍ମ ଭାବରେ ଅନୁସନ୍ଧାନ କଲେ । ଦ୍ୱିତୀୟତଃ ଆଧ୍ୟାତ୍ମିକତାର (ବା ଅନ୍ତର୍ନିହିତ ଧାର୍ମିକ ଭାବନାର) ସ୍ୱରୂପକୁ ଅଧିକ ସ୍ପଷ୍ଟ କରିବାର ପ୍ରୟାସ କଲେ ।

ଅନ୍ତର୍ନିହିତ ଧାର୍ମିକ ବିଶ୍ୱାସର ଉପାଦାନ ବିଶ୍ଳେଷଣ ପରିପ୍ରେକ୍ଷୀରେ ଦେଖାଗଲାଯେ ଏପରି ବିଶ୍ୱାସର ଅନୁଗତ ହୋଇଥିବା ବ୍ୟକ୍ତିମାନେ ଈଶ୍ୱର କିମ୍ବା ଏକ ବୃହତ୍ତର ଶକ୍ତି ସହିତ ସାମୀପ୍ୟର ଅନୁଭବ କରୁଛନ୍ତି । ଏପରି ସାମୀପ୍ୟର ଅନୁଭବ ସେମାନଙ୍କ ମନରେ ଏକ ସୁରକ୍ଷା ଭାବେ ପ୍ରଦାନ କରୁଛି ।

ଏପରି ପର୍ଯ୍ୟବେକ୍ଷଣର ବହୁପୂର୍ବରୁ ମନୋବିଜ୍ଞାନୀମାନେ ଶିଶୁ ଓ ଜନନୀ ମଧ୍ୟରେ ଥିବା ସ୍ନେହସମ୍ପର୍କ ଶିଶୁକୁ କିପରି ମାନସିକ ସୁରକ୍ଷା ପ୍ରଦାନ କରେ ତାହାର ବହୁ ପ୍ରମାଣ ଦେଇସାରିଥିଲା । ଜନନୀର ସାନ୍ନିଧ୍ୟ ଓ ସ୍ନେହଶ୍ରଦ୍ଧା ଶିଶୁକୁ ଶାରୀରିକ ସ୍ତରରେ କେବଳ ସୁରକ୍ଷା ଦେଉ ନଥିଲେ, ଶିଶୁର ଶରୀର ମଧ୍ୟରେ ବି କେତେକ ସକାରାତ୍ମକ ପରିବର୍ତ୍ତନ ଆଣିଥାଏ । ଅକ୍‌ସିଟୋନ୍ ନାମରେ ଏକ ଜୀବରସର କ୍ଷରଣ ମା'କୁ ଶାନ୍ତି ଦିଏ ଏବଂ ଶିଶୁକୁ ମଧ୍ୟ ପ୍ରସନ୍ନତା ଦିଏ । ବର୍ତ୍ତମାନ ଗବେଷକମାନେ ଅନୁଭବ କଲେ ଯେ ଆଧ୍ୟାତ୍ମିକ ଭାବନା-ପ୍ରସୂତ ଈଶ୍ୱରଙ୍କ ସାନ୍ନିଧ୍ୟ ଅନୁଭବ କରିବାର

ସୁଯୋଗ ଶାରୀରିକ ଓ ମାନସିକ ସୁରକ୍ଷା ଦେବା ଫଳରେ ରକ୍ତଚାପ କମିବା ଏବଂ ରୋଗ ପ୍ରତିରୋଧ ଶକ୍ତି ବୃଦ୍ଧି ପାଇବାର ସମ୍ଭାବନା ବଢ଼ିଯାଏ।

ଆଧ୍ୟାତ୍ମିକତା ଏବଂ ଈଶ୍ୱରବାଦିତାର ଦ୍ୱିତୀୟ ବୃହତ ଉପାଦାନ ହେଉଛି ଅଭିପ୍ରେରଣାର ଶକ୍ତି। ଅନ୍ତର୍ନିହିତ ଧାର୍ମିକ ବିଶ୍ୱାସର ଅଧିକାରୀ ହୋଇଥିବା ବ୍ୟକ୍ତିମାନେ ଜୀବନକୁ ଅଧିକ ଅର୍ଥପୂର୍ଣ୍ଣ ମନେ କରନ୍ତି। ଶରୀର ଏକ ଗତିଶୀଳ ମନ୍ଦିର – ଏପରି ମନୋଭାବ ପୋଷଣ କରନ୍ତି। ଅଧିକ ତାତ୍ପର୍ଯ୍ୟପୂର୍ଣ୍ଣ କଥା ହେଉଛି ଯେ ଏମାନେ ଏକ ବୃହତ୍ତର ଲକ୍ଷ୍ୟର ସନ୍ଧାନ ପାଆନ୍ତି ଏବଂ ଏହି ବୃହତ୍ତର ଲକ୍ଷ୍ୟ ପ୍ରତି ସେମାନଙ୍କର ଦୃଢ଼ ପ୍ରତିବଦ୍ଧତା ସେମାନଙ୍କୁ ଶକ୍ତିଶାଳୀ କରେ। ଜୀବନର ମୁଖ୍ୟ ଲକ୍ଷ୍ୟଟି ହିଁ ସଶକ୍ତିକରଣର ଉତ୍ସ ହୋଇଥାଏ।

ଆଧ୍ୟାତ୍ମିକତା ଭାବପୂର୍ଣ୍ଣ ବ୍ୟକ୍ତି କେବଳ ଜୀବନର ଅର୍ଥବୋଧ ପ୍ରତ୍ୟକ୍ଷଣ କରନ୍ତି ନାହିଁ, ଏହି ଲକ୍ଷ୍ୟକୁ ପରିପୂରଣ କରିବାର ମାର୍ଗ ମଧ୍ୟ ଦେଖିପାରନ୍ତି। ଗନ୍ତବ୍ୟସ୍ଥଳରେ ପହଞ୍ଚିବା ପାଇଁ ଯେଉଁସବୁ ସମ୍ବଳ ସହାୟକ ହେବ, ସେସବୁର ଉପଯୋଗ ମଧ୍ୟ କରନ୍ତି। ମାନସିକ ସ୍ଥିରତା ପାଇଁ ଧ୍ୟାନ କରନ୍ତି। ସମ୍ବଳ ବୃଦ୍ଧି ପାଇଁ ସାମାଜିକ ସ୍ତରର ଅନ୍ୟମାନଙ୍କର ସାହାଯ୍ୟ ସହଯୋଗ ଅନ୍ୱେଷଣ କରନ୍ତି। ସମ୍ପର୍କଶୀଳତା ଓ ସମ୍ବେଦନଶୀଳତା ବୃଦ୍ଧି ପାଏ । ଅନ୍ୟ ପକ୍ଷରେ ରାଗ, ଦ୍ୱେଷ ଓ ଗର୍ବ ପରି ନକାରାତ୍ମକ ଆବେଗ ଧୀରେ ଧୀରେ କମିଯାଏ ।

ତୃତୀୟତଃ ଲକ୍ଷ୍ୟ କରାଯାଇଛି ଯେ ଧାର୍ମିକ ଭାବନାର ଅଙ୍କୁରଣ ଓ ବିକାଶ ସହିତ କେତେକ ମାନବୀୟ ସଦ୍‌ଗୁଣ (ମୈତ୍ରୀ, ପ୍ରେମ ଓ କରୁଣା) ପ୍ରତିଷ୍ଠିତ ହୁଏ। କହିବା ଅନାବଶ୍ୟକ ଯେ ଏପରିସବୁ ସଦ୍‌ଗୁଣ ମାନସିକ ଚାପକୁ ଦୃଢ଼ଭାବରେ ପ୍ରତିହତ କରେ। ଗବେଷକମାନେ ଏହାକୁ ଆଧ୍ୟାତ୍ମିକତାର 'ସୁବର୍ଣ୍ଣ ନିୟମ' ବୋଲି ଆଖ୍ୟା ଦେଇଛନ୍ତି। ଜୀବନର ଅନ୍ୟସବୁ ସମ୍ବଳ ହୁଏତ ଆସେ ଏବଂ ଚାଲିଯାଏ। ମାତ୍ର ଏପରି ସମ୍ବଳ ଜନ୍ମରୁ ମୃତ୍ୟୁ ପର୍ଯ୍ୟନ୍ତ ସହାୟକ ଅବସ୍ଥା ରୂପେ ସକ୍ରିୟ ଥାଏ।

ଅବଶ୍ୟ ଆଧ୍ୟାତ୍ମିକତାରେ ବହୁ ସହାୟକ ସମ୍ବଳ ସତ୍ତ୍ୱେ ମୂଲ୍ୟବୋଧଭିତ୍ତିକ ଜୀବନରେ ସେ ଦ୍ୱନ୍ଦ୍ୱ ଆସି ନଥାଏ କିମ୍ବା ସଂଗ୍ରାମ ଆସି ନଥାଏ ଏ କଥା କୁହାଯିବ ନାହିଁ। ଦ୍ୱନ୍ଦ୍ୱ ଓ ସଂଘର୍ଷ ଆସିବାର ସମ୍ଭାବନା ରହିଛି। ସଂଗ୍ରାମ ତିନି ପ୍ରକାର ହୋଇପାରେ।

ବ୍ୟକ୍ତି ନିଜ ଅନ୍ତର୍ଜଗତରେ ଦ୍ୱନ୍ଦ୍ୱ ଅନୁଭବ କରିପାରେ। ମୂଲ୍ୟବୋଧ ମଧ୍ୟରେ କିଛି କିଛି ବିରୋଧାଭାସ ଆସିପାରେ। ଦ୍ୱିତୀୟତଃ ବ୍ୟକ୍ତି ବ୍ୟକ୍ତି ମଧ୍ୟରେ ଦ୍ୱନ୍ଦ୍ୱ ଉପୁଜିପାରେ କିନ୍ତୁ ତୃତୀୟ ଧରଣର ଦ୍ୱନ୍ଦ୍ୱଟି ଅଧିକ ଜଟିଳ। ବ୍ୟକ୍ତି ଆଧ୍ୟାତ୍ମିକ ମାର୍ଗରେ ଗତି କରୁଥିବା ସମୟରେ କୌଣସି ଏକ ଅସ୍ୱାଭାବିକ ପରିସ୍ଥିତିର ସମ୍ମୁଖୀନ ହୋଇ ଦିବ୍ୟତା କିମ୍ବା

ଈଶ୍ୱରଭାବନା ସହିତ ଦ୍ୱନ୍ଦ୍ୱ ଅନୁଭବ କରିପାରେ। ଈଶ୍ୱରଙ୍କ ସ୍ଥିତି ସମ୍ପର୍କରେ ପ୍ରଶ୍ନକରେ ଏବଂ ମୂଲ୍ୟବୋଧର ଉପଯୋଗିତା ସମ୍ପର୍କରେ ସନ୍ଦେହ କରିବସେ। ଏହା ଏକ ନକାରାତ୍ମକ ପ୍ରତିକ୍ରିୟା ସତ ତଥାପି ଆଧ୍ୟାତ୍ମିକ ପ୍ରଗତିରେ ଏହାର ଭୂମିକା ରହିଛି। ବ୍ୟକ୍ତି ଏହି ସଂକଟଜନକ ଅବସ୍ଥା ଅତିକ୍ରମ କରିପାରିଲେ ତାହାର ଆଧ୍ୟାତ୍ମିକ ଯାତ୍ରା କ୍ଷିପ୍ରତର ଓ ଦୃଢ଼ତର ହୁଏ।

ଆଧ୍ୟାତ୍ମିକ ବା ଅନ୍ତର୍ନିହିତ ଧାର୍ମିକ ବିଶ୍ୱାସ ସମ୍ପର୍କରେ ଏକବିଂଶ ଶତକରେ ବହୁ ତଥ୍ୟ ଉଦ୍‌ଘାଟିତ ହୋଇଥିଲେ ମଧ୍ୟ ଅନ୍ୟ କେତେକ ପ୍ରଶ୍ନର ସମାଧାନ ଏ ପର୍ଯ୍ୟନ୍ତ ସମ୍ଭବ ହୋଇ ନାହିଁ। ବିଶେଷତଃ ଆଧ୍ୟାତ୍ମିକତାର ଆକଳନ କରିବା ସମୟରେ ଏକ ନିର୍ଦ୍ଦିଷ୍ଟ ଧର୍ମଗୋଷ୍ଠୀ କିମ୍ବା ସମ୍ପ୍ରଦାୟଭିତ୍ତିକ ପରିପ୍ରେକ୍ଷୀ ହିଁ କାର୍ଯ୍ୟ କରିଛି। ପାଶ୍ଚାତ୍ୟ ଜଗତର ଆଧ୍ୟାତ୍ମିକତାର ଆକଳନ ସମୟରେ ବୌଦ୍ଧଧର୍ମ କିମ୍ବା ହିନ୍ଦୁ ଧର୍ମର କର୍ମବାଦ ସମ୍ପର୍କରେ କୌଣସି ଜିଜ୍ଞାସାକୁ ସ୍ଥାନ ଦିଆଯାଇ ନାହିଁ। ସେହିପରି ପ୍ରାଚ୍ୟ ଜଗତରେ ଆକଳନ ସମୟରେ ଖ୍ରୀଷ୍ଟୀୟ ଚିନ୍ତାଧାରା ସ୍ଥାନ ପାଇ ନଥାଇପାରେ। ସୁତରାଂ ଗୋଟିଏ ନିର୍ଦ୍ଦିଷ୍ଟ ସମାଜ ସଂସ୍କୃତିର ପରିପ୍ରେକ୍ଷୀ ମଧ୍ୟରେ ଆକଳନ କରାଯିବ କିନ୍ତୁ ଏହା ଏକ ସାର୍ବଜନୀନ ପରିମାପକ ରୂପେ କାର୍ଯ୍ୟ କରିବ, ଏପରି ଏକ ସମ୍ଭାବନା ନେଇ ଆଗାମୀ ଗବେଷକମାନେ କାର୍ଯ୍ୟ କରିବାର ଆଶା ରହିଛି। ଅନ୍ୟ ପକ୍ଷରେ ଏପରି ଜଟିଳତାକୁ ଅତିକ୍ରମ କରବାକୁ ଯାଇ କେତେକ ଗବେଷକ ଆଧ୍ୟାତ୍ମିକତାର ସ୍ନାୟବିଜ୍ଞାନ ଦିଗରେ ଅଗ୍ରସର ହୋଇଛନ୍ତି। ଏହା ଅନୁଧ୍ୟାନକୁ ଚତୁର୍ଥ ସୋପନକୁ ନେଇଯାଇଛି।

ଚତୁର୍ଥ ସୋପାନ : ଆଧ୍ୟାତ୍ମିକତାର ସ୍ନାୟୁବିଜ୍ଞାନ

ମସ୍ତିଷ୍କ ଗବେଷଣାର ଅତ୍ୟାଧୁନିକ ପ୍ରଣାଳୀର ପ୍ରୟୋଗ ଫଳରେ ବହୁ ଭାବେ ଭାବନା ଓ ବ୍ୟବହାରର ସ୍ନାୟୁଭିତ୍ତିକ କାରଣ ଅନୁଶୀଳନ କରିବାର ପ୍ରୟାସ କରାଯାଇଛି। ବିଶେଷତଃ ୧୯୮୧ ମସିହାରେ ରୋଜର ସ୍ପେରୀ ନାମକ ଜଣେ ଶରୀର ବିଜ୍ଞାନୀ ମସ୍ତିଷ୍କର କାର୍ଯ୍ୟକଳାପ ସମ୍ପର୍କର ତାଙ୍କର ଗବେଷଣା ପାଇଁ ନୋବେଲ ପ୍ରାଇଜ୍ ପାଇବା ପରେ ଏପରି ଅନୁଶୀଳନ ତ୍ୱରାନ୍ୱିତ ହୋଇଛି। ରୋଜର୍ ସ୍ପେରୀ ଦର୍ଶାଇଲେ ଯେ ଆମ ମସ୍ତିଷ୍କର ବାମଗୋଲାର୍ଦ୍ଧଟି ଆମର ଭାଷା ଓ ଯୁକ୍ତିଯୁକ୍ତ ବିଚାର କାର୍ଯ୍ୟ ସହ ସଂଶ୍ଳିଷ୍ଟ ହେବା ସ୍ଥଳେ ଆମ ମସ୍ତିଷ୍କର ଦକ୍ଷିଣ ଗୋଲାର୍ଦ୍ଧଟି ଆମର ଭାବାବେଗ ସହିତ ସମ୍ପୃକ୍ତ। ଅନ୍ୟ ଭାଷାରେ କହିଲେ ବାମ ଗୋଲାର୍ଦ୍ଧଟି ବୁଦ୍ଧି ଅଙ୍କର (IQ) କେନ୍ଦ୍ର ହେବା ସ୍ଥଳେ ଦକ୍ଷିଣ ମସ୍ତିଷ୍କଟି ଭାବବଅଙ୍କର (Emotional Quotient) ବା (EQ) କେନ୍ଦ୍ର। ବର୍ତ୍ତମାନ ପ୍ରଶ୍ନ ହେଉଛି; ଆମ ଆଧ୍ୟାତ୍ମିକ ଭାବନାକୁ ମସ୍ତିଷ୍କର କେଉଁ କେନ୍ଦ୍ର ନିୟନ୍ତ୍ରଣ କରେ ? ଆମର ଆଧ୍ୟାତ୍ମ ଅଙ୍କ (Spiritual Quotient) ବା (SQ) କେଉଁଠାରେ ଅବସ୍ଥିତ ?

ଏ ସମ୍ପର୍କରେ ଦୁଇଟି ଗବେଷଣାଲବ୍ଧ ଉତ୍ତର ରହିଛି। ପ୍ରଥମତଃ ଭି. ରାମଚନ୍ଦ୍ର ନାମକ ଜଣେ ବିଶେଷଜ୍ଞ (ମନୋବିଜ୍ଞାନୀ ତଥା ସ୍ନାୟୁବିଜ୍ଞାନୀ) ମତ ଦିଅନ୍ତି ଯେ ଆମ ମସ୍ତିଷ୍କର ଉପରିଭାଗରେ ଥିବା ଟେମ୍ପୋରାଲ ଲୋବ୍‌ର (Temporal Lobe) ଏକ କେନ୍ଦ୍ର ଆମର ଆଧ୍ୟାତ୍ମିକ ଭାବନାକୁ ନିୟନ୍ତ୍ରଣ କରେ। ପ୍ରଫେସର୍ ରାମଚନ୍ଦ୍ର ଏହାକୁ 'ଈଶ୍ୱର କେନ୍ଦ୍ର' (God's Spot) ନାମରେ ଅଭିହିତ କରିଛନ୍ତି। ଏହାର ତାତ୍ପର୍ଯ୍ୟ ନୁହେଁ ଯେ ଏହା ଈଶ୍ୱରଙ୍କ ଅସ୍ତିତ୍ୱର ପ୍ରମାଣ ଦିଏ। ଏହାର ଅର୍ଥ ହେଉଛି ଯେ ଆମେ କୌଣସି ଆଧ୍ୟାତ୍ମିକ ଭାବ ବା ଭାବନାରେ ସଂପୃକ୍ତ ହେଲେ ମସ୍ତିଷ୍କର ଏହି କେନ୍ଦ୍ରରେ ସକ୍ରିୟତା ପରିଦୃଷ୍ଟ ହୁଏ। ଖ୍ରୀଷ୍ଟ ଧର୍ମାବଲମ୍ବୀ ଈଶ୍ୱର ଶବ୍ଦ କହିବା ସମୟରେ କିମ୍ବା ହିନ୍ଦୁମାନେ ଓଁକାର ଉଚ୍ଚାରଣ କରିବା ସମୟରେ ମସ୍ତିଷ୍କର ଏହି କେନ୍ଦ୍ରରେ ବୈଦ୍ୟୁତିକ କ୍ରିୟାକଳାପ ପରିଦୃଷ୍ଟ ହୁଏ। ମସ୍ତିଷ୍କର କ୍ରିୟାକଳାପକୁ ଅନୁଧ୍ୟାନ କରୁଥିବା ଏମ୍.ଆର୍.ଆଇ. କିମ୍ବା ପେଟ୍ ସ୍କାନରେ ଏହା ସହଜରେ ଧରାପଡ଼େ। ମନେ ରଖିବାକୁ ହେବ ଯେ ବ୍ୟକ୍ତିର ଅଧିକରୁ ଅଧିକ ଆଧ୍ୟାତ୍ମିକ ଭାବନା ବୃଦ୍ଧି ପାଇଲେ ମସ୍ତିଷ୍କର ଏହି ଅଂଶର ଆକାର ମଧ୍ୟ ବୃଦ୍ଧି ପାଇବ।

ସ୍ନାୟୁବିଜ୍ଞାନ ପରିପ୍ରେକ୍ଷୀରେ ଦ୍ୱିତୀୟ ମତଟି ହେଉଛି ଯେ ଆଧ୍ୟାତ୍ମିକତା ମସ୍ତିଷ୍କର କୌଣସି ଏକ ନିର୍ଦ୍ଦିଷ୍ଟ ଅଂଶ ସହିତ ସଂଶ୍ଳିଷ୍ଟ ନୁହେଁ। ମସ୍ତିଷ୍କର ଦୁଇଟି ଗୋଲାର୍ଦ୍ଧ (IQ ବା EQ) ମଧ୍ୟରେ ସଂଯୋଗ ରକ୍ଷା ହେବାର ସାମର୍ଥ୍ୟ ହେଉଛି ଆଧ୍ୟାତ୍ମ ଅଙ୍କ (SQ)। ସୁତରାଂ ଆଧ୍ୟାତ୍ମିକତା ପରିପ୍ରେକ୍ଷୀରେ ମସ୍ତିଷ୍କ ଏକ ସାମଗ୍ରିକ ଏକକ ରୂପେ କାର୍ଯ୍ୟ କରେ। ଏହା ଜୀବନର ଦିଗଦର୍ଶୀ କମ୍ପାସ ରୂପେ ସକ୍ରିୟ ରହେ।

ସମ୍ଭବତଃ ଏକବିଂଶ ଶତକରେ ଆରମ୍ଭ କରାଯାଇଥିବା ଆଧ୍ୟାତ୍ମିକତାର ଏକ ନୂତନ ଦିଗଟି ସମ୍ପର୍କରେ ଅଧିକ ଗବେଷଣାର ଆବଶ୍ୟକତା ରହିଛି। ମନସ୍ତତ୍ତ୍ୱ ଓ ଆଧ୍ୟାତ୍ମିକତାର ସମ୍ପର୍କ ବିଷୟରେ ଜ୍ଞାନର ଆଜି ଯେଉଁ ବିବର୍ତ୍ତନ ଘଟିଛି, ତାହା ଏହିଠାରେ ଅଟକି ରହିବ ନାହିଁ। ଆଗାମୀ ଦିନରେ ନୂଆ ଦିଗ ନୂତନ ମାର୍ଗ ନିଶ୍ଚୟ ଉନ୍ମୋଚିତ ହେବ।

■

ମସ୍ତିଷ୍କର ସୁରକ୍ଷା

ପରିପୂର୍ଣ୍ଣ ଜୀବନଯାପନ ପାଇଁ ରୋଗମୁକ୍ତ ଶରୀର ଯେପରି ଆବଶ୍ୟକ, ସମସ୍ୟାମୁକ୍ତ ମସ୍ତିଷ୍କ ମଧ୍ୟ ସେପରି ପ୍ରୟୋଜନ। ଅତୀତରେ ଗ୍ରୀକ୍‌ମାନେ ଏ ଦୁଇଟି ପତିପତ୍ନୀ ପରି ସହଯାତ୍ରୀ ହୁଅନ୍ତୁ ବୋଲି ପ୍ରାର୍ଥନା କରୁଥିଲେ। ଦୁର୍ଭାଗ୍ୟବଶତଃ ବର୍ତ୍ତମାନ ବାସ୍ତବରେ ତାହା ସମ୍ଭବ ହେଉ ନାହିଁ। ସମଗ୍ର ପୃଥିବୀରେ ଲୋକମାନଙ୍କର ଆୟୁଷ ଦ୍ରୁତଗତିରେ ବୃଦ୍ଧି ପାଇବାରେ ଲାଗିଛି। ଏହା ସହିତ ବାର୍ଦ୍ଧକ୍ୟକାଳୀନ ମାନସିକ ସମସ୍ୟାର ମାତ୍ରା ବୃଦ୍ଧି ପାଇବାରେ ଲାଗିଛି। ମସ୍ତିଷ୍କ ଜରାଗ୍ରସ୍ତ ହେଉଛି ଏବଂ ଏହି ମସ୍ତିଷ୍କ ବାର୍ଦ୍ଧକ୍ୟର ପରିଣତି ସ୍ୱରୂପ ତୀବ୍ର ସ୍ମୃତିଭ୍ରଂଶ ବା ଡିମେନ୍‌ସିଆ (Dementia) ବରିଷ୍ଠ ନାଗରିକମାନଙ୍କୁ କବଳିତ କରୁଛି । ସ୍ମୃତିଭ୍ରଂଶର ଶରବ୍ୟ ହୋଇ ବର୍ଷୀୟାନ୍ ବ୍ୟକ୍ତିମାନେ ଜୀବନର ସରସତା ଓ ସମନ୍ୱୟଶୀଳତା ହରାଇ ବସୁଛନ୍ତି।

ଆମ ଦେଶରେ ମାତ୍ର ୧୦ ପ୍ରତିଶତ ଡିମେନ୍‌ସିଆ (ସ୍ମୃତିଭ୍ରଂଶ) ସମସ୍ୟାଗ୍ରସ୍ତ ଲୋକମାନଙ୍କ ପାଇଁ ଅଳ୍ପ ବହୁତେ ଆନୁଷ୍ଠାନିକ ସେବାକ୍ଷେତ୍ରର ସୁଯୋଗ ରହିଛି। ଅବଶିଷ୍ଟ ଲୋକମାନଙ୍କର ଦାୟିତ୍ୱର ଚାପ ପରିବାର ଉପରେ ପଡ଼ିଛି। ବିଷାଦ ଓ ସ୍ମୃତିଭ୍ରଂଶ ବାର୍ଦ୍ଧକ୍ୟ ମସ୍ତିଷ୍କର ଦୁଇଟି ମୁଖ୍ୟ ଲକ୍ଷଣ। ଆମ ସମାଜର ଅଶୀବର୍ଷ ବୟସର ଲୋକମାନଙ୍କ ମଧ୍ୟରୁ ପ୍ରାୟ ୬୦ରୁ ୮୦ ପ୍ରତିଶତ ଲୋକ ଏହାର ଶରବ୍ୟ ହେବାର ସମ୍ଭାବନା ରହିଛି।

ଖ୍ରୀଷ୍ଟପୂର୍ବ ହଜାରରେ ଦୁଇହଜାର ବର୍ଷ ତଳେ ଗ୍ରୀସ୍ ଓ ମିଶର ଦେଶର ଲୋକମାନେ ଶରୀର ଓ ମନର ଅସଂଗତି ସମ୍ପର୍କରେ ସୂଚନା ଦେଇଥିଲେ। ବୟସ ଖୁବ୍ ବଢ଼ିଗଲେ ସ୍ମୃତି ଓ ଜ୍ଞାନର ବିଲୟ ହୁଏ ବୋଲି ସେମାନେ ସୂଚାଇଥିଲେ। ଚୀନା ଦେଶରେ ଏପରି ବିପର୍ଯ୍ୟୟର ଚର୍ଚ୍ଚାର ଐତିହାସିକ ପ୍ରମାଣ ରହିଛି। ଭାରତର ଆୟୁର୍ବେଦରେ 'ସ୍ମୃତି ଭ୍ରଂଶ'ର ଉଲ୍ଲେଖ ରହିଛି।

ଜଟିଳ ଧରଣର ସ୍ମୃତିଭ୍ରଂଶ ବା ଡିମେନ୍‌ସିଆ କାରଣ ଆଲୋଚନା କରିବା ଏ ପ୍ରବନ୍ଧର ଉଦ୍ଦେଶ୍ୟ ନୁହେଁ। ସମସ୍ୟାଠାରୁ କିପରି ନିଜକୁ ଦୂରେଇ ରଖିବ, ତା' ଉପରେ ଆଲୋକପାତ କରିବା ଏ ଆଲୋଚନାର ମୁଖ୍ୟ ଲକ୍ଷ୍ୟ। ତେବେ ସଂକ୍ଷେପରେ କୁହାଯାଇପାରେ ଯେ ଡିମେନ୍‌ସିଆର କାରଣ କ୍ଷେତ୍ରରେ ଆଲ୍‌ଝେମର୍ (Alzheimer) ରୋଗ ଶତକଡ଼ା ପଚାଶ ଭାଗରୁ ଅଧିକ ସଂଶ୍ଳିଷ୍ଟ। ବିଶିଷ୍ଟ ଜର୍ମାନୀ ବିଶେଷଜ୍ଞ ପ୍ରଫେସର ଆଲୟସ୍ ଆଲ୍‌ଝେମର୍ ୧୯୦୭ ମସିହରେ ଏହି ବାର୍ଦ୍ଧକ୍ୟଜନିତ ରୋଗଟି ପ୍ରଥମଥର ପାଇଁ ଲୋକମାନଙ୍କ ଦୃଷ୍ଟିକୁ ଆଣିଥିଲେ । ଆଲ୍‌ଝେମର୍ ଏକସ୍ନାୟୁଗତ ରୋଗ। ଯୁକ୍ତରାଷ୍ଟ୍ର ଆମେରିକାରେ ପ୍ରାୟ ୫୦ ଲକ୍ଷ ବ୍ୟକ୍ତି ଏ ରୋଗର ଶରବ୍ୟ। ବିଶ୍ୱ ସ୍ୱାସ୍ଥ୍ୟ ସଂଗଠନର ବିବରଣୀ ଅନୁଯାୟୀ ୬୫ ବର୍ଷରୁ ୭୦ ବର୍ଷର ଲୋକମାନଙ୍କ ମଧ୍ୟରେ ୨.୫ ପ୍ରତିଶତ, ୭୦ରୁ ୭୫ ବର୍ଷର ଲୋକମାନଙ୍କ ମଧ୍ୟରୁ ପ୍ରାୟ ୫ ପ୍ରତିଶତ ଏବଂ ଅଶୀ ବର୍ଷରୁ ଉର୍ଦ୍ଧ୍ୱ ବୟସ୍କମାନଙ୍କ ମଧ୍ୟରେ ପ୍ରାୟ ଏକ-ପଞ୍ଚମାଂଶ ରୋଗରେ ଆକ୍ରାନ୍ତ ହୁଅନ୍ତି। ସୌଭାଗ୍ୟ ବଶତଃ ଭାରତ ବର୍ଷରେ ଏହା କିଛି ପରିମାଣରେ କମ୍। ଏହା କାହିଁକି ସମ୍ଭବ ହୋଇଛି, ତାହା ପରବର୍ତ୍ତୀ ଆଲୋଚନାରୁ ସ୍ପଷ୍ଟ ହେବ।

ବିଶ୍ୱର ଆଲ୍‌ଝେମର୍ ରୋଗ ସଙ୍ଗଠନର ବିବରଣୀ ଅନୁଯାୟୀ ମସ୍ତିଷ୍କର ଦୁଇ ପ୍ରକାର ଅସ୍ୱାଭାବିକ ପ୍ରୋଟିନ୍ ଗଠିତ ହେବା ଫଳରେ ଏ ରୋଗର ଉଦ୍ଭବ ହୁଏ। ପ୍ରଥମ ପ୍ରକାର ପ୍ରୋଟିନ୍‌କୁ ଆମିଲଏଡ଼୍ ପ୍ଲେକ୍‌ସ କୁହନ୍ତି। ଦୁଇ ସ୍ନାୟୁକୋଷର ମଧ୍ୟବର୍ତ୍ତୀ ସ୍ଥାନରେ ଏହା ଗଠିତ ହୁଏ। ଦ୍ୱିତୀୟ ପ୍ରକାର ଅସ୍ୱାଭାବୀ ପ୍ରୋଟିନ୍‌କୁ ନ୍ୟୁରୋ-ଫିବ୍ରିଲାରୀ ଟାଙ୍ଗଲ୍‌ସ କୁହନ୍ତି । ଏହା ସ୍ନାୟୁକୋଷ ମଧ୍ୟରେ ଗଠିତ ହୁଏ। ମସ୍ତିଷ୍କର ସ୍ନାୟୁକୋଷ ମଧ୍ୟରେ ଏପରି ଅସ୍ୱାଭାବୀ ପ୍ରୋଟିନ୍ କୋଷ ଗଠିତ ହେବା ପରେ ତାହା ମସ୍ତିଷ୍କର କାର୍ଯ୍ୟକଳାପକୁ ଧୀରେ ଧୀରେ ସଂକୁଚିତ କରେ। ବଡ଼ ଧରଣର ସ୍ମୃତିଭ୍ରଂଶ ଏହାର ଏକ ଦୁଃଖଦ ପରିଣତି। ଏ ରୋଗର ଏକ ବିଶେଷତ୍ୱ ହେଉଛି ଯେ ଏହାର କୁପ୍ରଭାବ ହଠାତ୍ ଜଣା ପଡ଼ି ନଥାଏ। ହୁଏତ ବାର୍ଦ୍ଧକ୍ୟଗ୍ରସ୍ତ ମସ୍ତିଷ୍କ ରୋଗଟି ରହିଥାଏ; କିନ୍ତୁ ଆଠ ଦଶବର୍ଷ ଭିତରେ ରହିଲା ପରେ ଏହା ତୀବ୍ର ରୂପ ନେଇ ବାହାରକୁ ପ୍ରକାଶ ପାଏ। ଅତୀତରେ ବିଶେଷଜ୍ଞମାନେ ବ୍ୟକ୍ତିର ମୃତ୍ୟୁପରେ ତା'ର ମସ୍ତିଷ୍କର ବ୍ୟବଚ୍ଛେଦ କରିବା ପରେ ହିଁ ପ୍ରକୃତ ରୋଗଟି ନିର୍ଣ୍ଣୟ କରିପାରୁ ଥିଲେ। ମାତ୍ର ବର୍ତ୍ତମାନ ମସ୍ତିଷ୍କର ଅନୁଧ୍ୟାନର ଅତ୍ୟାଧୁନିକ ପ୍ରଣାଳୀ ପ୍ରୟୋଗରେ ପ୍ଲେକ୍‌ସ କିମ୍ବା ଟାଙ୍ଗଲ୍‌ସର ଉପସ୍ଥିତି ଜାଣି ପାରୁଛନ୍ତି।

ଅବଶ୍ୟ ଆଲଝେମର୍ ରୋଗସ୍ମୃତିଭ୍ରଂଶର ଏକମାତ୍ର କାରଣ ନୁହେଁ। ଅନେକ ସମୟରେ ଅନ୍ୟସବୁ ଶାରୀରିକ ସମସ୍ୟା (ଯଥା: ରକ୍ତଚାପ ଓ ମଧୁମେହ, ସ୍ମୃତିଭ୍ରଂଶର

ବୟସ୍କାଧିକ୍ୟ ଫଳରେ ସୃଷ୍ଟି ହେଉଥିବା ବିସ୍ମରଣ) ସହିତ ସମାନ ନୁହେଁ। ଆମେ ଜାଣିଥିବା ଉଚିତ୍ ଯେ ବୟସ ବଢ଼ିଲେ କିଛି ପରିମାଣରେ ସ୍ମୃତି ବିଲୟ ଘଟିବା ଏକ ସ୍ୱାଭାବିକ ପ୍ରତିକ୍ରିୟା। ପୁଣି ସ୍ମରଣ ସାମଗ୍ରୀ ହିସାବରେ ବିଭିନ୍ନ ପ୍ରକାର ସାମଗ୍ରୀ ରହିଛି। କେତେକ ଧରଣର ସାମଗ୍ରୀ କୌଶଳ-ଭିତ୍ତିକ (Procedural)। ଗାଡ଼ିଟି କିପରି ଚଲାଇବାକୁ ହୁଏ, ତାହା କୌଶଳ-ଭିତ୍ତିକ ସ୍ମୃତି। ଏହାର ବିଲୟ ଖୁବ୍ ମନ୍ଥର। ଅନ୍ୟ ଧରଣର ସାମଗ୍ରୀ ହେଉଛି ଭାଷାଗତ ବା ଜ୍ଞାନଗତ (Semantic)। ଏଇଟିକୁ ଫୁଲ କୁହାଯାଏ - ଏ ଧରଣର ସ୍ମୃତି ସାମଗ୍ରୀ ହେଉଛି ଭାଷାଗତ। ଏହାର ବିସ୍ମରଣ ମଧ୍ୟମ ମାତ୍ରାରେ ଘଟିଥାଏ। ମାତ୍ର ତୃତୀୟ ପ୍ରକାର ସ୍ମରଣ-ସାମଗ୍ରୀ ହେଉଛି ଘଟଣା-ଭିତ୍ତିକ (Episodic) ସ୍ମୃତି। ଏହାର ବିସ୍ମରଣ ଦ୍ରୁତଗତିରେ ଘଟିଥାଏ । ଗତକାଲି ଆପଣଙ୍କର କାହା ସହିତ ସାକ୍ଷାତ୍ ହୋଇଥିଲା ଏବଂ କ'ଣ ସବୁ କଥାବାର୍ତ୍ତା ହୋଇଥିଲା - ଏହା ହେଉଛି ଘଟଣା ଭିତ୍ତିକ ସ୍ମୃତି। ଏହା ଶୀଘ୍ର ହଜିଯାଏ। ସୁତରାଂ କୌଣସି ବର୍ଷୀୟାନ୍ ବ୍ୟକ୍ତି ଅନ୍ୟର ନାମ ମନେ ପକାଇ ପାରୁ ନଥିଲେ କିମ୍ବା କଥାବାର୍ତ୍ତାର ସାମଗ୍ରୀ ଭୁଲି ଯାଉଥିଲେ; ତାହାକୁ ଡିମେନ୍‌ସିଆ କୁହାଯିବ ନାହିଁ। ବୟସାଧିକ୍ୟର ସ୍ୱାଭାବିକ ପରିଣତି; ମାତ୍ର ସ୍ମୃତିଭ୍ରଂଶର ପରିପ୍ରକାଶ ଖୁବ୍ ଜଟିଳ ଏବଂ ଏହା ଦୈନନ୍ଦିନ ଜୀବନର ସମନ୍ୱୟତାକୁ ପୂରାପୂରି ନଷ୍ଟ କରେ। ବ୍ୟକ୍ତି ନିଜର ପିରବାରର ଲୋକଙ୍କୁ ମଧ୍ୟ ଚିହ୍ନିପାରେ ନାହିଁ।

ବର୍ତ୍ତମାନ ତାତ୍ପର୍ଯ୍ୟପୂର୍ଣ୍ଣ ପ୍ରଶ୍ନ ହେଉଛି : ସ୍ମୃତିଭ୍ରଂଶକୁ ପ୍ରତିରୋଧ କରାଯିବ କିପରି ? ୨୦୧୭ ମସିହାରେ ପ୍ରକାଶିତ ଏକ ଆନ୍ତର୍ଜାତିକ ଗବେଷଣା ପତ୍ରିକା ଅନୁଯାୟୀ ୨୦୦୦ ମସିହାରେ ୬୫ ବର୍ଷର ଲୋକମାନଙ୍କ ମଧ୍ୟରେ ଏହା ୧୧.୬ ପ୍ରତିଶତ ପରିଦୃଷ୍ଟ ଦେବା ସ୍ଥଳେ ୨୦୧୨ ମସିହାରେ ଏହା ୮.୮ ପ୍ରତିଶତକୁ ହ୍ରାସ ପାଇଛି। ସମ୍ଭବତଃ ଲୋକମାନଙ୍କର ସଚେତନତା ଏ ଦିଗରେ ସକାରାତ୍ମକ ଭୂମିକା ନେଇଛି। ସୁନିର୍ଦ୍ଦିଷ୍ଟ ପଦକ୍ଷେପ ସମ୍ପର୍କରେ କିଛିଟା ଆଲୋଚନା କରାଯାଇପାରେ।

ସୁସ୍ଥ ଶରୀର, ସୁସ୍ଥ ମସ୍ତିଷ୍କ :

ସ୍ମୃତିଭ୍ରଂଶର ଆଶଙ୍କାକୁ ଦୂରୀଭୂତ କରିବାର ମୁଖ୍ୟ ମାର୍ଗ ହେଉଛି ଶାରୀରିକ ସୁସ୍ଥତା । ପ୍ରଥମେ ଶରୀରର ଯତ୍ନ ଓ ମସ୍ତିଷ୍କର ସକାରାତ୍ମକ ପ୍ରୟୋଗ ପ୍ରତି ଦୃଷ୍ଟି ଦେବାକୁ ହେବ ।

ଅନେକ ଗବେଷଣାର ସ୍ମୃତିଭ୍ରଂଶ ସହିତ ଖାଦ୍ୟର ସମ୍ପର୍କ ଅନୁଧ୍ୟାନ କରାଯାଇଛି। ଅନେକ ବିଶେଷଜ୍ଞମାନଙ୍କ ମତରେ କୃତ୍ରିମ ମିଠା (ମିଷ୍ଟପାନୀୟରେ ବ୍ୟବହାର କରାଯାଉଥିବା ଦ୍ରବ୍ୟସବୁ) କ୍ଷତିକାରକ। ଅନ୍ୟ ପକ୍ଷରେ ବହୁ ଗବେଷଣାରେ ସୃଷ୍ଟ

ରୂପେ ଲକ୍ଷ୍ୟ କରାଯାଇଛି ଯେ ନିୟମିତ ଭାବରେ ବ୍ୟାୟାମର ଅଭ୍ୟାସ ରୋଗର ଏକ ବିଶିଷ୍ଟ ପ୍ରତିଷେଧକ। ଗୋଟିଏ ବିଶିଷ୍ଟ ଧରଣର ଅନୁଧ୍ୟାନରେ ବହୁ ସଂଖ୍ୟକ ବର୍ଷୀୟାନ୍ ବ୍ୟକ୍ତିମାନଙ୍କୁ ପ୍ରାୟ ଗୋଟିଏ ବର୍ଷ ଧାରାବାହିକ ଭାବରେ ବ୍ୟାୟାମର ତାଲିମ୍ ଦିଆଗଲା। ଗୋଟିଏ ବର୍ଷ ପରେ ଏମାନଙ୍କ ମସ୍ତିଷ୍କର ସ୍ୱାସ୍ଥ୍ୟ ଏପରି ତାଲିମ୍ ପାଇ ନଥିବା ବର୍ଷୀୟାନ୍ ବ୍ୟକ୍ତିମାନଙ୍କ ମସ୍ତିଷ୍କର ସ୍ୱାସ୍ଥ୍ୟ ସହିତ ତୁଳନା କରାଗଲା। ଦେଖାଗଲା ଯେ ଏମାନଙ୍କର ମସ୍ତିଷ୍କର ସ୍ୱାସ୍ଥ୍ୟ ଅଧିକ ଉନ୍ନତ। ସ୍ନାୟୁକେନ୍ଦ୍ରରେ ପ୍ଲେକ୍‌ସ କିମ୍ବା ଟାଙ୍ଗଲ୍‌ସର ଚିହ୍ନ ନାହିଁ। ଆଉ ଗୋଟିଏ କୌତୂହଳପୂର୍ଣ୍ଣ ପର୍ଯ୍ୟବେକ୍ଷଣ ମଧ୍ୟ ଧରାପଡ଼ିଲା। ମସ୍ତିଷ୍କରେ ସ୍ମୃତିକୁ ନିୟନ୍ତ୍ରଣ କରୁଥିବା ଅଂଶଟିର ନାମ ହେଉଛି ହିପୋକ୍ୟାମ୍ପସ୍। ସାଧାରଣତଃ ପଚାଶ ବର୍ଷ ବୟସ ପରେ ଏହାର ଆକାର ଧୀରେ ଧୀରେ କମେ। କିନ୍ତୁ ଦେଖାଗଲା ଯେ ବିଧିବଦ୍ଧ ବ୍ୟାୟାମ କରୁଥିବା ଲୋକମାନଙ୍କର ହିପୋକ୍ୟାମ୍ପସ୍‌ର ଆକାର କମୁଥିଲେ ମଧ୍ୟ କମିବାର ମାତ୍ରାଟି ମନ୍ଥର। ସୁତରାଂ ସ୍ମୃତିଭ୍ରଂଶ କିପରି ପ୍ରତିହତ ହେଉଛି, ତାହା ସହଜରେ ଅନୁମେୟ।

ସ୍ମୃତିଭ୍ରଂଶ ପରିପ୍ରେକ୍ଷୀରେ ଆଉ ଗୋଟିଏ ଶାରୀରିକ ଜଟିଳତା ହେଉଛି ରକ୍ତଚାପ ଓ ମଧୁମେହ। ଏ ଦୁଇଟି ରୋଗ ମସ୍ତିଷ୍କରେ ରକ୍ତପ୍ରବାହକୁ ବିପର୍ଯ୍ୟୟ କରୁଥିବାରୁ ଏ ଦିଗରେ ସତର୍କତା ସ୍ମୃତିଭ୍ରଂଶକୁ ପ୍ରତିହତ କରିବ।

ମାନସିକ କାର୍ଯ୍ୟକଳାପର ସମ୍ବଳ :

ଶାରିରିକ ସୁସ୍ଥତା ସ୍ମୃତିଭ୍ରଂଶ ପ୍ରତିରୋଧକର ପ୍ରଥମ ସୂତ୍ର ହେଲେ ଦ୍ୱିତୀୟ ସୂତ୍ରଟି ହେଉଛି 'ବ୍ୟବହାର କରନ୍ତୁ, ନଚେତ ହରାଇବସନ୍ତୁ'। ଏହାର ତାତ୍ପର୍ଯ୍ୟ ହେଉଛି ଯେ ଶରୀରର ଚାଳନା ସହିତ ମସ୍ତିଷ୍କର ମଧ୍ୟ ଚାଳନା ଆବଶ୍ୟକ। ଆଗ୍ରହର ସହିତ ପଠନ କ୍ରିୟା, ବୁଣାବୁଣି କାର୍ଯ୍ୟ ଏବଂ ସ୍ୱେଚ୍ଛାସେବୀ ଭାବରେ ଅନ୍ୟକୁ ସାହାଯ୍ୟ ପ୍ରଦାନ କରିବାର ମାନସିକ କ୍ରିୟାକଳାପ ଖୁବ୍ ସହାୟକ ହୋଇଥାଏ। ଏମିତିକି ସମ୍ବାଦପତ୍ରମାନଙ୍କରେ ପ୍ରକାଶ ପାଇଥିବା ଶବ୍ଦଖେଳରେ (Word Game) କିଛି ସମୟ ବିତାଉଥିବା ଲୋକମାନେ ନିଜର ମସ୍ତିଷ୍କର ସୁରକ୍ଷା ଦିଗରେ କିଛି ଅର୍ଥପୂର୍ଣ୍ଣ କାର୍ଯ୍ୟ କରିଥାନ୍ତି ।

ଅନ୍ୟ ଭାଷାରେ କହିଲେ ସ୍ମୃତିଭ୍ରଂଶର ପ୍ରତିରୋଧ ପାଇଁ ବ୍ୟକ୍ତିର କିଛି ପ୍ରିୟ ଅବସରକାଳୀନ କାର୍ଯ୍ୟକ୍ରମ (Hobbies) ରହିବା ଏକାନ୍ତ ଆବଶ୍ୟକ।

ନିଜର ଚିନ୍ତନ ବା ଭାବନା ପ୍ରକ୍ରିୟାକୁ କିପରି ଦୀର୍ଘ ସମୟ ପର୍ଯ୍ୟନ୍ତ ସକ୍ରିୟ ରଖିବାକୁ ହେବ, ତାହା ବ୍ୟକ୍ତିକୁ ନିର୍ଦ୍ଧାରଣ କରିବାକୁ ହେବ। ଅନେକ ବ୍ୟକ୍ତି ନିଜର ପେସା ବା ବୃତ୍ତି ମାଧ୍ୟମରେ ଏହା କ୍ରିୟାଶୀଳ ରଖନ୍ତି। ଅବସର ଗ୍ରହଣ କରିବା ପରେ

ମଧ୍ୟ ପଠନ ଲେଖନ ବା ସେହିପରି କିଛି ବୌଦ୍ଧିକତାପୂର୍ଣ୍ଣ କାର୍ଯ୍ୟରେ ମନୋନିବେଶ କରିବା ଫଳରେ ସେମାନଙ୍କ ମସ୍ତିଷ୍କ ସକ୍ରିୟ ରହେ। ସୁତରାଂ ଭାବନାଗତ ସମ୍ବଳ କିପରି ଗଠନ କରିବେ ଏବଂ ବିସ୍ତାର କରିବେ, ତାହାର ମାର୍ଗ ଆପଣଙ୍କୁ ବାହାର କରିବାକୁ ହେବ।

ସୌଭାଗ୍ୟର କଥା ଯେ ଆମ ଦେଶରେ ଶାରୀରିକ ସୁସ୍ଥତା ରକ୍ଷା କ୍ଷେତ୍ରରେ ବହୁ ବାଧା ଥିଲେ ମଧ୍ୟ ଭାରତୀୟ ମସ୍ତିଷ୍କ ଅପେକ୍ଷାକୃତ ବିଳମ୍ବରେ ଜରାଗ୍ରସ୍ତ ହୁଏ। ଭାରତୀୟ ମନିଷୀମାନେ ସେମାନଙ୍କ ବାନପ୍ରସ୍ଥ ଓ ଯତିବ୍ରତ ସମୟରେ ହିଁ ସେମାନଙ୍କର ଶ୍ରେଷ୍ଠ କୃତିର ରଚନା କରିଥିଲେ। ଗୋସ୍ୱାମୀ ତୁଳସୀଦାସ ବୃଦ୍ଧାବସ୍ଥାରେ ଶ୍ରୀରାମଚରିତ ମାନସ ରଚନା କରିଥିଲେ। ଓଡ଼ିଆ ସାହିତ୍ୟର ମହାରଥୀ ବ୍ୟାସକବି ଫକୀରମୋହନ ସେନାପତି ୫୮ ବୟସରେ ଉଚ୍ଚାଙ୍ଗ ସାହିତ୍ୟ ରଚନା କଲେ। ପୁଣି କେତେକ ବିଶେଷଜ୍ଞଙ୍କ ମତରେ ଭାରତର ଲୋକମାନେ ବହୁଭାଷୀ। ସେମାନେ ଏକାଧିକ ଭାଷା ବ୍ୟବହାର କରୁଥିବାରୁ ସେମାନଙ୍କ ମସ୍ତିଷ୍କର ଦୁଇଟିଯାକ ଗୋଲାର୍ଦ୍ଧ ଅଧିକ ସମୟ ସକ୍ରିୟ ରହେ। ଏହା ଫଳରେ ଡିମେନ୍‌ସିଆ ଆଗମନ ବିଳମ୍ବିତ ହୁଏ।

ଡିମେନ୍‌ସିଆ ଏକ ଜଟିଳ ରୋଗ ସତ୍ୟ; ବିଷାଦ ଓ ଆଧୁନିକ ଜଗତର ଏକ ବିପଦ ସଂକେତ ଡିମେନ୍‌ସିଆ; ତଥାପି ଏହାକୁ ଦୂରେଇ ଦେବାରେ ସମ୍ପୂର୍ଣ୍ଣ ଅସହାୟତା ନାହିଁ। ସୁସ୍ଥ ଶରୀର ଓ ସକାରାତ୍ମକ ମାନସିକ ସମ୍ବଳ ମାଧ୍ୟମରେ ଭାରତୀୟମାନେ ସଫଳ ମୁକାବିଲା କରିପାରିବେ, ଏହାର ସମ୍ଭାବନା ଉଜ୍ଜ୍ୱଳ।

■

ଆତ୍ମ-କଥନ : ଆତ୍ମ-ନିୟନ୍ତ୍ରଣର ଏକ ସଫଳ ମାର୍ଗ

ବିଜ୍ଞାନ ରାଜ୍ୟର ବଡ଼ ବଡ଼ ସିଦ୍ଧାନ୍ତ ସମୟ ସମୟରେ ଛୋଟ ଛୋଟ ଘଟଣାର ପର୍ଯ୍ୟବେକ୍ଷଣରୁ ମିଳିଥାଏ। ମନସ୍ତତ୍ତ୍ୱ କ୍ଷେତ୍ରରେ ମଧ୍ୟ ଏହା ଏକାଧିକ ଥର ଘଟିଛି। ଏହିପରି ଏକ କୌତୂହଳପୂର୍ଣ୍ଣ ପର୍ଯ୍ୟବେକ୍ଷଣ ହେଉଛି ସଫଳ ଆତ୍ମନିୟନ୍ତ୍ରଣ ପାଇଁ ଆତ୍ମକଥନର ଉପଯୋଗିତା।

ବିଶ୍ୱର ପ୍ରଖ୍ୟାତ ବିଶ୍ୱବିଦ୍ୟାଳୟ ଷ୍ଟାନ୍‌ଫୋର୍ଡ଼ର ଜଣେ ପ୍ରସିଦ୍ଧ ପ୍ରଫେସର ହେଉଛନ୍ତି ୱାଲଟର୍ ମିସେଲ୍। ମିସେଲ୍‌ଙ୍କର ତିନୋଟି କନ୍ୟା। ସେମାନଙ୍କ ମଧ୍ୟରେ ବୟସର ବ୍ୟବଧାନ ଖୁବ୍ କମ୍। ସେମାନେ ଚାରିବର୍ଷ ଛ' ବର୍ଷ ଓ ଆଠବର୍ଷର ବୟସ ହୋଇଥିବା ସମୟରେ ମିସେଲ୍ ଗୋଟିଏ ଘଟଣା ଲକ୍ଷ୍ୟ କଲେ। ମିସେଲ୍ ଦେଖିଲେ ଯେ ତାଙ୍କର ପତ୍ନୀ ତାଙ୍କୁ ଓ ପିଲାମାନଙ୍କୁ ରାତି ଭୋଜନର ଖାଦ୍ୟ ଦେଉଛନ୍ତି। ପିଲାମାନେ ତାଙ୍କର ଭୋଜନ ସମାପ୍ତ କଲାପରେ ଶେଷ ଆକର୍ଷଣୀୟ ପଦାର୍ଥ ଆଇସକ୍ରିମ୍ ପାଇଁ ଅପେକ୍ଷା କରୁଛନ୍ତି। ମାତ୍ର କୌତୂହଳର ବିଷୟ ଯେ ବଡ଼ ଦୁଇଜଣ ଧୀରସ୍ଥିର ହୋଇ ଅପେକ୍ଷା କରିବା ସ୍ଥଳେ ସାନ ଝିଅଟି ଅସ୍ଥିର ହୋଇ ଉଠୁଛି। 'ଆଇସକ୍ରିମ୍' ବୋଲି ଚିତ୍କାର କରୁଛି।

ଏହିପରି କିଛିଦିନ ଦେଖିବା ପରେ ପ୍ରଫେସର୍ ମିସେଲ୍‌ଙ୍କ ମନରେ ଏକ ଜିଜ୍ଞାସା ଜାତ ହେଲା। ବୟସର ପ୍ରାର୍ଥକ୍ୟ ସେପରି କିଛି ଅଧିକ ନୁହେଁ। ତେବେ ଦୁଇଟି ପିଲା ସ୍ଥିର ହୋଇ ବସିବା ସ୍ଥଳେ ଅନ୍ୟଟି ଅସ୍ଥିର ହେଉଛି କାହିଁକି ?

ଏହାର ବିଜ୍ଞାନସମ୍ମତ କାରଣ ଜାଣିବା ପାଇଁ ସେ ପରଦିନ ଗୋଟିଏ ସ୍କୁଲକୁ ଗଲେ । ଏହି ସ୍କୁଲର ଛାତ୍ରଛାତ୍ରୀମାନଙ୍କ ବୟସ ଚାରିବର୍ଷରୁ ଆଠବର୍ଷ ମଧ୍ୟରେ ସୀମିତ। ମିସେଲ୍ ପିଲାମାନଙ୍କୁ ସମ୍ବୋଧନ କରି କହିଲେ "ପିଲାମାନେ ! ମୁଁ ବର୍ତ୍ତମାନ ପ୍ରତି

ପିଲାଙ୍କୁ ଗୋଟିଏ ଗୋଟିଏ ଆଇସ୍କ୍ରିମ୍ ଦେବି । କିନ୍ତୁ ତୁମ୍ଭମାନଙ୍କ ମଧ୍ୟରୁ ଯେଉଁମାନେ ୧୫ ମିନିଟ୍ ଅପେକ୍ଷା କରିବେ ସେମାନଙ୍କୁ ମୁଁ ୧୫ ମିନିଟ ପରେ ଦୁଇଟି ଲେଖାଏଁ ଆଇସକ୍ରିମ୍ ଦେବି । ତୁମ୍ଭେମାନେ ପ୍ରକୃତରେ କ'ଣ ଚାହୁଁଛ, ତାହା ମୋତେ କହିଦିଅ ।"

କହିବା ଅନାବଶ୍ୟକ ଯେ ଅଧିକ ସଂଖ୍ୟକ ପିଲା ତତ୍କ୍ଷଣାତ୍ ଗୋଟିଏ ଲେଖାଏଁ ଆଇସ୍କ୍ରିମ୍ ଚାହିଁଲେ ଏବଂ ପାଇଗଲେ ମଧ୍ୟ । ବୟସ ଦୃଷ୍ଟିରୁ ତତ୍କ୍ଷଣାତ୍ ଚାହିଦା ପୂରଣର ପରିପ୍ରକାଶ ପିଲାମାନଙ୍କ ପାଇଁ ଏକ ସ୍ୱାଭାବିକ ପ୍ରକ୍ରିୟା ।

ମାତ୍ର ଯେଉଁ କେତେଜଣ ଅଳ୍ପବୟସର ବାଳକବାଳିକା ପନ୍ଦର ମିନିଟ୍ ଅପେକ୍ଷା କଲେ ଏବଂ ପରେ ଆଇସ୍କ୍ରିମ ଗ୍ରହଣ କଲେ, ସେମାନଙ୍କ ସମ୍ପର୍କରେ ପ୍ରଫେସର୍ ମିସେଲ୍‌ଙ୍କ ମନରେ କୌତୂହଳ ଜନ୍ମିଲା । ସେ ଏପରି ପିଲାମାନଙ୍କୁ ପୃଥକ କରି ଗୋଟିଏ କୋଠରିକୁ ନେଲେ ଏବଂ ସାକ୍ଷାତ୍କାର ମାଧ୍ୟମରେ ସେମାନଙ୍କ ବିଷୟରେ ଅଧିକ ଜାଣିବାର ପ୍ରୟାସ କଲେ । ତାଙ୍କର ମୌଳିକ ପ୍ରଶ୍ନ ଓ ଜିଜ୍ଞାସା ଥିଲା । ଅପେକ୍ଷା କରିବାର ମାନସିକତା ସମ୍ପର୍କରେ । ସେ ପ୍ରତ୍ୟେକ ପିଲାଙ୍କୁ ପଚାରିଲେ । "ଆଚ୍ଛା ! ତୁମର ସାଙ୍ଗମାନେ ଲୋଭନୀୟ ଆଇସ୍କ୍ରିମ୍ ଖାଇବା ସମୟରେ ତୁମେ ସ୍ଥିର ରହିଲ କିପରି ? ସେହି ମୁହୂର୍ତ୍ତରେ ଅନ୍ୟମାନଙ୍କ ଆଇସ୍କ୍ରିମ ଖାଇବାର ଦେଖି ତୁମର ଖାଇବା ପାଇଁ ଲୋଭ ହେଉ ନଥିଲା କି ?

ପ୍ରତ୍ୟେକ ପିଲାର ଉତ୍ତରରେ ସାମାନ୍ୟ ଭିନ୍ନତା ଥିଲେ ମଧ୍ୟ ଗୋଟିଏ ଦୁଇଟି କଥା ପ୍ରାୟ ସମାନ ଥିଲା । ସେମାନେ କହିଲେ ଯେ ତତ୍କ୍ଷଣାତ୍ ଆଇସ୍କ୍ରିମ୍ ପରି ଲୋଭନୀୟ ପଦାର୍ଥ ଖାଇବା ପାଇଁ ସେମାନଙ୍କର ନିଶ୍ଚିତ ଭାବେ ପ୍ରଲୋଭନ ରହୁଥିଲା । ମାତ୍ର ଭବିଷ୍ୟତରେ ଅଧିକ ଆଇସ୍କ୍ରିମ ମିଳିବ ଏ କଥାକୁ ସ୍ମରଣ କରି ସେମାନେ ଧୈର୍ଯ୍ୟ ବଢ଼ାଇବାର ପ୍ରୟାସ କରୁଥିଲେ । ଏଥିପାଇଁ ସେମାନେ ମନକୁ ମନ ଗୋଟିଏ କଥାର ପୁନରାବୃତ୍ତି କରୁଥିଲେ । ଆତ୍ମକଥନର (Self-Talk) ପ୍ରୟୋଗ କରି ସେମାନେ ସ୍ୱଗତୋକ୍ତି କରୁଥିଲେ "ବର୍ତ୍ତମାନ ଧୈର୍ଯ୍ୟଧର । ଆଉ ପନ୍ଦର ମିନିଟ୍ ପରେ ଦୁଇଟି ଆଇସ୍କ୍ରିମ ମଳିବ । ବର୍ତ୍ତମାନ ଗୋଟିଏ ଆଇସ୍କ୍ରିମ ଖାଇଥିବା ତୁମର ସାଙ୍ଗମାନେ ଚାହିଁ ରହିଥିବେ । ତୁମେ ମନ ଖୁସିରେ ଦୁଇଦୁଇଟା ଆଇସ୍କ୍ରିମ ଖାଉଥିବ । ଖୁବ୍ ମଜା ହେବ । ଆନନ୍ଦ ଲାଗିବ ।" ଦୁଇଟି ଆଇସ୍କ୍ରିମ ପାଇବା ପର୍ଯ୍ୟନ୍ତ ଏପରି ପିଲାମାନେ ମନ୍ତ୍ରଜପିଲା ପରି ଏହି କଥାକୁ ପୁନରାବୃତ୍ତି କରୁଥିଲେ । ଏହା ସେମାନଙ୍କ ଧୈର୍ଯ୍ୟ ରକ୍ଷାରେ ଯଥେଷ୍ଟ ସହାୟକ ହେଉଥିଲା ।

ଦ୍ୱିତୀୟତଃ ପିଲାମନେ ନିଜସ୍ୱ ଭାଷାରେ ଜଣାଇଲେ ଯେ ସ୍ୱଗତୋକ୍ତି ବା ଆତ୍ମକଥନ ବ୍ୟତୀତ ସେମାନେ ଦୁଇଦୁଇଟା ଆଇସ୍କ୍ରିମ ଖାଇବାର ଦୃଶ୍ୟପଟ (Visualization) ମଧ୍ୟ ମନେ ମନେ ଅଙ୍କନ କରୁଥିଲେ । ଆଇସ୍କ୍ରିମର ରୂପରସ ଓ ବାସ୍ନା

ମନେ ପକାଇ ଅଧିକ ଆମୋଦିତ ହେଉଥିଲେ। ଏପରି ଛବିଳ ଦୃଶ୍ୟର ପରିକଳ୍ପନା ଅପେକ୍ଷା କରିବା ପାଇଁ ସେମାନଙ୍କୁ ଅଭିପ୍ରେରିତ କରୁଥିଲେ।

ପ୍ରଫେସର୍ ମିସେଲ୍ ଅନୁଭବ କଲେ ଯେ ଭବିଷ୍ୟତରେ ବଡ଼ ଧରଣର ଲାଭ ବା ଲକ୍ଷ୍ୟ ପାଇଁ ବର୍ତ୍ତମାନର ଛୋଟ ଲୋଭ ବା ଲକ୍ଷ୍ୟ ପୂରଣକୁ ଏଡ଼ାଇଯିବା ଏକ ବିଶେଷ ଧରଣର ମାନସିକ ସଂଯମ। ବର୍ତ୍ତମାନର ଲୋଭକୁ ଉପେକ୍ଷା କରି (Delay of Gratification) ଭବିଷ୍ୟତର ସୁଫଳକୁ ଅପେକ୍ଷା କରିବା ଏକ ସ୍ୱତନ୍ତ୍ର ଧରଣର ସଂଯମ। ବଡ଼ କଥା ହେଉଛି ଯେ ମିସେଲ୍‌ଙ୍କ ଏହି ତାତ୍ପର୍ଯ୍ୟପୂର୍ଣ୍ଣ ପର୍ଯ୍ୟବେକ୍ଷଣର ପରିସମାପ୍ତି ସେଠାରେ ଘଟି ନ ଥିଲା।

ତତକ୍ଷଣାତ୍ ଆଇସକ୍ରିମ୍ ଖାଇବାକୁ ପ୍ରଲୋଭିତ ହୋଇଥିବା ଏବଂ ଅପେକ୍ଷା କରିବାକୁ ପସନ୍ଦ କରିଥିବା ଛୋଟ ଛୋଟ ପିଲାମାନଙ୍କୁ ସେ ପୃଥକ୍ ଭାବେ ତାଲିକାଭୁକ୍ତ କରି ସେମାନଙ୍କୁ ଦୀର୍ଘ ପଚାଶ ବର୍ଷ ପର୍ଯ୍ୟବେକ୍ଷଣ ଓ ଅନୁଧ୍ୟାନ କରେ। ସ୍କୁଲ, କଲେଜ ଓ ବୃତ୍ତିଗତ ଜୀବନରେ ସେମାନେ କିପରି ସଫଳତା ବିଫଳତା ଦର୍ଶାଇଛନ୍ତି ? ତାହାର ଅନୁଶୀଳନ କଲେ। ଏହି ଦୀର୍ଘକାଳୀନ ପର୍ଯ୍ୟବେକ୍ଷଣର ସିଦ୍ଧାନ୍ତ ମାତ୍ର ଅଳ୍ପ କିଛିବର୍ଷ ତଳେ ଏକ ପୁସ୍ତକ ଆକାରରେ ପ୍ରକାଶ ପାଇଛି। ମିସେଲ୍ ସ୍ପଷ୍ଟ ଲେଖିଛନ୍ତି ଯେ ଶୈଶବ ଓ ବାଲ୍ୟକାଳରେ ବୃହତ୍ତର ଲକ୍ଷ୍ୟ ପାଇଁ ଅପେକ୍ଷା କରିବାର ଧୈର୍ଯ୍ୟ ଓ ଆତ୍ମସଂଯମ ଦର୍ଶାଉଥିବା ପିଲାମାନେ ଭବିଷ୍ୟତରେ ମଧ୍ୟ ସଫଳତାର ଅଧିକାରୀ ହୁଅନ୍ତି। ତତ୍‌କାଳିକ ଲାଭର ଆକର୍ଷଣ ଖୁବ୍ ଅଧିକ । ସୁତରାଂ ଅଳ୍ପମିଆଦୀ (Short-Term) ଲକ୍ଷ୍ୟ ପରିବର୍ତ୍ତେ ଦୀର୍ଘମିଆଦୀ ଓ ବୃହତ୍ତର ଲକ୍ଷ୍ୟସାଧନରେ ଅଗ୍ରସର ହେବା ପାଇଁ ଉପଯୋଗୀ ମାନସିକତା ଆବଶ୍ୟକ। ବୃହତ୍ତର ଲକ୍ଷ୍ୟ ପଇଁ ଅପେକ୍ଷା କରିବା ସମୟରେ ଆତ୍ମକଥନର (Self-Talk) ଉତ୍କର୍ଷ ସହଜରେ ଅନୁମେୟ ।

ଆମର ଦୈନନ୍ଦିନ ଜୀବନରେ ଆତ୍ମକଥନର ଉପଯୋଗିତାର ଦୁଇଟି ଉଦାହରଣ ଦିଆଯାଇପାରେ। ଗୋଟିଏ ହେଉଛି ମାନସିକ ଚାପର ନିୟନ୍ତ୍ରଣ କ୍ଷେତ୍ରରେ ଆତ୍ମକଥନର ସକାରାତ୍ମକ ଭୂମିକା। ଏହା ଏକ ସାଧାରଣ ଅନୁଭବ ଯେ ଅନେକ ସମୟରେ ଆମ୍ଭେମାନେ ଅନିଚ୍ଛାକୃତ ଭାବରେ ଉତ୍ତେଜନାପ୍ରବଣ ପରିସର ମଧ୍ୟକୁ ପ୍ରବେଶ କରିଯାଉ। ଏଠାରେ ହୁଏତ ଏପରି ପରିସ୍ଥିତି ଉପୁଜେ ଯେଉଁଠାରେ କ୍ରୋଧ ସମ୍ବରଣ କରିବା ଅପେକ୍ଷାକୃତ କଷ୍ଟକର ହୁଏ। ମାତ୍ର ଏପରି କେତେକ ପରିସ୍ଥିତି ରହିଛି, ଯେଉଁଠାରେ ସମ୍ଭାବ୍ୟ ଉତ୍ତେଜନା ଓ ଆକ୍ରମଣାତ୍ମକ ଆବାହାୱାର ପୂର୍ବାନୁମାନ କରାଯାଇପାରେ। ମନେକରାଯାଉ ବିଭିନ୍ନ ସଂସ୍ଥା ବା କର୍ମସଂସ୍ଥାର ସଭାସମିତି ଏପରି ଏକ ପରିବେଶ। ଏଠରେ କଳିତକରାଳ, ବାଦବିସମ୍ବାଦ ଓ ଯୁକ୍ତିତର୍କର ଖୁବ୍ ସମ୍ଭାବନା

ରହିଛି। ଏପରି ସଭାସମିତିକୁ ଯିବାପୂର୍ବରୁ ବ୍ୟକ୍ତି ଆତ୍ମକଥନର ସାହାଯ୍ୟ ନେଇ ଯଥାସମ୍ଭବ ନିଜକୁ ଚାପମୁକ୍ତ ରଖିପାରନ୍ତି। ଏପରି ଉତ୍ତେଜନାପ୍ରବଣ ସଭା ସମିତିକୁ ଯିବା-ପୂର୍ବରୁ ସେ ମନେ ମନେ ମନ୍ତ୍ର ଉଚ୍ଚାରଣ କଲାପରି ଆତ୍ମକଥନ ପ୍ରୟୋଗ କରିପାରନ୍ତି। ସେ ନିଜକୁ ନିଜେ କହିପାରନ୍ତି "ପରିସ୍ଥିତି ଖରାପ ହେଲେ ମଧ୍ୟ ମୁଁ ନିଜକୁ ସଂଯତ ରଖିବି। ରାଗିବି ନାହିଁ। ସ୍ଥିରତା ବଜାୟ ରଖିବି।" ଅନୁଚ୍ଚ ସ୍ୱରରେ ନିଜକୁ ନିଜେ ଏପରି ବାରମ୍ବାର କହିବାର ଅଭ୍ୟାସ ନିଶ୍ଚିତ ଭାବରେ ସଂଯମ ରକ୍ଷାରେ ସହାୟକ ହେବ ଏବଂ ଅଶାନ୍ତିର ପ୍ରତିରୋଧ କରିବ।

ବ୍ୟବହାରିକ ଜୀବନରେ ଆଉ ଗୋଟିଏ ଉଦାହରଣ ମଧ୍ୟ ଦିଆଯାଇପାରେ। ଗବେଷକମାନେ ଦେଖିଛନ୍ତି ଯେ ଅସାମାଜିକ ସମାଜ ବିରୋଧୀ ଓ ହିଂସାତ୍ମକ କାର୍ଯ୍ୟକଳାପରେ ଲିପ୍ତଥିବା କିଶୋର କିଶୋରୀମାନଙ୍କର ବୁଦ୍ଧିମତ୍ତା ଅନ୍ୟ କିଶୋରକିଶୋରୀମାନଙ୍କ ବୁଦ୍ଧିମତ୍ତାଠାରୁ ଅଧିକ ହୋଇପାରେ, କମ୍ ହୋଇପାରେ କିମ୍ବା ସମାନ ମଧ୍ୟ ହୋଇପାରେ। ମାତ୍ର ଏହା ସତ୍ୟ ଯେ ଆଚରଣଗତ ଓ ସମସ୍ୟା ଦର୍ଶାଉଥିବା ପିଲାମାନଙ୍କର ଭାଷାଗତ ବୁଦ୍ଧିମତା (Verbal) ସେମାନଙ୍କର ସମବୟସୀ ପିଲାମାନଙ୍କର ଭାଷାଗତ ବୁଦ୍ଧିମତ୍ତାଠାରୁ ବେଶ କମ୍। ଏହାର ଏକ ପ୍ରୟୋଗାତ୍ମକ ଦିଗ ହେଉଛି ଯେ ଅସାମାଜିକ କାର୍ଯ୍ୟକଳାପରେ ଲିପ୍ତଥିବା ପିଲାମାନଙ୍କର କେବଳ ଭାଷାଗତ ଦକ୍ଷତା କମ୍ ନୁହେଁ, ଏମାନେ ନିରବରେ ନିଜ ସହିତ ନିଜେ କଥାବାର୍ତ୍ତା କରିବାରେ ମଧ୍ୟ ଅପାରଗ। ଏମାନଙ୍କର ଅନୁଚ୍ଚ ଆତ୍ମକଥନର ଅଭାବ ଅନେକ ସମୟରେ ଆତ୍ମନିୟନ୍ତ୍ରଣରେ ବାଧା ସୃଷ୍ଟି କରିଥାଏ।

ଏହାକୁ ଭିତ୍ତିକରି କୁହାଯାଇପାରେ ଯେ ଏକାଗ୍ରତା ରକ୍ଷା ନ କରି ଅତି ଚଞ୍ଚଳତା (Hyper-Activity) ଦର୍ଶାଉଥିବା ପିଲାମାନଙ୍କୁ ଆତ୍ମକଥନର ଅଭ୍ୟାସ ଶିକ୍ଷା ଦିଆଯିବା ଉଚିତ । ସେହିପରି ସମାଜ-ବିରୋଧୀ କାର୍ଯ୍ୟକଳାପ ଦର୍ଶାଉଥିବା ପିଲାମାନଙ୍କୁ ମଧ୍ୟ ଏ ଭଲ ଅଭ୍ୟାସଟି ତାଲିମ ଦେବାକୁ ହେବ। ସେମାନଙ୍କୁ କରଣୀୟ କାର୍ଯ୍ୟଟି କରିବାକୁ ତାଲିମ ଦେଲାଭଳି ଆତ୍ମକଥନ ପ୍ରୟୋଗ କରିବେ (ଯଥା-ମୁଁ ଏ କାମଟି ଧୀରେ ଧୀରେ କରିବି; ସ୍ଥିରଭାବରେ କରିବି)। ତାହାର ପ୍ରଶିକ୍ଷଣ ଖୁବ୍ ଉପାଦେୟ ହେବ।

ମୋଟଉପରେ ଆତ୍ମକଥନ (Self-talk ବା Inner speech) ଆତ୍ମ ଉପଦେଶରେ ଏକ ସୁନ୍ଦର ମାର୍ଗ। ବର୍ତ୍ତମାନର ବହୁ ଅପରାଧ ବହୁ ଦୁଷ୍କୃତିରେ ଆତ୍ମସଂଯମର ବିପର୍ଯ୍ୟୟ ସ୍ପଷ୍ଟ ପ୍ରତିଫଳିତ । ଆତ୍ମସଂଯମର ମହତ୍ତ୍ୱକୁ ପୁନଃ ପ୍ରତିଷ୍ଠିତ କରିବାକୁ ହେଲେ ବୟସ ନିର୍ବିଶେଷରେ ଆତ୍ମକଥନର ଅଭ୍ୟାସକୁ ଶକ୍ତିଶଳୀ କରିବାକୁ ହେବ।

ଆତ୍ମମର୍ଯ୍ୟାଦାବୋଧ

ମନୁଷ୍ୟର ବ୍ୟବହାର ସଦାସର୍ବଦା ବାହ୍ୟ ଅବସ୍ଥା ଦ୍ୱାରା ନିର୍ଦ୍ଧାରିତ ହୋଇ ନଥାଏ । ମନୁଷ୍ୟ ହୁଏତ ନିଜକୁ ଯୁକ୍ତିଯୁକ୍ତ (Rational) ବ୍ୟବହାର ଅଧିକାରୀ ବୋଲି ଦାବି କରିଥାଏ ଏବଂ ବାହ୍ୟ ବାସ୍ତବତାକୁ ଆଖିରେ ରଖି ବ୍ୟବହାର କରେ ବୋଲି ଯୁକ୍ତି ବାଢ଼ିଥାଏ। କିନ୍ତୁ ନିଜର ଅନ୍ତର୍ନିହିତ ବିଶ୍ୱାସ ହିଁ ତା'ର ବ୍ୟବହାରକୁ ରୂପ ଦିଏ। ସେଥିପାଇଁ ବିଶ୍ୱବିଶ୍ରୁତ ମନୋବିଜ୍ଞାନୀ ସିଗ୍‌ମଣ୍ଡ୍ ଫ୍ରଏଡ୍ କହିଥିଲେ "ମନୁଷ୍ୟ ଯୁକ୍ତିଯୁକ୍ତ ବିଚାର-ପ୍ରେରିତ ପ୍ରାଣୀ ନୁହେଁ। ନିଜର ବ୍ୟବହାର ଓ ଆଚରଣତାକୁ ଯୁକ୍ତିଯୁକ୍ତ ବୋଲି ତର୍କ କରି ପାରିଥିବା ପ୍ରାଣୀଟିଏ।" ଏ ବାକ୍ୟର ଏକ ବିଶେଷ ତାତ୍ପର୍ଯ୍ୟ ରହିଛି। ଫ୍ରଏଡ୍‌ଙ୍କ କହିବା ଅନୁଯାୟୀ ମଣିଷ ଯୁକ୍ତିଶୀଳ ହୋଇଥିଲେ ପ୍ରଥମେ ବ୍ୟବହାର କରିବା ପୂର୍ବରୁ ଉଚିତ ଅନୁଚିତ ବିଚାର କରନ୍ତା ଏବଂ ପରେ ଉଚିତ ବ୍ୟବହାର ଗ୍ରହଣ କରିଥାଆନ୍ତା। କିନ୍ତୁ ପ୍ରକୃତରେ ଏକଥା ଘଟି ନଥାଏ। ମଣିଷ ପ୍ରବୃତ୍ତି ଚାଳିତ ହୋଇ ଏବଂ କାମନା ବାସନା - ପ୍ରେରିତ ହୋଇ ପ୍ରଥମେ ବ୍ୟବହାର ଦର୍ଶାଏ। ପରେ ପରେ ସେ ଯୁକ୍ତିଯୁକ୍ତ ବୋଲି ବାହାସ୍ଫୋଟ ମାରିଥାଏ। ଅନ୍ୟ ଭାଷାରେ କହିଲେ ମଣିଷର ନିଜସ୍ୱ ବିଶ୍ୱାସ ହିଁ ବ୍ୟବହାରର ମୂଳ ନିର୍ଦ୍ଧାରକ।

ମଣିଷ ଯେଉଁ ବିଶ୍ୱାସର ବିଶ୍ୱରେ ବାସ କରେ, ତାହାର ତିନୋଟି ସ୍ରୋତ ରହିଛି। ଗୋଟିଏ ହେଉଛି ନିଜ ସମ୍ପର୍କରେ ବିଶ୍ୱାସ, ଗୋଟିଏ ହେଉଛି ଅନ୍ୟ ସମ୍ପର୍କରେ ବିଶ୍ୱାସ ଓ ତୃତୀୟଟି ହେଉଛି ବାହ୍ୟବସ୍ତୁ ଓ ଘଟଣା ସମ୍ପର୍କରେ ବିଶ୍ୱାସ। ମନୁଷ୍ୟର ନିଜ ସମ୍ପର୍କରେ କି ଧାରଣା ଓ ବିଶ୍ୱାସ ରହିଛି, ତାହା ବେଶ୍ ଗୁରୁତ୍ୱପୂର୍ଣ୍ଣ। ଏହାକୁ ମନସ୍ତାତ୍ତ୍ୱିକ ପରିଭାଷାରେ ସ୍ୱପ୍ରତ୍ୟୟ (Self-Concept) କୁହାଯାଏ। ନିଜ ସମ୍ପର୍କରେ ସବୁ ଧାରଣା ସକାରାତ୍ମକ ନୁହେଁ କି ସବୁ ବିଶ୍ୱାସ ନକାରାତ୍ମକ ନୁହେଁ। ସକାରାତ୍ମକ ଧାରଣା ସବୁର ସମଷ୍ଟି ବ୍ୟକ୍ତିକୁ ପ୍ରୀତିପ୍ରଦ ଅନୁଭବ ଦିଏ। ଏହାର ସ୍ମରଣରେ ବ୍ୟକ୍ତି କିଛିଟା ଆନନ୍ଦ

ଅନୁଭବ କରେ ଏବଂ ଉଚ୍ଛକିତ ହୁଏ। ଏହା ହିଁ ତା'ର ଆତ୍ମମର୍ଯ୍ୟାଦାବୋଧ (Self-Esteem)। ତାତ୍ପର୍ଯ୍ୟପୂର୍ଣ୍ଣ ପ୍ରଶ୍ନଟି ହେଉଛି - ଏହି ଆତ୍ମମର୍ଯାଦାବୋଧ ବ୍ୟକ୍ତିଗତ ବିକାଶରେ କେତେ ଅନୁକୂଳ ଓ କେତେ ପ୍ରତିକୂଳ ?

ଲକ୍ଷ୍ୟ କରିବାର କଥା ଯେ ଆତ୍ମମର୍ଯ୍ୟାଦାବୋଧର କେନ୍ଦ୍ରବିନ୍ଦୁ ହେଉଛି ଆତ୍ମ-ଅନୁଭୂତି । ସକାରାତ୍ମକ ଆମ-ଅନୁଭବ ନିଶ୍ଚିତ ଭାବରେ ଆତ୍ମ-ସନ୍ତୋଷ ଦେଇଥାଏ। ଏ ଦୃଷ୍ଟିରୁ ଉଚ୍ଚତର ଆତ୍ମମର୍ଯ୍ୟାଦବୋଧର ଅଧିକାରୀ ହୋଇଥିବା ଲୋକମାନେ ଏପରି ଅନୁଭବ କରନ୍ତି : "ମୁ ଭାବୁଛି ଯେ ମୋର ଅନେକ ଭଲଗୁଣ ରହିଛି; ମୋ ପ୍ରତି ମୋର ମନୋଭାବ ସକାରାତ୍ମକ, ବ୍ୟକ୍ତି ହିସାବରେ ମୋର କିଛିଟା ଓଜନ ଅଛି; ଲୋକମାନେ ମୋତେ ସମ୍ମାନ ଦିଅନ୍ତି।" ଆମର ଉଚ୍ଚତର ଓ ନିମ୍ନତର ଆତ୍ମମର୍ଯ୍ୟାଦାବୋଧ ଆମର ଦକ୍ଷତା ସମ୍ପର୍କଶୀଳତା ଓ ସଫଳତା-ବିଫଳତା ଉପରେ ନିର୍ଭର କରେ। ଉଚ୍ଚତର ଆତ୍ମମର୍ଯ୍ୟାଦବୋଧର ଅଧିକାରୀ ହୋଇଥିବା ବ୍ୟକ୍ତିମାନେ ନିଜକୁ ଦକ୍ଷ, ଲୋକପ୍ରିୟ, ଆକର୍ଷଣଶୀଳ ଓ ସଫଳ ବ୍ୟକ୍ତିତ୍ୱ ବୋଲି ବିଚାର କରନ୍ତି। ଅନ୍ୟପକ୍ଷରେ ନିମ୍ନତର ଆତ୍ମମର୍ଯ୍ୟାଦାବୋଧ ରହିଥିବା ଲୋକମାନେ ଅନିଶ୍ଚିତ ଓ ସଂଶୟାକୁଳ ଅବସ୍ଥାରେ ରହିଥାଆନ୍ତି। ହୁଏତ ସବୁବେଳେ ହୀନମନ୍ୟତା ନ ଥାଏ। ସୁଦିନ ଆସିଲେ, ସଫଳତା ଆସିଲେ ସେମାନେ ଉଚ୍ଛକିତ ହୁଅନ୍ତି। ପୁଣି ବିଫଳତା ଆସିଲେ ଅବସାଦର ଶରବ୍ୟ ହୁଅନ୍ତି। ଜୀବନର ଉତ୍‌ଥାନ ପତନ ଏମାନଙ୍କୁ ଅପେକ୍ଷାକୃତ ଅଧିକ ଆଲୋଡ଼ିତ କରେ। ସୁତରାଂ ଏମାନେ ଗୋଟିଏ ଦିନ ଭଲ ଅନୁଭବ କଲେ ଅନ୍ୟ ଦିନଟିରେ ଖରାପ ଅନୁଭବ କରନ୍ତି। ନିଜ ବ୍ୟକ୍ତିଗତ ଲକ୍ଷ୍ୟଟି ହାସଲ କରିପାରିବେ କି ନାହିଁ, ଏ ବିଷୟରେ ଘୋର ସନ୍ଦେହ ରହିଥାଏ।

ଅବଶ୍ୟ ଆତ୍ମମର୍ଯ୍ୟାଦାବୋଧ ଆପେ ଆପେ ଗଠିତ ହୋଇ ନଥାଏ। ବାହାରର ଲୋକମାନେ ଆମ ସମ୍ପର୍କରେ କିପରି ମନ୍ତବ୍ୟ ଦେଉଛନ୍ତି, ଆମର କାର୍ଯ୍ୟକଳାପକୁ କିପରି ଉତ୍ସାହିତ ଏବଂ ନିରୁତ୍ସାହିତ କରୁଛନ୍ତି ଏବଂ ଆମର ସଫଳତା ବିଫଳତା ଆମର ଆତ୍ମମର୍ଯ୍ୟାଦାବୋଧକୁ ରୂପ ଦିଏ। ଏ ଦୃଷ୍ଟିରୁ ଏଥିରେ କିଛି ପରିମାଣରେ ବାସ୍ତବତା ଅଛି । ତଥାପି କୁହାଯିବ ଯେ ଆମର ନିଜ ସମ୍ପର୍କରେ ନିଜସ୍ୱ ମତାମତ ଏବଂ ଆମ ସମ୍ପର୍କରେ ଅନ୍ୟମାନଙ୍କର ମତାମତ ମଧ୍ୟରେ ପୂରାପୂରି ସାମଞ୍ଜସ୍ୟ ନଥାଇପାରେ। ଏ ଦୃଷ୍ଟିରୁ ଆତ୍ମମର୍ଯ୍ୟାଦାବୋଧର ଗୋଟିଏ ଅଂଶ ବାସ୍ତବ ଓ ଅନ୍ୟ ଅଂଶ ବି ଅବାସ୍ତବ ରହିବାର ସମ୍ଭାବନ ରହିଛି।

ଆତ୍ମମର୍ଯ୍ୟାଦାବୋଧର ଉପଯୋଗିତା :

ଉଚ୍ଚତର ଆତ୍ମମର୍ଯ୍ୟାବୋଧର ଏକାଧିକ ସକାରାତ୍ମକ ଦିଗ ରହିଛି। ପ୍ରଥମତଃ

ମନୁଷ୍ୟର ସୁଖାନୁଭୂତି ସହିତ ଏହା ବେଶ୍ ସମ୍ବନ୍ଧଶୀଳ। ଆବେଗିକ ସ୍ତରରେ ଭଲ ଅନୁଭବ କରୁଥିବା ଲୋକମାନେ ସୁଖୀ ହେବାର ସମ୍ଭାବନା ଅଧିକ। ସୁଖ୍ୟାନୁଭୂତିର (Happiness) ସ୍ୱରୂପ ଦର୍ଶାଇବାକୁ ଯାଇ ମନୋବିଜ୍ଞାନୀମାନେ ଯେଉଁସବୁ ଉପାଦାନ ଚିହ୍ନଟ କରିଛନ୍ତି ସେଥିରେ ସକାରାତ୍ମକ ଆବେଗର (Positive Emotions) ଏକ ଗୁରୁତ୍ୱପୂର୍ଣ୍ଣ ଦିଗ ରହିଛି । ଅନେକଗୁଡ଼ିଏ ସର୍ବେକ୍ଷଣରେ ଦର୍ଶାଯାଇଛି ଯେ ଉଚ୍ଚତର ଆତ୍ମମର୍ଯ୍ୟାଦାବୋଧର ଅଧିକାରୀ ହୋଇଥିବା ବ୍ୟକ୍ତିମାନେ ଅନେକ ସମୟରେ ସକାରାତ୍ମକ ଆବେଗ (ଆନନ୍ଦ, ଆଗ୍ରହ, ପ୍ରସନ୍ନତା, କରୁଣା ଇତ୍ୟାଦି) ଅନୁଭବ କରନ୍ତି। ଏପରି ଆନନ୍ଦ ଅତିମାତ୍ରାର ଆବେଗ (ଠିକ୍ ଲଟେରୀ ଜିତିବାର ପର ପର ମାତ୍ରାଧିକ ଆନନ୍ଦ) ନ ହୋଇପାରେ। ପ୍ରକୃତରେ ସୁଖାନୁଭୂତି ପାଇଁ ସାମୟିକ ଆବେଗ ଅପେକ୍ଷା ମଧ୍ୟମ ମାତ୍ରାର ବହୁସଂଖ୍ୟକ ସକାରାତ୍ମକ ଆବେଗ ଅଧିକ ଆବଶ୍ୟକ। ଆତ୍ମମର୍ଯ୍ୟାଦାସମ୍ପନ୍ନ ବ୍ୟକ୍ତିମାନେ ବେଶୀଥର ମଧ୍ୟମ ମାତ୍ରାରେ ସକାରାତ୍ମକ ଆବେଗ (ଶାନ୍ତଭାବ, ସଂପ୍ରୀତି, ପ୍ରସନ୍ନତା, କରୁଣା ଇତ୍ୟାଦି) ଅନୁଭବ କରୁଥିବାରୁ ସୁଖୀ ବ୍ୟକ୍ତିର ଅନୁଭବ ପାଇବାର ସମ୍ଭାବନା ଅଧିକ ।

ଆତ୍ମମର୍ଯ୍ୟାଦାବୋଧ ଏକ ବିଶେଷ ଧରଣର ଅଭିପ୍ରେରକ। ଆତ୍ମମର୍ଯ୍ୟାଦାବୋଧ ପ୍ରେରିତ ହୋଇ ବ୍ୟକ୍ତି ଅଧିକ ଅଧିକ ସଂକଳ୍ପବଦ୍ଧ ଯୋଜନା କରେ ଏବଂ ଲକ୍ଷ୍ୟ ପୂରଣରେ ଅଧିକ ଅଗ୍ରସର ହୁଏ। ନିଜର ଭାବମୂର୍ତ୍ତିକୁ ଅଧିକ ଦୃଢ଼ କରିବାର ଇଚ୍ଛା ତୀବ୍ର ଥିବାରୁ ଏପରି ସମ୍ଭାବନା ଥାଏ। ଆତ୍ମସନ୍ତୋଷ ଓ ଜୀବନର ସନ୍ତୋଷ ମଧ୍ୟରେ ଏକ ଗଭୀର ସମ୍ବନ୍ଧ ରହିଛି। ଆମ୍ଭେମାନେ ନିଜକୁ ଯେପରି ଦେଖିଥାଉ ଜୀବନକୁ ମଧ୍ୟ ଅନୁରୂପ ଭାବରେ ପ୍ରତ୍ୟକ୍ଷଣ କରୁ। ଯେଉଁମାନେ ନିଜକୁ ଗ୍ରହଣଶୀଳ ମନୋଭାବ ନେଇ ଦେଖନ୍ତି, ନିଜକୁ ସମ୍ମାନ ଦିଅନ୍ତି ଏବଂ ନିଜକୁ ଶ୍ରଦ୍ଧା କରନ୍ତି, ସେମାନଙ୍କର ଜୀବନରେ ସନ୍ତୋଷ ବୃଦ୍ଧି ପାଇବ ।

ଆତ୍ମମର୍ଯ୍ୟାଦାବୋଧର ଅନ୍ୟ ଏକ ବିଶେଷତ୍ୱ ହେଉଛି ଯେ ଏପରି ସଂକଳ୍ପର ଅଧିକାରୀ ହୋଇଥିବା ବ୍ୟକ୍ତିମାନେ ଜୀବନରେ କେତେକ ନକାରାତ୍ମକ ଓ ବିରୁଦ୍ଧ ଶକ୍ତି ସହିତ ସଫଳ ସଂଗ୍ରାମ କରିପାରନ୍ତି। ଏମାନେ ମାନସିକ ଚାପର ନିୟନ୍ତ୍ରଣରେ ସଫଳ ହୁଅନ୍ତି। ଉଦ୍‌ବେଗ ଏଡ଼ାଇ ଯାଆନ୍ତି ଏବଂ ଦୁଶ୍ଚିନ୍ତାଠାରୁ ନିଜକୁ ଦୂରେଇ ନିଅନ୍ତି। ବହୁ ଗବେଷଣାରେ ଦେଖାଯାଇଛି ଯେ ଉଚ୍ଚତର ଆତ୍ମମର୍ଯ୍ୟାଦାବୋଧ ରହିଥିବା ଲୋକମାନଙ୍କର ମୃତ୍ୟୁଭୟ ଅପେକ୍ଷାକୃତ କମ୍। ଏମାନଙ୍କର ଭୟ, ଆଶଙ୍କା, ଉଦ୍‌ବେଗ ଅବସାଦ ଓ ମାନସିକଚାପ ନିୟନ୍ତ୍ରିତ ରହୁଥିବାରୁ ସଫଳ ଜୀବନଯାପନର ବଳୟ ଅପେକ୍ଷାକୃତ ପ୍ରସାରିତ ରହେ।

ଆତ୍ମମର୍ଯ୍ୟାଦାବୋଧର ଅନ୍ୟତମ ମହତ୍ତ୍ୱପୂର୍ଣ୍ଣ ଭୂମିକା ହେଉଛି ସମ୍ପର୍କଶୀଳତାର ବିକାଶରେ ଏହାର ମହତ୍ତ୍ୱପୂର୍ଣ୍ଣ ଅବଦାନ। ଉଲ୍ଲେଖ କରାଯାଇପାରେ ଯେ ସମ୍ପର୍କଶୀଳତା ମନୁଷ୍ୟର ସୁରକ୍ଷା ଓ ଅଗ୍ରଗତି ପାଇଁ ଉଦବର୍ତ୍ତନର ଏକ ବିଶେଷ ଦାନ। ଆରମ୍ଭରୁ ମନୁଷ୍ୟ ନିଜର ସୁରକ୍ଷା ପାଇଁ ଏକତ୍ରିତ ହୋଇ ବସବାସ କରିବାର ଇଚ୍ଛା ପୋଷଣ କରିଛି, ଅନ୍ୟମାନଙ୍କ ସହ ସମ୍ପର୍କ ରକ୍ଷା କରିବାର ପ୍ରୟାସ କରିଛି ଏବଂ ଗୋଷ୍ଠୀଗତ ଜୀବନର ଅଭ୍ୟାସ କରିଛି। ଏ ଦୃଷ୍ଟିରୁ ଆତ୍ମମର୍ଯ୍ୟାଦାବୋଧ ଏକ ସାମାଜିକ ବାରୋମିଟରର କାର୍ଯ୍ୟକରେ। ବାରୋମିଟର ସାହାଯ୍ୟରେ ଆମେ ଯେପରି ଆଗାମୀ ପାଣିପାଗ ଜାଣିପାରୁ, ଆତ୍ମମର୍ଯ୍ୟାଦା ବୋଧ ସେପରି ସାମାଜିକ ସମ୍ପର୍କର ମାପ କରିଥାଏ। କେଉଁ ବ୍ୟକ୍ତି ପ୍ରତି କି ବ୍ୟବହାର ପ୍ରୀତିପ୍ରଦ ହେବ ଏବଂ କେଉଁ ବ୍ୟବହାର ଅପ୍ରୀତିକର ହେବ, ଅନ୍ତର୍ନିହିତ ଆତ୍ମମର୍ଯ୍ୟାଦାବୋଧ ତାହାର ସଂକେତ ଦେଇଥାଏ।

ପେଟ ଗୋଳେଇଘାଣ୍ଟି ହେଲେ କିମ୍ୱା ପାଟି ଶୁଖିଗଲେ ଆମେ ଖାଦ୍ୟ ଜଳର ଆବଶ୍ୟକତା ଅନୁଭବ କରୁ। କିପରି ଖାଦ୍ୟ ଖାଇବ ଏବଂ କେତେ ପରିମାଣରେ ଜଳପାନ କରିବୁ ତାହାର ଆକଳନ କରୁ। ସେହିପରି ଗୋଟିଏ କାର୍‌ର ଗ୍ୟାସ୍‌ଗେଜ୍ ସୂଚନା ଦିଏ ଯେ କେଉଁ ସମୟରେ ପେଟ୍ରୋଲ୍ କିମ୍ୱା ଡିଜେଲର ଆବଶ୍ୟକତା ରହିଛି। ଏପରି ସଂକେତ କାରକୁ ଚଳନଶକ୍ତି ଦେଇ ନଥାଏ। କିନ୍ତୁ ଏପରି ସୂଚନା ପାଇଁ ଆମେ ପ୍ରତିବିଧାନ ଗ୍ରହଣ କଲେ ଅସୁବିଧା ଏଡ଼ାଇ ଯାଇପାରୁ। ଠିକ୍ ସେହିପରି ଆତ୍ମମର୍ଯ୍ୟାଦାବୋଧ ଏକ ସାମାଜିକ ବାରୋମିଟରର କାର୍ଯ୍ୟ କରେ। ଏହାର ସୂଚନା ଅନୁଯାୟୀ କେତେକ ବ୍ୟକ୍ତିଙ୍କ ସହିତ ଆମେ ସମ୍ପର୍କକୁ ସଜାଡ଼ି ନେଇପାରୁ, ଅନ୍ୟମାନଙ୍କ ସହିତ ନୂତନ ସମ୍ପର୍କ ଆରମ୍ଭ କରିପାରୁ ଏବଂ ଅନ୍ୟ କେତେକଙ୍କ ସହ ପୂର୍ବରୁ ସମ୍ପର୍କକୁ ଦୃଢ଼ କରିପାରୁ। ଏ ପରିପ୍ରେକ୍ଷୀରେ ଆତ୍ମମର୍ଯ୍ୟାଦାବୋଧ ସମ୍ପର୍କଶୀଳତାର ଅନୁକରଣ ଓ ବିକାଶ ଦିଗରେ ଏକ ସହାୟକ ସମ୍ୱଳ ।

ଅବସ୍ଥା-ସମ୍ପର୍କିତ ମର୍ଯ୍ୟାଦାବୋଧ :-

ଆତ୍ମମର୍ଯ୍ୟାଦାବୋଧର ସକାରାତ୍ମକ ଦିଗ (ସୁଖାନୁଭୂତି, ମାନସିକ ଚାପର ନିୟନ୍ତ୍ରଣ ଏବଂ ଉପଯୋଗୀ ସମ୍ପର୍କଶୀଳତା) ଲୋକଲୋଚନକୁ ଆସିବା ପରେ ଛାତ୍ରଛାତ୍ରୀ, କର୍ମସଂସ୍ଥାର କର୍ମଚାରୀ ଏବଂ ଅନ୍ୟ କେତେକ କ୍ଷେତ୍ରରେ ଆତ୍ମମର୍ଯ୍ୟାଦାବୋଧର ଅଭିବୃଦ୍ଧି ପାଇଁ ଯୋଜନାବଦ୍ଧ ପ୍ରୟାସ କରାଗଲା। ଦେଖାଗଲା ଯେ ଏପରି ପ୍ରୟାସ ଫଳରେ ସାମଗ୍ରିକ ଭାବରେ ଆତ୍ମମର୍ଯ୍ୟାଦା ବୋଧ ବଢୁଥିଲେ ମଧ୍ୟ ସବୁକ୍ଷେତ୍ରରେ ସଫଳତା ମିଳୁ ନାହିଁ। ସୁତରାଂ ମନସ୍ତତ୍ତ୍ୱବିଦ୍‌ମାନେ ଅନୁଭବ

କଲେ ଯେ କେବଳ ଆତ୍ମମର୍ଯ୍ୟାଦାବୋଧର ସ୍ତର ଗୁରୁତ୍ୱପୂର୍ଣ୍ଣ ନୁହେଁ, ତାତ୍ପର୍ଯ୍ୟପୂର୍ଣ୍ଣ ହେଉଛି ଆତ୍ମମର୍ଯ୍ୟାଦାବୋଧର କ୍ଷେତ୍ର ବା ପରିସର (Domains) ।

ପ୍ରକୃତରେ ଆତ୍ମମର୍ଯ୍ୟାଦାବୋଧର ଉତ୍ସ ପ୍ରତି ଦୃଷ୍ଟିଦେବାକୁ ହେବ। ବିଭିନ୍ନ ବ୍ୟକ୍ତି ଭିନ୍ନ ଭିନ୍ନ କ୍ଷେତ୍ରରେ ଗୁରୁତ୍ୱ ଆରୋପ କରନ୍ତି। କେତେକ ବ୍ୟକ୍ତି ବୌଦ୍ଧିକ ଜଗତର ଉତ୍କର୍ଷ ଉପରେ ଗୁରୁତ୍ୱ ଦେବା ସ୍ଥଳେ ଅନ୍ୟମାନେ ବନ୍ଧୁତ୍ୱ ଓ ସମ୍ପର୍କଶୀଳତା ଉପରେ ପ୍ରାଧାନ୍ୟ ଦେଇ ପାରନ୍ତି। ସେମାନଙ୍କ ଜୀବନର କେଉଁସବୁ ଦିଗ ପ୍ରାସଙ୍ଗିକ ଏବଂ କେଉଁସବୁ ଦିଗ ଅପ୍ରାସଙ୍ଗିକ, ତାହା ଉପରେ ନିର୍ଭର କରି ବ୍ୟକ୍ତିର ଗୁରୁତ୍ୱପୂର୍ଣ୍ଣ ଦିଗ ନିର୍ଦ୍ଧାରଣ ହୁଏ। ଶିକ୍ଷାଗତ ସାଫଲ୍ୟକୁ ପ୍ରାଧାନ୍ୟ ଦେଉଥିବା ଛାତ୍ର ପାଇଁ କଲେଜ ପରୀକ୍ଷାରେ ବିଫଳତା ମର୍ଯ୍ୟାଦାବୋଧ ପାଇଁ ଏକ ଦାରୁଣ ଆଘାତ ହୋଇପାରେ। ମାତ୍ର ଅନ୍ୟମାନଙ୍କ ସହ ବନ୍ଧୁତ୍ୱ ଓ ସମ୍ପର୍କଶୀଳତାକୁ ଗୁରୁତ୍ୱ ଦେଉଥିବା ଛାତ୍ର ପାଇଁ ପରୀକ୍ଷାରେ ବିଫଳତା ବ୍ୟଥାର କାରଣ ହୋଇଥାଏ। ଏ ଦୃଷ୍ଟିରୁ କୌଣସି ବ୍ୟକ୍ତିର ଆତ୍ମମର୍ଯ୍ୟାଦାବୋଧର ଚିହ୍ନଟ କରିବା ସମୟରେ ଅବସ୍ଥା-ସମ୍ପର୍କିତ ଅନୁଭବର ଚିହ୍ନଟ କରିବା ଉଚିତ ହେବ। ପ୍ରାଞ୍ଜଳ ଧାରଣା ପାଇଁ ନିମ୍ନ ସାରଣୀରେ କେତେକ ଅବସ୍ଥା-ସମ୍ପର୍କିତ ମର୍ଯ୍ୟାଦାବୋଧର ଦୃଷ୍ଟାନ୍ତ ଦିଆଯାଇଛି। କହିବା ଅନାବଶ୍ୟକ ଯେ ଏପରି ଉତ୍ସ (Source) ବା ଅବସ୍ଥାଟି ଚିହ୍ନଟ କରିପାରିଲେ ସମ୍ପୃକ୍ତ ବ୍ୟକ୍ତିଙ୍କର ବ୍ୟକ୍ତିଗତ ବିକାଶରେ ଉପଯୋଗୀ ପଦକ୍ଷେପ ଗ୍ରହଣ କରିବା ସମ୍ଭବ ହେବ।

ଅବସ୍ଥା-ସମ୍ପର୍କିତ ଆତ୍ମମର୍ଯ୍ୟାଦାବୋଧ :

୧. ଅନ୍ୟମାନଙ୍କର ଅନୁମୋଦନ

(ଉଦାହରଣ : ଅନ୍ୟମାନଙ୍କର ଶୁଭେଚ୍ଛା ମୋ ପାଇଁ ଏକ ବିଶେଷ ସମ୍ବଳ)

୨. ଚେହେରା

(ଉଦାହରଣ : ମୁଁ ଆକର୍ଷଣଶୀଳ ମନେ ହେଲେ ମେତେ ଭଲ ଲାଗେ।)

୩. ପ୍ରତିଯୋଗିତା

(ଉଦାହରଣ : ମୁଁ ଅନ୍ୟମାନଙ୍କଠାରୁ ଆଗରେ, ଏପରି ପ୍ରୋତ୍ସାହନରେ ମୁଁ ଖୁସି ହୁଏ ।)

୪. ଶିକ୍ଷାଗତ ସାମର୍ଥ୍ୟ

(ଉଦାହରଣ : ପରୀକ୍ଷାରେ ଉଚ୍ଚ ସଫଳତା ମୋ ପାଇଁ ଗର୍ବର ବିଷୟ।)

୫. ପାରିବାରିକ ସମର୍ଥନ

(ଉଦାହରଣ : ମୋ ପରିବାରର ଲୋକେ ମୋ ପାଇଁ ଗର୍ବ ଅନୁଭବ କଲେ ମୁଁ ଖୁସି ହୁଏ।)

୬. ସଦ୍‌ଗୁଣ

(ଉଦାହରଣ : ମୋର ନୈତିକତା ନେଇ ମୁଁ ଗର୍ବ ଅନୁଭବ କରେ।)

୭. ଈଶ୍ୱରଙ୍କ ଆଶୀର୍ବାଦ

(ଉଦାହରଣ : ମୋର ସଫଳତ ପଛରେ ଈଶ୍ୱରଙ୍କ ଆଶିଷ ରହିଛି, ଏପରି ଅନୁଭବ ମୋତେ ତୃପ୍ତି ଦିଏ।)

ଅବସ୍ଥା ସମ୍ପର୍କିତ ମର୍ଯ୍ୟାଦାବୋଧର ପରିକଳ୍ପନା ଏକ ତାତ୍ପର୍ଯ୍ୟପୂର୍ଣ୍ଣ ବିଚାର। ପ୍ରକୃତରେ ଲୋକମାନେ ନିଜର ଆତ୍ମମର୍ଯ୍ୟାଦାବୋଧର ସୁରକ୍ଷା, ପରିଚାଳନା ଓ ବିକାଶ ପାଇଁ କ'ଣ କରିବେ, ତାହା କେବଳ ସମ୍ପୃକ୍ତ ଉତ୍ସଟି ପରିପ୍ରେକ୍ଷୀରେ ଜଣାପଡ଼ିବ । ନିଜର ଚେହେରାର ଆକର୍ଷଣଶୀଳତାକୁ ପ୍ରାଧାନ୍ୟ ଦେଉଥିବା ବ୍ୟକ୍ତିବିଶେଷ ନିଜକୁ ସଜାଇବାରେ, ବିପଣୀ ବୁଲିବାରେ ଏବଂ ସାମାଜିକ ସମାବେଶରେ ଅଧିକ ସମୟ କଟାଇବେ । ଈଶ୍ୱରଙ୍କ ଆଶିଷକୁ ଗୁରୁତ୍ୱ ଦେଉଥିବା ବ୍ୟକ୍ତି ପ୍ରାର୍ଥନା, ଧାର୍ମିକ ଅନୁଷ୍ଠାନ ଓ ଅନୁରୂପ କାର୍ଯ୍ୟକ୍ରମରେ ସମୟ ଦେବେ। ଶିକ୍ଷାଗତ ସାଫଲ୍ୟକୁ ପ୍ରାଧାନ୍ୟ ଦେଉଥିଲେ ଅଧ୍ୟୟନ ଓ ପାଠାଗାରରେ ସମୟ ଦିଆଯିବ।

ଆତ୍ମମର୍ଯ୍ୟାଦାବୋଧ ନିଶ୍ଚିତ ଭାବରେ ଆତ୍ମବିକାଶର ଏକ ସଫଳ ନିର୍ଦ୍ଧାରକ । କିନ୍ତୁ ଆତ୍ମମର୍ଯ୍ୟାଦାବୋଧକୁ ବୃଦ୍ଧି କରାଯିବାର ଯୋଜନାବଦ୍ଧ ପ୍ରୟାସ କରାଯିବା ସମୟରେ କେବଳ ଏହାର ସ୍ତର ପ୍ରତି ଆମର ଦୃଷ୍ଟି ସୀମିତ ରହିବା ଠିକ୍ ହେବ ନାହିଁ । ଆତ୍ମମର୍ଯ୍ୟାଦାବୋଧର ପ୍ରକୃତ ଉତ୍ସଟିକୁ ସମ୍ପୃକ୍ତ ବ୍ୟକ୍ତିଙ୍କ ପରିପ୍ରେକ୍ଷୀରେ ଚିହ୍ନଟ କରବାକୁ ହେବ। ଏପରି ଉତ୍ସଟିକୁ ଚିହ୍ନଟ କରିପାରିଲେ ସମ୍ପୃକ୍ତ ବ୍ୟକ୍ତିଙ୍କର ଆତ୍ମମର୍ଯ୍ୟାଦାବୋଧ ବୃଦ୍ଧି କରି ତାଙ୍କୁ ଆତ୍ମବିକାଶର ଉଚ୍ଚତର ସୋପନାକୁ ନେଇଯିବା ସମ୍ଭବପର ହେବ।

■

ସାହସର ମନସ୍ତାତ୍ତ୍ୱିକ ପରିଭାଷା

ସାହସ ଶବ୍ଦଟିର ଅତୀତ ଇତିହାସ ସୁଦୀର୍ଘ, ମାତ୍ର ବିଜ୍ଞାନ-ସମ୍ମତ ଅନୁଶୀଳନ ଅପେକ୍ଷାକୃତ ନୂତନ। ପ୍ରାଚୀନ ଗ୍ରୀକ୍ ପରମ୍ପରାରେ ବିଶ୍ୱବନ୍ଦିତ ଦାର୍ଶନିକ ସକ୍ରେଟିସ୍ 'ସାହସ' ଶବ୍ଦର ପ୍ରକୃତ ଅର୍ଥ ବୁଝାଇବା ପାଇଁ ପ୍ରୟାସ କରିଥିଲେ। କହିବା ଅନାବଶ୍ୟକ ଯେ ସକ୍ରେଟିସ୍ ନିଜେ ସାହସର ମୂର୍ତ୍ତିମନ୍ତ ପ୍ରତୀକ ଥିଲେ। ତାଙ୍କ ପରେ ଦୀର୍ଘଦିନ ଧରି ଦାର୍ଶନିକ, ଚିନ୍ତାନାୟକ ଏବଂ ଜନସାଧାରଣ ଏହି ମାନସିକତାର ସଂଜ୍ଞା ପ୍ରକରଣ ଲାଗି ଉଦ୍ୟମ କରିଛନ୍ତି । ଏହା ସତ୍ତ୍ୱେ ବିଧିବଦ୍ଧ ଭାବରେ ଗବେଷଣା ମାତ୍ର ଦୁଇତିନି ଦଶକ ପୂର୍ବରୁ ଆରମ୍ଭ ହୋଇଛି।

ବିଶିଷ୍ଟ ଔପନ୍ୟାସିକ ହେମିଙ୍ଗ୍‌ୱେଙ୍କ ସଂଜ୍ଞାଟି ଖୁବ୍ ସରଳ ମନେହୁଏ। ସେ କହନ୍ତି, ସାହସ ହେଉଛି "ମାନସିକ ଚାପ ସତ୍ତ୍ୱେ ସତେଜ ଓ ଅମଳିନ ରହିବାର ସାମର୍ଥ୍ୟ।" ଅବଶ୍ୟ ଜନସାଧାରଣ ସାହସର ସଂଜ୍ଞା ଚିନ୍ତା କରିବା ସମୟରେ ମୁଖ୍ୟତଃ ଯୁଦ୍ଧକ୍ଷେତ୍ରର ସୈନିକମାନଙ୍କ କଥା ଚିନ୍ତା କରନ୍ତି। ପ୍ରାଚୀନ ଗ୍ରୀକ୍‌ମାନେ ମଧ୍ୟ ସୈନିକମାନଙ୍କର ଭୌତିକ ବୀରତ୍ୱ କଥା ଚିନ୍ତାକରି ସାହସର ପରିକଳ୍ପନା କରୁଥିଲେ। ଆରିଷ୍ଟଟଲ୍ ଏହି ଭୌତିକ ସାହସକୁ ପ୍ରାଧାନ୍ୟ ଦେଇଥିଲେ ମଧ୍ୟ ତାଙ୍କର ଗୁରୁ ପ୍ଲାଟୋ ଶିକ୍ଷାଦାତାମାନଙ୍କର ନୈତିକ ସାହସ ଉପରେ ଗୁରୁତ୍ୱ ଅରୋପ କରିଥିଲେ। ଦାର୍ଶନିକମାନଙ୍କର ପରିକଳ୍ପନାରେ ଧୀରେ ଧୀରେ ପରିବର୍ତ୍ତନ ଆସିଲା। ସେମାନେ କେବଳ ଯୁଦ୍ଧକ୍ଷେତ୍ରର ବୀରପୁରୁଷମାନଙ୍କର ସାହସିକତା ଉପରେ ପ୍ରାଧାନ୍ୟ ନ ଦେଇ ମନୁଷ୍ୟ ଚରିତ୍ରବତ୍ତାର ବଳିଷ୍ଠତା ଉପରେ ଗୁରୁତ୍ୱ ଦେଲେ। ଫଳରେ ପରବର୍ତ୍ତୀ କାଳରେ ଭୌତିକ ସାହସ ଓ ନୈତିକ ସାହସ ପରି ଦୁଇଟି ବିଭାଗୀକରଣ ଜନ୍ମ ନେଲା।

ଅନ୍ୟସବୁ ଦାର୍ଶନିକ ଓ ମନୋବିଜ୍ଞାନମାନେ ଭୌତିକ ଓ ନୈତିକ ସାହସ ପରି ଦୁଇଟି ପୃଥକୀକୃତ ବର୍ଗୀକରଣ ମଧ୍ୟରେ ପୂରାପୂରି ସୀମିତ ନ ରହିଲେ ମଧ୍ୟ

ସମାନ ଧରଣର ପରିକଳ୍ପନା ପ୍ରକାଶ କଲେ। ଏ ପରିପ୍ରେକ୍ଷୀରେ ସେଲିଗ୍‌ମ୍ୟାନଙ୍କ ପରି ବିଖ୍ୟାତ ମନସ୍ତତ୍ତ୍ୱବିଦ୍‌ଙ୍କ ସଂଜ୍ଞା ଅନୁଶୀଳନର ସାମଗ୍ରୀ। ତାଙ୍କ ମତରେ ଜୀବନର ମୂଲ୍ୟବୋଧ ଓ ମହନୀୟ ଗୁଣ ମଧ୍ୟରେ ସାହସ ଅନ୍ୟତମ। ବିପଦର ଉପସ୍ଥିତି ସତ୍ତ୍ୱେ ସାହସରେ ଭୌତିକ, ବୌଦ୍ଧିକ ଓ ଭାବଗତ (Emotional) ବଳିଷ୍ଠତା ପ୍ରତିଫଳିତ। ସେଲିଗ୍‌ମ୍ୟାନ୍‌ଙ୍କ ବିଚାରରେ ସାହସର ତିନୋଟି ସୂଚକ ରହିଛି। ପ୍ରଥମଟି ହେଉଛି ପ୍ରତାରଣାଶୂନ୍ୟ ପରିପ୍ରକାଶ। ସାହସୀ ବ୍ୟକ୍ତି ନିଜ ପାଖରେ ଏବଂ ଅନ୍ୟ ପାଖରେ ନିଜକୁ ନିର୍ଭୀକ ଓ ନିଷ୍ପାପର ଭାବରେ ପ୍ରକାଶ କରେ । ତାଙ୍କଠାରେ କୌଣସି ଛଳନା ନଥାଏ। ଦ୍ୱିତୀୟଟି ହେଉଛି ଉତ୍ସାହର ପ୍ରାଚୁର୍ଯ୍ୟ। ପରିସ୍ଥିତିର ଆହ୍ୱାନ ସତ୍ତ୍ୱେ ସେ ଉଦ୍ଦାମତାର ସହିତ ଲକ୍ଷ୍ୟ ଦିଗରେ ଅଭିପ୍ରେରିତ ରୁହନ୍ତି। ତୃତୀୟତଃ ତାଙ୍କ ସାହସରେ ପରିଶ୍ରମଶୀଳତା ଓ ଅଧ୍ୟବସାୟ ପ୍ରତିବିମ୍ବିତ ହୁଏ।

ପ୍ରାୟ ସମାନ ପ୍ରକାର ଅଭିମୁଖ୍ୟ ନେଇ ଅନ୍ୟ ଜଣେ ମନୋବିଜ୍ଞାନୀ ତିନି ପ୍ରକାର ସାହସର ଅବତାରଣା କରିଛନ୍ତି। ପ୍ରଥମଟି ହେଉଛି ଭୌତିକ ସାହସ। ସମାଜରେ ଯାହା ମଙ୍ଗଳକର ବିଚାର କରାଯାଏ; ତାହାର ସୁରକ୍ଷା ଓ ସଂପ୍ରସାରଣ ଏ ଧରଣର ସାହସ। ଜଳନ୍ତା ପ୍ରାସାଦ ମଧ୍ୟରୁ ଗୋଟିଏ ପିଲାକୁ ରକ୍ଷା କରିବାର ସାହସିକ କାର୍ଯ୍ୟ ଏହାର ପର୍ଯ୍ୟାୟଭୁକ୍ତ । ଦ୍ୱିତୀୟ ପ୍ରକାର ସାହସଟି ହେଉଛି ନୈତିକ ସାହାସ। ନିଜର ଅସ୍ୱସ୍ତିକର ଅନୁଭବ ସତ୍ତ୍ୱେ ଅନ୍ୟାୟ ବିରୁଦ୍ଧରେ ସ୍ୱର ଉତ୍ତୋଳନ କରିବା ଏ ଧରଣର ସାହସ। ତୃତୀୟଟିକୁ ପ୍ରାଣସାର ସାହସ (Vital Courage) କୁହାଯାଇପାରେ। ଜଣେ ବ୍ୟକ୍ତି ଭୟାନକ ରୋଗ କିମ୍ବା ଅକ୍ଷମ ଶରୀର ନେଇ ବଂଚିରହିବା ପାଇଁ ସଫଳ ପ୍ରୟାସ କରୁଥିବାର ଉଦାହରଣ ଏ ଧରଣର ପ୍ରାଣସାର ସାହସ।

ପ୍ରାଚୀନ ଗ୍ରୀକ୍ ପରମ୍ପରାରୁ ଆରମ୍ଭ କରି ଆଜି ପର୍ଯ୍ୟନ୍ତ ଭୌତିକ (ଶାରୀରିକ) ସାହସର ଗୁରୁତ୍ୱ ବୃଦ୍ଧି ପାଇବାରେ ଲାଗିଛି। ସାମରିକ କ୍ଷେତ୍ରରେ ଯୁଦ୍ଧ କରୁଥିବା ସୈନ୍ୟମାନଙ୍କର ସାହସ ତତ୍କାଳୀନ ଗ୍ରୀକ୍ ସମାଜରେ ଉଚ୍ଚ ପ୍ରଶଂସିତ ହେଉଥିଲା। 'ସାହସ' କହିଲେ ଗ୍ରୀକ୍‌ମାନେ ମୁଖ୍ୟତଃ ଏପରି ବୀରତ୍ୱକୁ ହିଁ ସୂଚିତ କରୁଥିଲେ। ପରବର୍ତ୍ତୀ ସମୟରେ ଏହାର ପ୍ରାଧାନ୍ୟ ବୃଦ୍ଧି ପାଇଲା। ସାହିତ୍ୟିକମାନେ ସେମାନଙ୍କ ରଚନା ମାଧ୍ୟମରେ ବୀରଗାଥା ଓ ବୀରକଥା ଉପସ୍ଥାପନ କରି ଏହାର ଉତ୍କର୍ଷ ଅଧିକ ସୂଚିତ କଲେ। ଆମେରିକାର ବିଖ୍ୟାତ ଔପନ୍ୟାସିକ ହେମିଙ୍ଗୱେ ତାଙ୍କର ବହୁ ରଚନାରେ ସାହସର କଥା କହି ଏହା ବ୍ୟକ୍ତି ଚରିତ୍ରର ଏକ ମୁଖ୍ୟ ଦିଗ ବୋଲି ଇଙ୍ଗିତ ଦେଲେ। ଏଥିପାଇଁ ସେ ସମୟରେ ଆମେରିକାରେ କେହି ଉଚ୍ଚ ଧରଣର ସାହସ ପ୍ରଦର୍ଶନ କଲେ ତାକୁ ହେମିଙ୍ଗୱେ ଶୈଳୀ ବୋଲି କୁହାଯାଉଥିଲା ।

ଅନ୍ୟ କେତେକ ବିଶେଷଜ୍ଞ ସାମରିକ ପରିସରରୁ ବାହାରିଯାଇ ଯୁକ୍ତିକଲେ ଯେ ସାହସ କେବେ ସୈନ୍ୟବାହିନୀରେ ସୀମିତ ନୁହେଁ। ଦୈନନ୍ଦିନ ଜୀବନରେ ମଧ୍ୟ ବେଶ୍ କିଛି ଲୋକ ସାହସ ପ୍ରଦର୍ଶନ କରନ୍ତି। ମରଣାନ୍ତକ ଯନ୍ତ୍ରଣା ବିରୁଦ୍ଧରେ ଜୀବନସଂଗ୍ରାମ ଚାଲୁ ରଖିଥିବା ବ୍ୟକ୍ତି, ରେଳ ଦୁର୍ଘଟଣା ବା ସେହିପରି କିଛି ଦୁର୍ଘଟଣାରୁ ଶହ ଶହ ଲୋକଙ୍କୁ ବଞ୍ଚାଇବା ପାଇଁ ନିଜର ପ୍ରାଣବଳି ଦେଉଥିବା ବ୍ୟକ୍ତି ଏ ଧରଣର ସାହସ ପ୍ରଦର୍ଶନ କରନ୍ତି ।

ସମାଜରେ ନ୍ୟାୟ ପ୍ରତିଷ୍ଠା ପାଇଁ ଏବଂ ସାମୂହିକ ମଙ୍ଗଳ ପାଇଁ କାର୍ଯ୍ୟ କରୁଥିବା ବ୍ୟକ୍ତିମାନେ ନୈତିକ ସାହସର ଅଧିକାରୀ। ଆମେରିକାର ପୂର୍ବତନ ରାଷ୍ଟ୍ରପତି ଜନ୍ କେନେଡ଼ି ନିଜ ଜଣେ ସାମରିକ ବାହିନୀର ନାୟକ ହୋଇଥିଲେ ମଧ୍ୟ ନୈତିକ ସାହସ ଉପରେ ଅପେକ୍ଷାକୃତ ଅଧିକ ଗୁରୁତ୍ୱ ଆରୋପ କରିଛନ୍ତି। 'ସାହସିକ ଚରିତ୍ର ରୂପାୟନ' ପୁସ୍ତକରେ ତାଙ୍କର ଦୃଷ୍ଟିଭଙ୍ଗୀ ସ୍ୱଷ୍ଟ ଓ ନଷ୍କପଟ।

ବିଭିନ୍ନ ପ୍ରକାର ସାହସର ମୂଲ୍ୟାୟନ କରିବା ସମୟରେ ଅନେକ ବିଶେଷଜ୍ଞ ବିଚାର କରନ୍ତି ଯେ କେତେକ ସ୍ୱତନ୍ତ୍ର ପରିବେଶରେ ହିଁ ଶାରୀରିକ ବା ଭୌତିକ ସାହସର ପ୍ରାସଙ୍ଗିକତା ରହିଛି। କେବଳ ବଳଶାଳୀ ଓ ସ୍ୱତନ୍ତ୍ର ଧରଣର ତାଲିମ ପାଇଥିବା ବ୍ୟକ୍ତି (ଯଥା: ସୈନିକ କିମ୍ବା ଅଗ୍ନିଶମ ବିଭାଗର କର୍ମଚାରୀ) ଏପରି ସାହସ ପ୍ରଦର୍ଶନ କରନ୍ତି। ସେହିପରି ନିର୍ଦ୍ଦିଷ୍ଟ ପରିସ୍ଥିତିରେ ପ୍ରାଣସାର (Vital) ସାହସର ଦୃଷ୍ଟାନ୍ତ ଦେଖାଯାଏ। ଜଣେ ଦକ୍ଷ ଡାକ୍ତର ସାହସର ସହିତ ନିଜର ରୋଗୀଙ୍କୁ ଭୟାନକ ରୋଗ କଥା କହିପାରନ୍ତି। ଶୁଣିବା ପାଇଁ ଏବଂ ପରବର୍ତ୍ତୀ କାଳରେ ଜୀବନ ନିର୍ବାହ ପାଇଁ ମଧ୍ୟ ପ୍ରାଣସାର ସାହସ ଆବଶ୍ୟକ ହୁଏ। ମାତ୍ର ନୈତିକ ସାହସର ଉପଯୋଗର ପରିସର ସୁବିସ୍ତୃତ। ଭୟ, ଅସ୍ୱସ୍ତି, କ୍ଷତି ସତ୍ତ୍ୱେ ଶିଶୁ, ଅସହାୟ ନାରୀ, ଦୁର୍ବଳ ବ୍ୟକ୍ତି, ବୃଦ୍ଧ ବ୍ୟକ୍ତି ଏବଂ ଅବହେଳିତ ବ୍ୟକ୍ତିର ସୁରକ୍ଷା ଓ ଅଧିକାର ଲାଗି କାର୍ଯ୍ୟ କରିବା ଏକ ବିଶେଷ ଧରଣର ଆହ୍ୱାନ। ଏଠାରେ ନୈତିକ ସାହସ ହେଉଛି ଭିତ୍ତିଭୂମି।

ସାହସ ପରିପ୍ରେକ୍ଷୀରେ କେହି କେହି ମନସ୍ତାତ୍ତ୍ୱିକ ସାହସ (Psychological Courage) ପରିଭାଷାଟି ପ୍ରୟୋଗ କରିଛନ୍ତି। ବିଷାଦ, ମାନସିକ ଚାପ, ସମସ୍ୟା ଜଡ଼ିତ ସମ୍ପର୍କ ଓ ଅନ୍ୟ କେତେକ ମାନସିକ ବିପର୍ଯ୍ୟୟ କ୍ଷେତ୍ରରେ ସମନ୍ୱୟ ପ୍ରଚେଷ୍ଟା କରୁଥିବାରୁ ବ୍ୟକ୍ତିମାନେ ଏପରି ସାହସର ଅଧିକାରୀ ବୋଲି ସେମାନେ ଯୁକ୍ତି କରନ୍ତି। ଅବଶ୍ୟ ଗୋଟିଏ ଦୃଷ୍ଟିକୋଣରୁ ବିଚାର କଲେ ଏହା ନୈତିକ ସାହସର ଅଂଶବିଶେଷ ବୋଲି କୁହାଯାଇପାରେ । ତଥାପି ଏପରି ସାହସ ଗଠନ ପାଇଁ ତାଲିମ ଓ ପ୍ରଶିକ୍ଷଣର ବ୍ୟବସ୍ଥା କରିବା ସମୟରେ ଏହାର ସ୍ୱାତନ୍ତ୍ର୍ୟ ପ୍ରତି ଧ୍ୟାନଶୀଳ ହେବା ଅଧିକ ଫଳପ୍ରଦ ହେବ।

ସାହସ ସମ୍ପର୍କରେ ଗୋଟିଏ ତାତ୍ପର୍ଯ୍ୟପୂର୍ଣ୍ଣ ପ୍ରଶ୍ନ ହେଉଛି : ଏହା କିପରି ଅଙ୍କୁରିତ ଓ ବିକଶିତ ହୁଏ ? ଏହାର ସିଧାସଳଖ ଉତ୍ତର ଉପଲବ୍ଧ ନୁହେଁ। ସମ୍ଭବତଃ ବିଭିନ୍ନ ମାର୍ଗ ଦେଇ ଏହା ବ୍ୟକ୍ତି ଚରିତ୍ରରେ ପ୍ରବେଶ କରେ। ସାହସର ଅଙ୍କୁରଣ କ୍ଷେତ୍ରରେ ବଂଶାନୁଗତିର ଭୂମିକା ଥାଇପାରେ; ମାତ୍ର ଏହାର ପରିମାଣ ଏ ପର୍ଯ୍ୟନ୍ତ ନିର୍ଦ୍ଧାରିତ ହୋଇନାହିଁ। ତେବେ ସାହସର ବିକାଶ କ୍ଷେତ୍ରରେ ପାରିପାର୍ଶ୍ୱିକ ସାମାଜିକ-ସାଂସ୍କୃତିକ ମୂଲ୍ୟବୋଧର ଭୂମିକା ରହିଛି, ଏଥିରେ ସନ୍ଦେହ ନାହିଁ। ବିଶେଷତଃ ସାହସର ବିକାଶ କ୍ଷେତ୍ରରେ ପିତାମାତାଙ୍କର ସାମାଜୀକରଣ ଓ ଅନୁକରଣୀୟ ବ୍ୟକ୍ତିତ୍ୱର (Role Models) ସ୍ପଷ୍ଟ ପ୍ରଭାବ ରହିଛି।

ସମସ୍ତେ ଜାଣନ୍ତି ଯେ ଦ୍ୱିତୀୟ ବିଶ୍ୱଯୁଦ୍ଧ ସମୟରେ ପ୍ରାୟ ଷାଠିଏ ଲକ୍ଷ ଇହୁଦି ହିଟଲର୍‌ଙ୍କ ନାରକୀୟ ଯନ୍ତ୍ରଣାର ସରବ୍ୟ ହୋଇଥିଲେ। ଜର୍ମାନୀ ଓ ଅନ୍ୟ କେତେକ ଇଉରୋପୀୟ ଦେଶସମୂହରେ ଇହୁଦିମାନଙ୍କୁ ଚିହ୍ନଟ କରାଯାଇ ସେମାନଙ୍କୁ ମୃତ୍ୟୁ ଶିବିରକୁ ପଠାଯାଇଥିଲା। ପ୍ରାଣ ଭୟରେ ବହୁ ଇହୁଦି ଅନ୍ୟମାନଙ୍କ ଗୃହରେ ଲୁଚିଛପି ରହିବାକୁ ଚେଷ୍ଟା କରୁଥିଲେ। କହିବା ଅନାବଶ୍ୟକ ଯେ ବହୁଲୋକ ନିଜର ସୁରକ୍ଷା କଥା ଭାବି ଏମାନଙ୍କୁ ଆଶ୍ରୟ ଦେଇ ନଥିଲେ। ତଥାପି କିଛି ସଂଖ୍ୟକ ଜର୍ମାନ ନାଗରିକ ସାହସ ବାନ୍ଧି ଏବଂ ନିଜ ଜୀବନକୁ ଖାତିର ନ କରି ଆଶ୍ରୟ ଦେଇଥିଲେ।

ହିଟଲର୍‌ଙ୍କ ପତନ ପରେ ଇହୁଦିମାନେ ଯୁଦ୍ଧ ସମୟର ନିଷ୍ଠୁର ନାଜି ସେନାପତିମାନଙ୍କୁ ଠାବକରି ସେମାନଙ୍କ ବିଚାର ପାଇଁ ଯେପରି ପ୍ରଯତ୍ନ କରିଥିଲେ ଆଶ୍ରୟଦାତା ଜର୍ମାନ୍ ନାଗରିକମାନଙ୍କୁ ମଧ୍ୟ ଠାବ କରିବା ପାଇଁ ପ୍ରୟାସ କରିଥିଲେ। ଏପରି ସମ୍ବେଦନଶୀଳ ନାଗରିକମାନଙ୍କର କି କି ବିଶେଷତ୍ୱ ରହିଛି, ତାହାର ଅନୁଧ୍ୟାନ କରିଥିଲେ।

ଯେପରି ଅନୁଧ୍ୟାନର ଏକାଧିକ ସିଦ୍ଧାନ୍ତ ମଧ୍ୟରୁ ଗୋଟିଏ ତାତ୍ପର୍ଯ୍ୟପୂର୍ଣ୍ଣ ପର୍ଯ୍ୟବେକ୍ଷଣ ହେଉଛି ସେମାନଙ୍କ ସନ୍ତାନସନ୍ତତିମାନଙ୍କର ଚରିତ୍ରବତ୍ତା। ଗବେଷକମାନେ ଲକ୍ଷ୍ୟ କଲେ ଯେ ଇହୁଦିମାନଙ୍କୁ ଆଶ୍ରୟ ଦେଇଥିବା ସମ୍ବେଦନଶୀଳ ଜର୍ମାନ ନାଗରିକମାନଙ୍କ ପୁତ୍ରକନ୍ୟା ମଧ୍ୟ ସମାନୁଭୂତିର (Empathy) ଅଧିକାରୀ। ଘୋର ବିପଦ ମଧ୍ୟରେ ସେମାନଙ୍କର ପିତାମାତା ଜୀବନକୁ ଖାତିର ନ କରି ଇହୁଦିମାନଙ୍କୁ କିପରି ଆଶ୍ରୟ ଦେଇଥିବେ, ତାହା ସେମାନେ ଦୂର ଅତୀତରେ ସ୍ୱଚକ୍ଷୁରେ ଦେଖିଥିବେ। ଏପରି ପ୍ରତ୍ୟକ୍ଷ ଅନୁଭୂତି ନିଶ୍ଚିତ ଭାବରେ ସେମାନଙ୍କ ହୃଦୟରେ ସାହସର ବୀଜ ବପନ କରିଥିବ।

ଗବେଷକମାନେ ଲକ୍ଷ୍ୟ କଲେ ଯେ ନାଜି ସମୟର ସେପରି ପିଲାମାନେ ବର୍ତ୍ତମାନ ବଡ଼ ହୋଇ ବିଭିନ୍ନ ସ୍ଥାନରେ ପଦପଦବୀରେ ଅବସ୍ଥାପିତ ହେଲେ ମଧ୍ୟ ସେମାନଙ୍କର ଚରିତ୍ରବତ୍ତା ବଳିଷ୍ଠ ରହିଛି। ହୃଦୟରେ ସାହସ, କରୁଣା ଭରପୂର ରହିଛି। ସେମାନେ ନିଜ ପିତାମାତାଙ୍କଠାରେ ଯେଉଁ ସାହସର ଦୀପ୍ତିମନ୍ତ ପରିପ୍ରକାଶ ଦେଖିଥିଲେ ତାହା ସେମାନଙ୍କ ହୃଦୟରେ ମଧ୍ୟ ପ୍ରଜ୍ୱଳିତ ରହିଛି। କହିବାର ତାତ୍ପର୍ଯ୍ୟ ହେଉଛି ଯେ ଲକ୍ଷେ ଭାଷଣ ଯେଉଁ ଲକ୍ଷ୍ୟ ସାଧନ କରି ନଥାଏ ଗୋଟିଏ ପ୍ରଭାବଶାଳୀ ନାୟକ (Role Model) ସେହିପରି ଲକ୍ଷ୍ୟକୁ ପୂରଣ କରିପାରନ୍ତି।

ସାହସର ସଂଜ୍ଞା

ପ୍ରଥମ ସାରଣୀ :	ଦାର୍ଶନିକ ଓ ଚିନ୍ତାନାୟକମାନେ ନିର୍ଘୋଷଣ କରିଥିବା କେତୋଟି ସଂଜ୍ଞା ।
ପ୍ଲାଟୋ :	ମହନୀୟ କଥା ଓ ଭୟପ୍ରଦ ଘଟଣାକୁ ସ୍ମରଣ ରଖିବାର ସାମର୍ଥ୍ୟ।
ଆରିଷ୍ଟଟଲ୍ :	ଭୟ ରହିଥିବା ସ୍ଥାନରେ ଆତ୍ମବିଶ୍ୱାସର ସହ କାର୍ଯ୍ୟ କରିବାର ପ୍ରବୃତ୍ତି ।
ଆକୁଇନସ୍ :	ବିପଦପୂର୍ଣ୍ଣ ପରିପ୍ରେକ୍ଷୀରେ ତତ୍ପରତାର ସହ ଦୃଢ଼ କାର୍ଯ୍ୟାନୁଷ୍ଠାନ।
କାଣ୍ଟ୍ :	ଅନ୍ୟାୟୀ ଅତ୍ୟାଚାରୀ ଶତ୍ରୁ ବିରୁଦ୍ଧରେ ପ୍ରତିବିଧାନ କରିବାର ସାମର୍ଥ୍ୟ ।
ହେମିଙ୍ଗ୍‌ଓ୍ୱେ :	ମାନସିକ ଚାପ ସତ୍ତ୍ୱେ ସତେଜ ଓ ଅମଳିନ ରହିବାର ଦକ୍ଷତା।
କେନେଡ଼ି :	ସଂକୀର୍ଣ୍ଣ ବ୍ୟକ୍ତିଗତ ସ୍ୱାର୍ଥର ଉର୍ଦ୍ଧ୍ୱରେ ଦେଶପାଇଁ କାମ କରିବାର ଅଭୀପ୍ସା।
ଦ୍ୱିତୀୟ ସାରଣୀ:	ମନୋବିଜ୍ଞାନୀମାନେ ଉଲ୍ଲେଖ କରିଥିବା ସଂଜ୍ଞା
ର୍‍ୟାଚ୍‌ମ୍ୟାନ :	ଭୟ ସମ୍ମୁଖରେ ଅଧ୍ୟବସାୟ
ସେଲିଗ୍‌ମ୍ୟାନ୍:	ପରିସ୍ଥିତି ଓ ପରିବେଶର ଉର୍ଦ୍ଧ୍ୱକୁ ଯିବାର ସାମର୍ଥ୍ୟ
ଉଡ଼ଓ୍ୱାର୍ଡ଼ :	ଭୟର ଅନୁଭବ ସତ୍ତ୍ୱେ ସାର୍ଥକ ଓ ମହନୀୟ ଲକ୍ଷ୍ୟ ପାଇଁ କାର୍ଯ୍ୟ କରିବାର ପ୍ରବଣତା।
ସେଲପ୍ :	ବିପଦପୂର୍ଣ୍ଣ ପରିସ୍ଥିତିରେ ଜନମଙ୍ଗଳ ପାଇଁ କାର୍ଯ୍ୟ କରିବାର ମାନସିକତା
ପୁଟ୍‌ମ୍ୟାନ :	ଭୟ ବିରୁଦ୍ଧରେ ସଫଳ ସଂଗ୍ରାମ
କୋହୁଟ :	ଆଦର୍ଶ ଓ ମୂଲ୍ୟବୋଧ ପ୍ରତି ଅଙ୍ଗୀକାରବଦ୍ଧତା।

ତୃତୀୟ ସାରଣୀ : ସାଧାରଣ ଲୋକମାନଙ୍କଠାରୁ ସଂଗୃହୀତ ସଂଜ୍ଞା	
-	ଅସ୍ୱସ୍ତିକର ଅନୁଭବ ସତ୍ତ୍ୱେ ଭୌତିକ, ମାନସିକ ଓ ଆଧ୍ୟାତ୍ମିକ କର୍ମପନ୍ଥା ଗ୍ରହଣ କରିବାର ମାନସିକତା ।
-	ନିଜ ଆମୋଦ ପ୍ରମୋଦର ବଳୟର ବାହାରେ କିଛି କରିବା ।
-	କ୍ଷତି ଓ ବିଫଳତାର ସମ୍ଭାବନା ସତ୍ତ୍ୱେ କାର୍ଯ୍ୟ କରିବାର ଇଚ୍ଛା ।
-	ନିଜ ବିଶ୍ୱାସକୁ ପ୍ରତିଷ୍ଠିତ କରିବାର ମନୋଭାବ ।
-	ମହତ୍ ଲକ୍ଷ୍ୟ ପାଇଁ ତ୍ୟାଗ କରିବାର ମନୋବୃତ୍ତି ।
-	ବାଧାସବୁକୁ ଅତିକ୍ରମ କରିବାର ମନୋବଳ ।
-	ସମସ୍ୟା ସମୟରେ ବୀରୋଚିତ କାର୍ଯ୍ୟ ।
-	ଆହ୍ୱାନ ଓ ସମସ୍ୟାର ସମ୍ମୁଖୀନ ହେବାର ଦୃଢ଼ତା ।
-	ବିପଦ ସମୟରେ ଦାୟିତ୍ୱ ନେବାର ଆଗ୍ରହ ।
-	ଅନ୍ୟର ଜୀବନ ମରଣ ସମସ୍ୟା ସମୟରେ ସାହାଯ୍ୟ ।
-	ଅନ୍ୟର ମଙ୍ଗଳ ପାଇଁ ନିଃସ୍ୱାର୍ଥପର ବ୍ୟବହାର ।
-	ଶାରୀରିକ ଓ ମାନସିକ ସ୍ତରରେ ବଳିଷ୍ଠ ରହିବା ।
-	ବିଫଳତାର ଆଶଙ୍କା ସତ୍ତ୍ୱେ କର୍ମତତ୍ପର ରହିବାର ଇଚ୍ଛା ।

ଅନ୍ତର୍ଜଗତରେ ବିଶ୍ୱାସର ବିକାଶ

ମନୁଷ୍ୟ କେବଳ ଏକ ଭୌଗୋଳିକ ବିଶ୍ୱରେ ବସବାସ କରେ ନାହିଁ। ସେ ଏକ ବିଶ୍ୱାସର ବିଶ୍ୱ ମଧ୍ୟରେ ତା'ର ଜୀବନଯାତ୍ରା ଅତିକ୍ରମ କରେ। ଆମେ ସକାଳରୁ ସନ୍ଧ୍ୟା ପର୍ଯ୍ୟନ୍ତ ବହୁଲୋକଙ୍କ ସଂସର୍ଗରେ ଆସିଥାଉ। କେତେକ ବ୍ୟକ୍ତିଙ୍କ ବ୍ୟବହାର ଓ ଆଚରଣ ଆମକୁ ପ୍ରୀତିପ୍ରଦ ମନେହେବା ସ୍ଥଳେ କେତେକଙ୍କ ଆଚରଣ ବିରକ୍ତି ସୃଷ୍ଟି କରେ। ଆଉ କେତେଜଣ ବ୍ୟକ୍ତିଙ୍କର ଆଚରଣ ପ୍ରତି ମୁହୂର୍ତ୍ତରେ ପରିବର୍ତ୍ତିତ ହୁଏ। ଏବେ ଭଲ, ପରକ୍ଷଣରେ ମନ୍ଦ। ମନରେ ପ୍ରଶ୍ନ ଉଠେ, କାହିଁକି ? ଏ ପ୍ରଶ୍ନଟି ଅତି ପୁରାତନ। ତଥାପି ଏହାର ଉତ୍ତର ଅତି ଅସମାହିତ।

ଜଣେ ମନୋବିଜ୍ଞାନୀ ଏ ପ୍ରଶ୍ନର ଅତି ସରଳ ଓ ତାତ୍ପର୍ଯ୍ୟପୂର୍ଣ୍ଣ ଉତ୍ତର ଦେବାକୁ ଯାଇ ତିନୋଟି ସୁନ୍ଦର ବାକ୍ୟ କହିଥିଲେ। ସେଗୁଡ଼ିକ ଏହିପରି -

୧. ପ୍ରତି ମଣିଷ ସବୁ ମଣିଷ ସହିତ ସମାନ।

୨. ପ୍ରତି ମଣିଷ କିଛି ମଣିଷଙ୍କ ସହିତ ସମାନ।

୩. ପ୍ରତ୍ୟେକ ମଣିଷ ଅନନ୍ୟ।

ପ୍ରକୃତରେ ବିଚାର କଲେ ଦେଖାଯିବ ଯେ କେତେକ ଅବସ୍ଥା (ମସ୍ତିଷ୍କ ପରି ଆଭ୍ୟନ୍ତରୀଣ ଅବସ୍ଥା ଓ ଭୌଗୋଳିକ ପରିବେଶ ପରି ବାହ୍ୟିକ ଅବସ୍ଥା) ମଣିଷକୁ ମୋଟାମୋଟି ଭାବରେ ସମାନ ପ୍ରକାର ପ୍ରଭାବିତ କରିଥାଏ। ଗ୍ରୀଷ୍ମପ୍ରଧାନ ଦେଶର ଲୋକମାନଙ୍କର ବ୍ୟବହାର ଶୀତପ୍ରଧାନ ଦେଶର ଲୋକମାନଙ୍କର ବ୍ୟବହାରଠାରୁ ଅଲଗା ହୋଇଥାଏ। ମଣିଷ ଭାବରେ ଆମମାନଙ୍କ ବ୍ୟବହରାରେ କିଛିଟା ସମାନତା ରହିଛି। ବାହ୍ୟଜଗତର ପରିବେଶ ଆମର ବ୍ୟବହାରକୁ କିପରି ପ୍ରଭାବିତ କରେ ଏବଂ ସମାନ ସମାନ ରୂପ ଦିଏ, ତାହାର ଅଜସ୍ର ଉଦାହରଣ ଦିଆଯାଇପାରେ। ବର୍ତ୍ତମାନର କରୋନା ଭୂତାଣୁ ପ୍ରଭାବିତ ବିଶ୍ୱରେ ପ୍ରାୟ ସମସ୍ତଙ୍କ ବ୍ୟବହାରରେ ଭୟ ଓ ଆଶଙ୍କାର

ଛାପ କିପରି ଲାଗି ରହିଛି, ତାହା ଆମ ଆଖିରେ ସହଜରେ ଧରାପଡ଼େ। ମଣିଷର ବ୍ୟବହାର ଓ ଆଚରଣକୁ ନିୟନ୍ତ୍ରିତ କରୁଥିବା ଦ୍ୱିତୀୟ ଉପାଦାନ ହେଉଛି ତାହାର ଗୋଷ୍ଠୀଗତ ସମ୍ପୃକ୍ତି। ନାରୀ-ପୁରୁଷ ଭେଦରେ ବ୍ୟବହାରରେ କିଛିଟା ପାର୍ଥକ୍ୟ ଦେଖାଦିଏ। ସେହିପରି ପିଲାମାନଙ୍କ ବ୍ୟବହାର ଓ ଆଚରଣ କିଶୋର କିଶୋରୀଙ୍କଠାରୁ ପୃଥକ୍ ହୋଇଥାଏ ଓ ଯୁବକର ବ୍ୟବହାର ବର୍ଷୀୟାନ୍ ବ୍ୟକ୍ତିର ବ୍ୟବହାରଠାରୁ ପୃଥକ୍ ହୋଇଥାଏ। ଭାରତୀୟ ଓ ବ୍ରିଟିଶ୍ ନାଗରିକମାନଙ୍କ ବ୍ୟବହାରରେ କେତେକ ଆଖିଦୃଶିଆ ଭିନ୍ନତା ପରିଦୃଷ୍ଟ ହୁଏ।

ଉପର ଦୁଇଟି ଉପାଦାନକୁ ବାଦ୍ ଦେଲେ, ଯେଉଁଟି ସର୍ବାଧିକ ଜଟିଳତା ସୃଷ୍ଟିକରେ, ତାହା ହେଉଛି ବ୍ୟକ୍ତିନିଷ୍ଠ (Subjective) ଉପାଦାନ। ପ୍ରତିଟି ବ୍ୟକ୍ତିର ବ୍ୟକ୍ତିତ୍ୱ, ବିଶ୍ୱାସ ଓ ଜୀବନଶୈଳୀ ଭିନ୍ନ। ଅନନ୍ୟତା ତା'ର ବ୍ୟବହାରକୁ ବିଶେଷ ରୂପଦିଏ। ଜୀବଗତ ପ୍ରକୃତି ଓ ଗୋଷ୍ଠୀଗତ ସମ୍ପୃକ୍ତିକୁ ଭିତ୍ତିକରି ଯେ କୌଣସି ମଣିଷର କିଛିଟା ବ୍ୟବହାର ଆମେ ପୂର୍ବାନୁମାନ ଓ ବିଶ୍ଳେଷଣ କରିପାରିଲେ ମଧ୍ୟ ବ୍ୟକ୍ତିର ସମଗ୍ର ଜୀବନ ଇତିହାସ ଓ ବିଶ୍ୱାସର ମାନଚିତ୍ର ଜାଣି ନଥିବାରୁ ଶତ ପ୍ରତିଶତ ବ୍ୟବହାରର ପୂର୍ବାନୁମାନ ଓ ବିଶ୍ଳେଷଣ ସମ୍ଭବ ହୁଏ ନାହିଁ। ସୁତରାଂ ବିକାଶ କିପରି ଗଠିତ ଓ ବିକଶିତ ହୁଏ, ତାହାର ପରିଚିତି ଆମର ବ୍ୟବହାର ଅନୁଶୀଳନକୁ ଆଗେଇନେବ।

ବିଶ୍ୱାସ ଏଇ ଆକାରହୀନ ନିତ୍ୟପ୍ରସାରିତ ପରିକଳ୍ପନା। ଗୋଟିଏ ପ୍ରବନ୍ଧର କଳେବର ମଧ୍ୟରେ ସବୁ ଧରଣର ବିଶ୍ୱାସର ଉନ୍ମେଷ ଓ ବିକାଶକୁ ଆଲେଚାନା କରିବା ସମ୍ଭବ ନୁହେଁ । ତେବେ, ଯେଉଁ ବିଶ୍ୱାସ ଆମ ଜୀବନର ସଫଳତା ବିଫଳତା ଏବଂ ସୁଖଦୁଃଖ ସହିତ ସଂଶ୍ଳିଷ୍ଟ, ତାହାର ଅଙ୍କୁରଣ ଓ ସମୃଦ୍ଧିକରଣ ସମ୍ପର୍କରେ ଆଲୋଚନା କରାଯାଇପାରେ। ଏ କ୍ଷେତ୍ରରେ ସାମ୍ପ୍ରତିକ ମନୋବିଜ୍ଞାନୀମାନେ କି ଦିଗ୍‌ଦର୍ଶନ ଦେଇଛନ୍ତି, ସେ ସମ୍ପର୍କରେ ମଧ୍ୟ ସୂଚନା ଦିଆଯାଇପାରେ।

ଆଶା ଓ ବିଶ୍ୱାସ

ଆଶା ଓ ବିଶ୍ୱାସ ଆମର ଦୈନନ୍ଦିନ ଜୀବନରେ ଦୁଇଟି ବହୁ ବ୍ୟବହୃତ ଶବ୍ଦ। ଆଶାକରିବା ଭଲ କି ଖରାପ, ଏହାର କୌଣସି ନିଶ୍ଚୟାତ୍ମକ ଉତ୍ତର ଦିଆଯାଇ ପାରିବ ନାହିଁ । ସେଥିପାଇଁ ଆଶା-ବୈତରଣୀ ପରିଭାଷା ପ୍ରୟୋଗ କରାଯାଏ। ବୈତରଣୀ ଖରସ୍ରୋତା । ଏଥିରେ ଭାସିଯାଇ ମୃତ୍ୟୁବରଣ କରିବାର ଆଶଙ୍କା ରହିଛି। ପୁନଶ୍ଚ ସନ୍ତରଣ କରି ଅପରପାର୍ଶ୍ୱକୁ ଗଲେ ମୁକ୍ତିଲାଭର ମଧ୍ୟ ସୁଯୋଗ ଅଛି। ଅଧିକାଂଶ ସ୍ଥଳରେ ଆଶା ଦ୍ୱନ୍ଦ୍ୱସଂକୁଳ। ତଥାପି ମନୁଷ୍ୟର ଜୟଯାତ୍ରାରେ ଆଶାର ବିଶିଷ୍ଟ ଭୂମିକା ରହିଛି।

ଆଜି ମଧ୍ୟ ମନୁଷ୍ୟଜାତି କରୋନା ବିରୁଦ୍ଧରେ ପ୍ରତିରୋଧ ଓ ଚିକିତ୍ସା ପ୍ରଣାଳୀ ସମ୍ପର୍କରେ ନୂତନ ଦିଗନ୍ତ ସନ୍ଧାନ କରିବା ସମୟରେ ସେଇ ଆଶା ହିଁ ସକ୍ରିୟ ରହିଛି । ଏ ପ୍ରକ୍ରିୟାରେ ମୃତ୍ୟୁର ଭୟ ବି ରହିଛି; ଅଥଚ ବିକଳ୍ପ ସମ୍ଭାବନାର ପ୍ରତ୍ୟାଶା ରହିଛି ।

ଆଶାର କଳେବର ମଧ୍ୟରେ ଲାଭ ଓ କ୍ଷତି ଦୁଇଟି ଉପାଦାନ ଲୁଚକାଳି ଖେଳୁଥିଲେ ମଧ୍ୟ ମନୋବୈଜ୍ଞାନିକ ସାହିତ୍ୟରେ ଏହାର ଏକ ସ୍ୱତନ୍ତ୍ର ସଂଜ୍ଞା ରହିଛି । ମଣିଷର ଅନ୍ତର୍ଜଗତରେ ଆଶାବିଶ୍ୱାସର ସମୃଦ୍ଧିକରଣ ଆଲୋଚନା ପୂର୍ବରୁ ବୈଜ୍ଞାନିକ ପରିଭାଷାର ତାତ୍ପର୍ଯ୍ୟ ବୁଝିବାକୁ ହେବ ।

ମନୁଷ୍ୟର ବ୍ୟବହାର ପ୍ରାୟ ସଦାସର୍ବଦା ଲକ୍ଷ୍ୟପ୍ରେରିତ । ଲକ୍ଷ୍ୟଟି ଗୁରୁତ୍ୱପୂର୍ଣ୍ଣ କିମ୍ବା ଗୁରୁତ୍ୱହୀନ ହୋଇପାରେ । ଦୀର୍ଘକାଳୀନ ଅବା ସ୍ୱଳ୍ପକାଳୀନ ବି ହୋଇପାରେ । ଏହା ବି ସାଧକ୍ଷମ ଅବା ସାଧ୍ୟତୀତ ହୋଇପାରେ । ଏଥିରେ ଭାବ ଥାଏ ଏବଂ ଭାବନା ଥାଏ । କିନ୍ତୁ ଭାବନା ବା ଚିନ୍ତନର ମାତ୍ରା ଅଧିକ । କେହି କେହି 'ଆଶା' ଶବ୍ଦଟିକୁ ଦିବାସ୍ୱପ୍ନ କିମ୍ବା ମନୋବିଳାସ ସହିତ ସମାନ କରିଦେଲେ ମଧ୍ୟ ଲକ୍ଷ୍ୟ-ପ୍ରେରିତ ହୋଇଥିବାରୁ ଏହାକୁ ମୁଖ୍ୟତଃ ସକାରାତ୍ମକ ଅର୍ଥରେ ପ୍ରୟୋଗ କରାଯାଏ । ଅବଶ୍ୟ ପରିମାଣାତ୍ମକ ଦୃଷ୍ଟିରୁ କେତେକ ବ୍ୟକ୍ତିଙ୍କର ଆଶା ଅଳ୍ପ ପରିମାଣର ହୋଇଥିବା ସ୍ଥଳେ ଅନ୍ୟମାନଙ୍କର ମଧ୍ୟମ ମାତ୍ରାର ଓ ପୁଣି କେତେକ ବ୍ୟକ୍ତିଙ୍କର ପ୍ରଚୁର ପରିମାଣର ଆଶା ଥାଏ ।

ବୈଜ୍ଞାନିକ ପରିଭାଷଣରେ ଆଶା ଦୁଇଟି ଉପାଦାନରେ ସମ୍ମିଶ୍ରଣ । ପ୍ରଥମ ଉପାଦାନଟି ହେଉଛି ମାର୍ଗଚିନ୍ତନ (Pathway Thinking) ଓ ଦ୍ୱିତୀୟଟି ହେଉଛି ସାମର୍ଥ୍ୟ ଚିନ୍ତନ (Agency Thinking) । ତାକୁ ଇଚ୍ଛାଶକ୍ତି ମଧ୍ୟ କୁହାଯାଇପାରେ । ମଣିଷ ମନର ଏ ଦୁଇଟି ବିଶ୍ୱାସ କିପରି ବିକଶିତ ହୁଏ, ତାହାର ସଂକ୍ଷେପ ବର୍ଣ୍ଣନା ଦେବା । ପ୍ରଥମରୁ ଉପାଦାନ ଦୁଇଟିର ଅଧିକ ସ୍ପଷ୍ଟ କରିବା ଆବଶ୍ୟକ ।

ଲକ୍ଷ୍ୟସାଧନ ପାଇଁ ଏକାଧିକ ବିକଳ୍ପ ପନ୍ଥାର ସନ୍ଧାନ ହେଉଛି ମାର୍ଗଚିନ୍ତନ । କାର୍ଯ୍ୟକ୍ଷମ ହେଲାଭଳି ଏକାଧିକ ବିକଳ୍ପ ସ୍ଥିର କରିବାର ସାମର୍ଥ୍ୟ ରହିଛି, ବ୍ୟକ୍ତିର ଏପରି ଭାବନା ଥିବା ଆବଶ୍ୟକ । ଏପରି ସାମର୍ଥ୍ୟର ଭାବନା ଓ ବିଶ୍ୱାସ ଥିବା ବ୍ୟକ୍ତି କେତେକ ନିଃଶବ୍ଦ ଅନ୍ତଃକଥନ (ଏ କାମ ପାଇଁ ମୁଁ ନିଶ୍ଚୟ ରାସ୍ତା ବାହାର କରିବି)ର ଉପଯୋଗ କରିବାର ଦେଖାଯାଏ । ଯେ କୌଣସି ଲକ୍ଷ୍ୟ ସାଧନରେ ପ୍ରତିବନ୍ଧକ ରହିବା ସ୍ୱାଭାବିକ । ସୁତରାଂ ପ୍ରତିବନ୍ଧକର ପୂର୍ବାନୁମାନ କରି ମାର୍ଗଚିନ୍ତନରେ ଦକ୍ଷତାଥିବା ବ୍ୟକ୍ତି ଏକାଧିକ ଚିନ୍ତନ କରନ୍ତି । ଉଚ୍ଚତର ଆଶା ବିଶ୍ୱାସର ଅଧିକାରୀ ହୋଇଥିବା ବ୍ୟକ୍ତିର ପରିକଳ୍ପିତ ବିକଳ୍ପ ନିଶ୍ଚୟ ଅଧିକ ହୋଇଥାଏ ।

ଆଶା ବିଶ୍ୱାସର ଦ୍ୱିତୀୟ ଉପାଦାନଟି ସାମର୍ଥ୍ୟବୋଧ। ବିକଳ୍ପର ଉପଯୋଗ କରି ଲକ୍ଷ୍ୟସ୍ଥଳରେ ପହଞ୍ଚିବାର ସାମର୍ଥ୍ୟଜନିତ ବିଶ୍ୱାସ ବ୍ୟକ୍ତିର ଇଚ୍ଛାଶକ୍ତିକୁ ପ୍ରତିଫଳିତ କରେ। ଆରମ୍ଭ କରିବା, ସ୍ଥିର କରିଥିବା ମାର୍ଗରେ ନିରବଚ୍ଛିନ୍ନ ଭାବରେ ଆଗେଇବା ଏବଂ ଲକ୍ଷ୍ୟ ବିନ୍ଦୁରେ ପହଞ୍ଚିବା ସମ୍ପର୍କରେ ନିଜର ସାମର୍ଥ୍ୟ ଉପରେ ରହିଥିବା ଭରସାର ମାତ୍ରା ଏହି ଇଚ୍ଛାଶକ୍ତିର ସୂଚକ। ଏପରି ବ୍ୟକ୍ତି-ମନରେ କେତେକ ବାକ୍ୟ ନିଃଶବ୍ଦରେ ଉଚ୍ଚାରିତ ହେଉଥାଏ। (ଯଥା-ଏଇଟି ମୁଁ ନିଶ୍ଚୟ ପାରିବି। ମୋତେ କେହି ବାଧା ଦେଇ ପାରିବେ ନାହିଁ)। ଯେ କୌଣସି ଲକ୍ଷ୍ୟ-ପ୍ରେରିତ ଚିନ୍ତନରେ ଏପରି ଇଚ୍ଛାଶକ୍ତିର ଭୂମିକା ଗୁରୁତ୍ୱପୂର୍ଣ୍ଣ । ବିଶେଷତଃ ଉଚ୍ଚତର ଲକ୍ଷ୍ୟ-ସାଧନରେ ପ୍ରତିବନ୍ଧକର ମାତ୍ରା ଓ ସଂଖ୍ୟା ଅଧିକ ହୋଇଥିବାରୁ ସାମର୍ଥ୍ୟବୋଧର ଭୂମିକା ଅଧିକ ଆବଶ୍ୟକ ପଡ଼େ।

ବିଶ୍ୱାସର ବିକାଶ -

ମନୁଷ୍ୟ ଜୀବନରେ ଶୈଶବ, ବାଲ୍ୟ, କିଶୋର, ଯୌବନ ଓ ବୃଦ୍ଧାବସ୍ଥାର ବିଭିନ୍ନ ପର୍ଯ୍ୟାୟରେ ଆଶା ଓ ବିଶ୍ୱାସ ବିକଶିତ ହୁଏ। ଜୀବନର ଶେଷ ମୁହୂର୍ତ୍ତ ପର୍ଯ୍ୟନ୍ତ ପରିବର୍ତ୍ତନ ଲାଗିରହେ। କେତେକ ବିଶ୍ୱାସ ଦୃଢ଼ୀଭୂତ ହେବା ସ୍ଥଳେ ଅନ୍ୟ କେତେକ ବିଶ୍ୱାସଗତ ଉପାଦାନ ଦୁର୍ବଳ ହୋଇ ତିରୋହିତ ହୁଏ। ପୁଣି ଲେଖକ ପରବର୍ତ୍ତୀ ସଂସ୍କରଣରେ ତାଙ୍କ ପୁସ୍ତକକୁ ସଂଶୋଧନ କରି ନୂତନ ରୂପ ଦେବା ପରି କେତେକ ବିଶ୍ୱାସଜନିତ ତଥ୍ୟର ରୂପାନ୍ତରିତ ହୁଏ। ଏହି ପରିବର୍ତ୍ତନ ଓ ପଲ୍ଲବନ ପ୍ରକ୍ରିୟାରେ ଜିନ୍ ବା ବଂଶାନୁଗତ ପ୍ରଭାବ ସହିତ ବାହ୍ୟ ପାରିପାର୍ଶ୍ୱିକ ପରିବେଶର ଭୂମିକା ରହିଛି। ଏହା ଅନ୍ୟତ୍ର ଆଲୋଚନା କରାଯାଇପାରେ। ମାତ୍ର ଏଠାରେ ମୁଖ୍ୟ ଆଲୋଚ୍ୟ ହେଉଛି ଅନ୍ତର୍ଜଗତର ଉପାଦାନ ଓ କ୍ରିୟାପ୍ରକ୍ରିୟା।

ଲକ୍ଷ୍ୟସାଧନ ସହିତ ସମ୍ପର୍କ ରକ୍ଷା କରୁଥିବା ଯେଉଁ ମାର୍ଗଚିନ୍ତନର (Pathway Thinking) କଥା ପୂର୍ବରୁ ସୂଚନ ଦିଆଯାଇଛି, ସେପରି ବିଶ୍ୱାସ ଶିଶୁର ପ୍ରଥମ ବର୍ଷରୁ ହିଁ ଆରମ୍ଭ ହୁଏ। ଅନାବଶ୍ୟକ ଭାବେ ଶିଶୁଟି ଶବ୍ଦ ସୃଷ୍ଟି କଲାପରେ କେହି ଯତ୍ନକାରୀ ହସିଦେଇ ସ୍ୱୀକୃତି ଜଣାନ୍ତି। ଶିଶୁର ଗୋଡ଼ ବାଜି ବଲ୍‌ଟି ଗଡ଼ିଯାଇପରେ। ଏହିପରି ଛୋଟଛୋଟ ଘଟଣାରୁ କାର୍ଯ୍ୟକାରଣ ସମ୍ପର୍କ ପ୍ରତିଷ୍ଠା ହୁଏ। ପ୍ରାୟ ବର୍ଷେ ଦୁଇବର୍ଷ ବୟସ ବେଳକୁ ଶିଶୁ ଯେ କର୍ତ୍ତା ଏବଂ ସେ କର୍ତ୍ତା ହିସାବରେ ଶିଶୁର ନିକଟସ୍ଥ ପରିବେଶରେ କିଛି ପରିବର୍ତ୍ତନ ଆଣିପାରେ, ଏପରି ଧାରଣା ଗଠିତ ହୁଏ। କେତେକ ଦୃଷ୍ଟିରୁ ଏହା ଶିଶୁର ମନସ୍ତାତ୍ତ୍ୱିକ ଜନ୍ମ ବୋଲି କୁହାଯାଇପାରେ।

କାର୍ଯ୍ୟକାରଣର ସମ୍ପର୍କ ଏବଂ ନିଜର ପାରିଲାପଣ (ସାମର୍ଥ୍ୟର ଅନୁଭବ) ଶୈଶବ ଓ ଆଦ୍ୟ ବାଲ୍ୟକାଳରୁ ଆରମ୍ଭ ହେଉଥିଲେ ମଧ୍ୟ ବିଶ୍ୱାସବୋଧର ଗଠନରେ

ଯେଉଁଟି ସର୍ବାଧିକ ଭୂମିକା ନିଏ, ତାହା ହେଉଛି ମା' କିମ୍ବା ମୁଖ୍ୟ ଯତ୍ନକାରୀର ସହିତ ଅନ୍ତରଙ୍ଗ ସମ୍ପର୍କ। ସ୍ପର୍ଶ ଓ ନିବିଡ଼ ଆଲିଙ୍ଗନ ମାଧ୍ୟମରେ ଜନନୀ ଶିଶୁ ପାଇଁ ସୁରକ୍ଷା ଏବଂ ଅନ୍ତରଙ୍ଗତାର ଏକସୁନ୍ଦର ବଳୟ ଗଠନ କରନ୍ତି। ଜୀବନର ଆଦ୍ୟ ସୋପାନରେ ସ୍ନେହ ସ୍ପର୍ଶର ବଳୟ ସବୁଠାରୁ ଅଧିକ ଉପଯୋଗୀ ଭୂମିକା ନିର୍ବାହ କରେ।

ଅନ୍ତରଙ୍ଗତା ମାଧ୍ୟମରେ ଶିଶୁମନରେ ଯେଉଁ ସୁରକ୍ଷାଭାବ ଗଠିତ ହୁଏ, ତାହା କେବଳ ଶିଶୁର କାର୍ଯ୍ୟଦକ୍ଷତା ବୃଦ୍ଧି କରି ନଥାଏ; ଚଲାପଥରେ ଉପୁଜୁଥିବା ବାଧାଗୁଡ଼ିକ ଏଡ଼ାଇପାରି ସେ କିପରି ଆଗକୁ ଅଗ୍ରସର ହେବ, ତାହାର ସାମର୍ଥ୍ୟ ମଧ୍ୟ ହାସଲକରେ।

ପ୍ରାକ୍‌ବିଦ୍ୟାଳୟ (ତିନିବର୍ଷରୁ ଛଅ ବର୍ଷ ବୟସ) ବୟସରେ ଭାଷାଗତ ବିକାଶ, ଚିନ୍ତନ ବିକାଶ ଏବଂ ଗଳ୍ପକଥନ ଓ ଗଳ୍ପ ଶ୍ରବଣରେ ଆଗ୍ରହ, ଦୈନନ୍ଦିନ ଜୀବନରେ ରୁଟିନ୍ ଅନୁସରଣ କରିବାର ପ୍ରବଣତା ଏବଂ ସାଙ୍ଗସାଥୀଙ୍କ ସହ ଖେଳାଖେଳି ତା'ର ଆଶା ଓ ବିଶ୍ୱାସକୁ ତ୍ୱରାନ୍ୱିତ କରେ। ଶାରୀରିକ ଦକ୍ଷତାର ଅଭିବୃଦ୍ଧି ଫଳରେ କାର୍ଯ୍ୟ-କାରଣର ଶିକ୍ଷା ଅଧିକ ସୃଷ୍ଟି ହୁଏ। ଖେଳାଖେଳି ମାଧ୍ୟମରେ ଅନ୍ୟ ପିଲାମାନଙ୍କର ଭାବାବେଗ ବୁଝିବାର ପ୍ରୟାସ ଶିକ୍ଷାକରେ। କପରି କାର୍ଯ୍ୟ ଲକ୍ଷ୍ୟ ସାଧନକୁ ତ୍ୱରାନ୍ୱିତ କରୁଛି ଏବଂ କେଉଁ ପ୍ରକାର କାର୍ଯ୍ୟ ଲକ୍ଷ୍ୟସାଧନକୁ ମନ୍ଥର କରୁଛି, ଏହାର ଧାରଣା ସୃଷ୍ଟି ହୁଏ। ଉଦାହରଣ ସ୍ୱରୂପ, ପରିଶ୍ରମଶୀଳତା ସଫଳତା ସହାୟକ ଏବଂ ଆଳସ୍ୟ ଏହାର ଅନ୍ତରାୟ, ଏହାର ଏକ ମୋଟାମୋଟି ଧାରଣା ଜନ୍ମେ। କହିବା ଅନାବଶ୍ୟକ ଯେ, ଏପରି ପର୍ଯ୍ୟବେକ୍ଷଣ ଆଶା ଓ ବିଶ୍ୱସର ସମୃଦ୍ଧିକରଣରେ ସହାୟକ ହୁଏ।

ବାଲ୍ୟଜୀବନରେ ଶେଷ ପର୍ଯ୍ୟାୟ ଓ କିଶୋରଜୀବନର ପ୍ରାକ୍‌କାଳରେ ପଠନଦକ୍ଷତା, ପୁନଃସ୍ମରଣ ଦକ୍ଷତା, ଯୁକ୍ତିଯୁକ୍ତ ବିଚାର ଏବଂ ସାମାଜିକ ବ୍ୟବହାରରେ ଦ୍ରୁତ ବିକାଶ ଆଶାବିଶ୍ୱାସର ସମୃଦ୍ଧିକରଣକୁ ତ୍ୱରାନ୍ୱିତ କରେ। ବିଶେଷତଃ ସେ ଯେତେବେଳେ ଲକ୍ଷ୍ୟ କରେ ଯେ, ଜଣେ ନିର୍ଦ୍ଦିଷ୍ଟ ବ୍ୟକ୍ତି ବିଦ୍ୟାଳୟରେ ଶିକ୍ଷକର ଭୂମିକା ନେବା ସ୍ଥଳେ ପରିବାରରେ ଅନ୍ୟର ପିତା ହୋଇପାରୁଛି, କାହାର ଭାଇ କିମ୍ବା କାହାର ମାମୁଁ ହୋଇପାରୁଛି, ଏହା ତାହାର ସାମାଜିକ ଦକ୍ଷତାକୁ ପରିପୁଷ୍ଟ କରେ। ସମସ୍ୟା ସମାଧାନରେ ଏକାଧିକ ପନ୍ଥା ଥାଇପାରେ ଏବଂ ସମାଧାନଟି ତ୍ରୁଟିଶୂନ୍ୟ କି ତ୍ରୁଟିପୂର୍ଣ୍ଣ, ତାହା ନିର୍ଦ୍ଦିଷ୍ଟ ପରିପ୍ରେକ୍ଷୀ ଉପରେ ନିର୍ଭରକରେ, ଏପରି ଏକ ଆପେକ୍ଷିକବାଦ ତା ବିଚାରରେ ସ୍ଥାନପାଏ।

କୈଶୋର ଓ ଯୁବାବସ୍ଥାରେ ଯୁକ୍ତିଯୁକ୍ତତା ଓ ବିମୂର୍ତ୍ତ ଚିନ୍ତନ (Abstract Thinking)ର ପ୍ରଭୂତ ବିକାଶ ଘଟେ। ପିତାମାତାଙ୍କ ଶାସନରୁ ମୁକ୍ତି, ସମବୟସୀ ବନ୍ଧୁବାନ୍ଧବୀଙ୍କ ସହିତ ଅନ୍ତରଙ୍ଗ ସମ୍ପର୍କ ଏବଂ ପେସାଗତ ଜୀବନର ପରିକଳ୍ପନା

ଯୋଜନାବଦ୍ଧ ଆଶା ବିଶ୍ୱାସର ପଲ୍ଲବନକୁ ତ୍ୱରାନ୍ୱିତ କରେ। ଆଶା ବିଶ୍ୱାସ ନେଇ ବ୍ୟକ୍ତି ପରିକଳ୍ପନା କରିବା ସମୟରେ ହୁଏତ କେତକେ ବାଧା ଓ ପ୍ରତିବନ୍ଧକର ସମ୍ମୁଖୀନ ହୁଏ। ତଥାପି ଏପରି ବିଫଳତା ତା'ର ସାମର୍ଥ୍ୟକୁ ବିକଳାଙ୍ଗ ନକରି ଭବିଷ୍ୟତ ପାଇଁ ଦକ୍ଷତାର ମାର୍ଗଦର୍ଶକ ହୋଇଥାଏ।

ଆଶା ଓ ବିଶ୍ୱାସର ଗଠନ ଓ ପରିବର୍ଦ୍ଧନ ଦିଗରେ ଏକ ବିଶିଷ୍ଟ ସହାୟକ ଅବସ୍ଥା ହେଉଛି ନିକଟସ୍ଥ ଏକ ଅନୁକରଣୀୟ ବ୍ୟକ୍ତିତ୍ୱ (Role Model)ର ଉପସ୍ଥିତି। ଏପରି ଅନୁକରଣୀୟ ବ୍ୟକ୍ତିତ୍ୱ ପିତାମାତା, ଶିକ୍ଷକ ଶିକ୍ଷୟିତ୍ରୀ, ଉପରିସ୍ଥ ପଦାଧିକାରୀ କିମ୍ବା ଅନ୍ୟ କେହି ନେତୃସ୍ଥାନୀୟ ବ୍ୟକ୍ତି ହୋଇପାରନ୍ତି। ଏପରି ବ୍ୟକ୍ତିତ୍ୱ ଯଥା ସମ୍ଭବ ନିକଟସ୍ଥ ପରିବେଶରେ ରହିଥିବେ ଏବଂ ଏପରି ଅନୁକରଣୀୟ ବ୍ୟକ୍ତିତ୍ୱ ସହିତ ଏକାତ୍ମକତା ଅନୁଭବ କରିବାର ସୁଯୋଗ ଥିବ । ଅନ୍ୟ ପକ୍ଷରେ ଅନୁକରଣୀୟ ବ୍ୟକ୍ତି ଜଣକ ଯେତେ ଉଚ୍ଚରେ ଥିଲେ କିମ୍ବା ଆଦର୍ଶ ସ୍ଥାନୀୟ ହେଲେ ମଧ୍ୟ ସେ ନିକଟରେ ନଥିଲେ, ବ୍ୟକ୍ତି ହୁଏତ ତାଙ୍କୁ ପୂଜ୍ୟାସ୍ପଦ ମନେ କରେ କିନ୍ତୁ ଅନୁକରଣ କରିବା ପାଇଁ ବିଶେଷ ପ୍ରବୃତ୍ତ ହୋଇ ନଥାଏ। ସେ ନିଜ ମଧ୍ୟରେ ଓ ଆଦର୍ଶସ୍ଥାନୀୟ ବ୍ୟକ୍ତିଙ୍କ ମଧ୍ୟରେ ମାତ୍ରାଧିକ ବ୍ୟବଧାନ ଦେଖେ। ଫଳରେ ଅନୁକରଣ ଫଳବତୀ ହୁଏ ନାହିଁ।

ପ୍ରକାରାନ୍ତରେ କହିଲେ, ପିତାମାତାଙ୍କଠାରୁ ସ୍ନେହ ଶ୍ରଦ୍ଧା ଲାଭ କରୁଥିବା ଏବଂ ଏକ ଶୃଙ୍ଖଳିତ ପାରିବାରିକ ବାତାବରଣ ମଧ୍ୟରେ ଜୀବନ ଯାପନ କରୁଥିବା ପିଲା ଓ କିଶୋର କିଶୋରୀମାନେ ଉଚ୍ଚତର ଆଶା ଓ ବିଶ୍ୱାସର ଅଧିକାରୀ ହୋଇଥାନ୍ତି। ଏପରି ପରିବାରରେ ଆଜି ଗୋଟିଏ ନିୟମ ଏବଂ କାଲି ଆଉ ଗୋଟିଏ ନିୟମର ବ୍ୟବସ୍ଥା ନ ଥାଇ ନିୟମସବୁର ସ୍ଥିରତା ଥାଏ। ନିୟମଗୁଡ଼ିକର ପୂର୍ବାନୁମାନ କରିବା ସମ୍ଭବ ହୁଏ। ଅନ୍ୟ ପକ୍ଷରେ ପିଲାମାନେ ଓ କିଶୋର କିଶୋରୀ କୌଣସି ନା କୌଣସି କାରଣରୁ ଅବହେଳିତ ହେଲେ ଆଶା ଓ ବିଶ୍ୱାସର ବିକାଶ ବାଧାପ୍ରାପ୍ତ ହୁଏ।

ଉଚ୍ଚତର ଆଶା ଓ ବିଶ୍ୱାସର ଅଧିକାରୀ ହୋଇଥିବା ଯୁବକ ଯୁବତୀମାନଙ୍କଠାରେ କେତେକ ବୈଶିଷ୍ଟ୍ୟ ପରିଦୃଷ୍ଟ ହୁଏ। ସେମାନେ ହୁଏତ ଅନ୍ୟମାନଙ୍କ ପରି ବେଶ୍‌ସଂଖ୍ୟକ ବଧାବିଘ୍ନର ସମ୍ମୁଖୀନ ହୋଇଥାଇପାରନ୍ତି। କିନ୍ତୁ ବିପଦ ତାଙ୍କୁ ପଙ୍ଗୁ କରିଦେବ, ଏ କଥା ନଭାବି ସେମାନେ ଏହାକୁ ଏକ ଆହ୍ୱାନ ରୂପେ ଗ୍ରହଣ କରନ୍ତି। ଫଳରେ ସମନ୍ୱୟ ରକ୍ଷା କରିବା ସମ୍ଭବ ହୁଏ। ସଦାସର୍ବଦା ସେମାନଙ୍କର ଅନ୍ତର୍ଜଗତରେ ସକାରାତ୍ମକ ଆତ୍ମକଥନ (ମୁଁ ନିଶ୍ଚୟ ପାରିବି; ମୁଁ ହାରିଯିବି ନାହିଁ।) ଲାଗି ରହିଥାଏ। ସେମାନଙ୍କ ବିଫଳତା ଅପେକ୍ଷା ସଫଳତାକୁ ଅଧିକ ପ୍ରାଧାନ୍ୟ ଦିଅନ୍ତି। ଗୁରୁତ୍ୱ ଦେଉଥିବା

ଲକ୍ଷ୍ୟ ଦିଗରେ ଅଗ୍ରସର ହେବା ସମୟରେ ବାଧାବିଘ୍ନ ଯେଉଁ ସମସ୍ତ ଭାବାବେଗ ସଞ୍ଚାର କରେ, ସେଥିରେ ଅପେକ୍ଷାକୃତ କମ୍ ମାତ୍ରାର ନକାରାତ୍ମକ ଆବେଗ ରହିଥାଏ। ସମ୍ଭବତଃ ସେମାନେ ସଦାସର୍ବଦା ବିକଳ୍ପ ପନ୍ଥାର ଅନ୍ୱେଷଣ କରୁଥିବାରୁ ନକାରାତ୍ମକ ଆବେଗର ପ୍ରଭାବ କମ୍ ଆସେ।

ଆମର ଜୀବନଯାତ୍ରାରେ ସ୍ୱାଭାବିକ ଭାବରେ ଆଶା ଓ ବିଶ୍ୱାସର କିପରି ବିକାଶ ଘଟେ, ତାହାର ଅବତାରଣା କରାଗଲା। ଏ ପରିପ୍ରେକ୍ଷୀରେ ବାହାରେ ପ୍ରଶିକ୍ଷଣ ମାଧ୍ୟମରେ ମଧ୍ୟ ଉଚ୍ଚତର ଆଶା ଓ ବିକାଶର ପଲ୍ଲବନ କରାଯାଇ ପାରିବ। ଅଳ୍ପ କେତୋଟି ପନ୍ଥାର ସୂଚନା ଦିଆଯାଇପାରେ।

ପ୍ରଥମତଃ ଲକ୍ଷ୍ୟ ସହିତ ସମ୍ପୃକ୍ତ ଥିବା କେତୋଟି ଉପାଦାନ ସମ୍ପର୍କରେ ସଚେତନ ରହିବା ଆବଶ୍ୟକ। ଅନ୍ୟ କେହି ଆମ ଉପରେ ଲକ୍ଷ୍ୟଟି ଲଦି ନ ଦେଇ ଆମେ ଯେପରି ଆମ ଲକ୍ଷ୍ୟ ସ୍ଥିର କରିପାରୁ, ସେ ଦିଗରେ ଦୃଷ୍ଟି ଦେବାକୁ ହେବ। ଅଧିକନ୍ତୁ ଲକ୍ଷ୍ୟଟି ସାଧନକ୍ଷମ ହେବା ଆବଶ୍ୟକ। ବୃହତ୍ତର ଲକ୍ଷ୍ୟକୁ ଛୋଟ ଛୋଟ ଲକ୍ଷ୍ୟରେ ରୂପାନ୍ତର କରିବାକୁ ହେବ। ଜଣେ ବ୍ୟକ୍ତି କୋଡ଼ିଏ ବର୍ଷ ଶେଷରେ ହାସଲ କରିବା ପାଇଁ ଏକ ବିରାଟ ଲକ୍ଷ୍ୟର ପରିକଳ୍ପନା କଲେ ମଧ୍ୟ ପ୍ରତି ପାଞ୍ଚ ବର୍ଷରେ କ'ଣ କରିପାରିବେ, ପ୍ରତିବର୍ଷ କଅଣ ହାସଲ କରିବେ ଏବଂ ମାସିକ ଲକ୍ଷ୍ୟର ରୂପରେଖ କଅଣ ହେବ, ଏହାର ଏକ ମାନସିକ ନକ୍ସା ପ୍ରସ୍ତୁତ କରିବା ବିଧେୟ। ଲକ୍ଷ୍ୟର ଏକ ପରିମାଣାତ୍ମକକ ଭାଷା ଖୁବ୍ ସହାୟକ ହୋଇଥାଏ। ଆମେ ଦେଶକୁ ସମୃଦ୍ଧ କରିବା କହିବା ପରିବର୍ତ୍ତେ ମୁଣ୍ଡପିଛା ଆୟ ବାର୍ଷିକ ଅମୁକ ଟଙ୍କାରୁ ଅମୁକ ଟଙ୍କା ବୃଦ୍ଧି କରିବାର ପରିଭାଷା ଅଧିକ ଉପଯୋଗୀ ହେବ । ଆମ ଲକ୍ଷ୍ୟ ହାସଲରେ ଅଗ୍ରଗତିର ମୂଲ୍ୟାୟନ ସହଜ ହେବ।

ଉଚ୍ଚତର ଲକ୍ଷ୍ୟ ଓ ବିଶ୍ୱାସର ଅନ୍ୟତମ ଉପାଦାନଟି ହେଉଛି ସ୍ପର୍ଦ୍ଧିତ ଲକ୍ଷ୍ୟ (Stretch Goal)। ଧରାଯାଉ ଆପଣଙ୍କ ପୁତ୍ର କିମ୍ବା କନ୍ୟା ଗଣିତରେ ୬୦ ନମ୍ବର ପାଉଛନ୍ତି। ଆପଣ ତାଙ୍କ ପାଇଁ କେଉଁ ଲକ୍ଷ୍ୟ ଧାର୍ଯ୍ୟ କରିବେ ? - ୪୦ କିମ୍ବା ୬୦ କିମ୍ବା ୮୦ କିମ୍ବା ୧୦୦ ? ଏହା ସହଜରେ ଅନୁମେୟ ଯେ ଲକ୍ଷ୍ୟଟି ୮୦ ନମ୍ବରରେ କେନ୍ଦ୍ରିତ ହେବା ଆବଶ୍ୟକ। ଏହା ବର୍ତ୍ତମାନର ସଫଳତାଠାରୁ ଦୂରରେ ହେଲେ ମଧ୍ୟ ଅବାସ୍ତବ କିମ୍ବା ଅସାଧ୍ୟ (ଯଥା - ୧୦୦ ନମ୍ବର) ନୁହେଁ। ଆଗେଇଯିବା ପାଇଁ ଏଥିରେ ଅଭିପ୍ରେରଣା (Motivation)ର ବାର୍ତ୍ତା ରହିଛି ।

ଆଶା ଓ ବିଶ୍ୱାସର ସମୃଦ୍ଧିକରଣ ଦିଗରେ ଦୂରନ୍ତ ଓ ବିରାଟ ଲକ୍ଷ୍ୟକୁ ସୋପାନ-ଭିତ୍ତିକ ଯାତ୍ରାର ରୂପରେଖ ପ୍ରଦାନ କରିବା, ପ୍ରୋତ୍ସାହନ ପାଇଁ ଅନ୍ୟ ସବୁ ଅଭିପ୍ରେରଣାର

ଦ୍ୱାର ଉନ୍ମୁକ୍ତ ରଖିବା, ଉପଲବ୍ଧ ସମ୍ବଳ ସମ୍ପର୍କରେ ସୂଚନା ଦେବା ଏବଂ ବିଶ୍ୱାସକୁ ବିକଶିତ କରିବା ଉଦ୍ଦେଶ୍ୟରେ ଉପଯୋଗୀ ପ୍ରଶିକ୍ଷଣ ବେଶ୍ ସହାୟକ ହୋଇଥାଏ।

ଆଶା ଓ ବିଶ୍ୱାସ

ଆପଣ ନିଜର ଆଶା ଓ ବିଶ୍ୱାସର ସ୍ତର ପରଖିବାକୁ ଚାହୁଁଥିଲେ ନିମ୍ନରେ ଦିଆଯାଉଥିବା ପ୍ରତିଟି ବାକ୍ୟ ମନଦେଇ ପଢ଼ନ୍ତୁ। ପ୍ରତିଟି ବାକ୍ୟ ପାର୍ଶ୍ୱରେ ନିମ୍ନମତେ ସଂଖ୍ୟାଟି ଲେଖନ୍ତୁ ।

ପୂରାପୂରି ପ୍ରଯୁଜ୍ୟ ହେଲେ ୫ ଲେଖନ୍ତୁ; ମୋଟାମୋଟି ପ୍ରଯୁଜ୍ୟ ହେଲେ ୪ ଲେଖନ୍ତୁ; କିଛି ମାତ୍ରାରେ ପ୍ରଯୁଜ୍ୟ ହେଲେ ୩ ଲେଖନ୍ତୁ; କମ୍ ମାତ୍ରାରେ ପ୍ରଯୁଜ୍ୟ ହେଲେ ୨ ଲେଖନ୍ତୁ ଏବଂ ଆଦୌ ପ୍ରଯୁଜ୍ୟ ନ ହେଲେ ୧ ଲେଖନ୍ତୁ।

୧. ସମସ୍ୟା ମଧ୍ୟରୁ ବାହାରି ଆସିବାର ବାଟ ମୋତେ ଜଣାଅଛି।

୨. ମୁଁ ମୋର ଯଥାସମ୍ଭବ ଶକ୍ତି ପ୍ରୟୋଗ କରି ମୋର ଲକ୍ଷ୍ୟ ସାଧନ କରେ।

୩. ଯେ କୌଣସି ସମସ୍ୟାର ଏକାଧିକ ସମାଧାନର ପନ୍ଥା ରହିଛି।

୪. ମୋ ଜୀବନରେ ଗୁରୁତ୍ୱ ଦେଉଥିବା ଲକ୍ଷ୍ୟ ହାସଲର ଅନେକଗୁଡ଼ିଏ ବାଟ ମୋତେ ଜଣାଅଛି।

୫. ଅନ୍ୟମାନେ ନିରୁତ୍ସାହିତ ହୋଇଗଲେ ମଧ୍ୟ ମୁଁ ଜାଣେ ଯେ ସମାଧାନର ରାସ୍ତା ମୁଁ ବାହାର କରିପାରିବି।

୬. ମୋର ଅତୀତର ଅଭିଜ୍ଞତା ମୋର ଭବିଷ୍ୟତ ପାଇଁ ମୋତେ ବଳ ଦେଇଛି।

୭. ମୋର ଜୀବନ ସାର୍ଥକ ହୋଇଛି।

୮. ମୁଁ ନିଜ ପାଇଁ ଯେଉଁ ସବୁ ଲକ୍ଷ୍ୟ ଧାର୍ଯ୍ୟ କରେ ସେ କ୍ଷେତ୍ରରେ ମୁଁ ସଫଳ ହୁଏ।

ବ୍ୟାଖ୍ୟା -

ପ୍ରତି ବାକ୍ୟ ପାର୍ଶ୍ୱରେ ଚିହ୍ନିତ କରିଥିବା ସଂଖ୍ୟା ମିଶାଇ ଦିଅନ୍ତୁ ଏବଂ ନିମ୍ନମତେ ବ୍ୟାଖ୍ୟା କରନ୍ତୁ।

୮ ରୁ ୧୬	-	ସକାରାତ୍ମକ ଆଶା ଓ ବିଶ୍ୱାସର ମାତ୍ରା କମ୍
୧୭ ରୁ ୨୪	-	ମଧ୍ୟମ ମାତ୍ରାର ଆଶା ଓ ବିଶ୍ୱାସ
୨୫ ରୁ ୩	-	ଉଚ୍ଚ ମାତ୍ରାର ଆଶା ଓ ବିଶ୍ୱାସ
୩୩ ରୁ ୪୦	-	ଖୁବ୍ ଉଚ୍ଚ ମାତ୍ରାର ଆଶା ଓ ବିଶ୍ୱାସ

କୃତଜ୍ଞତାର ମନୋବୃତ୍ତି

ବାସ୍ତବ ଜଗତରେ ଘଟଣା ଅପେକ୍ଷା ନିଜ ସମ୍ପର୍କରେ ନିଜର ବିଶ୍ୱ ସମପର୍କରେ ଏବଂ ଅନ୍ୟମାନଙ୍କ ବିଷୟରେ ଆମର ନିଜସ୍ୱ ଧାରଣା ଆମ ସୁଖଦୁଃଖକୁ ଅଧିକ ପ୍ରଭାବିତ କରେ। ବିଶ୍ୱବିଶ୍ରୁତ କବି ଜନ ମିଲଟନ୍ ତାଙ୍କର କାଳଜୟୀ କାବ୍ୟ Paradise Lostରେ ଲେଖିଥିଲେ ମନ ହିଁ ନର୍କରେ ସ୍ୱର୍ଗର ସୌନ୍ଦର୍ଯ୍ୟ ରଚନା କରିପାରେ ଏବଂ ସ୍ୱର୍ଗରେ ନର୍କର ସୃଷ୍ଟି କରିପାରେ । ମନୁଷ୍ୟର ମାନସିକତା ହେଉଛି ବଡ଼ କଥା। ସେହି ପରିପ୍ରେକ୍ଷୀରେ ଶ୍ରଦ୍ଧାଜ୍ଞାପନର ସଂସ୍କୃତି ଏକ ଉଚ୍ଚତର ମାନବିକ ମୂଲ୍ୟବୋଧ। ଦୁର୍ଭାଗ୍ୟବଶତଃ ଏପରି ସଂସ୍କୃତିର ଅବକ୍ଷୟ ଆମର ବ୍ୟକ୍ତିଗତ ଓ ଗୋଷ୍ଠୀଗତ ଜୀବନକୁ ବିଷାକ୍ତ କରିଛି।

ଆମର ଜେଜେମା'ଙ୍କଠାରୁ ଆରମ୍ଭ କରି ଲେଖକ ଓ ଦାର୍ଶନିକମାନେ କୃତଜ୍ଞତା ମନୋବୃତ୍ତିର ମହତ୍ତ୍ୱ କହି ଆସିଛନ୍ତି। ଜୀବନର ସୁଖ ଓ ଆନନ୍ଦାନୁଭୂତି ପାଇଁ ଏହାର ଉପଯୋଗିତା ବୁଝାଇଛନ୍ତି। କୃତଜ୍ଞତାର ପ୍ରକୃତ ଅର୍ଥ ବ୍ୟାପକ। ଏହା ବିସ୍ମୟାନୁଭୂତିର ପରିପ୍ରକାଶ ହୋଇପାରେ କିମ୍ବା ଅଭିନନ୍ଦନ ଜ୍ଞାପନ ହୋଇପାରେ। ସକାରାତ୍ମକ ଦିଗ ସବୁର ପରିକଳ୍ପନା ହୋଇପରେ କି ଜୀବନର ଆଗାମୀ ପ୍ରାଚୁର୍ଯ୍ୟର ଆଶାପୋଷଣ ହୋଇପାରେ । ସାଧାରଣ ଭାବେ ଲୋକମାନେ କୃତଜ୍ଞତା କହିଲେ କେବଳ ଧନ୍ୟବାଦ ଜ୍ଞାପନକୁ ବୁଝୁଥିଲେ ମଧ୍ୟ ଏହା 'ଧନ୍ୟବାଦ' ପ୍ରକାଶ ମଧ୍ୟରେ ସୀମିତ ନୁହେଁ। ଏହା ବୃହତ୍ତର ଦୃଷ୍ଟିକୋଣରୁ କୃତଜ୍ଞତା ହେଉଛି ସୃଷ୍ଟିର ସୌନ୍ଦର୍ଯ୍ୟ ପ୍ରତି ସ୍ୱୀକୃତି ଜଣାଇବା ଏବଂ ଏହା ସହିତ ସମ୍ପୃକ୍ତ ବ୍ୟକ୍ତିବିଶେଷଙ୍କୁ ନିଜର ଶ୍ରଦ୍ଧା ଓ ଶୁଭେଚ୍ଛା ଜଣାଇବା।

କୃତଜ୍ଞତା ପ୍ରକାଶ କରିବାର ମାନସିକତା ଧନ୍ୟବାଦ ଜଣାଇବାର ଆଚରଣ ମଧ୍ୟରେ ସୀମିତ ନୁହେଁ। ଏହା ଯେପରି ବ୍ୟାପକ, ଏହାର ସୁଫଳ ମଧ୍ୟ ସେପରି ପରିବ୍ୟାପ୍ତ। ଆନ୍ତରିକ କୃତଜ୍ଞତା ପ୍ରକାଶ କରିବାର ଜୀବନଶୈଳୀ ବିକଶିତ କରିଥିବା

ଲୋକମାନେ ଅପେକ୍ଷାକୃତ ଅଧିକ ସୁଖ ଓ ଆନନ୍ଦାନୁଭୂତିର ଅଧିକାରୀ ହୁଅନ୍ତି। ଏମାନଙ୍କର ମାନସିକ ବିଷାଦ ଓ ଦୁଶ୍ଚିନ୍ତା କମ୍ ରହିଥାଏ।

କୃତଜ୍ଞତା ପ୍ରକାଶର ମାନସିକତା ଆମର ଉନ୍ନତ ଜୀବନର କିପରି ସହାୟକ ହୁଏ ତାହାର ପ୍ରମାଣ ପାଇଁ ଜଣେ ମନୋବିଜ୍ଞାନୀ ଗୋଟିଏ ସର୍ବେକ୍ଷଣର ପରିକଳ୍ପନା କଲେ। ସେ କିଛି ଲୋକଙ୍କୁ ଅନୁରୋଧ ଜଣାଇଲେ ଯେ ସେମାନେ ପ୍ରତି ସପ୍ତାହରେ ଥରେ ଗୋଟିଏ ଖାତାରେ 'ପାଞ୍ଚୋଟି କଥା' ଲେଖିବେ ଯେଉଁଥିପାଇଁ ପୂର୍ବ ସପ୍ତାହରେ ସେମାନେ କୃତଜ୍ଞ ଅନୁଭବ କରିଛନ୍ତି। ଏପରି ଲେଖା କ୍ରମାଗତ ଭାବରେ ଦଶସପ୍ତାହ ଲାଗି ଚାଲୁ ରହିବ। ଏହିପରି ଦଶସପ୍ତାହର ସଚେତନଶୀଳ ଲେଖା ଓ ଅଭ୍ୟାସ ପରେ ଦେଖାଗଲା ଯେ, ଏହି ଲୋକମାନେ ମାମୁଲି ରୀତିରେ ଦିନଲିପି ଲେଖୁଥିବା ଲୋକମାନଙ୍କ ତୁଳନାରେ ଅଧିକ ସୁଖଶାନ୍ତି ଅନୁଭବ କରୁଛନ୍ତି।

ସମାନ ଧରଣରର ସଂପରୀକ୍ଷଣ ମାଧ୍ୟମରେ ଜଣାଗଲା ଯେ ଲେଖିବା ପ୍ରକ୍ରିୟାରେ ସେମାନେ କୃତଜ୍ଞ ହେବାର ପରିବେଶକୁ ମନେପକାଇବା ଫଳରେ ଅଧିକ ଆନନ୍ଦ ଅନୁଭବ କରୁଛନ୍ତି। କେବଳ ମାନସିକ ସ୍ତରରେ ନୁହେଁ ଶାରୀରିକ ସ୍ତରରେ ମଧ୍ୟ ସେମାନଙ୍କ ସ୍ୱାସ୍ଥ୍ୟର ଉନ୍ନତି ଘଟୁଛି।

ଉପକୃତ ହୋଇଥିବା ଘଟଣା, ସମୟ ଓ ଉପକାରୀ ବ୍ୟକ୍ତିଙ୍କର ସ୍ମରଣ ଏହି ଶକ୍ତିଶାଳୀ ସମ୍ବଳ। ଏପରି ସୁଖସ୍ମରଣ କାହିଁକି ଜୀବନରେ ସହାୟକ ହୁଏ, ତାହାର ସୂଚନା ଦିଆଯାଇପାରେ।

ପ୍ରଥମତଃ, ଅତୀତରେ କେହି ଜଣେ ମୋର ଉପକାର କରିଛନ୍ତି, ଏପରି ସ୍ମରଣ କଲେ ବର୍ତ୍ତମାନ ପାଇଁ ମାନସିକ ଶକ୍ତି ଓ ସାହସ ବଢ଼ିଯାଏ। ଧରାଯାଉ ଜଣେ ମା' ନିଜର ପିଲାମାନଙ୍କର ଚଗଲାମି ନେଇ ବ୍ୟତିବ୍ୟସ୍ତ ହୋଇ ଉଠୁଛନ୍ତି। ମାତ୍ର ଯେଉଁ ମୁହୂର୍ତ୍ତରେ ତାଙ୍କର ସ୍ମରଣ ଆସିବ ଯେ ଏଇ ପିଲାମାନେ ମା' ମା' ଡାକି ବିଗତ ମାସସବୁରେ କେତେ ଆନନ୍ଦ ଦେଇଛନ୍ତି, ତାଙ୍କର ବିରକ୍ତି ଅପସରି ଯିବ ଏବଂ ସେ ଆଗ୍ରହର ସହିତ ପିଲାମାନଙ୍କର ପରିପାଳନ କରିବେ। ଅତୀତର ସନ୍ତୋଷ ବର୍ତ୍ତମାନ ପାଇଁ ପ୍ରୋତ୍ସାହନର କାରଣ ହୁଏ।

ଦ୍ୱିତୀୟତଃ ଅନ୍ୟକୁ ଶ୍ରଦ୍ଧା ଓ ସମ୍ମାନ ଜଣାଇବା ଫଳରେ ନିଜର ଆତ୍ମମର୍ଯ୍ୟାଦା ବୋଧ ବୃଦ୍ଧିପାଏ। ଅନ୍ୟମାନେ ଆପଣଙ୍କ ପାଇଁ କିଛି କରିଛନ୍ତି ଏବଂ ଆପଣ ସଫଳତା ହାସଲ କରିଛନ୍ତି। ଏପରି ଅନୁଭବ ଆପଣଙ୍କର ଆତ୍ମବିଶ୍ୱାସ ଓ ଆତ୍ମସାମର୍ଥ୍ୟବୋଧ ବୃଦ୍ଧିକରେ । ଦୁର୍ଭାଗ୍ୟବଶତଃ ଅନେକଲୋକ ନିଜର ସଫଳତା ଓ ଅନ୍ୟମାନଙ୍କର ଉପକାର କଥା ନ ଭାବି ନିଜର ବିଫଳତା ଓ ଅନ୍ୟମାନଙ୍କର ସମାଲୋଚନାର କଥା

ଭାବନ୍ତି । ଏହାର ପରିଣତି ଖରାପ ହୁଏ । ସୁତରାଂ ବିଫଳତାର କଥା ନ ଭାବି ଅନ୍ୟମାଙ୍କର ଶୁଭେଚ୍ଛା, ସାହାଯ୍ୟ ସହାନୁଭୂତି ଏବଂ ସହାୟତାର କଥା ଭାବିବସିଲେ ମନରେ ଦମ୍ଭ ଆସିବ ।

ତୃତୀୟତଃ କୃତଜ୍ଞତାର ମନୋବୃତ୍ତି ମାନସିକ ଚାପ ଦୂରକରେ । ଅନ୍ୟମାନଙ୍କର ଉପକାର ମନେ ପକାଇଲେ ନକାରାତ୍ମକ ସ୍ମୃତି ଦୁର୍ବଳ ହୋଇଉଠେ । ସକାରାତ୍ମକ ସ୍ମୃତି ଅଧିକ ସକ୍ରିୟ ହୁଏ ।

କୃତଜ୍ଞତା-ଜ୍ଞାପନର ମାର୍ଗ

କୃତଜ୍ଞତା ଆମର ମାନସିକ ସ୍ୱାସ୍ଥ୍ୟ ଓ ସୁଖାନୁଭୂତିକୁ ଅଭିବୃଦ୍ଧି କରେ । ଏହାର ଅନ୍ତରାଳରେ କେତୋଟି ନୀତି ସକ୍ରିୟ ଥିବା ପରି ମନେ ହୁଏ ।

ପ୍ରଥମତଃ କୃତଜ୍ଞତାବୋଧ ଆମ ଜୀବନାନୁଭୂତିର-ସକାରାତ୍ମକ ଦିଗ ପ୍ରତି ଦୃଷ୍ଟି ଆକର୍ଷଣ କରେ । ମନେ କରାଯାଉ ଜଣେ ନବଜାତ ଶିଶୁର ଜନନୀ ଶିଶୁର ଦୁଷ୍ଟାମି ଦେଖି ଅସ୍ଥିର ହୋଇ ପଡୁଛନ୍ତି । ଗଭୀର ରାତିରେ ଶିଶୁର କ୍ରନ୍ଦନ ଶୁଣି ତାଙ୍କର ନିଦରେ ବ୍ୟାଘାତ ଘଟୁଥିବାରୁ ରାତିରେ ଶୋଇ ନ ପାରି ବ୍ୟତିବ୍ୟସ୍ତ ହୋଇ ପଡୁଛନ୍ତି । ଏପରି ସମୟରେ ହୁଏତ କେହି ଜଣେ ମନେ ପକାଇ ଦେଲେ "ତୁମର ନବାଜତ ଶିଶୁଟି କି ସୁନ୍ଦର ! ଏ ଛୋଟ ବୟସର ରାତିକାନ୍ଦ କିଛିଦିନ ପରେ ଚାଲିଯିବ । ଶିଶୁର ଜନ୍ମବେଳେ ତା'ର କଅଁଳିଆ ମୁହଁଟି ଦେଖି ତୁମେ ଖୁସି ହୋଇ ନଥିଲ କି ? ଏହା ସ୍ମରଣ କରିବା ମାତ୍ରେ ଅନିଦ୍ରାଜନିତ ସବୁ କ୍ଳାନ୍ତି ଚାଲିଯିବ । ଶିଶୁଟି ଈଶ୍ୱରଙ୍କ ଅପାର କରୁଣାର ଏକ ଶୁଭସନ୍ତକ ଭାବି ମନ ଖୁସିରେ ଭରିଯିବ ।"

କୃତଜ୍ଞ ଅନୁଭବ କରିବା ପାଇଁ ସବୁବେଳେ ଅନ୍ୟମାନଙ୍କ ଉପରେ ନିର୍ଭର କରିବାର ଆବଶ୍ୟକତା ନାହିଁ । ଆପଣ ସ୍ୱକୀୟ ଉଦ୍ୟମରେ ମଧ୍ୟ କୃତଜ୍ଞତାର ଅନୁଭବକୁ ଗଭୀର କରିପାରିବେ । ଗୋଟିଏ ପ୍ରଭାବଶାଳୀ ଉପାୟ ହେଉଛି କୃତଜ୍ଞତା ପତ୍ରିକା । ଆପଣ ଲେଖାଲେଖି ଭଲ ପାଉଥିଲେ ଦିନର ଏକ ନିର୍ଦ୍ଦିଷ୍ଟ ସମୟ ବାଛି ନିଅନ୍ତୁ । ଏଥିପାଇଁ କିଛି ମିନିଟ୍ ଆବଶ୍ୟକ । ଏପରି ସମୟ ପ୍ରତ୍ୟୁଷର ମୁହୂର୍ତ୍ତ ହୋଇପାରେ; ମଧ୍ୟାହ୍ନ ଭୋଜନର ପୂର୍ବ କିମ୍ବା ପରସମୟ ହୋଇପାରେ କିମ୍ବା ରାତିରେ ବିଶ୍ରାମର ପୂର୍ବ ସମୟ ହୋଇପାରେ । ଚିନ୍ତାକରି ଆପଣ ଉପକୃତ ହୋଇଥିବା ତିନୋଟିରୁ ପାଞ୍ଚୋଟି ଜିନିଷ ଲେଖନ୍ତୁ । ଉଦାହରଣ ସବୁ ଏହିପରି ହୋଇପାରେ; ଆପଣଙ୍କ ବଗିଚାରେ ଫୁଲଗଛରେ ଫୁଲ ଫୁଟିଲା; ଆପଣଙ୍କ ପତି କିମ୍ବା ପତ୍ନୀ ଆପଣଙ୍କୁ ଉପହାରଟିଏ ଦେଲେ; ରାତିରେ ଛାତ ଉପରେ ଆପଣ ତାରା ଦେଖି ଖୁସି ହେଲେ ଇତ୍ୟାଦି । ଆପଣଙ୍କ ସହ ସମ୍ପୃକ୍ତି ଥିବା ଲୋକମାନଙ୍କ କଥା ସ୍ମରଣ କରିପାରନ୍ତି । ଆପଣଙ୍କର ସେମାନେ କି

ଉପକାର କରିଛନ୍ତି କିମ୍ବା କି କି ତ୍ୟାଗ ସ୍ୱୀକାର କରିଛନ୍ତି, ଏପରି କଥା ଲେଖି ରଖିବା ଆପଣଙ୍କ ପାଇଁ ଖୁବ୍ ଫଳପ୍ରଦ ହେବ।

ପ୍ରତିଦିନ ଏକ ନିର୍ଦ୍ଦିଷ୍ଟ ସମୟରେ କୃତଜ୍ଞତାର ସାମଗ୍ରୀ ଲେଖିବା ଏକ ପ୍ରକାର ସୁନ୍ଦର ଉପାୟ ହେଲେ ମଧ୍ୟ କେତେକ ବ୍ୟକ୍ତିଙ୍କର ଆଗ୍ରହ ଏ ଦିଗରେ ଦୀର୍ଘଦିନ ତିଷ୍ଠି ନ ରହିପାରେ। ଲେଖିବା ବଦଳରେ ସେମାନେ ଚିନ୍ତନ ପାଇଁ ସମୟ ଦେଇପାରନ୍ତି। ଚିନ୍ତନ କରିବା ସମୟରେ କେଉଁ ଭାବରେ କେଉଁମାନେ ତାଙ୍କ ଜୀବନର ବିକାଶରେ ସହାୟକ କରିଛନ୍ତି, ସେ କଥା ଚିନ୍ତା କରିପାରନ୍ତି। ଚିନ୍ତନ ପ୍ରକ୍ରିୟାକୁ ଅଧିକ ସକ୍ରିୟ କରିବା ପାଇଁ ବ୍ୟକ୍ତିଜଣଙ୍କ ନିର୍ଦ୍ଦିଷ୍ଟ ଲକ୍ଷ୍ୟ ବା ଜୀବନର ନିର୍ଦ୍ଦିଷ୍ଟ କ୍ଷେତ୍ର ସମ୍ପର୍କରେ ଚିନ୍ତା କରିପାରନ୍ତି, ସେ ରୋଗଗ୍ରସ୍ତ ଥିବା ସମୟରେ କେଉଁମାନେ ସାହାଯ୍ୟ କରିଥିଲେ ଏବଂ ଆସିଥିଲେ ? ତାଙ୍କର ଆର୍ଥିକ ଅଭାବ ଅନାଟନ ସମୟରେ କେଉଁମାନେ ସହାୟତା କରିଥିଲେ ? ପିଲାମାନଙ୍କର ଶିକ୍ଷାବ୍ୟବସ୍ଥା ଆରମ୍ଭ ସମୟରେ କାହାଠାରୁ ଉଚିତ ପରାମର୍ଶ ପାଇଥିଲେ ? ଏପରି ସବୁ ନିର୍ଦ୍ଦିଷ୍ଟ ଧରଣର ଭାବନା କୃତଜ୍ଞତା ସ୍ମରଣକୁ ଅଧିକ କ୍ରିୟାଶୀଳ କରିବ।

କୃତଜ୍ଞତାର ଅନୁଭବ ଦ୍ୱାରା ପଲ୍ଲବିତ ହେବାର ଏକାଧିକ ମାର୍ଗ ରହିଛି। ଗୋଟିଏ ପ୍ରକାର ଉପାୟ ଅବଲମ୍ବନ ହୁଏତ ଏହାର ସରସତା ନଷ୍ଟ କରିପାରେ। ଧରାଯାଉ ଆପଣ ପ୍ରତି ସପ୍ତାହର ରବିବାର ରାତିରେ ଉପକୃତ ହୋଇଥିବା ଘଟଣା କେତୋଟି ଡାଏରୀରେ ଲିପିବଦ୍ଧ କରନ୍ତି। ଏହା ଗୋଟିଏ ଖୁବ୍ ଭଲ ଅଭ୍ୟାସ। ମାତ୍ର କିଛିମାସ ବା ବର୍ଷ, ପରେ ରୁଟିନ୍‌ବନ୍ଧା ଅଭ୍ୟାସର ପୁନରାବୃତ୍ତି ଫଳରେ ଏହାର ପ୍ରଭାବ ହ୍ରାସ ପାଇପାରେ। ସୁତରାଂ କୌଶଳଟି ସତେଜ ହେବା ଆବଶ୍ୟକ। ବର୍ତ୍ତମାନ ଏ କାର୍ଯ୍ୟକୁ ସାପ୍ତାହିକ ବା ସମୟ-ସମ୍ବନ୍ଧିତ ନ କରି ଘଟଣା-ସମ୍ବନ୍ଧିତ କରିପାରନ୍ତି। ଆପଣ କୌଣସି ଏକ ଦୁର୍ଦ୍ଦିନର ଶରବ୍ୟ ହେବା ପରେ ଉପକାର କରିଥିବା ବ୍ୟକ୍ତିଙ୍କ କଥା ସ୍ମରଣ କରନ୍ତୁ। କୌଣସି ଗୋଟିଏ ପ୍ରୀତିପ୍ରଦ ଓ କିଛି ସଫଳତା ପାଇବା, ଦର୍ଶନୀୟ ସ୍ଥାନଟିଏ ବୁଲିଆସିବା, କିଛି ଭଲ ଖବର ପାଇବା ଘଟଣାର ପରେ ପରେ କୃତଜ୍ଞ ହେବା ଭଳି ଅବକାଶ ସ୍ମରଣ କରନ୍ତୁ। ଏପରି ଅଭ୍ୟାସ ଆପଣଙ୍କୁ ସୁଖ ଓ ଶାନ୍ତି ପ୍ରଦାନ କରିବ।

ଆପଣଙ୍କର କୃତଜ୍ଞତାର ପରିପ୍ରକାଶ ପ୍ରତ୍ୟକ୍ଷ ହେବା ସବୁଠାରୁ ଭଲ। ଚିଠି, ଫୋନ୍, ଇମେଲ୍ ଓ ବ୍ୟକ୍ତିଗତ ସାକ୍ଷାତ୍ ମାଧ୍ୟମରେ କୃତଜ୍ଞତା ପ୍ରକାଶ କରନ୍ତୁ। ଯେଉଁମାନଙ୍କ ପ୍ରତି ଆପଣ ଋଣୀ ସେମାନଙ୍କୁ ଅକପଟ ଭାବରେ ଶ୍ରଦ୍ଧାଜ୍ଞାପନ କରନ୍ତୁ। କେତେକ ନିଜର ପିତାମାତା, ଅନ୍ତରଙ୍ଗ ବନ୍ଧୁ ଓ ଆତ୍ମୀୟସ୍ୱଜନଙ୍କ ପ୍ରତି କୃତଜ୍ଞତା ପ୍ରକାଶ୍ୟ ଭାବରେ ଜଣାଇବାକୁ କୁଣ୍ଠାବୋଧ କରନ୍ତି। ଆତ୍ମୀୟତା କ୍ଷେତ୍ରରେ ଏପରି

ପ୍ରକାଶ୍ୟ ଆଚରଣକୁ ଅଯଥା ଲୌକିକ ବୋଲି ବିଚାର କରନ୍ତି, ବାପ ମା' ତାଙ୍କର କର୍ତ୍ତବ୍ୟ କରିଛନ୍ତି ଏବଂ ଏଥିରେ କିଛି ବଡ଼ପଣିଆ ନାହିଁ - ଏପରି ଧରି ନିଅନ୍ତି। ମାତ୍ର ଏ ବିଚାର ଭ୍ରମାତ୍ମକ। କୃତଜ୍ଞତାର ପ୍ରକାଶ ଫଳରେ ଆମ୍ଭେମାନେ କେବଳ ଅନ୍ୟମାନଙ୍କର ମର୍ଯ୍ୟାଦା ବୃଦ୍ଧି କରି ନଥାଉ, ଏହାଦ୍ୱାରା ଆମ ମର୍ଯ୍ୟାଦା ମଧ୍ୟ ବୃଦ୍ଧିପାଏ। ଜନ୍ମଦିନ, ବିବାହବାର୍ଷିକୀ, ପୁଣ୍ୟତିଥି ଏବଂ ଜାତୀୟ ଦିବସମାନଙ୍କର ଶୁଭେଚ୍ଛାମୂଳକ ଓ କୃତଜ୍ଞତା ପତ୍ର ଲେଖିବାର ପରମ୍ପରା ଏକ ଉଚ୍ଚ ମାନସିକତାର ପ୍ରତିଫଳନ । ବ୍ୟକ୍ତିଗତ ପରିଚିତି ନ ଥାଇ ମଧ୍ୟ ବିଶିଷ୍ଟ ଲେଖକ, କ୍ରୀଡ଼ାବିତ୍ ଓ ଅନ୍ୟସବୁ କୃତବିଦ୍ ଲୋକମାନଙ୍କୁ ଅଭିନନ୍ଦନର ପତ୍ର ଲେଖାଯାଇପାରେ। ଯେଉଁ ଶିକ୍ଷକ ବା ଅଧ୍ୟାପକ ଆପଣଙ୍କ ଜୀବନରେ ବିସ୍ମୟକର ପରିବର୍ତ୍ତନ ଆଣିଛନ୍ତି, ଆପଣ ତାଙ୍କୁ କେବେ କୃତଜ୍ଞତାର ଚିଠି ଲେଖିଛନ୍ତି କି ? ଆପଣ ଯେଉଁ କବି ବା ଲେଖକର ଲେଖା ପଢ଼ି ଅନ୍ତପ୍ରେରଣା ଅନୁଭବ କରିଛନ୍ତି, ତାଙ୍କ ପ୍ରତି କୃତଜ୍ଞତା ଜ୍ଞାପନ କରିଛନ୍ତି ? ଯେଉଁ କଳାକାରଙ୍କ ସର୍ଜ୍ଜନଶୀଳତାରେ ଉଦ୍‌ବୁଦ୍ଧ ହୋଇଛନ୍ତି, ତାଙ୍କ ପ୍ରତି ଆପଣଙ୍କ ଶ୍ରଦ୍ଧାଞ୍ଜାପନ କରିଛନ୍ତି କି ? ଅତୀତରେ ଏହା କରି ନଥିଲେ ମଧ୍ୟ ଏବେ କରିପାରିଲେ ଆନନ୍ଦାନୁଭୂତି ପରିବ୍ୟାପ୍ତ ହେବ, ଏଥିରେ ସନ୍ଦେହ ନାହିଁ।

ଶ୍ରଦ୍ଧାଞ୍ଜାପନର ଅନେକ ମାର୍ଗ ରହିଛି, ଯେଉଁ ଉପାୟରେ ଆପଣଙ୍କ ରୁଚି ଓ ବ୍ୟକ୍ତିତ୍ୱର ଅନୁକୂଳ, ସେହି ପନ୍ଥାଟିର ଉପଯୋଗ କରନ୍ତୁ। ଦୀର୍ଘଦିନ ଅଭ୍ୟାସ କଲାପରେ ଏହାର ସଫଳ ନିଶ୍ଚୟ ଅନୁଭବ କରିବେ। ଅବଶ୍ୟ ଦୀର୍ଘଦିନର ପ୍ରୟୋଗ ପରେ ଏହାର ପ୍ରଭାବ କମିଯିବାର ଅନୁଭବ ହେଲେ କୃତଜ୍ଞତା ଜ୍ଞାପନର ଅନ୍ୟ ଗୋଟିଏ ଉପାୟ ଅବଲମ୍ବନ କରନ୍ତୁ। ଏହି ନୂତନ କୌଶଳଟି ଅଧିକ ସତେଜ ଓ ଫଳପ୍ରଦ ଉପାୟ ରୂପେ କାର୍ଯ୍ୟ କରିବ।

ଶାନ୍ତ ଭାବ: ଶକ୍ତି ପରିଚାଳନାର ସଫଳ ମାର୍ଗ

ଯୁକ୍ତରାଷ୍ଟ୍ର ଆମେରିକାର ଅନ୍ୟତମ ରାଷ୍ଟ୍ରପତି ଜନ.ଏଫ୍. କେନେଡ଼ି ତାଙ୍କର ବାଗ୍ମିତା ଓ କ୍ରାନ୍ତିକାରୀ ନେତୃତ୍ୱ ପାଇଁ ବିଶ୍ୱବିଦିତ ହୋଇପାରିଥିଲେ। ସେ ରାଷ୍ଟ୍ରପତି ଦାୟିତ୍ୱ ଗ୍ରହଣ କରୁଥିବା ସମୟରେ ଜଣେ ସାମ୍ବାଦିକ ଉଚ୍ଛ୍ୱସିତ ସମ୍ବର୍ଦ୍ଧନା ଜଣାଇବାକୁ ଯାଇ କହିଲେ : ରାଷ୍ଟ୍ରପତି ମହୋଦୟ ! ଆପଣ ଆଜି ଖୁବ୍ ଉଚ୍ଚକିତ (Excited) ଅନୁଭବ କରୁଥିବେ। ଶ୍ରୀଯୁକ୍ତ କେନେଡ଼ି ତତ୍‌କ୍ଷଣାତ୍ କହିଲେ – "ନାଃ ! ମୁଁ ଉଚ୍ଚକିତ ନୁହେଁ, ମୁଁ ଆଗ୍ରହାନ୍ୱିତ (Interested) ଅନୁଭବ କରୁଛି।" ଉଚ୍ଚକିତ ଓ ଆଗ୍ରହାନ୍ୱିତ ମଧ୍ୟରେ ଏକ ବିଶେଷ ପାର୍ଥକ୍ୟ ରହିଛି; ଗୋଟିଏ ମାନସିକ ଶକ୍ତି କ୍ଷୟ କରେ ଏବଂ ଅନ୍ୟଟି ମାନସିକ ଶକ୍ତି ବୃଦ୍ଧି କରେ।

ସଂଗ୍ରାମ ସମୟରେ ଆପଣ କ୍ଳାନ୍ତ ଅନୁଭବ କରନ୍ତି। ଶାନ୍ତଭାବ ହରାଇବସନ୍ତି ଏବଂ ଭୁଲ୍‌ଭଟକା ବଢ଼ାଇଚାଲନ୍ତି। ଅବସନ୍ନ ହୋଇପଡ଼ିଲେ ବିରୋଧୀ ଶକ୍ତି ଆପଣଙ୍କୁ ପରାସ୍ତ କରେ। ଅନ୍ୟ ପକ୍ଷରେ ଆପଣ ଶାନ୍ତ ରହିଲେ ଯଥାଯଥ ଭାବରେ ଶକ୍ତି ସଞ୍ଚୟ କରନ୍ତି ଏବଂ ଆଗେଇଯିବାର ବାଟ ଦେଖନ୍ତି। ଜିତିବାର ଅର୍ଥ ନୁହେଁ ଯେ ଆପଣଙ୍କୁ ସଂଘର୍ଷ କରି ମାନସିକ ଚାପକୁ ନିୟନ୍ତ୍ରଣରେ ରଖିବେ; ବରଂ ସଂଘର୍ଷ ବନ୍ଦ ହେଲେ ହିଁ ପ୍ରକୃତ ବିଜୟ ଉପଲବ୍ଧ ହୁଏ।

ଆପଣ କ୍ଳାନ୍ତ ଅନୁଭବ କରନ୍ତି କାହିଁକି ? ସାଧାରଣତଃ ଲୋକମାନେ କ୍ଳାନ୍ତିର କଥା ଭାବିବା ସମୟରେ କେବଳ ଭୌତିକ କାରଣସବୁ ଚିନ୍ତା କରନ୍ତି। ସୁନିଦ୍ରାର ଅଭାବ, କଠିନ ପରିଶ୍ରମ କିମ୍ବା ଦୀର୍ଘ ସମୟର ଶାରୀରିକ କାର୍ଯ୍ୟର କଥା ଚିନ୍ତା କରାଯାଏ। ଅବଶ୍ୟ ସ୍ଥଳବିଶେଷରେ ଭୌତିକ କାରଣ ନିଶ୍ଚୟ ରହିଛି। ନିର୍ମାଣ

କାର୍ଯ୍ୟରେ ବ୍ୟସ୍ତଥିବା ଶ୍ରମିକ, କୃଷି କ୍ଷେତ୍ରରେ କୃଷକ ଏବଂ ରାତି ଅନିଦ୍ରା ହୋଇ କର୍ତ୍ତବ୍ୟ ପାଳନ କରୁଥିବା ଡାକ୍ତରୀ ଛାତ୍ର ହୁଏତ ଏ ଧରଣର ଭୌତିକ କ୍ଳାନ୍ତିର ଶରବ୍ୟ ହୁଅନ୍ତି। କିନ୍ତୁ ବହୁତ କ୍ଷେତ୍ରରେ କ୍ଳାନ୍ତିର କାରଣ ହେଉଛି ମନସ୍ତାତ୍ତ୍ୱିକ। ତିନୋଟି ବିଶେଷ ଧରଣର ମନସ୍ତାତ୍ତ୍ୱିକ ଉପାଦାନ ଆମର ମାନସିକ ଶକ୍ତିକୁ ବିପର୍ଯ୍ୟସ୍ତ କରିପାରେ। ସେଗୁଡ଼ିକ ହେଉଛି ତୀବ୍ର ମାତ୍ରାର ଆବେଗ (Emotion), ଚାପଯୁକ୍ତ ଆତ୍ମନିୟନ୍ତ୍ରଣ ଓ ମାତ୍ରାଧିକ ନକାରାତ୍ମକ ଆବେଗ ।

ଭାବାବେଗର କଥା କହିବା ସମୟରେ ଆମକୁ ଦୁଇଟି ଦିଗ ପ୍ରତି ସଜାଗ ହେବାକୁ ପଡ଼ିବ। ଗୋଟିଏ ହେଉଛି ସକାରାତ୍ମକ-ନକାରାତ୍ମକ ଦିଗ ଏବଂ ଅନ୍ୟଟି ହେଉଛି ଉଚ୍ଚମାତ୍ରା- ନିମ୍ନମାତ୍ରାର ଦିଗ। କହିବା ଅନାବଶ୍ୟକ ଯେ ସକରାତ୍ମକ ଆବେଗ ହେଉଛି ଉଲ୍ଲସିତ ଓ ଶାନ୍ତଭାବ ଏବଂ ନକରାତ୍ମକ ଆବେଗ ହେଉଛି କ୍ରୋଧ ଓ ଉଦାସୀନତା। ସେହିପରି ଉଲ୍ଲସିତ ଓ କ୍ରୋଧୀ ଉଚ୍ଚମାତ୍ରାର ଆବେଗ ହେବାବେଳେ ଶାନ୍ତ ଓ ଉଦାସୀନ ହେଉଛି ନିମ୍ନମାତ୍ରାର ଆବେଗ। ନିମ୍ନ ସାରଣୀରେ ଏହାକୁ ପ୍ରକାଶ କରାଯାଇପାରେ।

	ନକାରାତ୍ମକ -	ସକାରାତ୍ମକ
	କ୍ରୋଧୀ	ଉଚ୍ଚକିତ
ଉଚ୍ଚମାତ୍ରାର ଆବେଗ -	ଉତ୍‌କଣ୍ଠିତ	ଉଲ୍ଲସିତ
	ଭୟଭୀତ	ଉତ୍‌ଫୁଲ୍ଲ
	ଦୁଃଖିତ	ଶାନ୍ତ
ନିମ୍ନମାତ୍ରାର ଆବେଗ -	ନିସ୍ପୃହ	ପ୍ରଶାନ୍ତ
	କ୍ଳାନ୍ତ	ସନ୍ତୁଷ୍ଟ

ଗବେଷଣାରୁ ଦେଖାଯାଇଛି ଯେ ସକାରାତ୍ମକ ଆବେଗ ଉଚ୍ଚମାତ୍ରାର ହୋଇଥିଲେ ତାହା ଶାରୀରିକ ସ୍ତରରେ କିଛି ମାତ୍ରାରେ ଚାପ ସୃଷ୍ଟି କରିଥାଏ। ଲୋକମାନେ ଆନନ୍ଦ ଉଲ୍ଲାସରେ ମାତିଥିବା ସମୟରେ ମଣିଷର ଓ ସ୍ନାୟବିକ ସ୍ତରରେ କେତେକ ହାନିକାରକ ପରିବର୍ତ୍ତନ ଘଟେ। ଉଚ୍ଚମାତ୍ରାର ନକାରାତ୍ମକ ଆବେଗ ସମୟରେ ଯେଉଁ ସମସ୍ତ କ୍ଷତିକାରକ ଆଭ୍ୟନ୍ତରୀଣ ପରିବର୍ତ୍ତନ ଘଟେ ଉଚ୍ଚମାତ୍ରାର ସକାରାତ୍ମକ ଆବେଗ ସମୟରେ ମଧ୍ୟ ସେପରି ଘଟିଥାଏ। ହୃଦ୍‌ସ୍ପନ୍ଦନ ବୃଦ୍ଧି ପାଇବା, ଝାଳ ବୋହିବା ଏବଂ ଚମକି ପଡ଼ିବା ଭଳି ପ୍ରତିକ୍ରିୟା ସୃଷ୍ଟି ହୋଇଥାଏ। ମାନସିକ ଚାପ ସମୟରେ ଯେପରି ଶକ୍ତିର ଅପଚୟ ଘଟେ, ଉଚ୍ଚମାତ୍ରାର ଆବେଗ ସମୟରେ ମଧ୍ୟ ମାନସିକ ଶକ୍ତିର ହ୍ରାସ ଘଟିଥାଏ।

ନିଜର ଲକ୍ଷ୍ୟ ଦିଗରେ ଗତିକରିବା ସମୟରେ କେତେକ ବିଶେଷଜ୍ଞ ଆତ୍ମ-ନିୟନ୍ତ୍ରଣର ଗୁରୁତ୍ୱ ଦର୍ଶାଇଛନ୍ତି। କିନ୍ତୁ ଏହାକୁ ମଧ୍ୟ ସୂକ୍ଷ୍ମ ଦୃଷ୍ଟିରେ ବିଚାର କରିବାକୁ ହେବ। ଜୀବନର ବହୁ କ୍ଷେତ୍ରରେ ଆତ୍ମନିୟନ୍ତ୍ରଣର ଉପଯୋଗିତା ରହିଛି, ଏଥିରେ ସନ୍ଦେହ ନାହିଁ। କିନ୍ତୁ ଏହାର ମଧ୍ୟ ଏକ ତ୍ରୁଟିପୂର୍ଣ୍ଣ ଦିଗ ରହିଛି। ଆମେରିକାର ଫ୍ଲୋରିଡ଼ା ରାଜ୍ୟ ବିଶ୍ୱବିଦ୍ୟାଳୟର ପ୍ରଫେସର୍ ରୟ ବମେଷ୍ଟର୍ ମତବ୍ୟକ୍ତ କରନ୍ତି ଯେ ଆତ୍ମନିୟନ୍ତ୍ରଣ ହେଉଛି ମଣିଷ ଶରୀରର ମାଂସପେଶୀ। ଏହାକୁ ବାରମ୍ବାର ପ୍ରୟୋଗ କଲେ ସେଥିରେ ଦୁର୍ବଳତା ଓ ଶିଥିଳତା ଆସିଥାଏ । ସେ ଏହାକୁ ଆତ୍ମସଂଯମ କ୍ଳାନ୍ତି (Self-Control Fatigue) ବୋଲି ଆଖ୍ୟା ଦେଇଛନ୍ତି।

ଗୋଟିଏ ପରିପ୍ରେକ୍ଷୀରେ ବମେଷ୍ଟର୍ ଏହାକୁ ପ୍ରାଞ୍ଜଳ ଭାବେ ବୁଝାଇ ପାରିଥିଲେ। ଗବେଷକ ଗୋଟିଏ ଗବେଷଣାଗାରର ପରିବେଶ ମଧ୍ୟରେ ଖୁବ୍ ଆକର୍ଷଣୀୟ ସୁଗନ୍ଧ ଥିବା ଖାଦ୍ୟପଦାର୍ଥ ଲୋକମାନଙ୍କୁ ଖାଇବାର ସୁଯୋଗ ଦେଲେ। ପରିବେଶଟିର ବାତାବରଣରେ ଖୁବ୍ ସୁନ୍ଦର ଆକର୍ଷଣୀୟ ସୁଗନ୍ଧ ରହିଥିଲା। ଅଳ୍ପ ଦୂରରେ ଅନ୍ୟ କିଛି ଲୋକଙ୍କୁ କେବଳ ମୂଳା ଖାଇବାକୁ ପଡୁଥିଲା। ସେମାନେ ସୁଗନ୍ଧ ପାଉଥିଲେ ଅଥଚ ଲୋଭନୀୟ ଖାଦ୍ୟ ଖାଇବାର ସୁଯୋଗ ନ ଥିଲା। ଗବେଷକ ସବୁଲୋକଙ୍କୁ (ସ୍ୱାଦଯୁକ୍ତ ଖାଦ୍ୟ ଖାଇଥିବା ଏବଂ ମୂଳା ଖାଇଥିବା) କିଛି ସମସ୍ୟା ସମାଧାନ କରିବାର କାମ ଦେଲେ। ଧରାଯାଉ ଅଙ୍କ କଷିବାର କାମ। ପ୍ରକୃତରେ କିନ୍ତୁ ଏସବୁ ଅଙ୍କ ସମାଧାନ-ବିହୀନ, ଅଥଚ ଏ କଥା ସେମାନଙ୍କୁ କୁହାଯାଇ ନ ଥିଲା। ଦେଖାଗଲା ଯେ ମୂଳା ଖାଇଥିବା ଲୋକମାନେ ଅଳ୍ପ ସମୟ ଚେଷ୍ଟା କଲାପରେ ନିଜର ଅସହାୟତା ପ୍ରକାଶ କରୁଛନ୍ତି। ମୋ ଦ୍ୱାରା ଏ କାର୍ଯ୍ୟ ହେବ ନାହିଁ - ଏହା କହି ଅସହାୟତା ବ୍ୟକ୍ତ କରୁଛନ୍ତି। ସୁତରାଂ ଆତ୍ମସଂଯମ ଏବଂ ଆତ୍ମନିର୍ୟନ୍ତ୍ର ଉପଯୋଗୀ ହେଲେ ମଧ୍ୟ ଏହାର ପୁନଃ ପୁନଃ ପ୍ରୟୋଗ ଏହାର ଉପଯୋଗିତାକୁ ହ୍ରାସ କରିପାରେ।

ଉଚ୍ଚମାତ୍ରାର ନକାରାତ୍ମକ ଆବେଗ (ଯଥା-କ୍ରୋଧ, ଭୟ, ଉତ୍କଣ୍ଠା ଇତ୍ୟାଦି) ନିଶ୍ଚିତ ଭାବରେ କ୍ଷତିକାରକ ଏଥିରେ ଦ୍ୱିମତ ନାହିଁ। ଅନେକ ସମୟରେ ଲୋକମାନେ ଖରାପ ଘଟଣାର ଆଶଙ୍କା କରିବା ମାତ୍ରେ ହିଁ ମାନସିକ ଚାପର ସୂତ୍ରପାତ ହୁଏ। କ୍ଷତିକାରକ ହରମୋନ୍‌ର କ୍ଷରଣ ସମେତ ଅନ୍ୟସବୁ ହାନିକାରକ ଲକ୍ଷଣ ପ୍ରକାଶ ପାଏ।

ଶାନ୍ତ ଭାବର ଅଙ୍କୁରଣ ଓ ବିକାଶ:

ଉପର ଆଲୋଚନା ଅନୁଯାୟୀ ଅତିମାତ୍ରାର ସକାରାତ୍ମକ ଓ ନକାରାତ୍ମକ ଆବେଗ ଉତ୍ତମ ସ୍ୱାସ୍ଥ୍ୟର ଅନ୍ତରାୟ। ଏ ଦୃଷ୍ଟିରୁ ନିମ୍ନମାତ୍ରାର ସକାରାତ୍ମକ ଆବେଗର ମହତ୍ତ୍ୱ ସ୍ୱୀକାର କରାଯାଇଛି। ବିଶେଷତଃ ଏକ ବିଶେଷ ଧରଣର ନିମ୍ନମାତ୍ରାର

ସକାରାତ୍ମକ ଆବେଗ ହେଉଛି ଶାନ୍ତ ଭାବ। ଏହାର ସୌନ୍ଦର୍ଯ୍ୟ ହେଉଛି ଯେ ଆତ୍ମସଂଯମ ପାଇଁ ବ୍ୟକ୍ତିକୁ ଯେପରି କିଛି ମାତ୍ରାର ସଂଗ୍ରାମ ବା ଉଦ୍ୟମ କରିବାକୁ ପଡ଼ିଥାଏ, ଶାନ୍ତ ଭାବ କ୍ଷେତ୍ରରେ ସେପରି ପ୍ରୟାସର ଆବଶ୍ୟକତା ନ ଥାଏ; ଆତ୍ମସଂଯମ ସ୍ୱତଃ ଆସିଥାଏ।

ଅନେକ ବ୍ୟକ୍ତି ହୁଏତ ଭ୍ରମପୂର୍ଣ୍ଣ ଦୃଷ୍ଟି ନେଇ ବିଚାର କରନ୍ତି ଯେ ଶାନ୍ତଭାବ ଆଳସ୍ୟର ସୂଚକ। ଶାନ୍ତଭାବ ରହିଥିବା ବ୍ୟକ୍ତି ଶିଥିଳତା ଓ କୌଶଳହୀନତା ଦର୍ଶାନ୍ତି ବୋଲି କେହି କେହି ମନେ କରିପାରନ୍ତି। ମାତ୍ର ପ୍ରକୃତରେ ଶାନ୍ତଭାବ ମାନସିକ ଶକ୍ତିର ସଂରକ୍ଷଣରେ ବିଶେଷ ସହାୟକ ହୁଏ। ଶାନ୍ତଭାବ ଅନୁଭବ କରୁଥିବା ବ୍ୟକ୍ତି ଅବିଚଳିତ ଭାବରେ ଉପସ୍ଥିତ ମୁଖ୍ୟ କର୍ତ୍ତବ୍ୟ ଦିଗରେ ଅଭିନିବିଷ୍ଟ ରୁହନ୍ତି। ଅଯଥା ବାହ୍ୟ ବିକର୍ଷଣ ତାଙ୍କୁ ଆନ୍ଦୋଳିତ କରୁ ନଥିବାରୁ ଆତ୍ମସଂଯମର ପ୍ରୟୋଗ ପ୍ରୟୋଜନ ହୋଇ ନଥାଏ।

ପ୍ରାଚ୍ୟ ଦର୍ଶନରେ ଶାନ୍ତଭାବକୁ ଶକ୍ତି ଓ ସାମର୍ଥ୍ୟର ଉତ୍ସ ରୂପେ ଗ୍ରହଣ କରାଯାଇଛି । ଶାନ୍ତଭାବର ପରିଧି ମଧ୍ୟରେ ଆତ୍ମସଂଯମ ସ୍ୱତଃ ତିଷ୍ଠି ରହିଥିବାରୁ ଏହାକୁ ହାସଲ କରିବାର ଉଦ୍ୟମଶୀଳତା ଦରକାର ପଡ଼ି ନଥାଏ।

ଶାନ୍ତଭାବ କିପରି ବିକଶିତ କରାଯାଇପାରିବ ତାହା ଏକ ତାତ୍ପର୍ଯ୍ୟପୂର୍ଣ୍ଣ ପ୍ରଶ୍ନ। ଏକାଗ୍ରତା ଓ ଶାନ୍ତ ଭାବକୁ ଜୀବନରେ ଅଙ୍ଗୀଭୂତ କରିବାକୁ ହେଲେ ସର୍ବୋତ୍କୃଷ୍ଟ ମାର୍ଗ ହେଉଛି ଧ୍ୟାନ। ପ୍ରାଚ୍ୟ ଦର୍ଶନରେ ଧ୍ୟାନର ମହତ୍ତ୍ୱ ସୁବିସ୍ତୃତ ଓ ସୁବିଦିତ। ଏ ପ୍ରବନ୍ଧର କଳେବର ମଧ୍ୟରେ ଧ୍ୟାନ ବ୍ୟତୀତ ଅନ୍ୟ କେତୋଟି ବ୍ୟବହାରିକ ମାର୍ଗର ସୂଚନା ଦିଆଯାଇପାରେ।

୧. ସକାରାତ୍ମକ ଅନୁଭବ ଦେଉଥିବା କ୍ରିୟାକଳାପରେ ନିଜକୁ ମଗ୍ନ ରଖନ୍ତୁ। ଆପଣଙ୍କ ରୁଚି ଓ ଆଗ୍ରହ ଉପରେ ନିର୍ଭର କରି କେତେକ କାର୍ଯ୍ୟ ନିଶ୍ଚୟ ଆପଣଙ୍କୁ ସୁଖାନୁଭୂତି ଦେଉଥିବ। ସେପରି କାର୍ଯ୍ୟରେ ମନୋନିବେଶ କରନ୍ତୁ। ପ୍ରାର୍ଥନା ଗୋଟିଏ ସୁନ୍ଦର ମାର୍ଗ। ବୁଲିଯିବା, ଗତାନୁଗତିକ କାର୍ଯ୍ୟରୁ କିଛି ସମୟ ପାଇଁ ଦୂରେଇଯିବା, ପ୍ରିୟଜନଙ୍କର ଫଟୋ ଦେଖିବା ଏବଂ ଏହିପରି ସବୁ କାର୍ଯ୍ୟକଳାପ ଶାନ୍ତ ଭାବର ସହାୟକ।

୨. ବର୍ତ୍ତମାନ ଯେଉଁ କାର୍ଯ୍ୟ କରୁଛନ୍ତି ସେଥିରୁ ବାହାରି ଆସି ଯେଉଁ କାର୍ଯ୍ୟ କରିବାକୁ ଚାହାଁନ୍ତି ତାହା କରନ୍ତୁ। ଆପଣ ଜୀବନରେ କିଛି ନା କିଛି କରିବାକୁ ଚାହାଁନ୍ତି। ତାହା କରନ୍ତୁ। କାମକୁ କାମ ନ ଭାବି ତାକୁ ନିଜର ପ୍ରିୟବସ୍ତୁ ବୋଲି ବିଚାର କରନ୍ତୁ। ଏପରି ଦୃଷ୍ଟିଭଙ୍ଗୀ ମାନସିକ ସ୍ଥିରତା ବୃଦ୍ଧି କରବ।

୩. ମନେ ମନେ ଏକ ବୃହତ୍ତର ଛବି ଅଙ୍କନ କରନ୍ତୁ। ଆପଣ ଯେଉଁ କାମଟି

କରୁଛନ୍ତି ତାହା କିପରି ଏକ ବୃହତ୍ତର ଲକ୍ଷ୍ୟ ସହିତ ସମ୍ପୃକ୍ତ ତାହାର କଳ୍ପନା କରନ୍ତୁ। ନିଜର କାମ ଏବଂ ବୃହତ୍ତର ମୂଲ୍ୟବୋଧ ମଧ୍ୟରେ ସମ୍ପର୍କ ଗଠନ କରନ୍ତୁ ।

୪. କୃତଜ୍ଞତା ଅନୁଭବ କରିବା ଓ ପ୍ରକାଶ କରିବାର ଅଭ୍ୟାସ ଗଠନ କରନ୍ତୁ। ଥରେ ଜଣେ ମନୋବିଜ୍ଞାନୀ ଲୋକମାନଙ୍କୁ ଛୋଟ ଛୋଟ ଡାଏରୀ ଦେଇ ଗୋଟିଏ ଅନୁରୋଧ ଜଣାଇଲେ। ସେ ଅନୁରୋଧ କଲେ ଯେ ପ୍ରତ୍ୟେକ ବ୍ୟକ୍ତି ଶୋଇବାର ଠିକ୍ ପୂର୍ବରୁ ପ୍ରତିଦିନ ଡାଏରୀରେ ଦୁଇଟି କଥା ଲେଖିବେ। ସେମାନେ ସେଦିନ ଅନ୍ୟ ବ୍ୟକ୍ତିଠାରୁ କି ଉପକାର ପାଇଛନ୍ତି, ତାହା ବାମ ପୃଷ୍ଠାରେ ଲେଖିବେ। ଦକ୍ଷିଣ ପୃଷ୍ଠାରେ ସେମାନେ ଅନ୍ୟର କ'ଣ ଉପକାର କରିଛନ୍ତି, ତାହା ଲେଖିବେ । କହିବା ଅନାବଶ୍ୟକ ଯେ ଏପରି ଦିନଲିପି ମାଧ୍ୟମରେ ବ୍ୟକ୍ତି କୃତଜ୍ଞତା ସଚେତନ ହୋଇପାରିବ। ତା'ର ସଫଳତା କ୍ଷେତ୍ରରେ ଅନ୍ୟମାନଙ୍କର କ'ଣ ଅବଦାନ ରହିଛି ସେ ବିଷୟରେ ସଚେତନ ହୋଇପାରିବ। ଏହି ସର୍ବେକ୍ଷଣରେ ଗବେଷକ ଦେଖିଲେ ଯେ ଦୁଇମାସ ଧରି ଏପରି ଦିନଲିପି ଲେଖୁଥିବା ଲୋକମାନେ ଅନ୍ୟମାନଙ୍କ ତୁଳନାରେ ଅଧିକ ଶାନ୍ତ ଓ ସନ୍ତୁଷ୍ଟ। ଶ୍ରଦ୍ଧା ଓ କୃତଜ୍ଞତା ଜ୍ଞାପନର ସଂସ୍କୃତି କ୍ରମଶଃ ଦୁର୍ବଳ ହୋଇ ପଡୁଛି। ଏହାକୁ ଶକ୍ତିଶାଳୀ କରିବାକୁ ହେବ।

୫. ମୁଖ୍ୟ କାମଟି କରୁ ନଥିବା ସମୟରେ ମୁଖ୍ୟ କାର୍ଯ୍ୟ ପ୍ରତି ଅନାସକ୍ତ ରୁହନ୍ତୁ। ଅନେକ ଲୋକ ନିଜର କାର୍ଯ୍ୟାଳୟର କାମ ଘରକୁ ନିଅନ୍ତି। ରାତି ଓ ବିଶ୍ରାମ ସମୟରେ ପରିବାରରେ ଏସବୁ କାର୍ଯ୍ୟ କରନ୍ତି। ଏଥିରେ ମାନସିକ ଚାପ ବୃଦ୍ଧି ପାଇବା ସ୍ୱାଭାବିକ। ସବୁବେଳେ ମୂଳ କାମରେ କେନ୍ଦ୍ରିତ ନ ରହି ଅନ୍ୟ କିଛି କାମରେ ଆଗ୍ରହୀ ହେବା ଖୁବ୍ ବାଞ୍ଛନୀୟ। ୧୯୯୭ ମସିହାରେ ଅର୍ଥନୀତିରେ ନୋବେଲ୍ ପୁରସ୍କାର ପାଇଥିବା ମିରନ୍ ସୋଲେସ୍‌ଙ୍କୁ ତାଙ୍କ ସାଫଲ୍ୟର କାରଣ ପଚରାଯାଇଥିଲା। ସୋଲେସ୍ କହିଲେ ମୋର ଗଲଫ୍ ଖେଳ ମୋ ପାଇଁ ପୁରସ୍କାର ଆଣିଛି। କହିବାର ତାତ୍ପର୍ଯ୍ୟ ହେଉଛି ଯେ ଜୀବନରେ ସଫଳତା ପାଇଁ କେନ୍ଦ୍ରିତ - କାର୍ଯ୍ୟ (Focussed Activity) ଏବଂ ଅଣକେନ୍ଦ୍ରିକ କାର୍ଯ୍ୟ (Nonfocussed Activity) ମଧ୍ୟରେ ସମନ୍ୱୟ ଆବଶ୍ୟକ।

ସେପରି ବିଶିଷ୍ଟ ରସାୟନବିତ୍ ଲିନସ୍ ପଲିଂ ଦୁଇ ଦୁଇଥର ନୋବେଲ୍ ପୁରସ୍କାର ପାଇଥିଲେ (ଖାଦ୍ୟପ୍ରାଣ ଗ' ପାଇଁ ରସାୟନ ଶାସ୍ତ୍ରରେ ଏବଂ ଜାତି ସଂଘର ଶାନ୍ତି

ସନନ୍ଦର ଲେଖା ପାଇଁ ଶାନ୍ତି ନୋବେଲ ପୁରସ୍କାର)। ଯେଉଁମାନେ ପଲିଂଙ୍କ ବ୍ୟକ୍ତିଗତ ଜୀବନ ସମ୍ପର୍କରେ ପରିଚିତ, ସେମାନେ ଜାଣନ୍ତି ଯେ ପଲିଂ ତାଙ୍କର ଗବେଷଣାଗାରରେ ପରୀକ୍ଷା ନିରୀକ୍ଷା କରୁଥିଲେ ସତ, ମାତ୍ର ସେ ମଧ ଦୀର୍ଘ ସମୟ ଧରି ତାଙ୍କ ଗୁହାଳରେ ବହୁ ଗାଈଗୋରୁଙ୍କ ସେବାଯତ୍ନ କରୁଥିଲେ। ଗୋସେବାରୁ ସେ ଅଦ୍‌ଭୁତ ଧରଣର ଆନନ୍ଦ ପାଇବାର କଥା ସେ ସ୍ୱୀକାର କରିଛନ୍ତି। ଅଣକେନ୍ଦ୍ରିତ କାର୍ଯ୍ୟରେ ଯେଉଁ ଆନନ୍ଦ ଓ ତୃପ୍ତି ମିଳେ ତାହା ରୁଟିନ୍‌ବନ୍ଧା କାମକୁ ଶକ୍ତିଶାଳୀ କରେ।

ସ୍ଥୁଳତଃ ଶାନ୍ତଭାବ ପରି ନିମ୍ନମାତ୍ରାର ସକାରାତ୍ମକ ଆବେଗ ନିଷ୍କ୍ରିୟତାର ପ୍ରତୀକ ନୁହେଁ, ସ୍ୱାସ୍ଥ୍ୟ ଓ ସଫଳତା ପାଇଁ ଏକ ସୁନ୍ଦର ମାଧ୍ୟମ।

ବ୍ୟକ୍ତିତ୍ୱ ଓ ସାମର୍ଥ୍ୟ

ଜୀବନର ବିଭିନ୍ନ କ୍ଷେତ୍ରରେ ସାମର୍ଥ୍ୟ ଓ ସୃଜନଶୀଳତା ପ୍ରଦର୍ଶନ କରୁଥିବା ଲୋକମାନେ କେଉଁସବୁ ଗୁଣର Traits ଅଧିକାରୀ, ତାହାର ଏକ ତାଲିକା ପ୍ରସ୍ତୁତ କରିବା ଅପେକ୍ଷାକୃତ ଏକ ସହଜ କାମ। କିନ୍ତୁ ସାମର୍ଥ୍ୟ ଦର୍ଶାଉଥିବା ବ୍ୟକ୍ତିମାନେ କିପରି ମାନସିକ ପ୍ରକ୍ରିୟାର ଉପଯୋଗ କରନ୍ତି, ସେ ସମ୍ପର୍କରେ ଅନେକ ଲୋକଙ୍କର ଧାରଣା ଖୁବ୍ ଅସ୍ପଷ୍ଟ । ଦୁଇଟି କାରଣରୁ ଏପରି ଏକ ବିଶ୍ଳେଷଣ କଷ୍ଟସାଧ୍ୟ ହୋଇପଡ଼ିଛି। ପ୍ରଥମତଃ ଏକବିଂଶ ଶତାବ୍ଦୀରେ ମନୋବିଜ୍ଞାନୀମାନେ ବ୍ୟକ୍ତିତ୍ୱର ସଂଜ୍ଞା ପରିବର୍ତ୍ତନ କରିଛନ୍ତି। ଅତୀତରେ କେବଳ କେତେକ ଗୁଣର Traits ସମଷ୍ଟିକୁ ବ୍ୟକ୍ତିତ୍ୱର ସଂଜ୍ଞା ଦିଆଯାଉଥିଲା। ମାତ୍ର ଏବେ ବ୍ୟକ୍ତିତ୍ୱର ଅନ୍ତରାଳରେ ସକ୍ରିୟ ଥିବା ମାନସିକ ପ୍ରକ୍ରିୟାକୁ Process ପ୍ରାଧାନ୍ୟ ଦିଆଯାଇଛି।

ଦ୍ୱିତୀୟତଃ ଏକବିଂଶ ଶତାବ୍ଦୀରେ ପ୍ରଯୁକ୍ତି ବିଦ୍ୟାର ଅଭୂତପୂର୍ବ ବିକାଶ ଘଟିଛି। ମନୁଷ୍ୟ ବାହ୍ୟଜଗତରୁ କିପରି ସୂଚନା Information ଗ୍ରହଣ କରେ, ତାହାର କିପରି ସଜ୍ଜୀକରଣ କରେ ଏବଂ ବ୍ୟାଖ୍ୟା କରିବା ସମୟରେ କିପରି ଶୈଳୀ ଅନୁସରଣ କରେ, ଏ ବିଷୟରେ ପୁଙ୍ଖାନୁପୁଙ୍ଖ ବିଶ୍ଳେଷଣ କରିବାର ତତ୍ପରତା ପ୍ରକାଶ ପାଇଛି। ମନୋବିଜ୍ଞାନର ବିଭିନ୍ନ ବିଭାଗ ସୂଚନା ବିଜ୍ଞାନର ପ୍ରଗତି ଦ୍ୱାରା ପ୍ରଭାବିତ ହୋଇଛି। ସୁତରାଂ ବ୍ୟକ୍ତିତ୍ୱର ବିଶ୍ଳେଷଣ ସମୟରେ କେବଳ ବ୍ୟକ୍ତିର ଗୁଣ ଚିହ୍ନଟ କରା ନ ଯାଇ ସୂଚନାସବୁର ପ୍ରକ୍ରିୟାକରଣ ଉପରେ ଗୁରୁତ୍ୱ ଆରୋପ କରାଯାଇଛି।

ସାମର୍ଥ୍ୟର ଅନ୍ତରାଳରେ ସକ୍ରିୟ ଥିବା ମାନସିକ ପ୍ରକ୍ରିୟାଗୁଡ଼ିକୁ ଚିହ୍ନଟ କରାଯିବା କ୍ଷେତ୍ରରେ ଯେଉଁସବୁ ଅତ୍ୟାଧୁନିକ ମନସ୍ତାତ୍ତ୍ୱିକ ଗବେଷଣା ରହିଛି, ସେସବୁକୁ ଭିତ୍ତିକରି ଚାରୋଟି ତାତ୍ତ୍ୱିକ ଦିଗର ଅବତାରଣା କରାଯାଇପାରେ।

ଆତ୍ମସାମର୍ଥ୍ୟବୋଧ

ବ୍ୟକ୍ତି କାର୍ଯ୍ୟ କରିବା ସମୟରେ ଦୁଇଟି ଉପାଦାନ କାର୍ଯ୍ୟ ସମ୍ପାଦନକୁ ପ୍ରଭାବିତ କରିଥାଏ। ପ୍ରଥମଟି ହେଉଛି ବ୍ୟକ୍ତିର କାର୍ଯ୍ୟ କୌଶଳ Skill। ବ୍ୟକ୍ତି ସ୍କୁଲ ଶିକ୍ଷା, କଲେଜ ଶିକ୍ଷା, ନିଯୁକ୍ତିକାରୀ ଓ ଅନ୍ୟ ସବୁ ଅଭିଜ୍ଞତା ମାଧ୍ୟମରେ ଏହା ହାସଲ କରିଥାନ୍ତି। ଅନ୍ୟ ଉପାଦାନଟି ହେଉଛି ବ୍ୟକ୍ତିର ବିଶ୍ୱାସବୋଧ। 'ମୁଁ କରିପାରିବି' - ଏପରି ଏକ ବିଶ୍ୱାସ ବ୍ୟକ୍ତିର କାର୍ଯ୍ୟ ସମ୍ପାଦନକୁ ପ୍ରଭାବିତ କରିଥାଏ। "ମୁଁ କାର୍ଯ୍ୟଟି ଦକ୍ଷତାର ସହ କରିପାରିବି।" - ଏପରି ଏକ ଆତ୍ମସାମର୍ଥ୍ୟବୋଧ କାର୍ଯ୍ୟ ସମ୍ପାଦନକୁ ସକାରାତ୍ମକ ଭାବରେ ପ୍ରଭାବିତ କରେ। ଅନ୍ୟ ପକ୍ଷରେ "ମୁଁ କାର୍ଯ୍ୟଟି କରିପାରିବି ନାହିଁ - ଏପରି ଭାବନା ଫଳରେ ଶରୀରର ପ୍ରତିକୋଷରେ ଏହି ବାକ୍ୟଟି ପ୍ରତିଧ୍ୱନିତ ହୁଏ। ଏହା କାର୍ଯ୍ୟ ସମ୍ପାଦନକୁ ବିଫଳତା ଦିଗରେ ଟାଣିନିଏ।

ବ୍ୟକ୍ତିର ଆତ୍ମସାମର୍ଥ୍ୟବୋଧ ତିନୋଟି ରୂପ ନେଇଥାଏ। ପ୍ରଥମଟି ସାଧାରଣ ଆତ୍ମସମାର୍ଥ୍ୟବୋଧ। ବ୍ୟକ୍ତି ମୋଟାମୋଟି ଭାବରେ ନିଜକୁ ଦକ୍ଷ ବିଚାର କରିପାରେ। ଦ୍ୱିତୀୟ ପ୍ରକାର ଆତ୍ମସାମର୍ଥ୍ୟବୋଧ ଅଧିକ ପ୍ରୟୋଗଧର୍ମୀ। ମନେକରାଯାଉ ଜଣେ ବ୍ୟକ୍ତି ନିଜକୁ ଖୁବ୍ ଦକ୍ଷ ମନେ କରନ୍ତି। କିନ୍ତୁ ସେ ଚାଲିଯାଉଥିବା ସମୟରେ ପୋଖରୀରେ ଗୋଟିଏ ବୁଡ଼ିଯାଉଥିବା ପିଲାକୁ ଦେଖିଲେ ସେ ରକ୍ଷା କରିବାର ଚେଷ୍ଟା କରିବେ କି ? ସମ୍ଭବତଃ ସେ ଏପରି କରିବେ ନାହିଁ, କାରଣ ସେ ସନ୍ତରଣ ଜାଣନ୍ତି ନାହିଁ। ଏହାର ତାତ୍ପର୍ଯ୍ୟ ହେଉଛି ଯେ ସାଧାରଣ ଆତ୍ମସାମର୍ଥ୍ୟବୋଧ ଅପେକ୍ଷା ନିର୍ଦ୍ଦିଷ୍ଟ କ୍ଷେତ୍ରସମ୍ପୃକ୍ତ ଆତ୍ମସାମର୍ଥ୍ୟବୋଧ ତାତ୍ପର୍ଯ୍ୟପୂର୍ଣ୍ଣ । ଜଣେ ଶିକ୍ଷକଙ୍କର ଶିକ୍ଷା ଦେବା ପାଇଁ ଆତ୍ମସାମର୍ଥ୍ୟବୋଧ ରହିବା ଆବଶ୍ୟକ। ଗାଡ଼ି ଚଳାଉଥିବା ଚାଳକଙ୍କର ଚାଳନାଗତ ଆତ୍ମସାମର୍ଥ୍ୟ ପ୍ରୟୋଜନ । ଗୃହ ପରିଚାଳନା କରୁଥିବା ଗୃହିଣୀଙ୍କର ଗୃହ ପରିଚାଳନା ଆତ୍ମସାମର୍ଥ୍ୟବୋଧ ଦରକାର। ଶିକ୍ଷାର୍ଥୀମାନେ ଶିକ୍ଷାଗତ ଆତ୍ମସାମର୍ଥ୍ୟବୋଧର ଅଧିକାରୀ ହେବା ଉଚିତ୍।

ଏହି କ୍ଷେତ୍ରସମ୍ପର୍କିତ ଆତ୍ମସମର୍ଥ୍ୟବୋଧର ପରିମାଣ ଆକଳନ କରିବା ସମ୍ଭବପର । ମନେକରାଯାଉ ଗାଡ଼ି ଚଳାଉଥିବା ଜଣେ ଚାଳକଙ୍କୁ କିଛି ପ୍ରଶ୍ନ ପଚରାଗଲା। ରାସ୍ତାରେ ଗହଳି ଥିବା ସମୟରେ ଗାଡ଼ି ଚଳାଇ ପାରିବ କି ? ଆଲୋକର ପରିମାଣ କମ୍ ଥିବା ସମୟରେ ଦକ୍ଷତାର ସହ ଗାଡ଼ି ଚଳାଇପାରିବ କି ? ରାସ୍ତାର ଅବସ୍ଥା ଭଲ ନଥିଲେ ଚଳାଇ ପାରିବ କି ? ବର୍ଷା ହେଉଥିବା ସମୟରେ ଚଳାଇପାରିବ କି ? ଟ୍ରାଫିକ୍ ସଂକେତ ସ୍ପଷ୍ଟ ନ ଥିଲେ ଚଳାଇ ପାରିବ କି ? ତୁମର ସାଙ୍ଗମାନେ ଚଳାଇବା ସମୟରେ ତୁମର ଏକାଗ୍ରତା ନଷ୍ଟ କରୁଥିଲେ ଚଳାଇ ପାରିବ କି ? ତୁମ

ଦେହରେ ସାମାନ୍ୟ ଜ୍ୱର ଥିଲେ ଚଳାଇପାରିବକି ? ଏହିପରି ପଚାଶଟି ପ୍ରଶ୍ନର ଉତ୍ତର 'ହଁ' ମିଳିଲେ ଧରାଯିବ ଯେ ଗାଡ଼ିଚାଳକଙ୍କ ଆତ୍ମସାମର୍ଥ୍ୟବୋଧର ମାତ୍ରା ଖୁବ୍ ବେଶୀ। ଅନ୍ୟ ପକ୍ଷରେ କେବଳ ପାଞ୍ଚୋଟି କିମ୍ବା ଦଶଟି 'ହଁ' ଉତ୍ତର ମିଳିଲେ ଆତ୍ମସାମର୍ଥ୍ୟବୋଧ ଖୁବ୍ ସୀମିତ ବୋଲି ବୁଝିବାକୁ ହେବ। ମୋଟ ଉପରେ 'ହଁ' ଉତ୍ତର ମାତ୍ରା ଉପରେ ନିର୍ଭର କରି ଗାଡ଼ିଚାଳକଙ୍କ ଆତ୍ମସାମର୍ଥ୍ୟବୋଧର Intensity ପରିମାଣ ନିର୍ଦ୍ଧାରିତ କରାଯାଇପାରିବ। କହିବା ଅନାବଶ୍ୟକ ଯେ ଏପରି ମାତ୍ରାକୁ ଭିତ୍ତି କରି ବ୍ୟକ୍ତିର ଗାଡ଼ିଚାଳନାଗତ ସଫଳତା କିମ୍ବା ବିଫଳତାର ନିର୍ଭରଯୋଗ୍ୟ ପୂର୍ବାନୁମାନ Prediction କରିବା ସହଜ ହେବ। ଏ ଦୃଷ୍ଟିରୁ ଜୀବନର ବିଭିନ୍ନ କ୍ଷେତ୍ର (ଯଥା : ଶିକ୍ଷକତା, ଗୃହପରିଚାଳନା, କର୍ମସଂସ୍ଥାର କାର୍ଯ୍ୟ, ସନ୍ତରଣ) ପାଇଁ ପୃଥକ୍ ପୃଥକ୍ ଆତ୍ମସାମର୍ଥ୍ୟବୋଧର ଆକଳନ ଆବଶ୍ୟକ।

ସାଧାରଣ ଆତ୍ମସାମର୍ଥ୍ୟବୋଧ ଓ କ୍ଷେତ୍ରସାମର୍ଥ୍ୟ ବ୍ୟତୀତ ଆଉ ଗୋଟିଏ ପ୍ରକାର ଆତ୍ମସାମର୍ଥ୍ୟବୋଧ ପରିଲକ୍ଷିତ ହୁଏ। ଏହାକୁ ସମଷ୍ଟିଗତ ଆତ୍ମସମାର୍ଥ୍ୟବୋଧ Collective Efficacy କୁହନ୍ତି । ସାମାଜିକ ପରିବର୍ତ୍ତନ, ସାଂସ୍କୃତିକ ବିକାଶ ଓ ଦଳଗତ ପ୍ରଗତି କ୍ଷେତ୍ରରେ ଏ ଧରଣର ସାମର୍ଥ୍ୟବୋଧ ପ୍ରୟୋଜନ ହୁଏ। ପ୍ରତିଦ୍ୱନ୍ଦିତାମୂଳକ ଖେଳ ସମୟରେ ଗୋଟିଏ ଦଳ ଜିତିବା ସମୟରେ ଆମ୍ଭେମାନେ ଦଳର ସ୍ପିରିଟ୍ Team Spirit କାର୍ଯ୍ୟ କରିଛି ବୋଲି କହିଥାଉ। ଏହା ହିଁ ପ୍ରକୃତରେ ସମଷ୍ଟିଗତ ଅତାମ୍ସାମର୍ଥ୍ୟବୋଧ ବା ଦଳଗତ ଆତ୍ମସାମର୍ଥ୍ୟବୋଧ। ସେହିପରି ଗୋଟିଏ ଶିକ୍ଷାନୁଷ୍ଠାନରେ ନୂତନ ଶୈଳୀର ଶିକ୍ଷାଦାନ ପଦ୍ଧତି ଅନୁସୃତ ବେଳେ ତାହା ସଫଳ ହେବ କି ନାହିଁ, ତାହା ଅନୁଷ୍ଠାନର କୌଣସି ନିର୍ଦ୍ଦିଷ୍ଟ ବ୍ୟକ୍ତି ଉପରେ ନିର୍ଭର କରି ନଥାଏ। ଶୈଳୀଟି ସଫଳହେବ ବୋଲି ସମଗ୍ର ଶିକ୍ଷକମଣ୍ଡଳୀର ବିଶ୍ୱାସ ରହିଥିଲେ କାର୍ଯ୍ୟକ୍ରମଟି ସଫଳ ରୂପରେଖ ନିଏ। ଅନ୍ୟପକ୍ଷରେ ଏ ସମ୍ପର୍କରେ ଶିକ୍ଷକମଣ୍ଡଳୀର ସନ୍ଦେହ ଥିଲେ, ବିଫଳତାର ସମ୍ଭାବନା ଅଧିକ ଥାଏ।

ସ୍ଥୁଳତଃ ଯେ କୌଣସି କ୍ଷେତ୍ରରେ ସଫଳତାର ସହିତ କାର୍ଯ୍ୟ ସମ୍ପାଦନ ଓ ଦକ୍ଷତାର ପରିପ୍ରକାଶ ପାଇଁ ଅନୁକୂଳ ବିଶ୍ୱାସବୋଧ ଆବଶ୍ୟକ। ବ୍ୟକ୍ତିର ଦକ୍ଷତା-ସମ୍ପର୍କିତ ଆତ୍ମବିଶ୍ୱାସ ଦକ୍ଷତାକୁ ପ୍ରକାଶ୍ୟ ରୂପ ଦିଏ। ବ୍ୟକ୍ତିତ୍ୱର ପରିପ୍ରେକ୍ଷୀରେ ଗବେଷକମାନେ ଲକ୍ଷ୍ୟ କରିଛନ୍ତି ଯେ ଦକ୍ଷତାର ସମ୍ଭାବନାକୁ ବୃଦ୍ଧି କରୁଥିବା ଆଉ ଗୋଟିଏ ଉପାଦାନ ହେଉଛି ବ୍ୟକ୍ତିର କାରଣ-ବିଶ୍ଳେଷଣ ଭଙ୍ଗୀ Explanatory Style। ଆଶାବାଦୀ କାରଣ-ବିଶ୍ଳେଷଣ ଭଙ୍ଗୀ ଦକ୍ଷତାକୁ ବୃଦ୍ଧି କରିବା ସ୍ଥଳେ ନୈରାଶ୍ୟବାଦୀ ବିଶ୍ଳେଷଣ ଭଙ୍ଗୀ ଦକ୍ଷତା ପ୍ରଦର୍ଶନକୁ ବିପର୍ଯ୍ୟସ୍ତ କରେ।

ଆଶାବାଦୀ କାରଣ-ବିଶ୍ଳେଷଣ ଭଙ୍ଗୀ

ଆପଣ ନିଜକୁ ଗୋଟିଏ ତାତ୍ପର୍ଯ୍ୟପୂର୍ଣ୍ଣ ପ୍ରଶ୍ନ ପଚାରିପାରନ୍ତି। ମନେ କରାଯାଉ ଆପଣ ଗୋଟିଏ କାର୍ଯ୍ୟରେ ସଫଳ ହେଲେ। ଏପରି ସଫଳତାର କାରଣ କ'ଣ ? ଧରାଯାଉ ବିଫଳ ହେଲେ। ଏହାର କାରଣ କ'ଣ ?

ବିଫଳ ହେବା ସମୟରେ ଆମେ ବାହ୍ୟ ଅବସ୍ଥା ଓ ପରିବେଶକୁ ଦୋଷ ଦେଇଥାଉ । ସଫଳ ହେବା ସମୟରେ ନିଜର ବୁଦ୍ଧିମତ୍ତା କିମ୍ବା ପରିଶ୍ରମଶୀଳତା କିମ୍ବା ପରିପକ୍ୱତାକୁ ନେଇ ବଡ଼ାଇ କରିଥାଉ। ଅନ୍ୟ ପକ୍ଷରେ ଅନ୍ୟ ବ୍ୟକ୍ତିର କିମ୍ବା ଅନ୍ୟ କୌଣସି ଗୋଷ୍ଠୀର ବିଫଳତାର କାରଣ ଚିନ୍ତା କରିବା ସମୟରେ ସେ ବ୍ୟକ୍ତିର କିମ୍ବା ସେ ଗୋଷ୍ଠୀର ଚାରିତ୍ରିକ ଦୁର୍ବଳତା କଥା ମନକୁ ଆସିଥାଏ। ସେ ଆଳସୀପରାୟଣ ଓ ଅପାରଗ ଥିବାରୁ ଏପରି ଘଟିଲା ବୋଲି ବିଶ୍ୱାସ କରିଥାଉ। ପରିବେଶଗତ ପ୍ରତିବନ୍ଧକ ତାଙ୍କ ବିଫଳତାର କରାଣ ବୋଲି ଭାବି ନଥାଉ। ମାତ୍ର ସେ ବ୍ୟକ୍ତି ସଫଳ ହେଲେ ତାଙ୍କର ବ୍ୟକ୍ତିତ୍ୱର ସବଳ ଦିଗ ବିଚାର ନ କରି ବାହ୍ୟ ଅବସ୍ଥା ତାଙ୍କର ସହାୟକ ହୋଇଛି, ଏ କଥା ଭାବି ବସୁ। ତାଙ୍କର ବନ୍ଧୁମାନେ ସହାୟତା ପ୍ରଦାନ କରିଥିବାରୁ ସେ ସଫଳ ହେଲେ ବୋଲି ଧରିନେଉ। ମୋଟ ଉପରେ ଆମର ସଫଳତା-ବିଫଳତା ପାଇଁ ଯେଉଁ କାରଣ ଏବଂ ଯେଉଁ ମାନଦଣ୍ଡ ଗ୍ରହଣ କରୁ, ଅନ୍ୟର ସଫଳତା-ବିଫଳତାର ସମୀକ୍ଷା ସମୟରେ ଠିକ୍ ବିପରୀତ ମାନଦଣ୍ଡ ପ୍ରୟୋଗ କରୁ। ଅଧିକାଂଶ ମଣିଷ ଏପରି ଦୁର୍ବଳତାର ଶରବ୍ୟ ହୁଅନ୍ତି।

ବର୍ତ୍ତମାନ ତାତ୍ପର୍ଯ୍ୟପୂର୍ଣ୍ଣ ପ୍ରଶ୍ନଟି ହେଉଛି: କି ପ୍ରକାର କାରଣ-ବିଶ୍ଳେଷଣ ଭଙ୍ଗୀ ଆମର ଦକ୍ଷତା ପ୍ରଦର୍ଶନରେ ଅନୁକୂଳ ହେବ? ପ୍ରଥମେ ବିଫଳତା ବା ନକାରାତ୍ମକ ଘଟଣାର କାରଣ ବିଶ୍ଳେଷଣ ଶୈଳୀ ବିଚାର କରାଯାଉ।

ମନସ୍ତତ୍ତ୍ୱବିଦ୍‌ମାନେ ଦେଖିଛନ୍ତି ଯେ ବ୍ୟକ୍ତି କୌଣସି ଅଘଟଣା ବା ନକାରାତ୍ମକ ଘଟଣାର ଶରବ୍ୟ ହେଲେ ବ୍ୟକ୍ତି ମୁଖ୍ୟତଃ ନିଜକୁ ତିନୋଟି ପ୍ରଶ୍ନ ପଚାରେ। ପ୍ରଶ୍ନଗୁଡ଼ିକ ହେଉଛି : ଘଟଣା ପାଇଁ କିଏ ଦାୟୀ? ଘଟଣାଟିର କୁପ୍ରଭାବ କେତେ ସମୟ ରହିବ ? ଘଟଣାଟିର କୁପ୍ରଭାବ କେତେ ବ୍ୟାପକ ହେବ ? ମନେକରାଯାଉ ବ୍ୟକ୍ତି ଗୋଟିଏ ଦୁର୍ଘଟଣାର ଶରବ୍ୟ ହେଲେ ଏବଂ ଏହି ଦୁର୍ଘଟଣା ଫଳରେ ତାଙ୍କର ହାତ ଭାଙ୍ଗିଗଲା। ଏପରି ସ୍ଥଳେ ବ୍ୟକ୍ତି ପ୍ରଥମେ ଭାବିବେ: ଦାୟୀ କିଏ ? ଲକ୍ଷ୍ୟ କରିବାରୁ କଥା ଯେ ବ୍ୟକ୍ତି ଦୁର୍ଘଟଣା ପାଇଁ ନିଜକୁ ଯେତେ ବେଶୀ ଦାୟୀ କରିବେ ତାଙ୍କର ଗ୍ଲାନି, ଦୁଃଖ ଓ ଅପରାଧବୋଧ ସେତେ ଅଧିକ ହେବ। ଅନ୍ୟପକ୍ଷରେ ସେ ରାସ୍ତାର ଦୁରବସ୍ଥା ଓ ଅନ୍ୟମାନଙ୍କର ତ୍ରୁଟିପୂର୍ଣ୍ଣ ଗାଡ଼ି ଚାଳନା କଥା ଭାବିଲେ ମାନସିକ ଅବସାଦ କମ୍

ରହିବ। ସୁତରାଂ ନିଜକୁ ଦୁସ୍ଥିତିର କାରଣ ଭାବିବା ଏକ ନୈରାଶ୍ୟବାଦୀ ବିଶ୍ଳେଷଣ ଶୈଳୀ ଏବଂ ଏହା ଦୁଃଖାନୁଭୂତି ବଢ଼ାଇବା ସଙ୍ଗେ ସଙ୍ଗେ ଭବିଷ୍ୟତର ଦକ୍ଷ କାର୍ଯ୍ୟ ସମ୍ପାଦନକୁ ବାଧା ଦେଇଥାଏ।

ଦୁର୍ଘଟଣାର ଶରବ୍ୟ ଦେଇ ବ୍ୟକ୍ତି କୁପ୍ରଭାବରେ ସ୍ଥାୟୀତ୍ୱ ସମ୍ପର୍କରେ ପ୍ରଶ୍ନ କରିଥାଏ । ସବୁଦିନ ପାଇଁ ମୋ ଜୀବନର ସୁଖ ଚାଲିଗଲା ଭାବି ଅଘଟଣର ପ୍ରଭାବକୁ ସ୍ଥାୟୀ ମନେ କଲେ ବ୍ୟକ୍ତିର ଅବସାଦ ନିଶ୍ଚୟ ଦୀର୍ଘକାଳୀନ ରହିବ। କୁପ୍ରଭାବଟି ଆଜି ଅଛି କାଲି ଚାଲିଯିବ - ଏ ପ୍ରକାର ବିଚାର କୁପ୍ରଭାବକୁ ଅସ୍ଥାୟୀ ବା କ୍ଷଣସ୍ଥାୟୀ ରୂପ ଦେବ। କିଛି ଦିନ ପରେ ବ୍ୟକ୍ତି ବିଷାଦମୁକ୍ତ ହୋଇ ସ୍ୱାଭାବିକ ଜୀବନଯାତ୍ରା ଅବ୍ୟାହତ ରଖିବେ। ଠିକ୍ ସେହିପରି କୁପ୍ରଭାବର ପରିସରକୁ ପରିବ୍ୟାପ୍ତ କିମ୍ବା ସୀମିତ ମନେକରାଯାଇପାରେ। ଦୁର୍ଘଟଣା ଫଳରେ ବ୍ୟକ୍ତିର ପୂରା ଜୀବନଟି ବିପର୍ଯ୍ୟସ୍ତ ହୋଇଯାଇଛି ଭାବିଲେ କୁପ୍ରଭାବ ବ୍ୟାପକ। ଅନ୍ୟ ପକ୍ଷରେ ବ୍ୟକ୍ତି ଜଣକ ହୁଏତ ଭାବିପାରିବେ ଯେ, ତାଙ୍କର ହାତ ଭାଙ୍ଗି ଯାଇଥିଲେ ମଧ୍ୟ ସେ ଅନ୍ୟ ସବୁ ଅଙ୍ଗପ୍ରତ୍ୟଙ୍ଗର ବ୍ୟବହାର ଦ୍ୱାରା ଅନେକ କାର୍ଯ୍ୟ କରିପାରିବେ। ଏପରି ବିଶ୍ଳେଷଣ ଭଙ୍ଗୀ ତାଙ୍କର ନିଷ୍କ୍ରିୟତାକୁ ସୀମିତ ରଖିବ।

ମୋଟ ଉପରେ ଅଘଟଣ ପରିସ୍ଥିତିରେ ଅଘଟଣର କାରଣ-ବିଶ୍ଳେଷଣ ସମୟରେ ନୈରାଶ୍ୟବାଦୀ ବିଶ୍ଳେଷଣ ଶୈଳୀ (କାରଣ ମୂଳରେ ମୁଁ ରହିଛି, କୁପ୍ରଭାବଟି ସ୍ଥାୟୀ ଓ କୁପ୍ରଭାବଟି ବ୍ୟାପକ।) ବିଷାଦ ବଢ଼ାଇଥାଏ ଏବଂ ଦକ୍ଷତା ପ୍ରଦର୍ଶନ କମାଇଥାଏ । ଅନ୍ୟ ପକ୍ଷରେ ଆଶାବଦୀ ବିଶ୍ଳେଷଣ ଶୈଳୀ (ଖରାପ ଘଟଣାଟି ଖରାପ ଅବସ୍ଥାର ପରିଣତି ଏବଂ କୁପ୍ରଭାବଟି ଜୀବନର ଗୋଟିଏ ଦିଗକୁ କ୍ଷତିଗ୍ରସ୍ତ କରିପାରିଥାଏ ମାତ୍ର ପୂରା ଜୀବନ ବିପର୍ଯ୍ୟସ୍ଥ ହୋଇ ନାହିଁ) ଅବସାଦକୁ ସୀମାବଦ୍ଧ ରଖିବା ସଙ୍ଗେ ସଙ୍ଗେ ଦକ୍ଷତା ପ୍ରଦର୍ଶନରେ ସହାୟକ ହେବ।

ସକାରାତମକ ଘଟଣା ବା ସାଫଲ୍ୟର ସମ୍ମୁଖୀନ ହେଲେ କି ପ୍ରକାର ଦକ୍ଷତା-ସହାୟତା ବିଶ୍ଳେଷଣ ଭଙ୍ଗୀ ଗ୍ରହଣ କରିବେ ? ପ୍ରଥମତଃ ସାଫଲ୍ୟର କାରଣ ଦେଖିବା ସମୟରେ ନିଜର ସକାରାତ୍ମକ ଭୂମିକା ସମ୍ପର୍କରେ ସଚେତନ ହେବ। ମନେ କରାଯାଉ ଆପଣଙ୍କ କର୍ମସଂସ୍ଥାରେ ଆୟୋଜିତ ଏଇ ଉତ୍ସବ ଖୁବ୍ ସଫଳ ହୋଇଛି। ଏ କ୍ଷେତ୍ରରେ ଆପଣଙ୍କର ସକାରାତ୍ମକ ଭୂମିକା ଯେତେ ଅଧିକ ଚିନ୍ତା କରିବେ, ସେହି ଅନୁପାତରେ ଆନନ୍ଦ ବୃଦ୍ଧି ପାଇବ। ଉତ୍ସବ ଆୟୋଜନରେ ମୁଁ ଅତିଥିମାନଙ୍କୁ ନିମନ୍ତ୍ରଣ କରିବାକୁ ଯାଇଥିଲି - ଏପରି ଏକ ରଚନାତ୍ମକ କାର୍ଯ୍ୟରେ ନିଜର ସମ୍ପୃକ୍ତି ନିଶ୍ଚୟ ଆପଣଙ୍କର ଆତ୍ମମର୍ଯ୍ୟାଦା ବୃଦ୍ଧି କରିବ ।

ସେହିପରି ଉକ୍ତ ଘଟଣାର ସୁପ୍ରଭାବକୁ ଆପଣ ଦୀର୍ଘସ୍ଥାୟୀ ମନେ କରିବା ଉଚିତ୍। ସଫଳ ଉତ୍ସବର ଆନନ୍ଦାନୁଭୂତି ସମ୍ପର୍କରେ ପରିବାରରେ ଏବଂ ବନ୍ଧୁମାନଙ୍କ ସହିତ ଦୀର୍ଘଦିନ ଧରି କଥାବାର୍ତ୍ତା କରିବାର ମାନସିକତା ଆପଣଙ୍କ ଖୁସି ଓ ଦକ୍ଷତା ବଢ଼ାଇବ। ସୁପ୍ରଭାବର ପରିସରକୁ ମଧ୍ୟ ସୀମିତ ନରଖି ବ୍ୟାପକ ବିଚାର କରନ୍ତୁ। ସୁଘଟଣାଟି କାର୍ଯ୍ୟକ୍ଷେତ୍ରରେ ଘଟିଥିଲେ ତାହାର ସୁପ୍ରଭାବ ପରିବାରରେ ଆଲୋଚନା କରନ୍ତୁ। ପରିବାରର କିଛି ଭଲ କଥା ମଧ୍ୟ ସହକର୍ମୀମାନଙ୍କ ସହ ଅଂଶୀଦାର କରିପାରନ୍ତି।

ସ୍ଥୂଳତଃ ଆପଣଙ୍କର କାରଣ-ବିଶ୍ଳେଷଣ ଶୈଳୀ ଆପଣଙ୍କ ଖୁସି ଓ ଦକ୍ଷତାର ସହାୟକ ହେବା ଆବଶ୍ୟକ। ଖରାପ ଘଟଣାର କାରଣ ପରିବେଶଗତ ଏବଂ ଏହାର ପ୍ରଭାବ ଅସ୍ଥାୟୀ ଓ ସୀମିତ - ଏପରି ଆଶାବାଦୀ ଶୈଳୀ ଦକ୍ଷତାର ସହାୟକ। ପୁଣି ଭଲ ଘଟଣାରେ ଆପଣଙ୍କର ସକାରାତ୍ମକ ଭୂମିକା ରହିଛି ଏବଂ ଏହାର ସୁପ୍ରଭାବ ଅପେକ୍ଷାକୃତ ସ୍ଥାୟୀ ଓ ବ୍ୟାପକ - ଏହା ମଧ୍ୟ ଆଶାବାଦୀ ଶୈଳୀର ସୂଚନା। ବ୍ୟକ୍ତିର ଅନ୍ତରାଳରେ ଥିବା ଆଶାବାଦୀ ଶୈଳୀ ବ୍ୟକ୍ତିର ଦକ୍ଷତାକୁ ବିକଶିତ ରୂପ ଦିଏ।

କାରଣ ବିଶ୍ଳେଷଣ ଶୈଳୀ ବ୍ୟତୀତ ବ୍ୟକ୍ତିତ୍ୱର ଗୋଟିଏ ଶୈଳୀ ଦକ୍ଷତା ଓ କର୍ମ ସମ୍ପାଦନକୁ ବିଶେଷଭାବେ ପ୍ରଭାବିତ କରେ। ଏ ଶୈଳୀଟି ବିଶେଷ ଭାବରେ ସଂଜ୍ଞାନାତ୍ମକ ଶୈଳୀ Cognitive Style। ବୁଦ୍ଧିମତ୍ତା ଓ ମାନସିକ ଶକ୍ତି ସମ୍ପର୍କରେ ବିଶ୍ୱାସକୁ କେନ୍ଦ୍ରକରି ଏ ଶୈଳୀ ଗଠିତ।

ଉପଯୋଗୀ ସଂଜ୍ଞାନାତ୍ମକ ଶୈଳୀ

ଏହା ଏକ ସାଧାରଣ ସିଦ୍ଧାନ୍ତ ଯେ ଦକ୍ଷ ବ୍ୟକ୍ତିମାନେ ସହଜରେ ପରାଜୟ ସ୍ୱୀକାର କରନ୍ତି ନାହିଁ। ବିଫଳତା ଓ ପ୍ରତିବନ୍ଧକର ସମ୍ମୁଖୀନ ହେଲେ ମଧ୍ୟ ଏମାନେ ଅଧ୍ୟବସାୟ ଦର୍ଶାନ୍ତି। ଅସହାୟତାବୋଧ ସ୍ୱୀକାର ନକରି ସାହସର ସହିତ ଅଗ୍ରସର ହୁଅନ୍ତି।

ବିଶ୍ୱର ପ୍ରଖ୍ୟାତ ବିଶ୍ୱବିଦ୍ୟାଳୟ ଷ୍ଟାନ୍‌ଫୋର୍ଡ଼ର ଜଣେ ମନୋବିଜ୍ଞାନୀ ଏପରି ଦକ୍ଷତା ପ୍ରଦର୍ଶନ କରୁଥିବା ବ୍ୟକ୍ତିମାନଙ୍କର ମାନସିକତା ଅନୁଧ୍ୟାନ କଲେ। ବୁଦ୍ଧିମତ୍ତା ଓ ମାନସିକ ସମ୍ବଳ ସମ୍ପର୍କରେ ଦକ୍ଷ ବ୍ୟକ୍ତିମାନଙ୍କର ଚିନ୍ତନ ଶୈଳୀ ଅନୁଶୀଳନ କଲେ। ଏହି ଗବେଷଣା ଫଳରେ ସେ ଗୋଟିଏ କୌତୂହଳପୂର୍ଣ୍ଣ ସଂଜ୍ଞାନାତ୍ମକ ଶୈଳୀର ଚିହ୍ନଟ କଲେ।

ସୂକ୍ଷ୍ମତର ଦୃଷ୍ଟିକୋଣ ନେଇ ସେ ଦେଖିଲେ ଯେ ବ୍ୟକ୍ତି କ୍ରମାଗତ ଭାବରେ ଗୋଟିଏ କାର୍ଯ୍ୟରେ ଲଗିରହିବା ସମୟରେ ଗୋଟିଏ ବିଶ୍ୱାସ ତାଙ୍କୁ ସକ୍ରିୟ କିମ୍ବା ନିଷ୍କ୍ରିୟ କରୁଛି। ବୁଦ୍ଧିମତ୍ତା ବା ଏହିପରି ସମ୍ବଳ ସବୁର ପରିମାଣ 'ସ୍ଥିର ଓ ଅପରିବର୍ତ୍ତନୀୟ'

Fixed ଭାବିଲେ ବ୍ୟକ୍ତି କିଛି ସମୟ ପରେ ଶିଥିଳ ଓ କ୍ଳାନ୍ତ ଅନୁଭବ କରୁଛି, କାରଣ ସମ୍ବଳର ବ୍ୟବହାର ଫଳରେ ସମ୍ବଳ ସରିଯାଇଥିବାର ଅନୁଭବ ଆସୁଛି। ଅନ୍ୟ ପକ୍ଷରେ ବୁଦ୍ଧିମତ୍ତା ଓ ଅନ୍ୟସବୁ ମାନସିକ ସମ୍ବଳର ପରିମାଣ ପରିବର୍ତ୍ତନୀୟ ଏବଂ ଏହାକୁ ପୁନଃ ପୁନଃ ପରିବର୍ଦ୍ଧନ କରାଯାଇପାରେ- ଏପରି ଭାବନାଶୈଳୀ ବ୍ୟକ୍ତିକୁ ଅଧିକରୁ ଅଧିକ ସକ୍ରିୟ କରୁଛି। ଏପରି ପରିବର୍ଦ୍ଧନଶୀଳ Incremental ସମ୍ବଳରେ ବିଶ୍ୱାସ ରଖିଥିବା ବ୍ୟକ୍ତିମାନେ ଅସହାୟତାବୋଧର ଶରବ୍ୟ ନ ହୋଇ ଅଧିକ ଅଗ୍ରସର ହୁଅନ୍ତି।

ଏହି ସିଦ୍ଧାନ୍ତଟି ଗ୍ରହଣ କଲେ ପିତାମାତା ଶିକ୍ଷକଶିକ୍ଷୟତ୍ରୀ କିମ୍ବା ନେତୃସ୍ଥାନୀୟ ବ୍ୟକ୍ତି ହିସାବରେ ଆମର ଅନୁଗତ ଆମର ସନ୍ତାନସନ୍ତତି, ଛାତ୍ରଛାତ୍ରୀ ଅଥବା କନିଷ୍ଠମାନଙ୍କୁ କିପରି ଉପଦେଶ ଦେବା, ତାହାର ମାର୍ଗଦର୍ଶନ ସ୍ପଷ୍ଟ ହେବ। ଧରାଯାଉ ପିତାମାତା କିମ୍ବା ଶିକ୍ଷକଶିକ୍ଷୟତ୍ରୀ କହିଲେ "ସଂଗୀତା ! ଆମେ ଖୁବ୍ ଖୁସି ଯେ ତୁମେ ଶ୍ରେଣୀରେ ପ୍ରଥମ ହୋଇଛ। ତୁମେ ଖୁବ୍ ବୁଦ୍ଧିମତୀ।" ଏପରି ପ୍ରଶଂସାର ଅନ୍ତରାଳରେ ଲୁକ୍କାୟିତ ଥିବା ଭାବନାଟି ସଙ୍ଗୀତା ଗ୍ରହଣ କରିବ। ସଙ୍ଗୀତା ଭାବିବ ଯେ ପ୍ରଥମ ସ୍ଥାନ ଅଧିକାର କରିବା ହେଉଛି ବୁଦ୍ଧିମତ୍ତାର ପରିଣତି। ସେ ପ୍ରଥମ ନ ହେଲେ ନିର୍ବୋଧ ବୋଲି ପ୍ରମାଣିତ ହେବ । ଏପରି ପ୍ରଶଂସା ବୁଦ୍ଧିମତ୍ତାର ପରିମାଣକୁ ଗୁରୁତ୍ୱ ଦେବ। ଅନ୍ୟ ପକ୍ଷରେ ପିତାମାତା ଉଦ୍ୟମଶୀଳତା ଓ ପରିଶ୍ରମଶୀଳତାକୁ ପ୍ରଶଂସା କଲେ ପିଲାମାନଙ୍କର ଏକ ଉପଯୋଗୀ ମାନସିକତା ଗଠିତ ହେବ। ସେମାନେ ଭାବିବେ ଯେ ବୁଦ୍ଧିମତ୍ତା ଓ ଅନ୍ୟସବୁ ମାନସିକ ସମ୍ବଳର ପରିମାଣ ଅପରିବର୍ତ୍ତନୀୟ ନୁହେଁ। ଅଧିକରୁ ଅଧିକ ପରିଶ୍ରମ କରି ସମ୍ବଳ ସୃଷ୍ଟି କରାଯାଇପାରେ। କେବଳ ସ୍କୁଲ କଲେଜର ଶିକ୍ଷାଗତ ପରିବେଶ ନୁହେଁ, ଜୀବନର ପ୍ରତିଟି କ୍ଷେତ୍ରରେ ସମ୍ବଳସବୁର ପରିବର୍ଦ୍ଧନଶୀଳ Incremental ରୂପରେଖରେ ବିଶ୍ୱାସ ରଖୁଥିବା ବ୍ୟକ୍ତିବିଶେଷ ଅପେକ୍ଷାକୃତ ଅଧିକ ଦକ୍ଷତା ପ୍ରଦର୍ଶନ କରନ୍ତି।

ଆଭିମୁଖ୍ୟ ନିୟନ୍ତ୍ରଣ ଧାରା

ପୂର୍ବ ଆଲୋଚିତ ତିନୋଟି ମାନସିକ ବ୍ୟତୀତ ଆଉ ଗୋଟିଏ ମାନସିକତା ଦକ୍ଷତା ପ୍ରଦର୍ଶନ କ୍ଷେତ୍ରରେ ପରିଦୃଷ୍ଟ ହୁଏ। ମନୋବିଜ୍ଞାନୀମାନେ ଲକ୍ଷ୍ୟ କରିଛନ୍ତି ଯେ ଲୋକମାନେ ଦୁଇଟି ରୀତିରେ ସେମାନଙ୍କର ଲକ୍ଷ୍ୟ ବା ଆଭିମୁଖ୍ୟକୁ ନିୟନ୍ତ୍ରଣ କରନ୍ତି ଏବଂ ଏହି ଦୁଇଟି ଧାରା ସେମାନଙ୍କର ପୃଥକ୍ ପୃଥକ୍ ପରିପୂରଣ କରିଥାଏ।

ଦକ୍ଷତା-ପ୍ରବଣ ଲୋକମାନେ ମୁଖ୍ୟତଃ ପ୍ରଗତିମୁଖୀ ଗୁରୁତ୍ୱ ଆରୋପ କରିଥାନ୍ତି। ଲକ୍ଷ୍ୟ ପଥରେ କିପରି ଅଗ୍ରସର ହେବେ ଏବଂ ସଫଳତା ହାସଲ କରିବେ, ଏ ଦିଗରେ ପ୍ରାଧାନ ଦିଅନ୍ତି। ଏପରି ଗୁରୁତ୍ୱ ଫଳରେ ସେମାନଙ୍କ କର୍ମ ଯୋଜନରେ ପ୍ରେରଣା,

ଏକାଗ୍ରତା ଓ ଲକ୍ଷ୍ୟବିଦ୍ଧତା ପ୍ରକାଶ ପାଏ। ଅନ୍ୟ ପକ୍ଷରେ ଭିନ୍ନ ରୀତିର ନିୟନ୍ତ୍ରଣ ଶୈଳୀ ହେଉଛି ପ୍ରତିଷେଧକମୂଳକ ଗୁରୁତ୍ୱ ଆରୋପ। ଏ ରୀତି ଅନୁସରଣ କରୁଥିବା ଲୋକମାନେ କାର୍ଯ୍ୟ ସମ୍ପାଦନ ସମୟରେ ସତର୍କତା ଅବଲମ୍ବନ କରନ୍ତି। ନକାରାତ୍ମକ ପରିଣତି ଯେପରି ସୃଷ୍ଟି ନ ହୁଏ, ସେ ଦିଗରେ ଅଧିକ ସଚେତନ ରୁହନ୍ତି।

ଦୈନନ୍ଦିନ ଜୀବନରେ ପରିଲକ୍ଷିତ ହୁଏ ଯେ ଆଭିମୁଖ୍ୟ କ୍ଷେତ୍ରରେ ପ୍ରଗତିମୁଖୀ ---- ଗୁରୁତ୍ୱ ଆରୋପ କରୁଥିବା ଲୋକମାନେ ଅଧିକ ଦକ୍ଷତା କର୍ମପ୍ରବଣତା ଓ ସଫଳତା ପ୍ରଦର୍ଶନ କରୁଛନ୍ତି। କର୍ମଯୋଜନା ମଧ୍ୟରେ ସେମାନେ ହୁଏତ କେତୋଟି ନ କରିବାର କାର୍ଯ୍ୟ କରି ବସନ୍ତି, ମାତ୍ର କରଣୀୟ କାର୍ଯ୍ୟ ଏଡ଼ାଇ ଯାଇ ନଥାନ୍ତି।

ଅନ୍ୟ ପକ୍ଷରେ ପ୍ରତିଷେଧ (Prevention) ଉପରେ ପ୍ରାଧାନ୍ୟ ଦେଉଥିବା ଲୋକମାନେ ଅଧିକାଂଶ ସମୟରେ ସୁରକ୍ଷା ଓ ନିରାପତ୍ତା ସଚେତନ ହୋଇ ଅନେକ କରଣୀୟ କାର୍ଯ୍ୟ ଏଡ଼ାଇଯାଆନ୍ତି। ସୁତରାଂ ଦକ୍ଷତାର ବିକାଶ ପାଇଁ ଆମ୍ଭେମାନେ ପ୍ରଗତିମୁଖୀ ଲକ୍ଷ୍ୟ ସାଧନ ରୀତି ଅବଲମ୍ବନ କରିବା ପ୍ରୟୋଜନ।

ଉପସଂହାରରେ କୁହାଯାଇପାରେ ଯେ ବ୍ୟକ୍ତିତ୍ୱ ଓ ଦକ୍ଷତା ପ୍ରଦର୍ଶନ ଗଭୀର ଭାବେ ସଂଶ୍ଳିଷ୍ଟ। କିନ୍ତୁ ବ୍ୟକ୍ତିତ୍ୱର ସଂଜ୍ଞାଟିକୁ ଅତୀତର ପାରମ୍ପାରିକ ବଳୟ ମଧ୍ୟରୁ ମୁକ୍ତ କରି ନୂତନ ଦୃଷ୍ଟିକୋଣରୁ ବିଚାର କଲେ ବ୍ୟକ୍ତିତ୍ୱ ଓ ଦକ୍ଷତାର ସମ୍ପୃକ୍ତି ଅଧିକ ସ୍ପଷ୍ଟ ହେବ। ସମସାମୟିକ ମନୋବିଜ୍ଞାନ ଜଗତରେ ବ୍ୟକ୍ତିତ୍ୱକୁ କେବଳ ଏକ ଗୁଣବାଚକ ବିଶେଷଣର ସମଷ୍ଟି ବୋଲି ବିଚାର କରାଯାଇ ନାହିଁ। ବାହ୍ୟଜଗତର ଘଟଣାବଳୀକୁ ବ୍ୟକ୍ତି କିପରି ବ୍ୟାଖ୍ୟା କରୁଛି, ତାହାର ଶୈଳୀ ଉପରେ ଗୁରୁତ୍ୱ ଅରୋପ କରାଯାଉଛି। ମାନସିକ ପ୍ରକ୍ରିୟାର ଏହି ଶୈଳୀକୁ ସଂଜ୍ଞାନାତ୍ମକ ଶୈଳୀ (Cognitive Styles) ମଧ୍ୟ କୁହାଯାଇପାରେ।

ସାମ୍ପ୍ରତିକ ଗବେଷଣାକୁ ଆଧାର କରି ଦକ୍ଷତାର ଅନ୍ତରାଳରେ ସକ୍ରିୟ ଥିବା ମାନସିକ ପ୍ରକ୍ରିୟାକୁ ଚିହ୍ନଟ କରାଯିବାର ପ୍ରୟାସ ଏ ପ୍ରବନ୍ଧରେ କରାଯାଇଛି। ଏ ପରିପ୍ରେକ୍ଷୀରେ ବ୍ୟକ୍ତିତ୍ୱ ନିଜସ୍ୱ ଦକ୍ଷତା ସମ୍ପର୍କରେ ଆତ୍ମବିଶ୍ୱାସ ଦୃଢ଼ତାର (ଆତ୍ମସାମର୍ଥ୍ୟବୋଧ) ଭୂମିକା ଗୁରୁତ୍ୱପୂର୍ଣ୍ଣ। ବ୍ୟକ୍ତି ସମ୍ମୁଖୀନ ହେଉଥିବା ଘଟଣା ବିଶେଷତଃ ଖରାପ ଘଟଣାକୁ ବ୍ୟକ୍ତି କେତେ ସ୍ଥାୟୀ ଓ ବ୍ୟାପକ ମନେ କରୁଛି, ଏପରି ବିଶ୍ଳେଷଣ ଭଙ୍ଗୀ ଦକ୍ଷତା ପ୍ରଦର୍ଶନକୁ ପ୍ରଭାବିତ କରିଥାଏ। ଖରାପ ଘଟଣାର ପ୍ରଭାବକୁ ସ୍ଥାୟୀ ଓ ବ୍ୟାପକ ବିଚାର କରିବାର ରୀତି ଦକ୍ଷତା ପ୍ରଦର୍ଶନକୁ ବିପର୍ଯ୍ୟସ୍ତ କରିବା ସ୍ଥଳେ ଏପରି ପ୍ରଭାବକୁ ଅସ୍ଥାୟୀ ଓ ସୀମିତ ବିଚାର କରିବାର ଭଙ୍ଗୀ ଦକ୍ଷତାକୁ ବିକଶିତ କରେ। ଅନ୍ୟ ଗୋଟିଏ ତାତ୍ପର୍ଯ୍ୟପୂର୍ଣ୍ଣ ଦିଗ ହେଉଛି ବୁଦ୍ଧିମତ୍ତା ଓ ଅନ୍ୟାସବୁ ମାନସିକ

ସମ୍ବଳକୁ ସୀମିତ କିମ୍ବା ପରିବ୍ୟାପ୍ତ କରିବାର ମନୋଭାବ। ଏହାକୁ ସୀମିତ ଓ ଅପରିବର୍ତ୍ତନୀୟ ଭାବୁଥିବା ଲୋକମାନେ କିଚି ସମୟ କାର୍ଯ୍ୟ କରି ଅବସନ୍ନ ହୋଇପଡ଼ନ୍ତି; ସମ୍ବଳ ସରିଯାଇଛି ବୋଲି ଭାବିବସନ୍ତି। ସମ୍ବଳ ଅଧିକ ସମ୍ବଳ ସୃଷ୍ଟି କରେ, ଏହା ପରିବର୍ଦ୍ଧନଶୀଳ - ଏପରି ଭାବନାର ଲୋକମାନେ ସହଜରେ ଅବସନ୍ନ ହୁଅନ୍ତି ନାହିଁ। ପରିଶେଷରେ ନିଜର ଲକ୍ଷ୍ୟ ବା ଆଭିମୁଖ୍ୟ ପରିପ୍ରେକ୍ଷୀରେ ପ୍ରଗତିମୁଖୀ-ଗୁରୁତ୍ୱ ଅରୋପର ଉତ୍କର୍ଷ ଆଲୋଚିତ ହୋଇଛି। ପ୍ରତିଷେଧମୂଳକ ଲକ୍ଷ୍ୟ ସାଧନ ଉପରେ ଗୁରୁତ୍ୱ ଦେଇଥିବା ଲୋକମାନେ କେବଳ ସତର୍କତା ଓ ନିରାପତ୍ତା ମଧ୍ୟରେ ବନ୍ଦୀ ରହିବା ସ୍ଥଳେ ପ୍ରଗତିମୁଖୀ ବ୍ୟକ୍ତିମାନେ ଲକ୍ଷ୍ୟ ସାଧନରେ ଅପେକ୍ଷାକୃତ ଅଧିକ ସଫଳତା ହାସଲ କରନ୍ତି। ପ୍ରଗତିମୁଖୀ-ଗୁରୁତ୍ୱ ଆରୋପ ସେମାନଙ୍କର ଦକ୍ଷତା ପ୍ରଦର୍ଶନକୁ ସୁବିକଶିତ କରିଥାଏ। ଆଲୋଚିତ ପ୍ରତ୍ୟେକଟି ଉପଯୋଗୀ ମାନସିକ ପ୍ରକ୍ରିୟା ଜନ୍ମିତ ବା ବଂଶଗତ ନୁହେଁ। ଉପଯୁକ୍ତ ଶିକ୍ଷା ଓ ପ୍ରଶିକ୍ଷଣ ମାଧ୍ୟମରେ ପ୍ରତ୍ୟେକଟିର ଅଙ୍କୁରଣ ଓ ବିକାଶ ସମ୍ଭବପର ।

■

ଉଦ୍ଦେଶ୍ୟପୂର୍ଣ୍ଣ ଜୀବନ

ବିଶିଷ୍ଟ ମନସ୍ତତ୍ତ୍ୱବିତ୍ ଏରିକ୍ ଏରିକ୍‌ସନ ମନୁଷ୍ୟ ଜୀବନର ବିକାଶକୁ ଚିତ୍ରଣ କରିବା ପାଇଁ ଆଠଗୋଟି ସୋପାନର ପରିକଳ୍ପନା କରିଛନ୍ତି। ଜନ୍ମଠାରୁ ଆରମ୍ଭ କରି ପରିଣତ ବୟସ ପର୍ଯ୍ୟନ୍ତ ମନୁଷ୍ୟ ପ୍ରତିଟି ସୋପାନରେ ଏକ ନିର୍ଦ୍ଦିଷ୍ଟ ଧରଣର ଦ୍ୱନ୍ଦ୍ୱର ସମ୍ମୁଖୀନ ହୁଏ । ଏହି ଦ୍ୱନ୍ଦ୍ୱର ସଫଳ ସମାଧାନ କରିପାରୁଥିବା ବ୍ୟକ୍ତି ଦ୍ରୁତ ଗତିରେ ଅଗ୍ରସର ହୁଅନ୍ତି । ପ୍ରତିଟି ବ୍ୟକ୍ତି ଅଳ୍ପ ବହୁତେ ପ୍ରତି ଦ୍ୱନ୍ଦ୍ୱର ସମାଧାନ କରନ୍ତି। ସୋପାନର କ୍ରମ ଅନୁଯାୟୀ ଆଠଟି ଦ୍ୱନ୍ଦ୍ୱରୁ ନିମ୍ନମତେ ସୂଚିତ କରାଯାଇପାରେ।

ସୋପାନ	ବୟସ ସୀମା	ଦ୍ୱନ୍ଦର ଉପାଦାନ
୧. ଶୈଶବ	ପ୍ରଥମ ବର୍ଷ	ବିଶ୍ୱାସ-ଅବିଶ୍ୱାସର ଦ୍ୱନ୍ଦ୍ୱ
୨. ଆଦ୍ୟ ବାଲ୍ୟକାଳ	ଦୁଇତିନି ବର୍ଷ	ସ୍ୱାଧୀନ ମନୋଭାବ ଓ ବାହ୍ୟ କର୍ତ୍ତୃତ୍ୱ
୩. ମଧ୍ୟ ବାଲ୍ୟକାଳ	ଚାରିପାଞ୍ଚବର୍ଷ	ଆତ୍ମବିଶ୍ୱାସ ଓ ଆତ୍ମଗ୍ଲାନି
୪. ପରବର୍ତ୍ତୀ ବାଲ୍ୟକାଳ	ଛ ବର୍ଷରୁ ୧୨ ବର୍ଷ	ଅଗ୍ରଗତି ଓ ହୀନମାନ୍ୟତା
୫. କୈଶୋର	୧୨ ବର୍ଷରୁ ୧୮ ବର୍ଷ	ଆତ୍ମ ପରିଚିତିର ଦ୍ୱନ୍ଦ୍ୱ: ମୁଁ କିଏ ?
୬. ଆଦ୍ୟ ଯୌବନ	ପ୍ରାୟ ୨୦/୩୦ ବର୍ଷ	ଏକାକୀତ୍ୱ ବନାମ ଅନ୍ତରଙ୍ଗତା
୭. ମଧ୍ୟ ଯୌବନ	ବୟସ ଚାଳିଶ ପଚାଶ	ଗତିହୀନତା ବନାମ ଗତିଶୀଳତା
୮. ଉତ୍ତର ଯୌବନ	ବର୍ଷ ବୟସ ଷାଠିଏ ବର୍ଷରୁ ଊର୍ଦ୍ଧ୍ୱ	ଅର୍ଥହୀନତା ବନାମ ଅର୍ଥପୂର୍ଣ୍ଣତା

ପ୍ରତିଟି ଦ୍ୱନ୍ଦ୍ୱର ସବିଶେଷ ଆଲୋଚନା ପ୍ରବନ୍ଧର ମୁଖ୍ୟ ଉଦ୍ଦେଶ୍ୟ। କିଶୋର ବୟସ ଆତ୍ମପରିଚିତିର ଦ୍ୱନ୍ଦ୍ୱର (Identity କିମ୍ବା ମୁଁ କିଏର ଦ୍ୱନ୍ଦ୍ୱ) ଆଲୋଚନା ଏଠାରେ ମୁଖ୍ୟ ପ୍ରସଙ୍ଗ । ତଥାପି ସାମଗ୍ରିକ ଚିତ୍ରଣ ଦୃଷ୍ଟିରୁ ଏଠାରେ କୁହାଯାଇପାରେ ଯେ ଜୀବନର

ଆଦ୍ୟକାଳରେ ମୁଖ୍ୟ ଦ୍ୱନ୍ଦ୍ୱ ହେଉଛି ବିଶ୍ୱାସ ଓ ଅବିଶ୍ୱାସର ଦ୍ୱନ୍ଦ୍ୱ। ଠିକ୍ ସମୟରେ ଏବଂ ଦରକାର ବେଳେ ମା'ଠାରୁ ସେବାଯତ୍ନ ପାଉଥିବା ଶିଶୁ ମନରେ ବିଶ୍ୱାସ ଅଙ୍କୁରିତ ଓ ବିକଶିତ ହୁଏ। ଅନ୍ୟ ପକ୍ଷରେ କ୍ଷୁଧା ସମୟରେ ଖାଦ୍ୟ ନ ପାଇଲେ ଶୀତଳତା ସମୟରେ ଉଷ୍ଣତା ନ ପାଇଲେ ଶିଶୁମନରେ ଅବିଶ୍ୱାସ ଆସେ। ବାହ୍ୟଜଗତର ଏ ଯତ୍ନକାରୀଠାରୁ ଠିକ୍ ପରିମାଣରେ ଚାହିଦା ପୂରଣ ହେବ କି ନାହିଁ ଏ ସମ୍ପର୍କରେ ପ୍ରଶ୍ନ ଆସେ। ବିଶ୍ୱାସ-ଅବିଶ୍ୱାସର ଦ୍ୱନ୍ଦ୍ୱ ସମାହିତ ହେଲେ ଶିଶୁ ବିକାଶ ପଥରେ ଆଗେଇଯାଏ।

ସେହିପରି ଅନ୍ୟ ବାଲ୍ୟକାଳରେ ଶିଶୁ ନିଜର ସ୍ୱାଧୀନ ମନୋଭାବ ଓ ବାହ୍ୟକର୍ତ୍ତୃତ୍ୱ ମଧ୍ୟରେ ଦ୍ୱନ୍ଦ୍ୱ ଅନୁଭବ କରେ। ସ୍ୱାଧୀନ ମନୋଭାବ ନେଇ ଶିଶୁଟି ଓଜନିଆ ବ୍ୟାଗଟିକୁ ଉଠାଇବାର ଚେଷ୍ଟାକରେ। ପୁଣି ସେହି ଶିଶୁ ନିଜ ଜୋତାର ଫିତା ବାନ୍ଧିବାକୁ ମା'ର ସହାୟତା ଲୋଡ଼େ। ଧୀରେ ଧୀରେ ଏ ଦ୍ୱନ୍ଦ୍ୱ ଅତିକ୍ରାନ୍ତ ହୁଏ। ବିଦ୍ୟାଳୟ ଜୀବନ ଆରମ୍ଭ କରିବା ସମୟରେ (ଚାରି ପାଞ୍ଚବର୍ଷ ବୟସରେ) କିଛି କାର୍ଯ୍ୟକରି ସଫଳତା ଖୁସି ହେବା ଏବଂ ବିଫଳତାର ଦୁଃଖୀ ହେବାର ଦ୍ୱନ୍ଦ୍ୱ ଅନୁଭବ ଆସେ। ପରବର୍ତ୍ତୀ ସୋପାନରେ ପରିଶ୍ରମଶୀଳତା ଫଳରେ ସକାରାତ୍ମକ ଅନୁଭବ ଏବଂ ବ୍ୟର୍ଥତାଜନିତ ହୀନମନ୍ୟତାର ଦ୍ୱନ୍ଦ୍ୱ ଏକରୂପ ସୃଷ୍ଟି କରେ। ଏହା ହୁଏତ ଧୀରେ ଧୀରେ ପିଲାମାନେ ଅତିକ୍ରମ କରନ୍ତି।

କିଶୋର ବୟସର ଦ୍ୱନ୍ଦ୍ୱଟି ଖୁବ୍ ଜଟିଳ। ଏହା ଆତ୍ମ-ପରିଚିତିର ଦ୍ୱନ୍ଦ୍ୱ। ଏହାର ସମାଧାନ ଜୀବନକୁ କିପରି ଉଦ୍ଦେଶ୍ୟପୂର୍ଣ୍ଣ କରେ, ତାହା ପରେ ସବିଶେଷ ଆଲୋଚନା କରାଯିବ; ତାହା ପୂର୍ବରୁ ଯୌବନକାଳୀନ ଦ୍ୱନ୍ଦ୍ୱର ସଂକ୍ଷିପ୍ତ ସୂଚନା ଦିଆଯାଇପାରେ। ଆଦ୍ୟ ଯୌବନରେ (୨୦/୩୦ ବୟସ ସମୟରେ) ମନୁଷ୍ୟର ମୁଖ୍ୟ ଦ୍ୱନ୍ଦ୍ୱ ହେଉଛି ଏକାକୀତ୍ୱ ଓ ଅନ୍ତରଙ୍ଗତା ମଧ୍ୟରେ ସଂଘର୍ଷ। ବ୍ୟକ୍ତି ଏକାକୀ ରହି ସ୍ୱାଧୀନ ଜୀବନ ଯାପନ କରିବ କି ପ୍ରେମ ବା ବିବାହ ମାଧ୍ୟମରେ ଅନ୍ତରଙ୍ଗତାର ବଳୟ ମଧ୍ୟରେ ନିଜକୁ ସଙ୍ଗଯୁକ୍ତ କରିବ ଏପରି ଏକ ଦ୍ୱନ୍ଦ୍ୱର ସମ୍ମୁଖୀନ ହୁଏ। ଏପରି ଦ୍ୱନ୍ଦ୍ୱ ଓ ବୟସ ପାରିହେବା ପରେ ମଧ୍ୟଯୌବନରେ ଅନ୍ୟ ଏକ ଦ୍ୱନ୍ଦ୍ୱର ସମ୍ମୁଖୀନ ହୁଏ। ବୃତ୍ତି ବା ପେସା ଗ୍ରହଣ କରିଥିବା ବ୍ୟକ୍ତିମାନେ ଆଦ୍ୟଯୌବନରେ ବେଶ୍ କିଛି ଅଗ୍ରଗତି ହାସଲ କରିସାରିଥାଆନ୍ତି। ବର୍ତ୍ତମାନ ପଦୋନ୍ନତିର ସମ୍ଭାବନା ପ୍ରାୟ କମ୍ ଥାଏ। ଗତିଶୀଳତା ଅନୁଭବ କରୁ ନଥିବାରୁ ଗତିହୀନତା ଓ ଗତିଶୀଳତା ମଧ୍ୟରେ ଦ୍ୱନ୍ଦ୍ୱ ଆସେ। ମଧ୍ୟ ଜୀବନର ଦ୍ୱନ୍ଦ୍ୱକୁ ଠିକ୍ ରୂପେ ସମାଧାନ କରି ନ ପାରି କେତେକ ଲୋକ ଅପକର୍ମରେ ଲିପ୍ତ ହୁଅନ୍ତି। ଯୌନଗତ, ସାମାଜିକ କିମ୍ବା ଅର୍ଥନୈତିକ ଅପରାଧ କରି ବସନ୍ତି। ମାତ୍ର ଏ ମଧ୍ୟ ଜୀବନର ଦ୍ୱନ୍ଦ୍ୱର ମୁକୁଳି ଆସିଥିବା ବ୍ୟକ୍ତିମାନେ ଆଗକୁ ଅଗ୍ରସର ହୁଅନ୍ତି।

ଉତ୍ତର ଯୌବନ ବା ବୟସ୍କ ଅବସ୍ଥାରେ ବ୍ୟକ୍ତି ନିଜର ଅତୀତ ସ୍ମୃତିର ରୋମନ୍ଥନ କରେ। ଅତୀତ ଜୀବନ ସାର୍ଥକତାର ସହିତ ଅତିକ୍ରାନ୍ତ ହୋଇଥିଲେ ବ୍ୟକ୍ତି ଆନନ୍ଦ ଅନୁଭବ କରେ। ଅନ୍ୟମାନଙ୍କ ପାଇଁ ଓ ସମାଜ ପାଇଁ କିଛି କରିପାରିଛି ଭାବି ଖୁସି ହୁଏ। ଅନ୍ୟ ପକ୍ଷରେ ବିଗତ ଦିନଗୁଡ଼ିକ ବୃଥା ଯାଇଛି ଏପରି ଅନୁଭବ ଆସିଲେ ବ୍ୟକ୍ତି ଦୁଃଖୀ ହୁଏ। ସାର୍ଥକ ବନାମ ନିରର୍ଥକ ଜୀବନର ଦ୍ୱନ୍ଦ୍ୱ ବ୍ୟକ୍ତିକୁ କବଳିତ କରେ। ସାର୍ଥକ ଜୀବନର ଅନୁଭବ ପାଇଥିବା ବ୍ୟକ୍ତିମାନେ ଦ୍ୱନ୍ଦ୍ୱର ସଂକଟ ପାରହୋଇ ପରିପୂର୍ଣ୍ଣ ଜୀବନର ଅଧିକାରୀ ହୁଅନ୍ତି।

ଜୀବନର ପ୍ରତିଟି ସୋପାନରେ ଏକ ନିର୍ଦ୍ଦିଷ୍ଟ ଧରଣର ଦ୍ୱନ୍ଦ୍ୱ ବ୍ୟକ୍ତିକୁ କବଳିତ କରେ ଏବଂ ବିଭିନ୍ନ ବ୍ୟକ୍ତି ପୃଥକ୍ ପୃଥକ୍ ପରିମାଣରେ ଏହି ଦ୍ୱନ୍ଦ୍ୱର ସମାଧାନ କରୁଛନ୍ତି । କହିବା ଅନାବଶ୍ୟକ ଯେ ଅଧିକ ସଫଳତାର ସହିତ ଦ୍ୱନ୍ଦ୍ୱର ଠିକ୍ ସମାଧାନ କରୁଥିବା ବ୍ୟକ୍ତିମାନେ ବେଶି ପରିମାଣରେ ସୁଖାନୁଭୂତି ପାଆନ୍ତି।

ପ୍ରତିଟି ସୋପାନର ଦ୍ୱନ୍ଦ୍ୱର ରୂପରେଖ ଭିନ୍ନ। ତଥାପି ବହୁ ଦୃଷ୍ଟିକୋଣରୁ କିଶୋରକାଳୀନ ଦ୍ୱନ୍ଦ୍ୱଟି ତାତ୍ପର୍ଯ୍ୟପୂର୍ଣ୍ଣ। ମୁଁ କ'ଣ ହେବି ଏବଂ କେଉଁ ଦିଗରେ ଯିବି ଏପରି ପ୍ରଶ୍ନ କିଶୋର କିଶୋରୀମାନଙ୍କୁ ଉଦ୍‌ବେଳିତ ରଖେ। ମୁଁ ବାପାଙ୍କ ପରି ହେବି କି ମା'ଙ୍କ ପରି ହେବି ଏ ପ୍ରଶ୍ନ ଆଲୋଡ଼ନ ସୃଷ୍ଟି କରେ। ମୁଁ ମୋର ଶିକ୍ଷକଙ୍କୁ ଅନୁସରଣ କରିବି କି ଆମ ଅଞ୍ଚଳର ନେତାକୁ ଅନୁଧାବନ କରିବି, ଏ ପ୍ରଶ୍ନ ମନରେ ସକ୍ରିୟ ରହେ। ମୁଁ ଜଣେ ଭଲ ଡାକ୍ତର ହେବି କି ଇଞ୍ଜିନିୟର୍ ହେବି କି କଳାକାର ହେବି, ଏପରି ବିକଳ୍ପ ମନରେ ଚଞ୍ଚଳତା ସୃଷ୍ଟିକରେ।

ମୁଁ କିଏ ଏବଂ ମୁଁ କେଉଁଠିକୁ ଯାଉଛି ? - ଏପରି ପ୍ରଶ୍ନ କେବଳ କିଶୋରାବସ୍ଥାରେ ସୀମିତ ନ ରହି ସମଗ୍ର ଜୀବନକୁ ଆଚ୍ଛନ୍ନ କରେ। ଏ ପ୍ରଶ୍ନର ସମୁଚିତ ସମାଧାନ କରିପାରୁଥିବା ବ୍ୟକ୍ତି ଜୀବନ ଉଦ୍ଦେଶ୍ୟପୂର୍ଣ୍ଣ ଭାବରେ ଅତିକ୍ରମ କରିପାରନ୍ତି। ଅନ୍ୟ ପକ୍ଷରେ ଏ ଦ୍ୱନ୍ଦ୍ୱ ମଧ୍ୟରେ ଅଟକି ଯାଇଥିବା କିଶୋର କିଶୋରୀ ଓ ଯୁବକ ଯୁବତୀମାନେ ପୂର୍ଣ୍ଣ ବିକଶିତ ଜୀବନର ଅଧିକାରୀ ହୋଇ ନଥାନ୍ତି।

ଉଦ୍ଦେଶ୍ୟପୂର୍ଣ୍ଣ ଜୀବନ-ଶୈଳୀରେ ତିନୋଟି ଉପାଦାନ ପରିଲକ୍ଷିତ ହୁଏ। ପ୍ରଥମ ଉପାଦାନଟି ହେଉଛି ଐକାନ୍ତିକ ଇଚ୍ଛା। ଅର୍ଥପୂର୍ଣ୍ଣ ଲକ୍ଷ୍ୟ ଦିଗରେ ଅଗ୍ରସର ହେବା ପାଇଁ ଗଭୀର ଇଚ୍ଛା ଥାଏ। ଦ୍ୱିତୀୟ ଉପାଦାନଟି ହେଉଛି କ୍ରିୟାଶୀଳତା (Active Egagement) । କେବଳ ଉନ୍ନତ ଲକ୍ଷ୍ୟ ସମ୍ପର୍କରେ କଳ୍ପନା କରିବା କିମ୍ବା ସ୍ୱପ୍ନଦେଖିବା ଯଥେଷ୍ଟ ନୁହେଁ। ଏ ଦିଗରେ ଅଗ୍ରସର ହେବା ପାଇଁ ଉଦ୍ୟମଶୀଳତା ଆବଶ୍ୟକ। ତୃତୀୟତଃ, ଲକ୍ଷ୍ୟଟି କେବଳ ବ୍ୟକ୍ତି କୈନ୍ଦ୍ରିକ ନ ହୋଇ ସମାଜ କିମ୍ବା ବୃହତ୍ତର

	ବହୁତ	ସ୍ୱପ୍ନାବିଷ୍ଟ ଜୀବନ	ଉଦ୍ଦେଶ୍ୟପୂର୍ଣ୍ଣ ଜୀବନ
ଉଦ୍ଦେଶ୍ୟପୂର୍ଣ୍ଣତାର ସଂଯୋଜନା	ଅଳ୍ପ	ଅସ୍ଥିର ଓ ଭାସମାନ ଜୀବନ	ବ୍ୟକ୍ତିକେନ୍ଦ୍ରିକ ଜୀବନ
		ଅଳ୍ପ	ବହୁତ

ସକ୍ରିୟ ଉଦ୍ୟମ

ଗୋଷ୍ଠୀ କଲ୍ୟାଣ ପାଇଁ ଅଭିପ୍ରେତ ହେବା ପ୍ରୟୋଜନ। ଏପରି ଉଦ୍ଦେଶ୍ୟପୂର୍ଣ୍ଣ ଜୀବନକୁ ନିମ୍ନମତେ ଚିତ୍ରଣ କରାଯାଇପାରେ।

ଉପର ଚିତ୍ରଟିକୁ ଲକ୍ଷ୍ୟକଲେ ଦେଖାଯିବ ଯେ ଉଦ୍ଦେଶ୍ୟପୂର୍ଣ୍ଣ ଜୀବନ ଯାପନ କରୁଥିବା ବ୍ୟକ୍ତିମାନଙ୍କର କେବଳ ଏକ ଉନ୍ନତ ଓ ଆଦର୍ଶମୟ ଜୀବନ ପରିକଳ୍ପନା ନଥାଏ, ଏମାନଙ୍କର ଏ ଦିଗରେ ତତ୍ପରତା ଓ କର୍ମପ୍ରବଣତା ମଧ୍ୟ ଗଭୀର ରହିଥାଏ।

ଉଦ୍ଦେଶ୍ୟପୂର୍ଣ୍ଣ ଜୀବନର ଗୁରୁତ୍ୱ ଜୀବନ ବିକାଶର ସବୁପର୍ଯ୍ୟାୟରେ ମହତ୍ତ୍ୱପୂର୍ଣ୍ଣ ହେଲେ ମଧ୍ୟ କିଶୋର ଓ ଯୁବ ସୋପାନରେ ଏହାର ଅଙ୍କୁରଣ ଉପରେ ଗବେଷକମାନେ ବିଶେଷ ଧ୍ୟାନ ଦେଇଛନ୍ତି। ଏହାର ଏକ ବିଶେଷ ମନସ୍ତାତ୍ତ୍ୱିକ କାରଣ ରହିଛି। କିଶୋର କାଳରେ ଆତ୍ମପରିଚିତିର ଦ୍ୱନ୍ଦ୍ୱ (Identity Crisis) ତୀବ୍ର ହୁଏ। ମୁଁ କିଏ ? ଏ ପ୍ରଶ୍ନ ଯୁବସମ୍ପ୍ରଦାୟକୁ ଆଲୋଡ଼ିତ କରେ। ମୁଁ କେଉଁ ଦିଗରେ ଯାଉଛି ? ଏ ପ୍ରଶ୍ନ ଯୁବପ୍ରାଣକୁ ଅସ୍ଥିର କରେ। ସେମାନେ ନିଜ ପରିବେଶରେ ଦେଖୁଥିବା ଲୋକମାନଙ୍କ ମଧ୍ୟରୁ କାହାକୁ ଅନୁସରଣ କରିବେ, ତାହାର ସମାଧାନ ସହଜ ହୋଇ ନ ଥାଏ।

ଏପରି ଏକ ସଂକଟଜନକ ପରିସ୍ଥିତିରେ କିଶୋର କିଶୋରୀ ଓ ତରୁଣ ତରୁଣୀ ନିଷ୍ପତ୍ତିର ସମସ୍ୟା ଅନୁଭବ କରନ୍ତି। ସୁତରାଂ ମନୋବିଜ୍ଞାନୀମାନେ ଏମାନଙ୍କ ମଧ୍ୟରୁ ଅନ୍ତତଃ ଉଚ୍ଚତର ଦକ୍ଷତା ପ୍ରଦର୍ଶନ କରୁଥିବା ବ୍ୟକ୍ତିମାନଙ୍କର ଲକ୍ଷ୍ୟ ସାଧନ ଓ ଉଦ୍ଦେଶ୍ୟପୂର୍ଣ୍ଣ ଜୀବନ ଶୈଳୀର ମାତ୍ରା ଅନୁଧ୍ୟାନ କରିଛନ୍ତି। ଗବେଷଣାରେ ଦେଖାଯାଇଛି ଯେ ଉଚ୍ଚଦକ୍ଷତା ପ୍ରଦର୍ଶନ କରୁଥିବା କିଶୋର କିଶୋରୀ ଓ ଯୁବସମ୍ପ୍ରଦାୟ ଅପେକ୍ଷାକୃତ ଶୀଘ୍ର ଉଦ୍ଦେଶ୍ୟପୂର୍ଣ୍ଣ ଜୀବନ ସମ୍ପର୍କରେ ସଚେତନ ହୁଅନ୍ତି। ଏ ବୟସରେ ଆତ୍ମ ପରିଚିତିର ସମସ୍ୟା ପୂର୍ଣ୍ଣମାତ୍ରାରେ ସମାଧାନ ଘଟି ନଥିଲେ ମଧ୍ୟ ଅପେକ୍ଷାକୃତ ଅଧିକ ଦକ୍ଷତା (ଯଥା - ବିଦ୍ୟାଳୟର ଉଚ୍ଚତର ଶ୍ରେଣୀରେ କିମ୍ବା କଲେଜର ପ୍ରାରମ୍ଭିକ ସ୍ତରରେ ଥିବା) ପ୍ରଦର୍ଶନ କରୁଥିବ କିଶୋର କିଶୋରୀ ଏବଂ ତରୁଣ ତରୁଣୀ କିଛି ମାତ୍ରାରେ

ଉଦ୍ଦେଶ୍ୟପୂର୍ଣ୍ଣ ଜୀବନର ରୂପରେଖ ସ୍ଥିର କରିଥାଆନ୍ତି । ଗୁରୁତ୍ୱପୂର୍ଣ୍ଣ ପ୍ରସଙ୍ଗଟି ହେଉଛି ଯେ ପିତାମାତା, ଅଭିଭାବକ ଏବଂ ଶିକ୍ଷକ ଶିକ୍ଷୟିତ୍ରୀ ଏହି ଆତ୍ମପରିଚିତି ସଂକଟ ଦେଇ ଗତି କରୁଥିବା ଗୋଷ୍ଠୀକୁ ଜୀବନର ଲକ୍ଷ୍ୟ ଏବଂ ମହତ୍ତ୍ୱପୂର୍ଣ୍ଣ ଲକ୍ଷ୍ୟ ଦିଗରେ ସଚେତନ କରାଇବା ଆବଶ୍ୟକ। ଉଦ୍ଦେଶ୍ୟପୂର୍ଣ୍ଣ ଜୀବନ ଗଠନ ପାଇଁ-ବୟସ୍କ ଓ ଅଭିଜ୍ଞ ଲୋକମାନଙ୍କର ସହାୟତା ନିତାନ୍ତ ପ୍ରୟୋଜନ। ଅଳ୍ପ ବୟସରୁ ସେମାନଙ୍କୁ ସାମାଜିକ ଓ ସେବାମୂଳକ କାର୍ଯ୍ୟରେ ନିୟୋଜିତ ରଖିପାରିଲେ ଏ ଲକ୍ଷ୍ୟ ସାଧନ ହୋଇପାରିବ ।

ଉଦ୍ଦେଶ୍ୟପୂର୍ଣ୍ଣ ଜୀବନ ଶୈଳୀ ପ୍ରକଟ କରୁଥିବା ଏକ ପ୍ରଶ୍ନାବଳୀ ନିମ୍ନରେ ଦିଆଯାଉଛି । ପ୍ରତିଟି ବାକ୍ୟ ଆପଣଙ୍କ ଜୀବନରେ କେତେ ପ୍ରଯୁଜ୍ୟ ତାହା ଆପଣ ସୂଚିତ କରି ଉଦ୍ଦେଶ୍ୟପୂର୍ଣ୍ଣତାର ସ୍ତର ଆକଳନ କରିପାରନ୍ତି। ନିମ୍ନରେ ଛ'ଟି ବାକ୍ୟ ଦିଆଯାଇଛି । ବାକ୍ୟଟି ସହିତ ପୂର୍ଣ୍ଣ ଅମତ ହୋଇଥିଲେ '୧' ନମ୍ବର, ଅମତ ହୋଇଥିଲେ '୨' ନମ୍ବର, ଅମତ କି ଏକମତ ବୋଲି ସ୍ଥିର କରି ନପାରିଲେ ୩ ନମ୍ବର, ଏକମତ ହେଉଥିଲେ '୪' ନମ୍ବର ଏବଂ ପୂର୍ଣ୍ଣ ଏକମତ ହୋଇଥିଲେ '୫' ନମ୍ବର ଦିଅନ୍ତୁ'।

୧. ମୋ ଜୀବନରେ ବିଶେଷ ଉଦ୍ଦେଶ୍ୟ ରହିଛି।
୨. ମୁଁ କରୁଥିବା କାର୍ଯ୍ୟସବୁ ସାର୍ଥକ (ଉଦ୍ଦେଶ୍ୟପୂର୍ଣ୍ଣ) କାର୍ଯ୍ୟ।
୩. ମୋର ଅଧିକାଂଶ କାର୍ଯ୍ୟ ମହତ୍ତ୍ୱପୂର୍ଣ୍ଣ।
୪. ମୋ କାର୍ଯ୍ୟକୁ ମୁଁ ବେଶ୍ ଗୁରୁତ୍ୱ ଦିଏ।
୫. ମୁଁ କରୁଥିବା କାର୍ଯ୍ୟସବୁ ଯାହିତାହି କାମ ନୁହେଁ, ସେଗୁଡ଼ିକ ବେଶ୍ ତାତ୍ପର୍ଯ୍ୟପୂର୍ଣ୍ଣ।
୬. ମୋ ଜୀବନର ମୂଲ୍ୟ ଅଛି ବୋଲି ମୁଁ ଭାବିଥାଏ।

ପ୍ରତିଟି ବାକ୍ୟକୁ ଦେଇଥିବା ନମ୍ବର ମିଶାଇ ଦିଅନ୍ତୁ। ଏହା ୬ରୁ ୩୦ ମଧ୍ୟରେ ରହିବ। ଆପଣ ନିମ୍ନମତେ ତାହାର ବିଚାର କରିପାରନ୍ତି।

- ନମ୍ବର ୧୮ ମଧ୍ୟରେ ରହିଲେ ଜୀବନ ଉଦ୍ଦେଶ୍ୟପୂର୍ଣ୍ଣ ନୁହେଁ
- ୧୯ ରୁ ୨୪ କିଛି ପରିମାଣରେ ଉଦ୍ଦେଶ୍ୟପୂର୍ଣ୍ଣ
- ୨୫ ରୁ ୩୦ ବେଶ୍ ଉଦ୍ଦେଶ୍ୟପୂର୍ଣ୍ଣ।

'କ' ବ୍ୟବହାର ଭଙ୍ଗୀ ବନାମ 'ଖ' ବ୍ୟବହାର ଭଙ୍ଗୀ

ଚମକ ସୃଷ୍ଟି କରିଥିବା ସମସ୍ତ ମନସ୍ତାତ୍ତ୍ୱିକ ତଥ୍ୟ ଓ ପରିକଳ୍ପନା କେବଳ ମନସ୍ତାତ୍ତ୍ୱବିଦ୍‌ମାନଙ୍କ ଚିନ୍ତନ ପ୍ରକ୍ରିୟାରୁ ଆସି ନାହିଁ। 'କ' ବ୍ୟବହାର ଭଙ୍ଗୀ (Type A Behaviour Pattern) ଏବଂ 'ଖ' ବ୍ୟବହାର ଭଙ୍ଗୀ (Type B Behaviour Pattern) ଏପରି ଏକ ଚମକପ୍ରଦ ମନସ୍ତାତ୍ତ୍ୱିକ ପରିଭାଷା ଯାହାକି ଦୁଇଜଣ ହୃଦ୍‌ରୋଗ ବିଶେଷଜ୍ଞ ଡାକ୍ତରଙ୍କ ଚିନ୍ତନ ପ୍ରକ୍ରିୟାର ଅବଦାନ। ଏହାର ଅଙ୍କୁରଣ ଓ ବିକାଶ ମୂଳରେ ଦୁଇ ଡାକ୍ତରଙ୍କ ଗବେଷଣା ସଂଶ୍ଳିଷ୍ଟ ହେଲେ ମଧ୍ୟ ଏହା ଡାକ୍ତର ଓ ମନୋବିଜ୍ଞାନୀଙ୍କ ସ୍ୱୀକୃତି ଲାଭ କରିଛି।

ଆମେରିକା ଯୁକ୍ତରାଷ୍ଟ୍ରର ସାନ୍‌ଫ୍ରାନ୍‌ସିସ୍କୋର ଦୁଇଜଣ ହୃଦ୍‌ରୋଗ ବିଶେଷଜ୍ଞ ହେଉଛନ୍ତି ଫ୍ରାଏଡ୍‌ମ୍ୟାନ୍ ଓ ରୋଜେନ୍‌ମ୍ୟାନ୍। ଦୀର୍ଘଦିନ ଧରି ସେମାନେ କେବଳ ହୃଦ୍‌ରୋଗର ଆକ୍ରାନ୍ତ ଥିବା ବ୍ୟକ୍ତିମାନଙ୍କର ଚିକିତ୍ସା କରୁଥିଲେ। ସେମାନଙ୍କର ଗୋଟିଏ ବିରାଟ ଚିକିତ୍ସାଳୟ ରହିଥିଲା। ବର୍ଷ ବର୍ଷ ଧରି ହୃଦ୍‌ରୋଗୀମାନଙ୍କର ସେବା ଓ ଚିକିତ୍ସା କରିବା ପରିପ୍ରେକ୍ଷୀରେ ସେମାନଙ୍କର ଏକ ଅନ୍ତର୍ଦୃଷ୍ଟିର ବିକାଶ ଘଟିଲା। ସେମାନେ ଲକ୍ଷ୍ୟ କଲେ ଯେ ଯେଉଁମାନେ ହୃଦ୍‌ରୋଗର ସମସ୍ୟା ନେଇ କିମ୍ବା ହୃଦ୍‌ରୋଗର ଆଶଙ୍କା ନେଇ ସେମାନଙ୍କ ପାଖକୁ ଆସୁଛନ୍ତି, ସେମାନେ ଏକ ସ୍ୱତନ୍ତ୍ର ଧରଣର ବ୍ୟକ୍ତିତ୍ୱର ଅଧିକାରୀ। ରୋଜେନ୍‌ମ୍ୟାନ ଓ ଫ୍ରାଏଡ୍‌ମ୍ୟାନ ନାମକ ଏହି ହୃଦ୍‌ରୋଗ ବିଶେଷଜ୍ଞଦ୍ୱୟ କୌଣସି ମନସ୍ତାତ୍ତ୍ୱିକ ପରିଭାଷା ବ୍ୟବହାର ନକରି ଏକ ସାଧାରଣ ଭାଷା ପ୍ରୟୋଗ କଲେ। ହୃଦ୍‌ରୋଗ ସମ୍ଭାବନା ଥିବା ବ୍ୟକ୍ତିତ୍ୱକୁ ସେମାନେ କ-

ବ୍ୟକ୍ତିତ୍ୱ (A personality) କହିଲେ । ପ୍ରକାରାନ୍ତରେ ଏପରି ସମ୍ଭାବନା ନ ଥିବା ବ୍ୟକ୍ତିତ୍ୱକୁ ଖ- ବ୍ୟକ୍ତିତ୍ୱ (B Personality) କହିଲେ ।

'କ' ବ୍ୟକ୍ତିତ୍ୱର ବୈଶିଷ୍ଟ୍ୟ କ'ଣ ? ଏହାର ସ୍ୱରୂପ ଦର୍ଶାଇବାକୁ ରୋଜେନ୍‌ମ୍ୟାନ ଓ ଫ୍ରାଏଡ଼୍‌ମ୍ୟାନ ସୂଚନା ଦେଲେ ଯେ 'କ' ବ୍ୟକ୍ତିତ୍ୱର ଅଧିକାରୀ ହୋଇଥିବା ଲୋକମାନଙ୍କର ବ୍ୟକ୍ତିତ୍ୱରେ ତିନୋଟି ଉପାଦାନ ରହିଛି ।

ପ୍ରଥମ ଉପାଦାନଟି ହେଉଛି ବେଶ୍ ପରିମାଣର ସମୟାନୁବର୍ତ୍ତିତା । ଆପଣ ନିଜର କଥା ଚିନ୍ତା କରିପାରନ୍ତି । ଡାକ୍ତରଙ୍କୁ ସାକ୍ଷାତ୍ କରିବା ପାଇଁ ପୂର୍ବରୁ ସମୟ ସୁନିର୍ଦ୍ଦିଷ୍ଟ କରାଯାଇଥିଲେ ଆପଣ କେତେ ପରିମାଣରେ ବ୍ୟଗ୍ରତା ଓ ସତର୍କତା ଅବଲମ୍ବନ କରନ୍ତି ? ସେହିପରି ଅଫିସ୍‌ରେ ପହଞ୍ଚିବା, କାର୍ଯ୍ୟକ୍ଷେତ୍ରରେ ପହଞ୍ଚିବା, ରେଲଷ୍ଟେସନ ଓ ବିମାନ ବନ୍ଦରରେ ଠିକ୍ ସମୟରେ ପହଞ୍ଚିବା ପାଇଁ ଆପଣଙ୍କ ମନରେ କେତେ ତତ୍ପରତା ଥାଏ ? କ-ବ୍ୟକ୍ତିତ୍ୱ ସମ୍ପନ୍ନ ଲୋକମାନଙ୍କର ବ୍ୟଗ୍ରତା ଓ ତତ୍ପରତା ଅଧିକ ଥିବା ସ୍ଥଳେ ଖ - ବ୍ୟକ୍ତିତ୍ୱ ସମ୍ପନ୍ନ ଲୋକମାନେ ମନ୍ଥରତା ଦର୍ଶାନ୍ତି । ଅବଶ୍ୟ କ୍ଷିପ୍ରତା ଓ ମନ୍ଥରତାର ଦୁଇପାର୍ଶ୍ୱର ମଧ୍ୟବର୍ତ୍ତୀ ସ୍ଥଳରେ ମଧ (ଯେଉଁମାନେ ଖୁବ୍ ତରତର ନୁହନ୍ତି କି ମାନ୍ଦା ବା Casual ନୁହଁନ୍ତି) କିଛି ଲୋକ ରହିପାରନ୍ତି ।

କ- ବ୍ୟକ୍ତିତ୍ୱର ଅନ୍ୟତମ ଉପାଦାନଟି ହେଉଛି ଲକ୍ଷ୍ୟ-କେନ୍ଦ୍ରିତ ଜୀବନ ଶୈଳୀ । ଏପରି ଲୋକମାନେ ଜୀବନରେ କିଛି ନା କିଛି ହାସଲ କରିବାକୁ ଚାହାଁନ୍ତି । ସଫଳତା ଓ ଲକ୍ଷ୍ୟ ହାସଲ କରିବାର ମନୋଭାବ (Accomplishment Striving) ଏମାନଙ୍କ କ୍ରିୟାକଳାପରେ ଫୁଟିଉଠେ । ଅନ୍ୟ ପକ୍ଷରେ ଖ- ବ୍ୟକ୍ତିତ୍ୱର ଅଧିକାରୀ ହୋଇଥିବା ଲୋକମାନେ ସହଜିଆ ଜୀବନ ଶୈଳୀର ଅନୁଗତ । ଜୀବନରେ କିଛି ହେଲେ ଭଲ ହେଲା, ନ ହେଲେ ମଧ କ୍ଷତି ନାହିଁ - ଏପରି ଏକ ଭାବଧାରାର ଏମାନେ ଅନୁବର୍ତ୍ତୀ । କ-ବ୍ୟକ୍ତିତ୍ୱ ସମ୍ପନ୍ନ ଲୋକମାନେ ଲକ୍ଷ୍ୟ ସାଧନମୁଖୀ ହୋଇଥିବାରୁ ସେମାନେ କେଉଁଠାରେ ଅଟକି ନ ଯାଇ ଗତିଶୀଳ ରହିବାକୁ ପସନ୍ଦ କରନ୍ତି ।

'କ' ବ୍ୟକ୍ତିତ୍ୱର ତୃତୀୟ ଉପାଦାନଟି ହେଉଛି କିଛି ପରିମାଣରେ ଆକ୍ରମଣାତ୍ମକ ମନୋଭାବ । ଆକ୍ରମଣାତ୍ମକ ମନୋଭାବର ଅର୍ଥ ନୁହେଁ ଯେ ସେମାନେ ଅନ୍ୟମାନଙ୍କୁ ଆକ୍ରମଣ କରି ଆହତ କରନ୍ତି କିମ୍ବା କ୍ଷତବିକ୍ଷତ କରନ୍ତି । ଏହାର ତାତ୍ପର୍ଯ୍ୟ ହେଉଛି ଯେ ସେମାନେ ଆଗକୁ ମାଡ଼ିଯାଇ କିଛିଟା କାମ ଆବୋରି ନିଅନ୍ତି । ପୋଷାକପତ୍ର ବିକ୍ରୟ ହେଉଥିବା ଗୋଟିଏ ଦୋକାନରେ ଜଣେ ବିକ୍ରୟକାରୀ କ-ବ୍ୟକ୍ତିତ୍ୱ ସମ୍ପନ୍ନ ହୋଇଥିଲେ ସେ ସହଜରେ ଗ୍ରାହକଙ୍କୁ ଛାଡ଼ି ଦେଇ ନ ଥାନ୍ତି । ଏହା ଆକ୍ରମଣ ବା Aggrssion ନୁହେଁ, ଏହା ଏକ ଧରଣର ଦୃଢ଼ତା ବା Assertiveness ।

ସ୍ଥୂଳତଃ ସମୟ ନିଷ୍ଠତା, ଲକ୍ଷ୍ୟବିଦ୍ଧତା ଓ ପରିମିତ ପରିମାଣର ଆକ୍ରମଣାତ୍ମକ ମନୋଭାବ କ-ବ୍ୟକ୍ତିତ୍ୱର ମୁଖ୍ୟ ସୂଚକ। ଏତଦ୍‌ବ୍ୟତୀତ, ଗବେଷକମାନେ ଲକ୍ଷ୍ୟ କରିଛନ୍ତି ଯେ କ-ବ୍ୟକ୍ତିତ୍ୱର ଅଧିକାରୀ ହୋଇଥିବା ଲୋକମାନଙ୍କର କାର୍ଯ୍ୟକଳାପରେ ଦ୍ରୁତତା ପ୍ରକାଶ ପାଏ। ସାଧାରଣତଃ ଏମାନେ ଶୀଘ୍ର ଶୀଘ୍ର ଚାଲନ୍ତି। ଦ୍ରୁତଗତିରେ ଖାଦ୍ୟ ଖାଆନ୍ତି ଏବଂ କଥାବାର୍ତ୍ତାରେ ମଧ୍ୟ କ୍ଷିପ୍ରତା ପ୍ରକାଶ ପାଏ। ଅନ୍ୟ ପକ୍ଷରେ ଖ-ବ୍ୟକ୍ତିତ୍ୱ ସମ୍ପନ୍ନ ଲୋକମାନଙ୍କ ଆଚରଣରେ ମନ୍ଥରତା ପ୍ରକାଶ ପାଏ।

ପରବର୍ତ୍ତୀ ପର୍ଯ୍ୟାୟରେ ହୃଦରୋଗ ବିଶେଷଜ୍ଞଙ୍କର ଏହି ପରିକଳ୍ପନା ବହୁଳ ଭାବରେ ମନୋବିଜ୍ଞାନୀ ଓ ଚିକିତ୍ସାବିଜ୍ଞାନୀଙ୍କ ଦ୍ୱାରା ସମର୍ଥିତ ହେଲା। ତେବେ ଆଧୁନିକ ପରିଭାଷାର ଏହାକୁ କ-ବ୍ୟକ୍ତିତ୍ୱ ଓ ଖ-ବ୍ୟକ୍ତିତ୍ୱ କୁହା ନଯାଇ 'କ' ବ୍ୟବହାର ଭଙ୍ଗୀ (Type A Behaviour Pattern) ଏବଂ 'ଖ' ବ୍ୟବହାର ଭଙ୍ଗୀ (Type B Behaviour Pattern) କୁହାଯାଉଛି। କେଉଁ ବ୍ୟକ୍ତି 'କ' ବ୍ୟବହାର ଭଙ୍ଗୀ ଓ କେଉଁ ବ୍ୟକ୍ତି 'ଖ' ବ୍ୟବହାର ଭଙ୍ଗୀ ଦର୍ଶାଉଛନ୍ତି, ତାହା ନିର୍ଦ୍ଧାରଣ କରିବା ପାଇଁ ପ୍ରଥମେ ଗୋଟିଏ ବିସ୍ତୃତ ପ୍ରଶ୍ନାବଳୀର ମାପକ ପ୍ରସ୍ତୁତ କରାଗଲା। ଦୈନନ୍ଦିନ ଜୀବନଶୈଳୀ ସମ୍ପର୍କରେ ଅନେକଗୁଡ଼ିଏ ପ୍ରଶ୍ନ ପଚାରିବା ପରେ ସେଗୁଡ଼ିକର ଉତ୍ତର ଭିତ୍ତିରେ 'କ'-ବ୍ୟବହାର ଭଙ୍ଗୀ ଓ ଖ-ବ୍ୟବହାର ଭଙ୍ଗୀର ଅଧିକାରୀ ଲୋକମାନଙ୍କୁ ଚିହ୍ନଟ କରାଗଲା । ଏବେ ମନୋବିଜ୍ଞାନୀମାନେ ଅପେକ୍ଷାକୃତ ସହଜ ଓ ସଂକ୍ଷିପ୍ତ ପ୍ରଶ୍ନାବଳୀ ମାଧ୍ୟମରେ ଏହି ଶୈଳୀ ନିର୍ଦ୍ଧାରଣର କାର୍ଯ୍ୟକ୍ରମ ଗ୍ରହଣ କରୁଛନ୍ତି ।

ଲକ୍ଷ୍ୟ କରିବାର କଥା ଯେ ଚିକିତ୍ସାବିଜ୍ଞାନୀ ଦୁଇଜଣ କ-ବ୍ୟକ୍ତିତ୍ୱ ବନାମ ଖ-ବ୍ୟକ୍ତିତ୍ୱ (କିମ୍ବା କ- ବ୍ୟବହାର ଭଙ୍ଗୀ ବନାମ ଖ-ବ୍ୟବହାର ଭଙ୍ଗୀ) କହିବା ସମୟରେ ପ୍ରଥମଟି ବର୍ଜନୀୟ ଓ ଦ୍ୱିତୀୟଟି ଗ୍ରହଣୀୟ ବୋଲି ଘୋଷଣା କରୁ ନାହାନ୍ତି। କ-ବ୍ୟବହାର ଭଙ୍ଗୀର ଅଧିକାରୀ ହୋଇଥିବା ବ୍ୟକ୍ତିମାନେ ଅପେକ୍ଷାକୃତ ଅଧିକ ପରିମାଣରେ ହୃଦ୍‌ରୋଗର ଶରବ୍ୟ ହେବାର ସମ୍ଭାବନା ଥିଲେ ମଧ୍ୟ ଏମାନେ ଅଧିକ ଉତ୍ପାଦନଶୀଳ। ଏମାନଙ୍କର ବ୍ୟକ୍ତିଗତ ବିକାଶ, ପାରିବାରିକ ଅବଦାନ ଏବଂ କର୍ମ ସଂସ୍ଥାରେ ଉତ୍ପାଦନଶୀଳତା ଅପେକ୍ଷାକୃତ ଅଧିକ ହୋଇଥାଏ। ସୁତରାଂ କ-ବ୍ୟବହାର ଭଙ୍ଗୀ (Type A Behaviour Pattern) ବର୍ଜନ ନ କରି ଏହାର କ୍ଷତିକାରକ ଦିଗ ସମ୍ପର୍କରେ ସଚେତନ ହେବା ଏବଂ ମାନସିକ ଚାପର ନିୟନ୍ତ୍ରଣ ପାଇଁ ଅପେକ୍ଷାକୃତ ଅଧିକ ପ୍ରଯତ୍ନଶୀଳ ହେବା ପାଇଁ ପରାମର୍ଶ ଦିଆଯାଇଛି ।

ରୋଜେନ୍‌ମ୍ୟାନ ଓ ଫ୍ରାଏଡ୍‌ମ୍ୟାନଙ୍କ ପୁସ୍ତକ ବେଶ୍ ଲୋକପ୍ରିୟତା ହାସଲ କରିଥିଲା । ସେମାନେ ପରାମର୍ଶ ଦିଅନ୍ତି ଯେ କ-ବ୍ୟକ୍ତିତ୍ୱସମ୍ପନ୍ନ ଲୋକମାନେ ଅଧିକ

ପରିମାଣରେ ବ୍ୟାୟାମ କରିବା, ଅଧିକ ଯୋଗାଭ୍ୟାସ ଓ ଧ୍ୟାନ କରିବା ଏବଂ ଅନ୍ୟ ସମସ୍ତ ଚାପନିୟନ୍ତ୍ରଣର ବ୍ୟବସ୍ଥା କରିବା ନିତାନ୍ତ ପ୍ରୟୋଜନ। ଅଧିକ ସମୟ ସଚେତନ, ଲକ୍ଷ୍ୟ ସାଧନ ମୁଖୀ ଓ ପ୍ରତିଯୋଗିତା - ଭାବାପନ୍ନ ରହିବା ସହିତ କ୍ଳାନ୍ତିହରଣ ଓ ମନୋରଞ୍ଜନର ଉପଯୋଗ କରିବା ଏମାନଙ୍କ ଜୀବନଚର୍ଯ୍ୟାର ଏକ ବିଶେଷ ଅଙ୍ଗ ରହିବା ସମୁଚିତ ହେବ ।

'କ' ବ୍ୟବହାର ଭଙ୍ଗୀ ଗବେଷଣାର ସାମ୍ପ୍ରତିକ ରୂପରେଖ

ବିଂଶ ଶତକର ସପ୍ତମ ଓ ଅଷ୍ଟମ ଦଶକ ବେଳକୁ ମନୁଷ୍ୟର ମାନସିକ ସ୍ୱାସ୍ଥ୍ୟରେ କ-ବ୍ୟବହାର ଭଙ୍ଗୀର ସମ୍ପୃକ୍ତି ମୋଟାମୋଟି ସ୍ୱୀକୃତି ଲାଭ କରିଥିଲେ ମଧ୍ୟ ବିଂଶ ଓ ଏକବିଂଶ ଶତାବ୍ଦୀର ସନ୍ଧିକାଳ ସମୟକୁ ଗବେଷକମାନେ ଅଧିକ ସତର୍କତାର ସହିତ ଏହି ସମ୍ପୃକ୍ତିଟିର ପରୀକ୍ଷା ନିରୀକ୍ଷା କଲେ। କ-ବ୍ୟବହାର ଭଙ୍ଗୀ ପ୍ରକୃତରେ କ'ଣ ଏକ ସ୍ୱତନ୍ତ୍ର ଓ ଅଲଗା ବ୍ୟକ୍ତିତ୍ୱ ଶୈଳୀ କି ଏହା ତିନୋଟି ଶୈଳୀର (ସମୟ ନିଷ୍ଠତା, ପ୍ରତିଦ୍ୱନ୍ଦିତା ଭାବ ଓ ଆକ୍ରମଣାତ୍ମକ ମନୋଭାବ) ସମାହାର ? କ- ଆଚରଣ ଭଙ୍ଗୀ ଗୋଟିଏ ନିର୍ଦ୍ଦିଷ୍ଟ ଗୁଣ (Trait) ହୋଇଥିଲେ ଭାବାବେଗ ଓ ସ୍ୱାସ୍ଥ୍ୟ ଉପରେ ଏହାର ପ୍ରଭାବ ନିର୍ଦ୍ଧାରଣ କରାଯାଇପାରେ । ମାତ୍ର ଏହା ତିନୋଟି ପୃଥକ୍ ଓ ସ୍ୱତନ୍ତ୍ର ଗୁଣର (Traits) ସମାହାର ହୋଇଥିଲେ ପ୍ରତିଟିର ପ୍ରଭାବ ଅଲଗା ଅଲଗା ବିଶ୍ଳେଷଣ କରାଯିବା ସମୁଚିତ ହେବ।

ଅତ୍ୟାଧୁନିକ ଗବେଷକମାନଙ୍କ ମଧ୍ୟରୁ ଅଧିକାଂଶ ମତଦେଲେ ଯେ ଉପରୋକ୍ତ ତିନୋଟି ଗୁଣର ସ୍ୱାତନ୍ତ୍ର୍ୟ ରହିଛି। ପ୍ରଥମଟି ହେଉଚି ପ୍ରତିଦ୍ୱନ୍ଦିତାପୂର୍ଣ୍ଣ ମନୋଭାବ (Competitive Achievement Motivation)। ଏପରି ଗୁଣ ଥିବା ଲୋକମାନେ ପରିଶ୍ରମୀ ଏବଂ ଲକ୍ଷ୍ୟ ସାଧନମୁଖୀ। ସେମାନେ ସମ୍ମାନ ଓ ପ୍ରତିପତ୍ତି ଚାହାଁନ୍ତି। ବାଧା ସବୁକୁ ଅତିକ୍ରମ କରିବାକୁ ଚାହାଁନ୍ତି। ସେମାନେ ପ୍ରତିଯୋଗିତାର ବଳୟ ମଧ୍ୟରେ ଥିବା ସମୟରେ ସେମାନଙ୍କର ଜୀନବ ସାର୍ଥକ ହେଉଛି ବୋଲି ଅନୁଭବ କରନ୍ତି। କୌଣସି ପ୍ରତିଯୋଗିତାରେ ଜିତିବା ସମୟରେ ସେମାନଙ୍କର ଆନନ୍ଦ ସ୍ପଷ୍ଟରୂପେ ପ୍ରକାଶ ପାଏ।

କ-ବ୍ୟକ୍ତିତ୍ୱର ଦ୍ୱିତୀୟ ଗୁଣଟି ହେଉଛି ସମୟନିଷ୍ଠତା। ଏମାନଙ୍କ ପାଇଁ ସମୟ ଏକ ବିଶେଷ ଧରଣର ସମ୍ବଳ। ଏମାନଙ୍କ ହାବଭାବରେ ସବୁବେଳେ ତରତରିଆ ଭାବ ରହିଥାଏ। କେତେ ଅଳ୍ପ ସମୟ ମଧ୍ୟରେ କେତେ ଅଧିକ କାର୍ଯ୍ୟ କରିପାରୁଛନ୍ତି, ତାହା ଏମାନଙ୍କର ବିଶେଷ ଧ୍ୟାନ ମଧ୍ୟରେ ରହିଥାଏ। ଗୋଟିଏ ସମୟରେ ଦୁଇ ବା ତତୋଧିକ କାର୍ଯ୍ୟ (ଖାଇବା ସମୟରେ ପଢ଼ିବା) କରନ୍ତି। ସମୟ ନଷ୍ଟ କରିବା ଏମାନଙ୍କ

ସ୍ୱଭାବ ବିରୁଦ୍ଧ। ରାସ୍ତାରେ ଗଲାବେଳେ ଲାଲବତୀ ଦେଖି ଅଟକି ରହିବା କିମ୍ବା ଦୀର୍ଘତର ଧାଡ଼ିରେ ବହୁ ସମୟ ଅପେକ୍ଷା କରିବା ସମୟରେ ଅସ୍ଥିରତା ପ୍ରକାଶ ପାଏ। ଭେଣ୍ଡିଂ ମେସିନ୍‌ରେ ପଇସା ପକାଇ କିଛି କାଢ଼ିବା ସମୟରେ ମେସିନ୍‌ଟି ଠିକ୍ କାର୍ଯ୍ୟ ନ କରିବା କିମ୍ବା ଏ.ଟି.ଏମ୍. ମେସିନରୁ ଟଙ୍କା ଉଠାଣ ସମୟରେ କିଛି ଅସୁବିଧା ଉପୁଜିଲେ ଏମାନଙ୍କର ବିରକ୍ତିଭାବ ପ୍ରକାଶ ପାଏ।

ତୃତୀୟ ଗୁଣଟି ହେଉଛି କିଛି ପରିମାଣରେ ଆକ୍ରମଣାତ୍ମକ ମନୋଭାବ (Moderate Aggressivenes)। ଆଧୁନିକ ଗବେଷକମାନେ ଏହାର ପରିଭାଷାକୁ ସାମାନ୍ୟ ବଦଳାଇ ଏହାକୁ କହୁଛନ୍ତି ବୈରଭାବ (Hostility)। ଆମେ କୌଣସି ବାଧା ବା ବ୍ୟର୍ଥତାର (Frustration) ସମ୍ମୁଖୀନ ହେଲେ ଆମେ କିପରି ପ୍ରତିକ୍ରିୟା ଦର୍ଶାଉ, ତାହା ଆମ ବୈରଭାବର ମାତ୍ରା ସୂଚିତ କରେ। କ-ବ୍ୟକ୍ତିତ୍ୱର ଲୋକମାନେ ଅଧିକ ପରିମାଣରେ ବୈରଭାବ ଓ ଆକ୍ରମଣାତ୍ମକ ପ୍ରତିକ୍ରିୟା ଦର୍ଶାନ୍ତି। ସେମାନେ ସହଜରେ ବ୍ୟର୍ଥତାର ଅନୁଭବ ପାଆନ୍ତି ଏବଂ ବ୍ୟର୍ଥତା ଅନୁଭବ କଲେ ଶତ୍ରୁ ପରି ଆଚରଣ କରନ୍ତି। ହିଂସା ଓ ପ୍ରତିହିଂସା ପ୍ରକଟିତ ହୁଏ। ଏ.ଟି.ଏମ୍. ମେସିନ୍‌ରେ କ୍ରେଡିଟ୍ କାର୍ଡଟି ପୂରାଇ ଟଙ୍କା ନ ପାଇଥିବା ଲୋକଟି ମେସିନ୍‌କୁ ଧକ୍କା ମାରୁଥିବାର ଦୃଶ୍ୟ ଦେଖିଲେ ସେ ଏପରି ଗୁଣର ଅଧିକାରୀ ବୋଲି ବୁଝିନେବାକୁ ହେବ।

କ-ବ୍ୟକ୍ତିତ୍ୱ ପରି ଗୋଟିଏ ମୁଖ୍ୟ ଗୁଣର ଏହି ତିନୋଟି ଉପଗୁଣ (Sub-Traits) ରହିଛି ବୋଲି ସମର୍ଥିତ ହେଲା ପରେ ପ୍ରତିଟି ଉପରେ ପ୍ରଭାବ ଅନୁଧ୍ୟାନ କରାଗଲା।

ପୁନଶ୍ଚ ସ୍ମରଣ କରାଇଦିଆଯିବ ଯେ ପ୍ରାରମ୍ଭିକ ପର୍ଯ୍ୟାୟରେ (ବିଂଶ ଶତକର ସପ୍ତମ ଓ ଅଷ୍ଟମ ଦଶକରେ) ମୁଖ୍ୟତଃ ଚିକିତ୍ସାବିଜ୍ଞାନୀମାନେ ହିଁ ଏ କ୍ଷେତ୍ରରେ ଅଗ୍ରଣୀ ଗବେଷକ ଥିଲେ। ସେମାନେ ନିର୍ଦ୍ଦିଷ୍ଟ ବ୍ୟକ୍ତି ସହିତ ଦୀର୍ଘ ସମୟ ସାକ୍ଷାତ୍‌କାର (Interview) କରିବା ପରେ ବ୍ୟକ୍ତି ଜଣକ କ-ବ୍ୟକ୍ତିତ୍ୱର ଅଧିକାରୀ କିମ୍ବା ଖ-ବ୍ୟକ୍ତିତ୍ୱର ଅଧିକାରୀ ତାହା ସ୍ଥିର କରୁଥିଲେ। ଚିକିତ୍ସା ବିଜ୍ଞାନୀଙ୍କ ସିଦ୍ଧାନ୍ତ ଅନୁଯାୟୀ କ-ବ୍ୟକ୍ତିତ୍ୱସମ୍ପନ୍ନ ଲୋକମାନେ ହୃଦ୍‌ରୋଗରେ ପୀଡ଼ିତ ହେବାର ଅଧିକ ଆଶଙ୍କା ରହିଥିଲା। ଏପରି ସିଦ୍ଧାନ୍ତ ଅନୁଯାୟୀ ଉଚ୍ଚ ରକ୍ତଚାପ, ଧୂମପାନ ଓ କୋଲେଷ୍ଟରଲ୍ ପରି ହୃଦ୍‌ରୋଗର ତିନୋଟି ବିପଦ ସଙ୍କେତ ସହିତ କ-ବ୍ୟକ୍ତିତ୍ୱ ହେଉଛି ଚତୁର୍ଥ ବିପଦ ସଂକେତ (Risk Factor)।

ପରବର୍ତ୍ତୀ ପର୍ଯ୍ୟାୟରେ ମନୋବିଜ୍ଞାନୀମାନେ ଏ ଗବେଷଣାର ମୁଖ୍ୟ ନାୟକର ଭୂମିକା ନେଲେ। ସେମାନେ ଲକ୍ଷ୍ୟ କଲେ ଯେ ଚିକିତ୍ସାବିଜ୍ଞାନୀମାନେ ସାକ୍ଷାତକାର

ମାଧ୍ୟମରେ ଯେଉଁସବୁ ଉପାଦାନ ନିର୍ଦ୍ଧାରଣ କରୁଛନ୍ତି ତାହାର ମୁଖ୍ୟ କେନ୍ଦ୍ରବିନ୍ଦୁ ହେଉଛି ବୈରଭାବ (Hostility)। ସାକ୍ଷାତ୍‌କାର ସମୟରେ ପ୍ରଶ୍ନ ପଚରାଗଲେ ବ୍ୟକ୍ତି କିପରି ପ୍ରତିକ୍ରିୟା ଦର୍ଶାଉଛି ତାହାକୁ ଆଧାର କରି ବିଚାରକମାନେ ବ୍ୟକ୍ତିକୁ କ-ବ୍ୟକ୍ତିତ୍ୱ କିମ୍ବା ଖ-ବ୍ୟକ୍ତିତ୍ୱରେ ବିଭାଗୀକରଣ କରୁଛନ୍ତି। ଉଦାହରଣ ସ୍ୱରୂପ, କ-ବ୍ୟକ୍ତିତ୍ୱର ଅଧିକାରୀ ଲୋକମାନେ ଖୁବ୍ ଜୋର୍‌ରେ ଓ ଦ୍ରୁତଗତିରେ କଥା କୁହନ୍ତି। ବେଳେବେଳେ ପ୍ରଶ୍ନକର୍ତ୍ତାଙ୍କୁ ପାଲଟା ପ୍ରଶ୍ନ ପଚାରନ୍ତି। ଅଧିକ ଅଙ୍ଗଭଙ୍ଗୀ ପ୍ରଦର୍ଶନ କରନ୍ତି। ପ୍ରଶ୍ନକର୍ତ୍ତା ଧୀର ସ୍ୱରରେ କଥା କହିଲେ ବ୍ୟକ୍ତି ଅସ୍ଥିରତା ଦର୍ଶାନ୍ତି ଏବଂ ନିଜେ ପ୍ରଶ୍ନଟିକୁ ସଜାଡ଼ିବାକୁ କିମ୍ବା ଦ୍ରୁତ କରିବାର ଚେଷ୍ଟା କରନ୍ତି। ଅସମାପ୍ତ ପ୍ରଶ୍ନକୁ ସମାପ୍ତ କରିବାର ଚେଷ୍ଟା କରନ୍ତି। ମୋଟ ଉପରେ ଏସବୁ ଭାବଭଙ୍ଗୀ ଏକପ୍ରକାର ଆକ୍ରମଣାତ୍ମକ ମନୋଭାବ ଏବଂ ବୈରତାର (Hostility) ସୂଚକ । ଏପରି ବିଶ୍ଳେଷଣକୁ ଭିତ୍ତିକରି ମନୋବିଜ୍ଞାନୀମାନେ ମତଦେଲେ ଯେ ସାମଗ୍ରିକ କ-ବ୍ୟକ୍ତିତ୍ୱ ନୁହେଁ ବରଂ ବୈରଭାବ ହିଁ ହୃଦ୍‌ରୋଗର ମୁଖ୍ୟ ପୂର୍ବ ସୂଚକ ।

କ-ବ୍ୟବହାରଭଙ୍ଗୀର ବିଷାକ୍ତ ଉପାଦାନ ବୈରଭାବ (Hostility)

ମନୋବିଜ୍ଞାନୀମାନେ ସାକ୍ଷାତ୍‌କାର ମାଧ୍ୟମରେ ସାମଗ୍ରିକ ଭାବରେ କ-ବ୍ୟବହାର ଭଙ୍ଗୀ (Type A Behaviour) ନିର୍ଦ୍ଧାରଣ ନ କରି ମନସ୍ତାତ୍ତ୍ୱିକ ପରିମାପକ (Tests) ପ୍ରୟୋଗ କରି ସମୟନିଷ୍ଠତା, ଲକ୍ଷ୍ୟବିଦ୍ଧତା ଓ ବୈରଭାଗ (Hostility) ପୃଥକ୍ ପୃଥକ୍ ଭାବେ ନିର୍ଦ୍ଧାରଣ କଲେ। ଏପରି କରିବା ପରେ ହୃଦ୍‌ରୋଗ ସହିତ ପ୍ରତିଟିର ସଂଯୋଗ ପୃଥକ୍ ପୃଥକ୍ ଭାବେ ଅନୁଶୀଳନ କରାଗଲା। ଦେଖାଗଲା ଯେ ଏ ତିନୋଟି ମଧ୍ୟରୁ ବୈରଭାବ ହିଁ ବିଷାକ୍ତ ଉପାଦାନ। ଉଚ୍ଚରକ୍ତଚାପ, କୋଲୋଷ୍ଟେରୋଲ୍ ଏବଂ ଧୂମପାନ ପରି ହୃଦ୍‌ରୋଗର ଏ ହେଉଛି ଚତୁର୍ଥ ବିପଦ ସଂକେତ।

କ-ବ୍ୟବହାର ଭଙ୍ଗୀର ପ୍ରତିଟି ଉପାଦାନ ବିପଦ-ସୂଚକ ନୁହେଁ। ସମୟ ସଚେତନତା ଖରାପ ନୁହେଁ। ତତ୍ପରତାର ସହିତ କାର୍ଯ୍ୟକରି ଅଳ୍ପ ସମୟରେ ଅଧିକ କାର୍ଯ୍ୟ ଶେଷ କରିବା କ୍ଷତିକାରକ ନୁହେଁ। ଗୋଟିଏ ସମୟରେ ଏକାଧିକ କାର୍ଯ୍ୟକରିବା ମନ୍ଦ ନୁହେଁ। ମାତ୍ର ସୀମିତ ସମୟ ମଧ୍ୟରେ କାର୍ଯ୍ୟଟି ନ ସରିଲେ ମାତ୍ରାଧିକ ଅସନ୍ତୋଷ ଅନୁଭବ କରିବା, କ୍ରୋଧ ପ୍ରକାଶ କରିବା ଏବଂ ଅନ୍ୟକୁ ଗାଳିଗୁଲଜ କରିବାରେ ହିଁ ସମସ୍ୟା ରହିଛି। ସେହିପରି କୌଣସି ସ୍ଥାନରେ ଅପେକ୍ଷା କରିବାକୁ ପଡୁଥିଲେ କିମ୍ବା ଶୃଙ୍ଖଳା ଅନୁଯାୟୀ ଦୀର୍ଘ ସମୟ ଧାଡ଼ିରେ ଠିଆ ହେବାକୁ ପଡୁଥିଲେ ଅତ୍ୟଧିକ ବିରକ୍ତି ପ୍ରକାଶ କରିବା ମାନସିକ ସ୍ୱାସ୍ଥ୍ୟର ଅନ୍ତରାୟ।

ସେହିପରି ପ୍ରତିଯୋଗିତା ଓ ପ୍ରତିଦ୍ୱନ୍ଦିତା କ୍ଷତିକାରକ ନୁହେଁ। ଲକ୍ଷ୍ୟସାଧନର

ମନୋବୃତ୍ତି ନେଇ ଆଗେଇବାକୁ ହେବ ଏବଂ ସଫଳତା ପ୍ରାପ୍ତି ପାଇଁ ଉଦ୍ୟମ କରିବାକୁ ହେବ। କିନ୍ତୁ ବିଫଳତା ଆସିଲେ ବ୍ୟର୍ଥତା ଚାପରେ କ୍ରୋଧ ପ୍ରକାଶ କରିବା ବାଞ୍ଛନୀୟ ନୁହେଁ। ସବୁବେଳେ ସବୁକ୍ଷେତ୍ରରେ ଯେ ସଫଳତା ନିଶ୍ଚୟ ଆସିବ ଏପରି ମନୋଭାବ ମାନସିକ ସ୍ୱାସ୍ଥ୍ୟର ସହାୟକ ନୁହେଁ। ସ୍ଥଳ ବିଶେଷରେ ମନକୁ ସହଜ କରିବାକୁ ହେବ, ଆତ୍ମଭୋଳା ହେବାକୁ ପଡ଼ିବ ଏବଂ ବନ୍ଧୁତ୍ୱପୂର୍ଣ୍ଣ ପରିବେଶ ବଜାୟ ରଖି ପ୍ରତିଯୋଗିତାରେ ଅଂଶୀଦାର ହେବାକୁ ପଡ଼ିବ।

ମୋଟ ଉପରେ ସମୟନିଷ୍ଠତା ଖରାପ ନୁହେଁ କି ନିଜର ଲକ୍ଷ୍ୟସାଧନ ଦିଗରେ ଦୃଢ଼ତାର ସହିତ ଅଗ୍ରସର ହେବା କ୍ଷତିକାରକ ନୁହେଁ। ମାତ୍ର ଏପରି ପ୍ରକ୍ରିୟାରେ କୌଣସି ସ୍ଥଳରେ ବ୍ୟର୍ଥତା ଆସିଲେ ସେ କ୍ଷେତ୍ରରେ ହିଂସ୍ର ହୋଇ ଉଠିବା ଓ ବୈରଭାବ ଆଚରଣ କରିବା ମାନସିକ ସ୍ୱାସ୍ଥ୍ୟକୁ ବିପନ୍ନ କରିଥାଏ। କ-ବ୍ୟକ୍ତିତ୍ୱର ଏହି ଉପାଦାନଟି ବିଷାକ୍ତ ପ୍ରଭାବ ସୃଷ୍ଟି କରି ହୃଦଯନ୍ତ୍ରକୁ ରକ୍ତ ଯୋଗାଉଥିବା ଧମନୀକୁ କ୍ଷତିଗ୍ରସ୍ତ କରେ। ଏହା ଅତି ସାଧାରଣ କଥା ଯେ ଆମେ ଚାପଗ୍ରସ୍ତ ହେବା ସମୟରେ ହୃଦ୍‌ସ୍ପନ୍ଦନ ବଢ଼ିଯାଏ ଏବଂ ପ୍ରତିଟି ସ୍ପନ୍ଦନ ସମୟରେ ଅଧିକ ପରିମାଣରେ ରକ୍ତ ହୃଦ୍‌ଯନ୍ତ୍ରରୁ ବାହାରି ଆସେ। ଏପରି ଦ୍ରୁତ ନିଷ୍କାସନ ସମୟରେ ଧମନୀ ପରଦାରେ କ୍ଷତ ସୃଷ୍ଟି ହୁଏ। ଏହିସବୁ ସ୍ଥାନରେ ଚର୍ବି ସଦୃଶ ସୂକ୍ଷ୍ମ ପଦାର୍ଥ ଜମା ହେବାର ସମ୍ଭାବନା ବୃଦ୍ଧିପାଏ। ଫଳତଃ ରକ୍ତ ପ୍ରବାହିତ ହେଉଥିବା ଧମନୀର ରାସ୍ତା ସଂକୁଚିତ ହୁଏ। ଧମନୀ ଧୀରେ ଧୀରେ କଠିନ ହେବାର ଏହା ଏକ କାରଣ। ବୈଜ୍ଞାନିକ ପରିଭାଷାରେ ଏହାକୁ Arteriosclerosis କୁହନ୍ତି। ହୃଦ୍‌ଯନ୍ତ୍ର ପାଇଁ ଆବଶ୍ୟକ ରକ୍ତ କମ୍ ହୋଇଯିବା ହିଁ ହୃଦ୍‌ଘାତର କାରଣ। ସୁତରାଂ କ-ବ୍ୟକ୍ତିତ୍ୱର ଏହି ତୃତୀୟ ଉପାଦାନଟି (ବୈରତା ବା ହିଂସ୍ରତା) ହିଁ ଘାତକ ବୋଲି ବିଶେଷଜ୍ଞମାନେ ମତ ଦେଇଛନ୍ତି।

ସହାୟକ ପରାମର୍ଶ

୧. ମନୋରଖନ୍ତୁ ଯେ ବର୍ତ୍ତମାନ ଅଧିକାଂଶ ବିଶେଷଜ୍ଞ ବିଚାର କରନ୍ତି ଯେ କ-ବ୍ୟବହାରର ତୃତୀୟ ଉପାଦାନ ହିଂସ୍ରଭାବ ବା ବୈରତା (Hostility) ଫଳରେ ହୃଦ୍‌ରୋଗର ଆଶଙ୍କା ବୃଦ୍ଧିପାଏ। ଏହାଠାରୁ ଦୂରରେ ରୁହନ୍ତୁ।

୨. ସମୟ ସଚେତନତା ଭଲ ହେଲେ ମଧ୍ୟ ସମୟ ସମୟରେ ଅଳ୍ପ ସମୟରେ ବେଶୀ କାମ ନ ହେଲେ ବିରକ୍ତ ହୁଅନ୍ତୁ ନାହିଁ।

୩. ଲକ୍ଷ୍ୟ ସାଧନ ଓ ପ୍ରତିଯୋଗିତା ମଧ୍ୟ ଭଲ, ତଥାପି ବିଫଳତା କ୍ଷେତ୍ରରେ ମାତ୍ରାଧିକ ନକାରାତ୍ମକ ପ୍ରତିକ୍ରିୟା ଦର୍ଶାନ୍ତୁ ନାହିଁ।

ପ୍ରତିକୂଳତାର ପ୍ରତିରୋଧ

କାଦୁଅରେ ପଶି ଗୋଡ଼ ଧୋଇବା ଅପେକ୍ଷା କାଦୁଅରେ ନ ପଶିବା ଖୁବ୍ ଭଲ। ଲୋକମୁଖରେ ପ୍ରଚାରିତ ଏହି ଚିରାଚରିତ ସତ୍ୟ ଜୀବନର ବହୁ କ୍ଷେତ୍ରରେ ପ୍ରଯୁଜ୍ୟ। ମାନସିକ ସ୍ୱାସ୍ଥ୍ୟ କ୍ଷେତ୍ରରେ ଏହାର ଯଥାର୍ଥତା ଖୁବ୍ ଗୁରୁତ୍ୱପୂର୍ଣ୍ଣ। ଖରାପ ଜିନିଷ କାୟା ବିସ୍ତାର କରିବା ପୂର୍ବରୁ ଏ ଦିଗରେ ପ୍ରତିଷେଧକ ବ୍ୟବସ୍ଥା ଗ୍ରହଣ କରି ମାନସିକ ରୋଗର ସମ୍ଭାବନାକୁ ନିର୍ମୂଳ କରିବା ବିଜ୍ଞତାର ପରିଚାୟକ। ପ୍ରତିରୋଧ (Prevention) ବ୍ୟବସ୍ଥାର ଦୁଇଟି ରୂପରେଖ ରହିଛି। ଗୋଟିଏ ହେଉଛି ମୌଳିକ ପ୍ରତିରୋଧ (Primary Prevention) ଏବଂ ଅନ୍ୟଟି ହେଉଛି ଗୌଣ ପ୍ରତିରୋଧ (Secondary Prevention)।

ମୌଳିକ ପ୍ରତିରୋଧ

ମୌଳିକ ବା ପ୍ରାଥମିକ ପ୍ରତିରୋଧର ଅର୍ଥ ହେଉଛି ଯେ ମାନସିକ କିମ୍ୱା ଶାରୀରିକ ସମସ୍ୟା ଉପୁଜିବା ପୂର୍ବରୁ ସମ୍ଭାବନାକୁ ସମ୍ପୂର୍ଣ୍ଣ ନ କରିଦେବାର ପ୍ରକ୍ରିୟା। ପ୍ରାଥମିକ ପ୍ରତିରୋଧ ସମୟରେ ସମସ୍ୟାର କୌଣସି ଲକ୍ଷଣ ପ୍ରକାଶ ପାଇ ନଥାଏ। କେବଳ ଉପଯୁକ୍ତ ପଦକ୍ଷେପ ନ ନେଲେ ପରବର୍ତ୍ତୀ ସ୍ତରରେ ସମସ୍ୟା ପ୍ରକାଶ ପାଏ। ବେଳେବେଳେ ମୌଳିକ ପ୍ରତିଷେଧ ବ୍ୟବସ୍ଥା ସମଗ୍ର ଗୋଷ୍ଠୀ ପ୍ରତି ଉଦ୍ଦିଷ୍ଟ ରହିଥାଏ। ଏହାକୁ ସାର୍ବଜନୀନ ପ୍ରତିଷେଧ ବା ପ୍ରତିରୋଧ ବ୍ୟବସ୍ଥା କୁହାଯାଏ। ଉଦାହରଣ ସ୍ୱରୂପ, ସମଗ୍ର ଗୋଷ୍ଠୀର ଶିଶୁମାନଙ୍କୁ ଟୀକାଦାନ କରିବା ପ୍ରକ୍ରିୟାରେ ସମ୍ଭାବ୍ୟ ରୋଗର ଆଶଙ୍କାରୁ ମୁକ୍ତ ରଖିବା ଏ ଧରଣର ପ୍ରତିରୋଧ।

ସମୟ ସମୟରେ ପ୍ରତିରୋଧ ବ୍ୟବସ୍ଥା ଖରାପ ଅବସ୍ଥାର ଶରବ୍ୟ ହେବାର ଆଶଙ୍କା ଥିବା ନିର୍ଦ୍ଦିଷ୍ଟ ଗୋଷ୍ଠୀ ପ୍ରତି ଅଭିପ୍ରେରିତ ହୋଇପାରେ। ଏହାକୁ ଚୟନ-ଭିତ୍ତିକ ପ୍ରତିରୋଧ (Selective Prevention) କୁହାଯାଏ। ଦୃଷ୍ଟାନ୍ତ ସ୍ୱରୂପ

କୁହାଯାଇପାରେ ଯେ ଆବଶ୍ୟକ ଓଜନଠାରୁ କମ୍ ଓଜନର ଶିଶୁମାନେ ଭବିଷ୍ୟତରେ ଅପପୃଷ୍ଟିର ଶରବ୍ୟ ହୋଇପାରନ୍ତି। ଏପରି ଆଶଙ୍କା କରି ସେମାନଙ୍କୁ ଜନବସତିରେ (ବିଶେଷତଃ ଦରିଦ୍ରବର୍ଗର ଲୋକମାନଙ୍କ ମଧ୍ୟରେ) ଚିହ୍ନଟ କରିବା ଏବଂ ସୁଷମ ଖାଦ୍ୟପେୟର ବ୍ୟବସ୍ଥା କରିବା ଏ ଧରଣର ପ୍ରତିରୋଧ ବ୍ୟବସ୍ଥା। ସରକାରୀ ଉଦ୍ୟମରେ କିମ୍ବା ସ୍ୱେଚ୍ଛାସେବୀ ଅନୁଷ୍ଠାନ ମାଧ୍ୟମରେ ଏପରି ବ୍ୟବସ୍ଥା କରାଯାଇପାରେ।

ମୌଳିକ ପ୍ରତିଷେଧ ବ୍ୟବସ୍ଥା ସମୟରେ ସମସ୍ୟାର ପୁଙ୍ଖାନୁପୁଙ୍ଖ ବିଶ୍ଲେଷଣ ଆବଶ୍ୟକ ନ ହୋଇପାରେ। ଉଦାହରଣ ସ୍ୱରୂପ, ହଇଜା କିପରି ବ୍ୟାପିପାରେ ଏବଂ ଲୋକଙ୍କର କିପରି କ୍ଷତି କରିପାରେ, ତାହାର ବିଶଦ ବିବରଣୀ ଅନାବଶ୍ୟକ। ସୁସ୍ଥ ଜୀବନଯାପନ ପାଇଁ ଯେ ପାନୀୟ ଜଳ ଆବଶ୍ୟକ ଏବଂ ଏହାର ଯୋଗାଣ ବ୍ୟବସ୍ଥା କରିବାକୁ ହେବ, ଏହି ନୀତିଟି ପ୍ରତିଷେଧ ବ୍ୟବସ୍ଥା ପାଇଁ ନିତାନ୍ତ ଆବଶ୍ୟକ।

ସ୍ଥଳ ବିଶେଷରେ ସରକାରୀ ଉଦ୍ୟମ ପ୍ରତିଷେଧ ବ୍ୟବସ୍ଥାର ସହାୟକ ହୁଏ। ଉପଯୋଗୀ ଆଇନ୍ ପ୍ରଣୟନ ପ୍ରତିରୋଧ ବ୍ୟବସ୍ଥା ଗଠନ କରି ଅବାଞ୍ଛିତ ପରିଣତି ଦୂରକରେ । ଆଇନ୍ ମାଧ୍ୟମରେ ମଦ୍ୟପ ଗାଡ଼ିଚାଳକମାନଙ୍କୁ ନିୟନ୍ତ୍ରଣ କରିବା ଫଳରେ ରାସ୍ତାପାର୍ଶ୍ୱର ଦୁର୍ଘଟଣା କମାଇବା ଖୁବ୍ ସମ୍ଭବପର। ସେହିପରି ବିଭିନ୍ନ ନିଯୁକ୍ତି ସମୟରେ ଆଇନ୍ ମାଧ୍ୟମରେ ନାରୀ ଓ ପୁରୁଷ ଏବଂ ବିଭିନ୍ନ ବର୍ଗର ଲୋକମାନଙ୍କୁ ନ୍ୟାୟୋଚିତ ଅଧିକାର ଦେବାର ସୁବ୍ୟବସ୍ଥା ଲୋକମାନଙ୍କର ରାଗଦ୍ୱେଷ, ହିଂସା ଓ ଅପରାଧ ପ୍ରବଣତା କମାଇଥାଏ।

ଉଚ୍ଚତର ଶିକ୍ଷାଲାଭର ସୁଯୋଗ ଏବଂ ପ୍ରସାରିତ ନିଯୁକ୍ତି ସମ୍ଭାବନା ପ୍ରତିରୋଧ ବ୍ୟବସ୍ଥାର ଏକ ଉଜ୍ଜ୍ୱଳ ଦିଗ। ଶିକ୍ଷା ସୁଯୋଗ କେବଳ ଶାରୀରିକ ସ୍ୱାସ୍ଥ୍ୟର ସହାୟକ ହୋଇ ନଥାଏ, ଏହା ମାନସିକ ପ୍ରସନ୍ନତା ରକ୍ଷାରେ ମଧ୍ୟ ସାହାଯ୍ୟ କରେ।

ମୌଳିକ ପ୍ରତିରୋଧ ବ୍ୟବସ୍ଥାର ସଫଳତା ପାଇଁ କେତେକ ଉପାଦାନ ପ୍ରୟୋଜନ । ପ୍ରଥମତଃ ଯେଉଁ ନିର୍ଦ୍ଦିଷ୍ଟ ଗୋଷ୍ଠୀ ପାଇଁ ପ୍ରତିରୋଧ ବ୍ୟବସ୍ଥା ଅଭିପ୍ରେରିତ, ସେ ଗୋଷ୍ଠୀର ଲୋକମାନେ ଜାଣିବା ଉଚିତ ଯେ ସେମାନଙ୍କର ମଙ୍ଗଳ ପାଇଁ କିଛି କାର୍ଯ୍ୟକ୍ରମ ଗ୍ରହଣ କରାଯାଉଛି। ଦ୍ୱିତୀୟତଃ ଗ୍ରହଣ କରାଯାଉଥିବା ବ୍ୟବସ୍ଥାଟି ଆକର୍ଷଣୀୟ ଓ ଉତ୍ସାହ-ଉଦ୍ଦୀପକ ହୋଇଥିବା ଦରକାର। ତୃତୀୟତଃ ଖରାପ ଅବସ୍ଥାରୁ ଭଲ ଅବସ୍ଥାକୁ ଗତିକରିବା ପରେ ପୁନଶ୍ଚ ସେମାନେ ଯେପରି ଖରାପ ଅବସ୍ଥାକୁ ପ୍ରତ୍ୟାବର୍ତ୍ତନ ନ କରନ୍ତି, ସେ ଦିଗରେ କିଛି କୌଶଳ ଶିକ୍ଷା ଦିଆଯିବ ବିଧେୟ। ଚତୁର୍ଥତଃ ପ୍ରତିରୋଧ ବ୍ୟବସ୍ଥା କାର୍ଯ୍ୟକାରୀ କରିବା ସମୟରେ ବୃହତ୍ତର ଗୋଷ୍ଠୀର ସମର୍ଥନ ଓ ସହଯୋଗ ଆବଶ୍ୟକ। ଉଦାହରଣ ସ୍ୱରୂପ, ଅଳ୍ପ ବୟସର ଶିଶୁମାନଙ୍କ

ପାଇଁ କାର୍ଯ୍ୟକାରୀ କରାଯାଉଥିବା ପ୍ରତିରୋଧ ବ୍ୟବସ୍ଥା ପିତାମାତା ଓ ବୟସ୍କମାନଙ୍କର ସହଯୋଗ ଫଳରେ ହିଁ ସଫଳ ରୂପରେଖ ନେଇପାରିବ।

ଅନେକଗୁଡ଼ିଏ ପ୍ରତିକୂଳତା ପ୍ରତିରୋଧ ବ୍ୟବସ୍ଥା ଶିଶୁମାନଙ୍କ ପାଇଁ ଉଦ୍ଦିଷ୍ଟ। ଉଦାହରଣ ସ୍ୱରୂପ, ଆର୍ଥିକ ଅନାଟନ, ସାମାଜିକ ଦୁଃସ୍ଥିତି ଏବଂ ପଛୁଆ ବର୍ଗର ପରିବାର ସମୂହରୁ ଆସିଥିବା ପିଲାମାନେ ସାଧାରଣତଃ ଶିକ୍ଷାଗତ ସଂକଟର ସମ୍ମୁଖୀନ ହୁଅନ୍ତି। ଆଗକୁ ଆଗକୁ ସେମାନଙ୍କର ଅନଗ୍ରସରତା ବୃଦ୍ଧି ପାଇବାକୁ ଲାଗେ। ସମସ୍ୟା ଜଟିଳରୁ ଜଟିଳତର ହେବାକୁ ଲାଗେ। ଶିକ୍ଷାଗତ ବିଫଳତା ଫଳରେ ସେମାନଙ୍କର ହିଂସାତ୍ମକ ଆଚରଣ ଓ ଅପରାଧ ପ୍ରବଣତା ବଢ଼ିପାରେ। ଏପରି ଖରାପ ସମ୍ଭାବନା ଏଡ଼ାଇବାକୁ ସମସ୍ୟା ଉତ୍କଟତର ହେବା ପୂର୍ବରୁ କେତେକ ପ୍ରତିଷେଧ ବ୍ୟବସ୍ଥାର ପରିକଳ୍ପନା କରାଯାଇଛି ।

ବିଦ୍ୟାଳୟର ଔପଚାରିକ ବାତାବରଣ ବାହାରେ ପିଲାମାନଙ୍କର ଶିକ୍ଷା ବ୍ୟବସ୍ଥା ଆୟୋଜନ କରି ଅନଗ୍ରସରତା ଦୂର କରିବା ଏକ ବିଶିଷ୍ଟ ଧରଣର ଲକ୍ଷ୍ୟ। ଏତଦ୍‌ବ୍ୟତୀତ ସେମାନଙ୍କୁ ସମସ୍ୟା ସମାଧାନର ଶୈଳୀ ଶିକ୍ଷା ଦେବାକୁ ହେବ। ପରସ୍ପର ମଧ୍ୟରେ ବନ୍ଧୁତ୍ୱ ଓ ସହଯୋଗିତାର ବିକାଶ ପାଇଁ କିଛି କାର୍ଯ୍ୟକ୍ରମ ଗ୍ରହଣ କରିବାକୁ ହେବ। ପାରସ୍ପରିକ ଅନ୍ତରଙ୍ଗତା ବୃଦ୍ଧି ପାଇଲେ ଅସାମାଜିକ ବ୍ୟବହାର ହ୍ରାସ ପାଇବାର ସମ୍ଭାବନା ଅଧିକ।

ଅନେକ ସମୟରେ ଖରାପ ବ୍ୟବହାର ମୂଳରେ ନକାରାତ୍ମକ ଭାବନା ସମ୍ପୃକ୍ତ ଥିବାରୁ ଅନୁପଯୋଗୀ ଭାବନାର ପରିବର୍ତ୍ତନ ପାଇଁ ଯୋଜନା କରାଯାଇପାରେ। ଗୋଟିଏ ଉଦାହରଣ ଦ୍ୱାରା ଏହାକୁ ସ୍ପଷ୍ଟ କରାଯାଇପାରେ। କେତେକ ଘଟଣା ଗୋଟିଏ ନକାରାତ୍ମକ ଭାବନା ସୃଷ୍ଟି କରିପାରେ। ପରୀକ୍ଷାରେ ଅକୃତକାର୍ଯ୍ୟ ହେବା ପରେ ପିଲାଟି ମନରେ ନକାରାତ୍ମକ ଭାବନା ଆସିପାରେ। ସେ ହୁଏତ ବିଶ୍ୱାସ କରେ ଯେ ସେ ଅପଦାର୍ଥ। ଏପରି ବିଶ୍ୱାସ ଫଳରେ ମନରେ ଅବସାଦ ଆସିପାରେ। ଡିପ୍ରେସନ୍ ବା ବିଷାଦର ମାତ୍ରା ଖୁବ୍ ଅଧିକ ହୋଇ ଆତ୍ମହତ୍ୟା କରିବାର ଘଟଣା ଦିନକୁ ଦିନ ବଢ଼ିବାରେ ଲାଗିଛି। ଏପରି ଅବସାଦପୂର୍ଣ୍ଣ ବାତାବରଣର ବିଲୋପ ପାଇଁ ପ୍ରାଥମିକ ସ୍ତରରେ ପ୍ରତିଷେଧ ବ୍ୟବସ୍ଥା ଆବଶ୍ୟକ। ପିଲାମାନଙ୍କର ନକାରାତ୍ମକ ବିଶ୍ୱାସର ବିଲୋପ ପାଇଁ ସେମାନଙ୍କ ଚିନ୍ତାଧାରାର ପୁନର୍ଗଠନ ଆବଶ୍ୟକ। ସେମାନଙ୍କୁ ବୁଝାଇବାକୁ ହେବ ଯେ ପରୀକ୍ଷାରେ କୃତକାର୍ଯ୍ୟ ହେବା ଜୀବନର ଏକମାତ୍ର ଲକ୍ଷ୍ୟ ନୁହେଁ। ପୁନଶ୍ଚ ଯେଉଁମାନେ ସଫଳକାମ ହେଉଛନ୍ତି ସେମାନେ କେତେ ବେଶୀ ପରିଶ୍ରମ କରୁଛନ୍ତି ତାହା ଅନ୍ୟମାନେ ଜାଣିବା ଉଚିତ। ପୁଣି ସଫଳତା ପାଇଁ କିପରି ପଠନ ଶୈଳୀ ଓ କିପରି ଲିଖନ ଶୈଳୀ ଉପଯୋଗୀ

ତାହା ମଧ୍ୟ ଛାତ୍ରଛାତ୍ରୀ ଜାଣିବା ଉଚିତ। ଏହାର ସକାରାତ୍ମକ ଉପଦେଶନ (Counselling) ପିଲାମାନଙ୍କ ମନରୁ ବିଷାଦ ଦୂର କରପାରିବ।

ସେହିପରି କେତେକ ପ୍ରତିରୋଧ ପ୍ରକ୍ରିୟା ବୟସ୍କମାନଙ୍କର ସମସ୍ୟା ସମାଧାନ ଦିଗରେ ପ୍ରୟୋଗ କରାଯାଇପାରେ। ବୟସର ଆଧିକ୍ୟ ଦୃଷ୍ଟିରୁ ବୟସ୍କମାନଙ୍କ କ୍ଷେତ୍ରରେ ରୋଗ ପ୍ରତିରୋଧ ଶକ୍ତି ଏବଂ ଶାରୀରିକ ଦକ୍ଷତା ହ୍ରାସ ପାଇବା ଏକ ସ୍ୱାଭାବିକ କଥା। ସୁତରାଂ ଏପରି ସମୟରେ ଶାରୀରିକ ଓ ମାନସିକ ରୋଗ ଅଧିକ ଜଟିଳତା ସୃଷ୍ଟି କରିଥାଏ। ସୁତରାଂ ବୟସାଧିକ୍ୟ ପୂର୍ବରୁ କେତେକ ପ୍ରତିଷେଧ ବ୍ୟବସ୍ଥା ହିତକାରୀ ହୋଇଥାଏ। ସମସ୍ୟା ଉପୁଜିବା ପୂର୍ବରୁ ନିୟମିତ ଭାବରେ ସ୍ୱାସ୍ଥ୍ୟ ପରୀକ୍ଷା ଏକ ବିଜ୍ଞତାପୂର୍ଣ୍ଣ ପଦକ୍ଷେପ । ପୁନଶ୍ଚ ବୟସ୍କମାନେ ବିପଦପୂର୍ଣ୍ଣ ଅବସ୍ଥାରୁ ଯେପରି ଦୂରରେ ରୁହନ୍ତି, ତାହା ଲକ୍ଷ୍ୟ ରଖିବାକୁ ହେବ। ବିଶେଷତଃ ଖଟରୁ କିମ୍ବା ସ୍ନାନଗାରରେ ତଳେ ପଡ଼ିଯିବା ବୟସ୍କମାନଙ୍କ ପାଇଁ ବେଶ୍ ବିପଜ୍ଜନକ। ସୁତରାଂ ଏ ଦିଗରେ ଦୃଷ୍ଟି ରଖିବାକୁ ପଡ଼ିବ।

ପରିବାରର ବିଭିନ୍ନ କାର୍ଯ୍ୟକ୍ରମରେ ବୟସ୍କମାନେ ଯେପରି ଅଂଶ ଗ୍ରହଣ କରି ନିଜକୁ ସକ୍ରିୟ ରଖିପାରିବେ, ତାହା ମଧ୍ୟ ଗୁରୁତ୍ୱପୂର୍ଣ୍ଣ। କେତେକ ବିଶେଷଜ୍ଞ ମତ ଦିଅନ୍ତି ଯେ ପରିବାରର ଶିଶୁମାନେ ବୟସ୍କମାନଙ୍କ ସହିତ ପ୍ରତିଦିନ କିଛି ସମୟ କଟାଇବାର ବିଧି ଖୁବ୍ ଭଲ ଫଳ ଦେଇଥାଏ। ଦୂରରେ ଥିଲେ ପିଲାମାନେ ବୟସ୍କମାନଙ୍କ ସହିତ ଫୋନ୍‌ରେ କିଛି ସମୟ କରାଇବା ବାଞ୍ଛନୀୟ।

ମୋଟ ଉପରେ ଆଗାମୀ ଦିନରେ ଯେଉଁମାନେ ଅଧିକ ସମସ୍ୟା-ବିଜଡ଼ିତ ହେବାର ଆଶଙ୍କା ରହିଛି (ମୁଖ୍ୟତଃ ଶିଶୁ ଓ ବୟସ୍କଗୋଷ୍ଠୀ), ପ୍ରତିଷେଧ ବ୍ୟବସ୍ଥାରେ ସେମାନଙ୍କ ପ୍ରତି ଅଧିକ ଦୃଷ୍ଟି ଦିଆଯିବା ଉଚିତ।

ଗୌଣ ପ୍ରତିରୋଧ

ମୌଳିକ ପ୍ରତିରୋଧ ବ୍ୟବସ୍ଥା ସମସ୍ୟା ଉପୁଜିବା ପୂର୍ବରୁ ଗ୍ରହଣ କରାଯିବା ସ୍ଥଳେ ଗୌଣ ପ୍ରତିରୋଧ ସମସ୍ୟାର ଅୟମାରମ୍ଭ ସମୟରେ କାର୍ଯ୍ୟକାରୀ କରାଯାଏ । ଏ ଦୃଷ୍ଟିରୁ ସମୟ ଏକ ବିଶିଷ୍ଟ ବିଭାଜିକା। ମୌଳିକ ପ୍ରତିରୋଧ ସମସ୍ୟା-ସୃଷ୍ଟିର ପୂର୍ବରୁ ଗ୍ରହଣ କରାଯିବା ସ୍ଥଳେ ଗୌଣ ପ୍ରତିରୋଧ ସମସ୍ୟା ସୃଷ୍ଟିର ପରେ ପରେ ଗ୍ରହଣ କରାଯାଏ। ଗୌଣ ପ୍ରତିରୋଧ ଏ ଦୃଷ୍ଟିରୁ ଚିକିତ୍ସା ସହିତ ତୁଳନୀୟ। ରୋଗଣ ଲକ୍ଷଣ ପ୍ରକାଶ ପାଇବା ପରେ ହିଁ ଚିକିତ୍ସା ଆରମ୍ଭ କରାଯାଏ।

ଶାରୀରିକ ଓ ମାନସିକ ଅସୁସ୍ଥତାର ଲକ୍ଷର ପ୍ରକାଶ ପାଇବା ପରେ ଚିକିତ୍ସା ସ୍ୱାଭାବିକ ପ୍ରକ୍ରିୟା। ବୈଜ୍ଞାନିକ ଭିତ୍ତିଭୂମି ଉପରେ ପ୍ରତିଷ୍ଠିତ ଚିକିତ୍ସା ପ୍ରଣାଳୀ ଅବଶ୍ୟ ଗ୍ରହଣ କରାଯିବ । ଚିକିତ୍ସା ପଦ୍ଧତିର ବିବିଧତା ରହିଛି ଏବଂ ରୋଗୀ ଓ ପରିସ୍ଥିତି

ଅନୁଯାୟୀ ସଫଳତାର ମାତ୍ରା ଭିନ୍ନ ଭିନ୍ନ ହୋଇଥାଏ। ତେବେ ଗୌଣ ପ୍ରତିରୋଧ ସମୟରେ କି ପ୍ରକାର ମାନସିକତା ସଫଳ ଚିକିତ୍ସାର ସହାୟକ ହୋଇଥାଏ, ସେ ସମ୍ପର୍କରେ ମନୋବିଜ୍ଞାନୀମାନଙ୍କର ସୁଚିନ୍ତିତ ମତ ରହିଛି। ତିନୋଟି ପରାମର୍ଶ ବେଶ୍ ଗୁରୁତ୍ୱପୂର୍ଣ୍ଣ ମନେ ହୁଏ।

ପ୍ରଥମଟି ହେଉଛି ବ୍ୟକ୍ତିର ଆଶାବାଦିତା (Hope)। ମନୋବିଜ୍ଞାନୀମାନେ ଆଶାବାଦିତାକୁ ଯେଉଁ ବୈଜ୍ଞାନିକ ପରିଭାଷା ଦେଇଛନ୍ତି, ସେହି ଅର୍ଥରେ ଆଶାବାଦିତା କେବଳ ଭବିଷ୍ୟତର ଭଲ ଫଳାଫଳର ପ୍ରତ୍ୟାଶା ନୁହେଁ। ଆଶାବାଦୀ ବ୍ୟକ୍ତି ନିଜର ଲକ୍ଷ୍ୟ ସ୍ପଷ୍ଟ ଭାବରେ ଜାଣିଥାଏ ଏବଂ ଲକ୍ଷ୍ୟ ପୂରଣ ଦିଗ ମଧ୍ୟ ଜାଣିଥାଏ। ଏ ଦୃଷ୍ଟିରୁ ଜଣେ ଆଶାବାଦୀ ବ୍ୟକ୍ତି ସ୍ୱାସ୍ଥ୍ୟକୁ ଅତୁଟ ରଖିବାର ଲକ୍ଷ୍ୟ ସ୍ୱୀକାର କରେ ଏବଂ ଚିକିତ୍ସକଙ୍କ ପରାମର୍ଶ ଅନୁଯାୟୀ ବିହିତ ପନ୍ଥା ଅନୁସରଣ କରିବାର ପ୍ରୟାସ କରେ। କହିବା ଅନାବଶ୍ୟକ ଯେ ଆଶାବାଦିତା ଶାରୀରିକ ଓ ମାନସିକ ସ୍ୱାସ୍ଥ୍ୟ ବଜାୟ ରଖିବାରେ ସହାୟକ ହୁଏ।

ଦ୍ୱିତୀୟ ଚିହ୍ନିତ ପରାମର୍ଶଟି ହେଉଛି ଉତ୍ତମ ସ୍ୱାସ୍ଥ୍ୟ କ୍ଷେତ୍ରରେ ପରିଦୃଷ୍ଟ ଜଣେ ଅନୁକରଣୀୟ ବ୍ୟକ୍ତିତ୍ୱର (Role Model) ଅନୁସରଣ। ରୋଗଗ୍ରସ୍ତ ହୋଇଥିବା ଏବଂ ସଫଳତାର ସହିତ ରୋଗର ମୁକାବିଲା କରୁଥିବା ବ୍ୟକ୍ତିଙ୍କୁ ପର୍ଯ୍ୟବେକ୍ଷଣ କରିବାକୁ ହେବ । ସେ କିପରି ନିଜର ଖାଦ୍ୟପେୟର ପରିଚାଳନା କରୁଛନ୍ତି, ସ୍ୱାସ୍ଥ୍ୟ ରକ୍ଷାର ନିୟମ ମାନୁଛନ୍ତି ଏବଂ ଚିକିତ୍ସକଙ୍କ ପରାମର୍ଶକୁ ସମ୍ମାନ ଦେଉଛନ୍ତି ଏସବୁର ପର୍ଯ୍ୟବେକ୍ଷଣ ଓ ଅନୁସରଣ ବିଶେଷ ସହାୟକ ହେବ। ଏହା ନିଜର ମନୋବଳ ଗଠନରେ ଉପାଦାନ ଯୋଗାଇବ।

ତୃତୀୟ ପରାମର୍ଶଟି ହେଉଛି ଆତ୍ମପରିଚାଳନା। ସମସ୍ୟାର ଘେର ମଧ୍ୟରେ ଥିବା ସମୟରେ ପରିବାର, ଆତ୍ମୀୟସ୍ୱଜନ, ଶୁଭେଚ୍ଛୁବୃନ୍ଦ ଓ ଚିକିତ୍ସକ ସହାୟତାର ବଳୟ ସୃଷ୍ଟି କଲେ ମଧ୍ୟ ମାନସିକ ସ୍ତରରେ ନିଜେ ହିଁ କେନ୍ଦ୍ରବିନ୍ଦୁ। ସୁତରାଂ ନିଜର ପରିଚାଳନା ଦାୟିତ୍ୱ ନିଜକୁ ନେବାକୁ ପଡ଼ିବ। ନିଜକୁ ପରିଚାଳନା କରିବା ସମୟରେ ଆତ୍ମବିଶ୍ୱାସ ଓ ଆତ୍ମସାମର୍ଥ୍ୟ ବୋଧ ବେଶ ଗୁରୁତ୍ୱପୂର୍ଣ୍ଣ। "ମୁଁ ନିଶ୍ଚୟ ପାରିବି" - ଏପରି ଏକ ଦୃଢ଼ବିଶ୍ୱାସ କେବଳ ଉପର ସ୍ତରରେ ନୁହେଁ ଅନ୍ତର୍ଜଗତରେ ମଧ୍ୟ ରୋଗପ୍ରତିରୋଧ ଶକ୍ତି ଏବଂ ଜୀବନିକା ଗଠନ କରିବ। ମୋଟ ଉପରେ କୌଣସି ଶାରୀରିକ କିମ୍ବା ମାନସିକ ଦୁଃସ୍ଥିତିର ଅଙ୍କୁରଣର ଠିକ୍ ପୂର୍ବରୁ ଏବଂ ଠିକ୍ ପରେ ପରେ ମଣିଷ ହାତରେ ଯେଉଁ ନିୟନ୍ତ୍ରଣଶୀଳତା ରହିଛି, ତାହାର ପୂର୍ଣ୍ଣ ଉପଯୋଗ କରି ମନୁଷ୍ୟ ନିରାମୟ ଓ ସୁଖମୟ ଜୀବନଯାପନ କରିପାରିବ।

■

ମାନବୀୟ ବିକାଶ ସମ୍ପର୍କରେ ନୂତନ ଧାରଣା

ମାନବୀୟ ବିକାଶ ଓ ପରିପକ୍ୱତା ସମ୍ପର୍କରେ ପ୍ରତ୍ୟେକ ବ୍ୟକ୍ତିର ମୋଟାମୋଟି କିଛି ଧାରଣା ରହିଛି । ସମୟର ଗତି ଅନୁଯାୟୀ ବ୍ୟକ୍ତିର ଅନୁଭବ ଓ ଅଭିଜ୍ଞତା ପରିବର୍ତ୍ତିତ ହୁଏ ଏବଂ ଏପରି ଅନୁଭୂତି ବ୍ୟକ୍ତିର ବ୍ୟବହାରକୁ ପରିବର୍ତ୍ତିତ ରୂପରେଖ ଦିଏ । ବ୍ୟବହାର ବା ଆଚରଣର ଏପରି ଅପେକ୍ଷାକୃତ ସ୍ଥାୟୀ ପରିବର୍ତ୍ତନକୁ ଶିକ୍ଷଣ କୁହନ୍ତି ଏବଂ ଏହି ଶିକ୍ଷଣ (Learning) ହିଁ ମାନବୀୟ ବିକାଶର ମୁଖ୍ୟ ସୂଚକ ।

ମାନବୀୟ ବିକାଶର ସ୍ୱରୂପ କିପରି ? ଏହା ଏକ ଗୁରୁତ୍ୱପୂର୍ଣ୍ଣ ପ୍ରଶ୍ନ । କୌତୂହଳର ବିଷୟ ଯେ ଅତୀତର ଖ୍ୟାତନାମା ମନୋବିଜ୍ଞାନୀମାନେ ଏହି ସ୍ୱରୂପକୁ ଯେପରି ଆବିଷ୍କାର କରିଥିଲେ ଏବଂ ପ୍ରଖ୍ୟାପନ କରିଥିଲେ ବର୍ତ୍ତମାନ ସେଥିରେ ବେଶ୍ ପରିବର୍ତ୍ତନ ଘଟିଛି ।

ଅତୀତର ମନୋବିଜ୍ଞାନୀ ଓ ମାନବ-ବିକାଶ ବିଶେଷଜ୍ଞମାନେ ବିକାଶକୁ ଏକ ନିର୍ଦ୍ଦିଷ୍ଟ ଦୃଷ୍ଟିକୋଣରୁ ବିଚାର କରୁଥିଲେ । ବିଶ୍ୱବିଶ୍ରୁତ ମନୋବିଜ୍ଞାନୀ ସିଗ୍‌ମଣ୍ଡ ଫ୍ରଏଡ୍ ଏବଂ ଜାଁ ପିଆଜେଙ୍କ ମତରେ ବିକାଶ ଏକ ସୋପାନଭିତ୍ତିକ ପର୍ଯ୍ୟାୟରେ ଗତି କରେ ଏବଂ ଯୌବନ ସମୟରେ ଏହା ଶୀର୍ଷ ସୋପାନରେ ପହଞ୍ଚିଥାଏ । ବୟସର ବୃଦ୍ଧି ସହିତ ଏହି ବିକାଶ ସମ୍ବନ୍ଧିତ । ଫ୍ରଏଡ୍ ଓ ପିଆଜେ ବିଶ୍ୱାସ କରୁଥିଲେ ଯେ ଯୌବନରେ ପହଞ୍ଚିବା ବେଳକୁ ବ୍ୟକ୍ତିର ମୁଖ୍ୟ ଅଭିବୃଦ୍ଧି ସମ୍ପାଦିତ ହୋଇଥାଏ । ତା'ପରେ ଯେଉଁ ସମସ୍ତ ପରିବର୍ତ୍ତନ ଘଟେ, ସେସବୁ ମୁଖ୍ୟତଃ ଗୌଣ ପରିବର୍ତ୍ତନ ।

ଅନ୍ୟ ପକ୍ଷରେ ସାମ୍ପ୍ରତିକ ମନୋବିଜ୍ଞାନୀମାନେ ବିକାଶକୁ ଭିନ୍ନ ଦୃଷ୍ଟିଭଙ୍ଗୀରେ ଗ୍ରହଣ କରନ୍ତି । ଆଧୁନିକ ମନୋବିଜ୍ଞାନୀମାନେ ବିଶ୍ୱାସ କରନ୍ତି ଯେ ବିକାଶ ଜୀବନବ୍ୟାପୀ ଚାଲିଥାଏ । ତରୁଣ ତରୁଣୀ, ସେମାନଙ୍କଠାରୁ କମ୍ ବୟସର ଭାଇଭଉଣୀ, ସେମାନଙ୍କର ପିତାମାତା ଏବଂ ସେମାନଙ୍କର ଅଜାଆଈ ମଧ୍ୟରେ ଆଖିଦୃଶିଆ ପାର୍ଥକ୍ୟ

ପରିଲକ୍ଷିତ ହୁଏ । ପୂର୍ବରୁ ବିଶେଷଜ୍ଞମାନଙ୍କର ଧାରଣା ଥିଲା ଯେ ମଣିଷର ମସ୍ତିଷ୍କ କୈଶୋର ସମୟ ବେଳକୁ ମୋଟାମୋଟି ବିକଶିତ ହୋଇସାରିଥାଏ। ମାତ୍ର ଏବେ ବିଚାର କରାଯାଏ ଯେ ମଣିଷର ମସ୍ତିଷ୍କ କୋଡ଼ିଏ ତିରିଶ ବର୍ଷ ପର୍ଯ୍ୟନ୍ତ ବିକଶିତ ହେବାରେ ଲାଗିଥାଏ। ଏ ବୟସର ସୀମାରେଖା ପରେ ମଧ୍ୟ କିଛି ପରିମାଣରେ ନୂତନ ସ୍ନାୟୁ ଗଠିତ ହୁଏ ଏବଂ ବ୍ୟକ୍ତିର ଶିକ୍ଷଣ ପ୍ରକ୍ରିୟା ପ୍ରସାରିତ ହୋଇ ସ୍ନାୟୁ ସ୍ନାୟୁ ମଧ୍ୟରେ ସଂଯୁକ୍ତିକରଣ ଜୀବନର ଶେଷ ସମୟ ପର୍ଯ୍ୟନ୍ତ ଅବ୍ୟାହତ ରହିଥାଏ।

ଶରୀର ଓ ଅନୁଭୂତି ମଧ୍ୟରେ ଯେଉଁ କ୍ରିୟା ପ୍ରତିକ୍ରିୟା ସଂଘଟିତ ହୁଏ ସେ ସମ୍ପର୍କରେ ମଧ୍ୟ ଧାରଣାର ପରିବର୍ତ୍ତନ ଘଟିଛି। ପୂର୍ବେ ବିଶ୍ୱାସ କରାଯାଉଥିଲା ଯେ ଜନ୍ମ ସମୟରେ ଶିଶୁର ବିଶେଷ କିଛି ଅନ୍ତର୍ନିହିତ ସମ୍ବଳ ନଥାଏ ଏବଂ ଶିଶୁ କ୍ରମଶଃ ନିଜର ଅନୁଭବରୁ ଧୀରେ ଧୀରେ ସମ୍ବଳ ସଂଗ୍ରହ କରେ। ଊନବିଂଶ ଶତକର ଶେଷବେଳକୁ ଏବଂ ବିଂଶ ଶତକର ପ୍ରାରମ୍ଭରେ ବିଶିଷ୍ଟ ଦାର୍ଶନିକ ଓ ମନସ୍ତତ୍ତ୍ୱବିତ୍ ଉଇଲିୟମ୍ ଜେମସ୍ ଶିଶୁର ବିକାଶକୁ ସୁନ୍ଦର ପ୍ରତୀକାତ୍ମକ ଭାଷାରେ ବର୍ଣ୍ଣନା କରିଛନ୍ତି। ସେ କୁହନ୍ତି "ଶିଶୁ ପ୍ରାଥମିକ ଅବସ୍ଥାରେ ତା'ର ଚକ୍ଷୁ, କର୍ଣ୍ଣ, ନାସା, ଜିହ୍ୱା ଓ ଚର୍ମ-ବାହିତ ସମ୍ବେଦନ ଦ୍ୱାରା ଏକରକମ ଆକ୍ରମଣର ସମ୍ମୁଖୀନ ହୁଏ। ଏହି ବିସ୍ତୃତ ବିଶୃଙ୍ଖଳା ମଧ୍ୟରୁ ସେ ଧୀରେ ଧୀରେ ମୁକୁଳି ଆସେ।" ଲକ୍ଷ୍ୟ କରିବାର କଥା ଯେ ଜେମସ୍ଙ୍କ ଏହି ବର୍ଣ୍ଣନାରେ ଶିଶୁର ଅସହାୟତା ଅଧିକ ମାତ୍ରାରେ ପ୍ରତିଫଳିତ। ଅନ୍ୟ ପକ୍ଷରେ ସାମ୍ପ୍ରତିକ ମନୋବିଜ୍ଞାନୀଙ୍କ ମତରେ ଶିଶୁ ଅପରିମିତ ସାମର୍ଥ୍ୟର ଅଧିକାରୀ। ଇନ୍ଦ୍ରିୟାନୁଭୂତ ଅନୁଭବକୁ ସଂଗଠିତ କରିବାର ସାମର୍ଥ୍ୟ ଶିଶୁର ରହିଛି। ଭାଷା ଶିକ୍ଷା କରିବାର କେତେକ ଦକ୍ଷତା ମସ୍ତିଷ୍କରେ ଜିନ୍‌ମୁଦ୍ରିତ ହୋଇରହିଛି। ବ୍ୟକ୍ତିତ୍ୱର କେତେକ ସମ୍ଭାବନା ମଧ୍ୟ ମୂଳରୁ ସ୍ଥାନ ପାଇଛି। କେତେକ ଶୈଶବକାଳୀନ ସାମର୍ଥ୍ୟ ଅକଳନୀୟ। ପୃଥିବୀରେ ଯେତେ ସବୁ ଭାଷା ରହିଛି ପ୍ରତି ଭାଷାର ପ୍ରତି ଶବ୍ଦକୁ ଗୋଟିଏ ଏକ ବର୍ଷର ଶିଶୁ ଚିହ୍ନିପାରେ। ଶିଶୁକୁ ବଡ଼ ହେବା ସମୟରେ ଯେଉଁ ସବୁ ଶବ୍ଦ ନିଜ ପରିବେଶରେ ଶୁଣେ କିମ୍ବା ପ୍ରିୟଜନମାନଙ୍କଠାରୁ ଶୁଣେ ସେ ଶବ୍ଦ ସହିତ ସମ୍ପୃକ୍ତି ବଢ଼େ। ଧୀରେ ଧୀରେ ଅନ୍ୟ ଶବ୍ଦ ସହିତ ପରିଚିତି କମିଯାଇ ଶେଷରେ ନିଶ୍ଚିହ୍ନ ହୋଇଯାଏ। ଏ ବୈଜ୍ଞାନିକ ସୂଚନାର ତାତ୍ପର୍ଯ୍ୟ ହେଉଛି ଯେ ବାଲ୍ୟକାଳୀନ ପରିପାଳନ ଓ ପ୍ରଶିକ୍ଷଣ ଖୁବ୍ ତାତ୍ପର୍ଯ୍ୟପୂର୍ଣ୍ଣ। ସ୍ଥୂଳତଃ ଅତୀତରେ ଶିଶୁମାନଙ୍କୁ ଯେତିକି ନିର୍ଭରଶୀଳ ବିଚାର କରାଯାଉଥିଲା ବର୍ତ୍ତମାନ ସେତିକି ପରିମାଣର ନିର୍ଭରଶୀଳ ବିଚାର କରାଯାଇ ନାହିଁ।

ବିକାଶ-ବିଜ୍ଞାନର ଅତୀତରେ ଆଉ ଏକ ଅବହେଳିତ ଦିଗ ହେଉଛି ବିକାଶର ବିଭିନ୍ନ କ୍ଷେତ୍ର ମଧ୍ୟରେ ଥିବା ପାରସ୍ପରିକ କ୍ରିୟା-ଅନୁକ୍ରିୟା। ବିକାଶର ତିନୋଟି ଦିଗ

ହେଉଛି : ଶାରୀରିକ, ଜ୍ଞାନଗତ ଏବଂ ସାମାଜିକ ଓ ଭାଗବତ ଦିଗ। ଶୃଙ୍ଖଳା ଦୃଷ୍ଟିରୁ ଏ ତିନୋଟିକୁ ପୃଥକ୍ ପୃଥକ୍ ଅନୁଧ୍ୟାନ କରାଯାଇପାରେ। ମାତ୍ର ଏ ତିନୋଟି ଦିଗ ପରସ୍ପରକୁ ଗଭୀର ଭାବରେ ଯେ ପ୍ରଭାବିତ କରନ୍ତି, ଏ ଦିଗଟି ପ୍ରତି ଅଣଦେଖା କରିବା ବାଞ୍ଛନୀୟ ନୁହେଁ। ଉଦାହରଣ ସ୍ୱରୂପ ସ୍ୱାଧୀନ ଭାବରେ ଗୁରୁଣ୍ଡୁଥିବା କିମ୍ବା ଚାଲିପାରୁଥିବା ପିଲାଟି ନିଜ ପରିବେଶର ଗୁଣାତ୍ମକ ପରିବର୍ତ୍ତନ ଆଣିଥାଏ। ପରିବେଶର ଏପରି ସମୃଦ୍ଧିକରଣ ପିଲାର ଜ୍ଞାନଗତ (Cognitive) ବିକାଶକୁ ପ୍ରଭାବିତ କରେ। ଅପେକ୍ଷାକୃତ ଅଧିକ ଗତିଶୀଳ ପିଲାଟି ନିଜର ପିତାମାତା ଏବଂ ଯତ୍ନକାରୀର ହାବଭାବ ବେଶୀ ଚଳପ୍ରଚଳ କରୁ ନଥିବା ପିଲା ତୁଳନାରେ ଅଧିକ ପ୍ରଭାବିତ କରେ। ପିତାମାତା ଓ ଯତ୍ନକାରୀ ହସିବା ପରି ସକାରାତ୍ମକ ପ୍ରତିକ୍ରିୟା ଦର୍ଶାଇଲେ ଶିଶୁର ମଧ୍ୟ ସାମାଜିକ ଆବେଗିକ ବିକାଶ ତ୍ୱରାନ୍ୱିତ ହୁଏ।

ଅତୀତରେ (ଅର୍ଥାତ୍ ୨୦୦୦ ପୂର୍ବରୁ) ମାନବୀୟ ବିକାଶ ପରିପ୍ରେକ୍ଷୀରେ ଜିନ୍‌ର ଭୂମିକା ସମ୍ପର୍କରେ ସ୍ପଷ୍ଟ ଧାରଣା ନଥିଲା। କୌଣସି ବିକାଶକାଳୀନ ବିପର୍ଯ୍ୟୟର କାରଣ ଠିକ୍ ଭାବେ ଜଣା ନଗଲେ ଏହା ଜିନ୍‌ଗତ କିମ୍ବା ବଂଶାନୁଗତ କହି ବିଶେଷଜ୍ଞମାନେ ସମସ୍ୟାଟିକୁ ଏଡ଼ାଇ ଯାଉଥିଲେ। ମାତ୍ର ୨୦୦୦ ମସିହାରେ ଜେନୋମ୍ ଗବେଷଣାର ବିକାଶ ଘଟିବା ପରେ କେତେକ ବିକାଶକାଳୀନ ସମସ୍ୟାର ଅନୁଶୀଳନ ସହଜ ହୋଇଛି। ବର୍ତ୍ତମାନ ଆମ୍ଭେମାନେ ଜାଣିପାରୁଛୁ ଯେ ଆମର ଜିନ୍‌ର ଅନ୍ତରାଳରେ ଥିବା DNA କେତେକ ରାସାୟନିକ ଟ୍ୟାଗ୍ (Chemical Tags) ଦ୍ୱାରା ସକ୍ରିୟ (On) କିମ୍ବା ନିଷ୍କ୍ରିୟ (Off) ହୋଇଥାଏ । ଗୋଟିଏ ଉଦାହରଣ ଦ୍ୱାରା ଏହାକୁ ପ୍ରାଞ୍ଜଳ କରାଯାଇପାରେ। ବିଦ୍ୟୁତ୍‌ତାରରେ ବିଦ୍ୟୁତଶକ୍ତି ପ୍ରବାହିତ ହେଉଥିଲେ ମଧ୍ୟ ବଲ୍‌ବଗୁଡ଼ିକୁ ଆଲୋକିତ କରିବା ପାଇଁ ସୁଇଚ୍‌କୁ ଅନ୍ କରାଯିବା ଆବଶ୍ୟକ । ସେହିପରି ଆବଶ୍ୟକ ସମୟରେ ସୁଇଚଟିକୁ ଅଫ୍ କରାଯାଏ । ଅନୁରୂପ ଭାବରେ ଜିନ୍ ମାଧ୍ୟମରେ ଆମ୍ଭ ମଧ୍ୟରେ ସମ୍ଭାବନାଟି (ସକାରାତ୍ମକ କିମ୍ବା ନକାରାତ୍ମକ) ରହିଥାଏ। ମାତ୍ର ତା'ର ପରିପ୍ରକାଶ ପାଇଁ ବାହ୍ୟ ପରିବେଶ ଏବଂ ଏହି ପରିବେଶ ସହିତ କ୍ରିୟା ଅନୁକ୍ରିୟା (Interaction) ମାଧ୍ୟମରେ ରାସାୟନିକ ଟ୍ୟାଗ୍ ଆସିଥାଏ । ଖାଦ୍ୟ, ମାନସିକ ଚାପ ଏବଂ ଅନ୍ୟ କେତେକ ପରିବେଷ୍ଟନୀଗତ ଉପାଦାନ ଏପରି ଟ୍ୟାଗ୍ ଯୋଗାଇଥାଆନ୍ତି । ଲକ୍ଷ୍ୟ କରିବାର କଥା ଯେ ଜଣେ ବ୍ୟକ୍ତିର ଶରୀରରେ ସଂଗୀତକାର ଜିନ୍ ଥିଲେ ମଧ୍ୟ ସେ ପରିବେଶଗତ କାରଣରୁ ସଂଗୀତଜ୍ଞ ନ ହୋଇ ଜୀବନ କାଟିପାରନ୍ତି। ସେହିପରି ଜଣଙ୍କ DNA କିମ୍ବା ଜିନ୍‌ରେ ଏକ ମାନସିକ ରୋଗର ସମ୍ଭାବନା ଥିଲେ ମଧ୍ୟ ଖରାପ ପରିବେଶର ଶରବ୍ୟ ନ ହେଲେ ସେ ଜୀବନବ୍ୟାପୀ ମାନସିକ ସୁସ୍ଥତାର ଅଧିକାରୀ ହୋଇପାରନ୍ତି।

ଉପରେ କୁହାଯାଇବା ରାସାୟନିକ ପ୍ରକ୍ରିୟା ଜୀବନସାରା ଅପରିବର୍ତ୍ତିତ ରୁହେ ନାହିଁ । ବ୍ୟକ୍ତିର ଶାରୀରିକ, ଜ୍ଞାନଗତ ଓ ସାମାଜିକ ବିକାଶ ପରିବର୍ତ୍ତିତ ହେଉଥିବାରୁ ଜିନ୍ ସ୍ତରରେ ଏହି ପ୍ରକ୍ରିୟା ମଧ୍ୟ ପରିବର୍ତ୍ତିତ ହୁଏ । ମାତୃଗର୍ଭରେ ଥିବା ସମୟରେ ଜରାୟୁ ମଧ୍ୟରେ ଆଭ୍ୟନ୍ତରୀଣ ଉପାଦାନ ଓ ପ୍ରକ୍ରିୟାକୁ ପ୍ରଭାବିତ କରେ । ଏହା ସହିତ ଜନନୀର ଖାଦ୍ୟ ଓ ମାନସିକ ଚାପଜନିତ ହରମୋନ୍ ପ୍ରଭାବ ପକାଏ । ଜନ୍ମପରେ ବାହ୍ୟିକ ଉପାଦାନ ଅଧିକରୁ ଅଧିକ ଭୂମିକା ନିଏ । ଜୀବନର ବିକାଶ ସହିତ ବ୍ୟକ୍ତିର ବ୍ୟକ୍ତିଗତ ଅନୁଭୂତିର ଗଭୀରତା ଓ ପରିସର ଯେତିକି ବୃଦ୍ଧିପାଏ, ଅଧିକରୁ ଅଧିକ ବାହ୍ୟ ଉପାଦାନ ରାସାୟନିକ ଟ୍ୟାଗ୍‌କୁ ପ୍ରଭାବିତ କରେ ।

ଶରୀର ମଧ୍ୟରେ ଥିବା ଜିନ୍ ବା DNA ଏବଂ ପରିବେଶର କ୍ରିୟା-ଅନୁକ୍ରିୟାକୁ 'ଏପିଜେନେଟିକ୍' (Epigenetic) ପ୍ରକ୍ରିୟା କୁହନ୍ତି । ଏହି ପ୍ରକ୍ରିୟା ଗତିଶୀଳ ଜୀବନର ପରିବର୍ତ୍ତିତ ଓ କର୍ମପ୍ରସାରିତ ଅନୁଭବ ଦ୍ୱାରା ପ୍ରଭାବିତ ହୋଇଚାଲିଥାଏ । ଏଥିପାଇଁ ଯମଜ ସନ୍ତାନ ଓ ଭାଇଭଉଣୀଙ୍କ ମଧ୍ୟରେ ପ୍ରାଥମିକ ସ୍ତରରେ ଦୃଶ୍ୟମାନ ହେଉଥିବା ସ୍ୱାସ୍ଥ୍ୟ ଓ ଚେହେରାର ସାମଞ୍ଜସ୍ୟ ଧୀରେ ଧୀରେ କମିବାକୁ ଲାଗେ । ଛୋଟବେଳର ସାଦୃଶ୍ୟ ତିରୋହିତ ହୋଇ କ୍ରମଶଃ ଅଧିକରୁ ଅଧିକ ପାର୍ଥକ୍ୟ ପରିଦୃଷ୍ଟ ହୁଏ ।

କମ୍ ବୟସର ପିଲାମାନଙ୍କର ବ୍ୟକ୍ତିଗତ ଅନୁଭବର ପରିସର କମ୍ ଏବଂ ବହୁ ଅନୁଭୂତି ସମାନ ଧରଣର । ଏପିଜେନେଟିକ୍ ପ୍ରକ୍ରିୟା (ଜିନ୍ ଓ ପରିବେଶ ମଧ୍ୟରେ ଚାଲିଥିବା କ୍ରିୟା ଅନୁକ୍ରିୟା) ସୀମିତ ରୁହେ । ସୁତରାଂ ଅଳ୍ପ ବୟସରେ ପିଲା ପିଲା ମଧ୍ୟରେ ସାଦୃଶ୍ୟ ବେଶୀ । ମାତ୍ର ପ୍ରାୟ ଆଠବର୍ଷ ବୟସ ବେଳକୁ ଏ ପ୍ରକ୍ରିୟା ବୃଦ୍ଧି ପାଇବାରୁ ପରସ୍ପର ମଧ୍ୟରେ ପାର୍ଥକ୍ୟ ବୃଦ୍ଧିପାଏ । ପୁଣି କୋଡ଼ିଏ ବର୍ଷ ବୟସ ବେଳକୁ ବ୍ୟକ୍ତି ବ୍ୟକ୍ତି ମଧ୍ୟରେ ପାର୍ଥକ୍ୟ ବୃଦ୍ଧିପାଏ । ଏହି ପରିପ୍ରେକ୍ଷୀରେ ଷାଠିଏ ବର୍ଷରୁ ଊର୍ଦ୍ଧ୍ୱ ବୟସର ଲୋକମାନଙ୍କ ମଧ୍ୟରେ ସାଦୃଶ୍ୟର ପରିମାଣ କମ୍ ଏବଂ ପାର୍ଥକ୍ୟର ପରିମାଣ ବେଶୀ ହେବା ସ୍ୱାଭାବିକ । କହିବା ଅନାବଶ୍ୟକ ଯେ ଏ ପର୍ଯ୍ୟବେକ୍ଷଣଟି ଅତୀତର ବିଶ୍ୱାସକୁ ଅସିଦ୍ଧ ବୋଲି ପ୍ରମାଣ କରୁଛି । ଅତୀତରେ ବିଶ୍ୱାସ ଥିଲା ଯେ କିଶୋରାବସ୍ଥାରେ ବିକାଶ ମୋଟାମୋଟି ଶିଖର ପର୍ଯ୍ୟାୟକୁ ଯାଇ ତାପରେ ମନ୍ଥର ହୋଇଯାଉଛି ।

ପରିଶେଷରେ ବିକାଶର ଅନ୍ୟ ଗୋଟିଏ ବୈଶିଷ୍ଟ୍ୟର ସମୀକ୍ଷା କରାଯାଇପାରେ । ସିଦ୍ଧାନ୍ତ ଅନୁଯାୟୀ ବିକାଶର ଧାରା କ୍ରମିକତାର ଗୁଣ ଦର୍ଶାଏ କି କ୍ରମହୀନତାର (Dis-continuous) ରୂପରେଖ ଦର୍ଶାଇଥାଏ ? ଗୋଟିଏ ରୂପକ ଦ୍ୱାରା ଏହାକୁ ସ୍ପଷ୍ଟ କୁହାଯାଇପାରେ । ଇନ୍ଦ୍ରଧନୁ କ୍ରମନ୍ୱୟତାର ସୂଚକ । ଗୋଟିଏ ରଙ୍ଗ ବଦଳି ଯାଇ ଅନ୍ୟ

ଗୋଟିଏ ରଙ୍ଗ ଆଖି ଆଗକୁ ଆସୁଛି; ଅଥଚ ଦୁଇ ରଙ୍ଗ ମଧ୍ୟରେ ସୃଷ୍ଟି ବିଭାଜିକା ରେଖା ନାହିଁ। ଅନ୍ୟ ପକ୍ଷରେ କ୍ରମହୀନତା ସୂଚକ ବିକାଶ ହେଉଛି ପାହାଚ ସହିତ ତୁଳନୀୟ। ଗୋଟିଏ ପାହାଚରୁ ଅନ୍ୟ ପାହାଚକୁ ଯିବା ପାଇଁ ମଝିରେ ଥିବା ବିଭାଜିକାଟି ସ୍ପଷ୍ଟ।

ମାନବୀୟ ବିକାଶ ପରିପ୍ରେକ୍ଷୀରେ କ୍ରମନ୍ୱୟତା ବିକାଶ କ୍ରମହୀନତାର ସମସ୍ୟାଟି ସହଜରେ ସମାଧାନ କରାଯାଇ ପାରିବ ନାହିଁ। କେତେକ ବିକାଶରେ କ୍ରମନ୍ୱୟତାର ଛାପ ସୁସ୍ପଷ୍ଟ। ଶିଶୁର ମିଞ୍ଜାସ କିପରି ଧୀରେ ଧୀରେ ପରିବର୍ତ୍ତିତ ହୋଇ ବ୍ୟକ୍ତିତ୍ୱ ରୂପନିଏ, ତାହା କ୍ରମାଗତ ଭାବରେ ଘଟିଥାଏ। ତଥାପି ନିରବଛିନ୍ନ ଓ କ୍ରମାଗତ ବିକାଶର ମଝିରେ ମଝିରେ ଆକସ୍ମିକ ଭାବରେ କେତେକ ପରିଦୃଷ୍ଟ ଉନ୍ନତି କ୍ରମାନ୍ୱୟ ବିକାଶର ଧାରାଠାରୁ ବାହାରି ଯାଇଥାଏ। ଉଦାହରଣ ସ୍ୱରୂପ ଶିଶୁର ଭାଷାଗତ ବିକାଶ ପର୍ଯ୍ୟାୟର ପର୍ଯ୍ୟବେକ୍ଷଣ କଲେ ଦେଖାଯାଏ ଯେ ଗୋଟିଏ ସମୟରେ ଶିଶୁ ଶବ୍ଦାବଳୀ ମାତ୍ର ଗୋଟିଏ ସପ୍ତାହରେ ଦୁଇଗୁଣ ହୋଇଯାଏ। ଅଳ୍ପ ସମୟ ବ୍ୟବଧାନରେ ଶବ୍ଦାବଳୀର ଏ ଦ୍ରୁତ ପରିବର୍ତ୍ତନ ସମ୍ଭବ ହୁଏ କିପରି ? ଏ କ୍ଷେତ୍ରର କ୍ରମାନ୍ୱୟତାର କିଛିଟା ବିଚ୍ୟୁତି ଦେଖାଯାଏ। ସମ୍ଭବତଃ ମସ୍ତିଷ୍କର କେତେକ ଆକସ୍ମିକ ପରିବର୍ତ୍ତନ (ବିଶେଷତଃ ଅଗ୍ରମସ୍ତିଷ୍କର ପରିବର୍ତ୍ତନ) କେତେକ ଅପ୍ରତ୍ୟାଶିତ ବିକାଶ ସୃଜିପାରେ। ମୋଟଉପରେ ବିକାଶର ପରିପ୍ରେକ୍ଷୀର କ୍ରମନ୍ୱୟତା (ନିରବଛିନ୍ନତା) ଏବଂ କ୍ରମହୀନତାର ଭୂମିକା ରହିଛି। ଏ ଦୁଇଟିଯାକ ଧାରା ପରସ୍ପରର ପରିପୂରକ ହୋଇ ମାନବୀୟ ବିକାଶକୁ କମନୀୟ ରୂପରେଖ ପ୍ରଦାନ କରେ।

■

ଅସାମାନ୍ୟ ବୃଦ୍ଧିସମ୍ପନ୍ନ ପିଲା

ପ୍ରତି ସମାଜରେ ପିଲାମାନଙ୍କର ସମସ୍ୟା ସାମାଜିକ ଉଦ୍‌ବେଗର କାରଣ ହୋଇଥାଏ । ମାନସିକ ସ୍ତରରେ ଭିନ୍ନକ୍ଷମ ପିଲାମାନଙ୍କର ଶିକ୍ଷାଦୀକ୍ଷା ଏବଂ ଥଇଥାନ ପାଇଁ ଯେପରି ସୁପରିକଳ୍ପିତ ଯୋଜନା ଆବଶ୍ୟକ, ଅସାମାନ୍ୟ ବୃଦ୍ଧିସମ୍ପନ୍ନ ପିଲାମାନଙ୍କର ଶିକ୍ଷା ବ୍ୟବସ୍ଥା ପାଇଁ ମଧ୍ୟ ଅନୁରୂପ ସଂକଳ୍ପ ପ୍ରୟୋଜନ। ଆମେ ସାଧାରଣ ସ୍କୁଲରେ ଯେଉଁ ସମସ୍ତ ଛାତ୍ର ଛାତ୍ରୀଙ୍କୁ ଦେଖୁ, ସେମାନଙ୍କ ମଧ୍ୟରୁ ଅଧିକାଂଶ ପିଲା ବୁଦ୍ଧିମତ୍ତାର ଏକ ସୀମାରେଖା ମଧ୍ୟରେ ରହିଥାଆନ୍ତି। ଏହି ସୀମାରେଖାର ଅତି ନିମ୍ନରେ ରହିଥିବା ପିଲାମାନେ ଯେପରି ସମସ୍ୟା ବିଜଡ଼ିତ ହୋଇ ପଡ଼ନ୍ତି, ସୀମାରେଖାର ଅତି ଉପରେ ରହିଥିବା ପିଲାମାନଙ୍କର ମଧ୍ୟ ବିଶେଷ ଧରଣର ଶିକ୍ଷାଗତ ସମସ୍ୟା ରହିଛି। ଏମାନେ ଗତାନୁଗତିକ ଶ୍ରେଣୀଗୃହରେ ସମସ୍ତ ପ୍ରକାର ଆଗ୍ରହ ହରାଇ ବସନ୍ତି। ଅନ୍ୟମାନଙ୍କ ସହିତ ମିଳିମିଶି କାର୍ଯ୍ୟ ଅକ୍ଷମତା ଫଳରେ ନିଃସଙ୍ଗତା ଅନୁଭବ କରନ୍ତି। ଏମାନଙ୍କ ସଫଳତା ବିପର୍ଯ୍ୟସ୍ତ ହୁଏ। ପ୍ରତିଭା ସତ୍ତ୍ୱେ ଫଳାଫଳ ଖରାପ ରହୁଥିବାରୁ ଏମାନଙ୍କର ସହାୟତା ପାଇଁ ପ୍ରତିବିଧାନ ଯୋଗାଇବା ପ୍ରତି ସମାଜର ଏକ ଦାୟିତ୍ୱଶୀଳ ଆହ୍ୱାନ।

ପ୍ରଥମେ ଅସାମାନ୍ୟ ବୁଦ୍ଧିସମ୍ପନ୍ନ ପରିଭାଷାଟିକୁ ସ୍ପଷ୍ଟ କରିବାକୁ ହେବ। ସମଗ୍ର ବିଶ୍ୱରେ ପିଲାମାନଙ୍କୁ ସ୍କୁଲରେ ଭର୍ତ୍ତି କରିବା ସମୟରେ ସେମାନଙ୍କର ସମନ୍ୱୟଶୀଳତା ପ୍ରତିଧ୍ୟାନ ଦିଆଯାଏ। ଯୋଗ୍ୟତାର ଆକଳନ ପାଇଁ ବିଭିନ୍ନ ଉପାୟ ଅବଲମ୍ବନ କରାଗଲେ ମଧ୍ୟ ଆମ୍ଭେମାନେ ପିଲାଟି ବୁଦ୍ଧିମାନ୍ କି ବୁଦ୍ଧିହୀନ ତାହାର ଏକ ମୋଟାମୋଟି ଧାରଣା କରିଥାଉ। ବୁଦ୍ଧିମତ୍ତାକୁ (Inteligence) ସମନ୍ୱୟଶୀଳତାର ଏକ ମାପକାଠି ରୂପେ ବ୍ୟବହାର କରାଯାଏ ।

ବୁଦ୍ଧିମତ୍ତାକୁ ବସ୍ତୁଗତ ବା ପରିମାଣାତ୍ମକ ରୂପ ପ୍ରକାଶ କରିବାକୁ ବୁଦ୍ଧିଅଙ୍କ (IQ) ବା (Inteligence Quotient) ଶବ୍ଦ ବ୍ୟବହାର କରାଯାଏ। ଗୋଟିଏ ପିଲାର

କିମ୍ବା କୌଣସି ବ୍ୟକ୍ତିର ବୁଦ୍ଧିଅଙ୍କ ନିର୍ଦ୍ଧାରଣ ପାଇଁ କିଛି ମନସ୍ତାତ୍ତ୍ୱିକ ପରିମାପକ ବ୍ୟବହାର କରାଯାଏ। ତାହାର ବର୍ଣ୍ଣନା ଅପେକ୍ଷାକୃତ ଜଟିଳ ତେବେ ଏତିକି କୁହାଯିବ ଯେ ପିଲା ହେଉ ବା ବଡ଼ ହେଉ କୌଣସି ବ୍ୟକ୍ତିର ବୁଦ୍ଧିଅଙ୍କ ୧୦୦ କହିବାର ଅର୍ଥ ହେଉଛି ଯେ ବୁଦ୍ଧିର ସ୍ତର ହାରାହାରି ପର୍ଯ୍ୟାୟରେ ରହିଛି। ଗୋଟିଏ ଆଠବର୍ଷର ପିଲା ତା'ର ସମବୟସୀ ପିଲାଙ୍କର ଦକ୍ଷତା ଦେଖାଇଲେ ବୁଦ୍ଧିଅଙ୍କ ୧୦୦ ରହିବ। ସେହିପରି ୨୫ ବର୍ଷର ତରୁଣ କିମ୍ବା ତରୁଣୀ ୨୫ ବର୍ଷର ବ୍ୟକ୍ତି ପରି ଦକ୍ଷତା ଦର୍ଶାଇଲେ ବୁଦ୍ଧିଅଙ୍କ ୧୦୦ ରହିବ।

ବର୍ତ୍ତମାନ ଆପଣ ନିମ୍ନସ୍ତର ଓ ଉଚ୍ଚସ୍ତର ସହଜରେ କଳ୍ପନା କରି ପାରିବେ। ବୁଦ୍ଧିଅଙ୍କ ୭୦ କହିବାର ତାତ୍ପର୍ଯ୍ୟ ହେଉଛି ଯେ ଦଶ ବର୍ଷର ପିଲାଟି ୭ ବର୍ଷର ପିଲାର ଦକ୍ଷତା ଦର୍ଶାଉଛି। ସେହିପରି ବୁଦ୍ଧିଅଙ୍କ ୧୩୦ କହିବାର ଅର୍ଥ ହେଉଛି ଯେ ଦଶ ବର୍ଷର ପିଲାଟି ୧୩ ବର୍ଷ ପିଲାର ଦକ୍ଷତା ଦର୍ଶାଉଛନ୍ତି।

ବିଶେଷଜ୍ଞମାନେ ବୁଦ୍ଧିମତ୍ତାର ବର୍ଗୀକରଣ କଲାବେଳେ ବୁଦ୍ଧିଅଙ୍କ ୭୦ କିମ୍ବା ତା'ଠାରୁ କମ୍ ବୁଦ୍ଧିଅଙ୍କ ଥିବା ପିଲା କିମ୍ବା ବ୍ୟକ୍ତିଙ୍କୁ ମାନସିକ ଅନଗ୍ରସରତାର ପର୍ଯ୍ୟାୟରେ ରଖିଛନ୍ତି । ଏହାର ତାତ୍ପର୍ଯ୍ୟ ଆପଣ ସହଜରେ ବୁଝି ପାରୁଥିବେ। ବୁଦ୍ଧିଅଙ୍କ ୭୦ ହୋଇଥିଲେ ଦଶ ବର୍ଷର ପିଲାଟି ସାତ ବର୍ଷ ପିଲାର ଦକ୍ଷତା ଦେଖାଇବ। କୋଡ଼ିଏ ବର୍ଷର ଯୁବକ ଚଉଦ ବର୍ଷ କିଶୋରର ଦକ୍ଷତା ଦେଖାଇବ। ଏହି ନିମ୍ନ ସୀମାରେଖା ଅନୁସାରେ ମାନସିକ ସ୍ତରରେ ଭିନ୍ନକ୍ଷମ ପିଲାଙ୍କ ଚିହ୍ନଟ କରାଯାଏ।

ଅନ୍ୟ ପକ୍ଷରେ ହାରାହାରି ବୁଦ୍ଧିଅଙ୍କର (ବୁଦ୍ଧିଅଙ୍କ) ଉପର ସ୍ତରରେ ରହିଥିବା ପିଲାମାନଙ୍କର ସମ୍ପର୍କରେ ମୋଟାମୋଟି ଧାରଣା ଦିଆ ଯାଇପାରେ। ବୁଦ୍ଧିଅଙ୍କ ୧୦୦/ ୧୧୦ ଦର୍ଶାଉଥିବା ପିଲାମାନଙ୍କୁ ହାରାହାରି ସ୍ତରରେ ରହିଥିବାର ବିଚାର କରାଯିବା ସ୍ଥଳେ ବୁଦ୍ଧିଅଙ୍କ ୧୨୦ ପାଖାପାଖି ଥିଲେ ତାହାକୁ ଉଚ୍ଚତର (Superior) ପର୍ଯ୍ୟାୟଭୁକ୍ତ କରାଯାଏ । ପିଲାମାନଙ୍କ ମଧ୍ୟରୁ ପ୍ରାୟ ୯୫ ପ୍ରତିଶତ ପିଲା ୭୦ରୁ ୧୩୦ ସୀମାରେଖା ମଧ୍ୟରେ ରୁହନ୍ତି । ମାତ୍ର ୭୦ରୁ ତଳକୁ ଖସି ଯାଉଥିବା ପିଲାମାନଙ୍କୁ ମାନସିକ ଅନଗ୍ରସରତାର ଅଧିକାରୀ ବୋଲି ବିଚାର କରାଯାଏ। ଅନ୍ୟ ଦିଗରେ ବୁଦ୍ଧିଅଙ୍କ ୧୩୦ ଊର୍ଦ୍ଧ୍ୱକୁ ଯାଉଥିବା ପିଲାମାନଙ୍କୁ ଅସାଧାରଣ ବୁଦ୍ଧିଦୀପ୍ତ ଓ ପ୍ରତିଭାବାନ୍ ବିଚାର କରାଯାଏ।

ଅସାଧାରଣ ବୁଦ୍ଧି ସମ୍ପନ୍ନ ପିଲାମାନଙ୍କର ବିସ୍ମୟକର ଦକ୍ଷତା ଅନେକ ସମୟରେ ସମ୍ବାଦପତ୍ରମାନଙ୍କରେ ପ୍ରକାଶ ପାଉଥାଏ। କିଛିବର୍ଷ ପୂର୍ବେ ଜୋନାଥନ୍ ନାମକ ଜଣେ ବାଳକ ଆମେରିକାରେ ଏପରି ଚମକ ସୃଷ୍ଟି କରିଥିଲାଯେ, ୯ ମାସ ବୟସରେ ସେ କଥା କହିବା ଶିଖିଥିଲା। ଅଢ଼େଇ ବର୍ଷରେ ଦ୍ୱିତୀୟ ଶ୍ରେଣୀରେ ପଢ଼ିବାର ଦକ୍ଷତା

ହାସଲ କରିଥିଲା । ଦ୍ୱିତୀୟ ଶ୍ରେଣୀରେ ପଢୁଥିବା ସମୟରେ ଆଠବର୍ଷ ବୟସର ପିଲାମାନଙ୍କ ପରି ଭାଷାଗତ ଦକ୍ଷତା ପ୍ରଦର୍ଶନ କରୁଥିଲା। ତା'ର ବୟସ ସାତବର୍ଷ ହୋଇଥିବା ସମୟରେ ଭୂଗୋଳ ଶିକ୍ଷାପ୍ରତି ଅନନ୍ୟ ଧରଣର ଆଗ୍ରହ ପ୍ରକାଶ କଲା। ସ୍ୱତନ୍ତ୍ର ଧରଣର ସ୍କୁଲରେ ଭର୍ତ୍ତି କରିବା ପାଇଁ ତା'ର ପିତାମାତା ସ୍କୁଲକୁ ଆଣିଲେ। ପ୍ରଥମେ ତା'ର ବୁଦ୍ଧିଅଙ୍କ ଆକଳନ ପାଇଁ ବ୍ୟବସ୍ଥା କରାଗଲା। କିନ୍ତୁ ବୁଦ୍ଧିମାପକ ପ୍ରଶ୍ନସବୁ ଖୁବ୍ ସହଜ ଲାଗିବାରୁ ସେ ପରୀକ୍ଷା ଦେବାକୁ ଅସମ୍ମତ ହେଲା। ଶିକ୍ଷକ ଓ ପିତାମାତା ସ୍ତମ୍ଭୀଭୂତ ହୋଇପଡ଼ିଲେ।

ସେହିପରି ୟଙ୍ଗ୍ ହେଉଛନ୍ତି ଜଣେ ବ୍ରିଟିଶ ପଦାର୍ଥ ବିଜ୍ଞାନୀ। ସେ ଏକାଧାରରେ ପଦାର୍ଥ ବିଜ୍ଞାନୀ, ମନୋବିଜ୍ଞାନୀ ଓ ଭାଷା ବିଜ୍ଞାନୀ ଥିଲେ। ପଦାର୍ଥ ବିଜ୍ଞାନୀ ହିସାବରେ ସେ ଆଲୋକର ତରଙ୍ଗ ତଥ୍ୟ ପ୍ରଖ୍ୟାପନ କରିଥିଲେ। ମନୋବିଜ୍ଞାନୀ ରୂପେ ସେ ରଙ୍ଗସବୁର ପ୍ରତ୍ୟକ୍ଷଣ (Perception) ଉପରେ ତାତ୍ତ୍ୱିକ ବିଶ୍ଳେଷଣ କରିଥିଲେ। ଭାଷାବିତ୍ ହିସାବରେ ସେ ଭାଷାସମୂହର ଧ୍ୱନି ସଙ୍କେତର ଲିପି ବାହାର କରିଥିଲେ। ସେ ଜଣେ ପ୍ରତିଭାଦୀପ୍ତ ବ୍ୟକ୍ତି । ତାଙ୍କୁ ୪ ବର୍ଷ ହୋଇଥିବା ସମୟରେ ସେ ଚାରୋଟି ବୈଦେଶିକ ଭାଷା ଶିଖି ପାରିଥିଲେ। ତାଙ୍କର ବୟସ ଷୋହଳ ସତର ହୋଇଥିଲାବେଳେ ସେ କେମ୍ବ୍ରିଜ୍ ଓ ଅକ୍ସଫୋର୍ଡ଼ର ପଣ୍ଡିତମାନଙ୍କ ସହ ଯୁକ୍ତି କରି ପାରୁଥିଲେ।

ଏବେ ଲଣ୍ଡନରେ ମେନ୍ସା ବୁଦ୍ଧିମତ୍ତା ପରୀକ୍ଷାରେ ଲିଡ଼ିଆ ସେବେଷ୍ଟିଆନ୍ ନାମକ ଭାରତୀୟ ବଂଶୋଦ୍ଭବ ବାରବର୍ଷର ବାଳିକାର ବୁଦ୍ଧିଅଙ୍କ ୧୬୨ ହୋଇଥିବାର ଜଣା ପଡ଼ିଛି (ଟାଇମ୍ସ ଅଫ୍ ଇଣ୍ଡିଆ, ୨୦୧୫ ସେପ୍ଟେମ୍ବର-୭)। ସେହିପରି ମୁମ୍ବାଇରେ ଜନ୍ମଲାଭ କରିଥିବା ଏଗାର ବର୍ଷର ଆଉ ଏକ ବାଳକ ମଧ୍ୟ ବୁଦ୍ଧିଅଙ୍କ ପରୀକ୍ଷାରେ (ମେନ୍ସା ପରୀକ୍ଷା) ୧୬୨ ଅଙ୍କ ପାଇଛି (ଟାଇମ୍ସ ଅଫ୍ ଇଣ୍ଡିଆ, ୨୦୧୬ ଜାନୁଆରୀ ୧୨)। ତାହାର ନାମ ହେଉଛି କାଶ୍ମିଆ ୱାହି। ଏସବୁ ଚମକପ୍ରଦ ବିବରଣୀର ନିର୍ଯ୍ୟାସ ହେଉଛି ଅନନ୍ୟ ବୁଦ୍ଧି ସମ୍ପନ୍ନ ପିଲା କିମ୍ବା ବ୍ୟକ୍ତି ବୁଦ୍ଧିମତ୍ତାର ଖୁବ୍ ଉଚ୍ଚସ୍ତରକୁ ଯାଇପାରନ୍ତି। ବୁଦ୍ଧିଅଙ୍କ ୧୩୦ରୁ ଊର୍ଦ୍ଧ୍ୱକୁ ଯାଉଥିବା ବ୍ୟକ୍ତି ବିଶେଷଙ୍କୁ ଅସାଧାରଣ ବୁଦ୍ଧିସମ୍ପନ୍ନ କୁହାଯିବ। ୟଙ୍ଗ୍‌ଙ୍କ ପରିପ୍ରେକ୍ଷୀରେ କକ୍ସ ନାମକ ମନୋବିଜ୍ଞାନୀ ମତ ଦେଲେ ଯେ ୟଙ୍ଗ୍‌ଙ୍କ ବୁଦ୍ଧିଅଙ୍କ ପ୍ରାୟ ୨୦୦। ଏହାକୁ କୌଣସି ବୁଦ୍ଧିମାପକରେ ମାପିବା କଷ୍ଟକର। ବୁଦ୍ଧିଅଙ୍କ ୨୦୦ କହିବାର ତାତ୍ପର୍ଯ୍ୟ ବୁଝି ପାରୁଥିବେ। ଏପରି ବ୍ୟକ୍ତି ଦଶବର୍ଷ ବୟସରେ କୋଡ଼ିଏ ବର୍ଷ ବ୍ୟକ୍ତିର ସାମର୍ଥ୍ୟ ଦର୍ଶାନ୍ତି। କୋଡ଼ିଏ ବର୍ଷ ବୟସରେ ଚାଳିଶ ବର୍ଷ ବୟସର ଦକ୍ଷତା ପ୍ରଦର୍ଶନ କରନ୍ତି।

ବର୍ତ୍ତମାନ ତାତ୍ପର୍ଯ୍ୟପୂର୍ଣ୍ଣ ପ୍ରଶ୍ନଟି ହେଉଛି ଏପରି ଅସାମାନ୍ୟ ବୁଦ୍ଧିସମ୍ପନ୍ନ

ପିଲାମାନଙ୍କର ଶିକ୍ଷାଦୀକ୍ଷା ସମ୍ପର୍କୀୟ ଅବସ୍ଥା। ଏପରି ପିଲାମାନଙ୍କର ବୌଦ୍ଧିକ ଶକ୍ତିର ରୂପାୟନ ପାଇଁ କ"ଣ କରାଯାଇ ପାରିବ ? ଏମାନଙ୍କୁ ସେମାନଙ୍କର ସମବୟସ୍କ ପିଲାମାନଙ୍କ ସ୍କୁଲରେ ଭର୍ତ୍ତି କରାଯିବା ଉଚିତ କି ସାଧାରଣ ସ୍କୁଲରେ ଏମାନଙ୍କ ପାଇଁ ପ୍ରତିଦିନ ଦୁଇଘଣ୍ଟା ଅଧିକ ସମୟ ଅଧିକ ପ୍ରଶକ୍ଷଣ ଦେଇ ଲକ୍ଷ୍ୟ ପୂରଣ କରାଯିବ କି ? ଅନ୍ୟ ପକ୍ଷରେ ସମବୟସୀ ପିଲାଙ୍କ ସହିତ ଶ୍ରେଣୀରେ ଭର୍ତ୍ତି କରା ନ ଯାଇ ମାନସିକ ବିକାଶର ସମାନ ପର୍ଯ୍ୟାୟରେ ଥିବା ପିଲାମାନଭ୍କ ସହ ଶିକ୍ଷା ଦିଆଯିବ କି ? ଏ ଧରଣର ପିଲାଙ୍କ ପାଇଁ ସ୍ୱତନ୍ତ୍ର ଧରଣର ବିଦ୍ୟାଳୟ ପ୍ରତିଷ୍ଠିତ ହେବ କି ? ଏସବୁ ପ୍ରଶ୍ନର ଉତ୍ତର ଦେବା ପୂର୍ବରୁ କେତୋଟି ମୌଳିକ ତଥ୍ୟ ସହିତ ଆମର ପରିଚିତି ଆବଶ୍ୟକ।

ପ୍ରତିଭାଦୀପ୍ତ ପିଲା

ଅସାମାନ୍ୟ ବୁଦ୍ଧିସମ୍ପନ୍ନ ପିଲାକୁ ଗୋଟିଏ ଦୃଷ୍ଟିରୁ ପ୍ରତିଭାଦୀପ୍ତ (Gifted) କୁହାଗଲେ ମଧ୍ୟ ସେ ସମ୍ପୂର୍ଣ୍ଣ ସମସ୍ୟାମୁକ୍ତ ନୁହେଁ। ଆମର ଗତାନୁଗତିକ ସ୍କୁଲ ଓ ଚିରାଚରିତ ଶ୍ରେଣୀରେ ସେ ଅନ୍ୟମାନଙ୍କଠାରୁ ଅଲଗା ହୋଇଥିବାରୁ ସମୟ ସମୟରେ ଲାଞ୍ଛିତ ହୁଏ। ପିଲାମାନେ ତାକୁ ଥଟ୍ଟା କରନ୍ତି। ସେ ନିଜେ ମଧ୍ୟ ବିରସ ଅନୁଭବ କରେ। ଶ୍ରେଣୀର ପାଠ୍ୟ ବିଷୟ ଅତି ସହଜ ମନେ ହେବାରୁ ତା'ର ଆଗ୍ରହ ରହେ ନାହିଁ। ଶିକ୍ଷକମାନେ ମଧ୍ୟ ଏପରି ନଗଣ୍ୟ ସଂଖ୍ୟକ ପିଲାଙ୍କ ଆବଶ୍ୟକତା ପ୍ରତି ଅଲଗା ଦୃଷ୍ଟି ଦେଇ ନଥାନ୍ତି। ଅନେକ ସମୟରେ ଶିକ୍ଷକଙ୍କ ଜ୍ଞାନର ତୁଳନାରେ ସେମାନଙ୍କର ଜ୍ଞାନର ପରିସର ଅଧିକ ପରିବ୍ୟାପ୍ତ ରହିଥାଏ, ଫଳରେ ପିଲାର ଆଗ୍ରହଶୂନ୍ୟତା ସ୍ୱାଭାବିକ। ସ୍କୁଲର ଅନୁଭୂତି ଆକର୍ଷଣୀୟ ହୋଇ ନଥିବା କଥା ବହୁ ପ୍ରଖ୍ୟାତ ବ୍ୟକ୍ତି ନିଜ ଜୀବନ ଇତିହାସରେ ଲେଖିଛନ୍ତି। ବିଶ୍ୱକବି ରବୀନ୍ଦ୍ରନାଥ ଠାକୁର ବିଦ୍ୟାଳୟ ଭଲ ପାଉ ନଥିଲେ। ମନସ୍ତତ୍ତ୍ୱବିଦ୍ ଏରିକ୍ ଏରିକ୍ସନ୍ ସ୍କୁଲ ଜୀବନକୁ ଘୃଣା କରୁଥିଲେ। ସେମାନଙ୍କ ପାଇଁ ବିଦ୍ୟାଳୟ ହେଉଛି ଏକ ନକାରାତ୍ମକ ଅନୁଭବ।

ଅବଶ୍ୟ ବୁଦ୍ଧିମତ୍ତାକୁ ଭିତ୍ତିକରି ଅସାମାନ୍ୟ ବୁଦ୍ଧିସମ୍ପନ୍ନ ପିଲାମାନଙ୍କୁ ଚିହ୍ନଟ କରିବା ସମୟରେ ମନେ ରଖିବାକୁ ହେବ ଯେ ଦୁଇ ଧରଣର ବୁଦ୍ଧିଦୀପ୍ତ ପିଲା ଅଛନ୍ତି। ପ୍ରଥମ ଧରଣର ପିଲାଙ୍କୁ ମଧ୍ୟମ ମାତ୍ରାର ଅସାମାନ୍ୟ ବୁଦ୍ଧିସମ୍ପନ୍ନ (Moderately Gifted) କୁହାଯାଏ । ଏପରି ପିଲାମାନେ ସେମାନଙ୍କର ସମବୟସୀ ପିଲାଙ୍କଠାରୁ ଦୁଇ ତିନିବର୍ଷ ଆଗରେ ରହିଥାନ୍ତି। ଏହାର ଅର୍ଥ ହେଉଛି ଯେ ସେମାନଙ୍କର ଜନ୍ମଗତ ବୟସ ଦଶବର୍ଷ ହୋଇଥିଲେ ସେମାନେ ବାରବର୍ଷ କିମ୍ବା ତେରବର୍ଷ ବୟସର ଦକ୍ଷତା ଦର୍ଶାନ୍ତି। ବୁଦ୍ଧିଅଙ୍କ ସ୍ତରରେ ଏମାନଙ୍କ ବୁଦ୍ଧିଅଙ୍କ ୧୩୦ରୁ ୧୫୦ ମଧ୍ୟରେ ରହିଥାଏ। ମାତ୍ର ଅନ୍ୟ

ଧରଣର ବୁଦ୍ଧିଦୀପ୍ତ ପିଲାଙ୍କୁ ଗଭୀର ମାତ୍ରାର ବୁଦ୍ଧିଦୀପ୍ତ (Profoundly Gifted) କୁହାଯାଏ। ଏମାନଙ୍କର ବୁଦ୍ଧିଅଙ୍କ ୧୮୦ କିମ୍ବା ତା'ଠାରୁ ଅଧିକ ହୋଇଥାଏ। ଏ ଦୁଇ ଧରଣର ବୁଦ୍ଧିଦୀପ୍ତ ପିଲାଙ୍କର ବିଭାଗୀକରଣର ତାତ୍ପର୍ଯ୍ୟ ହେଉଛି ଯେ ଦୁଇ ଧରଣର ପିଲାଙ୍କର ଦକ୍ଷତା କ୍ଷେତ୍ରରେ କେବଳ ପରିମାଣାତ୍ମକ ଭିନ୍ନତା ନାହିଁ, ଏମାନଙ୍କ ମଧ୍ୟରେ ଗୁଣାତ୍ମକ ପାର୍ଥକ୍ୟ ରହିଛି।

ପ୍ରତିଭାର ବୈଶିଷ୍ଟ୍ୟ

ବୁଦ୍ଧିମତ୍ତା ସ୍ତରକୁ ଆଧାର କରି ପ୍ରତିଭାର ପରିକଳ୍ପନା କରାଯାଇଥିଲେ ମଧ୍ୟ ପ୍ରତୀଭାଦୀପ୍ତ ପିଲା କେଉଁ କେଉଁ ସାମର୍ଥ୍ୟର ଅଧିକାରୀ ସେ ବିଷୟରେ ବିଶେଷଜ୍ଞମାନଙ୍କର ମତାମତରେ କିଛିଟା ଭିନ୍ନତା ରହିଛି।

କେତେକ ବିଶେଷଜ୍ଞ ମତ ଦିଅନ୍ତି ଯେ ମୋଟାମୋଟି ଭାବରେ ଆମେ ଯାହା ବୁଦ୍ଧିମତ୍ତା ବୋଲି କହିଥାଉ ସେଥିରେ ତିନୋଟି ପୃଥକ୍ (ଅଥଚ ସମ୍ପର୍କିତ) ଦକ୍ଷତା ରହିଥାଏ। ସେଗୁଡ଼ିକ ହେଉଛି, ବିଶ୍ଳେଷଣାତ୍ମକ ବୁଦ୍ଧି, ସଂଶ୍ଳେଷଣାତ୍ମକ ବୁଦ୍ଧି ଓ ପ୍ରୟୋଗାତ୍ମକ ବ୍ୟବହାରିକ ବୁଦ୍ଧି । ବ୍ୟବହାରିକ ବୁଦ୍ଧିକୁ ସାମାଜିକ ବୁଦ୍ଧି କୁହାଯାଏ। ପୁଣି ଅନ୍ୟ କେତେକ ବିଶେଷତଃ ବୁଦ୍ଧିମତ୍ତା ପରିପ୍ରେକ୍ଷୀରେ ଅନ୍ତର୍ଦୃଷ୍ଟିକୁ ଗୁରୁତ୍ୱ ଦେବା ସ୍ଥଳେ ଅନ୍ୟମାନେ ସୃଜନଶୀଳତାକୁ ପ୍ରାଧାନ୍ୟ ଦିଅନ୍ତି।

ଗାର୍ଡ଼ନର୍ ନାମକ ଜଣେ ମନୋବିଜ୍ଞାନୀ ପୃଥକ୍ ମତବ୍ୟକ୍ତ କରିଛନ୍ତି। ସାମଗ୍ରିକ ବୁଦ୍ଧିମତ୍ତର ପରିକଳ୍ପନା ପରିବର୍ତ୍ତେ ସେ ବହୁବିଧ ବୁଦ୍ଧିମତ୍ତାର (Multiple Intelligence) ଧାରଣା ଦେଇଛନ୍ତି । ତାଙ୍କ ମତରେ ଆଠୋଟି ପୃଥକ୍ ପୃଥକ୍ ବୁଦ୍ଧିମତ୍ତା ରହିଛି। ସେଗୁଡ଼ିକ ହେଉଛି, ଭାଷା, ଗାଣିତିକ, ସ୍ଥାନ ଓ ଅବସ୍ଥିତି ସମ୍ପର୍କୀୟ ବୁଦ୍ଧି, ଅନ୍ତର୍ଜଗତର ବୁଦ୍ଧି, ପାରସ୍ପରିକତା, ସଂଗୀତ ଧର୍ମୀ, ଶରୀର ସମ୍ବନ୍ଧୀୟ ବୁଦ୍ଧି ଓ ପରିବେଶଗତ ବୁଦ୍ଧି। କୌଣସି ପିଲା କିମ୍ବା ବ୍ୟକ୍ତି ଗୋଟିଏ କ୍ଷେତ୍ରରେ ନିଜର ବୁଦ୍ଧିମତ୍ତା ପ୍ରଦର୍ଶନ କରେ। କହିବା ଅନାବଶ୍ୟକ ଯେ ଗାର୍ଡ଼ନରଙ୍କ ମତବାଦକୁ ସ୍ୱୀକାର କଲେ ବିଭିନ୍ନ ଧରଣର ପ୍ରତିଭା ପାଇଁ ପୃଥକ୍ ପୃଥକ୍ ଶିକ୍ଷା ବ୍ୟବସ୍ଥାର ଆୟୋଜନ କରାଯିବ।

ପ୍ରତିଭାର ସଂଜ୍ଞା ଯାହା ହେଲେ ମଧ୍ୟ ପ୍ରତିଭାଦୀପ୍ତ ପିଲାମାନଙ୍କର ସାମର୍ଥ୍ୟ ସମ୍ପର୍କରେ ସହମତି ରହିଛି। ଏପରି ପିଲାମାନଙ୍କର ଚିନ୍ତନ ସାମର୍ଥ୍ୟ ଉଚ୍ଚସ୍ତରୀୟ। ସେମାନେ ସମସ୍ୟା ସବୁର ସୁନ୍ଦର ବିଶ୍ଳେଷଣ କରନ୍ତି ଏବଂ ସମାଧାନର ପନ୍ଥା ବାହାର କରନ୍ତି। ସେମାନଙ୍କର ଗଭୀର ଆତ୍ମବିଶ୍ୱାସ ରହିଥାଏ।

ପୂର୍ବରୁ ସୂଚନା ଦିଆଯାଇଛି ଯେ ଗଭୀରମାତ୍ରାର ପ୍ରତିଭା ପ୍ରଦର୍ଶନ କରୁଥିବା ପିଲାମାନେ ମଧ୍ୟମ ମାତ୍ରାର ପ୍ରତିଭା ସମ୍ପନ୍ନ ପିଲାଙ୍କଠାରୁ ଭିନ୍ନ। ପ୍ରଶ୍ନ ଉଠିପାରେ କିପରି

? ପ୍ରଥମତଃ ଗଭୀର ମାତ୍ରାର ପ୍ରତିଭାଦୀପ୍ତ ପିଲାମାନଙ୍କର ତତ୍‌କାଳିନ ଦୃଷ୍ଟି Intuition ଅପେକ୍ଷାକୃତ ଅଧିକ। ଏମାନେ ତତ୍‌କ୍ଷଣାତ୍ ଏକ ସମସ୍ୟାର ସମାଧାନର ସୂତ୍ର ଦେଖି ପାରନ୍ତି ଏବଂ ଅନ୍ୟର ସାହାଯ୍ୟ ନ ନେଇ ସମାଧାନ କରନ୍ତି। ଜଟିଳ ତତ୍ତ୍ୱ ଓ ଧାରଣା ସମ୍ପର୍କରେ ସ୍ମୃତି ଗଭୀର। ଦ୍ୱିତୀୟତଃ ଲକ୍ଷ୍ୟ ପୂରଣ ପାଇଁ ଏମାନଙ୍କ ମନରେ ଅପୂର୍ବ ଉନ୍ମାଦନା। ପରିସ୍ଥିତି ଯେତେ ଜଟିଳ ହେଲେ ମଧ୍ୟ ଏମାନେ ଅସହାୟବୋଧ ଦେଖାନ୍ତି ନାହିଁ କି ସହଜରେ ପରାଜୟ ମାନନ୍ତି ନାହିଁ। ପରିସ୍ଥିତି ଯେତେ ବେଶୀ ଆହ୍ୱାନ ପୂର୍ଣ୍ଣ ହୁଏ, ଏମାନେ ସେତିକି ଅଧିକ ପ୍ରତିବଦ୍ଧତା ନେଇ ସକ୍ରିୟ ହୁଅନ୍ତି। ଏ ପାର୍ଥକ୍ୟ ଆଲୋଚନାର ତାତ୍ପର୍ଯ୍ୟ ହେଉଛି ଯେ ଶିକ୍ଷାଦୀକ୍ଷାର ପରିକଳ୍ପନା କରିବା ସମୟରେ ମଧ୍ୟମ ମାତ୍ରାର ପ୍ରତିଭାଦୀପ୍ତ ଏବଂ ଗଭୀର ଭାବରେ ପ୍ରତିଭାଦୀପ୍ତ ପିଲାମାନଙ୍କ ପାଇଁ ପୃଥକ୍ ଧରଣର ବ୍ୟବସ୍ଥା ପ୍ରୟୋଜନ ହେବ।

ବୌଦ୍ଧିକ ଅନନ୍ୟତାର ଅନ୍ୟ କେତୋଟି ସୂଚକ

ବୌଦ୍ଧିକ ଅନନ୍ୟତାର ପରିପ୍ରକାଶ କେବଳ ବୌଦ୍ଧିକ ସାମର୍ଥ୍ୟରେ ସୀମିତ ନୁହେଁ । ଏପରି ଅସାଧାରଣ ବୁଦ୍ଧିମତ୍ତାର ଅଧିକାରୀ ହୋଇଥିବା ପିଲାମାନେ ଅନ୍ୟ କେତେକ ଦକ୍ଷତା ମଧ୍ୟ ପ୍ରଦର୍ଶନ କରନ୍ତି। ଏମାନଙ୍କ ଅଭିନିବେଶର (Attention) ପରିସୀମା ଅପେକ୍ଷାକୃତ ଅଧିକ। ସାଧାରଣ ପିଲାମାନେ ଗୋଟିଏ ଝଲକରେ ମାତ୍ର ଚାରୋଟି, ପାଞ୍ଚୋଟି ସଂଖ୍ୟା କିମ୍ବା ଅକ୍ଷର ଦେଖିସାରି ତାହାର ପୁନଃସ୍ମରଣ କରିବା ସ୍ଥଳେ ଏମାନେ ସାତୋଟିରୁ ଅଧିକ ଅକ୍ଷର କିମ୍ବା ସଂଖ୍ୟା ମନେ ରଖି ପାରନ୍ତି। ଏମାନଙ୍କର ସ୍ମରଣଶକ୍ତି ଅଧିକ। ଏମାନେ ଅଭିନବ ଜିନିଷ ପ୍ରତି ଆଗ୍ରହପ୍ରକାଶ କରନ୍ତି ଏବଂ ନୂତନ ଅନୁଭବ, ନୂତନ ଉଦ୍ଦୀପନା ଅନ୍ୱେଷଣ କରନ୍ତି। ଅଳ୍ପ ବୟସରୁ କଥାବାର୍ତ୍ତା ଆରମ୍ଭ କରନ୍ତି ଏବଂ ଅଳ୍ପ ବୟସରେ ଭାଷାଗତ ଦକ୍ଷତାର ପରିପ୍ରକାଶ ହୁଏ। କୌତୂହଳ, ଏକନିଷ୍ଠ ଉଦ୍ୟମ, ଗଭୀର ଆଗ୍ରହ ଓ ଲକ୍ଷ୍ୟ ସାଧନମୁଖୀ ବ୍ୟବହାର ପ୍ରକାଶ ପାଏ। ଗୋଟିଏ ପରିସ୍ଥିତିରେ ସମସ୍ୟା ସମାଧାନର ଯେଉଁ କୌଶଳ ଶିକ୍ଷା କରନ୍ତି, ସେପରି କୌଶଳକୁ ଅନ୍ୟତ୍ର ପ୍ରୟୋଗ କରି ପାରନ୍ତି। ଏପରି ଦକ୍ଷତା ଫଳରେ ସ୍କୁଲ ବିଷୟକ କାର୍ଯ୍ୟକ୍ରମରେ ଅଧିକ ସଫଳତା ହାସଲ କରନ୍ତି।

ଅବଶ୍ୟ ସାମାଜିକ ଓ ଆବେଗିକ କ୍ଷେତ୍ରରେ କେତେକ ସମସ୍ୟାର ସମ୍ମୁଖୀନ ହୁଅନ୍ତି । ଅପେକ୍ଷାକୃତ ଅଧିକ ନିଃସଙ୍ଗତା ଅନୁଭବ କରନ୍ତି। ଅଧିକ ପରିମାଣରେ ଅନ୍ତର୍ମୁଖୀ (Introverted) ହୁଅନ୍ତି। ଏକୁଟିଆ ଖେଳିବାକୁ ପସନ୍ଦ କରନ୍ତି। ଅନ୍ୟମାନଙ୍କ ସହିତ ଖେଳିବା ସମୟରେ ବେଶୀ ବୟସର ପିଲାମାନଙ୍କ ସହ ଖେଳନ୍ତି। ନିଃସଙ୍ଗତା ଫଳରେ ଏପରି ପିଲାମାନେ ସାମାଜିକ ଓ ଭାଗବତ ବିପର୍ଯ୍ୟୟର ଶରବ୍ୟ ହୁଅନ୍ତି।

ଏପରି ପିଲାମାନେ ସ୍ୱାଧୀନଚେତା। ସେମାନେ ସବୁବେଳେ ଗତାନୁଗତିକ ଧରାବନ୍ଧା ନିୟମର ବଶବର୍ତ୍ତୀ ହୁଅନ୍ତି ନାହିଁ। ସେମାନଙ୍କର ଏକ ସ୍ୱାତନ୍ତ୍ର୍ୟ ହେଉଛି ଯେ ସେମାନେ ନିଜ ପାଇଁ ବାହ୍ୟିକ ପ୍ରୋତ୍ସାହନ ଉପରେ ନିର୍ଭର କରନ୍ତି ନାହିଁ।

ଉପର ଆଲୋଚନାରୁ ପ୍ରତିଭାଦୀପ୍ତ ପିଲା ଏବଂ ସେମାନଙ୍କର ବିକାଶ ସମ୍ପର୍କରେ ମୋଟାମୋଟି ରୂପରେଖ ସୃଷ୍ଟି ହେଲେ ମଧ୍ୟ କେତେକ ବିଶିଷ୍ଟ ବ୍ୟକ୍ତିଙ୍କ ଜୀବନରେ ପ୍ରତିଭାର ସୂଚନା ବିଳମ୍ବରେ ଆସିଥିବା ଲକ୍ଷ୍ୟ କରାଯାଇଛି। ଡାରଉଇନ୍‌ଙ୍କ ଜୀବନ ଏହାର ଏକ ବିଶିଷ୍ଟ ଉଦାହରଣ।

ବାଲ୍ୟକାଳୀନ ପ୍ରତିଭା ଓ ଯୌବନକାଳୀନ ପ୍ରଖ୍ୟାତି ଅସାମାନ୍ୟ ବୁଦ୍ଧିମତ୍ତାର ଭୂମିକା ଆଲୋଚନା କରିବା ସମୟରେ ଆମେ ଧାରଣାକରିବା ଅନୁଚିତ ଯେ ପ୍ରତିଟି ବିଚକ୍ଷଣ ବୁଦ୍ଧିସମ୍ପନ୍ନ ପିଲା ଭବିଷ୍ୟତରେ ଏକ ସଫଳ ଯୁବକ କି ଯୁବତୀ ହୋଇ ବାହାରିବ। ପୂର୍ବରୁ ସୂଚନା ଦିଆଯାଇଛି ଯେ ବୁଦ୍ଧିମତ୍ତା ଏବଂ ସୃଜନଶୀଳତା ସମ୍ବନ୍ଧିତ ହେଲେ ମଧ୍ୟ ସେମାନଙ୍କ ମଧ୍ୟରେ ମଧ୍ୟମ ମାତ୍ରାର ସମ୍ପର୍କ ରହିଛି। ଏହାର ଅର୍ଥ ହେଉଛି ଯେ ଜଣେ ବ୍ୟକ୍ତିଙ୍କର ଉଚ୍ଚସ୍ତରୀୟ ବୁଦ୍ଧିମତ୍ତା ନ ଥାଇପାରେ। ସେ ମଧ୍ୟମ ମାତ୍ରାର ବୁଦ୍ଧିମତ୍ତାର ଅଧିକାରୀ ହୋଇ ମଧ୍ୟ ସୃଜନଶୀଳ ହୋଇପାରିବ। ଯୁବକ ଯୁବତୀ ଅବସ୍ଥାରେ ପ୍ରଖ୍ୟାତି ଓ ସଫଳତା ପାଇଁ ବୁଦ୍ଧିମତ୍ତା ଯଥେଷ୍ଟ ନୁହେଁ। ଏଥିପାଇଁ ସୃଜନଶୀଳତା ଆବଶ୍ୟକ।

ଦ୍ୱିତୀୟତଃ ସଫଳତା ଓ ପ୍ରସିଦ୍ଧି ପାଇଁ ଅନ୍ୟତମ ଆବଶ୍ୟକ ଉପାଦାନ ହେଉଛି ଅଭିପ୍ରେରଣା (Motivation)। ପ୍ରଖ୍ୟାତି ଲାଭ କରିଥିବା ବ୍ୟକ୍ତିମାନେ ଖୁବ୍ ଉଦ୍ୟମଶୀଳ । ସେମାନେ ପ୍ରଗାଢ଼ ନିଷ୍ଠା ନେଇ କାର୍ଯ୍ୟ କରନ୍ତି ଏବଂ ପ୍ରାରମ୍ଭିକ ବିଫଳତା ସତ୍ତ୍ୱେ କ୍ରିୟାଶିଳତା ବଜାୟ ରଖନ୍ତି। ଅଧିକ ଆତ୍ମବିଶ୍ୱାସ ଏମାନଙ୍କୁ ଦୀର୍ଘ ସମୟ ସକ୍ରିୟ ରଖେ।

ତୃତୀୟତଃ ପ୍ରସିଦ୍ଧି ଲାଭ କରିଥିବା ବ୍ୟକ୍ତିମାନଙ୍କର ଅଳ୍ପ ପରିମାଣରେ ମାନସିକ ଅସ୍ୱାଭାବିକତା ରହିଥାଏ। ଏମାନଙ୍କୁ ପୂରାପୂରି ମାନସିକ ବିକୃତିଗ୍ରସ୍ତ କୁହାଯିବ ନାହିଁ କି ପୂରାପୂରି ମାନସିକ ସୁସ୍ଥତାର ଅଧିକାରୀ କୁହାଯିବ ନାହିଁ। ଯଦି ଆମେ ସାଧାରଣତଃ ପାଗଳ ବା ବିକୃତିଗ୍ରସ୍ତ କହିଲେ ଯାହା ବୁଝିଥାଉ ସୃଜନଶୀଳ ବ୍ୟକ୍ତିମାନଙ୍କର ସେପରି ମାନସିକ ବିପର୍ଯ୍ୟୟ ନଥାଏ। ମାତ୍ର କିଛି ପରିମାଣରେ ଅସ୍ୱାଭାବିକତା ରହିଥାଏ ଏବଂ ଏପରି ଅସ୍ୱାଭାବିକତାକୁ ସେମାନେ ସୃଜନଶୀଳ କାର୍ଯ୍ୟରେ ବିନିଯୋଗ କରନ୍ତି।

ଶିକ୍ଷାବ୍ୟବସ୍ଥା

ପ୍ରତିଭାଦୀପ୍ତ ଅନନ୍ୟ ବୁଦ୍ଧିସମ୍ପନ୍ନ ପିଲାମାନଙ୍କ ପାଇଁ ସ୍ୱତନ୍ତ୍ର ଧରଣର ଶିକ୍ଷା ବ୍ୟବସ୍ଥା ସବୁ ଦେଶରେ ପରିକଳ୍ପନା କରାଯାଇଛି । ଗତାନୁଗତିକ ରୁଟିନ୍ ବନ୍ଧା ବିଦ୍ୟାଳୟରେ ଏମାନଙ୍କର ଅନାଗ୍ରହ ଓ ବିରସତା ଏମାନଙ୍କୁ ନିଃସଙ୍ଗ କରୁଥିବାରୁ ଏବଂ ବିଭିନ୍ନ ପ୍ରକାର ମାନସିକ ସମସ୍ୟା ସୃଷ୍ଟି କରୁଥିବାରୁ ଏମାନଙ୍କ ପାଇଁ ସ୍ୱତନ୍ତ୍ର ଧରଣର ବ୍ୟବସ୍ଥା ନିତାନ୍ତ ପ୍ରୟୋଜନ । ପ୍ରଗତିଶୀଳ ଦେଶମାନଙ୍କରେ ଯେଉଁ ସବୁ ବ୍ୟବସ୍ଥା କାର୍ଯ୍ୟକାରୀ ହେଉଛି, ସେଥିରେ ପୂର୍ଣ୍ଣ ସନ୍ତୋଷ ଓ ସଫଳତା ପ୍ରକାଶ ପାଇ ନାହିଁ । ଭାରତ ପରି ବିକାଶମୁଖୀ ଦେଶରେ ଏପରି ବ୍ୟବସ୍ଥା ପ୍ରାୟ ନାହିଁ କହିଲେ ଚଳେ । ଏ କ୍ଷେତ୍ରରେ ଦୁଇ ପ୍ରକାର ଆଭିମୁଖ୍ୟ ଗ୍ରହଣ କରାଯାଇଛି ।

ପ୍ରଥମ ପ୍ରକାର ଆଭିମୁଖ୍ୟକୁ ସମୃଦ୍ଧି କରଣ (Enrichment) ପ୍ରଣାଳୀ କୁହାଯାଇପାରେ । ଏ ପଦ୍ଧତିରେ ମନସ୍ତାତ୍ତ୍ୱିକ ପରିମାପକ ସାହାଯ୍ୟରେ ପ୍ରତିଭାଦୀପ୍ତ ପିଲାଙ୍କୁ ଚିହ୍ନଟ କରାଯାଏ । ସେମାନେ ସାଧାରଣ ସ୍କୁଲରେ ଶିକ୍ଷାଲାଭ କଲେ ମଧ୍ୟ ଦୁଇଘଣ୍ଟା ସ୍ୱତନ୍ତ୍ର ଭାବରେ ପ୍ରଶିକ୍ଷଣ ଦିଆଯାଏ । ସେମାନଙ୍କର ରୁଚି, ବୁଦ୍ଧି ଓ ପରିବେଶକୁ ଚାହିଁ ଏପରି ତାଲିମ୍ ପ୍ରସ୍ତୁତ କରାଯାଏ ।

ଦ୍ୱିତୀୟ ପ୍ରକାର ଅଭିମୁଖ୍ୟରେ ଏପରି ପିଲାମାନଙ୍କୁ ପୃଥକ୍ ଭାବେ ଭିନ୍ନ ସ୍କୁଲ୍‌ରେ ଶିକ୍ଷା ଦିଆଯାଏ । ମନୋନୟନଠାରୁ ଆରମ୍ଭ କରି ଶିକ୍ଷାଦାନ ପଦ୍ଧତି, ପରୀକ୍ଷା ପଦ୍ଧତି, ଶିକ୍ଷକଙ୍କ ନିଯୁକ୍ତି ଆଦି କ୍ଷେତ୍ରରେ ନୂତନତ୍ୱ ଅବଲମ୍ବନ କରାଯାଏ । ପିଲାମାନଙ୍କୁ କେବଳ ଶ୍ରେଣୀଭିତ୍ତିକ ଶିକ୍ଷା ଦିଆ ନ ଯାଇ ବିଭିନ୍ନ ପ୍ରକଳ୍ପ (Projects) କରିବାର ଉତ୍ସାହ ଦିଆଯାଏ । ପ୍ରତିଭାଦୀପ୍ତ ପିଲା ଏସବୁ ସମ୍ପାଦିତ ପ୍ରକଳ୍ପ ଅନ୍ୟମାନଙ୍କ ସମ୍ମୁଖରେ ଉପସ୍ଥାପନ କରନ୍ତି, ସମୀକ୍ଷାର ସମ୍ମୁଖୀନ ହୁଅନ୍ତି ଏବଂ ସଂଶୋଧନ କରନ୍ତି ।

ଅନନ୍ୟ ବୃଦ୍ଧିସମ୍ପନ୍ନ ପିଲାମାନଙ୍କର ଶିକ୍ଷାଦୀକ୍ଷା ଓ ବିକାଶ ପାଇଁ କିଛି ମାତ୍ରାରେ କାର୍ଯ୍ୟକ୍ରମ କାର୍ଯ୍ୟକାରୀ ହେଉଥିଲେ ମଧ୍ୟ ସେ ସମସ୍ତ କେବଳ ପରୀକ୍ଷାମୂଳକ ପର୍ଯ୍ୟାୟରେ ରହିଛି ବୋଲି କହିବାକୁ ହେବ ।

■

କିଶୋରକାଳୀନ ଉଦ୍‌ବେଳନ

ମନୁଷ୍ୟ ଜୀବନର ବିଭିନ୍ନ ପର୍ଯ୍ୟାୟ (ଶୈଶବ, ବାଲ୍ୟ, କୈଶୋର, ଯୌବନ ଓ ଉତ୍ତର-ଯୌବନ) ପରି ତାରୁଣ୍ୟ ମଧ୍ୟ ଏକ ସୋପାନ। ପୁଣି ପ୍ରତି ସୋପାନର କିଛି ବୈଶିଷ୍ଟ୍ୟ ଥିଲା ପରି ତାରୁଣ୍ୟର ମଧ୍ୟ କିଛି ବିଶେଷତ୍ୱ ରହିଛି। ପ୍ରତି ଜନସମାଜରେ ତାରୁଣ୍ୟ ପ୍ରତି ଲୋକମାନେ ମିଶ୍ରିତ ପ୍ରତିକ୍ରିୟା ବ୍ୟକ୍ତ କରନ୍ତି। ସକାରାତ୍ମକ ଓ ନକାରାତ୍ମକ ମନୋଭାବ ପ୍ରକାଶ କରନ୍ତି। ଏପରି ଏକ ପରିସ୍ଥିତିରେ ମନୋବିଜ୍ଞାନୀମାନଙ୍କର ଦୃଷ୍ଟିକୋଣ କି ଧରଣର ହୋଇଥିବ, ସେ ବିଷୟରେ କୌତୂହଳ ସୃଷ୍ଟିହେବା ସ୍ୱାଭାବିକ।

ତାରୁଣ୍ୟ ସମ୍ପର୍କରେ ପ୍ରାମାଣିକ ଓ ମନୋବୈଜ୍ଞାନିକ ଲେଖାର ଇତିହାସ ଖୁବ୍ ପ୍ରାଚୀନ । ଷ୍ଟାନ୍‌ଲୀ ହଲ୍ ନାମକ ଜଣେ ପ୍ରଖ୍ୟାତ ମନୋବିଜ୍ଞାନୀ ୧୯୦୪ ମସିହାରେ 'କିଶୋରକାଳ' ସମ୍ପର୍କରେ ଦୁଇଟି ପ୍ରାମାଣିକ ପୁସ୍ତକ ରଚନା କରିଥିଲେ। ସମ୍ଭବତଃ ତତ୍ତ୍ୱଭିତ୍ତିକ ପୁସ୍ତକ ହିସାବରେ ଏହା ପ୍ରଥମ ରଚନା। ଏଥିରେ କିଶୋରକାଳକୁ ହଲ୍ ଏକ 'ଝଡ଼ଝଞ୍ଜାର ସମୟ' ରୂପେ ଚିତ୍ରଣ କରିଥିଲେ। ପରବର୍ତ୍ତୀ ସମୟରେ ଏପରି ନକାରାତ୍ମକ ଚିତ୍ରଣ ସ୍ୱୀକୃତି ଲାଭ କଲା ନାହିଁ। ଅଧିକାଂଶ ମନୋବିଜ୍ଞାନୀ ମତବ୍ୟକ୍ତ କରନ୍ତି ଯେ, ଜୀବନର ପ୍ରତିଟି ସୋପାନରେ କିଛି ସମ୍ବଳ ଏବଂ କିଛି ଆହ୍ୱାନ (ସମସ୍ୟା) ରହିଛି। ତେଣୁ କିଶୋର ଓ ତାରୁଣ୍ୟ ଅବସ୍ଥାକୁ ପୃଥକ୍ ଭାବେ ଝଡ଼ଝଞ୍ଜାର ସମୟ କହିବାରେ କୌଣସି ଯଥାର୍ଥତା ନାହିଁ।

କିଶୋର କିଶୋରୀ ଏବଂ ତରୁଣ ତରୁଣୀ ନିଜକୁ କି ଦୃଷ୍ଟିରେ ଦେଖନ୍ତି, ତାହାର ଅନୁଧ୍ୟାନ ପାଇଁ କେତେକ ମନୋବିଜ୍ଞାନୀ ସର୍ବେକ୍ଷଣ କରିଛନ୍ତି। ନିଜସ୍ୱ ଭାବମୂର୍ତ୍ତି ସମ୍ପର୍କରେ ଅନୁଧ୍ୟାନ ପାଇଁ ସେହିପରି ଏକ ସର୍ବେକ୍ଷଣ ସମ୍ମିଳିତ ଭାବରେ ଯୁକ୍ତରାଷ୍ଟ୍ର ଆମେରିକା, ଅଷ୍ଟ୍ରେଲିଆ, ବାଂଲାଦେଶ, ହଙ୍ଗେରୀ, ଇଟାଲୀ, ଇସ୍ରାଏଲ, ଜାପାନ୍, ତାଇୱାନ୍, ତୁର୍କୀ ଏବଂ ଜର୍ମାନୀରେ କରାଯାଇଥିଲା। ସର୍ବେକ୍ଷଣରୁ ଦେଖାଗଲା ଯେ

୭୩ ପ୍ରତିଶତ କିଶୋର କିଶୋରୀଙ୍କର ନିଜ ସମ୍ପର୍କରେ ଅନୁକୂଳ ଭାବମୂର୍ତ୍ତି ରହିଛି। ସେମାନେ ମୋଟାମୋଟି ଭାବରେ ଖୁସିରେ ଅଛନ୍ତି; ଜୀବନକୁ ଉପଭୋଗ କରୁଛନ୍ତି; ସେମାନଙ୍କ ନିଜ ଉପରେ ନିୟନ୍ତ୍ରଣ ଅଛି ବୋଲି ଭାବନ୍ତି; ସେମାନଙ୍କର ଆତ୍ମବିଶ୍ୱାସ ରହିଛି ଏବଂ ନିଜର ପରିବାର ପ୍ରତି ଆନୁଗତ୍ୟ ମଧ୍ୟ ରହିଛି। ଅବଶ୍ୟ ବାହାରେ (କିଶୋର କିଶୋରୀଙ୍କ ନିଜସ୍ୱ ବଳୟ ବାହାରେ) ଲୋକମାନେ ଭାବନ୍ତି ଯେ ଆଜିର କିଶୋର କିଶୋରୀମାନେ ଚାପଗ୍ରସ୍ତ, ବେଶୀ ଆତ୍ମକୈନ୍ଦ୍ରିକ, ଅନାବଶ୍ୟକ ଭାବେ ବଦ୍‌ସାହସୀ ଏବଂ ବୟସ୍କମାନଙ୍କ ପ୍ରତି ସେମାନଙ୍କର କମ୍ ପରିମାଣରେ ସମ୍ମାନବୋଧ ରହିଛି। କିଶୋର କିଶୋରୀମାନଙ୍କର ନିଜସ୍ୱ ଅନୁଭବ ଏବଂ ସର୍ବସାଧାରଣଙ୍କ ମନୋବୃତ୍ତି ମାଧ୍ୟମରେ ଏପରି ପାର୍ଥକ୍ୟର ଦୁଇଟି କାରଣ ଥାଇପାରେ । ପ୍ରଥମଟି ହେଉଛି ଯେ ଅତୀତ ତୁଳନାରେ ବର୍ତ୍ତମାନର କିଶୋର କିଶୋରୀ ବହୁ ଧରଣର ଜୀବନଶୈଳୀର ସଂସର୍ଗରେ ଆସୁଛନ୍ତି । ଫଳତଃ ପରସ୍ପର ମଧ୍ୟରେ ଭିନ୍ନତାର ପରିମାଣ ବଢ଼ିବାରେ ଲାଗିଛି। ଦ୍ୱିତୀୟତଃ ବୟସ୍କ ଲୋକମାନେ କିଶୋର କିଶୋରୀ ପ୍ରତି ମନୋବୃତ୍ତି ଗଠନ କରିବା ସମୟରେ ହୁଏତ ଦୂରଦର୍ଶନରେ ପ୍ରଦର୍ଶିତ କିଶୋର କିଶୋରୀଙ୍କ ରୂପରେଖ ଦ୍ୱାରା ପ୍ରଭାବିତ ହେଉଛନ୍ତି କିମ୍ବା ନିଜ ଜୀବନର କିଶୋର କାଳର ସ୍ମୃତି ନେଇ ଆଜିର ପିଲାମାନଙ୍କୁ ଆକଳନ କରୁଛନ୍ତି ।

ସ୍ଥୂଳତଃ ଦୁଇ ପିଢ଼ି ମଧ୍ୟରେ ରହିଯାଇଥିବା ବ୍ୟବଧାନ ସେମାନଙ୍କ ପାରସ୍ପରିକ ମନୋବୃତ୍ତିରେ ପ୍ରତିଫଳିତ ହେଉଛି। ଏପରି ବ୍ୟବଧାନ ସତ୍ତ୍ୱେ ଆମ୍ଭମାନଙ୍କୁ କିଶୋର କିଶୋରୀଙ୍କ ମାନସିକ ସ୍ୱାସ୍ଥ୍ୟ ପ୍ରତି ଦୃଷ୍ଟିଦେବାକୁ ହେବ। ଏ କ୍ଷେତ୍ରରେ ସେମାନଙ୍କ ସବଳତା ଓ ଦୁର୍ବଳତା ପରି ଦୁଇଟି ଦିଗ ବିଚାର କରିବାକୁ ହେବ। ପୂର୍ବରୁ ଯେପରି କିଶୋର କାଳକୁ ଝଡ଼ଝଞ୍ଜାର ସମୟ ବୋଲି କୁହଯାଉଥିଲା ଏବେ ସେପରି ଆଖ୍ୟା ଦେଇ ସେମାନଙ୍କୁ ବିବ୍ରତ କରିବା ଅନୁଚିତ ହେଲେ ମଧ୍ୟ ଯୁବମାନସର କେତେକ କ୍ଷତିପ୍ରବଣ ଦିଗ ପ୍ରତି ସତର୍କତା ଅବଲମ୍ବନ କରିବାକୁ ହେବ।

କିଶୋର କିଶୋରୀମାନଙ୍କ ବ୍ୟକ୍ତିତ୍ୱ ଓ ବ୍ୟବହାରରେ ମନସ୍ତାତ୍ତ୍ୱିକ ଗବେଷଣା ମାଧ୍ୟମରେ ଯେଉଁ କେତୋଟି ଦିଗ ଆଲୋଚନା ପରିସରଭୁକ୍ତ ହୋଇଛି ସେଥିମଧ୍ୟରୁ ଚାରୋଟି ଦିଗ ବିଶେଷ ଗୁରୁତ୍ୱପୂର୍ଣ୍ଣ। ସେଗୁଡ଼ିକ ହେଉଛି ଶାରୀରିକ ପରିବର୍ତ୍ତନ, ସ୍ନାୟବିକ ରୂପରେଖ ଜ୍ଞାନାତ୍ମକ ଭାବଭଙ୍ଗୀ ଓ ଆତ୍ମପ୍ରତ୍ୟୟର ସଂକଟ।

ଶାରୀରିକ ପରିବର୍ତ୍ତନ :

ମନ ଓ ଶରୀରର ସମ୍ପର୍କ ଖୁବ୍ ଗଭୀର। ଜୀବନର ପ୍ରତିଟି ସୋପାନରେ ଏହା ପରିଦୃଷ୍ଟ ହେଲେ ମଧ୍ୟ କିଶୋର କାଳରେ ଏ ସମ୍ପର୍କର ଗଭୀରତା ସମସ୍ତଙ୍କ ଆଖିରେ

ପଡ଼ିଥାଏ । ବିଶେଷତଃ କିଶୋର ଏବଂ କିଶୋରୀ ମଧ୍ୟରେ ଶାରୀରିକ ପରିବର୍ତ୍ତନର ପାର୍ଥକ୍ୟ ଏବଂ ହରମୋନ୍ କ୍ଷରଣର ଭିନ୍ନତା କେତେକ ଜଟିଳତା ସୃଷ୍ଟିକରେ। କିଶୋର କାଳର ଆରମ୍ଭରେ ଯୌବନପ୍ରାପ୍ତି ଏକ ବିଶିଷ୍ଟ ସୂଚକ। ଏହାକୁ କେନ୍ଦ୍ର କରି ବହୁ ଧରଣର ଶାରୀରିକ ପରିବର୍ତ୍ତନ ଘଟେ ଏବଂ ଏସବୁ ଯୌନ ପରିପକ୍ୱତାର ଆଭାସ ଦିଏ। ଯୌନପରିପକ୍ୱତାର ବିଭିନ୍ନ ଚିହ୍ନସବୁ ଏକ ନିର୍ଦ୍ଦିଷ୍ଟ କ୍ରମରେ କିଶୋର ଓ କିଶୋରୀମାନଙ୍କର ଆସିଥାଏ। କିଶୋରୀମାନଙ୍କର ନାରୀତ୍ୱ ପ୍ରାପ୍ତିର ଲକ୍ଷଣ କିଛି ବିଳମ୍ବରେ ଆସିଥାଏ।

କିଶୋର କିଶୋରୀମାନଙ୍କର ଶାରୀରିକ ଅଭିବୃଦ୍ଧି ସମତାଳରେ ଯାଇ ନଥାଏ। ଆରମ୍ଭରେ କିଶୋରୀମାନଙ୍କର ଶରୀରର ଓଜନ ଅପେକ୍ଷାକୃତ ବେଶୀଥାଏ, ମାତ୍ର ପ୍ରାୟ ୧୪ ବର୍ଷ ବୟସ ବେଳକୁ କିଶୋରମାନେ ଏହି ମାତ୍ରାକୁ ଅତିକ୍ରମ କରିଥାଆନ୍ତି। ସେହିପରି ଆରମ୍ଭରେ କିଶୋରୀମାନେ ସମାନ ବୟସର କିଶୋରମାନଙ୍କ ତୁଳନାରେ ଅଧିକ ଡେଙ୍ଗା କିମ୍ବା ସମାନ ଉଚ୍ଚତାବିଶିଷ୍ଟ ହୁଅନ୍ତି। ମାତ୍ର ଅଳ୍ପ କିଛିବର୍ଷ ପରେ କିଶୋରମାନେ ପ୍ରାୟ ସମାନ ଉଚ୍ଚତା ହାସଲ କରନ୍ତି କିମ୍ବା ଟପିଯାଇପାରନ୍ତି। ଉଲ୍ଲେଖଯୋଗ୍ୟ ହେଉଛି ଯେ କିଶୋରୀମାନଙ୍କର ସର୍ବାଧିକ ଅଭିବୃଦ୍ଧି ହାର କିଶୋରମାନଙ୍କ ତୁଳନାରେ ପ୍ରାୟ ଦୁଇବର୍ଷ ପୂର୍ବରୁ ଘଟିଥାଏ। ଯୌନପରିପକ୍ୱତା ଦୃଷ୍ଟିରୁ ଭାରତବର୍ଷରେ ନାରୀତ୍ୱ ପ୍ରାପ୍ତିର ବୟସ ସୀମାକୁ ୧୧ ବର୍ଷରୁ ୧୫ ବର୍ଷ (ହାରାହାରି ୧୩ ବର୍ଷ) ବିଚାର କରାଯାଇଛି।

ଯୌବନପ୍ରାପ୍ତି ସହିତ ବିଶେଷ ସମ୍ପର୍କିତ ହେଉଛି ଶରୀରର ଅନ୍ତଃସ୍ରାବୀ ଗ୍ରନ୍ଥୀ କ୍ଷରଣ କରୁଥିବା ଦୁଇଟି ହରମୋନ୍। ଏହା ରକ୍ତସ୍ରୋତରେ ବାହିତ ହୋଇ ବହୁ ଧରଣର ଶାରୀରିକ ପରିବର୍ତ୍ତନ ଆଣେ। ଏ ଦୁଇଟି ହରମୋନ୍ ହେଉଛି Testosterone ଓ Estradiol। ଅନେକଙ୍କର ଧାରଣା ଯେ ପ୍ରଥମଟି ପୁରୁଷ ହରମୋନ୍ ଓ କେବଳ ପୁରୁଷ ଶରୀରରେ ଥାଏ ଏବଂ ଦ୍ୱିତୀୟଟି ନାରୀ ହରମୋନ୍ ଓ କେବଳ ନାରୀ ଶରୀରରେ ଥାଏ। ମାତ୍ର ଏହା ଠିକ୍ ନୁହେଁ। ଏ ଦୁଇଟି ହରମୋନ୍ ପ୍ରତି ମଣିଷ ଶରୀର ଥାଏ; କିନ୍ତୁ ପ୍ରଥମଟି ବହୁଳ ମାତ୍ରାରେ ପୁରୁଷ ଶରୀରରେ ରହି ସେମାନଙ୍କ ଶାରୀରିକ ଓ ମାନସିକ ପରିବର୍ତ୍ତନକୁ ନିୟନ୍ତ୍ରଣ କରେ। ସେହିପରି ଦ୍ୱିତୀୟ ହରମୋନ୍‌ର ଭୂମିକା କିଶୋରୀ ଓ ନାରୀମାନଙ୍କ ଶାରୀରିକ ଓ ମାନସିକ ପରିବର୍ତ୍ତନର ବାହକ ହୋଇଥାଏ। କିଶୋରମାନଙ୍କ ଶରୀରରେ Testosteroneର କ୍ଷରଣ ବୃଦ୍ଧି ପାଇବା ଫଳରେ ଯୌନ ପରିପକ୍ୱତାର ଚିହ୍ନସବୁ (ଯଥା: ନିଶଦାଢ଼ି, କଣ୍ଠସ୍ୱର ବଦଳିବା ଇତ୍ୟାଦି) ସୂଚିତ ହୁଏ। ସେହିପରି କିଶୋରୀମାନଙ୍କ ଶରୀରରେ Estradiol ହରମୋନ୍‌ର ବହୁଳ କ୍ଷରଣ ଫଳରେ ଶରୀର ବକ୍ଷଭାଗ, ପଶ୍ଚାତ୍‌ଭାଗ ଓ ଅନ୍ୟସବୁ ନାରୀ ସୁଲଭ ପରିବର୍ତ୍ତନ ଘଟେ।

ହରମୋନ୍‌ର ପ୍ରଭାବ ଉଲ୍ଲେଖ କରିବା ସମୟରେ ଗୋଟିଏ କଥା ସ୍ପଷ୍ଟ ମନେରଖିବାକୁ ହେବ ଯେ ଏହି ପୁରୁଷ ହରମୋନ୍ ଓ ନାରୀ ହରମୋନ୍ ସିଧା ସଳଖ କାମ କରି ନଥାଏ। ସାମାଜିକ ପରିବେଶ ଏବଂ ମାନସିକ ସ୍ଥିତି ଏହାର କ୍ଷରଣକୁ ନିୟନ୍ତ୍ରଣ କରେ। ଉଦାହରଣ ସ୍ୱରୂପ, କିଶୋର କିମ୍ବା ପୁରୁଷ ଶରୀରରେ Testosterone ତାକୁ ଅପେକ୍ଷାକୃତ ଅଧିକ ଆକ୍ରମଣାତ୍ମକ (Aggressive) ମାନସିକତା ଦେଇଥାଏ। ଏପରି ଜଣେ କିଶୋର ଖେଳପଡ଼ିଆରେ ରହିଥିଲେ ଏବଂ ସେ ସମର୍ଥନ କରୁଥିବା ଦଳଟି ଜିତୁଥିଲେ ତା' ଦେହରେ ଏ ହରମୋନ୍‌ର ମାତ୍ରା ବୃଦ୍ଧି ପାଇବ। ସେ ଅଧିକରୁ ଅଧିକ ଉଲ୍ଲସିତ ହେବ, ଅଥଚ ତା'ର ଦଳଟି ହାରୁଥିଲେ ତା' ଶରୀରରେ ଏ ହରମୋନ୍‌ର ମାତ୍ରା ମଧ୍ୟ କମିବ ଏବଂ ଅଧିକରୁ ଅଧିକ ଶାନ୍ତ ଓ ନିରବ ହୋଇଯିବ। ସେହିପରି କିଶୋରୀ ଶରୀରରେ ନାରୀ ହରମୋନ୍‌ର କ୍ଷରଣ ମଧ୍ୟ ପରିବେଶ-ପ୍ରଭାବିତ ହୋଇଥାଏ। ପିତାମାତାଙ୍କ ସହିତ ଯୁକ୍ତିତର୍କ, ମାନସିକ ଚାପ, ମାନସିକ ବିଷାଦ, ବ୍ୟାୟାମ, ଯୌନଗତ ଆଗ୍ରହ ଓ ଖାଦ୍ୟଜନିତ ରୁଚି ଅରୁଚି ହରମୋନ୍ କ୍ଷରଣକୁ ପ୍ରଭାବିତ କରିଥାଏ।

ଶାରୀରିକ ପରିବର୍ତ୍ତନର ଏକ ମନସ୍ତାତ୍ତ୍ୱିକ ଦିଗ ହେଉଛି ଶରୀର-ନିବିଷ୍ଟତା। ନିଜ ଶରୀରର ଆକର୍ଷଣଶୀଳତା ପ୍ରତି ଧ୍ୟାନଶୀଳ ହୁଅନ୍ତି ଏବଂ ବାରମ୍ବାର ଦର୍ପଣରେ ନିଜକୁ ଦେଖନ୍ତି । ପୂରା କିଶୋରକାଳ ମଧ୍ୟରେ ଏପରି ନିବିଷ୍ଟତା ରହିଥିଲେ ମଧ୍ୟ ଆରମ୍ଭରେ ଏହା ତୀବ୍ର ହୋଇଥାଏ । ଶରୀର ନେଇ କିଶୋରୀମାନଙ୍କର ଅସନ୍ତୋଷର ମାତ୍ରା ଅଧିକ। ସମ୍ଭବତଃ ଅପେକ୍ଷାକୃତ ଅଧିକ ମେଦବୃଦ୍ଧି ଫଳରେ ଏପରି ଅସନ୍ତୋଷ ଜନ୍ମେ। ଅନ୍ୟପକ୍ଷରେ ହରମୋନ୍ ପ୍ରଭାବରେ କିଶୋରମାନଙ୍କର ମାଂସପେଶୀ ଶକ୍ତିଶାଳୀ ହେଉଥିବାରୁ ସେମାନେ ଆତ୍ମସନ୍ତୋଷ ଲାଭ କରନ୍ତି।

ଅନ୍ୟ ଗୋଟିଏ ଜଟିଳତା ସୃଷ୍ଟି କରୁଥିବା ଦିଗଟି ହେଉଛି ଯୌନପରିପକ୍ୱତା ଲାଭ କରିବାର ସମୟରେଖା। ପ୍ରତ୍ୟାଶା କରାଯାଉଥିବା ସମୟ ପୂର୍ବରୁ ଯୌନଗତ ପରିପକ୍ୱତା ଆସିଗଲେ କେତେକ ମାନସିକ ଜଟିଳତା ସୃଷ୍ଟି ହୁଏ। ସେହିପରି ପ୍ରତ୍ୟାଶିତ ସମୟର ବିଳମ୍ବ ଘଟିଲେ ମଧ୍ୟ ଅସ୍ୱସ୍ତିକର ଅବସ୍ଥା ଅନୁଭୂତ ହୁଏ। କିଶୋରମାନଙ୍କ ତୁଳନାରେ କିଶୋରୀମାନଙ୍କ କ୍ଷେତ୍ରରେ ଏପରି ବ୍ୟତିକ୍ରମ ମାନସିକ ଦୋଳନର କାରଣ ହୁଏ।

ସ୍ନାୟବିକ ରୂପରେଖ

ଶାରୀରିକ ପରିବର୍ତ୍ତନ ପରିପ୍ରେକ୍ଷୀ ମଧ୍ୟରେ ମସ୍ତିଷ୍କଗତ ପରିବର୍ତ୍ତନର ଆଲୋଚନା ଅପ୍ରାସଙ୍ଗିକ ନ ହେଲେ ମଧ୍ୟ ମସ୍ତିଷ୍କଗତ ବିଶେଷତ୍ୱ ଏକ ବଡ଼ ଧରଣର ବୈଚିତ୍ର୍ୟ।

ପୁଣି କିଛିବର୍ଷ ପୂର୍ବରୁ ଏ ସମ୍ପର୍କରେ ବିଶେଷ ଧାରଣା ନ ଥିଲା। ଏବେ ମସ୍ତିଷ୍କ ବିଜ୍ଞାନର ଅଭୂତପୂର୍ବ ଉନ୍ନତି ଫଳରେ ଏହି ଅନାବିଷ୍କୃତ ଦିଗଟି ଆମ ଦୃଷ୍ଟିକୁ ଆସିଥିବାରୁ ଏହାର ଏକ ସ୍ୱତନ୍ତ୍ର ବିଚାର ଉପଯୋଗୀ ମନେହୁଏ।

କିଶୋର ସମୟରେ ଶାରୀରିକ ପରିବର୍ତ୍ତନ ସହିତ ମସ୍ତିଷ୍କଗତ ପରିବର୍ତ୍ତନ ମଧ୍ୟ ସଂଘଟିତ ହୋଇଥାଏ। ଏହି ସମୟରେ ଆବଶ୍ୟକ ହେଉଥିବା ସ୍ନାୟବିକ ସଂଯୋଗ ତୁଳନାରେ ପ୍ରାୟ ଦୁଇଗୁଣ ସ୍ନାୟୁ ସଂଯୋଗ ଗଠିତ ହୋଇଥାଏ। ମାତ୍ର ଅଦରକାରୀ ସ୍ନାୟୁ ଧୀରେ ଧୀରେ ବହିଷ୍କୃତ କରିଦିଆଯାଏ। ଗୋଟିଏ ଉଦାହରଣ ଦ୍ୱାରା ଏହାକୁ ସ୍ପଷ୍ଟ କରାଯାଇପାରେ । ଜଣେ ଲେଖକ ତାଙ୍କ ପୁସ୍ତକର ମାର୍ଜିତ ଓ ସଂକ୍ଷିପ୍ତ ସଂସ୍କରଣ କରିବା ସମୟରେ ଲେଖାର କିଛି ଅଦରକାରୀ ଅଂଶ ବାହାର କରିଦିଅନ୍ତି। ଏ ଏକ ସଂକ୍ଷିପ୍ତକରଣ ପ୍ରକ୍ରିୟା (Pruning) । ମସ୍ତିଷ୍କ ମଧ୍ୟ ଅନୁରୂପ ଭାବରେ ସଂଶୋଧନ ପ୍ରକ୍ରିୟା କରିଥାଏ। ଉପଯୋଗୀ ହେଉଥିବା ଅଂଶବିଶେଷକୁ ଶକ୍ତିଶାଳୀ କରିବା ସଙ୍ଗେ ସଙ୍ଗେ ଅଦରକାରୀ ଅଂଶକୁ ବାହାର କରିଦିଏ। ମସ୍ତିଷ୍କର ଭାବୀ କାର୍ଯ୍ୟକାରୀତା ଦୃଷ୍ଟିରୁ ଏହା ସହାୟକ ହେଲେ ମଧ୍ୟ ଏହା ସାମୟିକ ଭାବେ ଏକ ସମସ୍ୟା ସୃଷ୍ଟି କରେ। ସ୍ନାୟୁବିଜ୍ଞାନୀ ଷ୍ଟେନ୍‌ବର୍ଗ ଏହାକୁ ଜାତୀୟ ରାଜପଥର ମରାମତି କାର୍ଯ୍ୟ ସହିତ ତୁଳନା କରିଛନ୍ତି। ମରାମତି ସମୟରେ ଗାଡ଼ିସବୁର ଚଳାଚଳ ପାଇଁ ପାର୍ଶ୍ୱରେ ଏକ ଅସ୍ଥାୟୀ ରୋଡ଼ ପ୍ରସ୍ତୁତ ଥାଏ। ଅବଶ୍ୟ ସାମୟିକ ଭାବେ ଗାଡ଼ିସବୁର ଯିବା ଆସିବା ସହଜ ହୋଇ ନ ଥାଏ। ଠିକ୍ ସେହିପରି ମସ୍ତିଷ୍କରେ ସଂଶୋଧନ କାର୍ଯ୍ୟ ଓ ସଂକ୍ଷିପ୍ତ କରଣ କାର୍ଯ୍ୟ ଚାଲିଥିବାବେଳେ ମସ୍ତିଷ୍କର କାର୍ଯ୍ୟକଳାପରେ କିଛି ଅସ୍ଥିରତା ପରିଦୃଷ୍ଟ ହେବା ସ୍ୱାଭାବିକ । ଭାବନା କାର୍ଯ୍ୟରେ କିଛି ଅସ୍ୱାଭାବିକତା ସହଜରେ ଅନୁମେୟ।

ମସ୍ତିଷ୍କର ଗଠନ ଦୃଷ୍ଟିରୁ ଆଉ ଗୋଟିଏ ଦିଗ ଅଧିକ ଗୁରୁତ୍ୱପୂର୍ଣ୍ଣ। ଆମ କପାଳର ଠିକ୍ ପଛରେ ଥିବା ମସ୍ତିଷ୍କର ଅଂଶବିଶେଷଟିକୁ ଅଗ୍ରମସ୍ତିଷ୍କ କୁହନ୍ତି। ଏହି ଅଗ୍ରମସ୍ତିଷ୍କର Prefrontal Contexଟି ଖୁବ୍ ଗୁରୁତ୍ୱପୂର୍ଣ୍ଣ। ଏହା ଆମର ସବୁଠାରୁ ଗୁରୁତ୍ୱପୂର୍ଣ୍ଣ ଭାବନା କାର୍ଯ୍ୟ (ଯୁକ୍ତିଯୁକ୍ତ ବିଚାର, ନିଷ୍ପତ୍ତି ଗ୍ରହଣ ଏବଂ ଆତ୍ମନିୟନ୍ତ୍ରଣ) କରିଥାଏ । ମାତ୍ର କୈଶୋର ସମୟରେ ଏହି ଗୁରୁତ୍ୱପୂର୍ଣ୍ଣ ଅଂଶଟି ପୂର୍ଣ୍ଣ ବିକଶିତ ହୋଇ ନଥାଏ। ଏହା ଯୌବନ ସମୟରେ (ପ୍ରାୟ ୨୫ ବର୍ଷ ବୟସ) ହିଁ ପୂର୍ଣ୍ଣ ବିକଶିତ ହୁଏ। ଅନ୍ୟ ପକ୍ଷରେ ଏହାର ତଳଆଡ଼କୁ ଥିବା ଆମିଗଡ଼ାଲା ନାମକ ଅଂଶବିଶେଷ ଏ ସମୟରେ (କିଶୋର କାଳରେ) ବିକଶିତ ହୋଇସାରିଥାଏ। ଏ ଅଂଶଟିକୁ ମସ୍ତିଷ୍କର ଭାବ ମସ୍ତିଷ୍କ (Emotional Brain) କୁହାଯାଇପାରେ। ଏହା କ୍ରୋଧ ଓ ଭୟର କେନ୍ଦ୍ରସ୍ଥଳ।

ବର୍ତ୍ତମାନ ଏହା ସହଜରେ ଅନୁମେୟ ଯେ କିଶୋର କିଶୋରୀମାନେ ଆବେଗର ଅନୁଭବ ଓ ପରିପ୍ରକାଶ କ୍ଷେତ୍ରରେ ପୂର୍ଣ୍ଣ ସାମର୍ଥ୍ୟ ହାସଲ କରିଥିଲେ ମଧ୍ୟ ଉଚ୍ଚତର ଭାବନା କ୍ଷେତ୍ରରେ ତ୍ରୁଟିବିଚ୍ୟୁତି ରହିଥାଏ। ଦକ୍ଷ ଗାଡ଼ିଚାଳକ ଠିକ୍ ସମୟରେ ବ୍ରେକ୍‌ର ବ୍ୟବହାର କରିପାରିବା ଭଳି କିଶୋର କିଶୋରୀମାନେ ଏପରି ନିୟନ୍ତ୍ରଣ କାର୍ଯ୍ୟରେ ଅସଫଳ ହୁଅନ୍ତି। ସୁତରାଂ ଭାବନା ଓ ବିଚାରକ୍ଷେତ୍ରରେ କେତେକ ସମସ୍ୟା ଉପୁଜିବା ସ୍ୱାଭାବିକ।

ଭାବନା ଓ ବ୍ୟବହାରଗତ ସଂକଟ

କିଶୋର କିଶୋରୀମାନଙ୍କର ଚିନ୍ତନଶୈଳୀ ଓ ବ୍ୟବହାର କ୍ଷେତ୍ରରେ କେତେକ ସଂକଟର ଚିହ୍ନଟ କରାଯାଇଛି। ଏ କ୍ଷେତ୍ରରେ ଉଚ୍ଚତର ଗବେଷଣା କରିଥିବା ଜଣେ ବିଶିଷ୍ଟ ମନୋବିଜ୍ଞାନୀ ଏଲ୍‌କାଇଣ୍ଡ୍ ଦୁଇଟି ମୁଖ୍ୟ ଚିନ୍ତନତ୍ରୁଟିର ସୂଚନା ଦେଇଛନ୍ତି। ଦୁଇଟିଯାକ ତ୍ରୁଟି କିଶୋର କିଶୋରୀମାନଙ୍କର ଅହଂକେନ୍ଦ୍ରୀ ମାନସିକତାର ପରିଣତି।

ପ୍ରଥମଟିକୁ 'କାଳ୍ପନିକ ଦର୍ଶକ' ମାନସିକତା କୁହାଯାଇପାରେ। ଏପରି ତ୍ରୁଟିପୂର୍ଣ୍ଣ ଚିନ୍ତନର ଶରବ୍ୟ ହୋଇ ସେମାନେ ଭାବନ୍ତି ଯେ ସେମାନେ ସଦାସର୍ବଦା ମଞ୍ଚ ଉପରର ମୁଖ୍ୟ ନାୟକ କିମ୍ବା ମୁଖ୍ୟ ନାୟିକା। ସମସ୍ତଙ୍କ ଦୃଷ୍ଟି ସେମାନଙ୍କ ଉପରେ ନିବଦ୍ଧ। ଏପରି ଭାବନା ଥିବାରୁ ନିଜର ଆକର୍ଷଣଶୀଳତା ନେଇ ସବୁବେଳେ ଭାବନିବିଷ୍ଟ ରୁହନ୍ତି। ଛାତ୍ରଛାତ୍ରୀ ହୋଇଥିଲେ ଶ୍ରେଣୀ ମଧ୍ୟରେ ପ୍ରବେଶ କରିବା ମାତ୍ରେ ଅନ୍ୟମାନେ ସେମାନଙ୍କୁ ଚାହିଁ ରହିଛନ୍ତି ବୋଲି ଧରିନିଅନ୍ତି। ସୁତରାଂ ସେମାନଙ୍କ ଦୃଷ୍ଟି ଅନ୍ୟମାନଙ୍କ ଉପରେ ପହଁରି ଆସେ। ଅଫିସ୍ ବା କାର୍ଯ୍ୟକ୍ଷେତ୍ରରେ ପ୍ରବେଶ କଲେ ଅନୁରୂପ ଭାବଭଙ୍ଗୀ ଦର୍ଶାନ୍ତି।

ଅନ୍ୟତମ ତ୍ରୁଟିପୂର୍ଣ୍ଣ ଚିନ୍ତନଶୈଳୀକୁ 'ଅହେତୁକ ଅନନ୍ୟତା' କୁହାଯାଇପାରେ । କୌଣସି ହେତୁ ବା କାରଣ ନ ଥାଇ କିଶୋର କିଶୋରୀମାନେ ସେମାନଙ୍କର କାମକୁ ଅନନ୍ୟ ମନେ କରନ୍ତି। ସେମାନଙ୍କ ମୁଖରୁ ଏ ଧରଣର ବାକ୍ୟ ବହୁସମୟରେ ଶୁଣାଯାଏ । "ମୋ ପରି କେହି ଗାଡ଼ି ଚଲାଇପାରିବେ ନାହିଁ। ମୋ ପରି କେହି ପହଁରିପାରିବେ ନାହିଁ । ମୋ ପରି କେହି ରୋଷାଇ କରିପାରିବେ ନାହିଁ।" କହିବା ଅନାବଶ୍ୟକ ଯେ ଏପରି ଅହେତୁକ ଅନନ୍ୟତା କଥା ଭାବି ଅନେକସମୟରେ ଦୁଃସାହସିକ ଏବଂ କ୍ଷତିକାରକ କାର୍ଯ୍ୟ କରନ୍ତି। ଦ୍ରୁତ ଗାଡ଼ିଚାଳନା କରି ଦୁର୍ଘଟଣାର ଶିକାର ହେବା ଏ ଧରଣର ବ୍ୟବହାର।

ମାତ୍ରାଧିକ ଅହଂକେନ୍ଦ୍ରୀ ମନୋଭାବ ବହୁ ସମୟରେ ସମସ୍ୟାର କାରଣ ହୋଇଥାଏ । କୈଶୋର ଅତିକ୍ରମ କରିବା ପରେ ଯୌବନରେ ପରିପକ୍ୱତା ଆସି

ଏପରି ଅସ୍ୱାଭାବୀ ମାନସିକତାରୁ ଦୂରେଇ ଯିବାର ସମ୍ଭାବନା ରହିଛି । ଯୁବମାନସରେ ଉଦ୍‌ବେଳନ ସୃଷ୍ଟି କରିବାର ଅନ୍ୟତମ ମନସ୍ତାତ୍ତ୍ୱିକ କାରଣ ହେଉଛି ଆତ୍ମପ୍ରତ୍ୟୟର ସଂକଟ ।

ଆତ୍ମପ୍ରତ୍ୟୟର ସଂକଟ

ଉନବିଂଶ ଶତକରେ ଇଂରାଜୀ ଲେଖକ ଲୁଇସ୍ କ୍ୟାରୋଲ ପିଲାମାନଙ୍କ ପାଇଁ "Alice In The Wonderland" ନାମକ ସୁନ୍ଦର ବହିଟିଏ ଲେଖିଥିଲେ । ବହିଟି ପିଲାମାନଙ୍କ ପାଇଁ ଉଦ୍ଦିଷ୍ଟ ଥିଲେ ମଧ୍ୟ ସମସ୍ତଙ୍କ ପାଇଁ ଅତି ଚମତ୍କାର ଘଟଣାମାନ ରହିଛି । ଗୋଟିଏ ଘଟଣାରେ ଶଁବାଳୁଆ ଆଲିସ୍‌କୁ ପଚାରିଛି – "ଆଲିସ୍ ! ତୁମେ କିଏ ?" ଆଲିସ୍ ଉତ୍ତର ଦେଇଛି – "ମହାଶୟ ! ମୁଁ ବର୍ତ୍ତମାନ ଜାଣିପାରୁ ନାହିଁ । ସକାଳୁ ବିଛଣାରୁ ଉଠିଲାବେଳେ ମୋ ବିଷୟରେ ମୋର କିଛିଟା ଧାରଣା ଥିଲା । କିନ୍ତୁ ଏହା ଭିତରେ ମୋର ବାରମ୍ବାର ପରିବର୍ତ୍ତନ ଘଟିଛି ।"

ଆଲିସ୍ ମାଧ୍ୟମରେ କିଶୋର କିଶୋରୀଙ୍କର ସ୍ୱରୂପ ସୁନ୍ଦର ଭାବେ ପ୍ରକଟିତ ହୋଇଛି । କିଶୋର କିଶୋରୀମାନେ ପ୍ରତି ମୁହୂର୍ତ୍ତରେ ସେମାନଙ୍କର ମୁଖା ପରିବର୍ତ୍ତନ କରନ୍ତି । ମୁଁ କିଏ ? ମୁଁ କାହାପରି ହୋଇଛି ? ମୁଁ ଜୀବନରେ କ'ଣ କରିବାକୁ ଯାଉଛି ? ମୋର ବୈଶିଷ୍ଟ୍ୟ କ'ଣ ? ଏପରି ସବୁ ପ୍ରଶ୍ନ କିଶୋର ମନକୁ ଆଲୋଡ଼ିତ କରିଥାଏ ।

ଏରିକ୍ ଏରିକ୍‌ସନ୍ ନାମକ ଜଣେ ମନୋବିଜ୍ଞାନୀ ଜୀବନ-ବିକାଶ ପରିପ୍ରେକ୍ଷୀରେ ମଣିଷ ଜୀବନର ଗତିକୁ ଆଠୋଟି ସୋପାନ-ଭିତ୍ତିକ ପର୍ଯ୍ୟାୟରେ ବର୍ଣ୍ଣନା କରିଛନ୍ତି । ପ୍ରତିଟି ସୋପାନରେ ଦ୍ୱନ୍ଦ୍ୱ ସକ୍ରିୟ ଥାଏ । ଶୈଶବରୁ ଆରମ୍ଭ କରି ବୃଦ୍ଧାବସ୍ଥା ପର୍ଯ୍ୟନ୍ତ କିଛି ନା କିଛି ଦ୍ୱନ୍ଦ୍ୱ ରହିଥାଏ । କିଶୋର ସମୟରେ ଯେଉଁ ଦ୍ୱନ୍ଦ୍ୱ ଥାଏ ତାହା ହେଉଛି ଆତ୍ମପରିଚିତିର ଦ୍ୱନ୍ଦ୍ୱ । ମୁଁ ବାପାଙ୍କ ପରି ହେବି କି ମା'ଙ୍କ ପରି ହେବି ? ମୁଁ ମୋର ଶିକ୍ଷକଙ୍କୁ ଅନୁସରଣ କରିବି କି ମୋର ପଡ଼ୋଶୀକୁ ଅନୁକରଣ କରିବି ? ମୁଁ ସାମ୍ୟବାଦର ଅନୁଗତ ହେବି କି ଗଣତନ୍ତ୍ରର ପ୍ରଶଂସକ ହେବି ? କେଉଁ ବ୍ୟକ୍ତିତ୍ୱକୁ ଗ୍ରହଣ କରିବି ଏବଂ କେଉଁପରି ଭୂମିକା ଆବୋରି ନେବି ?

କହିବା ଅନାବଶ୍ୟକ ଯେ ପିତାମାତା ଓ ଶିକ୍ଷକ ଶିକ୍ଷୟିତ୍ରୀଙ୍କ ସୁଚିନ୍ତିତ ପରାମର୍ଶ ଓ ଉପବେଶନ ଧୀରେ ଧୀରେ ଦ୍ୱନ୍ଦ୍ୱର ସମାଧାନ ଦିଗରେ ସହାୟକ ହୁଏ ଏବଂ କିଶୋର କିଶୋରୀମାନେ ଦ୍ୱନ୍ଦ୍ୱହୀନ ଯାତ୍ରା ପଥରେ ଅଗ୍ରସର ହୁଅନ୍ତି । ମାନସିକ ସ୍ତରରେ ପରୀକ୍ଷା ନିରୀକ୍ଷା ଓ ବିଚାର ଆଲୋଚନା ପରେ କିଶୋର କିଶୋରୀ ନିର୍ଦ୍ଦିଷ୍ଟ ବ୍ୟକ୍ତିତ୍ୱ ଓ ମୂଲ୍ୟବୋଧ ପ୍ରତି ଆନୁଗତ୍ୟ ଦର୍ଶାନ୍ତି । ଚୟନ ପ୍ରକ୍ରିୟା ଶେଷହେବା ପରେ ପ୍ରତିବଦ୍ଧତା

ପ୍ରଦର୍ଶିତ ହୁଏ। ଏହି ପ୍ରକ୍ରିୟାରେ କିଏ କେଉଁ ସ୍ତରରେ ରହିଛି, ତାହା ଜାଣିବା ପାଇଁ ନିମ୍ନ ସାରଣିଟି ଉପଯୋଗ କରାଯାଇପାରେ।

ପ୍ରତିବଦ୍ଧତା ଗଠିତ ହୋଇଛି କି ?

		ହଁ	ନାହିଁ
କିଶୋର		ସଫଳ	ଅନ୍ୟମାନଙ୍କ ଚୟନ
କିଶୋରୀମାନଙ୍କ	ହଁ	ଆତ୍ମ ପରିଚିତ	ମାତ୍ର ନିଜର ନିଷ୍ପତ୍ତି ନାହିଁ
ଚୟନ ପ୍ରକ୍ରିୟା		ଅନ୍ୱେଷଣ ଚାଲିଛି	ଚୟନରେ ଗୋଳମାଳିଆ
ଶେଷ ହୋଇଛି କି ?	ନାହିଁ	ନିଷ୍ପତ୍ତି ହୋଇ ନାହିଁ	ଅବସ୍ଥା

ଉପର ସାରଣୀରୁ ସ୍ପଷ୍ଟ ଯେ କେତେକ କିଶୋର କିଶୋରୀ ନିଜର ଅନ୍ୱେଷଣ ପ୍ରକ୍ରିୟା ଏବଂ ପରିବାର ତଥା ବହିର୍ଜଗତର ସାମାଜୀକରଣ ସହାୟତାରେ ସଫଳ ଆତ୍ମପରିଚିତିର ଅଧିକାରୀ ହୁଅନ୍ତି। ଏମାନେ କାହାକୁ ଅନୁସରଣ କରିବେ ଏବଂ କେଉଁ ମୂଲ୍ୟବୋଧର ଅନୁଗତ ହେବେ ତାହା ସ୍ଥିର କରି ଜୀବନରେ ଅଗ୍ରସର ହୁଅନ୍ତି। ଅନ୍ୟ ବର୍ଗର କିଶୋର କିଶୋରୀଙ୍କ କ୍ଷେତ୍ରରେ ପିତାମାତା କିମ୍ବା ଅନ୍ୟ କେହି ନେଇଥିବା ଚୟନଗତ ନିଷ୍ପତ୍ତିକୁ ମାନିନିଅନ୍ତି। ଫଳରେ ଅନ୍ତତଃ ସାମୟିକ ଭାବରେ ଦ୍ୱନ୍ଦ୍ୱ ଦୂରହୁଏ। ମାତ୍ର ଅନ୍ତର୍ଜଗତରେ ଚୟନ ପ୍ରକ୍ରିୟା ଚାଲିଥାଏ। ତୃତୀୟ ବର୍ଗର କିଶୋର କିଶୋରୀ ଅନ୍ୱେଷଣ ପ୍ରାୟତଃ ଶେଷ କରିଥାଆନ୍ତି, ମାତ୍ର ପ୍ରତିବଦ୍ଧତା ପ୍ରକାଶ କରି ନଥାନ୍ତି। ଏମାନେ ଅପେକ୍ଷା କରିବାର ମିଞ୍ଜାସ ନେଇ ରହିଥାଆନ୍ତି। ଚତୁର୍ଥ ବର୍ଗର କିଶୋର କିଶୋରୀଙ୍କ ଚୟନ ଓ ନିଷ୍ପତ୍ତି ଗୋଳମାଳିଆ ଅବସ୍ଥାରେ ରହେ। ନିଜର ଚୟନ ନିଜ ମନରେ ସମର୍ଥିତ ନ ହେବାରୁ ପ୍ରତିବଦ୍ଧତା ଆସେ ନାହିଁ; ପୁନଶ୍ଚ ଚୟନ ପ୍ରକ୍ରିୟା ଚାଲୁ ରହେ। ଯୌବନ ପର୍ଯ୍ୟନ୍ତ ହୁଏତ ଏ ଗୋଳମାଳିଆ ଅବସ୍ଥା ଅବ୍ୟାହତ ରୁହେ।

ଶେଷ ବକ୍ତବ୍ୟ

ଆଧୁନିକ ମନୋବୈଜ୍ଞାନିକ ଦୃଷ୍ଟିକୋଣରୁ କିଶୋର କିଶୋରୀଙ୍କ ମାନସିକ ସ୍ଥିତିକୁ ପୂର୍ବପରି ଝଡ଼ଝଞ୍ଜାର ସମୟ ବୋଲି ବିଚାର କରା ନ ଗଲେ ମଧ୍ୟ କେତେକ ଜଟିଳତା ସେମାନଙ୍କ ମାନସିକ ସ୍ୱାସ୍ଥ୍ୟର ଅନ୍ତରାୟ ବୋଲି ସ୍ୱୀକାର କରାଯାଇଛି। ଏଠାରେ ଚାରୋଟି ବିଶେଷ ଉପାଦାନର ଅବତାରଣା କରାଯାଇଛି। ପ୍ରଥମତଃ ଶାରୀରିକ ପରିବର୍ତ୍ତନ ପର୍ଯ୍ୟାୟରେ ଯୌନପରିପକ୍ୱତା କ୍ରମରେ ହରମୋନ୍‌ର କ୍ଷରଣ କେତେକ ଜଟିଳତାର କାରଣ ହୋଇଥାଏ । ହରମୋନ୍ ଏକ ଦେହଜ ପଦାର୍ଥ ହୋଇଥିଲେ ମଧ୍ୟ କିଶୋର କିଶୋରୀ ଭେଦରେ ଏବଂ କେତେକ ପରିବେଷ୍ଟନୀଗତ କାରଣ ଏହାର କ୍ଷରଣକୁ କମ୍ ବେଶୀ ସକ୍ରିୟ କରି ସମସ୍ୟା ସୃଷ୍ଟିକରେ। ଦ୍ୱିତୀୟ ଉପାଦାନଟି ମସ୍ତିଷ୍କଗତ।

ଆମ ମନସ୍ତାତ୍ତ୍ୱିକ ଜୀବନର ଦୁଇଟି ମୁଖ୍ୟ ଦିଗ ହେଉଛି ଭାବ (Emotion) ଓ ଭାବନା (Thinking)। କୌତୂହଳର ବିଷୟ ଯେ କିଶୋର କିଶୋରୀମାନଙ୍କର ମୁଖ୍ୟ ଭାବନା କାର୍ଯ୍ୟକୁ (ଯୋଜନା, ଯୁକ୍ତିଯୁକ୍ତ ବିଚାର ଓ ନିଷ୍ପତ୍ତି ଗ୍ରହଣ) ନିୟନ୍ତ୍ରଣ କରୁଥିବା ମସ୍ତିଷ୍କର ଅଂଶବିଶେଷ Prefrontal cortex (ଅଗ୍ରମସ୍ତିଷ୍କର ଏକ ଅଂଶ) ପୂର୍ଣ୍ଣ ବିକଶିତ ହେବା ପୂର୍ବରୁ ଆବେଗ ସଂଶ୍ଳିଷ୍ଟ ଥିବା ଅଂଶ ଆମିଗଡ଼ାଲା କାର୍ଯ୍ୟକ୍ଷମ ହୋଇ ସାରିଥାଏ। ଫଳରେ ଗାଡ଼ିର ବ୍ରେକ୍ ବ୍ୟବହାର ଜାଣି ନ ଥିବା ଚାଳକ ହାତରେ ଗାଡ଼ି ଚାଳନାର କାର୍ଯ୍ୟ ପରି ଜଟିଳ ଅବସ୍ଥା ଉପୁଜିଥାଏ। ତୃତୀୟତଃ କିଶୋର କିଶୋରୀମାନେ ଏକ ଅହଂକେନ୍ଦ୍ରୀ ମାନସିକତାର ଶରବ୍ୟ ହୋଇ ନିଜକୁ ଅଯଥାରେ ସର୍ବଦୃଷ୍ଟି ଆକର୍ଷଣକାରୀ ନାୟକ ନାୟିକା ଏବଂ ଅନନ୍ୟ କୌଶଳର ଅଧିକାରୀ ବୋଲି ବିଚାର କରନ୍ତି । ଏହି ମାନସିକତାରୁ ସୃଷ୍ଟି ହେଉଥିବା କେତେକ ବ୍ୟବହାର କ୍ଷତିସାଧନ କରେ। ପରିଶେଷରେ କୁହାଯିବ ଯେ ଆତ୍ମପରିଚିତି (ମୁଁ କିଏ ? - ଏ ପ୍ରଶ୍ନର ସମାଧାନ) ସମସ୍ୟାର ସମାଧାନ କରି ନପାରି କେତେକ କିଶୋର କିଶୋରୀ ମାନସିକ ଦୋଳନର ଶରବ୍ୟ ହୁଅନ୍ତି। ସତର୍କତାର ସହ ଆଲୋଚିତ ଦୋଳନକୁ ଦୂର କରାଯାଇପାରେ। (ବୈଜ୍ଞାନିକ ପରିଭାଷା ଅନୁଯାୟୀ ୧୦ ବର୍ଷରୁ ୧୯ ବର୍ଷ ବୟସ ପର୍ଯ୍ୟନ୍ତ କିଶୋର ଅବସ୍ଥା ଏବଂ ୧୦ ବର୍ଷରୁ ୨୪ ବର୍ଷ ବୟସ ପର୍ଯ୍ୟନ୍ତ ଯୁବାବସ୍ଥା ବିଚାର କରାଯାଉଛି।)

■

ଯୌବନର ଆହ୍ବାନ

ମାନବୀୟ ବିକାଶର ଅନୁଧ୍ୟାନ ଏକ କୌତୂହଳ-ପ୍ରେରିତ ରହସ୍ୟାବୃତ୍ତ ପରିସର । କେତେକ ବିଶେଷଜ୍ଞ ପିଲାମାନଙ୍କର ବିକାଶ ସମ୍ପର୍କରେ ଗବେଷଣା କରିବା ସମୟରେ ହଠାତ୍ କିଶୋରକାଳୀନ ପ୍ରଶ୍ନଜାଲରେ ଛନ୍ଦି ହୋଇ ପଡ଼ିଛନ୍ତି। ସେହିପରି ଆଉ କେତେକ ମନୋବିଜ୍ଞାନୀ କିଶୋରକାଳୀନ ବିକାଶର ଚର୍ଚ୍ଚା କରୁଥିବା ସମୟରେ ଯୌବନର କେତେକ ପ୍ରଶ୍ନ ସେମାନଙ୍କୁ ମୁଖ୍ୟ ଧାରାରୁ ଟାଣିନେଇ ଅନ୍ୟ କେତେକ ଜିଜ୍ଞାସା-ବଳୟରେ ଭର୍ତ୍ତି କରିଦେଇଛି। ଲୁଇସ୍ ଟରମ୍ୟାନ୍ ଏହିପରି ଜଣେ ବିଶ୍ୱବନ୍ଦିତ ମନୋବିଜ୍ଞାନୀ।

ଦୁଇ ଦୁଇଟି ବିଶ୍ୱଯୁଦ୍ଧ ପରେ ଲୁଇସ୍ ଟରମ୍ୟାନ୍‌ଙ୍କ ମନରେ ଏକ କୌତୂହଳ ପ୍ରଚଣ୍ଡ ଶକ୍ତିଶାଳୀ ହୋଇଉଠିଲା। ସେ ସମୟରେ ପିଲା ଓ ତରୁଣ ତରୁଣୀମାନଙ୍କର ବୁଦ୍ଧିମତ୍ତା (Intelligence) ମାପ କରିବାକୁ କେତେକ ମାପକ (Tests) ବେଶ ସ୍ୱୀକୃତି ଲାଭ କରିଥିଲା । ଏଠାରେ ଉଲ୍ଲେଖ କରାଯାଇପାରେ ଯେ ବୃଦ୍ଧିମତ୍ତାକୁ ସାଧାରଣତଃ ବୁଦ୍ଧିଅଙ୍କ (Intelligence Quotient ବା IQ) ମାଧ୍ୟମରେ ପ୍ରକାଶ କରାଯାଏ। ଯେ କୌଣସି ସମାଜରେ ବୁଦ୍ଧିଅଙ୍କ ବା IQ ୧୦୦ ହେବାର ଅର୍ଥ ହେଉଛି ଯେ ଏପରି ବୁଦ୍ଧିଅଙ୍କର ଅଧିକାରୀ ହୋଇଥିବା ପିଲା କିମ୍ବା ଅନ୍ୟ କେହି ସେ ସମାଜର ସାଧାରଣ ପିଲା ବା ବ୍ୟକ୍ତି ସହିତ ତୁଳନୀୟ। ବୃଦ୍ଧି ଅଙ୍କ ୧୦୦ରୁ ଯେତେ ବେଶୀ ହେବ ବୁଦ୍ଧିମତ୍ତାର ମାତ୍ରା ସେହି ଅନୁସାରେ ଅଧିକ ବିଚାର କରାଯିବ। ସେହିପରି ବୁଦ୍ଧିଅଙ୍କ (IQ) ୧୦୦ରୁ ଯେତେ କମ୍ ହେବ, ବୁଦ୍ଧିର ମାତ୍ରା ସେହି ଅନୁପାତର ନିମ୍ନ ସ୍ତରରେ ରହିଛି ବୋଲି ଗ୍ରହଣ କରାଯିବ।

ପ୍ରୟୋଗାତ୍ମକ ଦିଗକୁ ଅଧିକ ସ୍ପଷ୍ଟ କରିବା ପାଇଁ ଗୋଟିଏ ଦୁଇଟିର ଉଦାହରଣ ଦିଆଯାଇପାରେ। ପିଲା ହେଉ ବା ବଡ଼ ହେଉ, ଜଣକର ବୁଦ୍ଧି ଅଙ୍କ ୫୦ ହେବାର

ଅର୍ଥ ହେଉଛି ଯେ ଦଶବର୍ଷର ପିଲାଟି ପାଞ୍ଚବର୍ଷ ପିଲାର ବୁଦ୍ଧି ଦର୍ଶାଉଛି, ୧୬ ବର୍ଷର କିଶୋର କିଶୋରୀ ଆଠବର୍ଷର ବୁଦ୍ଧି ଦର୍ଶାଉଛି ଏବଂ ୨୦ ବର୍ଷର ଯୁବକ ବା ଯୁବତୀ ଦଶବର୍ଷର କିଶୋର/କିଶୋରୀଙ୍କ ବୁଦ୍ଧିମତ୍ତା ଦର୍ଶାଉଛି। ସେହିପରି ବୁଦ୍ଧିଅଙ୍କ ୧୫୦ କହିବାର ତାତ୍ପର୍ଯ୍ୟ ହେଉଛି ଯେ ଆଠବର୍ଷର ପିଲାଟି ବାରବର୍ଷର ଦକ୍ଷତା କିମ୍ବା ଅଠର ବର୍ଷର କିଶୋର/କିଶୋରୀ ୨୭ ବର୍ଷର ଯୁବକ / ଯୁବତୀର ଦକ୍ଷତା ପ୍ରଦର୍ଶନ କରୁଛି। ଏହି କ୍ରମରେ ବୁଦ୍ଧି ଅଙ୍କ ୨୦୦ ହେବାର ଅର୍ଥ ହେଉଛି ଯେ ୧୫ ବର୍ଷର କିଶୋର ୩୦ ବର୍ଷର ଯୁବକର ଦକ୍ଷତା ଦର୍ଶାଉଛନ୍ତି। ଆମ୍ଭେମାନେ ବର୍ତ୍ତମାନ ଯେଉଁମାନଙ୍କୁ ଭିନ୍ନକ୍ଷମ (ପୂର୍ବରୁ ମାନସିକ ଅନଗ୍ରସର) ବୋଲି ବିଚାର କରିବୁ, ସେମାନଙ୍କର ବୁଦ୍ଧିଅଙ୍କ ୭୦ କିମ୍ବା ତା'ଠାରୁ କମ୍। ଏହାର ଅର୍ଥ ସହଜରେ ଅନୁମେୟ। ଦଶବର୍ଷର ପିଲାଟି ସାତବର୍ଷ ପିଲାର ଦକ୍ଷତା ଦର୍ଶାଇଲେ ତାହାକୁ ଭିନ୍ନକ୍ଷମ ଆଖ୍ୟା ଦିଆଯିବ।

ଲୁଇସ୍ ଟରମ୍ୟାନ୍‌ଙ୍କ ଆଗ୍ରହ ଖୁବ୍ ଉଚ୍ଚ ବୁଦ୍ଧିସମ୍ପନ୍ନ ପିଲାଙ୍କ ଉପରେ କେନ୍ଦ୍ରିତ ଥିଲା । ବୁଦ୍ଧି ଅଙ୍କ ୧୪୦ରୁ ଊର୍ଦ୍ଧ୍ୱ ହୋଇଥିବା ଅସାମାନ୍ୟ ପିଲାଙ୍କୁ ସେ ପ୍ରଥମେ ଚିହ୍ନଟ କଲେ। ବୁଦ୍ଧିଅଙ୍କ ୧୪୦ କହିବାର ଅର୍ଥ ସହଜରେ ଅନୁମେୟ। ଦଶ ବର୍ଷର ପିଲାଟି ୧୪ ବର୍ଷ ପିଲାର ଦକ୍ଷତା ଦର୍ଶାଇଲେ ବୁଦ୍ଧିଅଙ୍କ ଏହି ସ୍ତରରେ ରହିବ। ଟରମ୍ୟାନ୍ ଯୁକ୍ତରାଷ୍ଟ୍ର ଆମେକରିକାର କାଲିଫର୍ଣ୍ଣିଆ ରାଜ୍ୟର ସ୍କୁଲ୍‌ମାନଙ୍କର ପ୍ରାୟ ୧୫୦୦ ବାଳକ ବାଳିକା ଚିହ୍ନଟ କଲେ। ଟରମ୍ୟାନଙ୍କ ଗବେଷଣା ପ୍ରକଳ୍ପଟି ସେ ସମୟରେ ଚହଳ ସୃଷ୍ଟି କରିଥିବାରୁ ମନୋନୀତ ଛାତ୍ରଛାତ୍ରୀମାନଙ୍କୁ 'ଟରମାଇଟ୍' (Termites) କୁହାଗଲା। ବର୍ତ୍ତମାନ ଭାରତ ତଥା ଓଡ଼ିଶାର ମାଧ୍ୟମିକ ଓ ଉଚ୍ଚ ମାଧ୍ୟମିକ ସ୍ତରରେ ପରୀକ୍ଷାରେ ପ୍ରଶଂସନୀୟ ସଫଳତା ହାସଲ କରିଥିବା ଛାତ୍ରଛାତ୍ରୀମାନଙ୍କର ଫଟୋ ଓ ନାମ ଅନୁଷ୍ଠାନର ରେକର୍ଡ ବୁକ୍‌ରେ ଏବଂ କାନ୍ଥରେ ଲିପିବଦ୍ଧ କରାଯାଉଛି। ସେହିପରି ଯୁଦ୍ଧୋତ୍ତର ଆମେରିକାରେ ଅସାମାନ୍ୟ ବୁଦ୍ଧିସମ୍ପନ୍ନ ପ୍ରତିଭାଦୀପ୍ତ ପିଲାମାନଙ୍କର ନାମ ଲିପିବଦ୍ଧ କରାଯାଉଥିଲା। ଏହାକୁ ଆଧାର କରି ଲୁଇସ୍ ଟରମ୍ୟାନ୍ ୧୫୦୦ ବାଳକବାଳିକାଙ୍କୁ ଚିହ୍ନଟ କଲେ।

ପରବର୍ତ୍ତୀ ପର୍ଯ୍ୟାୟରେ ଟରମ୍ୟାନ୍‌ଙ୍କର ମୁଖ୍ୟ ଉଦ୍ଦେଶ୍ୟ ଥିଲା ଅସାମାନ୍ୟ ବୁଦ୍ଧିମତ୍ତା ଭିତ୍ତିରେ ଚିହ୍ନିତ କରାଯାଇଥିବା ଏହି ପ୍ରତିଭାଦୀପ୍ତ ବାଳକବାଳିକା ଭବିଷ୍ୟତରେ କିପରି ସଫଳତା ହାସଲ କରିବେ। ଟରମ୍ୟାନ୍ ଆଶା କରୁଥିଲେ ଯେ ଏପରି ପିଲାମାନେ ଶାରୀରିକ ସୁସ୍ଥତା ବଜାୟ ରଖିବା ସଙ୍ଗେ ସଙ୍ଗେ ଜୀବନର ସବୁକ୍ଷେତ୍ରରେ ଉଚ୍ଚତର ସଫଳତା ହାସଲ କରିବେ। ସେମାନେ ମାନସିକ ସୁସ୍ଥତାର ଅଧିକାରୀ ହେବେ ଏବଂ ଜାତୀୟ ସ୍ତରରେ ନେତୃତ୍ୱର ଗୌରବ ଲାଭ କରିବେ।

ଟର୍‌ମ୍ୟାନଙ୍କର ଏହି ପୂର୍ବାନୁମାନ କେତେକାଂଶରେ ଫଳବତୀ ହେଲେ ମଧ୍ୟ ପୂର୍ଣ୍ଣମାତ୍ରାରେ ସତ ହୋଇ ନଥିଲା । ଟର୍‌ମ୍ୟାନ୍ ଆଶା କରୁଥିଲେ ଯୌବନ ଓ ବାର୍ଦ୍ଧକ୍ୟ ଅବସ୍ଥାରେ ମଧ୍ୟ ସଫଳତା ଖୁବ୍ ଉଚ୍ଚସ୍ତରୀୟ ରହିବ । ଏମାନଙ୍କ ମଧ୍ୟରୁ ଅଧିକାଂଶ ସ୍କୁଲ କଲେଜରେ ଖୁବ୍ ପ୍ରଶଂସନୀୟ ସଫଳତା ପାଇଲେ । ବୃତ୍ତି ବା ପେସାରେ ମଧ୍ୟ ଉତ୍କର୍ଷ ଦର୍ଶାଇଲେ । କିନ୍ତୁ ଜୀବନର ବୃହତ୍ତର ପରିପ୍ରେକ୍ଷୀରେ ପୂର୍ବାନୁମାନ ପୂରାପୂରି ସଫଳ ହୋଇ ନଥିଲା । ପରିପୂର୍ଣ୍ଣ ଜୀବନ ଓ ଜାତୀୟ ସ୍ତରରେ ନେତୃତ୍ୱର ସାମର୍ଥ୍ୟ ପାଇଁ ବୁଦ୍ଧିମତ୍ତା ଯଥେଷ୍ଟ ନୁହେଁ, ଅନ୍ୟ କିଛି ଉପାଦାନର ଆବଶ୍ୟକତା ରହିଥିବାର ଅନୁମାନ କରାଗଲା । ବିଶେଷତଃ ବାଲ୍ୟ ଓ କିଶୋରକାଳ ଅତିକ୍ରମ କରି ଯୌବନରେ ପଦାର୍ପଣ କଲାପରେ ବିକାଶର ଅନ୍ୟ କେତେକ ଆହ୍ୱାନରେ ମୁକାବିଲା ପ୍ରୟୋଜନ ହୁଏ ବୋଲି ବିଶେଷଜ୍ଞମାନେ ଅନୁଭବ କଲେ । ଏ ଆହ୍ୱାନସବୁର ରୂପରେଖ କ'ଣ, ସେ ଦିଗରେ ଜର୍ଜ୍ଜ ଭେଲେଣ୍ଟ୍ ନାମକ ଜଣେ ପ୍ରଖ୍ୟାତ ମନୋବିଜ୍ଞାନୀ ବଳିଷ୍ଠ ତତ୍ତ୍ୱ ପ୍ରତିପାଦନ କଲେ ।

ଟର୍‌ମ୍ୟାନ୍ ଚିହ୍ନଟ କରିଥିବା ବୁଦ୍ଧିଦୀପ୍ତ ବାଳକ ବାଳିକାମାନେ ଯୌବନରେ ପଦାର୍ପଣ କରିବା ପରେ ସେମାନଙ୍କ ମଧ୍ୟରୁ ସୁଖୀ ଓ ସୁସ୍ଥ ଜୀବନ ଯାପନ କରୁଥିବା କିଛି ପ୍ରତିଭାଗୀଙ୍କ ସହିତ ଭେଲେଣ୍ଟ୍ ସାକ୍ଷାତ୍‌କାରର ଆୟୋଜନ କଲେ । ଗଭୀରତାର ସହ ଅନୁଧ୍ୟାନ କଲେ । ଏଥିରୁ ଯେଉଁ ନିର୍ଯ୍ୟାସ ସଂଗୃହୀତ ହେଲା, ତାହାକୁ ଭିତ୍ତି କରି ଭେଲେଣ୍ଟ୍ ଯୌବନକାଳୀନ ବିକାଶର ଛ'ଟି ଗୁରୁତ୍ୱପୂର୍ଣ୍ଣ ଉପାଦାନ ଉଲ୍ଲେଖ କଲେ । ସେଗୁଡ଼ିକ ହେଉଛି :

- ଆତ୍ମପରିଚିତି (Identity)
- ଅନ୍ତରଙ୍ଗତା (Intimacy)
- ଜୀବିକା ଦୃଢ଼ୀକରଣ (Career Consolidation)
- ଗତିଶୀଳତା (Generativity)
- ଜୀବନାର୍ଥବୋଧର ସଂରକ୍ଷଣ (Keeper of Meaning)
- ସଂହତି (Integrity)

ବାଲ୍ୟକାଳ ପାର ହୋଇ କିଶୋର ଜୀବନରେ ପ୍ରବେଶ କରିବା ସମୟରେ ବାଳକ ବାଳିକାଙ୍କ ମନରେ ଯେଉଁ ପ୍ରଶ୍ନଟି ସବୁଠାରୁ ଅଧିକ ଆଲୋଡ଼ନ ସୃଷ୍ଟିକରେ, ସେ ପ୍ରଶ୍ନଟି ହେଉଛି : "ମୁଁ ନିଜକୁ କିପରି ଗଢ଼ି ତୋଳିବି ?" କିଶୋର କିଶୋରୀମାନେ ସେମାନଙ୍କ ପିତାମାତାଙ୍କୁ ଅନୁସରଣ କରିବେ କି ଶିକ୍ଷକ ଶିକ୍ଷୟିତ୍ରୀଙ୍କୁ ଅନୁସରଣ କରିବେ ଏ ପ୍ରଶ୍ନ ସେମାନଙ୍କୁ ଆଲୋଡ଼ିତ କରେ । କାହାକୁ ସେମାନେ ଅନୁକରଣୀୟ ବ୍ୟକ୍ତିତ୍ୱର

(Role-Model) ଆସନ ଦେବେ, ସେ ପ୍ରଶ୍ନର ସମାଧାନ ଜରୁରୀ ହୋଇଉଠେ। ଆତ୍ମପରିଚିତିର (Identity) ଦ୍ୱନ୍ଦ୍ୱ ସେମାନଙ୍କୁ ଅସ୍ଥିର କରେ।

ମାତ୍ର କିଶୋର କିଶୋରୀ ସୋପାନ ଅତିକ୍ରମ କରିବା ପରେ ଦକ୍ଷ ତରୁଣ ତରୁଣୀମାନେ ଏ ଆତ୍ମପରିଚିତିର ଦ୍ୱନ୍ଦ୍ୱ ସମାଧାନ କରି ଆଗକୁ ଅଗ୍ରସର ହୁଅନ୍ତି। ସେମାନେ ନିଜର ଆତ୍ମପରିଚିତି ଗଠନ କରନ୍ତି। ସୁଗଠିତ ଆତ୍ମପରିଚିତିରେ ପ୍ରାୟ ଦ୍ୱନ୍ଦ୍ୱ ନ ଥାଏ। ବ୍ୟକ୍ତି ଜାଣେ ଯେ ମୂଲ୍ୟବୋଧ, ବିଶ୍ୱଦୃଷ୍ଟିଭଙ୍ଗୀ ଓ ଜୀବନର ଆଦର୍ଶଟି ନିଜସ୍ୱ ଚିନ୍ତାଧାରା। ଏହାର ଗଠନ ସମୟରେ ବାପ ମା', ଶିକ୍ଷକ ଶିକ୍ଷୟିତ୍ରୀ କିମ୍ବା ଅନ୍ୟ କୌଣସି ସମ୍ମାନାସ୍ପଦ ବ୍ୟକ୍ତିଙ୍କର ପ୍ରଭାବ ଥାଇପାରେ। ମାତ୍ର ଏହା ଗଠିତ ହେବାପରେ ବ୍ୟକ୍ତିର ସ୍ୱାତନ୍ତ୍ର୍ୟ ଏଥିରେ ମୁଖ୍ୟତଃ ପ୍ରତିଫଳିତ ହୁଏ। ମୁଁ କିଏ ? କ'ଣ ମୋର ଭାବଧାରା ? ମୋ ଦୃଷ୍ଟିରେ କ'ଣ ସବୁ ଗୁରୁତ୍ୱପୂର୍ଣ୍ଣ ? ଏପରିସବୁ ପ୍ରଶ୍ନର ଉତ୍ତର ବ୍ୟକ୍ତି ପାଖରେ ସ୍ପଷ୍ଟ ରୂପରେଖ ନେଇଥାଏ ।

ଆତ୍ମପରିଚିତିର ବିକାଶ ଧୀରେ ଧୀରେ ସମ୍ପର୍କଶୀଳତାର ପଲ୍ଲବନରେ ସହାୟକ ହୁଏ। ବ୍ୟକ୍ତି ଅନ୍ୟ ସହ ସମ୍ବନ୍ଧିତ ହୁଏ; ଅନ୍ତରଙ୍ଗତା ବୃଦ୍ଧିପାଏ। ଭେଲେଣ୍ଟ ଯେଉଁ ସୁସ୍ଥ ଓ ସୁଖୀ ତରୁଣ ତରୁଣୀଙ୍କୁ ଚିହ୍ନଟ କରିଥିଲେ ସେମାନେ ସେମାନଙ୍କର ସାମାଜିକତା ଓ ଆନ୍ତରିକତାର ପରିଚୟ ଦେଲେ। ଏହି ସର୍ବେକ୍ଷଣରେ ଅଧିକାଂଶ ପୁରୁଷମାନେ କହିଲେ ଯେ ସେମାନଙ୍କର ପତ୍ନୀ ହେଉଛନ୍ତି ସାମାଜିକ ସାହଚର୍ଯ୍ୟର ମୂଳଉତ୍ସ। ଅଧିକାଂଶ ମହିଳା କହିଲେ ଯେ ସେମାନଙ୍କର ନାରୀ ବନ୍ଧୁ କିମ୍ବା ଅନ୍ୟ କେହି ଆତ୍ମୀୟସ୍ୱଜନ କିମ୍ବା ପିଲାପିଲି ସବୁଠାରୁ ଅଧିକ ଅନ୍ତରଙ୍ଗତା ପ୍ରଦାନ କରିଥାନ୍ତି। ମୋଟ ଉପରେ ଗଭୀର ଅନ୍ତରଙ୍ଗତା ଯୌବନକାଳୀନ ପଲ୍ଲବନର ଏକ ମୁଖ୍ୟ ବିଭବ।

ସାମ୍ପ୍ରତିକ ଜଗତରେ ବୃତ୍ତି ବା ପେସାଗତ ଜୀବନ ଏକ ମୁଖ୍ୟ ଦିଗର ଭୂମିକା ନେଉଥିବାରୁ ଏ ଦିଗରେ ବଳିଷ୍ଠତା ଜୀବନକୁ କମନୀୟ କରେ। ବୃତ୍ତି ବା ପେସାର ଦୃଢ଼ୀକରଣ କହିଲେ କାର୍ଯ୍ୟଗତ ନିଷ୍ଠା, ସନ୍ତୋଷ, ଦକ୍ଷତା ଓ ପାରିତୋଷିକକୁ ବୁଝାଇଥାଏ । ବ୍ୟକ୍ତି ଯେତିକି ପରିମାଣରେ ପରିଶ୍ରମ ଓ କର୍ମତତ୍ପରତା ଦର୍ଶାଉଛି ସେ ପାଉଥିବା ଦରମା ଓ ସୁଖସ୍ୱାଚ୍ଛନ୍ଦ୍ୟ ସେହି ପରିମାଣରେ କ୍ଷତି ପୂରଣ କରୁଛି କି ?

ବୃତ୍ତିଗତ ଦୃଢ଼ୀକରଣ ପରିପ୍ରେକ୍ଷୀରେ ଆଉ ଗୋଟିଏ ଉପାଦାନ ଆଲୋଚ୍ୟ। ଦୂର ଅତୀତରେ ବ୍ୟକ୍ତି ଯେଉଁ ସ୍ଥାନରେ କର୍ମନିଯୁକ୍ତି ପାଉଥିଲା, ଅବସର ଗ୍ରହଣ ପର୍ଯ୍ୟନ୍ତ ପ୍ରାୟ ସେହି ସ୍ଥାନରେ କାର୍ଯ୍ୟରତ ରହୁଥିଲା। ସାମ୍ପ୍ରତିକ ଜୀବିକା ଜଗତରେ ଏହାର ବିପୁଳ ପରିବର୍ତ୍ତନ ଘଟିଛି। ପ୍ରତିଯୋଗିତା ଓ ଅନିଶ୍ଚିତତା ପେସାଗତ ଓ ବ୍ୟବସାୟିକ ବାତାବରଣକୁ ନୂଆ ରୂପରେଖ ଦେଇଛି। ଏ ସମୟରେ ତରୁଣ ତରୁଣୀମାନେ ଗୋଟିଏ ନିର୍ଦ୍ଦିଷ୍ଟ ସଂସ୍ଥାରେ ଅଟକି

ନ ରହି ବାରମ୍ବାର ପରିବର୍ତ୍ତନ କରୁଛନ୍ତି। କେତେକ ବ୍ୟକ୍ତି ମଧ୍ୟ ନିଜର ଜୀବିକା ହରାଇ ନୂଆ ଜୀବିକାର ଅନ୍ୱେଷଣ କରୁଛନ୍ତି। ଜୀବିକା ହରାଇ ନୂତନ ଜୀବିକାର ଅନ୍ୱେଷଣ ଏବଂ କର୍ମସଂସ୍ଥାର ପରିବର୍ତ୍ତନ ବ୍ୟକ୍ତିର ସମନ୍ୱୟଶୀଳତା ଉପରେ ଚାପ ପ୍ରଦାନ କରୁଛି। ସୁତରାଂ ବ୍ୟକ୍ତି କେତେ ସଫଳତାର ସହ ଏପରି ପରିସ୍ଥିତିର ମୁକାବିଲା କରିପାରୁଛି ତାହା ବୃତ୍ତିଗତ ଦୃଢ଼ୀକରଣର (Career Consolidation) ଏକ ବିଶିଷ୍ଟ ନିର୍ଦ୍ଧାରକ ରୂପ କାର୍ଯ୍ୟ କରୁଛି।

ବିକାଶ ସୋପାନର ଆଉ ଗୋଟିଏ ପାଦ ଉପରକୁ ଗଲେ ଗତିଶୀଳତାର ପ୍ରଶ୍ନ ଜୀବନର ଗତିଧାରାକୁ ନିୟନ୍ତ୍ରଣ କରିବସେ। ପେସାର ଦୃଢ଼ୀକରଣ ପର୍ଯ୍ୟନ୍ତ ବ୍ୟକ୍ତି ମୁଖ୍ୟତଃ ନିଜକୁ ଦେଖୁଥିଲା। ନିଜର ପୁତ୍ରକନ୍ୟା, ଆତ୍ମୀୟସ୍ୱଜନ ଓ ନିକଟସ୍ଥ ପରିବେଶର ଲୋକମାନଙ୍କର ସୁଖସ୍ୱାଚ୍ଛନ୍ଦ୍ୟ ପ୍ରତି ଧ୍ୟାନଶୀଳ ଥିଲା। ବର୍ତ୍ତମାନ କିନ୍ତୁ ଏକ ବୃହତ୍ତର ସାମାଜିକ ବଳୟ ଏବଂ ଏହି ବଳୟରେ ଆତଯାତ ହେଉଥିବା ଲୋକମାନଙ୍କର ଦୁଃଖ ଦୁର୍ଦ୍ଦଶା ବ୍ୟକ୍ତିର ଦୃଷ୍ଟି ଆକର୍ଷଣ କରେ। ନିଜକୁ ଭାଙ୍ଗି ସେ ଅନ୍ୟମାନଙ୍କୁ କ'ଣ ଦେଇପାରିବ, ସେପରି ଚିନ୍ତା ମନକୁ ଆସେ। ଅନ୍ୟମାନଙ୍କର ସେ କିପରି ଦରକାରୀ ହୋଇପାରିବ, ଏପରି ଭାବନା ତାକୁ ଆଚ୍ଛନ୍ନ କରେ। ପେସାଗତ ଲକ୍ଷ୍ୟ ଅପେକ୍ଷା ସାମାଜିକ ଲକ୍ଷ୍ୟ ଅଧିକ ପ୍ରାଧାନ୍ୟ ଲାଭ କରେ। ପେସାଗତ ଲକ୍ଷ୍ୟର ବନ୍ଧନ ଛାଡ଼ି ସେ ସାମାଜିକ ଲକ୍ଷ୍ୟ ଆଡ଼କୁ ଗତିକଲେ ବ୍ୟକ୍ତି ଗତିଶୀଳତା ଅନୁଭବ କରେ; ଏହା ତାକୁ ଆନନ୍ଦ ଦିଏ। ଅନ୍ୟ ପକ୍ଷରେ ଗତିହୀନତାର ଅନୁଭବ ଏକ ସ୍ଥାଣୁତ୍ୱର ଅନୁଭୂତି ହୋଇ ନୈରାଶ୍ୟ ଜନ୍ମାଏ।

ବୃହତ୍ତର ସାମାଜିକ ବଳୟର ପରିପ୍ରେକ୍ଷୀରେ ସଫଳ ଯୌବନର ଅଧିକାରୀ ବ୍ୟକ୍ତିମାନେ ଜୀବନାର୍ଥବୋଧର ସଂରକ୍ଷଣରେ କାର୍ଯ୍ୟ କରନ୍ତି। ସେମାନେ ଉତ୍ତର ପୁରୁଷ ପାଇଁ ମାର୍ଗଦର୍ଶକ ପିଢ଼ିର (Mentoring) ଭୂମିକା ଗ୍ରହଣ କରନ୍ତି। ନିଜର ପ୍ରଜ୍ଞା ଓ ପରିପକ୍ୱତାକୁ ଆଧାର କରି ସେମାନେ ଯୁବଗୋଷ୍ଠୀକୁ ଐତିହ୍ୟ, ପରମ୍ପରା ଓ ନୂତନ ଦୃଷ୍ଟିଭଙ୍ଗୀ ଶିକ୍ଷା ଦିଅନ୍ତି। ତରୁଣ ତରୁଣୀମାନେ (ଉତ୍ତର ପୁରୁଷ) ଯେପରି ଅତୀତ ଓ ଭବିଷ୍ୟତ ମଧ୍ୟରେ ସମନ୍ୱୟ ରଖିପାରିବେ, ତାହାର ମାର୍ଗଦର୍ଶନ କରନ୍ତି।

ଆଲୋଚିତ ଆହ୍ୱାନଗୁଡ଼ିକ ଯାଥାଯଥ ଭାବରେ ଗ୍ରହଣ କରୁଥିବା ଯୁବକ ଯୁବତୀଙ୍କ ଜୀବନ ବିଖଣ୍ଡିତ ନ ହୋଇ ଏକ ପୂର୍ଣ୍ଣାଙ୍ଗ ଓ ସଂହତିପୂର୍ଣ୍ଣ ଜୀବନର ରୂପ ନିଏ। ଆଧ୍ୟାତ୍ମିକତା ଓ ଅନ୍ତର୍ଦୃଷ୍ଟି ପରି ଅନ୍ତର୍ଜଗତର ସମ୍ବଳ ଏମାନଙ୍କ ଜୀବନକୁ ଏକ ବିକଶିତ ଜୀବନର ସୌନ୍ଦର୍ଯ୍ୟ ଦିଏ। କହିବା ଅନାବଶ୍ୟକ ଯେ ଯୌବନର ଏହି ଛ'ଟି ଉପାଦାନ କେବଳ ଯୌବନକୁ ଶ୍ରୀମୟ କରି ନଥାଏ, ଏକ ସ୍ୱର୍ଣ୍ଣାଭ ଉତ୍ତର-ଯୌବନ ମଧ୍ୟରେ ପ୍ରବେଶ କରିବାର ସମ୍ଭାବନା ଉନ୍ମୁକ୍ତ ରଖେ।

■

ବାର୍ଦ୍ଧକ୍ୟକାଳୀନ ମାନସିକ ସମସ୍ୟା

ଜୀବନର ଅନୁକ୍ରମିକତାରେ ବାର୍ଦ୍ଧକ୍ୟ ଏକ ସୋପାନ। ଜୀବନ ପ୍ରବାହର ଅନ୍ୟାନ୍ୟ ସୋପାନ ପରି ଏହାର ମଧ୍ୟ କିଛି ବୈଶିଷ୍ଟ୍ୟ, କିଛି ସମସ୍ୟା ରହିଛି। ଶାରୀରିକ ଓ ମାନସିକ ପରିବର୍ତ୍ତନକୁ କେନ୍ଦ୍ରକରି କେତେକ ଜଟିଳତା ସୃଷ୍ଟି ହୁଏ। ଶାରୀରିକ ସମସ୍ୟାର ଆଲୋଚନା କରିବା ଏ ପ୍ରବନ୍ଧର ଉଦ୍ଦେଶ୍ୟ ନୁହେଁ। କିନ୍ତୁ ବାର୍ଦ୍ଧକ୍ୟକାଳୀନ ଭାଗବତ ଓ ଭାବନାଗତ ପରିବର୍ତ୍ତନ ଏବଂ ତତ୍‌ସଂଲଗ୍ନ ସମସ୍ୟାବଳୀର ଆଲୋଚନା ଏହାର ମୁଖ୍ୟ ଆଭିମୁଖ୍ୟ।

ବାର୍ଦ୍ଧକ୍ୟକାଳୀନ ମାନସିକ ସମସ୍ୟାର ଆଲୋଚନା କଲାବେଳେ ମୁଖ୍ୟତଃ କେତେକ ପ୍ରଶ୍ନ ସ୍ୱାଭାବିକ ଭାବରେ ଆମର କୌତୂହଳ ପରିସର ମଧ୍ୟକୁ ଚାଲି ଆସିଥାଏ। ଶୈଶବ, କୈଶୋର ଓ ଯୁବାବସ୍ଥା ତୁଳନାରେ ବିଷାଦ ଓ ଉଦ୍‌ବେଗ ପରି ମାନସିକ ବିକୃତିସବୁର ପରିପ୍ରକାଶ ବୃଦ୍ଧାବସ୍ଥାରେ ଅଧିକ ହୋଇଥାଏ କି ? ବୃଦ୍ଧାବସ୍ଥାରେ ସ୍ମରଣ ଓ ବୌଦ୍ଧିକ ଶକ୍ତିର ବିଲୟ ହୁଏ କି ? ବାର୍ଦ୍ଧକ୍ୟକାଳୀନ ସମସ୍ୟାସବୁ କେତେ ପରିମାଣରେ କାଳ୍ପନିକ ଓ କେତେ ପରିମାଣରେ ବାସ୍ତବ ? ବୃଦ୍ଧବୃଦ୍ଧା ଯେଉଁ ସବୁ ସମସ୍ୟାର ତାଲିକା ଦିଅନ୍ତି, ସେସବୁ ବାସ୍ତବ କି ସମାଜର ପ୍ରଚଳିତ ବଦ୍ଧମୂଳ ଧାରଣାର ପ୍ରତିଫଳନ ମାତ୍ର ?

ବାର୍ଦ୍ଧକ୍ୟକାଳୀନ ପ୍ରତିଟି ସମସ୍ୟାର ସୁନିର୍ଦ୍ଦିଷ୍ଟ ଆଲୋଚନା ପୂର୍ବରୁ ସାଧାରଣ ଭାବେ କେତେକ ଜ୍ଞାତବ୍ୟ ସୂଚନା ଆବଶ୍ୟକ। ପ୍ରଥମତଃ ସ୍ୱୀକାର କରିବାକୁ ହେବ ଯେ, ବାର୍ଦ୍ଧକ୍ୟର ତିନୋଟି ପୃଥକ୍ ରୂପ ରହିଛି। ସେଗୁଡ଼ିକ ହେଉଛି ଶାରୀରିକ, ମାନସିକ ଓ ସାମାଜିକ ରୂପ। ଏମାନେ ସବୁବେଳେ ସମତାଳରେ ଗତି କରି ନଥାନ୍ତି। ଶାରୀରିକ ବାର୍ଦ୍ଧକ୍ୟ ଦୈହିକ ପରିବର୍ତ୍ତନକୁ ବୁଝାଇବା ସ୍ଥଳେ ମାନସିକ ବାର୍ଦ୍ଧକ୍ୟ ସମନ୍ୱୟଶୀଳତାର ରୂପାନ୍ତରକୁ ବୁଝାଇଥାଏ। ଉପଯୁକ୍ତ ଖାଦ୍ୟ, ବ୍ୟାୟାମ ଓ ଉପଯୋଗୀ ଜୀବନଶୈଳୀ

ମାଧ୍ୟମରେ ଶାରୀରିକ ବାର୍ଦ୍ଧକ୍ୟକୁ ପ୍ରତିହତ କରାଯାଇପାରେ। ସୁସ୍ଥ ଅଭ୍ୟାସ ଓ ମାନସିକ ଦୃଢ଼ତା ବଳରେ ମାନସିକ ବାର୍ଦ୍ଧକ୍ୟକୁ ଦୂରେଇଦେବା ସମ୍ଭବପର। ସମାଜ ଓ ଅନ୍ୟମାନଙ୍କର ମଙ୍ଗଳ ଲାଗି ନିଷ୍ଠାପର ଉଦ୍ୟମ ସାମାଜିକ ବାର୍ଦ୍ଧକ୍ୟକୁ ପ୍ରତିରୋଧ କରିବ।

ଦ୍ୱିତୀୟତଃ ପ୍ରାୟ ପ୍ରତି ସମାଜରେ ବୃଦ୍ଧବୃଦ୍ଧାମାନେ କିଛି ପରିମାଣରେ ଅସ୍ପୃହଣୀୟ ବାଛବିଚାରର ଶରବ୍ୟ ହୁଅନ୍ତି। କେତେକ କାର୍ଯ୍ୟ ପାଇଁ ଏମାନେ ଅକ୍ଷମ ଓ ସାମାଜିକ କଥୋପକଥନରେ ଏମାନଙ୍କର କୌଣସି ଭୂମିକା ନାହିଁ - ଏପରି ସବୁ ମନୋବୃତ୍ତି ସମାଜରେ ପ୍ରକାଶ ପାଇଥାଏ। ପୁନଶ୍ଚ ବାର୍ଦ୍ଧକ୍ୟ ସମୟରେ ବୁଦ୍ଧିମତ୍ତାର ସମ୍ପୂର୍ଣ୍ଣ ବିଲୟ ଘଟିବା ଭଳି କେତେକ ଭ୍ରାନ୍ତ ଧାରଣା ସମସ୍ୟାକୁ ଅଧିକ ଜଟିଳ କରେ।

ପ୍ରକୃତ ବାର୍ଦ୍ଧକ୍ୟ କି ପ୍ରକାର ପରିଣତି ସୃଷ୍ଟି କରୁଛି, ସେ ସମ୍ପର୍କରେ ସ୍ଥିରନିଶ୍ଚିତ ସିଦ୍ଧାନ୍ତ ଆଣିବା ସହଜ ନୁହେଁ। ଉଦାହରଣ ସ୍ୱରୂପ, ତିରିଶ ବର୍ଷ ବୟସର ଯୁବକ ଏବଂ ସତୁରୀ ବର୍ଷ ବୟସର ବୃଦ୍ଧ କେବଳ ବୟସରେ ଚାଳିଶ ବର୍ଷ ଆଗୁଆ ନୁହନ୍ତି। ଭିନ୍ନ ଭିନ୍ନ ସମୟର ପ୍ରଭାବ ଏ ଦୁଇଜଣଙ୍କୁ ପ୍ରଭାବିତ କରିଛି। ତିରିଶ ବର୍ଷର ଯୁବକ ଜନ୍ମର ପରଠାରୁ ଯେଉଁ ସବୁ ବିଶ୍ୱ ଘଟଣାର ସମ୍ମୁଖୀନ ହୋଇଛନ୍ତି ସତୁରୀ ବର୍ଷର ବୃଦ୍ଧ ଭିନ୍ନ ଧରଣର ପ୍ରଭାବ ମଧ୍ୟରେ ଗତି କରିଛନ୍ତି। ସୁତରାଂ ଭିନ୍ନ ଭିନ୍ନ ସମୟର ପ୍ରଭାବ ପୃଥକ୍ ପୃଥକ୍ ପରିଣତି ସୃଷ୍ଟି କରିବା ଏକ ସ୍ୱାଭାବିକ ପ୍ରତ୍ୟାଶା।

ଏପରି ପରିସୀମତ୍ୱ ସତ୍ତ୍ୱେ ବୃଦ୍ଧାବସ୍ଥାରେ ମାନସିକ ଓ ଆବେଗିକ ସମସ୍ୟାର ସୂଚନା ଦିଆଯାଇପାରେ। ଏହା ସହିତ ଉପଯୋଗୀ ଜୀବନଶୈଳୀର ମଧ୍ୟ ଅବତାରଣା କରାଯାଇପାରେ । ମାନସିକ ସମସ୍ୟାର ଅନୁଶୀଳନକୁ ତିନୋଟି ସ୍ତରରେ ବିଚାର କରାଯାଇପାରେ। ସେଗୁଡ଼ିକ ହେଉଛି ବୁଦ୍ଧିମତ୍ତା, ସମନ୍ୱୟଶୀଳତା ଏବଂ ଆବେଗିକ ସମସ୍ୟା।

ବୁଦ୍ଧିମତ୍ତାର ପରିବର୍ତ୍ତନ

ବାର୍ଦ୍ଧକ୍ୟକାଳୀନ ସମସ୍ୟା ସମ୍ପର୍କରେ ଏକ ମୁଖ୍ୟ ପ୍ରଶ୍ନ ହେଉଛି ବୁଦ୍ଧିମତ୍ତାର ପରିବର୍ତ୍ତନ । ଅନେକଙ୍କର ଧାରଣା ଯେ ବୃଦ୍ଧାବସ୍ଥାରେ ବ୍ୟକ୍ତିର ବୁଦ୍ଧିମତ୍ତା କମିଯାଏ ଏବଂ ଏପରି ବୁଦ୍ଧିମତ୍ତାର ହ୍ରାସ ତା'ର କ୍ରମକ୍ଷୟିଷ୍ଣୁ ବୁଦ୍ଧି ଅଙ୍କରେ ପ୍ରତିଫଳିତ ହୁଏ। ଗବେଷଣାରୁ ଦେଖାଯାଇଛି ଯେ ସବୁପ୍ରକାର ବୁଦ୍ଧିମତ୍ତା ହ୍ରାସ ପାଏ ନାହିଁ। ଥରେ ମାତ୍ର ଚାହିଁ ଦେଇ ମନେ ରଖିବାକୁ ପଡୁଥିବା ଟେଲିଫୋନ୍ ନମ୍ବର କିମ୍ବା କାର୍ ନମ୍ବର ଇତ୍ୟାଦି ମନେ ରଖିବାକୁ ଅଳ୍ପ ମିଆଦି ସ୍ମୃତି କୁହନ୍ତି। ଏପରି ଅଳ୍ପମିଆଦି ସ୍ମୃତି ଓ

ଶରୀରର ଅଙ୍ଗପ୍ରତ୍ୟଙ୍ଗର ଚାଳନା ଉପରେ ନିର୍ଭର କରୁଥିବା ସମସ୍ୟା-ସମାଧାନ-ସୂଚକ ତରଳ ବୁଦ୍ଧିମତ୍ତା (Fluid Intelligence) ବୟସର ବୃଦ୍ଧି ସହିତ ହ୍ରାସ ପାଇଥାଏ। ମାତ୍ର ଭାଷାଗତ ଦକ୍ଷତା ପରି ସ୍ପଷ୍ଟରୂପୀ (Crystalized Intelligence) ବୁଦ୍ଧିମତ୍ତା ହ୍ରାସ ପାଏ ନାହିଁ। ବରଂ ଲକ୍ଷ୍ୟ କରାଯାଏ ଯେ ବୟସର ବୃଦ୍ଧି ସହିତ ବ୍ୟକ୍ତିର ବାକ୍‌ଚାତୁରୀ ଓ ଭାଷାଗତ ଜ୍ଞାନ ବୃଦ୍ଧି ପାଉଛି।

ପୁଣି ବାର୍ଦ୍ଧକ୍ୟକାଳୀନ ବୁଦ୍ଧିମତ୍ତାର ପରିବର୍ତ୍ତନ କଥା ଆଲୋଚନା କଲାବେଳେ ସ୍ମରଣ ରଖିବାକୁ ହେବ ଯେ, ପ୍ରଚଳିତ ବୁଦ୍ଧିମାପକ ସବୁ ଅଧିକାଂଶ ସମୟରେ ପିଲା ଓ ତରୁଣ ତରୁଣୀମାନଙ୍କ ପାଇଁ ବ୍ୟବହୃତ ହୁଏ। ଏସବୁ ମାପକରେ ବିଜ୍ଞତା (Wisdom) ଓ ସୃଜନଶୀଳତା (Creativity) ମାପ ହୋଇ ନଥାଏ। ଅନ୍ୟ ପକ୍ଷରେ ବୃଦ୍ଧବୃଦ୍ଧାମାନେ ସେମାନଙ୍କର ଦୀର୍ଘଦିନର ଅନୁଭବକୁ ସମ୍ବଳ କରି ବିଶେଷ ଧରଣର ସୃଜନଶୀଳତା ଓ ବିଜ୍ଞତାର ଅଧିକାରୀ ହୋଇପାରନ୍ତି। ସୁତରାଂ ପ୍ରଚଳିତ ବୁଦ୍ଧିମାପକରେ ସେମାନଙ୍କର ଦକ୍ଷତାକୁ ମାପିଦେଇ ସେମାନଙ୍କର ବୁଦ୍ଧିହ୍ରାସ ଘଟିଛି ବୋଲି କହିବା ଯୁକ୍ତିଯୁକ୍ତ ହେବ ନାହିଁ ।

ସେହିପରି ବାର୍ଦ୍ଧକ୍ୟକାଳୀନ ସ୍ମରଣକ୍ରିୟା ଓ ଶିକ୍ଷାସାମର୍ଥ୍ୟ ବିଚାର କରାଯାଇପାରେ । ବୃଦ୍ଧାବସ୍ଥାର ଏକ ନର୍ଦ୍ଦିଷ୍ଟ ସମୟରେ ଏକାଧିକ ବସ୍ତୁ ଉପରେ ଅଭିନିବେଶ ରକ୍ଷା କରିବାରେ ବାଧା ରହିଥାଏ। ସୁତରାଂ ସମକାଳୀନ ସ୍ମରଣ ଆବଶ୍ୟକ କରୁଥିବା ଏକାଧିକ ବିଷୟ ମନେରଖିବାରେ ଅସୁବିଧା ହୁଏ। ସ୍ମରଣ-ସାମର୍ଥ୍ୟର କେତେକ ଦିଗ ବୃଦ୍ଧବୃଦ୍ଧାମାନଙ୍କର ପ୍ରତିକୂଳରେ ଯାଉଥିଲେ ମଧ୍ୟ ସେମାନେ ଅଧିକ ଚେଷ୍ଟା ଓ ସତର୍କତାର ସାହାଯ୍ୟ ନେଇ କ୍ଷତିପୂରଣ କରିପାରନ୍ତି। ଦିନଲିପିର ବହୁଳ ବ୍ୟବହାର, ବାରମ୍ବାର ଉଚ୍ଚାରଣ ଓ ପୁନରାବୃତ୍ତିର ଅଭ୍ୟାସ ପରି ସହାୟକ ଉପାଦାନସବୁର ବ୍ୟବହାର ସମସ୍ୟାକୁ ସୀମିତ ରଖେ।

କୌତୂହଳର ବିଷୟ ହେଉଛି ଯେ ଗବେଷଣାଗାର ମଧ୍ୟରେ ପରୀକ୍ଷା ନିରୀକ୍ଷାରେ ବୃଦ୍ଧବୃଦ୍ଧାମାନଙ୍କର ଶିକ୍ଷଣ (Learning) ଓ ସ୍ମରଣ କ୍ରିୟାରେ କେତେକ ତ୍ରୁଟିବିଚ୍ୟୁତି ଦେଖାଯାଏ । ମାତ୍ର ଦୈନନ୍ଦିନ ଜୀବନରେ ଏଗୁଡ଼ିକ ପ୍ରତିଫଳିତ ନ ହୋଇପାରେ। ଏହାର ମୁଖ୍ୟ କାରଣ ହେଉଛି ସେମାନଙ୍କର ମାତ୍ରାଧିକ ସତର୍କତା ଏବଂ ସହାୟକ ବସ୍ତୁସବୁର ଅଧିକ ଉପଯୋଗ । ପୁଣି ଅନ୍ୟ କେତେକ କ୍ଷେତ୍ରରେ ଦେଖାଯାଇଛି ଯେ, ବୃଦ୍ଧବୃଦ୍ଧାମନେ ନିଜର କେତେକ ସମସ୍ୟା ନିଜେ ପ୍ରକାଶ କରୁଛନ୍ତି। ଅଥଚ ଗବେଷଣାଗାରର ନିୟନ୍ତ୍ରିତ ପରିବେଶରେ ସେପରି ସମସ୍ୟାର ଶରବ୍ୟ ହେବାର ଦୃଷ୍ଟାନ୍ତ ମିଳୁ ନାହିଁ। ଏ କ୍ଷେତ୍ରରେ ଏକ ବିଶିଷ୍ଟ ସମ୍ଭାବନାକୁ ଏଡ଼ାଇଦେବା ସମ୍ଭବ ନୁହେଁ।

ଅନେକ ସମୟରେ ବୃଦ୍ଧବୃଦ୍ଧାମାନେ ପ୍ରକାଶ କରୁଥିବା ସମସ୍ୟା ସବୁ ବାସ୍ତବ ସମସ୍ୟା ନ ହୋଇ ସେଗୁଡ଼ିକ ସେମାନଙ୍କ ସମାଜରେ ପ୍ରଚଳିତ ବଦ୍ଧମୂଳ ଧାରଣାର ଅଭିବ୍ୟକ୍ତି ହୋଇପାରେ। ସ୍ଥୂଳତଃ ବୃଦ୍ଧବୃଦ୍ଧାମାନଙ୍କର ସମସ୍ୟା କେତେକ ସ୍ଥାନରେ ବାସ୍ତବ ହେଲେ ମଧ୍ୟ ଅନ୍ୟ କେତେକ ସ୍ଥାନରେ କଳ୍ପନାପ୍ରସୂତ ହୋଇଥାଏ ।

ସେହିପରି ବାର୍ଦ୍ଧକ୍ୟ ଓ ସୃଜନଶୀଳତାର ସମ୍ପର୍କ ପ୍ରସଙ୍ଗରେ ଦୁଇଟି ଭିନ୍ନ ଭିନ୍ନ ମତ ରହିଛି। ପୂର୍ବରୁ ବିଶ୍ୱାସ କରାଯାଉଥିଲା ଯେ ସୃଜନଶୀଳ ବ୍ୟକ୍ତିମାନଙ୍କର ଶ୍ରେଷ୍ଠତମ କୃତି ବୟସର ପ୍ରାୟ ତିରିଶ ଦଶକରେ ଆତ୍ମପ୍ରକାଶ କରେ ଏବଂ ପରେ ପରେ ସୃଜନ-ସାମର୍ଥ୍ୟ କମିବାକୁ ଲାଗେ। ସୃଜନଶୀଳ ସୃଷ୍ଟିର ପ୍ରାୟ ୮୦ ପ୍ରତିଶତ ସମ୍ଭାର ଜୀବନର ପଚାଶବର୍ଷ ବୟସର ସୀମାରେଖା ମଧ୍ୟରେ ସମ୍ପାଦିତ ହୋଇଥାଏ।

ମାତ୍ର ଆଧୁନିକ ଗବେଷଣା ଅପେକ୍ଷାକୃତ ଅଧିକ ଆଶାବାଦର ଛବି ପ୍ରଦାନ କରେ । ସୃଜନଶୀଳ ବ୍ୟକ୍ତିମାନଙ୍କର ସାମଗ୍ରିକ ଅବଦାନକୁ ବିଚାର କରି ଦେଖାଯାଇଛି ଯେ ସୃଜନଶୀଳତାର କ୍ଷେତ୍ର ଅନୁସାରେ ବୟସର ଭୂମିକା ଭିନ୍ନ ଭିନ୍ନ ହୋଇଥାଏ। ମାନବ ସମ୍ବନ୍ଧୀୟ (Humanities) ସୃଜନାତ୍ମକ ସଫଳତା ଚାଳିଶ ବର୍ଷ ବୟସରେ ଯେପରି ଉଚ୍ଚକୋଟୀର ଥାଏ ସତୁରୀ ବର୍ଷ ବୟସ ବେଳକୁ ମଧ୍ୟ ସେପରି ରହିଥିବାର ସମ୍ଭାବନା ଅଧିକ। କଳା ଓ ସାହିତ୍ୟର ଏପରି ମାନଦଣ୍ଡ ପ୍ରଦର୍ଶିତ ହୁଏ। ଅନ୍ୟ ପକ୍ଷରେ ବିଜ୍ଞାନ ଓ ଚିତ୍ରକଳା କ୍ଷେତ୍ରରେ ପଚାଶ ବର୍ଷ ବୟସପରେ ସୃଜନଶୀଳତା ହ୍ରାସ ପାଇବାରେ ଲକ୍ଷ୍ୟ କରାଯାଇଛି।

ପୁଣି ବ୍ୟକ୍ତି ନିରବଚ୍ଛିନ୍ନ ସାଧନା ମାଧ୍ୟମରେ ସୃଜନଶୀଳତା ଅବ୍ୟାହତ ରଖିପାରନ୍ତି । ଯେଉଁମାନେ ନିରବଚ୍ଛିନ୍ନ ଭାବରେ ସୃଜନ-ପ୍ରକ୍ରିୟା ଚାଲୁ ରଖନ୍ତି, ସେମାନଙ୍କ କ୍ଷେତ୍ରରେ ବୟସର ଆଧିକ୍ୟ ସମସ୍ୟା ସୃଷ୍ଟି କରେ ନାହିଁ। ସୃଜନଶୀଳତାର ପରିମାଣ କିଛି ମାତ୍ରାରେ କମିଗଲେ ମଧ୍ୟ ଗୁଣାତ୍ମକ ଦିଗ ଅବ୍ୟାହତ ରହେ। ବିଶେଷତଃ ଭାରତୀୟ ପରିପ୍ରେକ୍ଷୀର କୌତୁହଳପୂର୍ଣ୍ଣ ପର୍ଯ୍ୟବେକ୍ଷଣ ରହିଛି। ଦୂର-ଅତୀତରେ ଭାରତୀୟମାନେ ଜୀବନରେ ଶେଷ ପର୍ଯ୍ୟାୟରେ (ବାନପ୍ରସ୍ଥ ଓ ଯତିବ୍ରତ) ସେମାନଙ୍କର ଶ୍ରେଷ୍ଠତମ କୃତି ସମ୍ପାଦନ କରିବାର ନଜିର ରହିଛି । ସୁତରାଂ ସେପରି ସମ୍ଭାବନା ଏବେ ମଧ୍ୟ ବଳବତ୍ତର ରହିବାର ଦୃଷ୍ଟାନ୍ତ ଭାରତରେ ବିରଳ ନୁହେଁ।

ସମନ୍ୱୟଶୀଳତା

ବୁଦ୍ଧିମତ୍ତାର ଆଲୋଚନା କରିବା ପ୍ରସଙ୍ଗରେ ମନେ ରଖିବାକୁ ହେବ ଯେ, ବୁଦ୍ଧିମତ୍ତା ଏକ ମାଧ୍ୟମ ହେଲେ ସମନ୍ୱୟଶୀଳତା (Coping ବା Adjustment) ହେଉଛି ମୂଳ ଲକ୍ଷ୍ୟ । ଜୀବନର ବିଭିନ୍ନ ପରିସ୍ଥିତି ସହିତ ଖାପଖୁଆଇ ଭାରସାମ୍ୟ ରକ୍ଷାକରିବା

ଜୀବନର ଏକ ବିରାଟ ଆହ୍ୱାନ । ବୃଦ୍ଧାବସ୍ଥାର ଏପରି ସମନ୍ୱୟଶୀଳତାର ରୂପରେଖ କ'ଣ ହୁଏ, ତାହା ଏକ ତାତ୍ପର୍ଯ୍ୟପୂର୍ଣ୍ଣ ପ୍ରଶ୍ନ।

ଅନେକ ଲୋକଙ୍କର ବିଶ୍ୱାସ ଯେ, ବୃଦ୍ଧାବସ୍ଥାରେ ସମନ୍ୱୟଶୀଳତାର ବିପର୍ଯ୍ୟୟ ଘଟେ। ପୂର୍ବରୁ ବ୍ୟକ୍ତି ଯେପରି ପରିସ୍ଥିତି ସହିତ ସମନ୍ୱୟ ରକ୍ଷା କରୁଥିଲା, ବର୍ତ୍ତମାନ ବୟସର ଆଧିକ୍ୟରେ ତାହା ସମ୍ଭବ ହୁଏ ନାହିଁ। ଏହା ହୁଏତ କେତେକାଂଶରେ ସତ। ତଥାପି ଏହି ସମନ୍ୱୟହୀନତାର ମୁଖ୍ୟ କାରଣ ସବୁ ଚିହ୍ନଟ କରିପାରିଲେ ଉପଯୋଗୀ ମାର୍ଗଦର୍ଶନର ସମ୍ଭାବନାକୁ ଶକ୍ତ କରିହେବ।

ଏହା ସତ ଯେ, ବୟସର ଆଧିକ୍ୟ ଫଳରେ ଉପୁଜୁଥିବା ଶାରୀରିକ ଶିଥିଳତା ଓ ଦୁର୍ବଳତା ବେଶ୍ ଜଟିଳତା ସୃଷ୍ଟି କରିଥାଏ। ଦର୍ଶନ, ଶ୍ରବଣ ଓ ଅନ୍ୟ ସବୁ ଇନ୍ଦ୍ରିୟଜନିତ ସାମର୍ଥ୍ୟ ହ୍ରାସ ପାଉଥିବାରୁ ବ୍ୟକ୍ତି କିଛି ପରିମାଣରେ ସମନ୍ୱୟ ରକ୍ଷାରେ ବିଫଳତା ଦର୍ଶାଏ । କିନ୍ତୁ ଏସବୁ ସତ୍ତ୍ୱେ ଆଉଗୋଟିଏ ସୂକ୍ଷ୍ମ ଦିଗର ଉତ୍ସକୁ ଏଡ଼ାଇ ଯାଇହେବ ନାହିଁ। ବୃଦ୍ଧବୃଦ୍ଧାମାନେ ସେମାନଙ୍କ ନିକଟସ୍ଥ ପରିବେଶରେ ନିଜର ନିୟନ୍ତ୍ରଣ ହରାଇବସନ୍ତି। ସେମାନେ କେଉଁ ପ୍ରକାର ଖାଦ୍ୟ ଖାଇବେ ଏବଂ ଉପଭୋଗ କରିବେ, ସେ ବିଷୟରେ ପରିବାରରେ ସେମାନଙ୍କୁ ପଚରା ଯାଉ ନାହିଁ। ଉତ୍ସବ ଦିନମାନଙ୍କରେ କେଉଁମାନଙ୍କୁ ନିୟନ୍ତ୍ରଣ କରାଯିବ, କେଉଁ ଜାଗା କିଣାହେବ, କେଉଁଠି ଘର ତୋଳାହେବ ଏବଂ କେଉଁସବୁ ଦରକାରୀ ଜିନିଷ କେଉଁଠାରୁ କିଣାହେବ - ସେ ବିଷୟରେ ବୃଦ୍ଧବୃଦ୍ଧାମାନଙ୍କର ନିଷ୍ପତ୍ତି ଓ ମତାମତକୁ ଗୁରୁତ୍ୱ ଦିଆଯାଉ ନାହିଁ। ଏପରି ସବୁ ଅନୁଭବର ପୁନରାବୃତ୍ତି ଫଳରେ ସେମାନଙ୍କ ମନରେ ନିୟନ୍ତ୍ରଣହୀନତା (Perception of Uncontrollability) ସୃଷ୍ଟି ହୁଏ। ଏପରି ନିୟନ୍ତ୍ରଣହୀନତା ଫଳରେ ଅସହାୟତାବୋଧ (Helpless-ness) ଜାତ ହୁଏ। ପୁଣି ଏପରି ଅସହାୟତାବୋଧ ସେମାନଙ୍କ ମନରେ ନୂତନ ଶିକ୍ଷାକୌଶଳ, ଆଗ୍ରହ ଓ ଉଦ୍ୟମଶୀଳତାକୁ ବିପର୍ଯ୍ୟସ୍ତ କରାଏ। ମୋଟ ଉପରେ ଏପରି ଅବସ୍ଥା ମାନସିକ ବିଷାଦର କାରଣ ହୁଏ ଏବଂ ସମନ୍ୱୟଶୀଳତାକୁ ବିପର୍ଯ୍ୟସ୍ତ କରେ ।

ପରିବେଶରେ ନିୟନ୍ତ୍ରଣ ରହୁନାହିଁ - ଏପରି ବିଶ୍ୱାସ ସମନ୍ୱୟଶୀଳତାକୁ କିପରି ବିପର୍ଯ୍ୟସ୍ତ କରେ, ତାହାର ଏକ ସୁନ୍ଦର ପରୀକ୍ଷାମୂଳକ ପ୍ରମାଣ ରହିଛି। ବୃଦ୍ଧବୃଦ୍ଧାମାନେ ଚିକିତ୍ସିତ ହେଉଥିବା ଦୁଇଟି ସମାନଧରଣର ଚିକିତ୍ସାଳୟରେ ଏହି ପରୀକ୍ଷାଟି କରାଯାଇଥିଲା ।

ଜଣେ ଗବେଷକ କେତେକ ସ୍ୱେଚ୍ଛାସେବୀମାନଙ୍କୁନେଇ ପ୍ରଥମ ଚିକିତ୍ସାଳୟକୁ

ଗଲେ । ସେଠାରେ ସେ ଚିକିତ୍ସିତ ହେଉଥିବା ବୃଦ୍ଧବୃଦ୍ଧାମାନଙ୍କୁ ଜଣାଇଲେ ଯେ, ସେ କେତେକ ସ୍କୁଲ ଛାତ୍ରଛାତ୍ରୀମାନଙ୍କ ସହିତ ଚିକିତ୍ସାଳୟକୁ ଆସିଛନ୍ତି। ସେ କହିଲେ - "ମୁଁ ଏହି ସ୍ୱେଚ୍ଛାସେବୀମାନଙ୍କୁ ସଙ୍ଗରେ ନେଇ ଏଠାକୁ ଆସିଛି। ଏମାନେ ସପ୍ତାହରେ ସାତଘଣ୍ଟା ଏଠାକୁ ଆସିବେ ଏବଂ ଆପଣମାନଙ୍କୁ ସାହାଯ୍ୟ ଯୋଗାଇବେ। ପରିବେଶକୁ ପରିଚ୍ଛନ୍ନ କରିବା, ଶଯ୍ୟାସବୁ ପରିଷ୍କାର କରିବା, ଲୁଗାପଟା ସଜାଇରଖିବା, ଆପଣମାନଙ୍କୁ ଶୌଚାଳୟକୁ ନେଇଯିବା ଏବଂ ଅନ୍ୟସବୁ ସହାୟତା ଯୋଗାଇବେ। ଏହ କହି ସାରି ଗବେଷକ ଗୋଟିଏ ସମୟ ନିର୍ଘଣ୍ଟ ପ୍ରଦାନ କଲେ। ଉଦାହରଣ ସ୍ୱରୂପ, ସେ ଉଲ୍ଲେଖ କଲେ ଯେ, ସ୍ୱେଚ୍ଛାସେବୀମାନେ ସୋମବାର ଦିନ ସକାଳ ୧୦ରୁ ୧୧, ମଙ୍ଗଳବାର ଦିନ ଅପରାହ୍ଣରେ ୩ଟାରୁ ୪ଟା, ବୁଧବାର ଦିନ ସକାଳ ୯ଟାରୁ ୧୦ଟା ଏବଂ ଏହିପରି ସପ୍ତାହବ୍ୟାପୀ ସତାଘଣ୍ଟାର ଏକ ସମୟ-ନିର୍ଘଣ୍ଟ ସେମାନଙ୍କୁ ଜଣାଇଲେ। ଗବେଷକଜଣକ ସମାନଧରଣର ଅନ୍ୟ ଗୋଟିଏ ଚିକିତ୍ସାଳୟକୁ ଯାଇ ବୃଦ୍ଧବୃଦ୍ଧାମାନଙ୍କୁ ପ୍ରାୟ ସମାନ କଥା କହିଲେ। ମାତ୍ର ଗୋଟିଏ ସୂଚନା ଭିନ୍ନ ଧରଣର ଥିଲା। ଗବେଷକ କହିଲେ ଯେ, ସ୍ୱେଚ୍ଛାସେବୀମାନେ ସପ୍ତାହରେ ସାତଘଣ୍ଟା ଆସିବେ। କିନ୍ତୁ ସ୍ୱେଚ୍ଛାସେବୀ ଦଳରେ ମୁଖ୍ୟ ଛାତ୍ର/ଛାତ୍ରୀଙ୍କୁ ନିଜର ଆବଶ୍ୟକତା ଜଣାଇ ଫୋନ୍ କଲାପରେ ହିଁ ସ୍ୱେଚ୍ଛାସେବୀମାନେ ଚିକିତ୍ସାଳୟକୁ ଆସିବେ। ଏହା କହି ସ୍ୱେଚ୍ଛାସେବୀ ଦଳର ମୁଖ୍ୟ ଛାତ୍ର/ଛାତ୍ରୀଙ୍କ ଫୋନ୍ ନମ୍ବରଟି ସେମାନଙ୍କୁ ଜଣାଇଲେ ।

ଲକ୍ଷ୍ୟ କରିବାର କଥା ଯେ ଦୁଇଟି ଚିକିତ୍ସାଳୟରେ ପ୍ରାୟ ସବୁବ୍ୟବସ୍ଥା ସମାନ ଧରଣର ଥିଲା। କେବଳ ଗୋଟିଏ ଅବସ୍ଥାର ଭିନ୍ନତା ଥିଲା। ପ୍ରଥମ ଚିକିତ୍ସାଳୟରେ ବୃଦ୍ଧବୃଦ୍ଧାମାନେ ଦ୍ୱିତୀୟ ଚିକିତ୍ସାଳୟର ଲୋକମାନଙ୍କ ପରି ସାତ ଘଣ୍ଟାର ସେବାଯତ୍ନ ପାଇଲେ ମଧ୍ୟ ସମୟ ଉପରେ ସେମାନଙ୍କର କୌଣସି ନିୟନ୍ତ୍ରଣ ନ ଥିଲା। ପ୍ରଥମ ଚିକିତ୍ସାଳୟରେ ସ୍ୱେଚ୍ଛାସେବୀମାନେ ପୂର୍ବ ନିର୍ଦ୍ଧାରିତ ସମୟ ଅନୁସାରେ ଆସିବାର ବ୍ୟବସ୍ଥା ହୋଇଥିଲା। ସୁତରାଂ ଏ କ୍ଷେତ୍ରର ବୃଦ୍ଧବୃଦ୍ଧାମାନଙ୍କର ବ୍ୟକ୍ତିଗତ ସ୍ୱାଧୀନତା ନ ଥିଲା। ଅନ୍ୟ ପକ୍ଷରେ ଦ୍ୱିତୀୟ ଚିକିତ୍ସାଳୟରେ ସେବାଯତ୍ନର ସମୟସୀମା ସାତଘଣ୍ଟା ମଧ୍ୟରେ ସୀମିତ ହୋଇଥିଲେ ମଧ୍ୟ ବୃଦ୍ଧବୃଦ୍ଧାମାନେ ନିଜର ଇଚ୍ଛା ଅନୁସାରେ ସ୍ୱେଚ୍ଛାସେବୀମାନଙ୍କୁ ଡକାଇ ପାରୁଥିଲେ। ଏପରି କାର୍ଯ୍ୟକ୍ରମ କିଛି ମାସ ପର୍ଯ୍ୟନ୍ତ ଚାଲୁ ରହିଥିଲା। ରୋଗୀମାନଙ୍କର ଶାରୀରିକ ଓ ମାନସିକ ସୁସ୍ଥତାର ପରିବର୍ତ୍ତନ ଲକ୍ଷ୍ୟ କରାଗଲା। ରୋଗୀମାନଙ୍କର ଶାରୀରିକ ଓ ମାନସିକ ସୁସ୍ଥତାର ପରିବର୍ତ୍ତନ ଲକ୍ଷ୍ୟ କରାଗଲା। ସେମାନଙ୍କର ଓଜନ ବୃଦ୍ଧି, ରକ୍ତଚାପ, ହଜମକ୍ରିୟା ଏବଂ ଅନ୍ୟସବୁ

ଶାରୀରିକ କ୍ରିୟାକଳାପର ପର୍ଯ୍ୟବେକ୍ଷଣ କରାଯାଇ ଶାରୀରିକ ସୁସ୍ଥତାର ମୂଲ୍ୟାୟନ କରାଗଲା। ସେହିପରି ସେମାନଙ୍କର ବିଷାଦ, ଆନନ୍ଦାନୁଭୂତି, ସକ୍ରିୟତା, ଉତ୍ସାହ ଏବଂ ସାମାଜିକ କଥାବାର୍ତ୍ତାର ଅନୁଧ୍ୟାନ କରାଯାଇ ମାନସିକ ସ୍ୱାସ୍ଥ୍ୟର ମୂଲ୍ୟାୟନ କରାଗଲା।

ଦେଖାଗଲା ଯେ ଦ୍ୱିତୀୟ ଚିକିତ୍ସାଳୟର ବୃଦ୍ଧବୃଦ୍ଧାମାନେ ପ୍ରଥମ ଚିକିତ୍ସାଳୟର ରୋଗୀମାନଙ୍କ ତୁଳନାରେ ଅଧିକ ପରିମାଣରେ ଶାରୀରିକ ଓ ମାନସିକ ସୁସ୍ଥତା ପ୍ରଦର୍ଶନ କରୁଛନ୍ତି। ସମୟକୁ ନିଜର ଇଚ୍ଛା ଅନୁସାରେ ନିୟନ୍ତ୍ରଣ କରିବାର ସ୍ୱାଧୀନତା ଏପରି ସୁଫଳ ଦେଉଛି ବୋଲି ଗବେଷକ ସିଦ୍ଧାନ୍ତ କଲେ। ସେହିପରି ଅନ୍ୟ ଏକ ଅନୁଧ୍ୟାନରେ ବୃଦ୍ଧବୃଦ୍ଧାମାନେ ଅନୁଷ୍ଠାନର ଉଦ୍ୟାନରେ ଥିବା ବୃକ୍ଷଲତାରେ ପାଣିଦେବା ଏବଂ ଏହାର ଫଳପୁଷ୍ପର ବିକାଶରେ ସେମାନଙ୍କର ଅବଦାନକୁ ସ୍ପଷ୍ଟ କରି ଦେଖାଇବାର ଓ ଜଣାଇବାର ପରିଣତି ଖୁବ୍ ସୁଫଳ ଦେଇଥିଲା। ସେମାନେ ନିଜେ କିଛି କରିପାରୁଛନ୍ତି, ଏପରି ବିଶ୍ୱାସ ସେମାନଙ୍କୁ ଯଥେଷ୍ଟ ମାନସିକ ବଳ ପ୍ରଦାନ କରିଥିଲା।

ଉପର ଆଲୋଚନାରୁ ଏକ ବିଶିଷ୍ଟ ସିଦ୍ଧାନ୍ତ ମିଳୁଛି ଯେ, ବୃଦ୍ଧବୃଦ୍ଧାମାନଙ୍କର ଏକ ନିୟନ୍ତ୍ରଣ - ବିଶ୍ୱାସ ଆବଶ୍ୟକ। ଏହାର ଅଭାବରେ କେତେକ କୁପରିଣତି ଉପୁଜବା ସ୍ୱାଭାବିକ । ପୁଣି ଅସହାୟତାବୋଧ ଦୂରକରିବା ପରିପ୍ରେକ୍ଷୀରେ ଆଉ ଗୋଟିଏ ଉପଦେଶନ ତାତ୍ପର୍ଯ୍ୟପୂର୍ଣ୍ଣ ମନେ ହୁଏ।

ଦେଖାଯାଏ ଯେ ଅଧିକ ପରିମାଣରେ ଅସହାୟତାବୋଧର (Helplessness) ଶରବ୍ୟ ହେଉଥିବା ଲୋକମାନେ ସାଧାରଣତଃ ଖରାପ ପରିସ୍ଥିତିର ସମ୍ମୁଖୀନ ହେଲେ ନିଜକୁ ବେଶୀ ଦାୟୀ ମନେ କରନ୍ତି। ଅଧିକ ଆତ୍ମଗ୍ଲାନି ଅନୁଭବ କରନ୍ତି। ପୁଣି ଖରାପ ଘଟଣାଟି ଦୀର୍ଘସ୍ଥାୟୀ ଏବଂ ଏହା ଜୀବନକୁ ପୂରାପୂରି କବଳିତ କରିଛି, ଏପରି ଭାବନାର ବଶବର୍ତ୍ତୀ ହୁଅନ୍ତି। ଅନ୍ୟ ପକ୍ଷରେ ଏପରି ବିଷାଦ, ମାନସିକ ଚାପ ଓ ଅସହାୟତାବୋଧର ପ୍ରଭାବକୁ ସଂକୁଚିତ କରିବାକୁ ହେଲେ ଆଶାବାଦୀ କାରଣ-ବିଶ୍ଳେଷଣ ଭଙ୍ଗୀ (Optimistic explanatory Style) ପ୍ରୟୋଗ କରିବାକୁ ହେବ । ପ୍ରଥମତଃ ଜାଣିବାକୁ ହେବ ଯେ, ଖରାପ ଘଟଣା ମୂଳରେ ବାହ୍ୟ ପରିସ୍ଥିତି ଏବଂ ଅନ୍ୟମାନଙ୍କର ଭୂମିକା ମଧ୍ୟ ଥାଇପାରେ। ସୁତରାଂ ନିଜକୁ ପୂରାପୂରି ଦାୟୀ ମନେ କରିବା ଅସଙ୍ଗତ। ଦ୍ୱିତୀୟତଃ ଖରାପ ପରିସ୍ଥିତିକୁ ଦୀର୍ଘସ୍ଥାୟୀ ମନେ ନ କରି ଅସ୍ଥାୟୀ ଓ ଅଳ୍ପସ୍ଥାୟୀ ମନେ କରିବାକୁ ହେବ। ଖରାପ ଅବସ୍ଥା ଆଜି ଅଛି, କାଲି ଚାଲିଯିବ - ଏପରି ମନୋଭାବ ପୋଷଣ କରିବାକୁ ହେବ। ତୃତୀୟତଃ ଖରାପ ଘଟଣାର ପରିଣତିକୁ ସୀମିତ ରଖିବାକୁ ହେବ। ମନେକରାଯାଉ ଗୋଟିଏ ଦୁର୍ଘଟଣାରେ ହାତଟି ଭାଙ୍ଗିଗଲା। ଏପରି ପରିସ୍ଥିତିରେ ଜୀବନର ସବୁ ଚାଲିଗଲା ବୋଲି ଭାବି ବସିବାର ଅଭ୍ୟାସ ସମସ୍ୟାଟିର କୁପ୍ରଭାବ

ବଢ଼ାଇଦେବ । ଅନ୍ୟପକ୍ଷରେ ବୃଦ୍ଧ ବା ବୃଦ୍ଧାଜଣକ ଭାବିପାରନ୍ତି ଯେ ହାତଟି ଭାଙ୍ଗି ଯାଇଥିଲେ ମଧ୍ୟ ସେ ଅନ୍ୟସବୁ ଅଙ୍ଗ ପ୍ରତ୍ୟଙ୍ଗର ବ୍ୟବହାର କରି ଅନେକ କାର୍ଯ୍ୟ କରିପାରିବେ। ଖରାପ ଫଳାଫଳକୁ ସୀମିତ ରଖିବାର ମାନସିକତା ଖୁବ୍ ସହାୟକ ହେବ। ମୋଟ ଉପରେ ବିଷାଦମୁଖୀ କାରଣ-ବିଶ୍ଳେଷଣ ଭଙ୍ଗୀ ସମସ୍ୟାକୁ ଜଟିଳ କରିବା ସ୍ଥଳେ ଆଶାବାଦୀ-କାରଣ-ବିଶ୍ଳେଷଣ ଶୈଳୀ ବିଷାଦ, ଅସହାୟତାବୋଧ ଓ ମାନସିକ ଚାପକୁ ସୀମିତ ରଖିବ। ଖରାପ ପରିସ୍ଥିତି ବ୍ୟତୀତ ଜୀବନ-ଚକ୍ରର କେତେକ ସନ୍ଧିସ୍ଥଳ ବୃଦ୍ଧବୃଦ୍ଧାମାନଙ୍କ ମନରେ ଆବେଗିକ ସମସ୍ୟା (Emotional Problems) ସୃଷ୍ଟି କରିଥାଏ।

ଆବେଗିକ ସମସ୍ୟା

ସରକାରୀ ସଂସ୍ଥା ଓ ବ୍ୟବସାୟ ପ୍ରତିଷ୍ଠାନରୁ ଅବସର ଗ୍ରହଣ କରିବା (Retirement) ଯୌବନୋତ୍ତର ଜୀବନରେ ଏକ ବିଶେଷ ଘଟଣା। ଅବସରଗ୍ରହଣ ପରେ ଆର୍ଥିକ ଅବସ୍ଥା, ପରିବାରରେ ନିଜର ସ୍ଥିତି, ଅନ୍ୟମାନଙ୍କ ଦୃଷ୍ଟିରେ ସମ୍ମାନ ଏବଂ ନିଜର ସମୟ ପରିଚାଳନାରେ ପରିବର୍ତ୍ତନ ଆସେ। ଏହା ବ୍ୟତୀତ ବ୍ୟକ୍ତି ଜଣକ ସଂସ୍ଥାର ନିୟମ ଅନୁସାରେ ଠିକ୍ ସମୟରେ ଅବସର ଗ୍ରହଣ କରିଛନ୍ତି କି ସମୟ ପୂର୍ବରୁ ତାଙ୍କୁ ବାଧ୍ୟ କରାଯାଇଛି, ତାହାର ମଧ୍ୟ ପ୍ରଭାବ ଥାଏ।

ଅବସରପ୍ରାପ୍ତ ଜୀବନର ସମନ୍ୱୟ ସମ୍ପର୍କରେ ମନୋବିଜ୍ଞାନୀମାନେ ଚାରୋଟି ସୋପାନ ଲକ୍ଷ୍ୟ କରିଛନ୍ତି। ସେଗୁଡ଼ିକ ହେଉଛି ପ୍ରାକ୍-ଅବସର, ସ୍ୱପ୍ନାବେଶ, ସ୍ୱପ୍ନଭଙ୍ଗ ଏବଂ ପୁନର୍ଗଠନର ସୋପାନ। ପ୍ରାକ୍-ଅବସର ସୋପାନରେ ବ୍ୟକ୍ତି ଅବସରଗ୍ରହଣ ପରେ କ'ଣ କରିବ, ତା'ର ଏକ ଲମ୍ବା ତାଲିକା ପ୍ରସ୍ତୁତ କରିଥାଏ। ଏପରି ତାଲିକା ପ୍ରସ୍ତୁତ କରିବା ପାଇଁ ସେ ନିଜର ପତି ବା ପତ୍ନୀ, ପୁତକନ୍ୟା, ବନ୍ଧୁବର୍ଗ ଓ ପରିବାରର ଅନ୍ୟମାନଙ୍କ ସହିତ ପରାମର୍ଶ କରିଥାଏ। ଅବସର ଗ୍ରହଣ କରିବାର ପ୍ରଥମ ବର୍ଷଟି ପ୍ରାୟ ସ୍ୱପ୍ନାବେଶର ସମୟ । ସେ ବର୍ତ୍ତମାନ ସମ୍ପୂର୍ଣ୍ଣ ମୁକ୍ତ ଏବଂ ନିଜର ସ୍ୱାଧୀନତା ଅନୁଯାୟୀ କାର୍ଯ୍ୟ କରିପାରିବ, ଏପରି ମାନସିକ ତନ୍ମୟତା ସୃଷ୍ଟି ହୁଏ। ତୃତୀୟ ସୋପାନରେ ବ୍ୟକ୍ତିର ସ୍ୱପ୍ନଭଙ୍ଗ ହୁଏ। ସୁତରାଂ ଚତୁର୍ଥ ସୋପାନରେ ସେ ବାସ୍ତବତାକୁ ଚାହିଁ ନିଜର ଲକ୍ଷ୍ୟ ଓ କାର୍ଯ୍ୟକ୍ରମ ସ୍ଥିର କରେ। ଆଭିମୁଖ୍ୟର ପୁନର୍ଗଠନ କରେ।

ଅବସରକାଳୀନ ସମନ୍ୱୟ ପ୍ରସଙ୍ଗରେ ପ୍ରଶ୍ନ ଉଠିପାରେ - କେଉଁ ପ୍ରକାର ବ୍ୟକ୍ତିମାନେ ସଫଳ ସମନ୍ୱୟ ଦର୍ଶାନ୍ତି ? ମନୋବିଜ୍ଞାନୀମାନଙ୍କ ମତରେ ପରିପକ୍ୱ (Mature) ବ୍ୟକ୍ତିତ୍ୱସମ୍ପନ୍ନ ବର୍ଷୀୟାନ୍ ବ୍ୟକ୍ତିମାନେ ଏ କ୍ଷେତ୍ରରେ ସଫଳ ହୁଅନ୍ତି। ପରିପକ୍ୱତାର ପ୍ରଥମ ବୈଶିଷ୍ଟ୍ୟ ହେଉଛି ଯେ ଏ ଧରଣର ଲୋକମାନେ ମୁଖ୍ୟତଃ କାର୍ଯ୍ୟାଭିମୁଖୀ

(Activity-Oriented)। ଚଉକିରେ ବସି ଆରାମ କରିବାର ମନୋବୃତ୍ତି ଏମାନଙ୍କର ନଥାଏ। ଏମାନେ ଦୁଶ୍ଚିନ୍ତାମୁକ୍ତ ହୋଇ କିଛି ନା କିଛି କାମରେ ଲାଗି ରୁହନ୍ତି। ପୁଣି ଏମାନଙ୍କର ଲୋକସମ୍ପର୍କ ଦକ୍ଷତା ଖୁବ୍ ବେଶୀ। ଲୋକମାନଙ୍କ ସହିତ ପ୍ରୀତିପଦ ସାମାଜିକ ସମ୍ପର୍କ ରକ୍ଷା କରିବାରେ ଏମାନେ ପାରଦର୍ଶୀ। ଅନ୍ୟ ପକ୍ଷରେ କ୍ରୋଧୀ ଓ ଚିଡ଼ିଚିଡ଼ା ପ୍ରକୃତିର ଲୋକମାନଙ୍କର ସମନ୍ୱୟଶୀଳତା ସମସ୍ୟା-ବିଜଡ଼ିତ ହୋଇଉଠେ। ବିଭିନ୍ନ ପ୍ରକାର ଆଡ଼ପାଗଳାମୀ (Neurosis) ଥିବା ବ୍ୟକ୍ତିମାନେ ଅବସରପ୍ରାପ୍ତ ଜୀବନରେ ଆବେଗିକ ସମସ୍ୟାର ସମ୍ମୁଖୀନ ହୁଅନ୍ତି।

ପରିଶେଷରେ ବାର୍ଦ୍ଧକ୍ୟକାଳୀନ ସମସ୍ୟା ପରିପ୍ରେକ୍ଷୀରେ ମୃତ୍ୟୁ ସମ୍ପର୍କୀୟ ଭୟ ଓ ଭାବନାର ଜଟିଳତା ଉପେକ୍ଷା କରିହେବ ନାହିଁ। ମୃତ୍ୟୁ ସମ୍ପର୍କରେ ଭୟ ଓ ଭାବନା କେତୋଟି ସୋପାନ ଦେଇ ଗତି କରିଥାଏ। ପ୍ରଥମ ସୋପାନଟି ହେଉଛି ଅସ୍ୱୀକାରର ସୋପାନ। ବୟସର ଆଧିକ୍ୟ, ଅସୁସ୍ଥତା କିମ୍ବା ଦୁର୍ଘଟଣାର ଶରବ୍ୟ ହୋଇ ବ୍ୟକ୍ତି ମନରେ ମୃତ୍ୟୁଚିନ୍ତା ଆସିବା ମାତ୍ରେ ବ୍ୟକ୍ତି ପ୍ରଥମେ ଅସ୍ୱୀକାର ମନୋଭାବ ଦର୍ଶାଏ। "ନାଃ ! ମୋର କିଛି ହେବ ନାହିଁ" - ଏପରି ଭାବନାକୁ ସେ ପୁନଃ ପୁନଃ ଧରି ରଖିବାକୁ ଚେଷ୍ଟା କରେ। ସବୁଲୋକ ସମାନ ପରିମାଣରେ ସକାରାତ୍ମକ (Positive) ଚିନ୍ତା କରିପାରନ୍ତି ନାହିଁ। ପ୍ରଥମ ସୋପାନରେ ବ୍ୟକ୍ତିର ସମନ୍ୱୟଶୀଳତା ସଫଳ ହେଲେ ସେ ହୁଏତ ଦ୍ୱିତୀୟ ସୋପାନକୁ ଗତି କରି ନଥାଏ। ମାତ୍ର ଅବସ୍ଥାର ଉନ୍ନତି ନ ହେଲେ ସେ ଦ୍ୱିତୀୟ ସୋପାନକୁ ଚାଲିଯାଏ । ଏ ସୋପାନଟି କ୍ରୋଧର ସୋପାନ। ସେ ନିଜର କ୍ରୋଧ ପ୍ରକାଶ କରେ। ଏପରି କ୍ରୋଧ ଆତ୍ମୀୟସ୍ୱଜନ ଓ ବନ୍ଧୁବାନ୍ଧବ ପ୍ରତି ପ୍ରେରିତ ହୋଇଥାଏ। ସ୍ଥଳ ବିଶେଷରେ ଡାକ୍ତର, ଔଷଧପତ୍ର ଓ ଚିକିତ୍ସାଳୟ ପ୍ରତି ପ୍ରକାଶ ପାଇଥାଏ। ତୃତୀୟ ସୋପାନ ହେଉଛି ବଳ କଷାକଷିର ସୋପାନ। ଏ ସୋପାନରେ ରାଗ କମିଯାଏ ଏବଂ ବ୍ୟକ୍ତି ମନେ ମନେ କିଛି ପ୍ରତିଶ୍ରୁତି ଗଠନ କରିଥାଏ। ସେ ମୃତ୍ୟୁର ଭୟ ପାର୍ ହୋଇଗଲେ ଜୀବନକୁ ଭଲ ରୂପେ ଗଢ଼ିତୋଳିବ ଏବଂ ଲୋକମାନଙ୍କର ସେବା କରିବ କିମ୍ବା ସେହିପରି କିଛି କରିବାର ଯୋଜନା କାର୍ଯ୍ୟକାରୀ କରିବ - ଏପରି ସଂକଳ୍ପ କରିବସେ। ଭାବନାର ଚତୁର୍ଥ ସୋପାନଟି ହେଉଛି ଅବସାଦର ସୋପାନ। ଅବସ୍ଥାଟି ସୁଧୁରିଯିବାର ସମ୍ଭାବନା ଚାଲିଗଲେ ବ୍ୟକ୍ତି ବିଷାଦଗ୍ରସ୍ତ (Depressed) ଏବଂ ଅସହାୟ ହୋଇଉଠେ। ଶେଷ ସୋପାନରେ ସେ ମୃତ୍ୟୁ ପ୍ରତି ଏକ ସ୍ୱୀକାରୋକ୍ତି ଭାବ ଦର୍ଶାଏ। ଗ୍ରହଣଶୀଳ ମନୋଭାବ ନେଇ ଦାର୍ଶନିକ ମନୋବୃତ୍ତି ଦର୍ଶାଏ ।

ସୋପାନଗୁଡ଼ିକର ଅବତାରଣା କରିବାର ଅର୍ଥ ହେଉଛି ଯେ ଆତ୍ମୀୟସ୍ୱଜନ ଓ ଯତ୍ନକାରୀମାନେ ଏ ସବୁର ଧାରଣା ରଖି ବୃଦ୍ଧବୃଦ୍ଧାମାନଙ୍କର ଅସୁସ୍ଥତାର ବୋଝ

ହାଲୁକା କରିପାରିବେ। ବୃଦ୍ଧବୃଦ୍ଧାମାନେ ମଧ୍ୟ ଈଶ୍ୱର ବିଶ୍ୱାସ, ସକାରାତ୍ମକ ଭାବନା ଏବଂ ସେବାକାର୍ଯ୍ୟରେ ନିଜକୁ ନିୟୋଜିତ କରି ଏପରି ସମସ୍ୟାର ସଫଳ ମୁକାବିଲା କରିପାରିବେ । କେବଳ ମୃତ୍ୟୁଭାବନା ନୁହେଁ, ଜୀବର ସବୁ ପ୍ରକାର ଜଟିଳତା ମଧ୍ୟରେ ସମନ୍ୱୟ ରକ୍ଷାକରିବାର ମାର୍ଗ ରହିଛି। ମନେ ରଖିବାକୁ ହେବ ଯେ, ବୃଦ୍ଧାବସ୍ଥାରେ କେତେକ ଶକ୍ତି ଓ ସାମର୍ଥ୍ୟର ବିଲୟ ଘଟିଲେ ମଧ୍ୟ ଅନ୍ୟ କେତେକ ଦକ୍ଷତାର (ଯଥା: ପ୍ରଜ୍ଞା ଓ ପରିପକ୍ୱତା) ବିକାଶ ଘଟିଥାଏ। ଏ ଦୃଷ୍ଟିରୁ ବାର୍ଦ୍ଧକ୍ୟ କେବଳ ସମସ୍ୟା-କେନ୍ଦ୍ରିତ ନ ହୋଇ ସମ୍ବଳକେନ୍ଦ୍ରିତ ହେବାର ଯଥେଷ୍ଟ ସମ୍ଭାବନା ରହିଛି। ବୃଦ୍ଧବୃଦ୍ଧାମାନେ ଏ ଦିଗରେ ଆଶାବାଦୀ ରହିବା ସମୁଚିତ ହେବ।

ପୁନଃସ୍ମରଣ, ମନନ ଓ ପ୍ରତିବିଧାନ ପାଇଁ :

୧. ମାନସିକ ସ୍ୱାସ୍ଥ୍ୟ ଅତୁଟ ରଖିବା ପାଇଁ ପ୍ରତିଶ୍ରୁତିବଦ୍ଧତା (Commitment) ଆତ୍ମବିଶ୍ୱାସ ଏବଂ ହର୍ଷମୁଖତା (Cheerfulness) ଖୁବ୍ ଗୁରୁତ୍ୱପୂର୍ଣ୍ଣ। ଏଗୁଡ଼ିକ ବଜାୟ ରଖନ୍ତୁ ।

୨. ଉପଯୋଗୀ ଅଭ୍ୟାସ ସମ୍ପର୍କରେ ସଚେତନ ରୁହନ୍ତୁ ଏବଂ ଅନୁକରଣ କରନ୍ତୁ।

୩. ସୁଷମ ଖାଦ୍ୟ ଗ୍ରହଣ କରନ୍ତୁ ଏବଂ ଯଥେଷ୍ଟ ପରିମାଣରେ ପାନୀୟ ଜଳ ପିଅନ୍ତୁ।

୪. ମନ ଓ ଶରୀରର ବ୍ୟାୟାମ ଆବଶ୍ୟକ। ଗୋଟିଏ ସ୍ଥାନରେ ବସି ରହିବାର ଅଭ୍ୟାସ ତ୍ୟାଗ କରନ୍ତୁ। ମୁକ୍ତ ପବନ ସେବନ କରନ୍ତୁ। ଚାଲିବା ସମୟରେ ପାଦର ଗତି ଓ ଯାତାୟତ କରୁଥିବା ଯାନବାହନ ପ୍ରତି ସତର୍କ ରୁହନ୍ତୁ।

୫. ସାତ ଆଠଘଣ୍ଟା ଶୋଇବା ଖୁବ୍ ଉପଯୋଗୀ।

୬. ସକାରାତ୍ମକ ଓ ସୃଜନଶୀଳ ଭାବନାର ଅଭ୍ୟାସ ଖୁବ୍ ଉପଯୋଗୀ।

୭. ଯୋଗାସନ ଓ ଧ୍ୟାନର ସହାୟତା ନେଇ ମାନସିକ ଚାପରୁ ନିଜକୁ ମୁକ୍ତ ରଖନ୍ତୁ। ନକାରାତ୍ମକ ଆବେଗରୁ (Negative Emotions) ନିଜକୁ ଦୂରେଇ ରଖନ୍ତୁ। ପରିବାରରେ ପ୍ରସନ୍ନତା ବଜାୟ ରଖନ୍ତୁ।

୮. ଅସୁସ୍ଥତା ସମୟରେ ଡାକ୍ତରଙ୍କ ପରାମର୍ଶ ଗ୍ରହଣ କରନ୍ତୁ।

୯. ଜୀବନର ପ୍ରବାହରେ କେତେକ ଅଘଟଣ ଏଡ଼ାଇବା ସବୁ ସମୟରେ ସମ୍ଭବ ନ ହୋଇପାରେ। ଖରାପ ଘଟଣା ପାଇଁ ନିଜକୁ ଦୋଷାରୋପ କରନ୍ତୁ ନାହିଁ। ଖରାପ ଘଟଣାକୁ ଦୀର୍ଘସ୍ଥାୟୀ ଓ ବ୍ୟାପକ ନ ଭାବି ଅସ୍ଥାୟୀ ଓ ସୀମିତ ଭାବନ୍ତୁ।

୧୦. ଆତ୍ମାର ଅବିନଶ୍ୱରତାର ବିଶ୍ୱାସ ମୃତ୍ୟୁଭୟ ଦୂରକରେ। ଏପରି ବିଶ୍ୱାସ ନ ଥିଲେ ମଧ୍ୟ ଲୋକ ହିତକର କାର୍ଯ୍ୟ ମୃତ୍ୟୁଭୟ ଦୂରକରେ।

■

ସ୍ୱର୍ଣ୍ଣାଭ ଉତ୍ତର ଯୌବନ

ଆମର ପ୍ରଚଳିତ ପରିଭାଷାରେ 'ବାର୍ଦ୍ଧକ୍ୟ' ଶବ୍ଦଟି ଏକପ୍ରକାର ଭୟ, ଆଶଙ୍କା ଓ ଉଦ୍‌ବେଗ ସୃଷ୍ଟି କରିଥାଏ। ଭାରତ ସମେତ ବହୁ ବିକାଶଶୀଳ ଦେଶରେ ହାରାହାରି ଆୟୁ ଆଶାତୀତ ଭାବରେ ବୃଦ୍ଧି ପାଇଥିଲେ ମଧ୍ୟ ବାର୍ଦ୍ଧକ୍ୟକାଳୀନ ଜୀବନରେ କିଛିଟା ବାସ୍ତବ ଏବଂ କିଛିଟା କଳ୍ପିତ ଛବି ମନକୁ ଅଡୁଆ ଜାଲରେ ଛନ୍ଦିଦିଏ। ଦୀର୍ଘଦିନ ଧରି ବଞ୍ଚି ରହିବାର ଆଶା ଅପେକ୍ଷା ନୈରାଶ୍ୟ ଅନ୍ଧକାରର ବଳୟ କ୍ରମପ୍ରସାରିତ ହେଉଛି।

ଅନ୍ୟ ପକ୍ଷରେ ସମାଜ ବିଜ୍ଞାନୀ, ମନୋବିଜ୍ଞାନୀ ଓ ବ୍ୟବହାର ବିଜ୍ଞାନୀଙ୍କ ପରି ବିଶେଷଜ୍ଞମାନେ ସକାରାତ୍ମକ ବିଚାରକୁ ଦୃଢ଼ତର କରିବାରେ ଲାଗି ପଡ଼ିଛନ୍ତି। ବାର୍ଦ୍ଧକ୍ୟ ଓ ବୃଦ୍ଧାବସ୍ଥା ପରି ନକାରାତ୍ମକ (ଅସହାୟତା ସୂଚକ) ପରିଭାଷା ପରିବର୍ତ୍ତେ ଉତ୍ତର-ଯୌବନ (Later Adulthood) ପରି ସକାରାତ୍ମକ ଶ୍ରଦ୍ଧାବଳୀ ଗବେଷଣା ଓ ବୈଜ୍ଞାନିକ ପରିଭାଷାରେ ସ୍ଥାନ ପାଉଛି । ସଫଳ ଉତ୍ତରଯୌବନ, ଯୌବନ-ପରବର୍ତ୍ତୀ ସ୍ୱାସ୍ଥ୍ୟ ଏବଂ ଜୀବନରେ ଗୋଧୂଳିପର୍ବ ପରି ଶ୍ରୁତିରୋଚକ ପରିଭାଷା ଏପରି ଏକ ଅନୁକୂଳ ପ୍ରୟାସର ସ୍ପଷ୍ଟ ସୂଚକ।

ପରିତାପର ବିଷୟ ଯେ ଭାରତୀୟ ଜୀବନ ପରିପ୍ରେକ୍ଷୀରେ ବର୍ଷୀୟାନ୍ ବ୍ୟକ୍ତିମାନଙ୍କର (ଷାଠିଏବର୍ଷ ବୟସରୁ ଊର୍ଦ୍ଧ୍ୱ) ସାମାଜିକ ଓ ଆବେଗିକ ସମସ୍ୟା ଏକ ଉଦ୍‌ବେଗର ବିଷୟ ହେଲେ ମଧ୍ୟ ଏ କ୍ଷେତ୍ରରେ ବିଜ୍ଞାନସମ୍ମତ ଶୃଙ୍ଖଳାବଦ୍ଧ ଅଧ୍ୟୟନର ଅଭାବ ରହିଛି। ଯାହା କିଛି କାଁ ଭାଁ ଅନୁଧ୍ୟାନ କରାଯାଇଛି ସେଥିରୁ ଆମ ସମସ୍ତଙ୍କର ଗ୍ରହଣୀୟ ହେଲାଭଳି ସିଦ୍ଧାନ୍ତ ଚିହ୍ନଟ କରିବା କଷ୍ଟକର ବ୍ୟାପାର। ଏ ଦୃଷ୍ଟିରୁ ଗୋଟିଏ ଦୁଇଟି ବିଶ୍ୱସ୍ତରୀୟ ଅନୁଧ୍ୟାନରେ ଅବତାରଣା ଏଠାରେ କରାଯାଇପାରେ।

ମାକ୍‌ଆର୍ଥର ଅନୁଧାନ : ଅନେକଗୁଡ଼ିଏ ଶୃଙ୍ଖଳାର ଏକ ସମଷ୍ଟିଗତ ବିଶେଷଜ୍ଞ ଦଳ ୧୯୮୮ରୁ ୧୯୯୬ ପର୍ଯ୍ୟନ୍ତ ଦୀର୍ଘ ଆଠବର୍ଷ ଧରି ସଫଳ ଉତ୍ତର-ଯୌବନ ସମ୍ପର୍କରେ ଗବେଷଣା କରିଥିଲେ। ବର୍ଷୀୟାନ୍ ବ୍ୟକ୍ତିମାନଙ୍କର ସୁଖ, ସ୍ୱାସ୍ଥ୍ୟ ଓ ସାମର୍ଥ୍ୟ ସହିତ ସମ୍ବନ୍ଧିତ ଥିବା ଶାରୀରିକ, ସାମାଜିକ ଓ ମାନସିକ ଉପାଦାନସମୂହକୁ ଚିହ୍ନଟ କରିବା ଏ ଗବେଷଣାର ଲକ୍ଷ୍ୟ ଥିଲା। ପ୍ରାୟ ଚାରିହଜାର ବର୍ଷୀୟାନ୍ ବ୍ୟକ୍ତିମାନଙ୍କ ମଧ୍ୟରୁ ସୁଖୀ ଓ ସ୍ୱାସ୍ଥ୍ୟବାନ ଜୀବନ ଅତିବାହିତ କରୁଥିବା ୧୨୦୦ ବ୍ୟକ୍ତିଙ୍କ ଚିହ୍ନଟ କରାଗଲା। ପ୍ରତି ବ୍ୟକ୍ତିଙ୍କ ସହିତ ପ୍ରାୟ ୯୦ ମିନିଟ୍ ସାକ୍ଷାତ୍‌କାର ମାଧ୍ୟମରେ ସେମାନଙ୍କ ଜୀବନ ଶୈଳୀ ଓ ବିଚାରଧାରା ସମ୍ପର୍କରେ ତଥ୍ୟ ଆହରଣ କରାଗଲା। ଏତଦ୍‌ବ୍ୟତୀତ ଅନୁଧାନର ସାତବର୍ଷ ମଧ୍ୟରେ ମଝିରେ ମଝିରେ ଅଳ୍ପ ସମୟ ପାଇଁ ସାକ୍ଷାତକାରର ଆୟୋଜନ କରାଯାଇ ଅଧିକ ଜ୍ଞାତବ୍ୟ ବିଷୟ ଆହରଣ କରାଗଲା।

ସଂଗୃହୀତ ତଥ୍ୟସବୁର ବିଶ୍ଳେଷଣ କରାଯାଇ ଯେଉଁ ତିନୋଟି ଉପାଦାନକୁ ଚିହ୍ନଟ କରାଯାଇଛି, ସେ ତିନୋଟି ନିର୍ଦ୍ଧାରିତ ହେଉଛି ରୋଗମୁକ୍ତ ଜୀବନ, ଜୀବନ-ସମ୍ପୃକ୍ତି (Engagement with life) ଏବଂ ଶାରୀରିକ ଓ ମାନସିକ ସକ୍ରିୟତା। ସରଳ ଭାଷାରେ କହିଲେ ଜୀବନଶୈଳୀ ସ୍ୱାଭାବିକ, ଅର୍ଥପୂର୍ଣ୍ଣ ଓ ଉପଯୋଗୀ କାର୍ଯ୍ୟକ୍ରମରେ ପରିପୂର୍ଣ୍ଣ ହେବା ଆବଶ୍ୟକ । ଜୀବନ-ସମ୍ପୃକ୍ତିର ଦୁଇଟି ଉପାଦାନ ସୁସ୍ପଷ୍ଟ। ଗୋଟିଏ ହେଉଚି ଉତ୍ପାଦନଶୀଳତା (କେତେକ କ୍ଷେତ୍ରରେ ସୃଜନଶୀଳତା)। ପୁଣି ସାମାଜିକ ସହଚର୍ଯ୍ୟର ଦୁଇଟି ଦିଗ : ସାମାଜିକ ଆବେଗିକ ଦିଗ ଏବଂ ବ୍ୟବହାରିକ ଦିଗ। ସାମାଜିକ-ଆବେଗିକ ଦିଗର ଅର୍ଥ ହେଉଛି ଅନ୍ୟକୁ ଭଲ ପାଇବା ଏବଂ ଅନ୍ୟଠାରୁ ସଂପ୍ରୀତି ଲାଭ କରିବା। ଅନ୍ୟକୁ ଶ୍ରଦ୍ଧାପ୍ରେମ ଦେବା ଏବଂ ଶ୍ରଦ୍ଧାପ୍ରେମ ପାଇବା ମଧ୍ୟରେ ଭାରସାମ୍ୟ ରହିବା ଏକ ସହାୟକ ଅବସ୍ଥା। ବ୍ୟବହାରିକ ସାହଚର୍ଯ୍ୟର ତାତ୍ପର୍ଯ୍ୟ ହେଉଛି ଆବଶ୍ୟକ ସମୟରେ ଅନ୍ୟଠାରୁ ସାହାଯ୍ୟ ପାଇବାର ସମ୍ଭାବନା। କେବଳ ବନ୍ଧୁବାନ୍ଧବ, ଆତ୍ମୀୟସ୍ୱଜନ ଓ ଅନ୍ୟ ସାହାଯ୍ୟକାରୀଙ୍କ ସଂଖ୍ୟା ଅଧିକ ହେବା ବଡ଼କଥା ନୁହେଁ; ସମସ୍ୟା ଓ ଅଭାବ ଅନାଟନ ସମୟରେ ଏମାନଙ୍କଠାରୁ ସାହାଯ୍ୟ ପ୍ରାପ୍ତିର ସମ୍ଭାବନା ହେଉଛି ତାତ୍ପର୍ଯ୍ୟପୂର୍ଣ୍ଣ। ଏହି ସମ୍ଭାବନା ଯେତେ ବେଶୀ, ବ୍ୟବହାରିକ ସାହଚର୍ଯ୍ୟ ସେତେ ଅଧିକ ବୋଲି ବିଚାର କରାଯିବ।

ମାକ୍‌ଆର୍ଥର ପ୍ରତିଷ୍ଠାନର ଏହି ଗବେଷଣା-ଲବ୍ଧ ସିଦ୍ଧାନ୍ତକୁ ନିମ୍ନ ସାରଣୀରେ ପ୍ରକାଶ କରାଯାଇପାରେ।

ମାକ୍‌ଆର୍ଥର ପ୍ରତିଷ୍ଠାନ ଗବେଷଣାର ସିଦ୍ଧାନ୍ତ

ସଫଳ ଉତ୍ତର ଯୌବନର ଉପାଦାନ		
୧. ରୋଗମୁକ୍ତ ଶରୀର		
୨. ଜୀବନ ସମ୍ପୃକ୍ତି	ସାମାଜିକ ସାହଚର୍ଯ୍ୟ ଉତ୍ପାଦନଶୀଳତା (ସୃଜନଶୀଳତା)	ସାମାଜିକ ଆବେଗିକ (ସ୍ନେହଶ୍ରଦ୍ଧା) ବ୍ୟବହାରିକ ସମସ୍ୟା ସମାଧାନରେ ସହାୟକ
୩. ଶାରୀରିକ ଓ ଜ୍ଞାନାତ୍ମକ କ୍ରିୟା କଳା ପରେ ସକ୍ରିୟତା		

୩. ଶାରୀରିକ ଓ ଜ୍ଞାନାତ୍ମକ କ୍ରିୟାକଳାପରେ ସକ୍ରିୟତା

ମାକ୍‌ଆର୍ଥର ପ୍ରତିଷ୍ଠାନର ଗବେଷଣାରୁ ଅନ୍ୟ ଦୁଇଟି ସିଦ୍ଧାନ୍ତ ଲୋକମାନଙ୍କର ବେଶ୍ ଦୃଷ୍ଟି ଆକର୍ଷଣ କରିଥିଲା । କେଉଁମାନେ ପ୍ରକୃତରେ ସାମାଜିକ ସହାୟତା ପ୍ରଚୁର ପରିମାଣରେ ଦେଇଥାଆନ୍ତି ? ଏହାର ଉତ୍ତରରେ ଅଧିକାଂଶ ପୁରୁଷ ମତବ୍ୟକ୍ତ କରନ୍ତି ଯେ ସେମାନଙ୍କ ପତ୍ନୀ ହିଁ ସାମାଜିକ ସହାୟତାର ମୂଳ ଉତ୍ସ । ଅନ୍ୟ ପକ୍ଷରେ ମହିଳାମାନେ ସେମାନଙ୍କର ମହିଳା ବାନ୍ଧବୀ କିମ୍ବା ଆତ୍ମୀୟସ୍ୱଜନ କିମ୍ବା ପୁତ୍ରକନ୍ୟାକୁ ସାମାଜିକ ସାହଚର୍ଯ୍ୟର ଉତ୍ସ ମନେ କରନ୍ତି । ଯେତିକି ପରିମାଣରେ ସହାୟତା ଦିଆଯାଇଛି, ସମୟାନୁପାତୀ ଭାବରେ ସାହଚର୍ଯ୍ୟର ପ୍ରାପ୍ତି ବିଶେଷ ଫଳପ୍ରଦ ହୁଏ ।

ନିରବଚ୍ଛିନ୍ନ ଭାବରେ ଶାରୀରିକ ଏବଂ ବୌଦ୍ଧିକ କ୍ରିୟାକଳାପ ସ୍ୱର୍ଣ୍ଣାଭ ଉତ୍ତର-ଯୌବନ ହାସଲ କରିବା ଦିଗରେ ବିଶେଷ ସହାୟକ ହୁଏ ।

ହାର୍ଭାଡ଼୍ ଅନୁଧ୍ୟାନ : ବିଶ୍ୱର ପ୍ରଖ୍ୟାତ ବିଶ୍ୱବିଦ୍ୟାଳୟ ହାର୍ଭାଡ଼ରେ ମଧ୍ୟ ସୁଖମୟ ଉତ୍ତର-ଯୋବନ ସମ୍ପର୍କରେ ଏକ ବୃହତ୍ ଧାରରେ ଗବେଷଣା କରାଯାଇଥିଲା । ଏହି ବିଶ୍ୱବିଦ୍ୟାଳୟର ବିଭିନ୍ନ ବିଭାଗର ଡିନ୍‌ମାନେ ପ୍ରଥମେ ସୁଖୀ ଏବଂ ସ୍ୱାସ୍ଥ୍ୟମୟ ଜୀବନଯାପନ କରୁଥିବା ବର୍ଷୀୟାନ ବ୍ୟକ୍ତିମାନଙ୍କୁ ଚିହ୍ନଟ କରିଥିଲେ । ତା'ପରେ ଭେଲାଣ୍ଟ୍ ନାମକ ଜଣେ ବିଶିଷ୍ଟ ମନୋବିଜ୍ଞାନୀଙ୍କ ନେତୃତ୍ୱରେ ସତୁରୀ ଓ ଅଶୀବର୍ଷ

ବୟସ ଅତିକ୍ରାନ୍ତ ନେଇଥିବା ବ୍ୟକ୍ତିମାନଙ୍କର ଜୀବନଶୈଳୀ ଅନୁଧ୍ୟାନ କରାଯାଇଥିଲା। ସ୍ୱର୍ଣ୍ଣାଭ ଉତ୍ତରଯୌବନର ପୂର୍ବାନୁମାନ କରିପାରୁ ଥିବା ନିମ୍ନଲିଖିତ ଉପାଦାନସମୂହ ଚିହ୍ନଟ କରାଯାଇଥିଲା :

ଧୂମପାନ ନ କରିବା କିମ୍ବା ଅଳ୍ପବୟସରୁ ଧୂମପାନ ତ୍ୟାଗ କରିବା।

- ସୁନ୍ଦର ସମନ୍ୱୟଶୀଳତା (Coping)
- ସକାରାତ୍ମକ ଆବେଗ (Positive Emotion)
- ମଦ୍ୟପାନ ନ କରିବା
- ଶରୀରର ଓଜନ ସୀମିତ ରଖିବା
- ସ୍ଥିର ଓ ଦୀର୍ଘସ୍ଥାୟୀ ବୈବାହିକ ଜୀବନ
- ନିୟମିତ ବ୍ୟାୟାମ

ହାର୍ଭାଡ଼ ଅନୁଧ୍ୟାନରେ ଯେଉଁ ଦୁଇଟି ଉପାଦାନକୁ ସବୁଠାରୁ ଗୁରୁତ୍ୱପୂର୍ଣ୍ଣ ଭୂମିକା ଦିଆଯାଇଛି ତାହା ହେଉଛି ନିଶ୍ୱାର୍ଥ ଉପକାର (Altruism) ଏବଂ ହାସ୍ୟରସିକତା (Humour) । କୌଣସି ପ୍ରତି ଉପକାରର ଆଶା ନ ରଖି ନିଃସ୍ୱାର୍ଥପର ଭାବରେ ଅନ୍ୟର ଉପକାର କରିବାର ମାନସିକତା ସବୁଠାରୁ ଅଧିକ ଫଳପ୍ରଦ ହୋଇଥାଏ। ଆମେ ଯେ ଅନ୍ୟମାନଙ୍କର ଦରକାରୀ ଏପରି ଭାବନାକୁ ଏହା ଦୃଢ଼କରେ। ଏହା ସହିତ ହାସ୍ୟରସିକତା ଦୈନନ୍ଦିନ ଜୀବନର ବହୁ ବିଷାକ୍ତ ପ୍ରଭାବକୁ ନିଷ୍କ୍ରିୟ କରି ମାନସିକ ଚାପ ଦୂର କରେ।

ସ୍ୱର୍ଣ୍ଣାଭ ଉତ୍ତାର-ଯୌବନ ସମ୍ପର୍କରେ ଆଉ ଦୁଇଟି ଗବେଷଣାଲବ୍ଧ ସିଦ୍ଧାନ୍ତ ସୂଚନା ଦେଇ ସୁଖ ଓ ସ୍ୱାସ୍ଥ୍ୟର ସାମଗ୍ରିକ ରୂପଟିକୁ ବ୍ୟକ୍ତ କରାଯାଇପାରେ। ଏହି ଗବେଷଣାଟି ୨୦୦୧ ମସିହାରେ ୧୮୦ ଜଣ ନନ୍‌ମାନଙ୍କ ଉପରେ କରାଯାଇଥିଲେ ମଧ୍ୟ ଏହାର ସିଦ୍ଧାନ୍ତ ଆମ୍ଭମାନଙ୍କ ପାଇଁ ପ୍ରଣିଧାନର ବିଷୟ।

ଡାନ୍‌ର ଏବଂ ତାଙ୍କର ସହଯୋଗୀମାନେ ଗୀର୍ଜା ଜୀବନର ବଳୟ ମଧ୍ୟକୁ ପ୍ରବେଶ କରୁଥିବା ଅଳ୍ପବୟସର ତରୁଣୀମାନଙ୍କର ଆତ୍ମଲିପି ବିଶ୍ଳେଷଣ କଲେ। ନନ୍‌ଜୀବନରେ ପ୍ରବେଶ କରିବା ସମୟରେ ଏମାନେ ନିଜର ଚିନ୍ତାଧାରା ଓ ଆଭିମୁଖ୍ୟ ସମ୍ପର୍କରେ ଦୁଇ ତିନି ପୃଷ୍ଠାର ଲେଖା ଉପସ୍ଥାପନ କରନ୍ତି। ଗବେଷକମାନେ ଗୀର୍ଜାର ପ୍ରଶାସକଙ୍କ ଅନୁମୋଦନ ନେଇ ସଂଗ୍ରହାଳୟରେ ୧୮୦ ଜଣକର ଲେଖା ନେଇ ବିଶ୍ଳେଷଣ କଲେ। ଏହି ଲେଖାସବୁରେ କେତେ ପରିମାଣରେ ସକାରାତ୍ମକ ବିଶେଷଣ (ଯଥା: ଖୁସି, ଆହ୍ଲାଦିତ, ଆନନ୍ଦିତ, ପ୍ରଫୁଲ୍ଲିତ ଇତ୍ୟାଦି) ବ୍ୟବହାର କରାଯାଇଛି ଏବଂ କେତେ ନକାରାତ୍ମକ ବିଶେଷଣ (ଯଥା: ଦୁଃଖୀ, ବ୍ୟର୍ଥ, ବିଷାଦପୂର୍ଣ୍ଣ ଇତ୍ୟାଦି)

ପ୍ରୟୋଗ କରାଯାଇଛି ତାହାର ଆକଳନ କଲେ । ଗବେଷଣାରୁ ଦେଖାଗଲା ଯେ ତରୁଣୀ ବୟସରେ ଅଧିକ ପରିମାଣରେ ସକାରାତ୍ମକ ବିଶେଷ୍ୟ ବିଶେଷଣ ପ୍ରୟୋଗ କରୁଥିବା ତରୁଣୀମାନେ ଭବିଷ୍ୟତରେ କେବଳ ଦୀର୍ଘଦିନ ବଞ୍ଚି ରହିନାହାନ୍ତି, ସେମାନେ ଅପେକ୍ଷାକୃତ ଅଧିକ ସୁଖ ଓ ଶାନ୍ତିର ଅଧିକାରୀ ହୋଇଛନ୍ତି। ସୁତରାଂ ସକାରାତ୍ମକ ଆବେଗର ଅନୁଭବ ଆମର ଦୀର୍ଘ ଓ ସୁଖମୟ ଜୀବନର ଏକ ଶକ୍ତ ନିର୍ଣ୍ଣାୟକ ବୋଲି ଗ୍ରହଣୀୟ ମନେ ହୁଏ।

ପରିଶେଷରେ ସ୍ୱର୍ଣ୍ଣାଭ ଉତ୍ତର-ଯୌବନର ଜଣେ ପ୍ରଖ୍ୟାତ ଗବେଷକ ଜର୍ଜ ଭେଲାଣ୍ଟଙ୍କ ମନ୍ତବ୍ୟ ବେଶ୍ କୌତୂହଳପୂର୍ଣ୍ଣ। ତାଙ୍କ ମତରେ ପ୍ରତିକୂଳ ପରିବେଶ ସହିତ ସଂଗ୍ରାମ କରିବା କ୍ଷେତ୍ରରେ କିଶୋର କିଶୋରୀ ଓ ଯୁବକ ଯୁବତୀମାନଙ୍କର ଶୈଳୀ ଗୋଟିଏ ପ୍ରକାର କିନ୍ତୁ ବର୍ଷୀୟାନ୍ ବ୍ୟକ୍ତିମାନଙ୍କର ଶୈଳୀ ଅନ୍ୟ ଧରଣର। ବର୍ଷୀୟାନ୍ ବ୍ୟକ୍ତିମାନଙ୍କର ଗ୍ରହଣଶୀଳତା ଓ ସହନଶୀଳତା ସେମାନଙ୍କ ଜୀବନଶୈଳୀକୁ ଏକ ଉପଯୋଗୀ ଭୂମିକା ଦେଇଥାଏ। ଭେଲେଣ୍ଟଙ୍କ ନିଜସ୍ୱ ଭାଷାରେ ତାଙ୍କର ଉକ୍ତି ଏଠାରେ ଉଦ୍ଧାର କରାଯାଇଛି ।

"ଅନ୍ୟମାନଙ୍କ ପ୍ରତ୍ୟାଶାର ବିରୁଦ୍ଧାଚରଣ କରି ମୁଁ କହିବି ଯେ ମୋର ବୟସ ବୃଦ୍ଧି ସହିତ ମୁଁ ଅଧିକରୁ ଅଧିକ ସୁଖୀ ହୋଇଛି। ଆମ ଉପରେ ଗୋଟିଏ ତଥ୍ୟ ଲଦି ଦିଆଯାଇଛି ଯେ ବୟସାଧିକ୍ୟ ହେଉଛି ଭୟାନକ ଓ ତାରୁଣ୍ୟ ହେଉଛି ସୁଖ ସମ୍ଭାର। କିନ୍ତୁ ବୁଝିବାକୁ ମୋତେ ଷାଠିଏ ବର୍ଷ ଲାଗିଗଲା ଯେ ଠିକ୍ ଭାବରେ ଜୀବନଯାପନ କରିବାର ଶୈଳୀ ମୁଁ ଶିଖି ପାରିଛି; କିପରି କାମ କରିବାକୁ ହୁଏ, ତାହା ମୁଁ ଶିଖିଛି ଏବଂ ମୋର ଦୁର୍ବଳତା ସହିତ ସମନ୍ୱୟ ରକ୍ଷା କରିବାର କୌଶଳ ମଧ ଜାଣି ପାରିଛି।

ମୋର ମନେହୁଏ ଯୌବନରେ ବେଶ୍ ସମସ୍ୟା ଥିଲା। ବୃଦ୍ଧ ଓ ଅସୁସ୍ଥ ପିତାମାତା, ଦାରିଦ୍ର୍ୟ, ପେସା ଗ୍ରହଣର ସଂଗ୍ରାମ, ବିବାଦର ସନ୍ଧିକ୍ଷଣ ଓ ଆତ୍ମବିଶ୍ୱାସର ଅଭାବ ମୋତେ ବ୍ୟଥିତ କରୁଥିଲା। ବର୍ତ୍ତମାନ ମୁଁ କ'ଣ କରୁଛି, ତାହା ମୁଁ ଜାଣେ। ଅନ୍ୟମାନଙ୍କୁ ସମ୍ମାନ ଦିଏ ଏବଂ ଅନ୍ୟର ସମ୍ମାନ ଲାଭକରେ, ମୋର ଆର୍ଥିକ ଅବସ୍ଥା ମୋଟାମୋଟି ସ୍ୱଚ୍ଛଳ। ପତ୍ନୀଙ୍କ ସଂପ୍ରୀତିର ମୁଁ ଅଧିକାରୀ। ମୋର ଉପଲବ୍ଧି ସ୍ପଷ୍ଟ ଯେ ମୁଁ ଯାହା ବଦଳାଇ ପାରିବି ନାହିଁ, ତାହା ମୁଁ ସହିନେବି।" - ଜର୍ଜ ଭେଲାଣ୍ଟ

■

ମନୁଷ୍ୟ ସାମାଜିକ କାହିଁକି ?

ମନୁଷ୍ୟ ମୁଖ୍ୟତଃ ଅନ୍ୟ ଉପରେ ନିର୍ଭରଶୀଳ। ଆମ୍ଭେମାନେ ଶ୍ରମିକ ଓ ମିସ୍ତ୍ରୀମାନଙ୍କ ଦ୍ୱାରା ନିର୍ମିତ ଗୃହରେ ବାସକରୁ। ଅନ୍ୟମାନଙ୍କ ଦ୍ୱାରା ଉତ୍ପାଦିତ ଖାଦ୍ୟ ଖାଇ ବଞ୍ଚିଥିଲୁ। ଯନ୍ତ୍ରୀମାନଙ୍କର ପରିକଳ୍ପିତ ଓ ନିର୍ମିତ କମ୍ପ୍ୟୁଟରର ସହାୟତା ନେଇ କାର୍ଯ୍ୟ କରୁ। ଆମର ସାମାଜିକ ପ୍ରେରିତ ଇମେଲ୍‌କୁ ପ୍ରତୀକ୍ଷା କରି ଦିନ କାଟୁ।

ଅନ୍ୟ ପ୍ରାଣୀମାନଙ୍କ ତୁଳନାରେ ମଣିଷ ଶିଶୁ ତା'ର ଜନନୀ ଉପରେ ଦୀର୍ଘ ସମୟ ଧରି ନିର୍ଭର କରେ। ପଶୁପକ୍ଷୀର ସନ୍ତାନ ଅଳ୍ପ ସମୟ ମଧ୍ୟରେ ଆତ୍ମନିର୍ଭରଶୀଳ ହୋଇ ସ୍ୱାଧୀନ ଜୀବନ ଯାପନ କରନ୍ତି। ଉଦ୍‌ବର୍ତ୍ତନର ଇତିହାସ ଦେଖିଲେ ଜଣାଯାଏ ଯେ ମଣିଷ ଆଦିମ କାଳରୁ ଗୋଷ୍ଠୀ ଉପରେ ନିର୍ଭର କରିଆସିଛି। ଯୌଥ ଜୀବନ ମଣିଷକୁ ସଦାସର୍ବଦା ସାହାଯ୍ୟ କରିଛି। ଖାଦକ ହେବା ପାଇଁ ମଣିଷର ଆକ୍ରମଣାତ୍ମକ ସମ୍ବଳ ଯେପରି ପରିମିତ ଓ ସୀମିତ, ଅନ୍ୟ ହିଂସ୍ର ପ୍ରାଣୀର ଆକ୍ରମଣର ନିଜକୁ ବଞ୍ଚାଇବା ପାଇଁ ସଂଗ୍ରାମର ଆୟୁଧସବୁ ମଧ୍ୟ ଅତି ବେଶୀ ଶକ୍ତିଶାଳୀ ନୁହେଁ। ଅନ୍ୟ କେତେକ ପ୍ରାଣୀଙ୍କ ତୁଳନାରେ ମନୁଷ୍ୟର ଧାବନ ଶକ୍ତି ଓ ଦୈହିକ ଶକ୍ତି ଅପେକ୍ଷାକୃତ କମ୍। ଏସବୁ ସତ୍ତ୍ୱେ ଉଚ୍ଚତର ଚିନ୍ତନ ସାମର୍ଥ୍ୟ, ଭାବ ଆଦାନ ପ୍ରଦାନର ଦକ୍ଷତା ଏବଂ ସର୍ବୋପରି ଏକତ୍ର କାର୍ଯ୍ୟ କରିବାର ମାନସିକତା ମନୁଷ୍ୟକୁ ଏକ ପରାକ୍ରାନ୍ତ ଗୋଷ୍ଠୀର ସ୍ୱୀକୃତି ଦେଇଛି।

ପ୍ରଥମତଃ ଉଦ୍‌ବର୍ତ୍ତନ ହିଁ ମନୁଷ୍ୟ ମନୁଷ୍ୟ ମଧ୍ୟରେ ସଂପୃକ୍ତିର ସମାନତା ସୃଷ୍ଟି କରିଛି । ପରସ୍ପର ମଧ୍ୟରେ ଭାବର ଆଦାନ ପ୍ରଦାନ ଏବଂ ଯୋଗାଯୋଗ କେବଳ ଏକ ସହାୟକ ପନ୍ଥା ହିସାବରେ ଆରମ୍ଭ ହୋଇ ନଥିଲା; ଖାଦ୍ୟ ଓ ବସ୍ତ୍ର ପରି ଏହା ମୌଳିକ ଚାହିଦାର ରୂପ ନେଇ ଆବିର୍ଭୂତ ହେଲା।

ଉଦ୍‌ବର୍ତ୍ତନ ଯେଉଁ ପ୍ରକ୍ରିୟା ମାଧ୍ୟମରେ ଏହି ସହଯୋଗିତା ଓ ମାନବୀୟ ବନ୍ଧନକୁ

ଦୃଢ଼ୀଭୂତ କରିଛି, ତାହାର ଆଲୋଚନା ଖୁବ୍ କୌତୂହଳପ୍ରଦ। ଉଦ୍‌ବର୍ତ୍ତନ (Evolution) ଫଳରେ ଆମର ଶରୀର ମଧ୍ୟରେ ଯେଉଁ ରାସାୟନିକ ଦ୍ରବ୍ୟସମୂହର କଳକାରଖାନା ସୃଷ୍ଟି ହୋଇଛି ସେଥିରେ ପ୍ରସ୍ତୁତ ହେଉଥିବା ଗୋଟିଏ ବିଶିଷ୍ଟ ହରମୋନ୍ ହେଉଛି ଅକ୍‌ସିଟୋସିନ୍ (Oxytocin)। ଏହାକୁ ମନୋବିଜ୍ଞାନୀ ଓ ସ୍ନାୟୁବିଜ୍ଞାନୀମାନେ କୋଳାକୋଳି ହରମୋନ (Cuddle Hormone) କୁହନ୍ତି । କାରଣ ଏହାର କ୍ଷରଣ ମାନବୀୟ ବନ୍ଧନକୁ ଦୃଢ଼କରେ ।

ବିଶ୍ୱଯୁଦ୍ଧ ସମୟରେ ମନୋବିଜ୍ଞାନୀମାନେ ଅକ୍ସିଟୋସିନ୍‌ର ଭୂମିକାକୁ ସ୍ପଷ୍ଟଭାବେ ପର୍ଯ୍ୟବେକ୍ଷଣ କଲେ। ଦ୍ୱିତୀୟ ବିଶ୍ୱଯୁଦ୍ଧ ସମୟରେ ଜର୍ମାନୀର ସେନାବାହିନୀ ମୁଖ୍ୟତଃ ରାତିରେ ଲଣ୍ଡନରେ ବୋମାବର୍ଷଣ କରୁଥିଲେ। ସୁତରାଂ ମା'ମାନେ ଶିଶୁର ସୁରକ୍ଷା ପାଇଁ ସନ୍ଧ୍ୟାବେଳେ ଶିଶୁମାନଙ୍କୁ କୌଣସି ମତେ ଗ୍ରାମାଞ୍ଚଳକୁ ପଠାଇବାର ବ୍ୟବସ୍ଥା କରୁଥିଲେ ଏବଂ ପରଦିନେ ସକାଳେ ପୁନଶ୍ଚ ଫେରାଇ ଆଣୁଥିଲେ। ଦେଖାଗଲା ଯେ ଶିଶୁମାନଙ୍କୁ ଅପସାରିତ କଲାବେଳେ ସେମାନେ ଖୁବ୍ କାନ୍ଦୁଛନ୍ତି। ପୁନଶ୍ଚ ସକାଳ ବେଳା ମା'ମାନଙ୍କ ସହିତ ଏକାଠି ହେବାବେଳେ ଶାନ୍ତ ହେଉଛନ୍ତି। ମା'ର ସ୍ପର୍ଶ ଲାଭ କରି ସେମାନେ ଖୁସୀ ହେଉଛନ୍ତି।

ଅଧିକ ସୂକ୍ଷ୍ମତର ପର୍ଯ୍ୟବେକ୍ଷାରୁ ଜଣାଗଲା ଯେ ମା' ସହିତ ସମ୍ମିଳିତ ହେବା ସମୟରେ ମା' ଶରୀରରେ ଏବଂ ଶିଶୁ ଶରୀରରେ ପର୍ଯ୍ୟାପ୍ତ ପରିମାଣରେ ଅକ୍‌ସିଟୋସିନ୍ ହରମୋନ୍ କ୍ଷରିତ ହେଉଛି। ବିଶେଷତଃ ସ୍ତନ୍ୟପାନ କରାଇବା ସମୟରେ ମା' ଶରୀରରେ ପର୍ଯ୍ୟାପ୍ତ କ୍ଷରଣ ଘଟୁଛି। କହିବା ଆବଶ୍ୟକ ଯେ ଅକ୍‌ସିଟୋସିନ୍‌ର ଏହି କ୍ଷରଣ ଜନନୀ ଓ ଶିଶୁ ବନ୍ଧନକୁ ଦୃଢ଼ତର କରୁଛି।

କେବଳ ମା' ଓ ଶିଶୁର ସେହି ସମ୍ପର୍କ ନୁହେଁ, ଶ୍ରଦ୍ଧାପୂର୍ଣ୍ଣ ସମ୍ପର୍କକୁ ଗଭୀର କରିବାରେ ଅକ୍‌ସିଟୋସିନ୍‌ର ଭୂମିକା ରହିଛି।

ପତିପତ୍ନୀର ପ୍ରେମପୂର୍ଣ୍ଣ ସମ୍ପର୍କ ସମୟରେ ଅକ୍‌ସିଟୋସିନ୍‌ର ଦ୍ରୁତ କ୍ଷରଣ ଘଟିଥାଏ । ସେହିପରି ଆମ୍ଭେମାନେ କୌଣସି ବ୍ୟକ୍ତିଙ୍କ ସହିତ କରମର୍ଦ୍ଦନ କରିବା ସମୟରେ ପ୍ରୀତପ୍ରଦ ସ୍ପର୍ଶ ସମୟରେ ଏବଂ ପ୍ରଶଂସା କରିବା ସମୟରେ ମଧ୍ୟ ପରସ୍ପର ଶରୀରରେ ଅକ୍‌ସିଟୋସିନ୍‌ର କ୍ଷରଣ ଘଟିଥାଏ।

ଶ୍ରଦ୍ଧାପୂର୍ଣ୍ଣ ଓ ପ୍ରୀତିପ୍ରଦ ସମ୍ପର୍କକୁ ଯୋଡ଼ିବାରେ ଆଉ ଗୋଟିଏ ସମ୍ପର୍କର ମାଧ୍ୟମ ହେଉଛି ସ୍ପର୍ଶ। ସମସ୍ତେ ଲକ୍ଷ୍ୟ କରିଥିବେ ଯେ ମା'ର ସ୍ନେହସ୍ପର୍ଶ ଗୋଟିଏ ଅଶାନ୍ତ ଶିଶୁକୁ ଶାନ୍ତ ଅବସ୍ଥାକୁ ନେଇଥାଏ। ମା'ର ସ୍ପର୍ଶର ଏକ ଅନନ୍ୟ ଭୂମିକା ରହିଛି। କେତେକ ମନୋବିଜ୍ଞାନୀ ମନେ କରନ୍ତି ଯେ ଶିଶୁ ପାଇଁ ମା'ର ସ୍ପର୍ଶ ଶିଶୁ ପାଇଁ

ଖାଦ୍ୟଠାରୁ ଅଧିକ ଆବଶ୍ୟକ। ବିଶେଷତଃ ହାର୍ଲୋ ନାମକ ଜଣେ ମନୋବିଜ୍ଞାନୀ ଗବେଷଣାଗାରର ସୁନିୟନ୍ତ୍ରିତ ପରିବେଶ ମଧ୍ୟରେ ଏହାର ଏପରି ସୁନ୍ଦର ପରୀକ୍ଷା ନିରୀକ୍ଷା କରିଛନ୍ତି ଯେ ମନୋବିଜ୍ଞାନରେ ନୋବେଲ ବ୍ୟବସ୍ଥା ଥିଲେ ହାଲୋ ସେ ସମ୍ମାନର ଅଧିକାରୀ ହୋଇଥାଆନ୍ତେ ବୋଲି ଲେଖକର ବିଶ୍ୱାସ।

ହାର୍ଲୋଙ୍କ ସଂପରୀକ୍ଷଣର ସଂକ୍ଷିପ୍ତ ବର୍ଣ୍ଣନା ଏଠାରେ ଦିଆଯାଇପାରେ। ଛୋଟ ଛୋଟ ମାଙ୍କଡ଼ ଛୁଆମାନଙ୍କ ଉପରେ ହାର୍ଲୋ ଏହି ପରୀକ୍ଷା କରିଥିଲେ। ମାଙ୍କଡ଼ ଛୁଆମାନଙ୍କର ଜନ୍ମର ପରେ ପରେ ସେମାନଙ୍କୁ ଦୁଇ ଦଳରେ ବିଭକ୍ତ କରିଦେଲେ। ପ୍ରତ୍ୟେକ ମାଙ୍କଡ଼ ଛୁଆ ପିଠି ଉପରେ ଗୋଟିଏ କନାର ପଟି ଲଗାଇ ସଂଖ୍ୟାଟିଏ ଲେଖିଦେଲେ। ଅଧାଅଧି ମାଙ୍କଡ଼ ପିଠି ଉପରେ କଳା ରଙ୍ଗରେ ସଂଖ୍ୟା ଲେଖାଗଲା ଏବଂ ଅନ୍ୟ ଦଳର ମାଙ୍କଡ଼ଛୁଆ ପିଠିରେ ନୀଳରଙ୍ଗରେ ସଂଖ୍ୟା ଲେଖାଗଲା। ବର୍ତ୍ତମାନ ଗୋଟିଏ କଳାରଙ୍ଗର ଦଳ ଏବଂ ଗୋଟିଏ ନୀଳ ରଙ୍ଗର ଦଳ ବୋଲି କୁହାଯାଇପାରେ। ସବୁ ମାଙ୍କଡ଼ ଛୁଆମାନଙ୍କୁ ଗୋଟିଏ ବଡ଼ ହଲରେ ଛାଡ଼ି ଦିଆଗଲା। ଏହି ବଡ଼ ହଲ୍‌ର ମଝିରେ ହଲ୍‌କୁ ଦୁଇ ଭାଗରେ ବିଭକ୍ତ କଲାଭଳି ବଡ଼ ପରଦାଟିଏ ଲାଗିଥିଲା। କଳାଦଳର ଛୁଆମାନଙ୍କୁ ଗୋଟିଏ ପାର୍ଶ୍ୱରେ ଛାଡ଼ି ଦିଆଯାଇଥିବା ସ୍ଥଳେ ନୀଳଦଳର ଛୁଆମାନଙ୍କୁ ଅନ୍ୟ ପାର୍ଶ୍ୱରେ ଛଡ଼ାଗଲା। ଦୁଇଟି ପୃଥକ୍ ଦଳ ହଲ୍‌ରେ ଦୁଇପାର୍ଶ୍ୱରେ ରହିଲେ; କିନ୍ତୁ ପରଦାର ମଧ୍ୟ ଭାଗରେ ଅଳ୍ପ ଖୋଲାଥିଲା। ଏହି ଖୋଲା ପଥ ଦେବା ଗୋଟିଏ ପାର୍ଶ୍ୱରୁ ମାଙ୍କଡ଼ଛୁଆ ଅନ୍ୟ ପାର୍ଶ୍ୱକୁ ଆସିବାରେ ବାଧା ନ ଥିଲା।

ଗବେଷକ ହାର୍ଲୋ ହଲ୍‌ର ଗୋଟିଏ ପାର୍ଶ୍ୱରେ ତାରସବୁ (Wires) ବ୍ୟବହାର କରି ଗୋଟିଏ ମା'ମାନଙ୍କଡ଼ର ଖେଳନା ତିଆରି କଲେ ଏବଂ ଏହି ମଡ଼େଲରେ କ୍ଷୀର ବୋତଲଟି ଖଞ୍ଜିଥିଲେ । ଉଦ୍ଦେଶ୍ୟ ଥିଲା ଯେ ହଲର ଏ ପାର୍ଶ୍ୱରେ ଥିବା ନବଜନ୍ମିତ ମାଙ୍କଡ଼ ଛୁଆମାନେ କ୍ଷୁଧାର୍ତ୍ତ ହୋଇ ମା' କ୍ଷୀର ପାନ କରିବେ।

ହାର୍ଲୋ ଠିକ୍ ସେହିପରି ହଲର ଅନ୍ୟ ପାର୍ଶ୍ୱରେ ତାର (Wire) ସାହାଯ୍ୟରେ ମା' ମାଙ୍କଡ଼ର ମଡ଼େଲଟିଏ ନିର୍ମାଣ କଲେ। କିନ୍ତୁ ଏହି ମଡ଼େଲଟିରେ ତା'ର ଉପରେ କୋମଳ ଲୁଗା ଦେଉ ପୂର୍ବପରି କ୍ଷୀର ବୋତଲ ଖଞ୍ଜିଲେ। କହିବା ଆବଶ୍ୟକ ଯେ ହଲ୍‌ର ଏହି ପାର୍ଶ୍ୱରେ ଥିବା ମାଙ୍କଡ଼ ଛୁଅମାନେ ଏଠାରୁ କ୍ଷୀର ପାନ କରିପାରିବେ।

ବର୍ତ୍ତମାନ ଲକ୍ଷ୍ୟ କରିବାର କଥା ଯେ ହଲର ଗୋଟିଏ ପାର୍ଶ୍ୱରେ ମାଙ୍କଡ଼ ଛୁଆମାନଙ୍କୁ କ୍ଷୀର (ଖାଦ୍ୟ) ଯୋଗାଉଥିବା ତା'ର ମା (Wire mother) ରହିଛି। ହଲ୍‌ର ଅପର ପାର୍ଶ୍ୱରେ ଅନ୍ୟ ଦଳର ମାଙ୍କଡ଼ ଛୁଆମାନଙ୍କୁ କ୍ଷୀର ଯୋଗାଉଥିବା କନା ମା' (Cloth Mother) ରହିଛି। ହଲଟିରେ କ୍ୟାମେରା ସଂଯୋଜିତ ଥିଲା। ସୁତରାଂ

କେଉଁ ମାଙ୍କଡ଼ ଛୁଆ କେଉଁ ମା' ପାଖରେ କେତେ ସମୟ କଟାଉଛି, ତାହା ଜାଣିବା ସମ୍ଭବ ହେବ।

ଆଶା କରାଯାଉଥିଲା ଯେ ଯେଉଁ ମାଙ୍କଡ଼ ଛୁଆ ଯେଉଁ ମା' ପାଖକୁ କ୍ଷୀର ପାଉଛି, ସେଠାରେ ସର୍ବାଧିକ ସମୟ କାଟିବ। ମାତ୍ର କୌତୂହଳର ବିଷୟରେ ତା'ର ମା' (Wire Mothers) ପାଖରେ କ୍ଷୀର ପିଉଥିବା ଛୁଆମାନେ କ୍ଷୁଧା ସମୟରେ ତା'ର ମା' ପାଖରେ ସମୟ କାଟୁଛନ୍ତି । ସେହିପରି କନା ମା' ପାଖରେ କ୍ଷୀର ଖାଉଥିବା ମାଙ୍କଡ଼ଛୁଆ କ୍ଷୁଧା ସମୟରେ କନା ମା' ପାଖରେ ସମୟ କାଟୁଛନ୍ତି। ଅଥଚ ଅନ୍ୟ ସମୟରେ ସବୁ ମାଙ୍କଡ଼ ଛୁଆ କନା ମା' ପାଖରେ କନାକୁ ସ୍ପର୍ଶ କରି ବେଶୀ ସମୟ କାଟୁଛନ୍ତି। ବ୍ୟବସ୍ଥା କରାଯାଉଥିବା କ୍ୟାମେରାରେ ଉତ୍ତୋଳିତ ଚିତ୍ରକୁ ସମୀକ୍ଷା କରିବାକୁ ସ୍ପଷ୍ଟ ଚିତ୍ର ମିଳିଗଲା।

ତାରକୁ ଆବୃତ୍ତ କରିଥିବା କନା କୋମଳ ଓ ସ୍ପର୍ଶ ପାଇଁ ପ୍ରୀତିପଦ। ଏହାକୁ ଜାବୋଡ଼ି ଧରିବାର ଅନୁଭବ ସୁଖକର। ସୁତରାଂ ହାର୍ଲୋଙ୍କର ଗବେଷଣାଗାରର ନିୟନ୍ତ୍ରିତ ପରିବେଶ ମଧ୍ୟରେ କରାଯାଇଥିବା ଏହି ପରୀକ୍ଷଣରୁ ସ୍ପଷ୍ଟ ପ୍ରମାଣ ହେଲା ଯେ ନବଜନ୍ମିତ ଶିଶୁ ପାଇଁ ମା'ର ସ୍ପର୍ଶ ଏକ ବିଶିଷ୍ଟ ଧରଣର ଚାହିଦା। ମାଙ୍କଡ଼ ଛୁଆମାନଙ୍କ ପରୀକ୍ଷା-ଲବ୍ଧ ସିଦ୍ଧାନ୍ତ ମନୁଷ୍ୟ ଶିଶୁ ପାଇଁ ମଧ୍ୟ ପ୍ରଯୁଜ୍ୟ।

ଶୈଶବ କାଳରେ ଏହି ସ୍ପର୍ଶ କେବଳ ଏକ ମୌଳିକ ଆବଶ୍ୟକତା ପୂର୍ଣ୍ଣ କରେ ନାହିଁ, ଭବିଷ୍ୟତର ବନ୍ଧନ ଓ ଅନ୍ତରଙ୍ଗତାକୁ ଦୃଢ଼ କରେ। ଗାଈମାନେ ବାଛୁରୀକୁ ଜନ୍ମଦେବା ପରେ ବାଛୁରୀର ଦେହ ଚାଟି ଚାଟି ସଫା କରନ୍ତି। ଏହି ସ୍ପର୍ଶ ମାଧ୍ୟମରେ ଗାଈ ଓ ବାଛୁରୀ ମଧ୍ୟରେ ବନ୍ଧନ ଗଭୀର ହୁଏ। ପରୀକ୍ଷା ଦେଖାଯାଇଛି ଯେ ବାଛୁରୀକୁ ଗାଈଠାରୁ ଦୂରେଇ ନେଇ ଚାଟିବା କାର୍ଯ୍ୟକୁ ବାଧା ଦିଆଗଲେ ପରବର୍ତ୍ତୀ ପର୍ଯ୍ୟାୟରେ ଗାଈ ଓ ବାଛୁରୀ ମଧ୍ୟରେ ଅନ୍ତରଙ୍ଗ ସମ୍ପର୍କ ଗଠିତ ହୋଇ ନଥାଏ। ମୋଟ ଉପରେ ମାତୃସୁଲଭ ସ୍ପର୍ଶ ଶିଶୁ ପାଇଁ ନିତାନ୍ତ ଆବଶ୍ୟକ। ଏହି ସ୍ପର୍ଶ ମା' ଶିଶୁର ସମ୍ପର୍କକୁ ଅନ୍ତରଙ୍ଗ କରେ। କେବଳ ସେତିକି ନୁହେଁ, ଏପରି ସ୍ପର୍ଶ ପାଇଥିବା ଶିଶୁମାନଙ୍କର ସୁରକ୍ଷାର ମନୋଭାବ ଗଭୀର ହୁଏ। ବଡ଼ ହେଲାପରେ ସେମାନେ ଚିଡ଼ିଚିଡ଼ି ପ୍ରକୃତିର କିଶୋର କିଶୋରୀ କିମ୍ବା ତରୁଣ ତରୁଣୀ ନ ହୋଇ ଶ୍ରଦ୍ଧାଶୀଳ ବ୍ୟକ୍ତିତ୍ୱର ଅଧିକାରୀ ହୁଅନ୍ତି।

ବାଲ୍ୟକାଳୀନ ସ୍ପର୍ଶ ଓ ସଂସର୍ଗ ଆମର ଭବିଷ୍ୟତର ସାମାଜିକ ଜୀବନର କମନୀୟତାକୁ ଯେପରି ରୂପ ଦିଏ, ସଂସର୍ଗର ଅଭାବ କେତେକ କୁପରିଣତ ସୃଷ୍ଟିକରେ । ଉଚ୍ଚ ରକ୍ତଚାପ, ମେଦ ବହୁଳତା ଏବଂ ଚଳପ୍ରଚଳ ନ ହେବାର କୁଅଭ୍ୟାସ ଯେପରି

ସ୍ୱାସ୍ଥ୍ୟ ପକ୍ଷେ କ୍ଷତିକାରକ, ସେହିପରି ନିଃସଙ୍ଗ ଜୀବନ ମଧ୍ୟ କ୍ଷତିକାରକ। ଏକାକୀ ଜୀବନଯାପନ କରୁଥିବା ଲୋକମାନେ କେତେକ କୁପରିଣତାର ଶିକାର ହୁଅନ୍ତି।

ଅନ୍ୟ ପକ୍ଷରେ ସଙ୍ଗସୁଖ ଓ ସାମାଜିକ ସମ୍ପର୍କ ଆମର ଜୀବନକୁ କିପରି ଶ୍ରୀମୟ କରେ ତାହାର ଅନୁଭବ ଅଳ୍ପବହୁତେ ସମସ୍ତଙ୍କର ରହିଛି। କେତେକ ଗବେଷଣାରେ ଦେଖାଯାଇଚି ଯେ ପ୍ରତିଭାଗୀମାନେ କିଛି ସମୟ କ୍ଷୀଣ ବିଦ୍ୟୁତ୍ ଆଘାତ ବା ସେହିପରି କିଛି ଯନ୍ତ୍ରଣାଦାୟକ ଉଦ୍ଦୀପକର ଶରବ୍ୟ ହେବାର ସମ୍ଭାବନା ଥିଲେ ସେମାନେ ଏକୁଟିଆ ନ ରହି ଅନ୍ୟମାନଙ୍କ ମେଳରେ ରହିବାକୁ ପସନ୍ଦ କରନ୍ତି। ଆମର ପ୍ରାକୃତିକ ଦୁର୍ବିପାକର (ବନ୍ୟା, ବାତ୍ୟା ଭୂମିକମ୍ପ ଇତ୍ୟାଦି) ଆଶଙ୍କା ଥିଲେ ଆମ୍ଭେମାନେ ପରସ୍ପର ପାଖକୁ ଘୁଞ୍ଚିଆସୁ । ଦଳରେ ରହି ଜୀବନ ଯାପନ କରିବାକୁ ପସନ୍ଦ କରୁ। ଏକାକୀ ଭୟର ସମ୍ମୁଖୀନ ହେବା ପରିବର୍ତ୍ତେ ସମଷ୍ଟିଗତ ଭାବେ ଆହ୍ୱାନକୁ ଗ୍ରହଣ କରିବାକୁ ପସନ୍ଦ କରିଥାଉ। ବର୍ତ୍ତମାନ ମୋବାଇଲ୍-ପ୍ରେରିତ ଯୁଗରେ ମୋବାଇଲ୍ ଫୋନ୍‌ରୁ ବ୍ୟବହାରଜନିତ କେତେକ ସମସ୍ୟା ଥିଲେ ମଧ୍ୟ ଅନ୍ୟମାନଙ୍କ ସହି ସମ୍ପୃକ୍ତ ହେବାର ସମ୍ଭାବନା କେତେ ବଢ଼ିଛି, ତାହା ସହଜରେ ଅନୁମେୟ। ଫେସ୍‌ବୁକ୍ ପରି ସାମାଜିକ ନେଟ୍‌ୱାର୍କର ବଳୟରେ ଅନ୍ତର୍ଭୁକ୍ତ ହୋଇଥିବା ନରନାରୀଙ୍କ ସଂଖ୍ୟା ସମ୍ଭବତଃ ବିଶ୍ୱର ଯେ କୌଣସି ଦେଶର ଜନସଂଖ୍ୟାଠାରୁ ଅଧିକ। ଏହି ନବଗଠିତ ସାମାଜିକ ଯୋଗସୂତ୍ର ପ୍ରଚ୍ଛନ୍ନ ସାମାଜିକତାର ଏକ ନବରୂପ ନୁହେଁ କି ?

■

ସମ୍ପ୍ରୀତିର ସୂଚକ

ପ୍ରତିଦିନ ଘରୁ ବାହାରିବା ମାତ୍ରେ ଆମର ବହୁ ଲୋକଙ୍କ ସହିତ ସାକ୍ଷାତ ହୁଏ । ମନ୍ଦିରରେ, ସ୍କୁଲ କଲେଜରେ, ରାସ୍ତାଘାଟରେ, ଦୋକାନବଜାରରେ ଏବଂ ଫୋନ୍ ମାଧ୍ୟମରେ ବହୁ ଲୋକଙ୍କ ସହିତ ସଂଯୋଗ ଘଟେ । କର୍ମ ସଂସ୍ଥାରେ ବହୁ କର୍ମଚାରୀଙ୍କ ସହିତ ଆଳାପ ହୁଏ । ଦୈନନ୍ଦିନ ଜୀବନର ପରିଚାଳନା ପାଇଁ ଏସବୁ ସାକ୍ଷାତ ଏସବୁ ସଂଯୋଗ ଆବଶ୍ୟକ । ଆମ ଜୀବନରେ ଏପରି ଯୋଗାଯୋଗର ଆବଶ୍ୟକତା ଥିଲେ ମଧ୍ୟ ଆଉ ଏକ ସ୍ତରରେ ମାମୁଲି ସମ୍ପର୍କର ପରିଧି ଅତିକ୍ରମ କରି ସଂପ୍ରୀତି ଗଭୀର ହୁଏ । ଅନ୍ତରଙ୍ଗ ବନ୍ଧୁ, ରୋମାଣ୍ଟିକ୍ ପାର୍ଟନର ଏବଂ ପତିପତ୍ନୀଙ୍କ ମଧ୍ୟରେ ଗଢ଼ି ଉଠୁଥିବା ନିବିଡ଼ ସଂପ୍ରୀତି ମାନସିକ ସ୍ୱାସ୍ଥ୍ୟକୁ ବିଶେଷଭାବେ ପ୍ରଭାବିତ କରେ ।

ବିଭିନ୍ନ ଉପାୟରେ ମାମୁଲି ପରିଚିତିଠାରୁ ନିବିଡ଼ ସମ୍ପର୍କକୁ ପୃଥକ କରାଯାଇପାରେ । ଦୈନନ୍ଦିନ ପରିଭାଷାରେ ଅନେକ ଲୋକ ନିବିଡ଼ ବା ଅନ୍ତରଙ୍ଗ ସମ୍ପର୍କ କ୍ଷେତ୍ରରେ କେବଳ ଯୌନ ଆକର୍ଷଣକୁ ବୁଝିଥାନ୍ତି । ମାତ୍ର ଏହା ଠିକ୍ ନୁହେଁ । ଅନ୍ତରଙ୍ଗ ସମ୍ପର୍କରେ ପାରସ୍ପରିକ ବୁଝାମଣା, ଗମ୍ଭୀର ସମ୍ପର୍କ ଏବଂ ନିବିଡ଼ ଏକାତ୍ମକତା ରହିଥାଏ । ଅନ୍ତରଙ୍ଗ ଶବ୍ଦଟି ପ୍ରେମିକ ପ୍ରେମିକା କ୍ଷେତ୍ରରେ ଯେପରି ପ୍ରଯୁଜ୍ୟ, ଗଭର ବନ୍ଧୁତ୍ୱ କ୍ଷେତ୍ରରେ ମଧ୍ୟ ସେପରି ପ୍ରଯୁଜ୍ୟ । ତେବେ ବିଜ୍ଞାନସମ୍ମତ ଦୃଷ୍ଟିକୋଣରୁ ବିଚାର କଲେ ଗଭୀର ସଂପ୍ରତିର ଛ'ଟି ସୂଚକ ଚିହ୍ନିତ କରାଯାଇପାରେ ।

ନିବିଡ଼ ସମ୍ପର୍କର ପ୍ରଥମ ସୂଚକ ହେଉଛି ପରସ୍ପର ବିଷୟରେ ଜ୍ଞାନ । ସଂପ୍ରୀତି କ୍ଷେତ୍ରରେ ଆମେ ଯେଉଁ ବ୍ୟକ୍ତିର ଯେତେ ନିକଟବର୍ତ୍ତୀ ଆମେ ସେ ବ୍ୟକ୍ତି ବିଷୟରେ ସେତେ ବେଶୀ କଥା ଜାଣିଥାଉ । ଆମର ଭଲ ପାଇବା ଆମର ଆତ୍ମ-ଅଭିବ୍ୟକ୍ତିକୁ **(Self-Dsclosure)** ତ୍ୱରାନ୍ୱିତ କରେ । ଆମର ପ୍ରିୟ ଲୋକ ପାଖରେ ନିଜକୁ ଖୋଲି ଦେବାର ପ୍ରବଣତା ଜନ୍ମେ । ଆମର ଅଳ୍ପ-ପରିଚିତ ଲୋକ ପାଖରେ ଆମେ ନିଜ

ବିଷୟରେ ଅଳ୍ପ କଥା କହିଥାଉ। ମାତ୍ର ଅଧିକରୁ ଅଧିକ ପରିଚିତ ହେବା ପରେ ନିଜର ଗୋପନୀୟ କଥା ମଧ୍ୟ ପ୍ରକାଶ କରୁ।

ଆମେ ପ୍ରିୟଜନ ପାଖରେ ନିଜ ବିଷୟରେ ଅଧିକ କହିବା ଫଳରେ ଶ୍ରୋତା ମଧ୍ୟ ଅନୁରୂପ ପ୍ରବଣତା ଅନୁଭବ କରନ୍ତି। ସେ ଆମର ପାଖେଇ ଆସନ୍ତି ଏବଂ ନିଜ ବିଷୟରେ ଅଧିକରୁ ଅଧିକ କଥା କହନ୍ତି। ଆତ୍ମ-ଅଭିବ୍ୟକ୍ତି ଏକ ପ୍ରକାର ବୃତ୍ତାୟିତ ମାନସିକତା ଗଠନ କରେ। ଆପଣ ନିଜର ପ୍ରିୟଜନର କଥା ଚିନ୍ତା କରିପାରନ୍ତି। ଆପଣ ହୁଏତ ପ୍ରଥମ ସାକ୍ଷାତ ସମୟରେ ତାଙ୍କୁ କେବଳ ନିଜର ନାମ ଗ୍ରାମ କହିଥିବେ। ତାଙ୍କର ନାମ ଗ୍ରାମ ପଚାରିଥିବେ। ମାତ୍ର ସମ୍ପର୍କ ଧୀରେ ଧୀରେ ଗଭୀର ହେବାରୁ ପ୍ରଶ୍ନସବୁର ପରିସୀମା ମଧ୍ୟ ବିସ୍ତୃତ ହେବାକୁ ଲାଗେ। ଦୁହେଁ ପରସ୍ପରକୁ ବ୍ୟକ୍ତିଗତ କଥା ଜିଜ୍ଞାସା କରିବାକୁ ଦ୍ୱନ୍ଦ୍ୱ ଅନୁଭବ କରି ନଥାନ୍ତି।

ଆମେ ନିଜକୁ ଯେପରି ଜାଣୁ ଆମର ପ୍ରିୟଜନ ମୋଟାମୋଟି ଭାବରେ ଆମକୁ ସେପରି ଜାଣନ୍ତି। ସେଥିପାଇଁ ଦୁଇବନ୍ଧୁ କିମ୍ବା ପ୍ରେମିକ ପ୍ରେମିକା, କିମ୍ବା ପତିପତ୍ନୀଙ୍କ ସମ୍ପର୍କର ଗଭୀରତା ଆକଳନ ପାଇଁ ଜଣଙ୍କୁ ଅନ୍ୟ ଜଣର ପ୍ରିୟ ଖାଦ୍ୟ, ପସନ୍ଦର ପୋଷାକ, ରୁଚିର ଖେଳ ଇତ୍ୟାଦି ସମ୍ପର୍କରେ ପ୍ରଶ୍ନ ପଚରା ଯାଇଥାଏ। ସେ କ'ଣ ଖାଇବାକୁ ବେଶୀ ଭଲ ପାଆନ୍ତି ? କେଉଁପରି ପୋଷାକ ତାଙ୍କୁ ଭଲ ଲାଗେ ? ସେ ଅବସର ସମୟ କିପରି କଟାନ୍ତି ? କେଉଁପରି ସ୍ଥାନ ସବୁକୁ ବୁଲିଯିବାକୁ ଭଲ ପାଆନ୍ତି ? କେଉଁ ପ୍ରକାର ବହି ପଢ଼ିବାକୁ ଭଲ ପାଆନ୍ତି ? ଦୁହିଁଙ୍କର ଉତ୍ତରର ମେଳ ଦେଖି ଅନ୍ତରଙ୍ଗତାର ଆକଳନ କରାଯାଇପାରେ।

ଅବଶ୍ୟ ସମ୍ପର୍କର ଗଭୀରତା ଦୃଢ଼ ପ୍ରତିଷ୍ଠିତ ହେବା ପରେ ଜଣଙ୍କର ଅଭିବ୍ୟକ୍ତି ସମପରିମାଣରେ ଅଭିବ୍ୟକ୍ତି (Disclosure) ସୃଷ୍ଟି ନ କରିପାରେ। ଧରାଯାଉ ପତି କିମ୍ବା ପତ୍ନୀ ନିଜର କର୍ମସଂସ୍ଥାରେ ଏକ ଅପ୍ରୀତିକର ଘଟଣାର ଶରବ୍ୟ ହୋଇ ଘରକୁ ଫେରିଛନ୍ତି । ଏପରି ସ୍ଥଳେ ସେ ନିଜର ମନର ବୋଝକୁ ହାଲୁକା କରିବା ପାଇଁ ପତି କିମ୍ବା ପତ୍ନୀଙ୍କ ପାଖରେ ଅନେକ କଥା କହିଯିବେ। ପ୍ରିୟଜନ କେବଳ ଶୁଣିବେ, ସେହି ମୁହୂର୍ତ୍ତରେ କହିବା ବା ପ୍ରତ୍ୟୁତ୍ତର ଦେବାର ଆବଶ୍ୟକତା ନାହିଁ। ଏଠାରେ କେବଳ ସମ୍ବେଦନଶୀଳ ଶ୍ରବଣ ହିଁ ସଂପ୍ରୀତିକୁ ଗଭୀର କରିବ।

ସଂପ୍ରୀତିର ଦ୍ୱିତୀୟ ସୂଚକ ହେଉଛି ପାରସ୍ପରିକ ବିଶ୍ୱାସ (Trust)। ବିଶ୍ୱାସ କରିବାର ଅର୍ଥ ହେଉଛି ଯେ ଆମର ପ୍ରିୟଜନ ଆମର ବକ୍ତବ୍ୟକୁ ଗୋପନୀୟ ରଖିବେ ଏବଂ ଆମର କ୍ଷତି କଲାଭଳି କୌଣସି କାର୍ଯ୍ୟ କରିବେ ନାହିଁ। ଅନେକ ସମୟରେ ଆମେ କେତେକ ବ୍ୟକ୍ତିଗତ ଓ ଗୋପନୀୟ କଥା ପ୍ରକାଶ କରିବା ସମୟରେ ନିଜ

ପ୍ରତି ବିପଦର ମାତ୍ରା ବୃଦ୍ଧି କରିଥାଉ । କିନ୍ତୁ ହୃଦୟରେ ବିଶ୍ୱାସ ରଖି ଏ କଥା ପ୍ରକାଶ କରୁ ଯେ ଆମର ପ୍ରିୟଜନ ଏହାର ଅପବ୍ୟବହାର କରିବେ ନାହିଁ ।

ବିଶ୍ୱାସର ପ୍ରତାରଣା ସମ୍ପର୍କର ଅନ୍ତରାୟ । ଅନ୍ୟ ପକ୍ଷରେ ବିଶ୍ୱାସ ଯେତେ ବେଶୀ ଘନୀଭୂତ ହୁଏ, ନିଜକୁ ମୁକ୍ତ ଭାବରେ ପ୍ରକାଶ କରିବାର ମାନସିକତା ସେତେ ବେଶୀ ବୃଦ୍ଧିପାଏ । ଆମେ ବିଶ୍ୱାସ କରୁ ନ ଥିବା ବ୍ୟକ୍ତି ପାଖରେ କମ୍ କଥା କହିଥାଉ ।

ଅନ୍ତରଙ୍ଗତାର ତୃତୀୟ ସୂଚକଟି ହେଉଛି ଯତ୍ନ ଓ ଧ୍ୟାନଶୀଳତା । ଆମେ ଆମର ପ୍ରିୟଜନର ଭାବ ଓ ଆବେଗ ପ୍ରତି ଅଧିକ ଧ୍ୟାନଶୀଳ ହୋଇଥାଉ ଏବଂ ତାଙ୍କର ଯତ୍ନ ନେଇଥାଉ । ମାମୁଲି ପରିଚୟ କ୍ଷେତ୍ରରେ ଆମେ ହୁଏତ ପଚାରୁ – 'କେମିତି ଅଛନ୍ତି ?' ସେ ହୁଏତ କୁହନ୍ତି – 'ଭଲ ଅଛି' କିମ୍ବା 'ମୋଟାମୋଟି ଭଲ' । ଏପରି ପ୍ରଶ୍ନୋତ୍ତରର ବଳୟ ମଧ୍ୟରେ ଯୋଗାଯୋଗ ସୀମାବଦ୍ଧ ରୁହେ । ମାତ୍ର ଅନ୍ତରଙ୍ଗତା ରହିଥିଲେ ଏହିଠାରେ ଯୋଗାଯୋଗ ସରିଯାଏ ନାହିଁ । ଆମେ ଜାଣିବାକୁ ଇଚ୍ଛାକରୁ ପ୍ରକୃତରେ ସେ କେମିତି ଅଛନ୍ତି ? ସାମାନ୍ୟତମ ଅସୁବିଧା ଥିଲେ ମଧ୍ୟ ଅସୁବିଧାର କାରଣ ଜିଜ୍ଞାସା କରୁ । ଆମେ କ'ଣ ପାରିବୁ ତାହା ପ୍ରଶ୍ନ କରୁ । ଛୋଟ ଛୋଟ ତ୍ୟାଗ ଏପରିକି ବଡ଼ ଧରଣର ତ୍ୟାଗ ପାଇଁ ଆମର ମାନସିକ ପ୍ରସ୍ତୁତି ରହିଥାଏ ।

କେବଳ ଅଭିନନ୍ଦନର ବାର୍ତ୍ତା ମଧ୍ୟରେ ଯତ୍ନଶୀଳତା ସୀମିତ ନୁହେଁ । ଜନ୍ମ ଦିନରେ ପ୍ରୀତି ଉପହାର ଦେବାର ପରମ୍ପରା ମଧ୍ୟରେ ଏହା ଯେପରି ପ୍ରତିଫଳିତ, ରୋଗ ଓ ଦୁର୍ଦ୍ଦିନ ସମୟରେ ସେବା କ୍ଷେତ୍ରରେ କାର୍ଯ୍ୟ ମଧ୍ୟରେ ଏହା ଅଧିକ ପ୍ରତିବିମ୍ବିତ । ଏକାଠି ମିଳିମିଶି ଉତ୍ସବ ସବୁର ଆୟୋଜନ କରିବା, ନିୟମିତ ଭାବରେ ପରସ୍ପରର ଭଲମନ୍ଦ ବୁଝିବା ଏବଂ ଦୁର୍ଦ୍ଦିନ ସମୟରେ ପାଖରେ ଠିଆ ହେବାର ମନୋବୃତ୍ତି ଏହି ମାନସିକତାର ସୂଚକ ।

ସଂପ୍ରୀତିର ଚତୁର୍ଥ ସୂଚକଟି ହେଉଛି ପାରସ୍ପରିକ ସମ୍ପୃକ୍ତି ବା ପରସ୍ପର ଉପରେ ନିର୍ଭରଶୀଳତା । ଅନ୍ତରଙ୍ଗତା ବୃଦ୍ଧି ପାଇବା ପରେ ଦୁହିଁଙ୍କର ଜୀବନ ଏକାଠି ଯୋଡ଼ି ହୋଇଯାଏ । ଜଣକର କଥା, ଭାବନା ଓ କାର୍ଯ୍ୟ ଅନ୍ୟର କଥା ଭାବନା ଓ କାର୍ଯ୍ୟକୁ ପ୍ରଭାବିତ କରେ । ନିଷ୍ପତ୍ତି ଗ୍ରହଣ ସମୟରେ ସେମାନେ ପରସ୍ପରର ପରାମର୍ଶ ଲୋଡ଼ନ୍ତି । ଘରେ କମ୍ପ୍ୟୁଟରଟି ଖରାପ ହୋଇଗଲେ ହୁଏତ ବାହାରର ବିଶେଷଜ୍ଞଙ୍କ ପରାମର୍ଶ ଲୋଡ଼ା ହୋଇଥାଏ । ମାତ୍ର ଦୈନନ୍ଦିନ ଜୀବନରେ ଦୁହେଁ ଏକତ୍ର ମିଳିମିଶି ଆଲୋଚନା କରି ନିଷ୍ପତ୍ତି ନିଅନ୍ତି ।

ବିଶେଷତଃ ଭାବ ଓ ଆବେଗକୁ ପ୍ରଭାବିତ କରୁଥିବା ସମସ୍ୟା ଉପୁଜିଲେ ଦୁହେଁ ଏକଜୁଟ୍ ହୋଇ ଆଲୋଚନା କରନ୍ତି । ଉଦାହରଣ ସ୍ୱରୂପ, ପିଲାମାନଙ୍କୁ କିପରି

ସ୍କୁଲ୍ କଲେଜରେ ଭର୍ତ୍ତି କରାଯିବ, ସେମାନଙ୍କର ଭଲ ସ୍ୱାସ୍ଥ୍ୟ ପାଇଁ କିପରି ବ୍ୟବସ୍ଥା କରାଯିବ ଏବଂ ପିଲାମାନଙ୍କର ମନୋରଞ୍ଜନ ପାଇଁ କ'ଣ କରାଯିବ - ଏପରି ସବୁ ନିଷ୍ପତ୍ତି ପିତାମାତା ଏକତ୍ର ନିଅନ୍ତି। ଏପରି ବିଚାରଶୈଳୀ ସେମାନଙ୍କର ଅନ୍ତରଙ୍ଗତାର ସୂଚନା ଦେଇଥାଏ।

ଗଭୀର ସମ୍ପର୍କର ଅନ୍ୟତମ (ପଞ୍ଚମ) ସୂଚକ ହେଉଚି ଏକାତ୍ମକତା। ଅନ୍ତରଙ୍ଗତାର ବନ୍ଧନରେ ବାନ୍ଧି ହୋଇଥିବା ଦୁଇଜଣ ବ୍ୟକ୍ତିଙ୍କର କଥନ ଶୈଳୀକୁ ଲକ୍ଷ୍ୟ କଲେ ଦେଖାଯିବ ଯେ ସେମାନେ ଧୀରେ ଧୀରେ 'ମୁଁ' ଶବ୍ଦଟି ପରିହାର କରି 'ଆମେ' ଶବ୍ଦଟି ଅଧିକରୁ ଅଧିକ ବ୍ୟବହାର କରୁଛନ୍ତି। ଆମେ ବୁଲି ଯାଇଥିଲୁ, ଆମେ ଏପରି ଠିକ୍ କରିଛୁ। ଆମେ ଭାବୁଛୁ ଯେ ଏପରି କଲେ ଠିକ୍ ହେବ। ଅନ୍ତରଙ୍ଗତା ଥିବା ବ୍ୟକ୍ତି ଦୁଇଜଣ ପ୍ରାୟତଃ ଏପରି ବହୁବଚନ (ଆମେ, ଆମକୁ, ଆମର) ଶବ୍ଦାବଳୀ ବ୍ୟବହାର କରନ୍ତି।

ଭାବ ଓ ଆବେଗ ସ୍ତରରେ ସେମାନେ ଯେ ପରସ୍ପରର ଖୁବ୍ ନିକଟବର୍ତ୍ତୀ ଏହା ଏହି 'ଆମେ' ଶବ୍ଦରେ ପ୍ରତିଫଳିତ; ଭିନ୍ନ ଭିନ୍ନ ଦୁଇଟି ସ୍ଥିତି କ୍ରମଶଃ ଏକୀଭୂତ ହୋଇଛି ଏହା ତାହାର ସୂଚନା। ଏପରି ଏକାତ୍ମକତା ନିବିଡ଼ ସମ୍ପର୍କର ଦୃଢ଼ ପ୍ରମାଣ।

ଗଭୀର ସମ୍ପର୍କର ଶେଷ ଓ ସର୍ବଶ୍ରେଷ୍ଠ ସୂଚକ ହଉଛି ଅଙ୍ଗୀକାରବଦ୍ଧତା ବା ପ୍ରତିଶ୍ରୁତିବଦ୍ଧତା। ସମସ୍ତ ବାଧା ବିଘ୍ନ ସତ୍ତ୍ୱେ ଦୀର୍ଘ ସମୟ ପାଇଁ ସମ୍ପର୍କକୁ ଅତୁଟ ଓ ଦୃଢ଼ ରଖିବାର ସଂକଳ୍ପ ଏକ ବିଶେଷ ଧରଣର ସୂଚକ। ନିଜର କଥା ଅନୁଯାୟୀ କାର୍ଯ୍ୟକରିବା, ସମ୍ପର୍କ ରକ୍ଷା ଦିଗରେ ଯତ୍ନଶୀଳ ହେବା ଏବଂ ଦ୍ୱନ୍ଦ୍ୱର ସମ୍ମୁଖୀନ ହେଲେ ପାରସ୍ପରିକ ଆଲୋଚନା ମାଧ୍ୟମରେ ସଂଘର୍ଷ ଦୂର କରି ସମ୍ପର୍କକୁ ବଳବତ୍ତର ରଖିବା ଏହି ମାନସିକତାର ପରିଚୟ ।

ଏପରି ମାନସିକତାକୁ ସୁବିଧାବାଦୀ ସମ୍ପର୍କଠାରୁ ସହଜରେ ପୃଥକ୍ କରାଯାଇପାରେ । ଅନେକ ସମୟରେ କେତେକ ଲୋକ ନିଜର ଲାଭ ଓ ସୁବିଧା ପାଇଁ ସମ୍ପର୍କ ଗଠନ କରନ୍ତି । ଅଳ୍ପ ପରିମାଣର ବାଧା ଉପୁଜିଲେ ସମ୍ପର୍କଠାରୁ ଦୂରେଇ ଯାଆନ୍ତି। ଏପରି ସୁବିଧାବାଦୀ ସମ୍ପର୍କ ଅନ୍ତରଙ୍ଗତାର ବିପରୀତ ପାର୍ଶ୍ୱରେ ରହିଥାଏ।

ଅଙ୍ଗୀକାରବଦ୍ଧତାର ପ୍ରକୃତ ତାତ୍ପର୍ଯ୍ୟ ହେଉଛି ଦୀର୍ଘତର ସମୟ ପାଇଁ ଗଭୀର ସମ୍ପର୍କ ପ୍ରତିଷ୍ଠାର ମନୋଭାବ ଏବଂ ଏ ଦିଗରେ ବ୍ୟକ୍ତିଗତ ସ୍ୱାର୍ଥତ୍ୟାଗ ପାଇଁ ମାନସିକ ପ୍ରସ୍ତୁତି ପ୍ରିୟଜନଙ୍କୁ ଖୁସି ଦେଇ ନିଜେ ଦୁଃଖ କଷ୍ଟ ବରଣ କରିବାର ମାନସିକତା ଏଥିରେ ରହିଥାଏ ।

ପରିଶେଷରେ କୁହାଯିବ ଯେ ନିବିଡ଼ ସମ୍ପର୍କ ପାଇଁ ଛ'ଟି ସମ୍ବଳର ଭୂମିକା

ରହିଛି । ପ୍ରିୟଜନ ସମ୍ପର୍କରେ ଜ୍ଞାନ, ବିଶ୍ୱାସ, ଯତ୍ନଶୀଳତା, ସମ୍ପୃକ୍ତି, ଏକାତ୍ମକତା ଏବଂ ପ୍ରତିଶ୍ରୁତିବଦ୍ଧତାର ସମାରୋହ ସମ୍ପର୍କକୁ ଗଭୀର ଓ ବଳବତ୍ତର କରିଥାଏ। କେବଳ କେତୋଟି ଉପାଦାନର ବହୁଳତା ସତ୍ତ୍ୱେ ଅନ୍ୟଗୁଡ଼ିକର ଅନୁପସ୍ଥିତି ସମ୍ପର୍କକୁ ଦୁର୍ବଳ ରଖେ। ଆଲୋଚିତ ଛ'ଟି ଉପାଦାନର ମାତ୍ରା ହିଁ ସମ୍ପର୍କକୁ ବନ୍ଧୁର ପର୍ଯ୍ୟାୟ, ଭଲ ବନ୍ଧୁର ପର୍ଯ୍ୟାୟ ଏବଂ ଆଦର୍ଶ ବନ୍ଧୁର ପର୍ଯ୍ୟାୟକୁ ନେଇଥାଏ। କହିବା ଅନାବଶ୍ୟକ ଯେ ଆଦର୍ଶ ବନ୍ଧୁତ୍ୱରେ (ପ୍ରକାରାନ୍ତରେ ଆଦର୍ଶ ପତିପତ୍ନୀ କିମ୍ବା ପ୍ରେମିକ ପ୍ରେମିକା) ଛ'ଟି ଉପାଦାନ ପର୍ଯ୍ୟାପ୍ତ ପରିମାଣରେ ଥାଏ ।

ନିବିଡ଼ ସମ୍ପର୍କର ବୈଶିଷ୍ଟ୍ୟ

ଜ୍ଞାନ : ପାରସ୍ପରିକ ଅଭିବ୍ୟକ୍ତି (Self-Disclosure) ବଳରେ ପ୍ରିୟଜନ ସମ୍ପର୍କରେ ଜ୍ଞାନ ବା ବୁଝାମଣା ପର୍ଯ୍ୟାପ୍ତ ପରିମାଣରେ ରହିଥାଏ।

ବିଶ୍ୱାସ : ସମ୍ପର୍କର ବଳୟ ମଧ୍ୟରେ ଥିବା ବ୍ୟକ୍ତି ବିଶ୍ୱାସ ରଖନ୍ତି ଯେ ଅନ୍ୟ ଜଣେ କ୍ଷତି କରିବ ନାହିଁ ଏବଂ ଗୋପନୀୟ କଥା ଗୁପ୍ତ ରଖିବ।

ଯତ୍ନଶୀଳତା : ଅନ୍ୟର ମଙ୍ଗଳ ଲାଗି ତତ୍ପରତା ଏବଂ ସମ୍ପର୍କକୁ ଅତୁଟ ରଖିବାର ଧ୍ୟାନଶୀଳତା ।

ସମ୍ପୃକ୍ତି : ଦୁଇଟି ଜୀବନ ଅଧିକରୁ ଅଧିକ ସମ୍ବନ୍ଧିତ ହୋଇଉଠେ, ଜଣଙ୍କର ପ୍ରଭାବ ଅନ୍ୟ ଉପରେ କ୍ରମଶଃ ବୃଦ୍ଧିପାଏ।

ଏକାତ୍ମକତା : 'ମୁଁ' ବଦଳରେ 'ଆମେ' ଶବ୍ଦଟି ଅଧିକରୁ ଅଧିକ ବ୍ୟବହୃତ ହୁଏ।

ଅଙ୍ଗୀକାରବଦ୍ଧତା (ପ୍ରତିଶ୍ରୁତିବଦ୍ଧତା) : ସମସ୍ତ ବାଧାବିଘ୍ନ ସତ୍ତ୍ୱେ, ଗଠିତ ହୋଇଥିବା ସମ୍ପର୍କକୁ ଦୀର୍ଘକାଳ ଅତୁଟ ଓ ଶକ୍ତିଶାଳୀ ରଖିବାର ମାନସିକ ପ୍ରସ୍ତୁତି ଓ ପ୍ରଯତ୍ନ।

ସଂପ୍ରୀତିର ସୋପାନ

ସଂପ୍ରୀତିର ସାମର୍ଥ୍ୟ ସମଗ୍ର ମାନବ ସମାଜର କେନ୍ଦ୍ରବିନ୍ଦୁ। ସଂପ୍ରୀତିର ବିବିଧ ପରିପ୍ରକାଶ ରହିଛି। ପିତାମାତା ସନ୍ତାନସନ୍ତତି ପ୍ରତି ଗଭୀର ସ୍ନେହଶ୍ରଦ୍ଧା ପ୍ରକାଶ କରନ୍ତି। ପୁତ୍ରକନ୍ୟା ମଧ୍ୟ ପିତାମାତାଙ୍କ ନିଜର ଆନୁଗତ୍ୟ ପ୍ରଦର୍ଶନ କରନ୍ତି। ପତିପତ୍ନୀ ମଧ୍ୟରେ ଏକ ଭିନ୍ନ ଧରଣର ସଂପ୍ରୀତି ପ୍ରକାଶ ପାଏ। ପୁଣି ବନ୍ଧୁବର୍ଗ ମଧ୍ୟରେ ଏବଂ ଭାଇଭଉଣୀ ମଧ୍ୟରେ ବି ସ୍ନେହଶ୍ରଦ୍ଧା ପ୍ରକଟିତ ହୁଏ। ସ୍ଥଳ ବିଶେଷରେ ରୋମାଣ୍ଟିକ ପ୍ରେମକୁ ଏକ ବିଶେଷ ଧରଣର ସ୍ୱାତନ୍ତ୍ୟ ଦିଆଯାଇଛି। ମୁଖ୍ୟତଃ ପ୍ରେମ ବା ସଂପ୍ରୀତି ମଣିଷକୁ ଭୌତିକ ସ୍ତରରେ ଓ ଭାବଗତ ସ୍ତରରେ ପରସ୍ପରର ନିକଟବର୍ତ୍ତୀ କରିଥାଏ । ମନୁଷ୍ୟ ପ୍ରୀତିର ଅନୁଭବ ପାଇଲେ ନିଜ ବିଷୟରେ ଏବଂ ବିଶ୍ୱ ସମ୍ପର୍କରେ ଭାବନାର ପରିସର ପରିବ୍ୟାପ୍ତ ହୁଏ ।

ଆଧୁନିକ କାଳରେ ଗ୍ରୀକ୍ ସାହିତ୍ୟରେ ପ୍ରେମ ବା ସଂପ୍ରୀତିର କଥା କୁହାଯିବା ସମୟରେ ଚାରୋଟି ଉପାଦାନ ପ୍ରତି ସୂଚନା ଦିଆଯାଉଥିଲା। ପ୍ରଥମତଃ ସଂପ୍ରୀତି ଏକ ବିଶେଷ ଧରଣର ଆବେଗ (Emotion)। ସୌନ୍ଦର୍ଯ୍ୟର ଅନ୍ୱେଷଣ ଏହା ସହିତ ସଂଶ୍ଳିଷ୍ଟ । ଦ୍ୱିତୀୟତଃ ଏଥିରେ ସ୍ନେହଶ୍ରଦ୍ଧା ଓ ବନ୍ଧୁତ୍ୱ ରହିଛି। ତୃତୀୟତଃ ଯେଉଁଠାରେ ସଂପ୍ରୀତି ରହିଛି ସେଠାରେ ପାରସ୍ପରିକ ଆନୁଗତ୍ୟ ଓ ଆଜ୍ଞାଧୀନତା ରହିଛି । ପରିଶେଷରେ ଗ୍ରୀକ୍‌ମାନେ ବିଶ୍ୱାସ କରୁଥିଲେ ଯେ ଈଶ୍ୱର ହିଁ ଆପଣମାନଙ୍କ ମଧ୍ୟରେ ଏହି ବନ୍ଧନର ସୂତ୍ରପାତ କରିଛନ୍ତି।

ଆଧୁନିକ ଯୁଗରେ ବ୍ୟବହାର ବିଜ୍ଞାନୀମାନଙ୍କ ସଂପ୍ରୀତିର ପ୍ରୟୋଗାତ୍ମକ ଦିଗ ଅନୁଶୀଳନ କରିଛନ୍ତି। ବିଶେଷତଃ ରୋମାଣ୍ଟିକ୍ ପ୍ରୀତିର ସ୍ୱରୂପ ନିର୍ଦ୍ଧାରଣ କରିବାର ପ୍ରୟାସ କରିବା ସମୟରେ ଅନ୍ୟ କେତୋଟି ଦିଗ ଆବିଷ୍କୃତ ହୋଇଛି। ବିଭିନ୍ନ ସମାଜ ସଂସ୍କୃତିରେ ରୋମାଣ୍ଟିକ୍ ପ୍ରୀତିର ପରିଭାଷାରେ କିଛିଟା ପାର୍ଥକ୍ୟ ଥିଲେ ମଧ୍ୟ ଜନଜୀବନରେ ଏହାର ପ୍ରାଧାନ୍ୟ ସ୍ୱୀକାର କରାଯାଇଛି। ପ୍ରତ୍ୟେକ ବ୍ୟକ୍ତିର ଯେଉଁ

ସ୍ୱପ୍ରତ୍ୟୟ ରହିଛି, ତାହା ତା' ମଧ୍ୟରେ ଏକ ଧାରଣା ସୃଷ୍ଟିକରେ ଯେ ଅନ୍ୟକୁ ଭଲପାଇବା ଏବଂ ଦୀର୍ଘଦିନ ଧରି ନିଜର ପ୍ରିୟ ବନ୍ଧୁ ବା ବାନ୍ଧବୀ ପ୍ରତି ପ୍ରୀତିଜ୍ଞାପନର ସାମର୍ଥ୍ୟ ରହିଛି। ଏପରି ରୋମାଣ୍ଟିକ୍ ପ୍ରୀତି କେବଳ ଜୀବନ ପାଇଁ ଅତ୍ୟାବଶ୍ୟକ ନୁହେଁ; ଏହା ଆନନ୍ଦାନୁଭୂତି ପାଇଁ ମଧ୍ୟ ନିତାନ୍ତ ପ୍ରୟୋଜନ। ଏପରି ସଂପ୍ରୀତିର ଅନୁପସ୍ଥିତିରେ ଜୀବନ କେବଳ ଘଟଣା ଓ କାର୍ଯ୍ୟକଳାପର କଳା-ଧଳା ଚଳଚ୍ଚିତ୍ରରେ ରୂପନେଇପାରେ ମାତ୍ର ସେଥିରେ ଜୀବନରଙ୍ଗର ଶୋଭା ଓ ବୈଚିତ୍ର୍ୟର ଅନୁଭବ ରହିବ ନାହିଁ। ରୋମାଣ୍ଟିକ ପ୍ରତି ସମ୍ପର୍କରେ ଯେଉଁ ଗଭୀର ଆଗ୍ରହ ପ୍ରକାଶ ପାଇଛି, ତାହାର ଫଳସ୍ୱରୂପ କେତେକ ବୈଜ୍ଞାନିକ ସିଦ୍ଧାନ୍ତ ଆମର ଜ୍ଞାନପରିସର ମଧ୍ୟରେ ପ୍ରବେଶ କରିଛି। ବିଶେଷତଃ ସଂପ୍ରୀତିର ଅଙ୍କୁରଣ ଓ ବିକାଶ ପରିପ୍ରେକ୍ଷୀରେ ସୋପାନଭିତ୍ତିକ ବିଚାର ବେଶ୍ ଆକର୍ଷଣୀୟ। ଏହି ସଂପ୍ରୀତିର ସୋପାନ କ୍ରମରେ ତିନୋଟି ସୋପାନ ସ୍ପଷ୍ଟ ଓ ଆକର୍ଷଣଶୀଳ।

ପ୍ରଥମ ସୋପାନ : ଭାବୋଚ୍ଛ୍ୱାସ ଓ ମୁଖ୍ୟଭାବର ସ୍ତର। ପ୍ରଥମ ସୋପାନରେ ବହୁତ ବ୍ୟକ୍ତିଙ୍କ ମଧ୍ୟରେ ଏକ ଭାବର ନିମଗ୍ନତା ରୂପନିଏ। ଏହାର ଏକ ବାସ୍ତବ ଏବଂ ପ୍ରାମାଣିକ ରୂପରେଖ ହେଉଛି ରୋମାଣ୍ଟିକ ପ୍ରୀତିରେ ଆବଦ୍ଧ ହୋଇଥିବା ବ୍ୟକ୍ତିଦୁଇଜଣ ପରସ୍ପର ମଧ୍ୟରେ ଅଧିକ ଆଗ୍ରହ ପ୍ରକାଶ କରନ୍ତି। ଜଣେ ବ୍ୟକ୍ତି ଅନ୍ୟର ରୁଚି ଓ ଅଭିରୁଚି ସମ୍ପର୍କରେ ବେଶ୍ ପରିମାଣର ସୂଚନାର ଅଧିକାରୀ ହୁଅନ୍ତି। ତାଙ୍କର ପସନ୍ଦ ଅପସନ୍ଦକୁ କ'ଣ, ସେ ବିଷୟରେ ସ୍ପଷ୍ଟ ଧାରଣା ଜନ୍ମେ। ତାଙ୍କୁ କେଉଁପ୍ରକାର ଖାଦ୍ୟ ଭଲଲାଗେ ଏବଂ କେଉଁସବୁ ଖାଦ୍ୟ ସେ ନାପସନ୍ଦ କରନ୍ତି। ତାହାର ଧାରଣା ଜନ୍ମେ। ସେ କେଉଁ ପ୍ରକାର ପୋଷାକ ଭଲପାଆନ୍ତି, କେଉଁ କେଉଁ ସ୍ଥାନ ଭ୍ରମଣ କରିବାରେ ସୁଖ ଅନୁଭବ କରନ୍ତି ଏବଂ କେଉଁ ପ୍ରକାର ଲୋକମାନଙ୍କ ସହିତ ମିଳାମିଶା କରିବାରେ ସୁଖ ଅନୁଭବ କରନ୍ତି - ଏପରି ଜ୍ଞାନ ସ୍ପଷ୍ଟତର ହୁଏ।

ଏହି ପର୍ଯ୍ୟାୟରେ ଗଭୀର ଆବେଗ ସହିତ ଆଭ୍ୟନ୍ତରୀଣ ଶାରୀରିକ ପରିବର୍ତ୍ତନ ଅନୁଭୂତ ହୁଏ। ବନ୍ଧୁତ୍ୱ ଓ ରୋମାଣ୍ଟିକ୍ ସଂପ୍ରୀତିର ସହାବସ୍ଥାନ ଘଟେ। କଲେଜ ଜୀବନ ଆରମ୍ଭ କରୁଥିବା ତରୁଣ ତରୁଣୀମାନଙ୍କୁ ସେମାନଙ୍କର ପ୍ରିୟତମ ବନ୍ଧୁ ବା ବାନ୍ଧବୀର ନାମ ଉଲ୍ଲେଖ କରିବାକୁ କୁହାଗଲେ ସେମାନେ ମୁଖ୍ୟତଃ ସେମାନଙ୍କ ରୋମାଣ୍ଟିକ୍ ବନ୍ଧୁ ବା ବାନ୍ଧବୀର ନାମ ସୂଚିତ କରନ୍ତି। ଏପରିକି ଚାଳିଶ ବର୍ଷରୁ ଅଧିକ ସମୟ ଧରି ବିବାହିତ ଜୀବନଯାପନ କରୁଥିବା ଲୋକମାନେ ସେମାନଙ୍କ ପାରସ୍ପାରିକ ଆକର୍ଷଣଶୀଳତାର କଥା କୁହନ୍ତି। ଏପରି ଆବଗେପୂର୍ଣ୍ଣ ସଂପ୍ରୀତି ବିବାହିତ ଜୀବନରେ ଏକ ନିର୍ଭରଯୋଗ୍ୟ ନିର୍ଦ୍ଧାରଣ ରୂପେ କାର୍ଯ୍ୟକରେ ।

ଦ୍ୱିତୀୟ ସୋପାନ : ସଂପ୍ରୀତିର ତ୍ରିକୋଣୀୟ ଧାରା

ସଂପ୍ରୀତିର ଦ୍ୱିତୀୟ ସୋପାନରେ ଆବେଗ କେବଳ ଶାରୀରିକ ଆକର୍ଷଣ ମଧ୍ୟରେ ସୀମିତ ନ ହୋଇ ତିନି-ଉପାଦାନ ବିଶିଷ୍ଟ ଏକ ସଂପ୍ରୀତିର ଭୂମି ଗଠିତ ହୁଏ। ଷ୍ଟର୍ଣ୍ଣବର୍ଗ ନାମକ ଜଣେ ମନୋବିଜ୍ଞାନୀ ସଂପ୍ରୀତି ତ୍ରିଭୁଜର ତିନିବାହୁକୁ ଏପରି ଏକ ରୂପରେଖ ଦେଇଛନ୍ତି ଯେ ଏହାର ପୃଷ୍ଠଭୂମି ଉପରେ ସଂପ୍ରୀତିର ଅନେକ ରୂପ, ଅନେକ ଆକାର ସହଜରେ ପ୍ରକାଶ କରାଯାଇପାରେ। ସଫଳ ଦାମ୍ପତ୍ୟ ଜୀବନ, ରୋମାଣ୍ଟିକ୍ ପ୍ରେମ, ଗଭୀର ବନ୍ଧୁତ୍ୱ, ଏକପାକ୍ଷିକ ଆକର୍ଷଣଶୀଳତା ଏବଂ ବ୍ୟବସାୟିକ ବନ୍ଧନ ପରି ବିବିଧ ଧରଣର ସମ୍ପର୍କକୁ ବ୍ୟକ୍ତ କରାଯାଇପାରେ।

ନିମ୍ନ-ପ୍ରଦତ୍ତ ଛବିଟି ଏହି ଭାବଧାରାକୁ ପ୍ରକାଶ କରିଥାଏ।

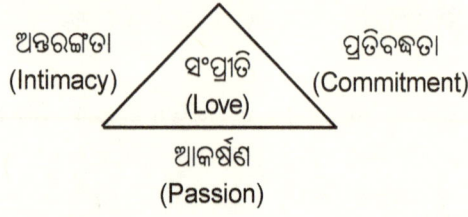

- ସଫଳ ଦାମ୍ପତ୍ୟ ପ୍ରେମ = ଅନ୍ତରଙ୍ଗତା + ପ୍ରତିବଦ୍ଧତା + ଆକର୍ଷଣ
- ରୋମାଣ୍ଟିକ୍ ପ୍ରୀତି = ଅନ୍ତରଙ୍ଗତା + ଆକର୍ଷଣତା (ପ୍ରେମିକ ପ୍ରେମିକା ବନ୍ଧୁତା)
- ବନ୍ଧୁତା = ଅନ୍ତରଙ୍ଗତା + ପ୍ରତିବଦ୍ଧତା
- କାଳ୍ପନିକ ପ୍ରୀତି = ଆକର୍ଷଣ + ପ୍ରତିବଦ୍ଧତା (ସିନେମାର ନାୟକ/ନାୟିକା ପ୍ରତି)
- ଏକପାକ୍ଷିକ ପ୍ରୀତି = ଆକର୍ଷଣ
- ଶୂନ୍ୟ (ବ୍ୟବସାୟିକ) ପ୍ରୀତି = ପ୍ରତିବଦ୍ଧତା

ସଂପ୍ରୀତିର ତ୍ରିକୋଣୀୟ ତତ୍ତ୍ୱ ଅନୁଯାୟୀ ତ୍ରିଭୁଜର ତିନୋଟି ବାହୁ ହେଉଛି ଅନ୍ତରଙ୍ଗତା, ଆକର୍ଷଣଶୀଳତା ଏବଂ ପ୍ରତିବଦ୍ଧତା। ଅନ୍ତରଙ୍ଗତା ଅର୍ଥ ହେଉଛି ପାରସ୍ପରିକ ବୁଝାମଣା, ସ୍ନେହଶ୍ରଦ୍ଧା ଓ ଅନ୍ୟ ପ୍ରତି ଯତ୍ନଶୀଳତା ମନୋଭାବ। କ୍ରିୟା ଅନୁକ୍ରିୟା (Interaction) ଏବଂ ଭାବର ଆଦାନପ୍ରଦାନ ଫଳରେ ଅନ୍ତରଙ୍ଗତା ବୃଦ୍ଧିପାଏ। ଶିଶୁ ଓ ଜନନୀ ମଧ୍ୟରେ ଯେଉଁ ଅନ୍ତରଙ୍ଗତାର ଓ ନିବିଡ଼ତା ପ୍ରାଚୁର୍ଯ୍ୟ ରହିଛି, ସେହି ଅନ୍ତରଙ୍ଗତା ଅଳ୍ପବହୁତେ ଅନ୍ୟ ସମ୍ପର୍କରେ ମଧ୍ୟ ରହିଥାଏ।

ସଂପ୍ରୀତିର ଦ୍ୱିତୀୟ ବାହୁଟି ହେଉଛି ଆକର୍ଷଣଶୀଳତା। ରୋମାଣ୍ଟିକ୍ ପ୍ରୀତି କ୍ଷେତ୍ରରେ ଏହା ଯୌନ ଆକର୍ଷଣର ରୂପନିଏ। ଏହା ସହିତ ଭାବ ଓ ଆବେଗ ସଂଶ୍ଲିଷ୍ଟ ।

ସମ୍ପର୍କର ଅନୁଭାବ ସମୟରେ ଗଭୀର ଉଦ୍ଦୀପନା ଓ ଶାରୀରିକ ପରିବର୍ତ୍ତନ ସ୍ୱତଃ ଅନୁଭୂତ ହୁଏ। ଗଠିତ ହୋଇଥିବା ସମ୍ପର୍କକୁ ଅତୁଟ ରଖି ଏହାକୁ ଦୀର୍ଘସ୍ଥାୟୀ ରଖିବାର ସଂକଳ୍ପ ପ୍ରତିବଦ୍ଧତାର ସୂଚକ। ଜୀବନର ଗତିପଥରେ ସମ୍ମୁଖୀନ ହେଉଥିବା ବାଧାବନ୍ଧନକୁ ଖାତିର ନ କରି ସମ୍ପର୍କକୁ ଦୃଢ଼ ଓ ଗଭୀର ରଖିବାର ମାନସିକତା ଏଥିରେ ପ୍ରତିଫଳିତ।

ସଂପ୍ରତିର ତ୍ରିକୋଣୀୟ ତତ୍ତ୍ୱକୁ ଆଧାର କରି ବିଭିନ୍ନ ଧରଣର ସମ୍ପର୍କର ରୂପରେଖ ଚିତ୍ରଣ କରାଯାଇପାରେ। ପ୍ରଥମେ ପତିପତ୍ନୀଙ୍କ ମଧ୍ୟରେ ସଫଳ ବାଞ୍ଛନୀୟ ଦାମ୍ପତ୍ୟ ପ୍ରେମର ଉଦାହରଣ ଦିଆଯାଇପାରେ। ଏପରି ଦାମ୍ପତ୍ୟ ପ୍ରେମରେ ଅନ୍ତରଙ୍ଗତା, ପ୍ରତିବଦ୍ଧତା ଓ ଆକର୍ଷଣଶୀଳତା ପରି ତିନୋଟି ଉପାଦାନ ବହୁଳ ମାତ୍ରାରେ ରହିଥାଏ। ଅବଶ୍ୟ ଏଠାରେ ସମସ୍ୟା-ବିଜଡ଼ିତ ବୈବାହିକ ଜୀବନର କଥା କୁହାଯାଉ ନାହିଁ। ମାତ୍ର ଅନୁକରଣୀୟ ଦାମ୍ପତ୍ୟ ଜୀବନରେ ଏ ତିନୋଟିର ପ୍ରାଚୁର୍ଯ୍ୟ ପ୍ରତିବିମ୍ବିତ। ଘରେ ବାହାରେ, ରେଷ୍ଟୁରାଣ୍ଟରେ ଏବଂ ବସ୍‌ସିଟ୍‌ରେ ମଧ୍ୟ ଏମାନଙ୍କର କଥୋପକଥନର ମାତ୍ରା ଓ ଶୈଳୀ ଦେଖି ଅନ୍ତରଙ୍ଗତାର ଆକଳନ କରାଯାଏ। ସମ୍ପର୍କକୁ ଦୀର୍ଘତର କରିବା ପାଇଁ ଏମାନଙ୍କ ପ୍ରୟାସ ପ୍ରାଗାଢ଼। ବୟସର ବୃଦ୍ଧି ସହିତ ଯୌନପିପାସା କମିଲେ ମଧ୍ୟ ପାରସ୍ପରିକ ଆକର୍ଷଣ ବେଶ୍ ଗଭୀର ଥାଏ।

ରୋମାଣ୍ଟିକ୍ ସମ୍ପର୍କ (ପ୍ରେମିକ ଓ ପ୍ରେମିକା) କ୍ଷେତ୍ରରେ ଅନ୍ତରଙ୍ଗତା ଓ ଆକର୍ଷଣଶୀଳତାର (ଯୌନ ଆକର୍ଷଣ ସମେତ) ମାତ୍ରା ଅଧିକ। କିନ୍ତୁ ପ୍ରତିଶ୍ରୁତିବଦ୍ଧତା ବହଳ ନ ଥାଇପାରେ। ବନ୍ଧୁତାରେ ସମ୍ପର୍କର ରୂପରେଖ ଭିନ୍ନ। ଏଥିରେ ଅନ୍ତରଙ୍ଗତା ଓ ପ୍ରତିବଦ୍ଧତା ଗଭୀର। ଅନ୍ୟ କେତେକ କ୍ଷେତ୍ରରେ ବ୍ୟକ୍ତି ଅବିଚାରିତ ଭାବରେ ଓ କାଳ୍ପନିକ ଭାବରେ ଅନ୍ୟ ପ୍ରତି ପ୍ରୀତି ଗଠନ କରି ସ୍ୱପ୍ନ ଦେଖେ। ଉଦାହରଣ ସ୍ୱରୂପ, ଜଣେ ନାରୀ ବା ପୁରୁଷ ଚଳଚ୍ଚିତ୍ରରେ ଦେଖିଥିବା ଜଣେ ନାୟକ କିମ୍ବା ନାୟିକା ସହିତ ସାକ୍ଷାତର ସୁଯୋଗ ନ ଥାଏ, କଳ୍ପନା କରି ରୋମାଞ୍ଚିତ ହୁଏ। ଏପରି ଉଦ୍‌ଭଟ ସମ୍ପର୍କରେ ଆକର୍ଷଣଶୀଳତା ଓ ପ୍ରତିବଦ୍ଧତା (ଏକ ପାକ୍ଷିକ) ଥିଲେ ମଧ୍ୟ ଅନ୍ତରଙ୍ଗତା ନଥାଏ ।

ସେହିପରି ଆଉ ଗୋଟିଏ ଅବିଚାରିତ ସମ୍ପର୍କ ହେଉଛି ଏକପାକ୍ଷିକ ପ୍ରୀତି (Infatuation)। ଜଣେ ଅନୁରକ୍ତ ଅଥଚ ଅନ୍ୟ ଜଣେ ଉଦାସୀନ ଓ ସମ୍ପର୍କରେ କେବଳ ଏକପାକ୍ଷିକ ଆକର୍ଷଣଶୀଳତା ଅନୁଭୂତ। ଆଉ ଗୋଟିଏ ପ୍ରକାର ସମ୍ପର୍କକୁ ଶୂନ୍ୟ ପ୍ରୀତି (Empty Love) କୁହାଯାଇପାରେ। କେବଳ ବ୍ୟବସାୟିକ ଲାଭ ପାଇଁ ସମ୍ପର୍କ ରକ୍ଷାକରାଯାଏ । ଏଥିରେ କେବଳ ବ୍ୟବସାୟିକ ପ୍ରତିବଦ୍ଧତା ଥାଏ।

ସଂପ୍ରତିର ତ୍ରିକୋଣୀୟ ତତ୍ତ୍ୱକୁ ଭିତ୍ତିକରି ସମ୍ପର୍କଶୀଳତାର କେତେକ ଗୁରୁତ୍ୱପୂର୍ଣ୍ଣ

ଦିଗର ସଠିକ ପୂର୍ବାନୁମାନ କରାଯାଉଛି। ସଂପର୍କଟି କେତେ ମାତ୍ରାରେ ପ୍ରୀତିପଦ ତାହା ଏହି ତିନୋଟି ଉପାଦାନ ଉପରେ ନିର୍ଭର କରେ। ଦଶବର୍ଷରୁ ଆରମ୍ଭ କରି ୪୫ ବର୍ଷ ପର୍ଯ୍ୟନ୍ତ ବିବାହିତ ଜୀବନଯାପନ କରୁଥିବା ଦମ୍ପତ୍ତିଙ୍କ ମଧ୍ୟରେ ଅନ୍ତରଙ୍ଗତା ସଫଳର ନିର୍ଦ୍ଧାରକ ରୂପେ ବିବେଚିତ ହେଉଛି। ଏହାର ନିମ୍ନରେ ଆକର୍ଷଣଶୀଳତାର ଭୂମିକା ରହିଛି। ସମ୍ପର୍କ ଜନିତ ଏ ସନ୍ତୋଷ କ୍ଷେତ୍ରରେ ପ୍ରତିବଦ୍ଧତାର ବିଶେଷ ଭୂମିକା ରହିଛି ।

ତୃତୀୟ ସୋପାନ : ସଂପ୍ରୀତି ମାଧ୍ୟମରେ ଆତ୍ମବିସ୍ତୃତି

ପ୍ରତିଟି ମଣିଷ ବିସ୍ତୃତ ଚାହେଁ। ନିଜର ଭାବ ଭାବନା ଓ ବ୍ୟବହାର ମାଧ୍ୟମରେ ଏପରି ଆତ୍ମବିସ୍ତୃତ ଘଟେ। ସଂପ୍ରୀତିର ଅନୁଭବ ପାଉଥିବା ବ୍ୟକ୍ତି ଏପରି ଆତ୍ମପ୍ରସାରଣର ଉପଲବ୍ଧି ପାଆନ୍ତି। ବ୍ୟକ୍ତିଜୀବନର ପରିସର ମଧ୍ୟରେ ଅଧିକରୁ ଅଧିକ ଉପାଦାନ ପ୍ରବେଶ କରେ। 'ମୁଁ'ର ଭାବନା କ୍ରମଶଃ 'ଆମେ' ଭାବନାରେ ରୂପାନ୍ତର ହୁଏ।

ଆତ୍ମ-ବିସ୍ତୃତି ତତ୍ତ୍ୱ ଅନୁଯାୟୀ ନିବିଡ଼ ଓ ଉତ୍କର୍ଷଭରା ସମ୍ପର୍କରେ ସନ୍ତୋଷ ଜାତ ହେବା ଏକ ସ୍ୱାଭାବିକ ପ୍ରକ୍ରିୟା। ପ୍ରୀତିପୂର୍ଣ୍ଣ ସମ୍ପର୍କ ଦେଇ ଗତି କରୁଥିବା ଲୋକମାନେ ନିଶ୍ଚିତ ଭାବରେ ଆନନ୍ଦ ଅନୁଭବ କରନ୍ତି। ସମ୍ପର୍କର ସକାରାତ୍ମକ ଦିଗ ଅଧିକରୁ ଅଧିକ ସ୍ମରଣ କରନ୍ତି। ପୂର୍ବରୁ ଥିବା ଏକୁଟିଆ ପଣ ଧୀରେ ଧୀରେ ତିରୋହିତ ହୁଏ ଏବଂ ମାନସିକ ସମ୍ବଳର ମାତ୍ରା ମଧ୍ୟ ବୃଦ୍ଧିପାଏ। ସମ୍ପର୍କର ଶକ୍ତି ଉପରେ ପ୍ରତିଷ୍ଠିତ ହୋଇ ବ୍ୟକ୍ତି ନିଜକୁ ଅଧିକ ଦକ୍ଷ ମନେକରେ।

ବିକଶିତ ସମ୍ପର୍କର ଅନ୍ୟ କେତୋଟି ଦିଗ

ପୂର୍ବ ଆଲୋଚନା ଅନୁଯାୟୀ ନିବିଡ଼ ସଂପ୍ରୀତି ଏକ ସୋପାନ-ଭିତ୍ତିକ ସ୍ତରଦେଇ ଅଙ୍କୁରିତ ଓ ବିକଶିତ ହେଲାପରେ ପରିପକ୍ୱ ଅବସ୍ଥାରେ ଅନ୍ୟ କେତୋଟି ଦିଗ ପରିଦୃଷ୍ଟ ହୁଏ।

ସଂପ୍ରୀତିର ବନ୍ଧନରେ ଆବଦ୍ଧ ଥିବା ବ୍ୟକ୍ତି ଦୁଇଜଣ ପରସ୍ପରକୁ "ମୁଁ ତୁମକୁ ଭଲପାଏ" କହୁଥିବାରୁ ଶୁଣାଯାଏ। ପ୍ରକୃତରେ "ମୁଁ ତୁମକୁ ଭଲ ପାଏ" ବକ୍ତବ୍ୟରୁ ତାତ୍ପର୍ଯ୍ୟ କ'ଣ ? ତିନୋଟି ଶବ୍ଦ ବିଶିଷ୍ଟ ଏହି ପରିଭାଷାଟି ବହୁଳ ଭାବରେ ଚଳଚିତ୍ର, ଦୂରଦର୍ଶନର କାର୍ଯ୍ୟକ୍ରମ, ନାଟକ, ଗଳ୍ପ ଓ ଉପନ୍ୟାସରେ ଶବ୍ଦାୟିତ ହୁଏ। କେତେକ ମନୋବିଜ୍ଞାନୀ ନିବିଡ଼ ସମ୍ପର୍କର ବଳୟ ମଧ୍ୟରେ ରହିଥିବା ଯୁବକ ଯୁବତୀମାନଙ୍କୁ ଏହାର ଅର୍ଥ ପ୍ରକାଶ କରିବା ପାଇଁ କହିଛନ୍ତି। ଉତ୍ତର ଛଳରେ କେତେକ କୁହନ୍ତି ଯେ ଆମ ମଧ୍ୟରେ ବୁଝାମଣା ଅଛି। ଅନ୍ୟମାନେ ଏପରି କେତେକ ମନ୍ତବ୍ୟ ଦିଅନ୍ତି : ମୁଁ ତୁମକୁ ସମର୍ଥନ କରେ; ମୁଁ ତୁମ ପାଖରେ ଋଣୀ, ଏକାଠି ରହିବାକୁ ଆମକୁ ଭଲଲାଗେ, ଆମ୍ଭମାନଙ୍କର ଯୌନଜୀବନ ପ୍ରୀତିପଦ। ମୋଟ ଉପରେ "ମୁଁ ତୁମକୁ ଭଲପାଏ"

ମନ୍ତବ୍ୟ ମଧ୍ୟରେ ଏକାଧିକ ଆବେଗ ସଂଶ୍ଳିଷ୍ଟ ରହିଛି। ଏ ଦୃଷ୍ଟିରୁ ପରିଭାଷାଟି ସରଳ ନୁହେଁ, ଜଟିଳ।

ଉନ୍ନତ ଓ ବିକଶିତ ସମ୍ପର୍କର ଅନ୍ୟ ଏକ ବୈଶିଷ୍ଟ୍ୟପୂର୍ଣ୍ଣ ଦିଗ ହେଉଛି ଶ୍ରଦ୍ଧାଜ୍ଞାପନର ମନୋବୃତ୍ତି। ଜୀବନ ପ୍ରବାହର ବିଭିନ୍ନ ଘଟଣାସବୁକୁ ଦୁହେଁ କିପରି ବିଶ୍ଳେଷଣ କରୁଛନ୍ତି, ତାହାର ପର୍ଯ୍ୟବେକ୍ଷଣ ଖୁବ୍ କୌତୂହଳପ୍ରଦ।

ସାଧାରଣତଃ ମଣିଷ ଚରିତ୍ରର ଏକ ଦୁର୍ବଳତା ହେଉଛି ଯେ ସେ କୌଣସି କାମଟିକୁ ସଫଳତାର ସହିତ କରିପାରିଲେ ତାହାର କାରଣ ପଛରେ ତାହାର ବଳିଷ୍ଠ ବ୍ୟକ୍ତିତ୍ୱକୁ ଦାୟୀ କରେ। ଉଦାହରଣ ସ୍ୱରୂପ, ସେ ଠିକ୍ ସମୟରେ ଗୋଟିଏ ଦାୟିତ୍ୱପୂର୍ଣ୍ଣ କାର୍ଯ୍ୟ ଶେଷ କଲେ ନିଜର ଦକ୍ଷତାକୁ କାରଣ ରୂପେ ଧରିନିଏ। ଅଥଚ ବିଫଳ ହେଲେ ପାରିପାର୍ଶ୍ୱିକ କାରଣକୁ (ଯଥା : ଅନ୍ୟମାନେ ସହଯୋଗ କଲେ ନାହିଁ) ଦୋଷଦିଏ।

ପୁଣି ବିଡ଼ମ୍ବନା ହେଉଛି ଯେ ଅନ୍ୟର ସଫଳତା / ବିଫଳତାର ଆକଳନ କଲାବେଳେ ସେ ଓଲଟା ମାନଦଣ୍ଡ ଗ୍ରହଣ କରେ। ଅନ୍ୟ ବ୍ୟକ୍ତିଟି ସଫଳ ହେଲେ ସେ ପରିବେଶ ସହାୟକ ବୋଲି ବିଚାର କରେ। ଅବସ୍ଥା ଭଲଥିବାରୁ ସେ ଭଲକରିପାରିଲେ ଏପରି ବିଚାର ମନରେ ପ୍ରବେଶ କରେ। ଅଥଚ ବିଫଳତା ଘଟିଲେ ଅନ୍ୟ ଲୋକଟି ଅପାରଗ କି ଅଳସୁଆ - ଏହା ଧରିନିଏ।

ବର୍ତ୍ତମାନ ପ୍ରଶ୍ନ ହେଉଛି, ଉତ୍ତମ ସମ୍ପର୍କ ପରିପ୍ରେକ୍ଷୀରେ ବିଶ୍ଳେଷଣ ଧାରା କିପରି ହୋଇଥାଏ। ମନେକରାଯାଉ କୌଣସି ଏକଦିନ ପତ୍ନୀ ଠିକ୍ ସମୟରେ ଖାଦ୍ୟ ପ୍ରସ୍ତୁତ କରିପାରି ନାହାନ୍ତି। ସ୍ୱାମୀ କ'ଣ ଭାବିବେ ? ସେ ଅଣଦେଖାବଶତଃ ବା ଅପାରଗ ହୋଇଥିବାରୁ ଏପରି ଅସୁବିଧା ହୋଇଛି କି ଆକସ୍ମିକ ଭାବେ ଘରେ କିଛି ଅତିଥି ଆସିଥିବାରୁ ଏପରି ବିଳମ୍ବ ଘଟିଛି ?

ବିକଶିତ ସମ୍ପର୍କ କ୍ଷେତ୍ରରେ ଏକ ଶ୍ରଦ୍ଧାଶୀଳ ଓ ସମ୍ବେଦନଶୀଳ ମନୋଭାବ ପ୍ରକାଶ ପାଏ। ପତି ବା ପତ୍ନୀ ଗୋଟିଏ କାର୍ଯ୍ୟ ସଫଳତାର ସହିତ କରିପାରିଥିଲେ ତାଙ୍କର ବ୍ୟକ୍ତିଗତ ଗୁଣକୁ (ନିଷ୍ଠା, ଦକ୍ଷତା, କର୍ମକୁଶଳତା) ଯେପରି ପ୍ରଶଂସା କରାଯାଏ, କୌଣସି କ୍ଷେତ୍ରରେ ବିପର୍ଯ୍ୟୟ ଘଟିଥିଲେ ବାହ୍ୟ ଅବସ୍ଥାର ଦୋଷତ୍ରୁଟି ବିଚାର କରାଯାଏ । ସମ୍ଭବତଃ କୌଣସି ଏକ ବିଶେଷ ଅସୁବିଧା ଫଳରେ ସେ ଏ କାର୍ଯ୍ୟ କରିପାରି ନାହାନ୍ତି । କହିବା ଅନାବଶ୍ୟକ ଯେ ସମ୍ପର୍କ ଯେତେ ବେଶୀ ପରିପକ୍ୱ ଓ ବିକଶିତ ହୁଏ, ଭଲକାମ ମୂଳରେ ବ୍ୟକ୍ତିଗତ ଗୁଣ ଏବଂ ବିଫଳତା ଅନ୍ତରାଳରେ ପରିବେଶଗତ ପ୍ରତିବନ୍ଧକର ଭୂମିକା ବିଚାର କରିବାର ପ୍ରବଣତା ବୃଦ୍ଧିପାଏ।

ସୁଚିନ୍ତିତ ଓ ସୁବିକଶିତ ଅନ୍ତରଙ୍ଗ ସମ୍ପର୍କ ସ୍ୱାସ୍ଥ୍ୟପ୍ରଦ ଓ ଦୀର୍ଘସ୍ଥାୟୀ ହୋଇଥାଏ । ଏପରି ସମ୍ପର୍କର ମିଳୁଥିବା ଶାନ୍ତି ଓ ସନ୍ତୋଷ ଜୀବନର ଲକ୍ଷ୍ୟ ପୂରଣରେ ସହାୟକ ହୁଏ । ସଂପ୍ରୀତିର ସଫଳ ଓ ଅସଫଳ ରୂପରେଖକୁ ନିମ୍ନ ସାରଣୀରେ ପ୍ରକାଶ କରାଯାଇପାରେ ।

ସଫଳ ରୂପାୟନ	ସଫଳତାହୀନ ରୂପରେଖ
❖ ସମ୍ପର୍କ ବଳୟରେ ଥିବା ଦୁଇଜଣ ପରସ୍ପର ବିଷୟରେ ଅଧିକରୁ ଅଧିକ ଜାଣିବାରେ ଆଗ୍ରହୀ ହୁଅନ୍ତି।	ବିଶେଷ ଆଗ୍ରହ ନଥାଏ; ଉଦାସୀନତାର ମାତ୍ରା ଅଧିକ ରହିଥାଏ।
❖ ଆହରଣ କରାଯାଉଥିବା ଜ୍ଞାନ ବା ସୂଚନାକୁ ଭିତ୍ତିକରି ସମ୍ପର୍କ ବଳବତ୍ତର ହୁଏ।	ଆହରଣ କରାଯାଉଥିବା ଜ୍ଞାନ ଓ ସୂଚନାର ବିଶେଷ ପ୍ରୟୋଗ ନ ଥାଏ।
❖ ଜଣେ ଅନ୍ୟ ଜଣଙ୍କୁ ବ୍ୟକ୍ତି ହିସାବରେ ଶ୍ରଦ୍ଧା କରନ୍ତି, ଦକ୍ଷତା ପାଇଁ ପ୍ରଶଂସା ଏବଂ ଦୁର୍ବଳତା ପାଇଁ ସହନଶୀଳତା ଦର୍ଶାନ୍ତି।	ଗ୍ରହଣଶୀଳତାର ଦ୍ୱାର ରୁଦ୍ଧ ରହେ।
❖ ଜଣଙ୍କ ଦୃଷ୍ଟିରେ ଅନ୍ୟ ଜଣେ ଯେ ସ୍ୱତନ୍ତ୍ର ଓ ଶ୍ରଦ୍ଧାସ୍ପଦ, ଏପରି ମନୋଭାବ ଦୃଢ଼ ପ୍ରତିଷ୍ଠିତ ହୁଏ।	ଶ୍ରଦ୍ଧାଜ୍ଞାପନର ମନୋଭାବ ସୀମିତ ରହିଥାଏ ।

■

ସଂପ୍ରୀତିର ତ୍ରିକୋଣୀୟ ତତ୍ତ୍ୱ

ପ୍ରୀତିର ଅନେକ ରୂପ ଅନେକ ଆକାର। ବନ୍ଧୁତ୍ୱପୂର୍ଣ୍ଣ ସଂପ୍ରୀତି ଓ ରୋମାଣ୍ଟିକ୍ ପ୍ରୀତି ମଧ୍ୟରେ ଥିବା ପାର୍ଥକ୍ୟ ଅନେକ ଲୋକ ଅନୁମାନ କରିପାରନ୍ତି। ରୋମାଣ୍ଟିକ୍ ପ୍ରୀତିରେ ଯୌନ ପିପାସା, ଶାରୀରିକ ଆକର୍ଷଣଶୀଳତାପୂର୍ଣ୍ଣ ଆତ୍ମନିବିଷ୍ଟତା ଏବଂ ପ୍ରେମିକ କିମ୍ବା ପ୍ରେମିକାର ଆଦର୍ଶକୁ ଅଙ୍ଗୀଭୂତ କରିବାର କାମନା ସ୍ପଷ୍ଟ। ତୁମ ବ୍ୟତୀତ ଅନ୍ୟ କେହି ମୋର ଏତେ ନିକଟବର୍ତ୍ତୀ ନୁହନ୍ତି - ଏପରି ଭାବନା ପରିସ୍ଫୁଟ। ଅନ୍ୟ ପକ୍ଷରେ ବନ୍ଧୁତା କ୍ଷେତ୍ରରେ ରୋମାଣ୍ଟିକ୍ ସମ୍ପର୍କରେ ପରିଲକ୍ଷିତ ହେଉଥିବା କେତୋଟି ବୈଶିଷ୍ଟ୍ୟ ପରିଲକ୍ଷିତ ହେଲେ ମଧ୍ୟ ଅନ୍ୟଗୁଡ଼ିକ ନଥାଏ। ସେହିପରି ପରିବାରର ଲୋକମାନଙ୍କ ମଧ୍ୟରେ ପରିଦୃଷ୍ଟ ସ୍ନେହଶ୍ରଦ୍ଧା ଏବଂ ବ୍ୟବସାୟିକ କାରବାର କ୍ଷେତ୍ରରେ ମଧ୍ୟ ସଂପ୍ରୀତିର ଗଭୀରତା ରହିଥାଏ। ପ୍ରଶ୍ନ ହେଉଛି - ବିଭିନ୍ନ ପ୍ରକାର ସଂପ୍ରୀତିର ବର୍ଗୀକରଣ କରାଯିବ କିପରି ?

ଷ୍ଟର୍ଣ୍ଣ ନାମକ ଜଣେ ମନୋବିଜ୍ଞାନୀ ବିଭିନ୍ନ ପ୍ରକାର ସଂପ୍ରତିର ପାର୍ଥକ୍ୟ ଦର୍ଶାଇବା ପାଇଁ ଗୋଟିଏ ସୁନ୍ଦର ତତ୍ତ୍ୱର ଅବତାରଣା କରିଛନ୍ତି। ଏହାକୁ ସମ୍ପ୍ରୀତିର ତ୍ରିକୋଣୀୟ ତତ୍ତ୍ୱ (Triangular Theory of Love) କୁହାଯାଇପାରେ। ଷ୍ଟର୍ଣ୍ଣଙ୍କ ମତରେ ଅନ୍ତରଙ୍ଗତା, ପ୍ରତିଶ୍ରୁତିବଦ୍ଧତା ଓ ଶାରୀରିକ ଆକର୍ଷଣ ସଂପ୍ରୀତି ତ୍ରିଭୁଜର ତିନୋଟି ବାହୁ।

ଅନ୍ତରଙ୍ଗତାର ଅର୍ଥ ହେଉଛି ପାରସ୍ପରିକ ବୁଝାମଣା, ସ୍ନେହଶ୍ରଦ୍ଧା ଓ ଅନ୍ୟ ପ୍ରତି ଯତ୍ନଶୀଳ ମନୋଭାବ। କ୍ରିୟା ଅନୁକ୍ରିୟା (Interaction) ଏବଂ ଭାବର ଆଦାନ ପ୍ରଦାନ ଫଳରେ ଅନ୍ତରଙ୍ଗତା (Intimacy) ବୃଦ୍ଧିପାଏ। ଶିଶୁ ଓ ଜନନୀ ମଧ୍ୟରେ ଅନ୍ତରଙ୍ଗତାର ଯେଉଁ ପ୍ରାଚୁର୍ଯ୍ୟ ରହିଛି, ସେପରି ଅନ୍ତରଙ୍ଗତା ଅଳ୍ପ ବହୁତେ ଅନ୍ୟ ସଂପ୍ରୀତିରେ ମଧ୍ୟ ରହିଥାଏ । ଅବଶ୍ୟ ବିଭିନ୍ନ ପ୍ରକାର ସଂପ୍ରୀତିରେ ଏହାର ପରିମାଣ କମ୍ କିମ୍ବା ବେଶୀ ହୋଇଥାଏ।

ସଂପ୍ରୀତିର ଦ୍ୱିତୀୟ ବାହୁଟି ହେଉଛି ଶାରୀରିକ ଆକର୍ଷଣ। ରୋମାଣ୍ଟିକ୍ ପ୍ରୀତି କ୍ଷେତ୍ରରେ ଏହା ଯୌନ ପିପାସାର ରୂପ ନିଏ। ଏହା ସହିତ ଭାବ ଓ ଆବେଗ ସଂଶ୍ଳିଷ୍ଟ। ସମ୍ପର୍କର ଅନୁଭବ ସମୟରେ ଗଭୀର ଉଦୀପନା ଓ ଶାରୀରିକ ପରିବର୍ତ୍ତନ ସ୍ୱତଃ ଅନୁଭୂତ ହୁଏ।

ସଂପ୍ରୀତିର ତୃତୀୟ ବାହୁଟି ହେଉଛି ଅଙ୍ଗୀକାରବଦ୍ଧତା ବା ପ୍ରତିଶ୍ରୁତିବଦ୍ଧତା (Commitment) । ଗଠିତ ହୋଇଥିବା ସମ୍ପର୍କକୁ ଅତୁଟ ରଖି ଏହାକୁ ଦୀର୍ଘସ୍ଥାୟୀ କରିବାର ସଂକଳ୍ପ ଏହାର ସୂଚକ। ଜୀବନର ଗତିପଥରେ ସମ୍ମୁଖୀନ ହେଉଥିବା ବାଧାବିଘ୍ନକୁ ଖାତିରି ନକରି ସମ୍ପର୍କକୁ ଦୃଢ଼ କରିବାର ମାନସିକତା ଏହି ଅଙ୍ଗୀକାରବଦ୍ଧତାରେ ପ୍ରତିଫଳିତ। ପୁଣି ସାମୟିକ ଭାବରେ ଦ୍ୱନ୍ଦ୍ୱ ସୃଷ୍ଟି ହେଲେ ମଧ୍ୟ ଏହାକୁ ସହଜରେ ନିୟନ୍ତ୍ରଣ କରି ସମ୍ପର୍କ ପଥରେ ଆଗେଇଯିବାର ମନୋବୃତ୍ତି ଏଥିରେ ପ୍ରତିବିମ୍ବିତ।

ଷ୍ଟର୍ଣ୍ଣଙ୍କ ତ୍ରିକୋଣୀୟ ତତ୍ତ୍ୱ ବହୁ ଦୃଷ୍ଟିରୁ ଗ୍ରହଣୀୟ ଓ ଉପଯୋଗୀ। ଏହାର ସାହାଯ୍ୟ ନେଇ ବିଭିନ୍ନ ଧରଣର ସମ୍ପର୍କର ସ୍ପଷ୍ଟ ରୂପରେଖ ଦିଆଯାଇପାରେ। ପ୍ରଥମେ ପତିପତ୍ନୀଙ୍କ ମଧ୍ୟରେ ବାଞ୍ଛନୀୟ ଦାମ୍ପତ୍ୟ ପ୍ରେମର ଉଦାହରଣ ନିଆଯାଉ। ପ୍ରେମରେ ଅନ୍ତରଙ୍ଗତା, ପ୍ରତିଶ୍ରୁତିବଦ୍ଧତା ଓ ଆକର୍ଷଣଶୀଳତା ପରି ତିନୋଟି ଉପାଦାନ ଅଧିକ ମାତ୍ରାରେ ରହିଥାଏ । ଅବଶ୍ୟ ଏଠାରେ ସମସ୍ୟା ବିଜଡ଼ିତ ଦାମ୍ପତ୍ୟ ସଂପ୍ରୀତିର କଥା କୁହାଯାଉ ନାହିଁ। ମାତ୍ର ଅନୁକରଣୀୟ ଦାମ୍ପତ୍ୟ ପ୍ରେମରେ ଏ ତିନୋଟିର ପ୍ରାଚୁର୍ଯ୍ୟ ରହିଥାଏ । ବିବାହର ବହୁବର୍ଷ ପରେ ମଧ୍ୟ ବହୁଳ ଆକର୍ଷଣଶୀଳତା ରହିଥାଏ। ଘରେ ବାହାରେ, ରେଷ୍ଟୁରାଣ୍ଟରେ ଏବଂ ବସ୍‌ସିଟ୍‌ରେ ଏମାନଙ୍କର କଥୋପକଥନର ମାତ୍ରା ଓ ଭଙ୍ଗୀ ଦେଖି ଅନ୍ତରଙ୍ଗତାର ଅନୁମାନ କରିହୁଏ। ଦୁହେଁ ଦୁଇଟି ବହି ଧରି ନିଶ୍ଚୁପ୍ ଥିବା ଅବସ୍ଥାରେ ମଧ୍ୟ ସାମନା ସାମନି (ପାଖାପାଖି) ରହିଥାନ୍ତି। ଏପରି ନିବିଡ଼ ସମ୍ପର୍କର ପରସ୍ପର ପ୍ରତି ଆନୁଗତ୍ୟର ମାତ୍ରା ଏତେ ବେଶୀ ଯେ ସମ୍ପର୍କ ଭାଙ୍ଗି ଯିବାର ଆଶଙ୍କା ନଥାଏ। ବରଂ ସମ୍ପର୍କକୁ ଦୀର୍ଘସ୍ଥାୟୀ କରିବାର ଅଙ୍ଗୀକାରବଦ୍ଧତା ଦୁହିଙ୍କ ବ୍ୟବହାରରେ ପରିଦୃଷ୍ଟ ହୁଏ।

ରୋମାଣ୍ଟିକ୍ ସମ୍ପର୍କ (ପ୍ରେମିକ ଓ ପ୍ରେମିକାର) କ୍ଷେତ୍ରରେ ଅନ୍ତରଙ୍ଗତା ଓ ଆକର୍ଷଣଶୀଳତାର ମାତ୍ରା ଅଧିକ। କିନ୍ତୁ ପ୍ରତିଶ୍ରୁତିବଦ୍ଧତା ସେପରି ଦୃଢ଼ ନଥାଏ। ଆକର୍ଷଣଶୀଳତା ଯୌନ କାମନାର ରୂପ କିଏ, ପରସ୍ପରର ଉପସ୍ଥିତିରେ ଶାରୀରିକ ରୋମାଞ୍ଚ ଅନୁଭବ କରିବା ଏକ ସାଧାରଣ କଥା। ଦୀର୍ଘ ସମୟର ଆଳାପ ଓ ଭାବ ଆଦାନପ୍ରଦାନ ଫଳରେ ଅନ୍ତରଙ୍ଗତା ମଧ୍ୟ ଶକ୍ତିଶାଳୀ ହୁଏ। ପ୍ରତିଶ୍ରୁତିବଦ୍ଧତା ଯେ

ଆଦୌ ନ ଥାଏ, ସେ କଥା କୁହାଯବ ନାହିଁ। କିନ୍ତୁ ଅନ୍ୟ ଦୁଇଟି ଉପାଦାନର ମାତ୍ରା ତୁଳନାରେ ପ୍ରତିଶ୍ରୁତିବଦ୍ଧତା ଏତେ ବେଶୀ ଶକ୍ତିଶାଳୀ ନଥାଏ।

ବନ୍ଧୁତାରେ ସଂପ୍ରୀତିର ରୂପରଖେ ଭିନ୍ନ। ଏଥିରେ ଅନ୍ତରଙ୍ଗତା ଓ ପ୍ରତିଶ୍ରୁତିବଦ୍ଧତା ଦୃଢ଼। ଅନ୍ୟ ଉପାଦାନ ପ୍ରାୟ ଅନୁପସ୍ଥିତ। ଦୁଇ ବନ୍ଧୁ ବା ବାନ୍ଧବୀ ଭାବ ବିନିମୟ ଓ କଥୋପକଥନ ମାଧ୍ୟମରେ ଅନ୍ତରଙ୍ଗତାର ମାତ୍ରା ବୃଦ୍ଧି କରନ୍ତି। ବନ୍ଧୁତ୍ୱ ବୃଦ୍ଧିପାଇବା ସଙ୍ଗେ ସଙ୍ଗେ ବନ୍ଧୁତ୍ୱକୁ ଦୀର୍ଘଜୀବୀ କରିବାର ସଂକଳ୍ପ କ୍ରମଶଃ ଘନୀଭୂତ ହୁଏ। ସୁତରାଂ ପ୍ରତିଶ୍ରୁତିବଦ୍ଧତାର ମାତ୍ରା ବୃଦ୍ଧିପାଏ।

କେତେକ କ୍ଷେତ୍ରରେ ବ୍ୟକ୍ତି ଅବିଚାରିତ ଭାବରେ ଓ କାଳ୍ପନିକ ଭାବରେ ଅନ୍ୟ ପ୍ରତି ସଂପ୍ରୀତି ଗଠନ କରିବାର ସ୍ୱପ୍ନ ଦେଖେ। ଉଦାହରଣ ସ୍ୱରୂପ, ଜଣେ ପୁରୁଷ ବା ନାରୀ ଚଳଚ୍ଚିତ୍ରରେ ଦେଖୁଥିବା ଜଣେ ନାୟିକା ବା ନାୟକ ପ୍ରତି ଗଭୀର ଆକର୍ଷଣ ଅନୁଭବ କରି ସମ୍ପର୍କ ସ୍ଥାପନର ପରିକଳ୍ପନା କରନ୍ତି। ଏ କ୍ଷେତ୍ରରେ ନାୟିକା କିମ୍ବା ନାୟକଙ୍କ ସହିତ ସାକ୍ଷାତର ସୁଯୋଗ ନ ଥିବାରୁ ଅନ୍ତରଙ୍ଗତାର ଉନ୍ମେଷ ଓ ବିକାଶ ହେବାର ସୁଯୋଗ ନଥାଏ । ମାତ୍ର ବ୍ୟକ୍ତି ମନେ ମନେ କଳ୍ପନା କରି ରୋମାଞ୍ଚ ଅନୁଭବ କରିପାରନ୍ତି। ଶାରୀରିକ ପରିବର୍ତ୍ତନର ଅନୁଭୂତି ପାଆନ୍ତି। ସେହି ମାନସିକ ସ୍ତରରେ ସମ୍ପର୍କକୁ ଅତୁଟ ରଖନ୍ତି। ସୁତରାଂ ଏକ ପ୍ରକାର ପ୍ରତିଶ୍ରୁତିବଦ୍ଧତା ରହିଥାଏ। ଏପରି ଉଦ୍‌ଭଟ ସମ୍ପର୍କରେ ଆକର୍ଷଣଶୀଳତା ଓ ପ୍ରତିଶ୍ରୁତିବଦ୍ଧତା (ଏକପାକ୍ଷିକ) ଥିଲେ ମଧ୍ୟ ଅନ୍ତରଙ୍ଗତା ନଥାଏ।

ଆଉ ଗୋଟିଏ ପ୍ରକାର ସମ୍ପର୍କକୁ ଶୂନ୍ୟ ସମ୍ପ୍ରୀତି (Empty Love) କୁହାଯାଇପାରେ । ଧରାଯାଉ ଜଣେ ବ୍ୟକ୍ତି କେତେକ ନିଜର ବ୍ୟବସାୟିକ ସୁବିଧା ପାଇଁ ଅନ୍ୟଜଣଙ୍କ ସହ ସମ୍ପର୍କ ରକ୍ଷା କରୁଛନ୍ତି। ତାଙ୍କ ସହ ପ୍ରୀତିପୂର୍ଣ୍ଣ ବ୍ୟବହାର କରୁଛନ୍ତି। ବନ୍ଧୁତ୍ୱ କେବଳ ଉପର ଠାଉରିଆ । ଅବଶ୍ୟ ଲାଭର ଆଶାକୁ ଦୀର୍ଘଦିନ ଜୀବିତ ରଖିବା ପାଇଁ ଯେ ଅଙ୍ଗୀକାରବଦ୍ଧତା ଦର୍ଶାଇ ପାରନ୍ତି। ସମ୍ପର୍କକୁ ଦୀର୍ଘସ୍ଥାୟୀ ରଖିବାର ତତ୍ପରତା ଦର୍ଶାଇ ପାରନ୍ତି । କିନ୍ତୁ ଏଥିରେ ଅନ୍ତରଙ୍ଗତା ଓ ଆକର୍ଷଣଶୀଳତା ନଥାଏ।

କେବଳ ବିଭିନ୍ନ ଧରଣର ସଂପ୍ରୀତିର ଏହି ତିନୋଟି ଉପାଦାନର କମ୍ ବେଶୀ ପରିମାଣକୁ ନେଇ ସଂପ୍ରୀତିର ରୂପରେଖ କଳ୍ପନା କରାଯାଇ ନାହିଁ। ବିଭିନ୍ନ ଗୋଷ୍ଠୀ ଏବଂ ସଂପ୍ରଦାୟରେ ମଧ୍ୟ ଏହି ତିନୋଟି ଉପାଦାନର ଭିନ୍ନ ଭିନ୍ନ ସମାବେଶ ଥାଇପାରେ। ପ୍ରାଚ୍ୟ ଦେଶମାନଙ୍କରେ ଅନୁସୃତ ହେଉଥିବା ବିବାହ ପଦ୍ଧତି ଓ ପାଶ୍ଚାତ୍ୟ ଦେଶରେ ଅନୁସୃତ ହେଉଥିବା ବିବାହ ପଦ୍ଧତିରେ ସମ୍ପର୍କ ଗଢୁଥିବା ପତିପତ୍ନୀଙ୍କ ସମ୍ପର୍କ ପରିପ୍ରେକ୍ଷୀରେ ତୁଳନା କରାଯାଇପାରେ।

ବିଭିନ୍ନ ଧରଣର ସଂପ୍ରୀତିରେ ସମୀକରଣ :

ଦାମ୍ପତ୍ୟ ଜୀବନରେ ସଂପ୍ରୀତି = ଅନ୍ତରଙ୍ଗତା + ପ୍ରତିଶ୍ରୁତିବଦ୍ଧତା + ଆକର୍ଷଣଶୀଳତା

ରୋମାଣ୍ଟିକ ସଂପ୍ରୀତି = ଅନ୍ତରଙ୍ଗତା + ଆକର୍ଷଣଶୀଳତା (ପ୍ରେମିକ ପ୍ରେମିକା)

ବନ୍ଧୁତ୍ୱ = ଅନ୍ତରଙ୍ଗତା + ପ୍ରତିଶ୍ରୁତିବଦ୍ଧତା

କାଳ୍ପନିକ ସଂପ୍ରୀତି = ଆକର୍ଷଣଶୀଳତା + ପ୍ରତିଶ୍ରୁତିବଦ୍ଧତା

ଏକପାକ୍ଷିକ ସଂପ୍ରୀତି = ଆକର୍ଷଣଶୀଳତା

ବ୍ୟବସାୟିକ ସଂପ୍ରୀତି = ପ୍ରତିଶ୍ରୁତିବଦ୍ଧତା

■

ବୈବାହିକ ଜୀବନର କେତୋଟି ମନସ୍ତାତ୍ତ୍ୱିକ ଦିଗ

ଆଧୁନିକ ଯୁଗରେ ବୈବାହିକ ଜୀବନର ବଳିଷ୍ଠତା ଏବଂ ଉପଯୋଗିତା ସମ୍ପର୍କରେ ସମାଲୋଚକମାନଙ୍କର ସଂଖ୍ୟା କ୍ରମଶଃ ବୃଦ୍ଧି ପାଉଥିଲେ ମଧ୍ୟ ଏହା ପୂରାପୂରି ଉପେକ୍ଷିତ ହେବାର କୌଣସି ଆଭାସ ନାହିଁ। ବିଭିନ୍ନ ପ୍ରତିବନ୍ଧକ ସତ୍ତ୍ୱେ ବିବାହ ପରି ସାମାଜିକ ବନ୍ଧନର ସ୍ଥିତି ଓ ଗତି ଅବ୍ୟାହତ ରହିଛି। ସ୍ଥଳବିଶେଷରେ ଏପରି ସମ୍ପର୍କ କାହିଁକି ବିଫଳ ହେଉଛି ତାହା ଏଠାରେ ଆଲୋଚ୍ୟ ନୁହେଁ। କିନ୍ତୁ ସମଗ୍ର ବିଶ୍ୱରେ ମୋଟାମୋଟି ଭାବରେ ପୁରୁଷ ଓ ନାରୀମାନେ ନିଜ ଜୀବନସାଥୀଙ୍କ ବ୍ୟକ୍ତିତ୍ୱର କେଉଁ ଦିଗଟିକୁ ପ୍ରାଧାନ୍ୟ ଦିଅନ୍ତି, ତାହାର ଏକ ସ୍ଥୂଳ ରୂପରେଖ ନିଶ୍ଚିତ ଭାବରେ ଏହି ଅନ୍ତରଙ୍ଗ ତଥା ଗଭୀର ସମ୍ପର୍କର ପରିବର୍ତ୍ତନ-ଧାରା ବିଷୟରେ ଧାରଣା ଦେଇପାରିବ ।

ଜୀବନସାଥୀ ଚୟନ ସମୟରେ ବ୍ୟକ୍ତି କ'ଣ ଚାହେଁ ? ଏହାର ଉତ୍ତର ଅନ୍ୱେଷଣ କରିବାକୁ ଯାଇ ଉଦ୍‌ବର୍ତ୍ତନ ଧାରାରେ ବିଶ୍ୱାସ କରୁଥିବା ଜଣେ ବିଶିଷ୍ଟ ମନୋବିଜ୍ଞାନୀ କିଛିବର୍ଷ ପୂର୍ବେ ଗୋଟିଏ ବିରାଟ ପ୍ରକଳ୍ପ ଆରମ୍ଭ କଲେ। ସେ ଛ'ଟି ମହାଦେଶର ୩୩ଟି ଦେଶରୁ ପ୍ରାୟ ୧୧,୦୦୦ ଲୋକମାନଙ୍କୁ ନେଇ ଗୋଟିଏ ସର୍ବେକ୍ଷଣ ଆରମ୍ଭ କଲେ। ଅନୁଧ୍ୟାନ କରାଯାଉଥିବା ଜନବସତି ମଧ୍ୟରେ ଅଷ୍ଟ୍ରେଲିଆ ପରି ଯେପରି ବଡ଼ ବଡ଼ ଦେଶ ରହିଥିଲା, ସେହିପରି ଜୁଲୁ ସମ୍ପ୍ରଦାୟ (ଦକ୍ଷିଣ ଆଫ୍ରିକା) ପରି ଅଳ୍ପ ପରିଚିତ ଗୋଷ୍ଠୀ ମଧ୍ୟ ରହିଥିଲା, ଗୁଜୁରାଟର ଧନିକ ସମ୍ପ୍ରଦାୟ ଯେପରି ଅନ୍ତର୍ଭୁକ୍ତ ଥିଲେ ଋଷ୍ ଦେଶର କେତେକ ଅପେକ୍ଷାକୃତ ଦରିଦ୍ର ଗୋଷ୍ଠୀ ମଧ୍ୟ ଅନ୍ତର୍ଭୁକ୍ତ ଥିଲେ। ପ୍ରତି ସଂସ୍କୃତିର ନିଜସ୍ୱ ଭାଷାରେ ପ୍ରଶ୍ନ ପଚରାଗଲା । ସେମାନେ ବିବାହ ପାଇଁ ନିଜର ଜୀବନସାଥୀ ଚୟନ କରିବା ସମୟରେ ନିର୍ଦ୍ଦିଷ୍ଟ ବ୍ୟକ୍ତିତ୍ୱ (ବା ଗୁଣ)କୁ କେତେ ଗୁରୁତ୍ୱଦେବେ, ତାହାର

ଆକଳନ କରାଗଲା। ଗୁଣସବୁର ଏକ ତାଲିକା ଦିଆଯାଇ ପ୍ରତିଟି ଗୁଣର ପ୍ରାଧାନ୍ୟ ସୂଚାଇବା ପାଇଁ ନିମ୍ନମତେ ପଏଣ୍ଟ ସୂଚାଇବାର ନିର୍ଦ୍ଦେଶ ଦିଆଗଲା।

- ଗୁଣଟି ଅତ୍ୟାବଶ୍ୟକ ହେଇଥିଲେ ୩ ପଏଣ୍ଟ ଦିଅନ୍ତୁ।
- ଗୁଣଟି ଗୁରୁତ୍ୱପୂର୍ଣ୍ଣ ଅଥଚ ଅତ୍ୟାବଶ୍ୟକ ନୁହେଁ : ୨ ପଏଣ୍ଟ
- ଗୁଣଟି କାମ୍ୟ ଅଥଚ ଗୁରୁତ୍ୱପୂର୍ଣ୍ଣ ନୁହେଁ : ୧ ପଏଣ୍ଟ
- ଗୁଣଟି ଅପ୍ରାସଙ୍ଗିକ : ୦ ପଏଣ୍ଟ

ପୁରୁଷ ଓ ନାରୀମାନେ ପୃଥକ୍ ପୃଥକ୍ ନିଜର ପ୍ରତିକ୍ରିୟା ପ୍ରକାଶ କରିବା ପରେ ନିମ୍ନପ୍ରଦତ୍ତ ଚିତ୍ରଟି ମିଳିଥିଲା।

ନାରୀର ବ୍ୟକ୍ତିତ୍ୱ ବା ଗୁଣ		ପୁରୁଷର ବ୍ୟକ୍ତିତ୍ୱ ବା ଗୁଣ		
(ପୁରୁଷ ନିର୍ଦ୍ଦେଶିତ)	ପଏଣ୍ଟ	(ନାରୀ ନିର୍ଦ୍ଦେଶିତ)		ପଏଣ୍ଟ
୧. ପାରସ୍ପରିକ ଆକର୍ଷଣ (ପ୍ରେମ)	୨.୮	୧	ପାରସ୍ପରିକ ଆକର୍ଷଣ (ପ୍ରେମ)	୨.୮
୨. ଆସ୍ଥାପୂର୍ଣ୍ଣ ଚରିତ୍ର	୨.୫	୨	ଆସ୍ଥାପୂର୍ଣ୍ଣ ଚରିତ୍ର	୨.୬
୩. ଭାବଗତ ସ୍ଥିରତା (ପରିପକ୍ୱତା)	୨.୪	୩	ଭାଗବତ ସ୍ଥିରତା (ପରିପକ୍ୱତା)	୨.୬
୪. ମିଷ୍ଟଭାଷୀ ଚରିତ୍ର	୨.୪	୪	ମିଷ୍ଟଭାଷୀ ଚରିତ୍ର	୨.୫
୫. ଉତ୍ତମ ସ୍ୱାସ୍ଥ୍ୟ	୨.୩	୫	ଶିକ୍ଷା ଓ ବୁଦ୍ଧିମତ୍ତା	୨.୪
୬. ଶିକ୍ଷା ଓ ବୁଦ୍ଧିମତ୍ତା	୨.୩	୬	ସାମାଜିକତା	୨.୨
୭. ସାମାଜିକତା	୨.୧	୭	ଉତ୍ତମ ସ୍ୱାସ୍ଥ୍ୟ	୨.୨
୮. ପରିବାର ଓ ପିଲାଙ୍କ ପ୍ରତି ସ୍ନେହ	୨.୦	୮	ପରିବାର ଓ ପିଲାପ୍ରତି ଶ୍ରଦ୍ଧା	୨.୨
୯. ପରିଚ୍ଛନ୍ନତା	୨.୦	୯	ଅଭିଳାଷୀ ଓ ପରିଶ୍ରମୀ	୨.୧
୧୦. ଭଲ ଚେହେରା	୧.୯	୧୦	ପରିଚ୍ଛନ୍ନତା	୧.୯
୧୧. ଅଭିଳାଷୀ ଓ ପରିଶ୍ରମୀ	୧.୮	୧୧	ସମାନସ୍ତରର ଶିକ୍ଷା	୧.୮
୧୨. ରନ୍ଧନ ପ୍ରିୟ	୧.୮	୧୨	ସମ୍ଭାବ୍ୟ ଆର୍ôଥିକ ଉନ୍ନତି	୧.୭
୧୩. ସମ୍ଭାବ୍ୟ ଆର୍ôଥିକ ଉନ୍ନତି	୧.୫	୧୩	ଭଲ ଚେହେରା	୧.୪
୧୪. ସମାନ ସ୍ତରର ଶିକ୍ଷା	୧.୫	୧୪	ଉତ୍ତମ ସାମାଜିକ ସମ୍ମାନ	୧.୪
୧୫. ସମାନ ପ୍ରକାର ସାମାଜିକ ପ୍ରତିଷ୍ଠା	୧.୧	୧୫	ରନ୍ଧନ ପ୍ରିୟ	୧.୨
୧୬. ନିଷ୍କଳଙ୍କ ଯୌନ ଜୀବନ	୧.୦	୧୬	ସମାନ ଧରଣର ଧାର୍ମିକ ବିଶ୍ୱସ	୧.୨
୧୭. ସମାନ ଧରଣର ଧର୍ମ ବିଶ୍ୱାସ	୦.୯	୧୭	ସମାନ ରାଜନୈତିକ ବିଶ୍ୱାସ	୧.୦
୧୮. ସମାନ ଧରଣର ରଜାନୈତିକ ବିଶ୍ୱାସ	୦.୯	୧୮	ନିଷ୍କଳଙ୍କ ଯୌନ ଚରିତ୍ର	୦.୭

ପ୍ରଦତ୍ତ ସାରଣୀଟିକୁ ଲକ୍ଷ୍ୟକଲେ କେତୋଟି ଦିଗ ସ୍ପଷ୍ଟ ହୁଏ। ପ୍ରଥମତଃ ପାରସ୍ପରିକ ଆକର୍ଷଣ ବା ପ୍ରେମ ସବୁଠାରୁ ଅଧିକ ପସନ୍ଦଯୋଗ୍ୟ ବ୍ୟକ୍ତିତ୍ୱ। ବିଶ୍ୱର ପ୍ରାୟ ସବୁ ସମ୍ପ୍ରଦାୟରେ ନାରୀମାନେ ପୁରୁଷ ବ୍ୟକ୍ତିତ୍ୱରେ ଏପରି ଗୁଣର ପ୍ରତ୍ୟାଶା ରଖନ୍ତି ଏବଂ ପୁରୁଷମାନେ ମଧ୍ୟ ନାରୀଠାରେ ଏପରି ବ୍ୟକ୍ତିତ୍ୱର କାମନା ରଖନ୍ତି। ଗଭୀର ସମ୍ପର୍କ ପରିପ୍ରେକ୍ଷୀରେ ପ୍ରେମ ବା ସଂପ୍ରୀତି ଏକ ଅତ୍ୟାବଶ୍ୟକ ଉପାଦାନ। ଏ ଉପାଦାନଠାରୁ ନିମ୍ନ କ୍ରମରେ ରହିଥିବା ଆସ୍ଥାପୂର୍ଣ୍ଣ ଚରିତ୍ର, ଭାବଗତ ସ୍ଥିରତା (ପରିପକ୍ୱତା) ଓ ମିଷ୍ଟଭାଷୀ ଚରିତ୍ରକୁ ପୁରୁଷ ଓ ନାରୀମାନେ ସେମାନଙ୍କ ଚୟନ ପ୍ରକ୍ରିୟାରେ ପ୍ରାଧାନ୍ୟ ଦିଅନ୍ତି। ଜୀବନସାଥୀ ଚୟନ କରିବା ସମୟରେ ଏ ତିନୋଟି ଉପାଦାନକୁ ମହତ୍ତ୍ୱପୂର୍ଣ୍ଣ ବିଚାର କରାଯାଏ। ଏଠାରେ ସୂଚିତ କରାଯାଇପାରେ ଯେ ଆସ୍ଥାବାନ୍ ଚରିତ୍ରର ପ୍ରକୃତ ତାତ୍ପର୍ଯ୍ୟ ହେଉଛି ବିବେକିତା। ଯେଉଁମାନେ ବିବେକାନୁମୋଦିତ ବ୍ୟବହାର କରନ୍ତି, ସେମାନଙ୍କ ଉପରେ ଆସ୍ଥା ଓ ବିଶ୍ୱାସ ରଖାଯାଇପାରେ । କହିବା ଅନାବଶ୍ୟକ ଯେ ଆସ୍ଥାଶୀଳ ବ୍ୟକ୍ତିମାନେ ଶୃଙ୍ଖଳିତ ହେଉଥିବାରୁ ଏବଂ କର୍ତ୍ତବ୍ୟନିଷ୍ଠ ଓ ସଂଯମୀ ହୋଇଥିବାରୁ ବୈବାହିକ ଜୀବନରେ ସମ୍ପର୍କ ଦୃଢ଼ୀଭୂତ ହୁଏ ।

ସେହିପରି ନାରୀ ଓ ପୁରୁଷଠାରେ ଭାବଗତ ପରିପକ୍ୱତା ଓ ମିଷ୍ଟଭାଷୀ ବ୍ୟକ୍ତିତ୍ୱ ବନ୍ଧନକୁ ଦୃଢ଼କରେ। ଏ ଦୁଇଟି ଉପାଦାନର ଉପସ୍ଥିତି ଫଳରେ ସମ୍ପର୍କ ପରିଚାଳନା କ୍ଷେତ୍ରରେ ଅଯଥା ଯୁକ୍ତିତର୍କ, ବାଦବିସମ୍ବାଦ ଓ ଦ୍ୱନ୍ଦ୍ୱ ରହି ନଥାଏ। ଅଧିକ ପରିମାଣର ସହମତି ସମ୍ପର୍କକୁ ପ୍ରୀତିପ୍ରଦ କରାଏ। ସର୍ବାଧିକ ଗୁରୁତ୍ୱ ଦିଆଯାଇଥିବା ଚାରୋଟି ଉପାଦାନକୁ (ପାରସ୍ପରିକ ପ୍ରେମ, ଆସ୍ଥା, ପରିପକ୍ୱତା ଓ ମିଷ୍ଟଭାବ) ବାଦ ଦେଲେ ଅନ୍ୟ କେତୋଟି ମାନସିକ ସମ୍ବଳକୁ ନାରୀ ପୁରୁଷ ନିର୍ବିଶେଷରେ ସମଗ୍ର ବିଶ୍ୱରେ ବେଶ୍ ପରିମାଣରେ ପ୍ରାଧାନ୍ୟ ଦିଆଯାଇଛି। ସେଗୁଡ଼ିକ ହେଉଛି ସାମାଜିକତା, ପରିଚ୍ଛନ୍ନତା, ଅଭିଳାଷ ଓ ପରିଶ୍ରମଶୀଳତା ।

ସାମଗ୍ରିକ ଦୃଷ୍ଟିକୋଣରୁ ନାରୀ ଓ ପୁରୁଷମାନେ ସେମାନଙ୍କର ପତି କିମ୍ବା ପତ୍ନୀର ବ୍ୟକ୍ତିତ୍ୱରେ କି କି ଉପାଦାନର ପ୍ରତ୍ୟାଶା ରଖନ୍ତି, ତାହାର ଏକ ମୋଟାମୋଟି ଚିତ୍ରର ଆକଳନ କରାଯାଇଛି। ଏହା ବ୍ୟତୀତ, ସେମାନଙ୍କର ପାରସ୍ପରିକ ଚାହିଦା (Need) ସେମାନଙ୍କ ସମ୍ପର୍କକୁ କିପରି ରୂପ ଦିଏ ତାହାର ମଧ୍ୟ ଅନୁଧ୍ୟାନ କରାଯାଇଛି। ଏ କ୍ଷେତ୍ରରେ ଦୁଇଟି ଭାବଧାରାର ପ୍ରଚଳନ ଦେଖାଯାଏ।

ପରିପୂରକ ଚାହିଦା ବନାମ ସମଧର୍ମୀ ଚାହିଦା

ପ୍ରେମପୂର୍ଣ୍ଣ ସମ୍ପର୍କ ପରିପ୍ରେକ୍ଷୀରେ କି କି ଉପାଦାନ ସହାୟକ ହୁଏ, ସେ ବିଷୟରେ ଦୁଇଟି ଭିନ୍ନ ମତବାଦ ରହିଛି। କେତେକ ମନୋବିଜ୍ଞାନୀ ପରିପୂରକ ଚାହିଦାର

ସଂଗତିରେ ବିଶ୍ୱାସ କରନ୍ତି। ସେମାନଙ୍କ ମତରେ ପରସ୍ପର ବିରୋଧୀଗୁଣ ପରସ୍ପରକୁ ଆକର୍ଷଣ କରେ । ପତି ପତ୍ନୀ ମଧ୍ୟରୁ ଜଣେ ନମ୍ର ଓ ବିନୀତ ହୋଇଥିଲେ ସେ ଟାଣୁଆ ବ୍ୟକ୍ତି ପ୍ରତି ଅଧିକ ଆକର୍ଷିତ ହୁଅନ୍ତି। ଜଣକର ବ୍ୟକ୍ତିତ୍ୱରେ ଯେଉଁ ଅଭାବ ରହିଛି, ତାହା ଅନ୍ୟ ଦ୍ୱାରା ପରିପୂରିତ ହେବାର ବିଶ୍ୱାସ କରାଯାଏ। ସେମାନେ ବିବାହିତ ପତିପତ୍ନୀ ହୋଇପାରନ୍ତି କିମ୍ବା ଜୀବନସାଥୀ ଚୟନ ପ୍ରକ୍ରିୟାରେ ଲିପ୍ତଥିବା ପ୍ରେମିକ ପ୍ରେମିକା ହୋଇପାରନ୍ତି। ଯେଉଁ ଦୁଇଟି ଗୁଣ ପରସ୍ପରର ପରିପୂରକ ହୋଇପାରିବ (ଯଥା: ଅନ୍ତର୍ମୁଖୀ ବନାମ ବହିର୍ମୁଖୀ; ଅଳ୍ପଭାଷୀ ବନାମ ବହୁଭାଷୀ; ମିତବ୍ୟୟୀ ବନାମ ଅମିତବ୍ୟୟୀ) ପ୍ରେମର ପରିପୂରକ ଗୁଣର ସଂଯୋଗ ବନ୍ଧନକୁ ଦୃଢ଼କରେ ବୋଲି ବିଶ୍ୱାସ କରାଯାଏ।

ଅନ୍ୟ ପକ୍ଷରେ କେତେକ ମନୋବିଜ୍ଞାନୀ ମତ ଦିଅନ୍ତି ଯେ ସମତ୍ୱ ହିଁ ଆକର୍ଷଣର ମୂଳକେନ୍ଦ୍ର, ସମାନ ଧରଣର ଗୁଣ ବା ବ୍ୟକ୍ତିତ୍ୱ ପରସ୍ପର ପ୍ରତି ଆକର୍ଷିତ ହୁଅନ୍ତି। ବହୁଭାଷୀ ବହୁଭାଷୀକୁ ପସନ୍ଦ କରେ ଏବଂ ଧୀରସ୍ଥିର ଆଚରଣ କରୁଥିବା ବ୍ୟକ୍ତି ସେହିପରି ବ୍ୟକ୍ତିତ୍ୱ ସମ୍ପନ୍ନ ଲୋକ ସହିତ ବୈବାହିକ ସମ୍ପର୍କ ଇଚ୍ଛାକରେ।

ବୈବାହିକ ସମ୍ପର୍କ ସ୍ଥାପନ ପାଇଁ ଅନୁସୃତ ହେଉଥିବା ଚୟନ ପ୍ରକିୟାକୁ ଲକ୍ଷ୍ୟକଲେ ସମଧର୍ମା ଉପାଦାନ ପଦ୍ଧତିରେ ଚୟନ ପ୍ରକ୍ରିୟା ପ୍ରଭାବିତ ହେଲାପରି ଜଣାପଡ଼େ। ବ୍ୟକ୍ତି ନିଜେ ଯେଉଁ ଧରଣର ସେହି ପ୍ରକାର ପତି କିମ୍ବା ପତ୍ନୀକୁ ମନୋନୀତ କରିବାର ସମ୍ଭାବନା ରହିଥାଏ। ଏପରିକି ଶରୀରର ଉଚ୍ଚତା, ଓଜନ, ନାକ ଓ କାନର ଆକୃତିରେ ମେଳ ରହିଛି କି ନାହିଁ, ତାହା ବିଚାର କରାଯାଏ। ମୁଖମଣ୍ଡଳର ଫଟୋକୁ ତୁଳନା କରିବା ସମୟରେ ସାମଞ୍ଜସ୍ୟ କିମ୍ବା ଅସାମଞ୍ଜସ୍ୟର ମାତ୍ରା ନିଷ୍ପତ୍ତିକୁ ପ୍ରଭାବିତ କରିଥାଏ ।

ଜୀବନସାଥୀର ଚୟନ ସମୟରେ ଜଣେ ନାରୀ କିମ୍ବା ପୁରୁଷ ସମାନ ପ୍ରକାର ବ୍ୟକ୍ତିତ୍ୱ ସମ୍ପନ୍ନ ପୁରୁଷ କିମ୍ବା ନାରୀ ପସନ୍ଦ କରିବାର ପ୍ରାମାଣିକ ତଥ୍ୟ ରହିଥିଲେ ମଧ୍ୟ ଗୋଟିଏ ପ୍ରଶ୍ନ ସାମଞ୍ଜସ୍ୟ ସିଦ୍ଧାନ୍ତକୁ (Similarity Hypothesis) ଜଟିଳ ରୂପ ଦିଏ । ପ୍ରଶ୍ନଟି ହେଉଛି : ଜୀବନସାଥୀ ଖୋଜିବା ସମୟରେ ପୁରୁଷ କି ନାରୀ ନିଜ ବ୍ୟକ୍ତିତ୍ୱ ଓ ଆଚରଣର ସମଧର୍ମୀ ବ୍ୟକ୍ତିତ୍ୱ ଓ ଆଚରଣ ଖୋଜନ୍ତି କି ସମ୍ପର୍କ ପ୍ରତିଷ୍ଠା ହେବା ପରେ ଧୀରେ ଧୀରେ ସମୟକ୍ରମେ ସେମାନଙ୍କ ବ୍ୟକ୍ତିତ୍ୱ ଓ ଆଚରଣର ସାମଞ୍ଜସ୍ୟ ବିକଶିତ ହୁଏ ?

ଏହି ଜଟିଳ ପ୍ରଶ୍ନର ସମାଧାନ ପାଇଁ ଜଣେ ମନୋବିଜ୍ଞାନୀ ଦୁଇଟି ଶ୍ରେଣୀର ନାରୀ ପୁରୁଷ ଦଳରେ ସର୍ବେକ୍ଷଣ କଲେ। ପ୍ରଥମ ଦଳଟି ହେଉଛି ବିବାହିତ ପତିପତ୍ନୀଙ୍କ

ଦଳ ଏବଂ ଦ୍ୱିତୀୟ ଦଳରେ କେବଳ ଅନ୍ୱେଷଣ କରି ସ୍ଥିର କରିଥବା (ଅଥଚ ଏ ପର୍ଯ୍ୟନ୍ତ ପରସ୍ପରକୁ ବିବାହ କରିନଥବା) ନାରୀ ପୁରୁଷର ଦଳ। ସେମାନଙ୍କୁ ଚାଳିଶଟି ବ୍ୟକ୍ତିତ୍ୱ ସମ୍ପର୍କରେ ପ୍ରଶ୍ନ ପଚରାଗଲା। ସେମାନେ ବିବାହ କରିଥିବା କିମ୍ବା ସ୍ଥିର କରିଥିବା ନାରୀ କିମ୍ବା ପୁରୁଷ ବ୍ୟକ୍ତିତ୍ୱର ପ୍ରତିଟି ଦିଗର ମାତ୍ରା ଆକଳନ କରିବାର ସୁଯୋଗ ଦିଆଗଲା।

କେବଳ ସେତିକି ନୁହେଁ, ପ୍ରତିଟି ପ୍ରତିଭାଗୀ ନିଜ ବ୍ୟକ୍ତିତ୍ୱର ଦିଗ ସମ୍ପର୍କରେ ମଧ୍ୟ ଆକଳନ ପ୍ରକାଶ କଲେ। ଆକଳନ କରାଯାଇଥିବା ବ୍ୟକ୍ତିତ୍ୱର ଦିଗ ମଧ୍ୟରେ ମୁଖ୍ୟତଃ ସାମାଜିକତା, ବିବେକିତା, ଭାବଗତ ପରିପକ୍ୱତା ଏବଂ ବୌଦ୍ଧିକ ଉନ୍ମୁକ୍ତତା ରହିଥିଲା। କୌତୂହଳର ବିଷୟ ଯେ ସଂଗୃହିତ ତଥ୍ୟର ବିଶ୍ଳେଷଣରୁ ଜଣାପଡ଼ିଲା ଯେ ଲୋକମାନେ ନିଜର ବ୍ୟକ୍ତିତ୍ୱକୁ ଯେପରି ଦେଖନ୍ତି ଓ ଆକଳନ କରନ୍ତି ନିଜର ମନୋନୀତ ଜୀବନସାଥୀକୁ ବିବାହିତ ଅବସ୍ଥାରେ କିମ୍ବା ବିବାହ କରିବାକୁ ସ୍ଥିର କରିଥିବା ଅବସ୍ଥାରେ) ମଧ୍ୟ ସେପରି ବ୍ୟକ୍ତିତ୍ୱର ଅଧିକାରୀ ହେବାପାଇଁ ପ୍ରତ୍ୟାଶା ରଖନ୍ତି।

ବାସ୍ତବ କ୍ଷେତ୍ରରେ ଏପରି ସଂଗତିର ସାମଞ୍ଜସ୍ୟ ରହିଥାଏ କି ନାହିଁ, ତାହା ଏକ ଭିନ୍ନ କଥା। ମାତ୍ର ପ୍ରତ୍ୟାଶା ସ୍ତରରେ ଏପରି ସମତ୍ୱ ଥିବାର ପ୍ରମାଣ ମିଳିଛି। ପୁନଶ୍ଚ ପ୍ରତ୍ୟାଶାର ସମତ୍ୱ ସହିତ ବାସ୍ତବ ଜୀବନରେ ସମତ୍ୱ ଓ ସଂଗତି ରହିଥିଲେ ଦାମ୍ପତ୍ୟ ଜୀବନ ଅପେକ୍ଷାକୃତ ନିରାପଦ ଓ ସୁଖମୟ ରହିବାର ସମ୍ଭବନା ରହିଛି।

■

ଦାମ୍ପତ୍ୟ ପ୍ରେମ : ଅନୁରାଗ ଓ ଅନୁଶାସନ

ସୁଖ ଓ ସହୃଦୟତାର ସହ ଏକତ୍ର ଜୀବନଯାପନ କରିବାର ପ୍ରଥମ ମନ୍ତ୍ର ହେଉଛି ଆଦର୍ଶବାଦ ଓ ବାସ୍ତବବାଦର ଏକ ମଧୁର ସମନ୍ୱୟ। ଅନେକଙ୍କର ଧାରଣା ଯେ ଅଧିକାଂଶ କ୍ଷେତ୍ରରେ ଦାମ୍ପତ୍ୟ ଜୀବନର ଆରମ୍ଭରେ ସ୍ୱପ୍ନ ଥାଏ, କଳ୍ପନା ପ୍ରବଣତା ଥାଏ ଏବଂ ଆଦର୍ଶବାଦ ରହିଥାଏ। ମାତ୍ର କ୍ରମଶଃ ନିତିଦିନିଆ ଜୀବନର ସମସ୍ୟା, ବାଧାବିଘ୍ନ ଓ ଘାତପ୍ରତିଘାତର ଅନୁଭବ ଆଦର୍ଶବାଦକୁ ଧୂଳିସାତ୍ କରେ। ଦାମ୍ପତ୍ୟ ସମ୍ପର୍କର ମଧୁରତା ଅପସରି ଯାଏ। କେବଳ ଆଦର୍ଶବାଦକୁ ଏବଂ ରୋମାଣ୍ଟିକ୍ ଭାବନାକୁ ଦୀର୍ଘଦିନ ଧରି ଆପଣାଇ ନେଇଥିବା ଲୋକମାନେ ସୁଖମୟ ଦାମ୍ପତ୍ୟ ଜୀବନର ଅଧିକାରୀ ହୁଅନ୍ତି ବୋଲି ବହୁତ ଲୋକଙ୍କର ଦୃଢ଼ ଧାରଣା ରହିଛି।

ମାତ୍ର ବିଜ୍ଞାନ ସମ୍ମତ ଗବେଷଣାରୁ ଦେଖାଯାଇଛି ଯେ ସୁଖମୟ ଦାମ୍ପତ୍ୟ ଜୀବନ ପାଇଁ ଆଦର୍ଶବାଦ ଓ ବାସ୍ତବବାଦର ଏକ ସମନ୍ୱୟ ଆବଶ୍ୟକ। ପ୍ରଥମଟି ହେଉଛି ଆଦର୍ଶବାଦ। ପତିପତ୍ନୀଙ୍କ ମଧ୍ୟରୁ ପ୍ରତ୍ୟେକ ଅନ୍ୟର ଗୁଣ ଓ ବ୍ୟକ୍ତିତ୍ୱକୁ ଅଧିକ ଶ୍ରଦ୍ଧା ଓ ସହୃଦୟତାର ସହିତ ଦେଖନ୍ତି। ନିଜଠାରୁ ପତି ବା ପତ୍ନୀଙ୍କୁ ଅଧିକ ଭଲ ପାଆନ୍ତି। ଅନ୍ୟ ଭାବରେ କହିଲେ ଏପରି ଦୃଷ୍ଟିକୋଣ ହେଉଛି ଜନନୀର ଦୃଷ୍ଟିକୋଣ। ମା' ଶିଶୁକୁ ନିଃସ୍ୱାର୍ଥପର ଭାବରେ ଭଲପାଏ। ମା'ର ପ୍ରେମ ନିଃସର୍ତ୍ତ ପ୍ରେମ। ମା' ଶିଶୁର ଦୋଷଗୁଣ ଦେଖି ନ ଥାଏ। ଆଖିବୁଜି ଭଲ ପାଏ। ଠିକ୍ ସେହିପରି ଦାମ୍ପତ୍ୟ ପ୍ରେମରେ ଜଣେ ଅନ୍ୟ ଜଣର ବ୍ୟକ୍ତିଗତ ସ୍ୱାଭାବକୁ ଖୁବ୍ ବେଶୀ ଭଲପାଏ। ସନ୍ତାନର ଦୋଷତ୍ରୁଟି ମା' ଆଖିରେ ଧରା ନ ପଡ଼ିଲା ପରି ଜଣଙ୍କର ଦୋଷ ତ୍ରୁଟି ଅନ୍ୟ ଆଖିରେ ଧରା ପଡ଼ି ନଥାଏ। ଅନୁରାଗର ବଳୟ ମଧ୍ୟରେ ଏପରି ଏକ ଆଦର୍ଶବାଦ ଦାମ୍ପତ୍ୟ ଜୀବନକୁ ସୁଖର ପ୍ରଲେପ ଦିଏ।

ପ୍ରତ୍ୟେକ ବ୍ୟକ୍ତିର ନିଜ ସମ୍ପର୍କରେ କିଛି ଧାରଣା ଥାଏ। ଏପରି ଧାରଣା

ମୁଖ୍ୟତଃ ସକାରାତ୍ମକ। ବ୍ୟକ୍ତିର ଭଲ ଗୁଣ ରହିଛି ସେ ଜୀବନରେ ଭଲ କାମ କରିଛି ଏବଂ ଅନ୍ୟମାନଙ୍କର ଉପକାର କରିଛି - ଏପରି ଧାରଣା ରହିଥାଏ। ଆଉ ଗୋଟିଏ ମାନବୀୟ ଦୁର୍ବଳତା ହେଉଛି ଯେ ତା'ର ଏପରି ସୁଗୁଣ ଓ ସୁକାର୍ଯ୍ୟର ବର୍ଣ୍ଣନା ସେ ଅନ୍ୟମାନଙ୍କ ମୁଖରୁ ଶୁଣିବାକୁ ଚାହେଁ। ପୁଣି ନିଜର ପ୍ରିୟଜନ ଏପରି ପ୍ରଶଂସା କଲେ ସେ ବେଶୀ ଖୁସୀ ହୋଇଥାଏ। ଏ ଦୃଷ୍ଟିରୁ ଦାମ୍ପତ୍ୟ ଜୀବନରେ ପତ୍ନୀ ପତିଠାରୁ ପ୍ରଶଂସାମୂଳକ ମନ୍ତବ୍ୟ ଲାଭ କରିବା ଏବଂ ପତି ପତ୍ନୀଠାରୁ ପ୍ରଶଂସାସୂଚକ ସମର୍ଥନ ଲାଭ କରିବା ସମ୍ପର୍କକୁ ଗଭୀର ଓ ସୁଖମୟ କରିଥାଏ। ଆମେ ନିଜକୁ ଯେପରି ଭାବୁ ଆମର ପ୍ରିୟଜନ ସେପରି ଭାବନାକୁ ସମର୍ଥନ କରିବାର ଭାବଭଙ୍ଗୀ ଦେଖାଇଲେ ପାରସ୍ପରିକ ସମ୍ପର୍କ ନିବିଡ଼ ହେବା ସ୍ୱାଭାବିକ।

ସୁସ୍ଥ ଓ ସୁଖମୟ ଦାମ୍ପତ୍ୟ ପ୍ରେମରେ ଅନୁରାଗର ବିନିମୟ ସହିତ ଆଉ ଗୋଟିଏ ଉପାଦାନର ସମନ୍ୱୟ ଆବଶ୍ୟକ ବୋଲି ବିଶେଷଜ୍ଞମାନେ ଲକ୍ଷ୍ୟ କରିଛନ୍ତି। ତାହା ହେଉଛି ବାସ୍ତବତାଧର୍ମୀ ଅନୁଶାସନର ଭୂମିକା।

ପତି ବା ପତ୍ନୀଙ୍କ ପ୍ରତି ଅନୁରାଗ ବ୍ୟକ୍ତ କରିବା ସଙ୍ଗେ ସଙ୍ଗେ ସ୍ଥଳବିଶେଷରେ ଅନୁଶାସନର ପ୍ରୟୋଗ ପ୍ରତି ଧ୍ୟାନଶୀଳ ହେବାକୁ ପଡ଼ିବ। ପତି ହୁଅନ୍ତୁ ଅଥବା ପତ୍ନୀ ହୁଅନ୍ତୁ, ଦୈନନ୍ଦିନ ଜୀବନରେ ଦୋଷତ୍ରୁଟିର ଶରବ୍ୟ ହେବା ସ୍ୱାଭାବିକ ପ୍ରକ୍ରିୟା। ମଦ୍ୟପାନ, ନିଶାଦ୍ରବ୍ୟର ବ୍ୟବହାର, ଅର୍ଥର ଅପବ୍ୟବହାର ଏବଂ ଅନ୍ୟ ସବୁ ତ୍ରୁଟିପୂର୍ଣ୍ଣ ବ୍ୟବହାର ଜୀବନରେ ଆସିପାରେ। ସୁତରାଂ ପ୍ରିୟଜନର ଏପରି ସ୍ଖଳନକୁ ସମର୍ଥନ ନ ଜଣାଇ ଉଚିତ ଭାବରେ ପରିବର୍ତ୍ତନ କରାଯିବା ବାଞ୍ଛନୀୟ। ତେଣୁ ପତି ବା ପତ୍ନୀଙ୍କୁ ବାସ୍ତବବାଦୀ ଦୃଷ୍ଟିଭଙ୍ଗୀ ନେଇ ଅନୁଶାସନର ମାର୍ଗ ଗ୍ରହଣ କରିବାକୁ ହେବ। ଅନ୍ୟର ମଙ୍ଗଳ ପାଇଁ ଓ ଦାମ୍ପତ୍ୟ ଜୀବନର କଲ୍ୟାଣ ପାଇଁ ଉପଦେଶକର ଭୂମିକା ଗ୍ରହଣ କରିବାକୁ ହେବ।

ପୁଣି ଅନୁରାଗ ଓ ଅନୁଶାସନକୁ ଯୋଡ଼ିବା ସମୟରେ ସମ୍ପର୍କ ବିକାଶର କେଉଁ ସ୍ତରରେ କେଉଁ ଉପାଦାନଟିକୁ ଗୁରୁତ୍ୱ ଦିଆଯିବ, ସେ ସମ୍ପର୍କରେ ଜ୍ଞାନ ଥିବା ପ୍ରୟୋଜନ । ଗବେଷକମାନଙ୍କ ମତରେ ବିବାହିତ ଜୀବନର ଆଦ୍ୟ ଭାଗରେ ଅନୁରାଗକୁ ଅଧିକ ପ୍ରାଧାନ୍ୟ ଦିଆଯିବା ଆବଶ୍ୟକ। ପତି ଓ ପତ୍ନୀ ପରସ୍ପର ପ୍ରତି ଶ୍ରଦ୍ଧାପୂର୍ଣ୍ଣ ମନୋବୃତ୍ତି ଗ୍ରହଣ କରି ପରସ୍ପରକୁ ଅଧିକ ପ୍ରଶଂସା କରିବେ। ଅଧିକ ମାତ୍ରାରେ ଆଦର୍ଶବାଦର ଅଧିକାରୀ ହେବେ । ମାତ୍ର ସମ୍ପର୍କ କ୍ରମଶଃ ପରିପକ୍ୱ ହେବାକୁ ଆରମ୍ଭ କରିବା ସମୟଠାରୁ ବାସ୍ତବବାଦୀ ଦୃଷ୍ଟିଭଙ୍ଗୀ ଗ୍ରହଣ କରିବେ। ପ୍ରକୃତରେ ପତି ବା ପତ୍ନୀଙ୍କର ଦୋଷ ଦୁର୍ବଳତା ରହିଥିଲେ ତାହା ସୂଚାଇବେ, ଏହାର ସଂଶୋଧନ ଦିଗରେ

ପରାମର୍ଶ ହେବେ ଏବଂ ସ୍ଥଳ ବିଶେଷରେ କିଛିଟା କଠୋରତା ପ୍ରକାଶ କରିବେ।

ନିରପେକ୍ଷ ଭାବରେ ପର୍ଯ୍ୟବେକ୍ଷଣ କରି ଦୋଷତ୍ରୁଟିର ଆକଳନ କରିବେ ଏବଂ ନିରବ ନ ରହି ପ୍ରକାଶ କରିବେ। ଧରାଯାଉ ସ୍ୱାମୀ ମଦ ନିଶାରେ ଆସକ୍ତ ରହୁଛନ୍ତି, ପତ୍ନୀ ଏ ଦିଗ ପ୍ରତି ଦୃଷ୍ଟି ଆକର୍ଷଣ କରି ସଂଶୋଧନର ମାର୍ଗ ସୂଚାଇବେ। ସେହିପରି ପତ୍ନୀ ଅଯଥା ଅପବ୍ୟୟ କରୁଥିଲେ ପତି ତାଙ୍କୁ ସଜାଗ ଓ ମିତବ୍ୟୟୀ ହେବାର ପରାମର୍ଶ ଦେବେ । ପୂର୍ବରୁ ଅନୁରାଗକୁ ପୂରାପୂରି ଜଳାଞ୍ଜଳି ନ ଦେଇ ଅନୁଶାସନର ମନୋବୃତ୍ତି ଗ୍ରହଣ କରିବେ । ଦାମ୍ପତ୍ୟ ଜୀବନକୁ ଅଧିକ ସମୟ ଓ ଦୀର୍ଘଦିନ ପାଇଁ ସୁଖମୟ କରିବାକୁ ହେଲେ ଅନୁରାଗ ଏବଂ ଅନୁଶାସନର ଏପରି ଏକ ସୁଚିନ୍ତିତ ମିଶ୍ରଣ ଏକାନ୍ତ ଆବଶ୍ୟକ।

ସୂକ୍ଷ୍ମ ଭାବରେ ଲକ୍ଷ୍ୟ କଲେ ଦେଖାଯିବ ଯେ ଆଦର୍ଶବାଦର ଅନୁଗତ ହୋଇ ପତି କିମ୍ବା ପତ୍ନୀଙ୍କୁ କେବଳ ଶ୍ରଦ୍ଧାପୂର୍ଣ୍ଣ ଆଚରଣ ଦର୍ଶାଇବା କ୍ଷତିକାରକ ହୋଇଥାଏ। ସମ୍ପର୍କ ରାସ୍ତାରେ କିଛିଦିନ ଯିବାପରେ ପରସ୍ପରର ସବଳତା ଓ ଦୁର୍ବଳତା ପ୍ରତି ସଚେତନଶୀଳତା ପ୍ରୟୋଜନ ହୁଏ। ପରସ୍ପରର ସାମର୍ଥ୍ୟ ଓ ଅସାମର୍ଥ୍ୟ ଜାଣିବା ପରେ ବୁଝାମଣା ଅଧିକ ନିବିଡ଼ ହୁଏ। ମନେ କରାଯାଉ ଜଣେ ଅଯଥା ସମୟର ଅପଚୟ କରୁଛି। ଅଥଚ ଅନ୍ୟ ଜଣେ ସେ ଦିଗ ପ୍ରତି ନିରବ ରହି ନିଜର ସଂପ୍ରୀତି ଦର୍ଶାଉଛି। ଏ କ୍ଷେତ୍ରରେ ଆଗାମୀ ଭବିଷ୍ୟତରେ ନିଶ୍ଚିତ ଭାବରେ ସମସ୍ୟା ଉପୁଜିବ। ସୁତରାଂ ଜଣେ ଅନ୍ୟ ଜଣଙ୍କର ଉପଦେଶକ ହିସାବରେ ମାର୍ଗଦର୍ଶନ କରିବେ। ଏହା ଫଳରେ ପରସ୍ପର ମଧ୍ୟରେ ଦାୟିତ୍ୱ ଜାଣିବା ଏବଂ ନିଜର କର୍ତ୍ତବ୍ୟକୁ ଗ୍ରହଣ କରିନେବାର ମାନସିକତା ସୃଷ୍ଟି ହେବ।

ଅବଶ୍ୟ ଅନୁଶାସନ କରିବା ପ୍ରକ୍ରିୟାରେ ସଂପ୍ରୀତିକୁ ପୂରାପୂରି ଜଳାଞ୍ଜଳି ଦିଆଯିବ ନାହିଁ। ମୋଟାମୋଟି ଭାବରେ ଶ୍ରଦ୍ଧା ଓ ସଂପ୍ରୀତି ପ୍ରକଟ କରାଯିବ। ଅଥଚ ଯେଉଁ କ୍ଷେତ୍ରରେ ଦୁର୍ବଳତା ବା ଅସାମର୍ଥ୍ୟ ରହିଛି ସେ କ୍ଷେତ୍ରରେ ଗଠନମୂଳକ ସମାଲୋଚନା ମଧ୍ୟ କରାଯିବ। ଏପରି ଏକ ସମନ୍ୱୟ ଦାମ୍ପତ୍ୟ ଜୀବନକୁ ସୁନ୍ଦର କରିବ । ଆମେ ପୂରାପୂରି ଭାବରେ ତ୍ରୁଟିଶୂନ୍ୟ ନ ହେଲେ ମଧ୍ୟ ଏକାଠି ସୁଖମୟ ଜୀବନ ଯାପନ କରିବାର ନିବିଡ଼ ସମ୍ପର୍କ ସ୍ଥାପନ କରିବାରେ ବିଶେଷ ବାଧା ନାହିଁ, ଏହା ଉପଲବ୍ଧ ହେବ। ଅନୁରାଗ ଓ ଅନୁଶାସନର ସମାବେଶ ସମ୍ପର୍କକୁ ମଧୁର ରୂପଦେବ।

■

କୃତଜ୍ଞତା ଜ୍ଞାପନର ପରମ୍ପରା

ଅକୃତଜ୍ଞ ମନୋଭାବର ବଳୟ ଯେତେ ଅଧିକ ପ୍ରସାରିତ ହେଉଛି, ମଣିଷ ଅଣନିଶ୍ୱାସୀ ହୋଇ କୃତଜ୍ଞତାର ଅମ୍ଳଜାନ ସେତିକି ବେଗରେ ଅନ୍ୱେଷଣ କରୁଛି । ମଣିଷ ସଂସାରରେ ଜୀବନ ଧାରଣ କରି ଆଗକୁ ଆଗକୁ ବଢ଼ିବା ମୂଳରେ ଯେ ଅଜସ୍ର ଲୋକଙ୍କର ଅବଦାନ ରହିଛି, ସେ କଥା ହୁଏତ ସେ ଜାଣେ । ମାତ୍ର ଏପରି ଜ୍ଞାନକୁ ଅନୁଭବର ସ୍ତରକୁ ନେଇଆସି ଭାଗବତ ସ୍ତରରେ ଅନ୍ୟମାନଙ୍କୁ କୃତଜ୍ଞତା ଜ୍ଞାପନ କରିବାର ମାନସିକତା କ୍ରମଶଃ ତିରୋହିତ ହେବାରେ ଲାଗିଛି । ଏପରି ଏକ ଅପସଂସ୍କୃତିର ବିଲୟ ଘଟାଇ ଶ୍ରଦ୍ଧା-ଜ୍ଞାପନର ସଂସ୍କୃତି ବିକଶିତ ନ କଲେ ଆମ୍ଭେମାନେ ଭାବ ଦାରିଦ୍ର୍ୟର ଅନ୍ଧକାର ମଧ୍ୟରେ ରହିଯିବୁ ।

ଅଳ୍ପବହୁତେ ସାହାଯ୍ୟ ଦେଇଥିବା ବ୍ୟକ୍ତି ପ୍ରତି ସ୍ୱୀକୃତି ଜଣାଇ ଅନ୍ତରର ଶ୍ରଦ୍ଧା ଓ ସମ୍ମାନ ପ୍ରକଟ କରିବା ହେଉଛି କୃତଜ୍ଞତା । କୃତଜ୍ଞତାର ଇଂରାଜୀ ଶବ୍ଦ Gratitude ଓ ମୂଳ ଲାଟିନ୍ Gratisରୁ ଆସିଛି । ମୂଳ ଲାଟିନ୍ ଶବ୍ଦର ଅର୍ଥ ହେଉଛି ଦୟା, କରୁଣା ଓ ମହାନତା । ସୁତରାଂ କୃତଜ୍ଞତା ଶବ୍ଦର ଅନ୍ତରାଳରେ ଦେବା ଓ ନେବାର ମହନୀୟତା ପ୍ରତିଫଳିତ ।

ଆମେ କେବଳ ଅନ୍ୟ ମଣିଷଠାରୁ ଉପକାର ପାଇ ନ ଥାଉ । ଜୀବ ଜଗତ, ବୃକ୍ଷଲତା ଏବଂ ଅନ୍ୟ କେତେକ ନିର୍ଜୀବ ପରିବେଶରୁ ମଧ୍ୟ ଉପକାର ପାଇଥାଉ । ସଜୀବ ହେଉ ଅଥବା ନିର୍ଜୀବ ହେଉ ଆମର ଉପକାରୀ ସ୍ଥିତି ପ୍ରତି ଆନୁଗତ୍ୟ ପ୍ରକାଶ କରିବା, ସ୍ୱୀକାରୋକ୍ତି ଜ୍ଞାପନ କରିବା, ପ୍ରଶଂସା କରିବା ଏବଂ ଶ୍ରଦ୍ଧାଞ୍ଜାପନ କରିବା ଆଚରଣ ହେଉଛି କୃତଜ୍ଞତା ।

କୃତଜ୍ଞତା-ଜ୍ଞାପନ ଏକ ଉଚ୍ଚତର ମାନସିକତା ହୋଇଥିବାରୁ ମନସ୍ତତ୍ତ୍ୱବିଦ୍‌ମାନେ ଏପରି ମନୋଭବର ଫଳାଫଳ ସମ୍ପର୍କରେ ଗବେଷଣା କରିଛନ୍ତି । କୃତଜ୍ଞତା-ଜ୍ଞାପନର

ମନୋବୃତ୍ତିକୁ ସବୁଧର୍ମରେ ଏକ ମହନୀୟ ମୂଲ୍ୟବୋଧର ସ୍ୱୀକୃତି ଦିଆଯାଇଛି। ଯେଉଁମାନଙ୍କର ଅଧିକ କୃତଜ୍ଞତାବୋଧ ରହିଛି ସେମାନେ ଶିକ୍ଷାଗତ ଓ ବୃତ୍ତିଗତ ଜୀବନରେ ଅପେକ୍ଷାକୃତ ଅନେକ ସଫଳତା ହାସଲ କରନ୍ତି। ସେମାନଙ୍କର ଆଶାବାଦ, ମାନସିକ ପ୍ରସନ୍ନତା, ଶାନ୍ତି ଓ ପ୍ରଶାନ୍ତି ଅପେକ୍ଷାକୃତ ଅଧିକ। କୃତଜ୍ଞତାବୋଧର ଏକାଧିକ ସଫଳତା ଥିବାରୁ ଏହାର ଅନୁକରଣ ଓ ବିକାଶ ସବୁଠାରୁ ଗୁରୁତ୍ୱପୂର୍ଣ୍ଣ ଦାୟିତ୍ୱ।

କୃତଜ୍ଞତାବୋଧର ବିକାଶ

ମନୁଷ୍ୟର ମନ ଓ ହୃଦୟରେ କୃତଜ୍ଞତାର ମାନସିକତାର ଅନୁକରଣ ଓ ବିକାଶ ପାଇଁ ମନୋବିଜ୍ଞାନୀମାନେ ବିଭିନ୍ନ ପରାମର୍ଶ ଦେଇଛନ୍ତି।

କୃତଜ୍ଞତା ଦିନଲିପି ବା ଡାଏରୀ ଲିଖନର ଅଭ୍ୟାସ ଏକ ସୁନ୍ଦର ପ୍ରଣାଳୀ। କୃତଜ୍ଞତା ଡାଏରୀ ବା ପତ୍ରିକାର (Gratitude Diary, Gratitute Journal) ଶୈଳୀ ଏହିପରି ହେବା ଉଚିତ। ଗୋଟିଏ ଖାତାରେ ଯେପରି ଆୟ ଓ ବ୍ୟୟ ଲେଖାଯାଏ, ସେହିପରି ଶୈଳୀ ଅନୁସୃତ ହେବା ବିଧେୟ। ପ୍ରତିଦିନ ଖାତାର ବାମପାର୍ଶ୍ୱ ପୃଷ୍ଠାରେ ଆମେ ଅନ୍ୟ ପାଇଁ କ'ଣ କରିପାରିଛେ ତାହା ଲେଖା ରହିବ ଏବଂ ଦକ୍ଷିଣ ପାର୍ଶ୍ୱ ପୃଷ୍ଠାରେ ଅନ୍ୟମାନେ ଆମ ପାଇଁ କ'ଣ କରିଛନ୍ତି ତାହା ଉଲ୍ଲେଖ କରାଯିବ। ପ୍ରତିଦିନ ଏପରି ବାମ ଓ ଦକ୍ଷିଣ ପୃଷ୍ଠାଟି ପୂରଣ କରାଯିବ। ସେପରି କିଛି ଲେଖିବାର ନଥିଲେ ପୃଷ୍ଠାଟି ସେଦିନ ଶୂନ୍ୟ ରହିବ। ଦୀର୍ଘକାଳୀନ ଭିତ୍ତିରେ ଏପରି ଦିନଲିପି ଲେଖୁଥିବା ବ୍ୟକ୍ତିମାନେ ଅନ୍ୟମାନଙ୍କ (ଏପରି ଡାଏରୀ ଲେଖୁ ନଥିବା) ତୁଳନାରେ ଅଧିକ ଆତ୍ମସନ୍ତୋଷ ଓ ସୁଖଶାନ୍ତି ଅନୁଭବ କରନ୍ତି।

ଅନ୍ୟ କେତେକ ମନୋବିଜ୍ଞାନୀ ପିଲା ଓ କିଶୋର କିଶୋରୀମାନଙ୍କ କ୍ଷେତ୍ରରେ ଅନ୍ୟ ଏକ ପ୍ରଣାଳୀର ପ୍ରୟୋଗ କରିଛନ୍ତି। ସେମାନେ ସମ୍ପୃକ୍ତ ସ୍କୁଲ କିମ୍ବା କଲେଜକୁ ଯାଇ ଶ୍ରେଣୀଗୃହରେ ଶିକ୍ଷାର୍ଥୀମାନଙ୍କୁ ସେମାନଙ୍କର ସବୁଠାରୁ ପ୍ରିୟ ଶିକ୍ଷକ, ଶିକ୍ଷୟିତ୍ରୀଙ୍କ ନାମ ସ୍ମରଣ କରିବାର ପରାମର୍ଶ ଦେଇଛନ୍ତି। ସେମାନେ ମନରାଜ୍ୟରେ ସେମାନଙ୍କର ସବୁଠାରୁ ପ୍ରିୟ ଶିକ୍ଷକ/ଶିକ୍ଷୟତ୍ରୀଙ୍କ ନାମ ମନେପକାଇବା ପରେ ତାଙ୍କ ଉଦ୍ଦେଶ୍ୟରେ କୃତଜ୍ଞତାର ଚିଠିଟି ଲେଖିବାର ଉପଦେଶ ଦେଇଛନ୍ତି। ପ୍ରତ୍ୟେକ ଛାତ୍ର କିମ୍ବା ଛାତ୍ରୀର ଲିଖିତ କୃତଜ୍ଞତାପୂର୍ଣ୍ଣ ଚିଠିଟି ଯେପରି ନିର୍ଦ୍ଦିଷ୍ଟ ଶିକ୍ଷକ/ଶିକ୍ଷୟତ୍ରୀଙ୍କ ପାଖରେ ବ୍ୟକ୍ତିଗତ ଭାବେ ପହଞ୍ଚିପାରିବ ତାହାର ବ୍ୟବସ୍ଥା କରାଯାଏ। ଛାତ୍ର କିମ୍ବା ଛାତ୍ରୀଟି ନିଜେ ହିଁ ଏ ପତ୍ରଟି ବ୍ୟକ୍ତିଗତ ଭାବେ ପ୍ରଦାନ କରିଥାଏ। ଏପରି କାର୍ଯ୍ୟ ନିଃସନ୍ଦେହ ଭାବରେ ଛାତ୍ର କିମ୍ବା ଛାତ୍ରୀ ହୃଦୟରେ କୃତଜ୍ଞତାର ଭାବ ଉନ୍ମେଷ କରିଥାଏ।

ଜାପାନୀମାନେ ନାଇକେନ୍ (Naiken) ନାମକ ଯେଉଁ ଏକ ଧ୍ୟାନର ପରିକଳ୍ପନା

କରିଛନ୍ତି ତାହାର କେନ୍ଦ୍ରବିନ୍ଦୁରେ ରହିଛି କୃତଜ୍ଞତାର ଅନୁଭବ। ଏ ଧ୍ୟାନରେ ଧ୍ୟାନକାରୀ ମୁଖ୍ୟତଃ ନିଜକୁ ଯେଉଁ ତିନୋଟି ପ୍ରଶ୍ନ ପଚାରିବସନ୍ତି, ସେ ତିନୋଟି ପ୍ରଶ୍ନ କୃତଜ୍ଞତା ସହିତ ଜଡ଼ିତ। ପ୍ରଶ୍ନଗୁଡ଼ିକ ହେଉଛି 'ମୁଁ କ'ଣ ପାଇଛି ?' ଦ୍ୱିତୀୟ ପ୍ରଶ୍ନଟି ହେଉଛି 'ମୁଁ କ'ଣ ଦେଇଛି ?' ତୃତୀୟ ପ୍ରଶ୍ନଟି ହେଉଛି 'ମୁଁ ଅନ୍ୟମାନଙ୍କୁ କି ଧରଣର ଦୁଃଖ କଷ୍ଟ ଦେଇଛି ?' କହିବା ଅନାବଶ୍ୟକ ଏ ତିନୋଟି ପ୍ରଶ୍ନ ନିଜକୁ ପଚାରିବା ମାଧ୍ୟମରେ ଗଭୀର ଭାବନାରେ ବୁଡ଼ି ରହିବା ଫଳରେ କୃତଜ୍ଞତାର ଅଙ୍କୁରଣ ଓ ବିକାଶ ଘଟିଥାଏ। ନିଜର ପ୍ରିୟ ଶିକ୍ଷକ ଶିକ୍ଷୟତ୍ରୀଙ୍କ ମହତ୍ତ୍ୱପୂର୍ଣ୍ଣ ଅବଦାନକୁ ସ୍ମରଣ କରି ସେମାନଙ୍କୁ କୃତଜ୍ଞତାର ବ୍ୟକ୍ତିଗତ ପତ୍ର ଅର୍ପଣ କରିଥିବା ଶିକ୍ଷାର୍ଥୀମାନେ କେତେକ ସକାରାତ୍ମକ ଅନୁଭବର ଅଧିକାରୀ ହୁଅନ୍ତି।

ଏପରି ବିଦ୍ୟାର୍ଥୀ ଅପେକ୍ଷାକୃତ ଅଧିକ ସକାରାତ୍ମକ ଆବେଗର ଅନୁଭବ ପାଆନ୍ତି । ସେମାନଙ୍କର ଶିକ୍ଷାଗତ ସାଫଲ୍ୟ ଏବଂ ମାନସିକ ପ୍ରସନ୍ନତା ମଧ୍ୟ ବୃଦ୍ଧି ପାଏ।

କୃତଜ୍ଞତା କେବଳ ଏକ ପରିକଳ୍ପନା ନୁହେଁ, ଏହାର ପରିମାଣାତ୍ମକ ରୂପରେଖ ନିର୍ଦ୍ଧାରଣ କରାଯାଇପାରେ। ଜଣେ ବ୍ୟକ୍ତି ମନରେ କେତେ ପରିମାଣରେ କୃତଜ୍ଞତାବୋଧ ରହିଛି ତାହା ସହଜ ଉପାୟରେ ଜାଣିବା ପାଇଁ ଗୋଟିଏ ସରଳ ପ୍ରଶ୍ନ ପଚରା ଯାଇପାରେ - କେଉଁ କେଉଁ ଘଟଣା ବା ବସ୍ତୁ ଆପଣଙ୍କ ମନର କୃତଜ୍ଞତାଭାବ ସଞ୍ଚାର କରିଛି ? ବ୍ୟକ୍ତିଜଣଙ୍କର ଉତ୍ତରର ସଂଖ୍ୟା ବା ପରିମାଣ କୃତଜ୍ଞତାବୋଧର ମୋଟାମୋଟି ଧାରଣା ଦେଇପାରେ। ଅଧିକ ସଂଖ୍ୟକ ଘଟଣା ପାଇଁ କୃତଜ୍ଞତା ଅନୁଭବ କରୁଥିବା ବ୍ୟକ୍ତିର ଅଧିକ କୃତଜ୍ଞତାବୋଧ ରହିଛି ବୋଲି ବିଚାର କରାଯାଇପାରେ।

ଅନ୍ୟ ଗୋଟିଏ କୌଶଳ ହେଉଛି ଜଣେ ବ୍ୟକ୍ତି ନିଜ ସମ୍ପର୍କରେ ଲେଖିଥିବା ଗଳ୍ପକୁ (କିମ୍ବା ଆତ୍ମଜୀବନୀ) ଆଧାର କରି କୃତଜ୍ଞତାର ଆକଳନ କରାଯାଇପାରେ। ବ୍ୟକ୍ତି ଅନ୍ୟ କାହା ପ୍ରତି ଆନୁଗତ୍ୟ କିମ୍ବା ଋଣୀ ହେବାର ସୂଚନା ଦେଇଛନ୍ତି ତାହା ସହଜରେ କୃତଜ୍ଞତାର ମୂଲ୍ୟ ଦର୍ଶାଇବ।

ଔପଚାରିକ କିମ୍ବା ଅନଔପଚାରିକ ଭାବରେ ବ୍ୟକ୍ତିର ପ୍ରାର୍ଥନାର ପରିଭାଷାକୁ ଲକ୍ଷ୍ୟ କରି ବ୍ୟକ୍ତିର କୃତଜ୍ଞତାବୋଧର ମାତ୍ରା ଆକଳନ କରାଯାଇପାରେ। ମନେ କରାଯାଉ ନିମ୍ନରେ ଦିଆଯାଇଥିବା ତିନୋଟି ବାକ୍ୟ କୁହାଗଲା ଏବଂ ପ୍ରତ୍ୟେକଟି ବାକ୍ୟ ସହିତ ବ୍ୟକ୍ତି କେତେଦୂର ଏକମତ ତାହା ପଚରାଗଲା। ପୂରାପୂରି ଅମତ ହେଲେ ବାକ୍ୟ ପାର୍ଶ୍ୱରେ ୧, ବେଶୀ ଅମତ ପାଇଁ ୨, ଅଳ୍ପ ଅମତ ପାଇଁ ୩, କହିବା କଷ୍ଟକର ପାଇଁ ୪, ଅଳ୍ପ ସହମତି ପାଇଁ ୫, ବେଶୀ ସହମତି ପାଇଁ ୬ ଏବଂ ପୂରାପୂରି

ସହମତି ପାଇଁ ୭ ନମ୍ବର ଦେବା ପାଇଁ ନିର୍ଦ୍ଦେଶ ଦିଆଗଲା। ବାକ୍ୟ ତିନୋଟି ଏହିପରି:

୧. ମୁଁ ନିର୍ଦ୍ଦିଷ୍ଟ ଜିନିଷ ପାଇଁ ଧନ୍ୟବାଦ ଜଣାଉଚି।

୨. ମୁଁ ମୋ ପରିସ୍ଥିତି ପାଇଁ କୃତଜ୍ଞ।

୩. ମୋ ଜୀବନର ଘଟଣା ପାଇଁ ମୁଁ ଈଶ୍ୱରଙ୍କ ନକଟରେ କୃତଜ୍ଞ।

ବ୍ୟକ୍ତି ସୂଚିତ କରିଥିବା ନମ୍ବରଗୁଡ଼ିକ ମିଶାଇଲେ ତାହା ୩ରୁ ୨୧ ମଧ୍ୟରେ ରହିବ । କହିବା ଅନାବଶ୍ୟକ ଯେ ଯୋଗଫଳ ୬ ମଧ୍ୟରେ ରହିଲେ କୃତଜ୍ଞତାର ଘୋର ଅଭାବ ବୁଝିବାକୁ ହେବ। ଯୋଗଫଳ ୭ରୁ ୧୨ ମଧ୍ୟରେ ରହିଲେ କିଛି ପରିମାଣରେ ଅଭାବ ଅଛି ବୋଲି ଧରାଯିବ। ଯୋଗଫଳ ୧୩ରୁ ୧୫ ମଧ୍ୟରେ ରହିଲେ କିଛି ପରିମାଣରେ କୃତଜ୍ଞତାବୋଧ ରହିଛି ଏବଂ ଯୋଗଫଳ ୧୬ କିମ୍ବା ତା'ଠାରୁ ବେଶୀ ହେଲେ ପର୍ଯ୍ୟାପ୍ତ ପରିମାଣରେ କୃତଜ୍ଞତାବୋଧ ରହିବାର ସିଦ୍ଧାନ୍ତ ଗ୍ରହଣ କରାଯିବ।

ସ୍ଥୁଳତଃ ବ୍ୟକ୍ତିଗତ ଜୀବନରେ ପାପ୍ତି ପାଇଁ ସଦାସର୍ବଦା ଅନ୍ୟମାନଙ୍କୁ ସ୍ମରଣ କରିବା ଏବଂ ନିଜର ଶ୍ରଦ୍ଧାଞ୍ଜାପନ କରିବା ଏକ ବିଶେଷ ଧରଣର ମୂଲ୍ୟବୋଧ। ଏହାର ଅନୁକରଣ ଓ ବିକାଶ ପାଇଁ ପ୍ରତ୍ୟେକ ବ୍ୟକ୍ତିର ପ୍ରୟାସ ଆବଶ୍ୟକ। ନିମ୍ନପ୍ରଦତ୍ତ ପ୍ରଶ୍ନାବଳୀ ମାଧ୍ୟମରେ ଆପଣ ନିଜର କୃତଜ୍ଞତାବୋଧର ଆକଳନ କରିପାରନ୍ତି।

ପ୍ରଶ୍ନାବଳୀ

ନିମ୍ନ ଛ'ଟି ବାକ୍ୟ ଦିଆଯାଇଛି। ପ୍ରତ୍ୟେକଟି ବାକ୍ୟ ଭଲ ରୂପେ ପଢ଼ନ୍ତୁ ଏବଂ ଆପଣଙ୍କ ବିଶ୍ୱାସ ଅନୁଯାୟୀ ବାକ୍ୟ ପାର୍ଶ୍ୱରେ ୧ରୁ ୭ ମଧ୍ୟରେ ଥିବା ଗୋଟିଏ ସଂଖ୍ୟା ଲେଖନ୍ତୁ।

ପୂରାପୂରି ଅମତ ହୋଇଥିଲେ ୧ ଲେଖନ୍ତୁ

ଅମତ ହୋଇଥିଲେ ୨ ଲେଖନ୍ତୁ

ସାମାନ୍ୟ ଅମତ ହୋଇଥିଲେ ୩ ଲେଖନ୍ତୁ

ଠିକ୍ କରି ନ ପାରିଲେ ୪ ଲେଖନ୍ତୁ

ଅଳ୍ପ ଏକମତ ହୋଇଥିଲେ ୫ ଲେଖନ୍ତୁ

ବେଶୀ ଏକମତ ହୋଇଥିଲେ ୬ ଲେଖନ୍ତୁ

ପୂରାପୂରି ଏକମତ ହୋଇଥିଲେ ୭ ଲେଖନ୍ତୁ

୧. ଅନ୍ୟ ପାଖରେ ଋଣୀ ହେଲା ଭଳି ଜୀନରେ ବେଶ୍ କିଛି ରହିଛି।

୨. ଜୀବନରେ କୃତଜ୍ଞତା ଅନୁଭବ କରିବାର ଜିନିଷସବୁର ତାଲିକା ପ୍ରସ୍ତୁତ କଲେ ତାଲିକାଟି ଖୁବ୍ ଦୀର୍ଘ ହେବ।

୩. ସଂସାରକୁ ଚାହିଁଲେ କୃତଜ୍ଞତା ପ୍ରକାଶ କରିବା ପାଇଁ ମୁଁ ବେଶ୍ କିଛି ଦେଖେ।

୪. କିଛି ଧରଣର ଲୋକଙ୍କ ପାଖରେ ମୁଁ ଋଣୀ।

୫. ମୋର ବୟସ ବଢ଼ିବା ସଙ୍ଗେ ସଙ୍ଗେ ମୁଁ ଅନୁଭବ କରୁଛି ଯେ ମୋ ଜୀବନ ଇତିହାସର ବଳୟ ମଧ୍ୟକୁ ବହୁଲୋକ ଚାଲି ଆସୁଛନ୍ତି।

୬. ମୋର ଜୀବନର ଗଠନ ଓ ବିକାଶରେ ଅନ୍ୟମାନଙ୍କର ଅବଦାନ ରହିଛି।

ଆପଣ ପ୍ରତିଟି ବାକ୍ୟ ପାଇଁ ସୂଚିତ କରିଥିବା ନମ୍ବର ମିଶାଇବା ପରେ ଯୋଗଫଳ ୬ରୁ ୪୨ ମଧ୍ୟରେ ରହିବ। ଆପଣ ନିମ୍ନମତେ ବ୍ୟାଖ୍ୟା କରିପାରନ୍ତି।

୧୧ରୁ କମ୍ କୃତଜ୍ଞତାବୋଧର ଅଭାବ

୧୧ରୁ ୨୦ ଅଳ୍ପ ପରିମାଣର କୃତଜ୍ଞତାବୋଧ

୨୧ରୁ ୩୦ ଅଧିକ ପରିମାଣର କୃତଜ୍ଞତାବୋଧ

୩୪ରୁ ବେଶୀ ପର୍ଯ୍ୟାପ୍ତ କୃତଜ୍ଞତାବୋଧ।

ଗୋଷ୍ଠୀଗତ ସ୍ୱାଭିମାନ-ଓଡ଼ିଶା ପରିପ୍ରେକ୍ଷୀରେ

ସ୍ୱାଭିମାନ ଶବ୍ଦଟି ଆମର ଦୈନନ୍ଦିନ କଥାବାର୍ତ୍ତାରେ ବହୁବ୍ୟବହୃତ ପରିଭାଷା। କିନ୍ତୁ କ'ଣ ଏହାର ପରିମାଣ ଏବଂ କ'ଣ ଏହାର ବିକାଶର ମାର୍ଗ ଏ ବିଷୟରେ ବହୁଲୋକ ସଚେତନ ନୁହଁନ୍ତି। ଫଳରେ ସ୍ୱାଭିମାନକୁ କେନ୍ଦ୍ରକରି ବହୁ ସମୟରେ ଆମର ବାଦ ବିସମ୍ବାଦ ସୃଷ୍ଟି ହୁଏ। ଓଡ଼ିଆ ହିସାବରେ ଆମର ସ୍ୱାଭିମାନ କମ୍ କି ବେଶୀ ସେ ବିଷୟରେ ତର୍କ ହୁଏ । ସ୍ୱାଭିମାନର ସ୍ତର ଯାହା ହେଉ ନା କାହିଁକି ଏହାର ବିକାଶ ଯେ ଓଡ଼ିଆ ଓ ଓଡ଼ିଶା ପାଇଁ ହିତକର ଏଥିରେ ସନ୍ଦେହ ନାହିଁ। ସୁତରାଂ ସ୍ୱାଭିମାନକୁ ନେଇ କିପରି ବିଜ୍ଞାନ ସମ୍ମତ ପଦ୍ଧତିରେ ଆଲୋଚନା କରାଯାଇ ପାରିବ ଏବଂ ଅଧିକରୁ ଅଧିକ ବିକଶିତ କରାଯାଇ ପାରିବ, ତାହାର ସମୀକ୍ଷା ଗୁରୁତ୍ୱପୂର୍ଣ୍ଣ ମନେ ହୁଏ।

ବ୍ୟକ୍ତିଗତ ସ୍ତରରେ ପ୍ରତ୍ୟେକ ଲୋକର ନିଜ ସମ୍ପର୍କରେ କିଛିଟା ଧାରଣା ଥାଏ। ଏହାକୁ ସ୍ୱପ୍ରତ୍ୟୟ କୁହାଯାଏ। ଶାରୀରିକ ସ୍ୱାସ୍ଥ୍ୟ ଦୃଷ୍ଟିରୁ ସେ ସୁସ୍ଥ କି ଅସୁସ୍ଥ, ମୋଟାମୋଟି ଧାରଣା କରାଯାଏ। ବ୍ୟକ୍ତିର ବୁଦ୍ଧିମତ୍ତା ଉଚ୍ଚ କି ନୀଚ୍ଚ ସ୍ତରର, ତାହାର ମଧ୍ୟ ଧାରଣାକୁ ଆସେ। ସାମାଜିକ ଜୀବନରେ ସେ କେତେ ଦକ୍ଷ ଏ ପ୍ରଶ୍ନର କିଛିଟା ଉତ୍ତର ଥାଏ। ସେ ଅନ୍ୟମାନଙ୍କ ସହ ମିଳିମିଶି ଚଳି ପାରିବ କି ? ଅନ୍ୟମାନଙ୍କ ସହିତ ବେଶ୍ କିଛି ସମୟ କଥାବାର୍ତ୍ତା କରିପାରିବ କି ? ଏହାର ମାନସିକ ଆକଳନ ଥାଏ। ପାରିବାରିକ ପରିପ୍ରେକ୍ଷୀରେ ପରିବାରର ଲୋକମାନେ ତାକୁ ଅଦରକାରୀ କି କ୍ଷତିକାରକ ମନେ କରନ୍ତି କି ପରିବାରର ଏକ ସ୍ତମ୍ଭରୂପେ ବିଚାର କରନ୍ତି ? ଏହି ବିଷୟଗୁଡ଼ିକରେ ପ୍ରତ୍ୟେକଙ୍କର ଏକ ନିଜସ୍ୱ ନୈତିକ ଆକଳନ ମଧ୍ୟ ଥାଏ। ନୀତି ଦୃଷ୍ଟିରୁ ସେ ସବଳ କି ଦୁର୍ବଳ ? ମୋଟ ଉପରେ, ବାସ୍ତବ ଦୃଷ୍ଟିକୋଣରୁ ତା'ର

କେଉଁଠାରେ ଓ କେତେ ସବଳତା ବା ଦୁର୍ବଳତା ରହିଛି, ତାହା ଭିନ୍ନକଥା। ମାତ୍ର ବ୍ୟକ୍ତିର ଏକ ନିଜସ୍ୱ ମୂଲ୍ୟାୟନ ଥାଏ। ଏହାକୁ ଚିହ୍ନଟ କରିବା ଅସାଧ୍ୟ ନୁହେଁ। ନିଜ ସମ୍ପର୍କରେ ଏହି ଧାରଣାସବୁ ଅଧିକ ମାତ୍ରାରେ ସକାରାତ୍ମକ ହୋଇଥିଲେ ବ୍ୟକ୍ତି ନିଜକୁ ଶ୍ରଦ୍ଧାକରେ। ନକାରାତ୍ମକ ହୋଇଥିଲେ ସମସ୍ୟା ସୃଷ୍ଟି ହୁଏ। ଏହି ସକାରାତ୍ମକ ସ୍ୱପ୍ରତ୍ୟୟ ବା ଆତ୍ମଧାରଣା ହେଉଛି ଆତ୍ମମର୍ଯ୍ୟାଦାବୋଧ।

ଆମର ନିଜ ପ୍ରତି ଧାରଣା ବା ସ୍ୱପ୍ରତ୍ୟୟ ଯେପରି ଆମର ଭଲମନ୍ଦ ଅନୁଭୂତିକୁ ପ୍ରଭାବିତ କରେ, ଆମର ଗୋଷ୍ଠୀଗତ ପ୍ରତ୍ୟୟ ବା ଧାରଣା ମଧ୍ୟ ଆମକୁ ବେଶ୍ ପ୍ରଭାବିତ କରେ।

ଗୋଷ୍ଠୀ ସହିତ ସମ୍ପୃକ୍ତ ହେବା ପ୍ରତି ମଣିଷର ଏକ ସହଜାତ ପ୍ରବୃତ୍ତି। ଏକାଠି ରହିବା, ଏକାଠି କାମ କରିବା ଏବଂ ସଂଗ୍ରାମ କରିବା ମାଧ୍ୟମରେ ମଣିଷ ନିର୍ଦ୍ଦିଷ୍ଟ ଗୋଷ୍ଠୀର ଦଳଭୁକ୍ତ ହୁଏ। ଏପରିକି ଏକାଠି ଖାଇବା ଏବଂ ଏକାଠି ବୁଲିଯିବା ପରି ସହଜ ମାଧ୍ୟମ ବି ଗୋଷ୍ଠୀଗଠନର କାରଣ ହୋଇପାରେ। କିପରି ଭାବରେ ମାମୁଲି କାମ ମାଧ୍ୟମରେ ଲୋକମାନେ ଦଳକୁ ଆପଣେଇ ନିଅନ୍ତି, ତାହାର ଏକ ସରଳ ଉଦାହରଣ ଦିଆଯାଇପାରେ ।

ଧରାଯାଉ ବହୁସଂଖ୍ୟକ ଲୋକଙ୍କୁ ଗୋଟିଏ ଧାଡ଼ିରେ ଲମ୍ବାକରି ଠିଆ ହେବାକୁ କୁହାଗଲା। ଧାଡ଼ି ଆରମ୍ଭରୁ ୧ରୁ ୫ ପର୍ଯ୍ୟନ୍ତ ଉଚ୍ଚାରଣ କରିବାକୁ କୁହାଗଲା। ଏହି ଭିତ୍ତିରେ ଉପସ୍ଥିତ ଥିବା ସମସ୍ତ ଲୋକଙ୍କୁ ପାଞ୍ଚୋଟି ଦଳରେ ବିଭକ୍ତ କରାଗଲା। ପୁଣି ଧରାଯାଉ ଯେ ପ୍ରଥମ ଦଳଟିକୁ ଲାଲ, ଦିତୀୟ ଦଳକୁ ହଳଦିଆ, ତୃତୀୟଟିକୁ ନାରଙ୍ଗୀ, ଚତୁର୍ଥଟିକୁ ଗୋଲାପୀ ଏବଂ ପଞ୍ଚମଦଳଟିକୁ ବାଇଗଣୀ ନାମ ଦିଆଗଲା। ଦଳଗୁଡ଼ିକୁ ଏହି ନାମ ନେଇ କିଛି ସମୟ ଲାଗି କୁଇଜ୍ ପ୍ରତିଯୋଗିତାରେ ଭାଗ ନେଲେ। କୁଇଜ୍ ପ୍ରତିଯୋଗିତାର ଅଳ୍ପ ସମୟ ପରେ ସେମାନଙ୍କୁ ଏହି ପାଞ୍ଚୋଟି ରଙ୍ଗର ବୃତ୍ତ ଦେଖାଇଦିଆଗଲା । ଆକର୍ଷଣଶୀଳତାର ଏହି କ୍ରମ ଅନୁଯାୟୀ ବୃତ୍ତଗୁଡ଼ିକୁ ସଜାଇବାକୁ ପ୍ରତ୍ୟେକ ବ୍ୟକ୍ତିକୁ ଅଲଗା ଅଲଗା କୁହାଗଲା।

ବ୍ୟକ୍ତିମାନେ କେଉଁ ଉତ୍ତର ଦେଇଥିବେ ବୋଲି ଆପଣ ଭାବୁଛନ୍ତି ? ଆପଣ ମନେ କରିପାରନ୍ତି ଯେ, ରଙ୍ଗ ପସନ୍ଦ କ୍ଷେତ୍ରରେ ବ୍ୟକ୍ତି ବ୍ୟକ୍ତି ମଧ୍ୟରେ ଆଖିଦୃଷିଆ ପାର୍ଥକ୍ୟ ଥିବାରୁ ଭିନ୍ନ ଲୋକ ବିଭିନ୍ନ ରଙ୍ଗକୁ ନିଜର ପ୍ରିୟ ବୃତ୍ତ ବୋଲି ଦର୍ଶାଇବେ। ମାତ୍ର ଦେଖାଗଲା ଯେ, ନାରଙ୍ଗୀ ରଙ୍ଗର ଦଳରେ ଅନ୍ତର୍ଭୁକ୍ତ ହୋଇଥିବା ଲୋକମାନେ ନାରଙ୍ଗୀ ବୃତ୍ତକୁ ଅଧିକ ପସନ୍ଦ କରୁଛନ୍ତି। ସେହିପରି ଗୋଲାପୀ ରଙ୍ଗର ଦଳରେ ରହିଥିବା ଲୋକମାନେ ଗୋଲାପୀ ରଙ୍ଗକୁ ସେମାନଙ୍କ ତାଲିକାରେ ପ୍ରଥମ ସ୍ଥାନ ଦେଉଛନ୍ତି।

ଅଳ୍ପକେତେ ସମୟର କୁଇଜ୍ ପ୍ରତିଯୋଗିତାରେ ସମୟ କାଟିବାର ଅନୁଭୂତି ସେମାନଙ୍କର ସାମାଜିକ ପ୍ରବୃତ୍ତିକୁ ଅନାବୃତ୍ତ କରୁଛି।

ଗୋଷ୍ଠୀ ପରିଚିତି ଏବଂ ମଞ୍ଚକଥାକୁ ଭିତ୍ତି କରି ଓଡ଼ିଶାର ଭୌଗୋଳିକ ସ୍ଥିତି, ଇତିହାସ, ପରମ୍ପରା, ଐତିହ୍ୟ ଓ ସଫଳତାକୁ କେନ୍ଦ୍ରକରି ଆମର ସମ୍ପୃକ୍ତିକୁ ବିଚାର କରାଯାଇପାରେ। ସ୍ୱାଭାବିକ ଭାବରେ ଆମର ଗୋଷ୍ଠୀ ପରିଚିତି ସ୍ୱାଭିମାନ ଗଭୀର ହେବାର କଥା। କିନ୍ତୁ ଗଭୀରତାର ଆକଳନ ପୂର୍ବରୁ ଆମକୁ ଏକ ବିଜ୍ଞାନ ସମ୍ମତ ଉପାୟରେ ଆକଳନ ପଦ୍ଧତି ପ୍ରୟୋଗ କରିବାକୁ ହେବ।

ମନୋବିଜ୍ଞାନୀମାନେ ଏକ ସବୁଜ ଓ ସରଳ ଉପାୟରେ ଗୋଷ୍ଠୀଗତ ସ୍ୱାଭିମାନର ସ୍ତର ନିର୍ଦ୍ଧାରଣ କରନ୍ତି। ଏହାକୁ ବିଂଶ ବାକ୍ୟ ପଦ୍ଧତି ବା 'ମୁଁ କିଏ ?' ପଦ୍ଧତି କୁହାଯାଏ । ଏହି ପଦ୍ଧତି ଅନୁଯାୟୀ ବ୍ୟକ୍ତିକୁ 'ମୁଁ' ଆରମ୍ଭରେ ରଖି କୋଡ଼ିଏଟି ବାକ୍ୟ ଗଠନ କରିବାକୁ କୁହାଯାଏ। ଅନ୍ୟ ପ୍ରକାରରେ କହିଲେ, 'ମୁଁ କିଏ ?' ପ୍ରଶ୍ନର ଉତ୍ତର କୋଡ଼ିଏଟି ବାକ୍ୟରେ ପ୍ରକାଶ କରିବାକୁ କୁହାଯାଏ।

ଏପରି ପରିମାପର ସମ୍ମୁଖୀନ ହେଲେ ଲୋକମାନେ ସାଧାରଣତଃ କ'ଣ କରନ୍ତି ? ଦେଖାଯାଇଛି ଯେ, ଏସିଆ ଓ ଆଫ୍ରିକାର ଲୋକମାନେ ସାଧାରଣତଃ ଗୋଷ୍ଠୀମୁଖୀ। ସେମାନେ କୋଡ଼ିଏଟି ବାକ୍ୟ ଲେଖିବା ସମୟରେ ପ୍ରଥମରୁ ବେଶୀ ସଂଖ୍ୟକ ଗୋଷ୍ଠୀସଂଶ୍ଳିଷ୍ଟ ବାକ୍ୟସବୁ ଦିଅନ୍ତି (ଯଥା - ମୁଁ ଜଣେ ପୁରୁଷ; ମୁଁ ଜଣେ ଭାରତୀୟ; ମୁଁ ଓଡ଼ିଆ. ମୁଁ ଭୁବନେଶ୍ୱର ନିବାସୀ... ଇତ୍ୟାଦି ଇତ୍ୟାଦି)। ଅନ୍ୟପକ୍ଷରେ ପାଶ୍ଚାତ୍ୟ ଦେଶଗୁଡ଼ିକ ମୁଖ୍ୟତଃ ବ୍ୟକ୍ତିକୈନ୍ଦ୍ରିକ । ଏସବୁ ଦେଶର ଲୋକମାନେ ଅଧିକ ପରିମାଣରେ ବ୍ୟକ୍ତି-ସଂଶ୍ଳିଷ୍ଟ ବାକ୍ୟ ଦିଅନ୍ତି (ଯଥା - ମୁଁ ଜଣେ ଭିନ୍ନ ଭିନ୍ନ ପ୍ରକୃତିର ମଣିଷ, ମୁଁ ଖେଳପ୍ରିୟ; ମୁଁ ଅଳସୁଆ... ଇତ୍ୟାଦି ଇତ୍ୟାଦି)। ବିଶେଷତଃ ଆରମ୍ଭରୁ ଅଧିକ ବ୍ୟକ୍ତିକୈନ୍ଦ୍ରିକ ବାକ୍ୟ ସ୍ଥାନ ପାଏ।

ଏ ପଦ୍ଧତିଟି ଅବତାରଣା କରିବାର ଉଦ୍ଦେଶ୍ୟ ହେଉଛି ଯେ ଏହାର ପ୍ରୟୋଗ କରି ଆପଣ ଅନେକ କଥା ଜାଣିପାରିବେ। ବ୍ୟକ୍ତିସ୍ତରରେ ଆପଣ ଜାଣିପାରିବେ ଯେ ଏହି ମାପକଟି ଅନୁସାରେ ଉତ୍ତର ଦେଇଥିବା ବ୍ୟକ୍ତିଟି କେତେ ପରିମାଣରେ ଓଡ଼ିଆ ଓ ଓଡ଼ିଆ ସହିତ ସଂପୃକ୍ତି ଦର୍ଶାଉଛି। ଅବଶ୍ୟ ଏହା ବ୍ୟତୀତ ଏ ପ୍ରକାର ବିଶ୍ଳେଷଣ ବ୍ୟକ୍ତି ସମ୍ପର୍କରେ ଆଉ କେତେକ ସୂଚନା ଦେଇଥାଏ। ଲୋକଟିର ବ୍ୟକ୍ତିଗତ ବୈଶିଷ୍ଟ୍ୟ (ନାମ, ବୟସ, ଲିଙ୍ଗ, ଧର୍ମ) ଜଣାଯାଏ। ଲୋକଟିର ପେସା, ରୁଚି, ଆଗ୍ରହ, ଅନାଗ୍ରହ, ବନ୍ଧୁ ବଳୟ ମଧ୍ୟ ଚିହ୍ନଟ କରାଯାଇପାରେ। ବ୍ୟକ୍ତିଗତ ମୂଲ୍ୟବୋଧ (ମାନବିକତା, ସମ୍ବେଦନଶୀଳତା ଇତ୍ୟାଦି) ପ୍ରତିଫଳିତ ହୋଇପାରେ। ବିଷୟା ସମ୍ପତ୍ତି (ମୁଁ କାର୍

ମାଲିକ, କମ୍ପାନୀ ମାଲିକ) ସମ୍ପର୍କରେ ଆଭାସ ମିଳେ। ବ୍ୟକ୍ତିଗତ ବୈଶିଷ୍ଟ୍ୟର (ଯଥା - ସଦ୍‌ଗୁଣ, ବଦ୍‌ଗୁଣ) ସୂଚନା ମିଳେ। ଆମେ ବିଜ୍ଞାନ ସମ୍ମତ ଉପାୟରେ ଜଣେ ବ୍ୟକ୍ତି ବିଷୟରେ ଯେପରି ଜାଣିପାରୁ, ଗୋଟିଏ ଗୋଷ୍ଠୀ ସମ୍ପର୍କରେ ମଧ୍ୟ ପରିଚିତ ହେବା ସମ୍ଭବପର ହୁଏ। ଧରାଯାଉ ଶହେ ଜଣ ଓଡ଼ିଆ ଲୋକଙ୍କୁ ଏପରି ଏକ ପରିମାପକ ଦିଆଗଲା। ଦୁଇଟି ବେଶ୍ ତାତ୍ପର୍ଯ୍ୟପୂର୍ଣ୍ଣ ପ୍ରଶ୍ନ ହେଉଛି; କେତେ ପ୍ରତିଶତ ଲୋକ 'ମୁଁ ଓଡ଼ିଆ' ବାକ୍ୟଟି ଲେଖିଛନ୍ତି ? ଦ୍ୱିତୀୟତଃ 'ମୁଁ ଓଡ଼ିଆ' ବୋଲି ଲେଖିଥିବା ବ୍ୟକ୍ତିମାନେ ସେମାନଙ୍କ ତାଲିକାରେ କେଉଁ ସ୍ଥାନରେ ଏହି ବାକ୍ୟଟିକୁ ସ୍ଥାନିତ କରିଛନ୍ତି ? ଏତଦ୍‌ବ୍ୟତୀତ ଓଡ଼ିଆ ଭାଷା ସଂସ୍କୃତି ଏବଂ ଓଡ଼ିଶାର ଐତିହ୍ୟ ଓ ଗୌରବ ସମ୍ପର୍କରେ କେତେ କେତେ ବାକ୍ୟ ସମଗ୍ର ସର୍ବେକ୍ଷଣ ଦଳରେ କେତେ ପ୍ରତିଶତ ସ୍ଥାନ ପାଇଛି ?

ସର୍ବେକ୍ଷଣର ଫଳାଫଳ ଆପଣମାନେ ଅନୁମାନ କରନ୍ତୁ। ବର୍ତ୍ତମାନ ଅପସଂସ୍କୃତି ଯେପରି ଧସେଇ ପଶୁଛି, ସେଥିରେ ସ୍ୱାଭିମାନ ବିପର୍ଯ୍ୟସ୍ତ ହେବା ସ୍ୱାଭାବିକ। ଅଧିକ ଗୁରୁତ୍ୱପୂର୍ଣ୍ଣ ହେଉଛି ସ୍ୱାଭିମାନର ସୁରକ୍ଷା ଓ ବିକାଶ ଲାଗି ଆମେ କ'ଣ କରିପାରିବା ? ମନସ୍ତାତ୍ତ୍ୱିକ ଦୃଷ୍ଟିକୋଣରୁ କେତୋଟି ମାର୍ଗଦର୍ଶନର ଅବତାରଣା କରାଯାଇପାରେ।

ସ୍ୱାଭିମାନର ବ୍ୟବହାରିକ ଉତ୍ସ ଓ ବିକାଶ -

କେଉଁ ସବୁ ପାରିପାର୍ଶ୍ୱିକ ଅବସ୍ଥା ଆମର ସ୍ୱାଭିମାନକୁ ଉଚ୍ଚତର କରୁଛି - ସେସବୁକୁ ଚିହ୍ନଟ କରିବା ସାଧାରଣ ଲୋକ ପକ୍ଷରେ ମଧ୍ୟ ସମ୍ଭବ। କିନ୍ତୁ ଏଥିରେ ବାଞ୍ଛନୀୟ ପରିବର୍ତ୍ତନ ଆଣିବା ହିଁ ପ୍ରକୃତରେ ସ୍ୱାଗତଯୋଗ୍ୟ।

ଆମର ବିକାଶକାଳୀନ ପର୍ଯ୍ୟାୟରେ ପ୍ରଥମେ ପରିବାର ହିଁ ଆସିଥାଏ। ପରିବାରରେ ପିତାମାତା ଓ ଅନ୍ୟମାନେ ଶିଶୁର ମନୋଭାବ ଗଠନ କରିଥାଆନ୍ତି। ଶିଶୁ କ'ଣ ଭଲ ପାଇବ ଏବଂ କ'ଣ ପସନ୍ଦ କରିବ ନାହିଁ ତାହାର ମୂଳଦୁଆ ପକାନ୍ତି। ଏ କ୍ଷେତ୍ରରେ ମୌଳିକ ପ୍ରଶ୍ନ ହେଉଛି - ବାପା, ମା ଓ ପରିବାରର ଅନ୍ୟ ସବୁ ଗୁରୁଜନମାନେ ଓଡ଼ିଆ ଭାଷା ଓ ଓଡ଼ିଆ ସଂସ୍କୃତିକୁ କେତେ ଭଲ ପାଆନ୍ତି ? ଘରେ ଓଡ଼ିଆ ଖବରକାଗଜ କିଣା ହୁଏ କି ? ଘରର ପାଠାଗାରରେ କେତେ ପ୍ରତିଶତ ଓଡ଼ିଆ ବହି ସ୍ଥାନ ପାଏ ? ଓଡ଼ିଶାର କଳା, ସ୍ଥାପତ୍ୟ, ସଂସ୍କୃତି, ସାହିତ୍ୟ କେତେ ଆଲୋଚନା ହୁଏ ? ଓଡ଼ିଆରେ କଥା କହିବାକୁ ପିତାମାତା ଉତ୍ସାହିତ କରନ୍ତି କି ?

ଲେଖକଙ୍କର ନିଜସ୍ୱ ଅନୁଭବ ରହିଛି ଯେ, କେତେ ପିତାମାତା ସେମାନଙ୍କର ପିଲାମାନେ ଓଡ଼ିଆରେ କଥାବାର୍ତ୍ତା କରିବା କାରଣରୁ କେବଳ ଇଂରାଜୀରେ କଥାଭାଷା ହେଉଥିବା ଇଂରାଜୀ ମାଧ୍ୟମ ବିଦ୍ୟାଳୟକୁ ସ୍ଥାନାନ୍ତର କରନ୍ତି। ସେମାନେ ଗର୍ବର ସହିତ କହନ୍ତି ଯେ, ବିଦ୍ୟାଳୟରେ କଥାଭାଷାର ମାଧ୍ୟମ କେବଳ ଇଂରାଜୀ ହେବା

ଉଚିତ। ଅନ୍ୟଥା ପିଲାମାନଙ୍କର ଇଂରାଜୀ ଭାଷାଜ୍ଞାନ ଦୁର୍ବଳ ହେବ ଏବଂ ଭବିଷ୍ୟତରେ ପେସାଗତ ଦକ୍ଷତା କମିଯିବ। ଏବେ ଦେଖାଯାଉଛି ଯେ ବହୁ ଓଡ଼ିଆ ପରିବାରର ପିଲାମାନେ ଓଡ଼ିଆ ବହି ପଢ଼ିପାରନ୍ତି ନାହିଁ; ଓଡ଼ିଆ ବର୍ଣ୍ଣମାଳା ସହିତ ସେମାନଙ୍କର ପରିଚିତି ନାହିଁ। କହିବା ବାହୁଲ୍ୟ ଯେ, ମା' ବାପାମାନେ ଗର୍ବର ସହିତ କହନ୍ତି, ତାକୁ କଅଣ ଓଡ଼ିଆ ଲେଖି ପଢ଼ି ଆସେ କି !

ଲେଖକଙ୍କର କାନାଡ଼ାରେ ଅବସ୍ଥାନ ସମୟରେ ନିଜସ୍ୱ ଅନୁଭୂତି ରହିଛି ଯେ, ଯୁକ୍ତରାଷ୍ଟ୍ର ଆମେରିକା ଓ କାନାଡ଼ାରେ ପରିବାର ମଧ୍ୟରେ ଅନେକ ପିତାମାତ ସେମାନଙ୍କ ପିଲାମାନଙ୍କ ସହିତ ଇଂରାଜୀରେ କଥାବାର୍ତ୍ତା କରନ୍ତି। ଫଳରେ ଏପରି ପିଲାମାନେ ଓଡ଼ିଆ ଶିକ୍ଷା କରିପାରନ୍ତି ନାହିଁ। ପିତାମାତା ଓଡ଼ିଶା ଆସିଲେ ପିଲାମାନେ ଓଡ଼ିଶା ଆସିବାକୁ ଆଗ୍ରହୀ ନୁହନ୍ତି, କାରଣ ଏଠାରେ ଜେଜେ ବାପା, ଜେଜେମା', ଅଜା, ଆଈ ଓ ଅନ୍ୟ ପ୍ରିୟଜନଙ୍କ ସହିତ ଓଡ଼ିଆରେ କଥାବାର୍ତ୍ତା କରିବାକୁ ପଡ଼ିବ। ଅନ୍ୟ ପକ୍ଷରେ ଗୋଟିଏ ବଙ୍ଗାଳୀ ପରିବାର ଦେଖିଲେ, ସେଥିରେ ଘରେ ବାପା ମା' ମୁଖ୍ୟତଃ ମାତୃଭାଷା ବଙ୍ଗଳାରେ କଥାଭାଷା ହୁଅନ୍ତି । ପିଲାମାନେ ଲିଖିତ ଭାଷା ନ ଶିଖିଲେ ମଧ୍ୟ ମାତୃଭାଷାରେ କଥା କହି ପାରୁଥିବାରୁ ଭାରତ ଆସିଲେ ସମୟ କଟାଇ ସ୍ୱଦେଶରେ ଚଳିବା ଉପଭୋଗ୍ୟ ହୁଏ। ଓଡ଼ିଆ ପରିବାରର ପିଲାମାନେ ଏ କ୍ଷେତ୍ରରେ ବଂଚିତ ହୁଅନ୍ତି।

ପିଲା ମନରେ ଭାଷାକୁ ଭଲ ପାଇବା ଏବଂ ଜନ୍ମ ମାଟିକୁ ଭଲ ପାଇବାର ସବୁଠାରୁ ଶକ୍ତିଶାଳୀ ମାଧ୍ୟମ ହେଉଛି ବିଦ୍ୟାଳୟ। ଇଂରାଜୀ ମାଧ୍ୟମ ସ୍କୁଲରେ ମଧ୍ୟ ଓଡ଼ିଶାର ପୂର୍ଣ୍ଣ ଅବୟବ ଶିକ୍ଷା କରାଯାଇପାରିବ। ଉତ୍କଳର ବରପୁତ୍ରମାନଙ୍କର ଜୀବନୀ ଓ ଆଦର୍ଶ ଆଲୋଚିତ ହୋଇପାରିବ। ସ୍ୱାଭିମାନ-ଆଭିମୁଖ୍ୟ ବାତାବରଣ ପାଇଁ ସହାୟକ ମନୋବୃତ୍ତି ଆବଶ୍ୟକ ।

ପିଲା ହେଉ ବା ବଡ଼ ହେଉ, ସ୍ୱାଭିମାନ ଗଠନ ଓ ବିକାଶର ଏକ ଶକ୍ତିଶାଳୀ ଚୁମ୍ବକୀୟ ଶକ୍ତି ହେଉଛି ଆମ ଜୀବନର ଅନୁକରଣୀୟ ବ୍ୟକ୍ତିତ୍ୱ। ଆମେ ଯେଉଁମାନଙ୍କୁ ଶ୍ରଦ୍ଧାକରୁ, ସମ୍ମାନ ଦେଉ ଏବଂ ଅନୁକରଣୀୟ ମନେ କରୁ, ସେମାନଙ୍କର ସ୍ୱାଭିମାନୀ କାର୍ଯ୍ୟପନ୍ଥାର ଉଦାହରଣ ହିଁ ଆମର ପ୍ରେରଣା। ଏହା ଆମର ମାନସିକତାରେ ସେହି ବ୍ୟକ୍ତିତ୍ୱର ପ୍ରଭାବ ଏମିତି ପକାଏ, ସେହି ଦେଶପ୍ରେମ, ଭାଷା ଓ ଭାବ ଆମକୁ ଅନୁକରଣରୁ ପ୍ରକୃତ ଓଡ଼ିଆ ପ୍ରୀତି ଜାଗରଣ କରେ।

ନିଜର ଭାଷା ସାହିତ୍ୟ ଓ ସଂସ୍କୃତି ପ୍ରତି ଶ୍ରଦ୍ଧା ଓ ଅନୁରାଗ ମାଧ୍ୟମରେ ହିଁ ସ୍ୱାଭିମାନର ବିକାଶ ସମ୍ଭବ। ଆମକୁ ନିଜକୁ ଓ ଅନ୍ୟମାନଙ୍କୁ ବୁଝାଇବାକୁ ହେବ

ଯେ, ଓଡ଼ିଆଭାଷା ଓଡ଼ିଶାକୁ ଭଲପାଇବା ଏକ ଦୁର୍ବଳତା ନୁହେଁ। ଆମେ ଜୀବନରେ ଗୁଣାତ୍ମକ ପରିବର୍ତ୍ତନ ପାଇଁ ଏହା ପ୍ରୟୋଜନ। ପୂର୍ବେ ଆମେରିକାର ଲୋକମାନେ ଦୁଇଟି କିମ୍ବା ତିନୋଟି ଭାଷା ଶିକ୍ଷା କରିବାର ନୀତିକୁ ବୋଝ ବୋଲି ମନେ କରୁଥିଲେ। ଏବେ ଏପରି ମନୋଭାବର ପରିବର୍ତ୍ତନ ଆସିଛି। ମୂଳରୁ ଉଇରୋପୀୟମାନେ ନିଜ ଦେଶର ଭାଷା ସହିତ ଅନ୍ୟ ଗୋଟିଏ ଇଉରୋପୀୟ ଭାଷା ଶିକ୍ଷା କରୁଥିଲେ। ଏବେ ମଧ୍ୟ କରୁଛନ୍ତି। ଏବେ ସ୍ନାୟୁବିଜ୍ଞାନର ଗବେଷଣା ଲବ୍ଧ ତଥ୍ୟ ହେଉଛି, ଯେଉଁମାନେ ଏକାଧିକ ଭାଷା ଶିକ୍ଷାକରନ୍ତି, ସେମାନଙ୍କର ମସ୍ତିଷ୍କର କାର୍ଯ୍ୟରତ ବାମ ଗୋଲାର୍ଦ୍ଧ ପରି ଦକ୍ଷିଣ ଗୋଲାର୍ଦ୍ଧ ବି ସକ୍ରିୟ ହୋଇପଡ଼େ। ଫଳରେ ବିସ୍ମରଣ ରୋଗ ବା ଆଲ୍‌ଝେମ୍‌ର ରୋଗରେ ପଡ଼ିବାର ସମ୍ଭାବନା କମିଯାଏ।

ଆମର ମାତୃଭାଷାର ଶିକ୍ଷା ଓ ବିକାଶ ଆମର ଇଂରାଜୀ କିମ୍ବା ହିନ୍ଦୀ ଶିକ୍ଷାର ଅଭିବୃଦ୍ଧିକୁ ବ୍ୟାହତ କରିବ ନାହିଁ। ଏକ ଆନ୍ତର୍ଜାତୀୟ ଭାଷା ହିସାବରେ ଆମେ ଇଂରାଜୀର ଆବଶ୍ୟକ ଦକ୍ଷତା ହାସଲ କରିପାରିବୁ। ଓଡ଼ିଆ ଭାଷାଜ୍ଞାନ ଏ ଦିଗରେ ବାଧକ ନ ହୋଇ ବରଂ ପରିପୂରକ ହେବ। ମୋଟ ଉପରେ ସ୍ୱାଭିମାନ କେବଳ ଏକ ସ୍ଲୋଗାନ ନୁହେଁ, ଏହା ମଣିଷ ମନର ଏକ ସହଜାତ ସାମାଜିକ ପ୍ରବୃତ୍ତି। ମାନସିକ ସାମ୍ୟତା ଓ ସୁଖାନୁଭୂତି ପାଇଁ ଏହା ଏକ ଅପରିହାର୍ଯ୍ୟ ମାଧ୍ୟମ।

■

ଆବେଗିକ ଶୈଳୀର ବିକାଶ

ଶୈଶବରୁ ପିଲାମାନଙ୍କର ମିଜାଜ ଓ ଆବେଗିକ ଶୈଳୀ ସହଜରେ ଧରାପଡ଼େ। ସେମାନେ ଭୟାଳୁ କି ନିର୍ଭୀକ, ଅଳ୍ପଭାଷୀ କି ବହୁଭାଷୀ ଏବଂ ଲଜ୍ଜାଶୀଳ କି ଆରୁଆ, ତାହା ସ୍ପଷ୍ଟ ରୂପେ ପରିଦୃଷ୍ଟ ହୁଏ। ଶୈଶବ ଅବସ୍ଥାରେ ଜୀବନାନୁଭୂତି ସୀମିତ ହୋଇଥିବାରୁ ପରିଦୃଷ୍ଟ ଆବେଗିକ ଶୈଳୀକୁ ଜିନ୍‌ର ପ୍ରଭାବ ବୋଲି ଅନେକ ଲୋକ ଧରିନିଅନ୍ତି। ପୁଣି ଶୈଶବରେ ପରିଦୃଷ୍ଟ ଶୈଳୀ କିଶୋର ଓ ଯୌବନକାଳରେ ମଧ୍ୟ ପ୍ରକାଶିତ ହେଉଥିବାରୁ ଜିନ୍‌ର ପ୍ରଭାବ ସମ୍ପର୍କରେ ଧାରଣା ଅଧିକ ଦୃଢ଼ ହୁଏ।

ଦୂର ଅତୀତରେ ଜିନ୍ ଓ ବଂଶାନୁଗତିର ପ୍ରଭାବ ଜାଣିବା ପାଇଁ ମୁଖ୍ୟତଃ ଯମଜମାନଙ୍କ ଉପରେ ଗବେଷଣା କରାଯାଉଥିଲା। ଏହା ଅତି ସାଧାରଣ କଥା ଯେ ଦୁଇପ୍ରକାର ଯମକ ଜନ୍ମଗ୍ରହଣ କରନ୍ତି : ସମରୂପ ଯମଜ ଓ ଭାତୃକ ଯମଜ। ସମରୂପ ଯମଜ (Identical Twins) ଗୋଟିଏ ଡିମ୍ବରୁ ଜନ୍ମ ନେଉଥିବାରୁ ଏମାନଙ୍କୁ ଏକ ଡିମ୍ବଜ ଯମଜ କୁହାଯାଇପାରେ । ଅନ୍ୟ ପକ୍ଷରେ ଭାତୃକ ଯମଜମାନେ ଦୁଇଟି ଡିମ୍ବରୁ ଜନ୍ମ ନେଉଥିବାରୁ ଏମାନଙ୍କୁ ଦ୍ୱି-ଅଣ୍ଡ ଯମଜ କୁହାଯାଇପାରେ। ଏହା ସହଜରେ ଅନୁମେୟ ଯେ ସମରୂପୀ ଯମଜମାନଙ୍କ କ୍ଷେତ୍ରରେ ଜିନ୍‌ଗତ ସମ୍ପର୍କ ଅପେକ୍ଷାକୃତ ଅଧିକ। ସୁତରାଂ ସମରୂପୀ ଯମଜମାନଙ୍କ ସହିତ ଭାତୃକ ଯମଜମାନଙ୍କର ଗୁଣବତ୍ତାର ସାଦୃଶ୍ୟ କିମ୍ବା ବୈଷମ୍ୟର ତୁଳନା କରାଯାଇ ଜିନ୍‌ର ଭୂମିକା ନିର୍ଦ୍ଧାରଣ କରାଯାଇଛି। ଯମଜମାନେ କେତେ ମାତ୍ରାରେ ଶାନ୍ତ କି ଅଶାନ୍ତ, ଭୀରୁ କି ସାହସୀ, ସ୍ଥିର କି ଅସ୍ଥିର ଏବଂ କଥନପ୍ରିୟ କି ଚୁପ୍‌ଚାପ୍, ତାହା ଆକଳନ କରାଯାଇ ଜିନ୍‌ର ପ୍ରଭାବ ନିର୍ଦ୍ଧାରଣ କରାଯାଇଛି। ଏ ଦୃଷ୍ଟିରୁ ଜିନ୍‌ର ଭୂମିକା ନିର୍ଦ୍ଧାରଣରେ ଯମକ ଅଧ୍ୟୟନ ଏକ ନିର୍ଭରଯୋଗ୍ୟ ମାର୍ଗର ରୂପ ନେଇଛି।

ଅତୀତର ଗବେଷଣାରୁ ଦେଖାଯାଇଛି ଯେ ମନୁଷ୍ୟର ଗୁଣ ବା ବ୍ୟକ୍ତିତ୍ୱ କ୍ଷେତ୍ରରେ

ଜିନ୍ ୨୦ରୁ ୬୯ ପ୍ରତିଶତ ପ୍ରଭାବ ସୃଷ୍ଟି କରିଥାଏ। ଅନ୍ୟ ଭାଷାରେ କହିଲେ ବୁଝାଯିବ ଯେ ମାନବୀୟ ବ୍ୟକ୍ତିତ୍ୱର ଏକ-ପଞ୍ଚମାଂଶରୁ ତିନି-ପଞ୍ଚମାଂଶ ଜିନ୍ ନିର୍ଦ୍ଧାରଣ କରିଥାଏ। ଏପରି ଭୂମିକାକୁ ଅଳ୍ପ କି ବେଶୀ କୁହାଯିବ ? ଏହା ବିଚାରକର ଦୃଷ୍ଟିଭଙ୍ଗୀ ଉପରେ ନିର୍ଭର କରେ। ଜିନ୍‌ର କାର୍ଯ୍ୟକାରିତା ଉପରେ ଦୃଢ଼ ବିଶ୍ୱାସ ରଖୁଥିବା ବିଶେଷଜ୍ଞମାନେ ୧୦୦ ପ୍ରତିଶତରୁ ସାମାନ୍ୟ ବିଚ୍ୟୁତି ଗ୍ରହଣ କରିବାକୁ ଅସମ୍ମତ ହେବେ। ଅନ୍ୟପକ୍ଷରେ ପରିବେଶ ଓ ବାହ୍ୟ ଅବସ୍ଥା ଉପରେ ଆସ୍ଥା ରଖୁଥିବା ବ୍ୟକ୍ତିମାନେ ୨୦ ପ୍ରତିଶତ ପ୍ରଭାବକୁ ମଧ୍ୟ ମାତ୍ରାଧିକ ପ୍ରଭାବ ବୋଲି ବିଚାର କରିବେ।

ଏହା ସତ୍ୟ ଯେ ବର୍ତ୍ତମାନ ଜିନ୍ ଗବେଷଣାର ଅଭୁତପୂର୍ବ ବିକାଶ ଘଟିଛି। ବଂଶାନୁକୃତି ମାଧ୍ୟମରେ ଆମେ ଗ୍ରହଣ କରୁଥିବା DNA ଆମର ଗୁଣାବଳୀକୁ ରୂପ ଦେଉଛି । କିନ୍ତୁ ଆମଠାରେ ପରିଦୃଷ୍ଟ ବ୍ୟକ୍ତିତ୍ୱ ଓ ବ୍ୟବହାର ଯେ ପୂର୍ଣ୍ଣମାତ୍ରାରେ ଜିନ୍-ନିର୍ଦ୍ଧାରିତ, ଏପରି ବିଚାର ପୂରାପୂରି ଅମୂଳକ। ଉଦାହରଣ ସ୍ୱରୂପ, ଶୀଜୋଫ୍ରେନିୟା ବା ଚିତ୍ରଭଂଶୀ ବାତୁଳତାର କଥା ବିଚାର କରାଯାଉ। ବିଶେଷଜ୍ଞମାନେ ଏ ଉତ୍କଟ ମାନସିକ ରୋଗର କାରଣ ପରିପ୍ରେକ୍ଷୀରେ ବଂଶାନୁଗତିର ସୂଚନା ଦେଇଛନ୍ତି। କିନ୍ତୁ ଗୋଟିଏ ସମରୂପୀ ଯମଜର ଏହି ରୋଗଟି ରହିଥିଲେ ଅନ୍ୟ ଯମଜଟିର ରୋଗ ସମ୍ଭାବନା ୫୦ ପ୍ରତିଶତ ହିଁ ରହିବ। ସେହିପରି ଡିପ୍ରେସନ୍ ବା ବିଷାଦ କ୍ଷେତ୍ରରେ ନାରୀମାନଙ୍କର ଜିନ୍ ବାହିତ ସମ୍ଭାବନା ୪୦ ପ୍ରତିଶତ ରହିଥିବା ବେଳେ ପୁରୁଷମାନଙ୍କର ୩୦ ପ୍ରତିଶତ ସମ୍ଭାବନା ରହିଛି। ମୋଟ୍ ଉପରେ ଜିନ୍ ପୂରାପୂରି ନିର୍ଣ୍ଣାୟକ ନୁହେଁ।

ଜିନ୍‌ର ପ୍ରଭାବକୁ ସଙ୍କୁଚିତ ଓ ବିସ୍ତାରିତ କରୁଥିବା କେତୋଟି ମୌଳିକ ଉପାଦାନକୁ ଚିହ୍ନଟ କରିପାରିଲେ ଜିନ୍‌ର ବୈଜ୍ଞାନିକ ଭିତ୍ତିଭୂମି ସୁସ୍ପଷ୍ଟ ହେବ।

ଜିନ୍ ଓ ବଂଶାନୁଗତି କ୍ଷେତ୍ରରେ ଜଣେ ଅଗ୍ରଣୀ ଗବେଷକ ହେଉଛନ୍ତି ପ୍ରଖ୍ୟାତ ହାର୍ଭାଡ଼ ବିଶ୍ୱବିଦ୍ୟାଳୟର ପ୍ରଫେସର୍ ଜେରୀ କାଗାନ୍। ତାଙ୍କର ଗବେଷଣା ମଣିଷର ଗୋଟିଏ ସ୍ୱଭାବ ଉପରେ କେନ୍ଦ୍ରିତ ଥିଲା। ତାହା ହେଉଛି ଲଜ୍ଜାଶୀଳତା। ବିଂଶ ଶତକର ଅଷ୍ଟମ ଓ ନବମ ଦଶକରେ ବହୁସଂଖ୍ୟକ ଅନୁଧ୍ୟାନ କରି ସିଦ୍ଧାନ୍ତ ଗ୍ରହଣ କଲେ ଯେ ଲଜ୍ଜାଶୀଳତାରେ ବଂଶାନୁଗତିର ପ୍ରଭାବ ଖୁବ୍ ଦୃଢ଼। କେବଳ ସେତିକି ନୁହେଁ, ଲଜ୍ଜାଶୀଳତା ଦର୍ଶାଉଥିବା ପିଲାମାନେ ଯେଉଁ ଅନ୍ତର୍ବାଧାର (Inhibition) ସୂଚନା ଦେଉଛନ୍ତି, ତାହା ସେମାନଙ୍କ ମସ୍ତିଷ୍କର କାର୍ଯ୍ୟକଳାପରେ ମଧ୍ୟ ପରିଦୃଷ୍ଟ ହେଉଛି। ମସ୍ତିଷ୍କର ଏକ ଅଂଶବିଶେଷ ଆମିଗଡ଼ାଲା (Amygdala) ଭୟର ଅନୁଭବ ସହିତ ସଂଶ୍ଳିଷ୍ଟ ହୋଇଥିବାରୁ ଲଜ୍ଜାଶୀଳତା ଦର୍ଶାଉଥିବା ପିଲାମାନଙ୍କ ମସ୍ତିଷ୍କର ଆମିଗଡାଲାରେ ସକ୍ରିୟତା ଓ ପ୍ରକାଶ ପାଉଛି। ମସ୍ତିଷ୍କ

ଅନୁଧ୍ୟାନ ପାଇଁ ବ୍ୟବହୃତ ହେଉଥିବା ପ୍ରତିଛବି କୌଶଳ (Imaging Techniques) ମାଧ୍ୟମରେ ଏହା କହିବା ସମ୍ଭବପର ହେଲା। ଏହାର ସୂଚନା ଦିଆଯାଇପାରେ ଯେ ବିଂଶ ଶତକର ଅଷ୍ଟମ ଓ ନବମ ଦଶକରେ ମସ୍ତିଷ୍କ ବିଜ୍ଞାନର ନୂତନ ଅଧ୍ୟାୟ ଆରମ୍ଭ ହୋଇଥିବାରୁ ଗାଗନ୍ ଏହାର ସାହାଯ୍ୟ ନେଇ ଲଜ୍ଜାଶୀଳତାର ସ୍ନାୟବିକ ଦିଗ ଆବିଷ୍କାର କଲେ। ମସ୍ତିଷ୍କର ଏପରି ପ୍ରକୃତି ଦୀର୍ଘସ୍ଥାୟୀ ଏବଂ ଶିଶୁଠାରେ ପରିଦୃଷ୍ଟ ଲଜ୍ଜାଶୀଳତା କିଶୋର ଓ ଯୌବନ କାଳରେ ଅବ୍ୟାହତ ରହିବ ବୋଲି ସେମାନଙ୍କର ବିଶ୍ୱାସ ଥିଲା। ଏହାକୁ ଭିତ୍ତିକରି ଅନେକଲୋକ ଧରିନେଲେ ଯେ 'ଯେଉଁମାନେ ଜନ୍ମରୁ ଲଜ୍ଜାଶୀଳ ସେମାନେ ଜୀବନ ସାରା ଲଜ୍ଜାଶୀଳ ।'

ପରିବେଷ୍ଟନୀ ଓ ମନୁଷ୍ୟ ପ୍ରକୃତିର ପରିବର୍ତ୍ତନ :

ମନୁଷ୍ୟ ପ୍ରକୃତିର ନିର୍ଦ୍ଧାରଣରେ ଜିନ୍‌ର ଭୂମିକା ଯେ ନିର୍ଣ୍ଣାୟକ ନୁହେଁ, ଧୀରେ ଧୀରେ ଏ ବୈଜ୍ଞାନିକ ସିଦ୍ଧାନ୍ତ ଏକ ସ୍ପଷ୍ଟ ରୂପରେଖ ଗ୍ରହଣ କଲା। ତାରରେ ବିଦ୍ୟୁତ୍‌ଶକ୍ତି ପ୍ରଭାବିତ ହେଉଥିଲେ ମଧ୍ୟ ତା'ର ସଂଯୁକ୍ତ ବଲ୍‌ବଟି ଜଳି ନଥାଏ। ବଲ୍‌ବଟିକୁ ଜଳାଇବାକୁ ଦେଲେ ସୁଇଚ୍‌ଟିକୁ ଟିପିବାକୁ ହୁଏ। ଠିକ୍ ସେହିପରି ଶରୀରରେ DNA ଏବଂ ଜିନ୍ ରୂପରେ କିଛି ସମ୍ଭାବନା ଥିଲେ ମଧ୍ୟ ତାହା ପ୍ରକାଶିତ ହେବାର ଏକ ପ୍ରତିଶତ ନିଶ୍ଚିତତା ନାହିଁ। ଏଥିପାଇଁ ସୁଇଚ୍ ଟିପିବା ଆବଶ୍ୟକ ଏବଂ ତାହା ହେଉଛି କେତେକ ରାସାୟନିକ ଟ୍ୟାଗ୍ (Chemical Tags)। ଏହି ଟ୍ୟାଗ୍ ସବୁ ଅନ୍‌ସୁଇଚର କାମ କରିଥାଏ।

ଜିନ୍‌ର ପରିସୀମତ୍ୱ ସମ୍ପର୍କରେ ଯେଉଁସବୁ ବିଜ୍ଞାନସମ୍ମତ ଗବେଷଣା କରାଯାଇଛି, ସେଗୁଡ଼ିକ ଖୁବ୍ କୌତୂହଳପ୍ରଦ। ବିଂଶ ଶତକର ଅଷ୍ଟମ-ନବମ ଦଶକ ବେଳକୁ ମନୁଷ୍ୟ ଏକ୍‌ସ-କ୍ରୋମୋଜୋମରେ ଥିବା MAOA ନାମକ ଏକ Neurotramsmitter ଭୂମିକା ସମ୍ପର୍କରେ ତଥ୍ୟ ସଂଗୃହୀତ ହୋଇଥିଲା। ଏହି ଜୀବରସର ମାତ୍ରା ବୃଦ୍ଧି ପାଇଲେ ବ୍ୟକ୍ତି ଉତ୍ତେଜନାପ୍ରବଣତା ଦର୍ଶାଏ ଏବଂ ଏହାର ପ୍ରଭାବରେ ଅସାମାଜିକ ହିଂସାତ୍ମକ ଓ ନାରକୀୟ କାଣ୍ଡସବୁ ଘଟାଇଥାଏ । ଏହି ଦୃଷ୍ଟିରୁ MAOA ଜିନ୍‌କୁ ସେ ସମୟରେ 'ହିଂସ୍ର ଜିନ୍' ଆଖ୍ୟା ଦିଆଯାଇଥିଲା।

କେତେକ ବିଶେଷଜ୍ଞ ହିଂସ୍ର ଓ ଅସାମାଜିକ ଜିନ୍‌ରେ ଇତିହାସ ଥିବା ହଲାଣ୍ଡର ଗୋଟିଏ ପରିବାର ଅନୁଧ୍ୟାନ କଲେ। ଏହି ଏକାନ୍ନବର୍ତ୍ତୀ ପରିବାରରେ ଚଉଦଜଣ ପୁରୁଷ ଥିଲେ ଏବଂ ଏମାନଙ୍କର ଧର୍ଷଣ, ହିଂସ୍ର ଆଚରଣ ଓ ଅନ୍ୟ ସବୁ ଘୃଣ୍ୟ ଅପରାଧର କଳଙ୍କ ରହିଥିଲା। ଏହି ପରିବାରର ଏକ-ତୃତୀୟାଂଶ ଲୋକମାନଙ୍କର MAOA ଜିନ୍ ଥିବାରୁ ଏହି ଜିନ୍‌ର ନକାରାତ୍ମକ ପ୍ରଭାବ ସମ୍ପର୍କରେ ଯୁକ୍ତି କରାଗଲା।

କିନ୍ତୁ ପରବର୍ତ୍ତୀ ସର୍ବେକ୍ଷଣଟି ଖୁବ୍ ନିର୍ଣ୍ଣୟାତ୍ମକ ଥିଲା। ବିଶେଷଜ୍ଞମାନେ ନିଉଜିଲାଣ୍ଡ୍‌ର ୪୪୨ ଜଣ ପୁରୁଷଙ୍କ ଉପରେ ଅନୁସନ୍ଧାନ ଆରମ୍ଭ କଲେ। ଏମାନଙ୍କ ମଧ୍ୟରୁ କେଉଁ ପୁରୁଷମାନେ ଛତିଶବର୍ଷ ବୟସ ପୂର୍ବରୁ ବଡ଼ ଧରଣର ଅପରାଧ ଘଟାଇଛନ୍ତି, ତାହା ଚିହ୍ନଟ କରାଗଲା। ପୁଣି ଏପରି ଚିହ୍ନିତ ହୋଇଥିବା ବ୍ୟକ୍ତିଙ୍କ ମଧ୍ୟରୁ କେଉଁମାନଙ୍କର କିଶୋରକାଳୀନ ସମସ୍ୟା ରହିଥିଲା, ତାହା ମଧ୍ୟ ସ୍ଥିର କରାଗଲା। ଚିହ୍ନିତ ହୋଇଥିବା ଲୋକମାନଙ୍କ ମଧ୍ୟରୁ କେଉଁମାନଙ୍କର ମାତ୍ରାଧିକ MAOA ରହିଛି, ତାହା ମାପ କରାଗଲା। ବିଶ୍ଳେଷଣରୁ ଦେଖାଗଲା ଯେ MAOA ଜିନ୍ ଓ ସମାଜବିରୋଧୀ ଆଚରଣ ମଧ୍ୟରେ ବିଶେଷ କିଛି ସମ୍ପୃକ୍ତି ନାହିଁ। ଏ ଜିନ୍ ଥିବା ବ୍ୟକ୍ତିମାନେ କେତେକ ସ୍ଥଳରେ ଅପରାଧ ଘଟାଉଥିଲେ ମଧ୍ୟ ଅନ୍ୟ କେତେକ ସ୍ଥଳରେ ସେପରି ନକାରାତ୍ମକ କାର୍ଯ୍ୟରୁ ବିରତ ରହୁଛନ୍ତି। ବର୍ତ୍ତମାନ ସବୁଠାରୁ ତାତ୍ପର୍ଯ୍ୟପୂର୍ଣ୍ଣ ପ୍ରଶ୍ନଟି ହେଉଛି, କେଉଁ ପରିବେଶରେ ଏପରି ଘଟୁଛି ଏବଂ କେଉଁ ପରିବେଶରେ ଏପରି ଘଟୁ ନାହିଁ ?

ନିଉଜିଲାଣ୍ଡର ଅନ୍ୟାନ୍ୟ କିନ୍ତୁ ଅଧିକ ଗଭୀର ଓ ବିଜ୍ଞାନସମ୍ମତ ପଦ୍ଧତିରେ ଅନୁଶୀଳନ କଲାପରେ ଉପଲବ୍ଧ ହେଲା ଯେ ପରିବେଶର ଗୁଣାତ୍ମକ ଦିଗ ହିଁ ମୁଖ୍ୟ କାରଣ। ନକାରାତ୍ମକ MAOA ଜିନ୍ ଥିବା ବ୍ୟକ୍ତିମାନଙ୍କର ବାଲ୍ୟକାଳ ଅତ୍ୟାଚାରିତ ହୋଇଥିଲେ ଅପରାଧ ପ୍ରବଣତା ପ୍ରକାଶ୍ୟ ରୂପ ନେବାର ସମ୍ଭାବନା ଖୁବ୍ ବେଶୀ। ଅନ୍ୟପକ୍ଷରେ ଏପରି ନକାରାତ୍ମକ ଜିନ୍ ଥିବା ବ୍ୟକ୍ତିମାନଙ୍କର ବାଲ୍ୟକାଳ ଉତ୍ତମ ପରିପାଳନ ମଧ୍ୟରେ ଅତିବାହିତ ହୋଇଥିଲେ ଅପରାଧ ପ୍ରବଣତା ପ୍ରକାଶ ପାଇବାର ସମ୍ଭାବନା ପ୍ରାୟ ନାହିଁ। ସୁତରାଂ ପରିବେଶ ହିଁ ନିର୍ଣ୍ଣୟାତ୍ମକ ଭୂମିକା ଗ୍ରହଣ କରୁଛି।

ବିଶେଷଜ୍ଞମାନେ ଅଧିକ ସତର୍କତାର ସହ ଉପର ବର୍ଣ୍ଣିତ ନିଉଜିଲାଣ୍ଡ୍ ଅଧିବାସୀମାନଙ୍କର ଡିପ୍ରେସନ୍ ବା ବିଷାଦ ଅନୁସନ୍ଧାନ କଲେ। ବିଷାଦ କ୍ଷେତରେ ସେରେଟୋନିନ୍ ଟ୍ରାନ୍ସପୋର୍ଟର ଜିନ୍‌ର ସମ୍ପୃକ୍ତି ଗବେଷକମାନେ ସୂଚନା ଦେଇଛନ୍ତି। ଏହାକୁ ଆଧାର କରି ବିଶେଷଜ୍ଞମାନେ ଆବିଷ୍କାର କଲେ ଯେ ଏହି ଜିନ୍ ଥିବା ସବୁଲୋକ ବିଷାଦ ଆଚରଣ ଦର୍ଶାଉ ନାହାନ୍ତି। ଯେଉଁମାନେ କେବଳ ମାନସିକ ଚାପ ଓ ସମସ୍ୟାଗ୍ରସ୍ତ ଘଟଣା ମଧ୍ୟଦେଇ ଗତି କରିଛନ୍ତି କେବଳ ସେହି ଲୋକମାନେ ବିଷାଦ ଦର୍ଶାଇଛନ୍ତି। ସ୍ୱାଭାବିକ ଘଟଣା ଦେଇ ସମୟ କାଟିଥିବା ଲୋକମାନଙ୍କ କ୍ଷେତ୍ରରେ ବିଷାଦ ପରିଦୃଷ୍ଟ ହେଉନାହିଁ। ସୁତରାଂ ବିଷାଦର ଜିନ୍ ଅପେକ୍ଷା ଦୁଃଖଦ ଘଟଣା ବିଷାଦର ପୂର୍ବାନୁମାନ କ୍ଷେତ୍ରରେ ବେଶୀ ପ୍ରାସଙ୍ଗିକ। ଆଳଙ୍କାରିକ ଭାଷାରେ କୁହାଯାଇପାରେ ଯେ ଜିନ୍ ହୁଏତ ଗୁଳି ପରି ବନ୍ଧୁକରେ ଭରିଥାଏ, କିନ୍ତୁ ପରିବେଶ ହିଁ ପ୍ରକୃତରେ ଗୁଳିଚାଳନା କରେ।

ଜିନ୍-ବାହିତ ଗୁଣ ବା ଦୁର୍ଗୁଣର ପରିପ୍ରକାଶ କ୍ଷେତ୍ରରେ ଆଉ ଗୋଟିଏ ସିଦ୍ଧାନ୍ତ ଅତୀବ ଗୁରୁତ୍ୱପୂର୍ଣ୍ଣ। ଜୀବବିଜ୍ଞାନୀ ମାଇକେଲ ମିନେ ମୂଷାମାନଙ୍କ ଉପରେ ଏହି ଗବେଷଣା କରିଥିଲେ ମଧ୍ୟ ଏହାର ଫଳାଫଳ ମାନବ ଜୀବନର ଉତ୍କର୍ଷ ପାଇଁ ଖୁବ୍ ମହତ୍ତ୍ୱପୂର୍ଣ୍ଣ।

ପ୍ରଥମେ ମିନେ ଲକ୍ଷ୍ୟ କଲେ ଯେ କେତେକ ମୂଷାଛୁଆ ଖୁବ୍ ଉଦ୍‌ଗ୍ରୀବ (Anxious)। ସେମାନଙ୍କ ବ୍ୟବହାର ଖୁବ୍ ବିକ୍ଷିପ୍ତ, ସେମାନେ ଭୟାତୁର ଓ ଅପରିଚିତ ପରିବେଶରେ ଅନାବଶ୍ୟକ ଭାବରେ ଡେଇଁପଡ଼ନ୍ତି। ସେମାନେ ଅତ୍ୟଧିକ ପରିମାଣରେ ମାନସିକ ଚାପର ଶରବ୍ୟ ହୋଇ ଏପରି କରନ୍ତି ବୋଲି କୁହାଯାଇପାରେ। ଅନ୍ୟପକ୍ଷରେ କେତେକ ମୂଷାଛୁଆ ଶାନ୍ତ ଓ କୋମଳ। ସେମାନେ ଶୃଙ୍ଖଳିତ ବ୍ୟବହାର ଦର୍ଶାନ୍ତି। ଲୋକବିଶ୍ୱାସ ଅନୁଯାୟୀ ଅଶାନ୍ତ ଓ ଉତକ୍ଷିପ୍ତ ମା'ମାନେ ଅଶାନ୍ତ ଛୁଆ ଜନ୍ମ ଦିଅନ୍ତି ଏବଂ ଶାନ୍ତ ଓ କୋମଳ ମା'ମାନେ ଶାନ୍ତ ଛୁଆ ଜନ୍ମ ଦିଅନ୍ତି। ମାତ୍ର ମାଇକେଲ ମିନେଙ୍କର ଏପରି ବିଶ୍ୱାସ ନ ଥିଲା। ଜିନ୍ ଯେ ସିଧାସଳଖ ଭାବରେ ତାହାର ପ୍ରଭାବ ପ୍ରକଟ କରେ, ଏପରି ତଥ୍ୟ ପ୍ରତି ତାଙ୍କର ଘୋର ସନ୍ଦେହ ରହିଥିଲା।

ପ୍ରକୃତ ରହସ୍ୟ ଜାଣିବାକୁ ମିନେ ଏକ ଅଭିନବ ଉପାୟ ଅବଲମ୍ବନ କଲେ। ସେ ଅଶାନ୍ତ ମୂଷାମାନଙ୍କର ଛୁଆମାନଙ୍କୁ ଶାନ୍ତ ଓ କୋମଳ ମା'ମାନଙ୍କ ପାଖରେ ଛାଡ଼ିଦେଲେ। ସେହିପରି ଶାନ୍ତ ଓ କୋମଳ ମା'ମାନେ ଜନ୍ମ ଦେଇଥିବା ମୂଷା ଛୁଆମାନଙ୍କୁ ଅଶାନ୍ତ ଓ ଉତ୍‌କ୍ଷିପ୍ତ ମା'ମାନଙ୍କ ନିୟନ୍ତ୍ରଣରେ ଛାଡ଼ିଦେଲେ। ବେଶ୍ କିଛି ମାସ ଏପରି ପରିପାଳନ ବ୍ୟବସ୍ଥା ଅବ୍ୟାହତ ରହିଲା।

ଫଳାଫଳ ଖୁବ୍ ବିସ୍ମୟକର ଥିଲା। ପରିପାଳନର ପ୍ରଭାବ ଖୁବ୍ ସ୍ପଷ୍ଟ ଓ ଆକର୍ଷଣୀୟ, ଶାନ୍ତ ଓ କୋମଳ ପ୍ରକୃତିର ମା'ମାନେ ପରିପାଳନ ସମୟରେ ଛୁଆମାନଙ୍କୁ ଆଦର କରନ୍ତି ଓ ବାରମ୍ବାର ଚୁମ୍ବନ ପ୍ରଦାନ କରନ୍ତି। ସମ୍ଭବତଃ ଏପରି ପ୍ରକ୍ରିୟା ବିଷାକ୍ତ ପ୍ରଭାବକୁ ନିଷ୍କ୍ରିୟ କରେ। ଦେଖାଗଲା ଯେ ଶାନ୍ତ ଓ କୋମଳ ମା'ମାନଙ୍କ ଦ୍ୱାରା ପ୍ରତିପାଳିତ ଶିଶୁ କୋମଳ ଭାବାପନ୍ନ ହେଉଛନ୍ତି। ଅନ୍ୟପକ୍ଷରେ ଅଶାନ୍ତ ଓ ଉଦ୍‌ଗ୍ରୀବ ମା'ମାନଙ୍କ ଦ୍ୱାରା ପ୍ରତିପାଳିତ ଶିଶୁମାନେ ଅଶାନ୍ତ ହେଉଛନ୍ତି। କେବଳ ବ୍ୟବହାର ସ୍ତରରେ ନୁହେଁ ସୂକ୍ଷ୍ମାତିସୂକ୍ଷ୍ମ ପରିମାପକ ମାଧ୍ୟମରେ ଦେଖାଗଲା ଯେ ଶାନ୍ତ ଛୁଆମାନଙ୍କର ମାନସିକ ଚାପଜନିତ ହରମୋନ୍‌ର ମାତ୍ରା ଅପେକ୍ଷାକୃତ କମ୍। ଅନ୍ୟପକ୍ଷରେ ଅଶାନ୍ତ ଛୁଆମାନଙ୍କର ମାନସିକ-ଚାପ-ହରମୋନ୍‌ର ମାତ୍ରା ଅଧିକ। ଆହୁରି ଆଶ୍ଚର୍ଯ୍ୟର କଥା ଯେ ଶାନ୍ତ ମା'ମାନଙ୍କ ଦ୍ୱାରା ପ୍ରତିପାଳିତ ଛୁଆମାନେ

ବଡ଼ ହେଲା ପରେ ସେମାନେ ମଧ୍ୟ ଅନୁରୂପ ବ୍ୟବହାର ଦର୍ଶାଉଛନ୍ତି। ନିଜର ଛୁଆମାନଙ୍କୁ ଯେପରି ଚୁମ୍ବନ ଦେଉଛନ୍ତି, ଆଦର କରୁଛନ୍ତି ଓ ସ୍ପର୍ଶ କରୁଛନ୍ତି।

ପରୀକ୍ଷାଗାରରେ ନିୟନ୍ତ୍ରିତ ପରିବେଶ ମଧ୍ୟରେ ବିଜ୍ଞାନସମ୍ମତ ପଦ୍ଧତିରେ କରାଯାଉଥିବା ଏହି ଗବେଷଣାରୁ ଫଳାଫଳ ମନୁଷ୍ୟ ଜୀବନ ପାଇଁ ଖୁବ୍ ଗୁରୁତ୍ୱପୂର୍ଣ୍ଣ। ଜିନ୍ ଆମ୍ଭମାନଙ୍କ ଜୀବନର ଏକ ନିଛକ ବାସ୍ତବତା ହୋଇପାରେ, ମାତ୍ର ଏହାକୁ ନିରବ କିମ୍ବା ମୁଖର କରିବାର ମାଧ୍ୟମ ହେଉଛି ପରିବେଶ। ବିଶେଷତଃ ମଣିଷ ଜୀବନର ପ୍ରଲ୍ଲବନ କ୍ଷେତ୍ରରେ ଉତ୍ତମ ପରିବେଶର ମହତ୍ତ୍ୱପୂର୍ଣ୍ଣ ଭୂମିକାକୁ ପ୍ରଥମେ ପ୍ରାଧାନ୍ୟ ଦେବାକୁ ହେବ।

■

ନିଦ୍ରା ଓ ମାନସିକ ସ୍ୱାସ୍ଥ୍ୟ

ମନ ଗହନକୁ ଭେଦ କରିବା ପାଇଁ ମନୁଷ୍ୟର ପ୍ରୟାସ ସବୁବେଳେ ସଫଳ ହୋଇନାହିଁ । ନିଦ୍ରା ଓ ସ୍ୱପ୍ନ ସମ୍ପର୍କରେ ମନୁଷ୍ୟର ଜିଜ୍ଞାସା ଅତି ଗଭୀର, ବହୁ ପୁରାତନ । କିନ୍ତୁ ଏ ବିଷୟରେ ସନ୍ତୋଷଜନକ ଉତ୍ତରର ମାତ୍ରା ସେପରି ପର୍ଯ୍ୟାପ୍ତ ନୁହେଁ। ନିଦ୍ରା ଓ ସ୍ୱପ୍ନ ପରିପ୍ରେକ୍ଷୀରେ କଳା ଏବଂ ବିଜ୍ଞାନ ଏପରି ଛନ୍ଦାଛନ୍ଦି ହୋଇ ରହିଛନ୍ତି ଯେ ପ୍ରକୃତ ତଥ୍ୟକୁ ଲୋକବିଶ୍ୱାସଠାରୁ ଅଲଗା କରିବା ଅପେକ୍ଷାକୃତ କଷ୍ଟସାଧ୍ୟ ହୋଇପଡ଼ିଛି। ତେବେ ଆଧୁନିକ ଯୁଗରେ ମସ୍ତିଷ୍କ ବିଜ୍ଞାନର ବିକାଶ, ମସ୍ତିଷ୍କ - ଅନୁଧ୍ୟାନର ପ୍ରଣାଳୀସବୁରେ ପ୍ରଗତି ଏବଂ ଉନ୍ନତ ଗବେଷଣା ଫଳରେ ନିଦ୍ରାର ବିଜ୍ଞାନ ଧୀରେ ଧୀରେ ସ୍ପଷ୍ଟ ହେଉଛି। ଅନ୍ୟ ପକ୍ଷରେ ସ୍ୱପ୍ନ ବିଷୟରେ ସୀମାହୀନ କୌତୂହଳ ଥିଲେ ମଧ୍ୟ ବହୁ ପ୍ରଶ୍ନ ଅସମାହିତ ରହିଛି। ଆମେ କାହିଁକି ସ୍ୱପ୍ନ ଦେଖୁ ଏବଂ ସ୍ୱପ୍ନ ସଂକେତର ଅନ୍ତରାଳରେ କେଉଁ ବାର୍ତ୍ତା ଲୁକ୍‌କାୟିତ ଥାଏ ତାହାର ଯଥାସମ୍ଭବ ଉତ୍ତର ପାଇଁ ପ୍ରଥମେ ନିଦ୍ରାବିଜ୍ଞାନର ପୃଷ୍ଠା ଉନ୍ମୋଚନ କରିବାକୁ ହେବ ।

ନିଦ୍ରା କାହିଁକି ? - ଏ ପ୍ରଶ୍ନ ଖୁବ୍ ସାଧାରଣ ପୁଣି ଖୁବ୍ ଅସାଧାରଣ। ସମସ୍ତେ ହୁଏତ କହିବେ ଯେ କ୍ଷୁଧା ଓ ତୃଷ୍ଣା ପରି ନିଦ୍ରା ଏକ ମୌଳିକ ଆବଶ୍ୟକତା। କିନ୍ତୁ ଏ ମନ୍ତବ୍ୟଟି ପ୍ରକୃତ ସତ୍ୟର ଏକ କ୍ଷୁଦ୍ର ଅଂଶ ମାତ୍ର। ନିଦ୍ରାର ଆବଶ୍ୟକତାକୁ ଏକ ସ୍ଥୂଳ ଦୃଷ୍ଟିରେ ବିଚାର ନ କରି ସୂକ୍ଷ୍ମ ଦୃଷ୍ଟିରୁ ବିଚାର କଲେ ଦେଖାଯାଏ ଯେ ଜୀବନର ବହୁ ଗୁରୁତ୍ୱପୂର୍ଣ୍ଣ ଦିଗ ସହିତ ଏହାର ସମ୍ପୃକ୍ତି ରହିଛି। ଶରୀର ମାନଚିତ୍ରର ସଚେତନତାଠାରୁ ଆରମ୍ଭ କରି ସ୍ମରଣର ସାଫଲ୍ୟ ଏବଂ ଶାରୀରିକ କ୍ଷତିପୂରଣ ପରି ସୂକ୍ଷ୍ମତର ପ୍ରକ୍ରିୟା ସହିତ ଏହା ଗଭୀର ଭାବେ ଜଡ଼ିତ। ମସ୍ତିଷ୍କର ନୂତନ ସ୍ନାୟୁକୋଷ ଗଠନରେ ମଧ୍ୟ ଏହାର ଭୂମିକା ରହିଛି।

ଶରୀର-ମାନଚିତ୍ରର ଗଠନ

ଶରୀର ଚାଳନା ଉପରେ ନବଜାତ ଶିଶୁର ନିୟନ୍ତ୍ରଣ ନ ଥାଏ। କେଉଁ ସୂତାଟିକୁ

ଟାଣିଲେ କୁଣ୍ଢେଇର କେଉଁ ଅଂଶଟି ଗତିଶୀଳ ହେବ, ତାହା କୁଣ୍ଢେଇ ନାଚର ପରିଚାଳକ ଜାଣନ୍ତି । ଠିକ୍ ସେହିପରି ଶରୀରର କେଉଁ ସ୍ନାୟୁଟି କେଉଁ ମାଂସପେଶୀ ସହିତ ସଂଯୁକ୍ତ, ଶିଶୁ ଅଜ୍ଞାତସାରରେ ତାହା ଧୀରେ ଧୀରେ ଶିକ୍ଷାକରେ । ଏପରି ଶିକ୍ଷା ଶିଶୁର ନିଦ୍ରା ସମୟରେ ସମାହିତ ହୋଇଥାଏ । ମାଂସପେଶୀ, ମେରୁମଜ୍ଜା (Spinal Cord) ଏବଂ ମସ୍ତିଷ୍କ ମଧ୍ୟରେ ଥିବା ସମ୍ପର୍କଟି ଶିକ୍ଷା କରିବାର ସୁଯୋଗ ନିଦ୍ରା ହିଁ ଆଣିଦେଇଥାଏ । ଜାଗ୍ରତ ଅବସ୍ଥାରେ ବାହ୍ୟ ଜଗତର ବହୁବିଧ ଉଦ୍ଦୀପକ ଶିଶୁ ମସ୍ତିଷ୍କକୁ ଏପରି ବ୍ୟତିବ୍ୟସ୍ତ କରେ ଯେ ହାତଟି ଉଠାଇବା ସମୟରେ ମୂଳ ଉଦ୍ଦୀପନା କେଉଁଠୁ ଆସୁଛି, ଶିଶୁ ତାହା ଜାଣିପାରେ ନାହିଁ । ନିଦ୍ରା ସମୟରେ ଶରୀର ଅପେକ୍ଷାକୃତ ନିଷ୍କ୍ରିୟ ଥିବାରୁ ସଂଯୋଗର ମାର୍ଗ ଧୀରେ ଧୀରେ ସ୍ପଷ୍ଟ ହୁଏ ।

ଶିଶୁମାନେ ଶୋଇଥିବା ଅବସ୍ଥାରେ କର ମୋଡ଼ନ୍ତି, ବେଳେବେଳେ ଏପଟ ସେପଟ ହୁଅନ୍ତି । ଏହି ସମୟରେ ସ୍ନାୟୁକେନ୍ଦ୍ର ଓ ମାଂସପେଶୀ ମଧ୍ୟରେ ନୂଆ ନୂଆ ସଂଯୋଗ ଗଠିତ ହୁଏ । ମୂଷାମାନଙ୍କ ଉପରେ ଗବେଷଣାଗାରରେ କରାଯାଇଥିବା ଅନୁଧ୍ୟାନରୁ ଦେଖାଯାଇଛି ଯେ ସତୁରୀ ପ୍ରତିଶତ ସମୟରେ (ନିଦ୍ରାକାଳୀନ) ଶିଶୁ ମୂଷା ସଚେତନ ନ ଥାଇ ଅଧିକ କରମୋଡ଼େ । ଏହା ବଡ଼ ହୋଇଯାଇଥିବା ମୂଷାମାନଙ୍କ ତୁଳନାରେ ଅଧିକ ମାତ୍ରାରେ ହୋଇଥାଏ । ସମ୍ଭବତଃ ଶୈଶବ ସମୟରେ ଶରୀର ଅଧିକ ଗତିରେ ବିକଶିତ ହେଉଥିବାରୁ ଅଧିକ ପରିମାଣରେ ମସ୍ତିଷ୍କ-ମାଂସପେଶୀ ସଂଯୋଗରେ ଆବଶ୍ୟକତା ରହିଥାଏ । ପୁନଶ୍ଚ ଦେଖାଯାଇଛି ଯେ ପ୍ରାଣୀଟି ମଣିଷ ହେଉ ଅଥବା ମୂଷା କିମ୍ବା ହାତୀ ହେଉ, ମସ୍ତିଷ୍କ ଏହି ନିଦ୍ରାକାଳୀନ ସ୍ୱତଃସ୍ଫୁର୍ତ୍ତ ଅଙ୍ଗଚାଳନା ମାଧ୍ୟମରେ ହିଁ ଶରୀର-ମାନଚିତ୍ର ଧାରଣା ଗଠନ କରେ ।

ମଣିଷ ଶିଶୁର ନିଦ୍ରାସମୟ ଲକ୍ଷ୍ୟ ପ୍ରେରିତ । ମଣିଷ ଶିଶୁ ତା' ସମୟର ପଞ୍ଚସ୍ତରୀ ପ୍ରତିଶତ ସମୟ ନିଦ୍ରାରେ କଟାଇଥାଏ । ଗଭୀର ନିଦ୍ରାରେ ଶୋଇଥିବା ସମୟରେ ମଧ୍ୟ ମଣିଷ ଶିଶୁର ପେଶୀ-ସଂକୋଚନ ପ୍ରସାରଣ ପରିଦୃଷ୍ଟ ହୁଏ । ନବଜାତ ମୂଷା ଛୁଆର ମଧ୍ୟ ଏପରି ଘଟେ । ଦେଖାଯାଏ ଯେ ତିନି ଦିନର ମୂଷାଛୁଆ ଆଠଦିନର ମୂଷା ଛୁଆଠାରୁ ଅଧିକ ନିଦ୍ରାକାଳୀନ ପେଶୀଚାଳନା ଦେଖାଉଛି ଏବଂ ଆଠଦିନର ଛୁଆ ପନ୍ଦର ଦିନର ଛୁଆ ଅପେକ୍ଷା ବେଶୀ ପେଶୀ ଚାଳନା ଦର୍ଶାଉଛି । ସୁତରାଂ ନିଦ୍ରା ବିଜ୍ଞାନୀମାନେ ମତ ଦିଅନ୍ତି ଯେ ଶରୀରରେ ଥିବା ପ୍ରତିବର୍ତ୍ତଗୁଡ଼ିକୁ (Reflex) ତାଲିମ ଦେବା ପାଇଁ ନିଦ୍ରା ଏକ ପ୍ରକୃଷ୍ଟ ସମୟ ।

ଯୌବନ ସମୟ ବେଳକୁ ଶରୀର-ମାନଚିତ୍ର ସ୍ନାୟୁସ୍ତରରେ ଗଠିତ ହୋଇ ସାରିଥାଏ । ଏହାର ଅର୍ଥ ନୁହେଁ ଯେ ଯୁବକଯୁବତୀମାନଙ୍କର ନିଦ୍ରାକାଳୀନ

ପେଶୀସଂକୋଚନ ହୁଏ ନାହିଁ । ମାତ୍ର ନିଦ୍ରା ସମୟରେ ଶରୀରକୁ ଏପଟ ସେପଟ ହଲାଇବା ଏବଂ ପେଶୀ ସଂକୋଚନ କରିବାର ମାତ୍ରା ଶିଶୁ ତୁଳନାରେ କମ୍ । ମସ୍ତିଷ୍କ ଓ ପେଶୀ ମଧ୍ୟରେ ଥିବା ସଂଯୋଗକୁ ଯୁବକ ଯୁବତୀ ଏକ ରକମ ପରଖି ନିଅନ୍ତି । ମୁଣ୍ଡର ଉପରି ଭାଗ ଦେଇ ବାମକାନରୁ ଦକ୍ଷିଣକାନକୁ ସଂଯୋଗ କରୁଥିବା ମସ୍ତିଷ୍କର ଅଂଶ ବିଶେଷକୁ ହିଁ ଆମ ଶରୀରର ସ୍ନାୟୁମାନଚିତ୍ର ଧାରଣ କରେ । ବର୍ତ୍ତମାନ ଗୋଟିଏ ସ୍ଥାନରୁ ଅନ୍ୟ ସ୍ଥାନକୁ ଯିବା ପାଇଁ କିମ୍ୱା ସ୍ଥାନସବୁର ସ୍ଥିତି ଜାଣିବା ପାଇଁ ଯେପରି GPS ବ୍ୟବହାର କରାଯାଉଛି, ଆମ ଶରୀରର ମାନଚିତ୍ର ସେହିପରି ଭାବରେ ଆମର ମସ୍ତିଷ୍କରେ ରହିଛି । ଏହାର ଗଠନ ଓ ବିକାଶରେ ନିଦ୍ରାର ଭୂମିକା ରହିଛି ।

ନିଦ୍ରା ଓ ପୁନଃସ୍ମରଣ

ସୁନିଦ୍ରା ସ୍ମରଣ ସାଫଲ୍ୟର ବେଶ୍ ସହାୟକ । ଆମର ନୂତନ ସ୍ମୃତି ଓ କୌଶଳର ପ୍ରକ୍ରିୟାକରଣ, ସଂଗଠନ ଓ ସଂରକ୍ଷଣରେ ନିଦ୍ରା ଉପଯୋଗୀ ଭୂମିକା ଗ୍ରହଣ କରେ । ଆମେ ଯାହା ଶିକ୍ଷାକରୁଛୁ ବା ଗ୍ରହଣ କରୁଛୁ, ପ୍ରଥମେ ସେ ସ୍ମୃତି ସଂଗଠିତ ହେବା ନିତାନ୍ତ ପ୍ରୟୋଜନ । ଶହେବର୍ଷ ପୂର୍ବେ ମନୋବିଜ୍ଞାନ ବିଶେଷ ବିକଶିତ ହୋଇ ନଥିବା ସମୟରେ ମଧ୍ୟ ସ୍ମୃତି ପରିପ୍ରେକ୍ଷୀରେ ନିଦ୍ରାର ଉପଯୋଗିତା ସ୍ୱୀକାର କରାଯାଇଥିଲା । ବିଗତ ଦଶକରେ ମଣିଷ ଓ ନିମ୍ନତର ପ୍ରାଣୀମାନଙ୍କର ସ୍ମରଣକ୍ରିୟା ସମ୍ପର୍କରେ ଅତ୍ୟାଧୁନିକ ଗବେଷଣା କାର୍ଯ୍ୟକାରୀ ହୋଇଛି । ଆମର ଜୀବକୋଷ ଓ ମସ୍ତିଷ୍କ ସ୍ତରରେ ସ୍ମରଣକାର୍ଯ୍ୟ ଫଳରେ କି କି ପରିବର୍ତ୍ତନ ଘଟୁଛି ତାହାର ତତ୍ତ୍ୱ ଉଦ୍‌ଘାଟିତ ହୋଇଛି । ଏପରି ଗବେଷଣା ନିଦ୍ରା ଓ ସ୍ମରଣ ସାଫଲ୍ୟର ସମ୍ପର୍କକୁ ଅଧିକ ଗଭୀର କରିଛି ।

ବୈଜ୍ଞାନିକ ଦୃଷ୍ଟିକୋଣରୁ ତାତ୍ପର୍ଯ୍ୟପୂର୍ଣ୍ଣ ପ୍ରଶ୍ନଟି ହେଉଛି : କି ଧରଣର ନିଦ୍ରା କିମ୍ୱା ନିଦ୍ରାର କେଉଁ ଅବସ୍ଥା ଆମର ସଫଳ ସ୍ମୃତିର ସହାୟକ ?

ନିଦ୍ରା ଏକ ସମପର୍ଯ୍ୟାୟସମ୍ପନ୍ନ ଅବସ୍ଥା ନୁହେଁ । ଏହାର ଏକାଧିକ ସୋପାନ ଓ ଚକ୍ର (Cycles) ରହିଛି । ନିଦ୍ରାର ଚକ୍ର ଓ ସୋପାନ ସମ୍ପର୍କରେ ସବିଶେଷ ଆଲୋଚନା ସ୍ୱପ୍ନ ପରିପ୍ରେକ୍ଷୀରେ ପ୍ରାସଙ୍ଗିକ ହେବ ଏବଂ ତାହା ବାରାନ୍ତରେ ଆଲୋଚନା କରାଯିବ । ତେବେ ଏଠାରେ ଏତିକି ମାତ୍ର କୁହାଯାଇପାରେ ଯେ ଆମେ ଶୋଇବାକୁ ଯିବା ସମୟରେ ପ୍ରଥମେ ଛାଇନିଦ ବା ପତଳା ନିଦର ଅନୁଭବ ପାଉ । କେହି ଡାକିଦେଲେ କିମ୍ୱା କ୍ଷୀଣ ଶବ୍ଦରେ ମଧ୍ୟ ନିଦ ଭାଙ୍ଗିଯାଏ । ଧୀରେ ଧୀରେ ନିଦର ବହଳତା ବଢ଼େ । ଗୋଟିଏ ସମୟରେ ଆମର ଚକ୍ଷୁର ଡୋଳା ଏପଟ ସେପଟ ହୁଏ । ଏପରି ଗତି କ୍ଷିପ୍ର ହେବା ସମୟର ଅବସ୍ଥାକୁ କ୍ଷିପ୍ର ଚକ୍ଷୁଗତି ଅବସ୍ଥା (Rapid Eye movement ବା

REM) କୁହାଯାଏ। ଏହି ରେମ୍ ସୋପାନରେ ହିଁ ଆମ୍ଭେମାନେ ସ୍ୱପ୍ନ ଦେଖିଥାଉ। ପୁନଶ୍ଚ ଏହି ସକ୍ରିୟ ଅବସ୍ଥା ଚାଲିଯାଇ ଅପେକ୍ଷାକୃତ ନିଷ୍କ୍ରିୟ ସୋପାନ ଆସେ; ମସ୍ତିଷ୍କ ତରଙ୍ଗର ମାତ୍ରା କମିଯାଏ। ଏ ସୋପାନକୁ ଧୀର ତରଙ୍ଗର ନିଦ୍ରା (Slow wave sleep) କୁହନ୍ତି। ଆମେ ଯାହାକୁ ସୁନିଦ୍ରା (Lucid Sleep) ବୋଲି କହିଥାଉ, ତାହା ପ୍ରକୃତରେ ଏହି ଧୀର ତରଙ୍ଗର ନିଦ୍ରା। ଏହି ଧୀର ତରଙ୍ଗର ନିଦ୍ରା ହିଁ ସ୍ମରଣ ସାଫଲ୍ୟର ଅଧିକ ସହାୟକ। କହିବା ଅନାବଶ୍ୟକ ଯେ ନିୟମିତ ଭାବରେ ଧ୍ୟାନ ଓ ଯୋଗାଭ୍ୟାସ କରୁଥିବା ଲୋକମାନଙ୍କର ଧୀର ତରଙ୍ଗର ନିଦ୍ରାର (ସୁନିଦ୍ରା) ପରିମାଣ ଅନ୍ୟମାନଙ୍କ ତୁଳନାରେ ବେଶୀ।

ଗୋଟିଏ ଅନୁଧ୍ୟାନରେ ଜଣେ ସ୍ନାୟୁବିଜ୍ଞାନୀ କିଛି ଯୁବକଯୁବତୀଙ୍କୁ କମ୍ପ୍ୟୁଟରରେ ଗୋଟିଏ ଚିତ୍ର ମଧ୍ୟରେ ଥିବା ଏକ ସୂକ୍ଷ୍ମ ଅଂଶ ଚିହ୍ନଟ କରିବାକୁ ନିର୍ଦ୍ଦେଶ ଦେଲେ। ଚିହ୍ନଟ କରିବା ପାଇଁ ଅଧିକାଂଶ ପ୍ରତିଭାଗୀ ୧୦୦ ମିଲିସେକେଣ୍ଡ ସମୟ ନେଲେ। ଗବେଷକ ସେମାନଙ୍କୁ ଘରକୁ ପଠାଇଦେଲେ ଏବଂ ଯଥାରୀତି ଶୋଇବାକୁ ନିର୍ଦ୍ଦେଶ ଦେଲେ। ଗୋଟିଏ ରାତିର ସୁନିଦ୍ରା ପରେ ସେମାନେ ସେହି କାର୍ଯ୍ୟ ପାଇଁ ୧୫ ମିଲିସେକେଣ୍ଡ କମ୍ ସମୟ ନେଲେ। ଏ ପ୍ରକାର ବିକଶିତ ଅବସ୍ଥା ଗୋଟିଏ ବର୍ଷ ଅବ୍ୟାହତ ରହିଲା। ଅନ୍ୟ ପକ୍ଷରେ ଆଉ ଗୋଟିଏ ଦଳକୁ ଗବେଷକ ସୁନିଦ୍ରାରୁ ବଂଚିତ କଲେ। ସେମାନଙ୍କୁ ଗବେଷଣାଗାର ମଧ୍ୟରେ ଶୋଇବାକୁ କୁହାଗଲା ଏବଂ ସେମାନଙ୍କୁ ନିଦ ଲାଗିବା ମାତ୍ର ସେମାନଙ୍କୁ ଉଠାଇ ଦିଆଯାଉଥିଲା। ମଝିରେ ମଝିରେ ଅଳ୍ପ ଅଳ୍ପ ଶୋଉଥିଲେ; ମାତ୍ର ସୁନିଦ୍ରାର ଅଭାବ ଥିଲା। ଏ ଦଳରେ ଚିହ୍ନଟ କାର୍ଯ୍ୟଦକ୍ଷତାର କୌଣସି ଉନ୍ନତି ଘଟି ନ ଥିଲା।

ଖୁବ୍ ନିକଟ ଅତୀତରେ ଗୋଟିଏ ସୁନ୍ଦର ସଂପରୀକ୍ଷଣ କରାଯାଇଛି। ଏହି ସଂପରୀକ୍ଷଣରେ ଗବେଷକ କେତେକ ପ୍ରତିଭାଗୀଙ୍କୁ ଗୋଟିଏ ଜଟିଳ ସମସ୍ୟାର ସମାଧାନ କରିବାକୁ କହିଲେ। ସମାଧାନଟି ଖୁବ୍ କଷ୍ଟକର ଥିଲା। ତେଣୁ ଗବେଷକ ତାହାର ସମାଧାନ ପ୍ରଣାଳୀ ଶିକ୍ଷାଦେଲେ ଏବଂ ସେମାନଙ୍କୁ ଅଭ୍ୟାସ କରିବା ପାଇଁ ପରାମର୍ଶ ଦେଲେ । ସେମାନେ ଅଭ୍ୟାସ କରିବା ପରେ ଘରକୁ ଫେରିଯିବା ପାଇଁ ନିର୍ଦ୍ଦେଶ ଦେଲେ ଏବଂ ପରଦିନ ଫେରିଆସି ପୁନଶ୍ଚ ସମାଧାନ କରିବାକୁ କହିଲେ। କୌତୂହଳର ବିଷୟ ଯେ ଗବେଷକ ଜଟିଳ ପଦ୍ଧତିରେ ସମାଧାନଟି ଶିକ୍ଷା ଦେଇଥିଲେ ମଧ୍ୟ ଏହି ସମସ୍ୟାର ଏକ ସରଳ ସମାଧାନ ପ୍ରଣାଳୀ ରହିଥିଲା। ଜାଣିଶୁଣି ଗବେଷକ ପ୍ରତିଭାଗୀମାନଙ୍କୁ ସରଳ ସମାଧାନ ସମ୍ପର୍କରେ କୌଣସି ସୂଚନା ଦେଇ ନଥିଲେ। ଆବଶ୍ୟକ ସୁନିଦ୍ରା ପରେ ଦଳଟି ପରଦିନ ଫେରିବା ପରେ ପୁନଶ୍ଚ ସମାଧାନ ଆରମ୍ଭ

କରିବାର କଥା। ମାତ୍ର ଅଧିକାଂଶ ପ୍ରତିଭାଗୀ କହିଲେ – "ଆଜ୍ଞା ! ସମାଧାନର ଏକ ସହଜ ସରଳ ଉପାୟ ଥିବାବେଳେ ଆମେ ଜଟିଳ ପଦ୍ଧତିର ଆଶ୍ରୟ ନେବୁ କାହିଁକି ?"

ସଂପରୀକ୍ଷଣଟି ପ୍ରତିପାଦନ କରେ ଯେ ସୁନିଦ୍ରା କେବଳ ଆମର ପୂର୍ବ ଶିକ୍ଷାବୃତ ସ୍ମୃତିକୁ ସଂରକ୍ଷିତ କରେ ନାହିଁ, ଏହା ପୁନର୍ଗଠନରେ ମଧ୍ୟ ସହାୟକ ହୁଏ। ଗବେଷକ ଅନ୍ୟ ଗୋଟିଏ ଦଳକୁ ଅନୁରୂପ ପ୍ରଶିକ୍ଷଣ ଦେଇଥିଲେ, କିନ୍ତୁ କୌଣସି ନା କୌଣସି ଆଳରେ ସେମାନଙ୍କୁ ନିଦ୍ରାର ସୁଯୋଗ ଦେଇ ନଥିଲେ। ଏହି ଦ୍ୱିତୀୟ ଦଳଟି ସହଜ ସରଳ ସମାଧାନର ସୁରାକ ପାଇ ନଥିଲେ। ପରଦିନ ପୂର୍ବପରି ଜଟିଳ ପଦ୍ଧତିରେ ସମାଧାନର ଅଭ୍ୟାସ କଲେ।

ପୁନରୁଦ୍ଧାର ପ୍ରକ୍ରିୟା :

ନିଦ୍ରାର ପୁନରୁଦ୍ଧାର (Restorative Functions) କଥା ଭାବିଲେ ବିସ୍ମିତ ହେବାକୁ ପଡ଼େ। ସାରା ଦିନର କାର୍ଯ୍ୟକ୍ରମ ଶରୀର ଓ ମସ୍ତିଷ୍କରେ ଯେଉଁ କ୍ଳାନ୍ତିର ଆବହାଓ୍ୱା ସୃଷ୍ଟି କରିଥାଏ ସାତ ଆଠ ଘଣ୍ଟାର ନିଦ୍ରା ପରେ ମନ ଓ ଶରୀର ପୁଣି ସତେଜ, ସଚଳ ଓ କର୍ମକ୍ଷମ ହୋଇଉଠେ।

ନିଦ୍ରା ଓ ବିଶ୍ରାମ କିପରି ଭାବରେ ଆମର ମସ୍ତିଷ୍କକୁ ସତେଜ କରେ ସେ ବିଷୟରେ ବର୍ତ୍ତମାନ ଗବେଷକମାନେ ଅଧିକରୁ ଅଧିକ ତଥ୍ୟ ଆହରଣ କରୁଛନ୍ତି। ଏହା ଅତି ସାଧାରଣ କଥା ଯେ ଶରୀର ଗ୍ରହଣ କରୁଥିବା ଖାଦ୍ୟ ଦ୍ରବ୍ୟ ଓ ଅନ୍ୟସବୁ ପୁଷ୍ଟିକର ସାମଗ୍ରୀର ରାସାୟନିକ ପରିବର୍ତ୍ତନ (Metabolism) ସମୟରେ କିଛି ପରିମାଣରେ ଶକ୍ତି କ୍ଷୟ ଘଟିଥାଏ। ନିଦ୍ରା ଏହି କ୍ଷତିପୂରଣରେ ସହାୟକ ହୁଏ।

ଅନ୍ୟ ଏକ ପରିପ୍ରେକ୍ଷୀରେ ନିଦ୍ରା କ୍ଷତିପୂରଣରେ ସାହାଯ୍ୟ କରେ। ଗବେଷକମାନେ ଦେଖିଛନ୍ତି ଯେ ଶରୀର ମଧ୍ୟକୁ ଯାଉଥିବା ଅମ୍ଳଯାନର ରାସାୟନିକ ପରିବର୍ତ୍ତନ (Metabolism) ସମୟରେ କେତେକ ମୁକ୍ତ ଅଣୁ ତିଆରି ହୁଏ। ଏହି ଅଣୁରେ ଗୋଟିଏ ଇଲେକ୍‌ଟ୍ରନ୍ ନଥିବାରୁ ଏହା ଅନିୟନ୍ତ୍ରିତ ଓ ବିଶୃଙ୍ଖଳିତ ହୋଇ ସ୍ନାୟୁକୋଷରେ ଏଠି ସେଠି ଅନ୍ୟ ଅଣୁ ସହିତ ଯୋଡ଼ି ହୋଇଯାଏ। ଏହା ଅସ୍ଥିର ଓ କ୍ଷତିକାରକ। ଏପରି ମୁକ୍ତ ରାଡିକାଲ୍ ଅଣୁ ଅନ୍ୟ ସ୍ନାୟୁକୋଷର କ୍ଷତିସାଧନ କରେ। ଏହାକୁ ଅମ୍ଳଚାପ (Oxidative Stress) କୁହନ୍ତି।

ନିଦ୍ରା ସମୟରେ ସଞ୍ଚରିତ ହେଉଥିବା ସୁପର-ଅକ୍‌ସାଇଡ୍ ଡିସ୍‌ମ୍ୟୁଟେସ୍ (Super Oxide Dismutase ବା SOD) ନାମକ ଏକ ଏନ୍‌ଜାଇମ୍ (Engyme) ଏହି ମୁକ୍ତ ଓ କ୍ଷତିକାରକ ଅଣୁକୁ ନିଷ୍କ୍ରିୟ କରିଥାଏ। ସୁତରାଂ ଅମ୍ଳଚାପର କୁପ୍ରଭାବକୁ ଦୂର କରିବା ପାଇଁ ନିଦ୍ରା ଏକ ଉତ୍କୃଷ୍ଟ ମାଧ୍ୟମ। ନିମ୍ନତର ପ୍ରାଣୀମାନଙ୍କ ଉପରେ

ଗବେଷଣାଗାରରେ କରାଯାଇଥିବା ଗବେଷଣାରୁ ଦେଖାଯାଇଛି ଯେ ପ୍ରାଣୀମାନଙ୍କୁ କିଛିଦିନ ଅନିଦ୍ରା ରଖାଇଲେ କ୍ଷତିକାରକ ଅମ୍ଳଚାପର ପରିମାଣର ବୃଦ୍ଧିପାଉଛି ଏବଂ ହିତକାରୀ SOD ଏନ୍‌ଜାଇମ୍‌ର କ୍ଷରଣ କମିଯାଉଛି ।

ନିଦ୍ରାର ସବୁଠାରୁ ଗୁରୁତ୍ୱପୂର୍ଣ୍ଣ ଅବଦାନ ହେଉଛି ମସ୍ତିଷ୍କରେ ସ୍ନାୟୁର ନବୀକରଣ । ଏକ ସ୍ୱାଭାବିକ ପ୍ରକ୍ରିୟାରେ ଆମର ବୟସର ବୃଦ୍ଧି ସହିତ ମସ୍ତିଷ୍କର କିଛି କିଛି ସ୍ନାୟୁକୋଷ କ୍ଷୟଯାଏ ଏବଂ ନୂତନ ସ୍ନାୟୁକୋଷ ଗଠିତ ହୁଏ । କ୍ଷୟ ପ୍ରକ୍ରିୟା ଜୀବନର ଶେଷବିନ୍ଦୁ ପର୍ଯ୍ୟନ୍ତ ଚାଲିଥାଏ । ମାତ୍ର ମସ୍ତିଷ୍କର ନୂତନ ସ୍ନାୟୁକୋଷ କେତେ ବର୍ଷ ପର୍ଯ୍ୟନ୍ତ ଗଠିତ ହୋଇ ଚାଲିଥିବ, ତାହା କେତେକ ଉପାଦାନ ଉପରେ ନିର୍ଭର କରେ । ସେ ଉପାଦାନ ସମ୍ପର୍କରେ ଆଲୋଚନା ଏଠାରେ କରାଯାଉ ନାହିଁ । କିନ୍ତୁ ଏହା ଏକ ସମର୍ଥିତ ତଥ୍ୟ ଯେ ନିଦ୍ରା ମସ୍ତିଷ୍କରେ ନୂତନ ସ୍ନାୟୁକୋଷ ଗଠନରେ ସହାୟକ ହୁଏ ।

ନିଦ୍ରା ଓ ପ୍ରାଣିଜଗତ :

କ୍ଷୁଧା ଓ ତୃଷ୍ଣା ପରି ନିଦ୍ରା ଏକ ଆଦିମ ପ୍ରବୃତ୍ତି । କ୍ଷୁଧାରେ ରହୁଥିବା ମୂଷା ତୁଳନାରେ ଅନିଦ୍ରା ରହୁଥିବା ମୂଷାର ଶୀଘ୍ର ମୃତ୍ୟୁ ହୁଏ । ମନୁଷ୍ୟକୁ ମଧ୍ୟ ନିଦ୍ରାରହିତ କରାଇଲେ ସେ ଅଧିକରୁ ଅଧିକ ପରିମାଣରେ ନିଦ୍ରା ଯାଇ ତା'ର କ୍ଷତିପୂରଣ କରେ । ଏହାକୁ ନିଦ୍ରା ଋଣ କୁହନ୍ତି । କିଛି ବର୍ଷ ତଳେ ଦେଖାଗଲା ଯେ ଫଳ ସବୁରେ ବସୁଥିବା ମାଛି ଦିନରେ ବାରଘଣ୍ଟା ନିଦ୍ରା ଯାଇଥାଏ ।

ଜୀବଜଗତରେ ନିଦ୍ରାର ପରିମାଣ ନେଇ ବିଶେଷ ତାରତମ୍ୟ ରହିଛି, ବାଦୁଡ଼ି ଗୋଟିଏ ଦିନରେ ୧୮ ଘଣ୍ଟାରୁ ୨୦ ଘଣ୍ଟା ଶୋଇବା ସ୍ଥଳେ ଜିରାଫ ଓ ହାତୀ କେବଳ ତିନିଚାରି ଘଣ୍ଟା ଶୁଅନ୍ତି । ସାଧାରଣତଃ ତୃଣଭୋଜୀ ପ୍ରାଣୀମାନେ ସବୁକିଛି ଖାଉଥିବା ପ୍ରାଣୀମାନଙ୍କ ତୁଳନାରେ କମ୍ ଶୁଅନ୍ତି । ଆକ୍ରମଣର ଶରବ୍ୟ ହୋଇ ମୃତ୍ୟୁ ମୁଖରେ ପଡ଼ିଯିବାର ଆଶଙ୍କାକୁ ଏଡ଼ାଇବା ପାଇଁ ସତର୍କତା ତୃଣଭୋଜୀ ପ୍ରାଣୀମାନଙ୍କର ଅଳ୍ପନିଦ୍ରାର କାରଣ ହୋଇପାରେ ।

ନିଦ୍ରାର ପରିମାଣ ଓ ଶୈଳୀରେ ଉଦ୍‌ବର୍ତ୍ତନର (Evolution) ପ୍ରଭାବ ସ୍ପଷ୍ଟ । ଉଦାହରଣ ସ୍ୱରୂପ, ଡଲଫିନ୍ ପରି ଜଳଚର ପ୍ରାଣୀମାନେ ସେମାନଙ୍କର ମସ୍ତିଷ୍କର ଗୋଟିଏ ଭାଗ ନିଦ୍ରିତ ଥିବା ସ୍ଥଳେ ଅନ୍ୟ ଭାଗଟି ସକ୍ରିୟ ଥାଏ । ଆକ୍ରମଣର ଶରବ୍ୟ ହେବାର ସମ୍ଭାବନା ଥିଲା ପ୍ରାଣୀମାନେ କମ୍ ଶୁଅନ୍ତି । ମାଂସାଶୀ ପ୍ରାଣୀମାନେ ଅଧିକ ଶୁଅନ୍ତି । ଆଫ୍ରିକାର ଏକ ପ୍ରକାର ସିଂହ ତା'ର ଶିକାରଟିକୁ ଉଦରସ୍ଥ କରିବା ମାତ୍ରେ ସେହିଠାରେ ସେହିପରି ଅବସ୍ଥାରେ ପ୍ରାୟ ଦୁଇ ତିନିଦିନ ଶୋଇଯାଏ । ମନୁଷ୍ୟମାନେ

ସାଧାରଣତଃ ଛ' ଘଣ୍ଟାରୁ ଆଠଘଣ୍ଟା (ହାରାହାରି ଦୈନିକ ୭ ଘଣ୍ଟା) ଶୁଅନ୍ତି। ନିମ୍ନ ସୂଚନାରୁ ଉଦ୍‌ବର୍ତ୍ତନର ଏହି ଦିଗଟି ପ୍ରତିଫଳିତ।

ସ୍ତନ୍ୟପାୟୀ ପ୍ରାଣୀ	**ଦୈନିକ ନିଦ୍ରାର ହାରହାରି** ପରିମାଣ
ଆଫ୍ରିକୀୟ ବାଘ	ଦୁଇ ତିନି ଦିନ
ବାଦୁଡ଼ି ଜାତୀୟ ପ୍ରାଣୀ	୧୯ ଘଣ୍ଟା
ପେଚା, ମାଙ୍କଡ଼	୧୭ ଘଣ୍ଟା
ମେରୁ ଅଞ୍ଚଳର ଗୁଣ୍ଡୁଚି ମୂଷା	୧୬ ଘଣ୍ଟା
ବିରାଡ଼ି	୧୪ ଘଣ୍ଟା
ମୂଷା, ଗୁଣ୍ଡୁଚିମୂଷା	୧୩ ଘଣ୍ଟା
ପାର୍ବତ୍ୟ ଅଞ୍ଚଳର ଭାଲୁ	୧୧ ଘଣ୍ଟା
ମଣିଷ, ଘୁଷୁରୀ	୮ ଘଣ୍ଟା
ଗାଈ, ଛେଳି, ମେଣ୍ଢା, ହାତୀ, ଗଧ	୩ ଘଣ୍ଟା
ଘୋଡ଼ା	୨ ଘଣ୍ଟା

■

ସ୍ଵପ୍ନ ରହସ୍ୟ

ଯୁଗ ଯୁଗ ଧରି ମନୁଷ୍ୟର ମନ ଆକାଶରେ କାୟା ବିସ୍ତାର କରି ଉଡ଼ି ବୁଲୁଥିବା ପ୍ରଶ୍ନଟି ହେଉଛି : ଆମେ କାହିଁକି ସ୍ଵପ୍ନ ଦେଖୁ ? ସ୍ଵପ୍ନର ପ୍ରକୃତ ରହସ୍ୟ କ'ଣ ? ଏହା କେଉଁ ମନସ୍ତାତ୍ତ୍ୱିକ ଚାହିଦା ପୂରଣ କରେ ? ସ୍ଵପ୍ନ ସମୟରେ ଶାରୀରିକ ଅବସ୍ଥା କି ରୂପରେଖ ଗ୍ରହଣ କରେ ? ଏହା ମନୁଷ୍ୟର ଅତୀତ କିମ୍ବା ଭବିଷ୍ୟତ ସହିତ ସମ୍ପର୍କିତ କି ? ଏସବୁ ପ୍ରଶ୍ନ ସମ୍ପର୍କରେ ମନୁଷ୍ୟ ମନରେ ଅସରନ୍ତି କୌତୂହଳ ଭରପୂର ରହିଛି । ଆଧୁନିକ କାଳରେ ଏସବୁ ପ୍ରଶ୍ନର ଆଂଶିକ ସମାଧାନ ସମ୍ଭବ ହୋଇଥିଲେ ମଧ୍ୟ କେତେକ ପ୍ରଶ୍ନ ଏବେ ମଧ୍ୟ ଅସମାହିତ ରହିଛି ।

ଏହା ସତ୍ୟ ଯେ ମନୁଷ୍ୟର ବିଭିନ୍ନ କାର୍ଯ୍ୟକଳାପ ମଧ୍ୟରୁ ନିଦ୍ରା ଓ ସ୍ଵପ୍ନ ମନୁଷ୍ୟକୁ ବେଶ ଆଚ୍ଛନ୍ନ ରଖେ । କେତେକ ହୁଏତ ଭାବି ପାରନ୍ତି ଯେ ମଣିଷ କାର୍ଯ୍ୟ କିମ୍ବା ଅଧ୍ୟୟନରେ ଅଧିକାଂଶ ସମୟ ଦେଇଥାଏ । କିନ୍ତୁ ପ୍ରକୃତରେ ଭାବି ବସିଲେ ଦେଖାଯିବ ଯେ ଅଧିକାଂଶ ବ୍ୟକ୍ତି ଜୀବନର ଅନ୍ତତଃ ଏକ-ତୃତୀୟାଂଶ ସମୟ ନିଦ୍ରା ଓ ସ୍ଵପ୍ନରେ ଅତିବାହିତ କରନ୍ତି । ନିଦ୍ରାକାଳୀନ ଅବସ୍ଥାରେ ବହୁ ଗୁରୁତ୍ୱପୂର୍ଣ୍ଣ ମନସ୍ତାତ୍ତ୍ୱିକ ଓ ଶାରୀରିକ ପରିବର୍ତ୍ତନ ସଂଘଟିତ ହୁଏ । ଚେତନଶୀଳତାର ରୂପାନ୍ତର ଘଟେ । ଏ ଦୃଷ୍ଟିରୁ ସ୍ଵପ୍ନର ରହସ୍ୟ ଭେଦ କରିବାର ପ୍ରକ୍ରିୟା ବେଶ୍ ଗୁରୁତ୍ୱପୂର୍ଣ୍ଣ ।

ଏହି ରହସ୍ୟଭେଦ ପ୍ରୟାସରେ ବିଜ୍ଞାନ ଓ କଳାର ବିଶେଷ ସମନ୍ଵୟ ଘଟିଛି । ଆମର ନିଦ୍ରା ଓ ସ୍ଵପ୍ନ ସମୟରେ ଶରୀର ଓ ମସ୍ତିଷ୍କରେ କ'ଣ ଘଟେ ତାହା ବିଜ୍ଞାନ ସମ୍ମତ ପଦ୍ଧତିରେ ନିରୂପିତ ହୋଇପାରିଛି । ଆମେ କାହିଁକି ସ୍ଵପ୍ନ ଦେଖୁ ଏବଂ ପ୍ରତିଟି ସ୍ଵପ୍ନର କିପରି ପ୍ରତୀକାତ୍ମକ (Symbolic) ଅର୍ଥ ରହିଛି - ତାହାର ଉତ୍ତର ନିମିତ୍ତ ବିଖ୍ୟାତ ମନସ୍ତତ୍ତ୍ୱବିତ୍ ଫ୍ରଏଡ୍ ଏବଂ ଅନ୍ୟ କେତେକ କ୍ଲାସିକାଲ ମନୋବିଜ୍ଞାନୀଙ୍କ ମତବାଦ ଉପରେ ନିର୍ଭର କରିବାର ଆବଶ୍ୟକତା ଏବେ ମଧ୍ୟ ରହିଛି ।

ସ୍ୱପ୍ନ ଓ ନିଦ୍ରାର ଅନୁଧ୍ୟାନ କରୁଥିବା କୌଣସି ଗବେଷଣାଗାରକୁ ଗଲେ ସେଠାରେ ବ୍ୟବହୃତ ହେଉଥିବା ଯାନ୍ତ୍ରିକ ଉପକରଣ ମଧ୍ୟରୁ ଅନ୍ତତଃ ତିନୋଟି ମୁଖ୍ୟ ଉପକରଣ ପରିଦୃଷ୍ଟ ହେବ। ସେଗୁଡ଼ିକ ହେଉଛି :

୧. ମସ୍ତିଷ୍କ-ତରଙ୍ଗ ଅନୁଧ୍ୟାନ କରୁଥିବା (Electroencephalogram) ମେସିନ୍ ।

୨. ଶରୀରର ମାଂସପେଶୀର କାର୍ଯ୍ୟକଳାପ ଜନିତ ପରିବର୍ତ୍ତନ ଅନୁଧ୍ୟାନ କରୁଥିବା EMG (Electromyogram) ମେସିନ୍।

୩. ଚକ୍ଷୁ ଗତିର ତୀବ୍ରତା ନିରୂପଣ କରୁଥିବା EOG (Electrooculogram) ଉପକରଣ ।

ନିଦ୍ରାର ବିଜ୍ଞାନ-ଭିତ୍ତିକ ରୂପରେଖ

ମଣିଷର ନିଦ୍ରାର ଏକ ସ୍ୱତନ୍ତ୍ର ଢାଞ୍ଚା ରହିଛି। ନିଦ୍ରାର କେତୋଟି ନିର୍ଦ୍ଦିଷ୍ଟ ଚକ୍ର (Cycles) ରହିଛି ଏବଂ ପ୍ରତି ସାଇକ୍ଲ ବା ନିଦ୍ରାଚକ୍ରର ଚାରୋଟି ସୋପାନ ରହିଛି। ପ୍ରତିଟି ସାଇକ୍ଲ (Cycle) ପ୍ରାୟ ୮୦/୯୦ ମିନିଟ୍ ରହିଥାଏ ଏବଂ ଗୋଟିଏ ନିଦ୍ରାଚକ୍ର ଶେଷ ହେବାପରେ ପରବର୍ତ୍ତୀ ଚକ୍ରଟି ଆରମ୍ଭ ହୁଏ। ଜଣେ ବ୍ୟକ୍ତି ସାଧାରଣତଃ ୬/୭ ଘଣ୍ଟା ଶୋଉଥିବାରୁ ସେ ପ୍ରାୟ ଚାରୋଟି ନିଦ୍ରାଚକ୍ର ଦେଇ ଗତି କରନ୍ତି। ପୂର୍ବରୁ ସୂଚନା ଦିଆଯାଇଛି ଯେ ପ୍ରତିଟି ନିଦ୍ରାଚକ୍ରର ଚାରୋଟି ସୋପାନ (Stages) ଥାଏ। ନିମ୍ନମତେ ସୋପାନ ଗୁଡ଼ିକର ପରିବର୍ତ୍ତନ ଘଟେ।

ଜାଗ୍ରତ ଅବସ୍ଥା : ଶୋଇବାର ପୂର୍ବାବସ୍ଥା ହେଉଛି ଜାଗ୍ରତ ଅବସ୍ଥା (Awake) । ଏହି ଅବସ୍ଥାରେ ଆମ୍ଭେମାନେ ପୂରାପୂରି ସଚେତନ ରହିଥାଉ। ମସ୍ତିଷ୍କର କ୍ରିୟାକଳାପ ସ୍ୱାଭାବିକ ରହିଥାଏ। ଏହି ଅବସ୍ଥାରେ ମସ୍ତିଷ୍କରେ ଯେଉଁ ତରଙ୍ଗ ସକ୍ରିୟ ରହିଥାଏ, ତାହାକୁ ବିଟା ତରଙ୍ଗ (Beta Waves) କୁହନ୍ତି। ଏହାର ପରିମାଣ ପ୍ରତି ସେକେଣ୍ଡରେ ୧୪ରୁ ୩୦ ହର୍ଜ (HZ)। ଆମର ସଚେତନଶୀଳ କ୍ରିୟାକଳାପ କମିବାକୁ ଆରମ୍ଭ କରିବା ମାତ୍ରେ ଏବଂ ଆମ୍ଭେମାନେ ବିଶ୍ରାମଶୀଳ ଅବସ୍ଥାକୁ ଗତି କରିବା ସମୟରେ ବିଟା ତରଙ୍ଗ ରୂପାନ୍ତରୀତ ହୋଇ ଆଲ୍‌ଫା ତରଙ୍ଗର (Alpha Waves) ରୂପ ନିଏ । ଏହାର ପରିମାଣ ପ୍ରତି ସେକେଣ୍ଡ୍‌ରେ ୮ରୁ ୧୨ ହର୍ଜ (HZ)। ଏହା ଶୋଇବାର ଠିକ୍ ପୂର୍ବାବସ୍ଥା ।

ପ୍ରଥମ ସୋପାନ : ପ୍ରଥମ ସୋପାନଟିରେ ଆମ୍ଭେମାନେ ଶୋଇବାକୁ ଆରମ୍ଭ କରୁ । ସାଧାରଣ କଥିତ ଭାଷାରେ ଏହାକୁ ଛାଇନିଦ କୁହନ୍ତି। ଏପରି ସମୟରେ କେହି ଡାକିଦେଲେ କିମ୍ବା କବାଟ ଖୋଲିବାର ଶବ୍ଦ ସୃଷ୍ଟି କଲେ ନିଦ ଭାଙ୍ଗିଯାଏ। ଆମେ ଜାଗ୍ରତ ଅବସ୍ଥାକୁ ଫେରିଆସୁ। ଏ ସମୟରେ ମସ୍ତିଷ୍କର କାର୍ଯ୍ୟକଳାପକୁ ସୂଚିତ

କରୁଥିବା ମସ୍ତିଷ୍କ ତରଙ୍ଗକୁ ଥିଟା ତରଙ୍ଗ (Theta Waves) କୁହନ୍ତି। ଏହା ଜାଗ୍ରତ ଓ ନିଦ୍ରିତ ଅବସ୍ଥାର ଏକ ମଧବର୍ତ୍ତୀ ସ୍ତର। ଏହା ପ୍ରାୟ ଦଶ ମିନିଟ୍ ପର୍ଯ୍ୟନ୍ତ ରହିଥାଏ। ତା'ପରେ ଆମେ ଦ୍ୱିତୀୟ ସୋପାନରେ ପ୍ରବେଶ କରୁ।

ଦ୍ୱିତୀୟ ସୋପାନ : ପତଳା ନିଦକୁ ଅତିକ୍ରମ କରି ନିଦ ଆଉ ଏକ ପର୍ଯ୍ୟାୟକୁ ଗତି କରେ। ମସ୍ତିଷ୍କର କ୍ରିୟାକଳାପରେ କିଛିଟା ଜଟିଳତା ପରିଦୃଷ୍ଟ ହୁଏ। ମସ୍ତିଷ୍କ ତରଙ୍ଗର ମଝିରେ ମଝିରେ ହଠାତ୍ ଆକସ୍ମିକ ଭାବରେ ଅନ୍ୟ ଧରଣର ତରଙ୍ଗ (K-complexes) ପରିଦୃଷ୍ଟ ହୁଏ। ମସ୍ତିଷ୍କର କ୍ରିୟାକଳାପ ଏପରି ଏକ ପରିବର୍ତ୍ତିତ ରୂପରେଖ ନିଏ ଯେ ମଣିଷ ବାହ୍ୟଜଗତର ଉଦ୍ଦୀପନା ପ୍ରତି ଧୀରେ ଧୀରେ ନିଷ୍କ୍ରିୟ ହୋଇପଡ଼ିବ। ଏପରି ଏକ ଅବସ୍ଥା ଅପେକ୍ଷାକୃତ ଗଭୀର ନିଦ୍ରା ମଧକୁ ପ୍ରବେଶ କରିବାରେ ସହାୟକ ହୁଏ। ଶୋଇ ରହିବାରେ ଏହା ସାହାଯ୍ୟ କରେ ।

ତୃତୀୟ ସୋପାନ : ମସ୍ତିଷ୍କର କାର୍ଯ୍ୟ କମିଯାଏ। ଏ ସମୟର ମସ୍ତିଷ୍କ ତରଙ୍ଗକୁ ଡେଲ୍‌ଟା ତରଙ୍ଗ (Delta Waves) କୁହନ୍ତି। ଏହାର ପରିମାଣ ପ୍ରତି ସେକେଣ୍ଡରେ ୩ରୁ ୫ ହର୍ଜ (HZ)। ଏହା ଗଭୀର ନିଦ୍ରାର ସୂଚକ।

ଚତୁର୍ଥ ସୋପାନ : ତୃତୀୟ ସୋପାନ ପରି ଏହା ମଧ ଗଭୀର ନିଦ୍ରାର ସୋପାନ । ତୃତୀୟ ସୋପାନରେ ଡେଲଟା ତରଙ୍ଗ (୩ରୁ ୫ ହର୍ଜ) ପ୍ରାୟ ୨୦ରୁ ୫୦ ପ୍ରତିଶତ ସମୟରେ ପରିଦୃଷ୍ଟ ହେଉଥିବା ସ୍ଥଳେ ଚତୁର୍ଥ ସୋପାନରେ ଏହା ୫୦ ପ୍ରତିଶତ ସମୟରୁ ଅଧିକ କାଳ ପରିଦୃଷ୍ଟ ହୁଏ। କହିବା ଅନାବଶ୍ୟକ ଯେ ଗଭୀର ନିଦ୍ରା ଗଭୀରତର ହୁଏ ।

କ୍ଷିପ୍ର ଚକ୍ଷୁଗତି ଓ ସ୍ୱପ୍ନ : ଗୋଟିଏ ନିଦ୍ରା ଚକ୍ରର ଅବଧି ପ୍ରାୟ ୯୦ ମିନିଟ୍। ଏହି ନବେ ମିନିଟ୍ ମଧରେ ଚାରୋଟି ସୋପାନ ସଂଘଟିତ ହୁଏ। ଶୋଇବାର ପ୍ରଥମ ନବେ ମିନିଟ୍ ପରେ ମସ୍ତିଷ୍କ ତରଙ୍ଗରେ ହଠାତ୍ ପରିବର୍ତ୍ତନ ଆସେ। ଡେଲଟା ତରଙ୍ଗ ଅପସରି ଯାଇ ସେ ସ୍ଥାନରେ ନିମ୍ନ ଭୋଲ୍‌ଟେଜ୍‌ର କ୍ରିୟାକଳାପ ଆରମ୍ଭ ହୁଏ । ଶୋଇଥିବା ବ୍ୟକ୍ତିର କଳାଡୋଳା ହଠାତ୍ ଏପଟ ସେପଟ ହୋଇ ଗତିଶୀଳ ହୁଏ। ଏହାକୁ କ୍ଷିପ୍ର ଚକ୍ଷୁଗତି (Rapid Eye Movement ବା REM) କୁହନ୍ତି। ଏହି ରେମ୍ ଅବସ୍ଥାରେ (REM Period) ହିଁ ବ୍ୟକ୍ତି ସ୍ୱପ୍ନ ଦେଖିଥାଏ । ନିଦ୍ରା ଗବେଷଣାଗାରରେ ଶୋଇଥିବା ଏବଂ ଚକ୍ଷୁଗତି ମେସିନ୍ ଏପରି କ୍ଷିପ୍ର ଗତିର ସୂଚନା ଦେଉଥିବା ସମୟରେ ବ୍ୟକ୍ତିକୁ ଉଠାଇଦେଲେ ସେ ସ୍ୱପ୍ନ ଦେଖୁଥିବାର ଅନୁଭବ ବର୍ଣ୍ଣନା କରନ୍ତି ।

ରେମ୍ ପିରିୟଡ୍ କେତେ ସମୟ ରହିଥାଏ ? ଜଣେ ବ୍ୟକ୍ତି ୬/୭ ଘଣ୍ଟା ଶୋଇ ରହିଥିବାରୁ ରେମ୍ ସମୟ ପ୍ରାୟ ୫୦ ପ୍ରତିଶତ ସମୟ ବା ୩/୪ ଘଣ୍ଟା

ରହିଥାଏ। କୌତୂହଳର ବିଷୟ ଯେ ନିଦ୍ରାଚକ୍ରର କ୍ରମ ଅନୁଯାୟୀ ରେମ୍ ନିଦ୍ରାର ପରିମାଣ ବଢ଼ିଥାଏ । ପ୍ରଥମ ନିଦ୍ରା ଚକ୍ରରେ ରେମ୍ ଅବସ୍ଥା ପ୍ରାୟ ନଥାଏ କିମ୍ବା ଖୁବ୍ ଅଳ୍ପ ସମୟ ରହିଥାଏ। ପ୍ରକାରାନ୍ତରେ କୁହାଯାଇପାରେ ଯେ ପ୍ରଥମ ଚକ୍ର ବା ପ୍ରଥମ ନବେ ମିନିଟ୍‌ରେ ସ୍ୱପ୍ନକାଳୀନ ଅବସ୍ଥା ପ୍ରାୟ ନଥାଏ। ଦ୍ୱିତୀୟ ଚକ୍ରରେ ରେମ୍ ସମୟ କିଛି କାଳ ପାଇଁ ଆସିଥାଏ; ଏ ଦୃଷ୍ଟିରୁ ସ୍ୱପ୍ନାବସ୍ଥା ଅଳ୍ପ ସମୟ। ମାତ୍ର ତୃତୀୟ ଓ ଚତୁର୍ଥ ଚକ୍ରରେ (ରାତିର ଶେଷ ପର୍ଯ୍ୟାୟ ବା ଶୋଇବାର ଶେଷ ପର୍ଯ୍ୟାୟରେ) ରେମ୍ ପରିମାଣ ବେଶୀ ଥାଏ। ଅନ୍ୟ ଭାଷାରେ କହିଲେ ବୁଝାଯିବ ଯେ ବ୍ୟକ୍ତି ଶୋଇ ରହିଥିବା ଛ' ଘଣ୍ଟାର ଶେଷ ଦେଢ଼ଘଣ୍ଟା (ବା ୯୦ ମିନିଟ୍‌ର) ଅଧିକାଂଶ ସମୟ ରେମ୍ ସମୟ; ସୁତରାଂ ସ୍ୱପ୍ନ- ଦେଖିବାର ଅବଧି ମଧ୍ୟ ଦୀର୍ଘତର । ଏଥିପାଇଁ ଅଧିକାଂଶ ଲୋକ ପାହାନ୍ତା ସମୟରେ ସ୍ୱପ୍ନ ଅଧିକ ମନେ ରଖନ୍ତି ଏବଂ ପାହାନ୍ତା ସ୍ୱପ୍ନ ସତ ହୁଏ ବୋଲି ଭାବିନିଅନ୍ତି। ପ୍ରକୃତ କଥା ହେଲା ଯେ ନିଦ୍ରାର ଶେଷ ପର୍ଯ୍ୟାୟରେ ରେମ୍ ସମୟ ଏବଂ ସ୍ୱପ୍ନକାଳୀନ ଅବସ୍ଥା ଅପେକ୍ଷାକୃତ ଦୀର୍ଘତର। ଶୋଇବା ସମୟର ପ୍ରାୟ ଅର୍ଦ୍ଧେକ ସମୟ ମନୁଷ୍ୟ ରେମ୍ ନିଦ୍ରା ବା ସ୍ୱପ୍ନ ଜଡ଼ିତ ନିଦ୍ରାରେ ଅତିବାହିତ କଲେ ମଧ୍ୟ ରାତିର ଶେଷ ପର୍ଯ୍ୟାୟର ଅଧିକରୁ ଅଧିକ ସମୟରେ ସ୍ୱପ୍ନଜଡ଼ିତ ନିଦ୍ରା ବା ରେମ୍ ନିଦ୍ରାରେ କଟିଯାଏ।

ସ୍ୱପ୍ନମୁକ୍ତ ନିଦ୍ରା ବା ରେମ୍ ବିହୀନ (Non-Rem) ନିଦ୍ରାକୁ ମୃଦୁ ତରଙ୍ଗ ନିଦ୍ରା କୁହନ୍ତି। ନନ୍-ରେମ୍ ବା ସ୍ୱପ୍ନମୁକ୍ତ ନିଦ୍ରା ଭଲ ସ୍ୱାସ୍ଥ୍ୟର ସୂଚକ। ଶରୀର ଏ ସମୟରେ ପୂର୍ଣ୍ଣ ବିଶ୍ରାମ ପାଏ ଏବଂ ଶରୀରରୁ କ୍ଷୟ ହୋଇଥିବା ପ୍ରଦାର୍ଥର କ୍ଷତିପୂରଣ ଘଟେ। ଅପେକ୍ଷାକୃତ ଅଧିକ ଏକାଗ୍ରତ ରକ୍ଷା କରୁଥିବା ଏବଂ ଧ୍ୟାନ ଓ ଯୋଗ କରୁଥିବା ବ୍ୟକ୍ତିମାନଙ୍କର ରେମ୍ ବା ସ୍ୱପ୍ନଜଡ଼ିତ ନିଦ୍ରାର ପରିମାଣ କମେ ଏବଂ ମୃଦୁ ତରଙ୍ଗର ନିଦ୍ରା ବା ସ୍ୱପ୍ନମୁକ୍ତ ନିଦ୍ରା (ସୁଗଭୀର ନିଦ୍ରା) ବୃଦ୍ଧିପାଏ। ନିଦ୍ରା ଓ ସ୍ୱପ୍ନର ବୈଜ୍ଞାନିକ ଭିତ୍ତିଭୂମି ସମ୍ପର୍କରେ ପ୍ରାମାଣିକ ତଥ୍ୟ ସଂଗୃହୀତ ହୋଇଥିଲେ ମଧ୍ୟ ସ୍ୱପ୍ନର କାରଣ ଓ ସ୍ୱପ୍ନର ଅର୍ଥ ସମ୍ପର୍କରେ ପର୍ଯ୍ୟାପ୍ତ ପରିମାଣରେ ପରୀକ୍ଷାମୂଳକ ତଥ୍ୟ ସଂଗୃହୀତ ହୋଇପାରି ନାହିଁ। ଏ ସମ୍ପର୍କରେ ବିଶ୍ୱବିଶ୍ରୁତ ମନୋବିଜ୍ଞାନୀ ସିଗମଣ୍ଡ୍ ଫ୍ରଏଡ୍‌ଙ୍କ ତତ୍ତ୍ୱ ବିଶେଷ ତଥ୍ୟ ଯୋଗାଇଥାଏ। ବିଶେଷତଃ ଫ୍ରଏଡ୍‌ଙ୍କ ଅଚେତନ ମନର ତଥ୍ୟ (Theory of the Unconscious) ପ୍ରଣିଧାନର ବିଷୟ ।

ଅଚେତନ ମନ ଓ ସ୍ୱପ୍ନ ରହସ୍ୟ

ସିଗମଣ୍ଡ ଫ୍ରଏଡ୍‌ଙ୍କ ଅଚେତନ ମନର ତତ୍ତ୍ୱକୁ ବାଦ୍ ଦେଇ ସ୍ୱପ୍ନ ରହସ୍ୟର ପରଦା ଉତ୍ତୋଳନ କରିବା ପ୍ରାୟ ଅସମ୍ଭବ। ଫ୍ରଏଡ୍‌ଙ୍କ କେତୋଟି ମୁଖ୍ୟ ତତ୍ତ୍ୱ ମଧ୍ୟରୁ

ଅଚେତନ ମନ ସମ୍ପର୍କୀୟ ତତ୍ତ୍ୱ ଖୁବ୍ ଶକ୍ତିଶାଳୀ। ଏହି ତତ୍ତ୍ୱକୁ ଭିତ୍ତିକରି ଫ୍ରଏଡ୍ ୧୯୦୦ ମସିହାରେ ତାଙ୍କର ସର୍ବଶ୍ରେଷ୍ଠ କୃତି 'ସ୍ୱପ୍ନ ବିଚାର' (Interpretation of Dreams) ପୁସ୍ତକ ପ୍ରକାଶ କରିଥିଲେ । ଏହା ସେ ସମୟରେ ବିଶେଷ ଚହଳ ସୃଷ୍ଟି କରିଥିଲା।

ଫ୍ରଏଡୀୟ ଚିନ୍ତାଧାରା ଅନୁଯାୟୀ ମନୁଷ୍ୟ ମନର ତିନୋଟି ସ୍ତର ରହିଛି: ଚେତନ, ଅବଚେତନ ଓ ଅଚେତନ। ଫ୍ରଏଡ୍ ବିଶ୍ୱାସ କରୁଥିଲେ ଯେ ଗୋଟିଏ ଭାସମାନ ବରଫଖଣ୍ଡର ବହୁ ଅଂଶ ଜଳର ଉପରିଭାଗର ନିମ୍ନରେ ରହୁଥିଲା ପରି ଆମ ମନର ଅଚେତନ ଅଂଶ (The Unconscious) ଗଭୀର ଓ ଅଦୃଶ୍ୟ ଭାବରେ ରହିଥାଏ। ଏହା ଆମ ମନର ଦଶଭାଗରୁ ପ୍ରାୟ ନ'ଭାଗ। ଉପରେ ରହିଥିବା ପ୍ରାୟ ଏକ ଦଶମାଂଶ ହେଉଛି ସଚେତନ ମନ (The Consclious)।

ଆମେ ବାହ୍ୟ ଜଗତର ଯେଉଁ ବସ୍ତୁ ବା ଅବସ୍ଥା ପ୍ରତି ବର୍ତ୍ତମାନ ସଚେତନ, ତାହାକୁ ନେଇ ଆମର ସଚେତନ ମନ ଗଠିତ। ଧରାଯାଉ ଆପଣ ଏହି ପ୍ରବନ୍ଧଟି ପଢ଼ିବା ସମୟରେ ପ୍ରବନ୍ଧର ବିଷୟବସ୍ତୁ ପ୍ରତି ସଚେତନ ଅଛନ୍ତି। କେଉଁଠାରେ ବସି ଏହା ପାଠ କରୁଛନ୍ତି ଏବଂ କେଉଁ ସାମଗ୍ରୀକୁ ଆଧାର କରି ଏହା ପଢୁଛନ୍ତି, ତାହା ଆପଣଙ୍କ ଚେତନ ମନର ଅଂଶ ବିଶେଷ।

ଅବଚେତନ ମନ (The subconscious) କ'ଣ ? ପ୍ରକୃତରେ ଫ୍ରଏଡ୍ ଅବଚେତନ ପରିଭାଷାଟି ପ୍ରୟୋଗ କରି ନ ଥିଲେ। ବର୍ତ୍ତମାନ ଆମେ ଯାହା ଅବଚେତନ କହିଥାଉ ତାହା ପାଇଁ ଫ୍ରଏଡ୍‌ଙ୍କ ପରିଭାଷା ଥିଲା ପ୍ରାକ୍-ଚେତନ (Pre-Conscious) । ବର୍ତ୍ତମାନ ଅବଚେତନ ପରିଭାଷାଟି ଅଧିକ ବ୍ୟବହୃତ ଓ ଲୋକପ୍ରିୟ ହୋଇଥିବାରୁ ଏଠାରେ ଅବଚେତନ ଶବ୍ଦଟି ପ୍ରୟୋଗ କରାଯାଉଛି। ଆମର ସ୍ମୃତି ସବୁକୁ ନେଇ ଅବଚେତନ ମନ ଗଠିତ। ଧରାଯାଉ ଆପଣ ଏ ପ୍ରବନ୍ଧଟି ପାଠ କରିବା ସମୟରେ ଏ ପ୍ରବନ୍ଧର ବିଷୟବସ୍ତୁ ପ୍ରତି ସଚେତନ ଅଛନ୍ତି। ମାତ୍ର ଏମିତି ସମୟରେ ଆପଣଙ୍କର ଜଣେ ବନ୍ଧୁ ଏଠାକୁ ଆସି ଆପଣଙ୍କୁ ଦେଖା କରନ୍ତୁ ବୋଲି ଆପଣ କଥା ଦେଇଥିଲେ। ସୁତରାଂ ଆପଣଙ୍କ ସଚେତନଶୀଳ ପଠନ ସମୟରେ ସେ ପ୍ରତିଶ୍ରୁତିର ସ୍ମୃତି ମଝିରେ ମଝିରେ ଉଙ୍କି ମାରୁଛି। ଏ ହେଉଛି ଆପଣଙ୍କ ଅବଚେତନ ମନ। ଚେତନ ଓ ଅଚେତନ ମନର ଦୁଇ ପ୍ରଦେଶ ମଧ୍ୟରେ ବିଭାଜିକା ରେଖା ଟାଣିଥିବା ଧାରଟି ହେଉଛି ଅବଚେତନ। ଏହା ମୁଖ୍ୟତଃ ସ୍ମୃତିସବୁର ସ୍ଥାନିତ ପ୍ରଦେଶ।

ଫ୍ରଏଡୀୟ ଦୃଷ୍ଟିକୋଣର ସବୁଠାରୁ ଗୁରୁତ୍ୱପୂର୍ଣ୍ଣ ପ୍ରଦେଶଟି ହେଉଛି ଅଚେତନ ମନ (The Unconscious Mind)। ଏହା ମନର ଦଶଭାଗରୁ ପ୍ରାୟ ନ' ଭାଗ । ମନୁଷ୍ୟ ମନର ଅବଦମିତ ଅପୂରିତ କାମନା (Unfulfilled Wishes) ନେଇ ଏହା

ଗଠିତ। ମନର ନଗ୍ନ ବାସନା, ଅନୈତିକ ଚିନ୍ତାଧାରା, ଅସାମାଜିକ କଳ୍ପନା, ଆଶଙ୍କା, ଭୟ, ଉଦ୍‌ବେଗ ଓ ମାନସିକ ଚାପର ଏହା ଗନ୍ତାଘର। ମଣିଷର ବାସ୍ତବ ଜଗତରେ ଯାହା ଚରିତାର୍ଥ ହୋଇ ନଥାଏ ତାହା ଅବଦମିତ (Repressed) ହୋଇ ଏଠାରେ ସ୍ଥାନ ପାଏ । ଅବଦମିତ ରହିଥିବା କାମନା ବାସନା ଉପରକୁ ଉଠି ପ୍ରକାଶ ଲାଭ କରିବାର ଚେଷ୍ଟା କରନ୍ତି। କିନ୍ତୁ ସଚେତନ ମନର ତାଗିଦ୍ (Censor), ସାମାଜିକ କଟକଣା ଏବଂ ନିୟମ କାନୁନ୍‌ର ଭୟ ଫଳରେ ପ୍ରକାଶ ନ ପାଇ ଚାପି ହୋଇ ଗୋଦାମ୍ ଘରେ ପଡ଼ି ରୁହନ୍ତି।

ନିଦ୍ରା ଏସବୁର ପରିପ୍ରକାଶ ପାଇଁ କିଛିଟା ସୁଯୋଗ ଆଣେ। ପୂର୍ବରୁ ସୂଚନା ଦିଆଯାଇଛି ଯେ ନିଦ୍ରା ସମୟରେ ମସ୍ତିଷ୍କର କାର୍ଯ୍ୟକଳାପ ସୀମିତ ରୁହେ। ପୂରାପୂରି ନିଷ୍କ୍ରିୟ ନ ହେଲେ ମଧ୍ୟ ମନର ନିରୀକ୍ଷଣ (Censor Work) ସୀମିତ ହୁଏ। ଶରୀରର ମାଂସପେଶୀ ଓ ଇନ୍ଦ୍ରିୟସବୁର କାର୍ଯ୍ୟ ମଧ୍ୟ ଖୁବ୍ ସଂକୁଚିତ। ଏପରି ଅବସ୍ଥାର ସୁଯୋଗ ନେଇ ଅବଦମିତ ଇଚ୍ଛା ଓ ବାସନା ପ୍ରକାଶ ଲୋଡ଼ନ୍ତି। ମାତ୍ର ଅବିକଳ ନିଜ ରୂପରେ ଆସିଲେ ନିଦ ଭାଙ୍ଗିଯିବା ସ୍ୱାଭାବିକ। ସୁତରାଂ ବାସନାସବୁ ଛଦ୍ମ ବେଶରେ ପୋଷାକ ପିନ୍ଧି ଆସନ୍ତି। ଏହା ଫଳରେ କାମନା ପୂରଣ ହୁଏ ଏବଂ ନିଦ୍ରା ମଧ୍ୟ ସୁରକ୍ଷିତ ରହେ।

ସ୍ୱପ୍ନରେ ଆମେ ଯାହା ଦେଖୁ, ତାହା ହେଉଛି ପ୍ରକାଶ୍ୟ ରୂପ (Manifest Contents)। ଏହାର ଅନ୍ତରାଳରେ ଯେଉଁ ଅବଦମିତ ଇଚ୍ଛା ଲୁଚି ରହିଥାଏ ତାହା ହେଉଛି ପ୍ରଚ୍ଛନ୍ନ ରୂପ (Latent Content)। ସ୍ୱପ୍ନ ବିଶ୍ଳେଷଣକାରୀମାନେ ପ୍ରକାଶ୍ୟ ରୂପର ଅନ୍ତରାଳରେ ଲୁଚି ରହିଥିବା ପ୍ରକୃତ ରୂପକୁ ବ୍ୟାଖ୍ୟା କରନ୍ତି। ଫ୍ରଏଡ୍ କହିଥିଲେ ଯେ ସ୍ୱପ୍ନର ଭାଷା ହେଉଛି ବ୍ୟାକରଣ ବିବର୍ଜିତ ଯୁକ୍ତିହୀନ ଭାଷା। ଏହା ପର୍ଯ୍ୟାପ୍ତ ପ୍ରତୀକାତ୍ମକ ଛବିରେ ପରିପୂର୍ଣ୍ଣ। ଏଥିରେ କୌଣସି ଯୁକ୍ତିଯୁକ୍ତତା ନ ଥାଏ। ସମୟ, ସ୍ଥାନ ଓ ଘଟଣାର ବିପର୍ଯ୍ୟୟ ପରିଲକ୍ଷିତ ହୁଏ। ଗୋଟିଏ କ୍ଷୁଦ୍ର ଛିଦ୍ର ମଧ୍ୟରୁ ହୁଏତ ହାତୀଟି ବାହାରି ଆସେ । ସ୍ୱପ୍ନ ଦେଖିଥିବା ବ୍ୟକ୍ତି ନିଜର ସ୍ୱପ୍ନ ବର୍ଣ୍ଣନା କରିବା ପରେ ଫ୍ରଏଡ୍‌ଙ୍କ ପରି ମନ ସମୀକ୍ଷକମାନେ (Psychoanalysts) ସ୍ୱପ୍ନର ପ୍ରକୃତ ଅର୍ଥ ନିର୍ଦ୍ଧାରଣ କରନ୍ତି। ସେମାନେ ସ୍ୱପ୍ନରେ ଦୃଶ୍ୟମାନ ପ୍ରକାଶ୍ୟ ରୂପରୁ ପ୍ରଚ୍ଛନ୍ନ ରୂପ ବାହାର କରନ୍ତି। ଏହି ପ୍ରକ୍ରିୟାକୁ ସ୍ୱପ୍ନ ବ୍ୟାଖ୍ୟା (Interpretation of Dreams) କୁହାଯାଏ।

ସ୍ୱପ୍ନ ବ୍ୟାଖ୍ୟାକୁ ସହଜ କରିବା ପାଇଁ ଫ୍ରଏଡ୍ ନିଜର ପ୍ରଜ୍ଞା ଓ ଅନୁଭବକୁ ଆଶ୍ରୟ କରି ପ୍ରତୀକସବୁର ଏକ ତାଲିକା ପ୍ରସ୍ତୁତ କରିଥିଲେ। ଉଦାହରଣ ସ୍ୱରୂପ, ସ୍ୱପ୍ନରେ ପରିଦୃଷ୍ଟ ସର୍ପକୁ ପୁରୁଷର ଯୌନାଙ୍ଗ ଏବଂ ନୌକାକୁ ନାରୀର ଶରୀର ବୋଲି ସୂଚନା ଦେଇଥିଲେ। ସବୁଠାରୁ ବିଶେଷତ୍ୱପୂର୍ଣ୍ଣ ଅବଦାନ ହେଉଛି ବ୍ୟାଖ୍ୟା ପ୍ରଣାଳୀ ।

ସ୍ୱପ୍ନର ବ୍ୟାଖ୍ୟା ପ୍ରଣାଳୀ

ମଣିଷର ଅପୂରିତ କାମନା ବାସନା ଓ ଅବଦମିତ ଇଚ୍ଛା କିପରି ରୂପାନ୍ତରୀତ ହୋଇ ପ୍ରକାଶ୍ୟରୂପ ନିଏ, ତାହାକୁ ବୁଝାଇବାକୁ ଫ୍ରଏଡ୍ କେତୋଟି ନୀତିର ପରିକଳ୍ପନା କରିଥିଲେ । ତା' ମଧ୍ୟରୁ ମୁଖ୍ୟ ନୀତି ହେଉଛି ସ୍ଥାନାନ୍ତରଣ (Displacement), ନାଟକୀୟତା (Dramatization), ଗୌଣବିସ୍ତାର (Secondary Elaboration) ଏବଂ ସଂକ୍ଷିପ୍ତ କରଣ (Condensation) । ପ୍ରତିଟି ନୀତିର ସଂକ୍ଷିପ୍ତ ସୂଚନା ଦିଆଯାଇପାରେ ।

ସ୍ଥାନାନ୍ତରଣ : ସ୍ଥାନାନ୍ତରଣ ପ୍ରକ୍ରିୟାରେ ମନର ଅବଦମିତ ମୂକ ଭାବନାଟିର ସ୍ଥାନାନ୍ତର ଘଟି ଅନ୍ୟ ରୂପରେ ପ୍ରକାଶିତ ହୋଇପାରେ। ଧରାଯାଉ ଗୋଟିଏ ଯୁବକର ବୃଦ୍ଧ ପିତା ଦୀର୍ଘ ଦିନ ଧରି ଅସୁସ୍ଥ ଓ ଶଯ୍ୟାଶାୟୀ। ଦୀର୍ଘଦିନ ଧରି ଦିନରାତି ସେବା କରି ଯୁବକ ଜଣକ କ୍ଳାନ୍ତ ଓ ଅବସନ୍ନ। କୌଣସି ଏକ ମୁହୂର୍ତ୍ତରେ ମନରେ ଭାବନା ଆସିପାରେ : "ବାପା ମରିଗଲେ ଭଲ ହୁଅନ୍ତା।" ମାତ୍ର ପର ମୁହୂର୍ତ୍ତରେ ସଚେତନ ମନ ଏହାର ପ୍ରତିବାଦ କରିପାରେ : "ଆଃ ! ମୋ ମନରେ ଏ ଅନୈତିକ ଭାବନା ଆସୁଛି କାହିଁକି ? ମୋର ବାପା ମୋ ପାଇଁ କ'ଣ ନ କରିଛନ୍ତି ?" ଏପରି ଚିନ୍ତନ ଫଳରେ ଯେଉଁ ଅପରାଧବୋଧ ସୃଷ୍ଟି ହେବ ତାହାର ଚାପରେ ଅନୈତିକ ଭାବନା ଅବଦମିତ ରହିବ। ମନର ଅଚେତନ (The Unconscious) ସ୍ତରକୁ ଚାଲିଯିବ। କିନ୍ତୁ ରାତିର ନିରବତା ଓ ମସ୍ତିଷ୍କର ସଂକୁଚିତ କାର୍ଯ୍ୟର ସୁଯୋଗ ନେଇ ନିଦ୍ରା ଓ ସ୍ୱପ୍ନରେ ତାହାର ଛଦ୍ମବେଶୀ ପ୍ରକାଶ ଘଟିବ । ସମ୍ଭବତଃ ଯୁବକଜଣକ ସ୍ୱପ୍ନ ଦେଖିବେ ଯେ ତାଙ୍କ ଅଫିସର ଉଚ୍ଚ କର୍ତ୍ତୃପକ୍ଷଙ୍କ ଦେହାନ୍ତ ଘଟିଛି କିମ୍ବା ଦେଶର କୌଣସି ନେତା ମୃତ୍ୟୁବରଣ କରିଛନ୍ତି। ଗ୍ରାମର ମୁଖ୍ୟ ବ୍ୟକ୍ତିଙ୍କ ମୃତ୍ୟୁ ସ୍ୱପ୍ନ ମଧ୍ୟ ଆସିପାରେ।

ଲକ୍ଷ୍ୟ କରିବାର କଥା ଯେ ଯୁବକଜଣକ ନିଜ ପିତାଙ୍କ ମୃତ୍ୟୁ ସ୍ୱପ୍ନ ଦେଖିଲେ ତାଙ୍କର ନିଦ୍ରାଭଙ୍ଗ ହେବାର ସମ୍ଭାବନା ରହିଛି। ମାତ୍ର ମୂଳ ଭାବନାଟି ଛଦ୍ମବେଶରେ ଆସିବା ଫଳରେ ନିଦ୍ରା ସୁରକ୍ଷିତ ରହିବ ଏବଂ ଅବଦମିତ ଇଚ୍ଛା ମଧ୍ୟ ମୁକ୍ତିଲାଭ କରିବ। ପିତାଙ୍କ ପରି ମୁଖ୍ୟ ସ୍ଥାନରେ ଥିବା ବ୍ୟକ୍ତିଙ୍କ ବିୟୋଗ ଏ ପ୍ରକାର ସ୍ଥାନାନ୍ତରଣ।

ନାଟକୀୟତା : କେତେକ ଅବଦମିତ ଭାବନା ନାଟକୀୟତାର (Dramatization) ରୂପ ନେଇପାରେ। ଦୃଷ୍ଟାନ୍ତ ସ୍ୱରୂପ ଗୋଟିଏ ଦରିଦ୍ର ବାଳିକା ଦେଖିବାକୁ ପାଇଲା ଯେ ତା' ସମ୍ମୁଖରେ ସୁନ୍ଦର ଓ ଆକର୍ଷଣୀୟ ପୋଷାକ ପରିହିତ ଜଣେ ମହିଳା ଯାଉଛନ୍ତି । ମହିଳା ଜଣକ ମୂଲ୍ୟବାନ ଅଳଙ୍କାରସବୁରେ ଶୋଭନୀୟ ଦିଶୁଛନ୍ତି। ଏହା ଦେଖି ବାଳିକା ମନରେ ଭାବନା ଆସିପାରେ : "ଆଃ ! ମୋର ଏମିତି ଗହଣା ଓ ପୋଷାକ ଥାଆନ୍ତା କି !" ପର ମୁହୂତର୍ତ୍ତରେ ତା'ର ଚେତନା ଆସେ ଯେ ସେ

ଦରିଦ୍ର, ସମ୍ବଳହୀନ ଏବଂ ନିରୂପାୟ । ଏପରି ଭାବନା ତା'ର ମୂଳ ଇଚ୍ଛାକୁ ଅଚେତନର ଗୋଦାମକୁ ଫିଙ୍ଗିଦେବ ।

ନାଟକୀୟତା ନୀତି-ପ୍ରେରିତ ହୋଇ ତା'ର ଭାବନାଟି ସ୍ୱପ୍ନରେ ଅନ୍ୟ ରୂପରେ ଆସିପାରେ । ସେ ହୁଏତ ସ୍ୱପ୍ନ ଦେଖିବ ଏକ ବିସ୍ତାରିତ ଘଟଣାବହୁଳ ଦୃଶ୍ୟ । କୌଣସି ଏକ ବିବାହର ଶୋଭାଯାତ୍ରାରେ ସେ ଯାଉଛି । ସେ ଗୋଟିଏ ସୁନ୍ଦର ଛତା ଧରିଛି । ଛତାଟିରେ ସୁନାର ତାରକସି କାମ ସବୁ ଶୋଭା ପାଉଛି । ଲକ୍ଷ୍ୟ କରିବାର କଥା ଯେ ମୂଳର ଏକ ସଂକ୍ଷିପ୍ତ ଭାବନା ନାଟକ (ବିବାହ ଉତ୍ସବ ଇତ୍ୟାଦି) ମାଧ୍ୟମରେ ପ୍ରକାଶ ପାଇଛି ।

ସଂକ୍ଷିପ୍ତ କରଣ (Condensation) : ବେଳେବେଳେ ଦୀର୍ଘ ସମୟ ଧରି ଭାବନା କରାଯାଇଥିବା ଅପୂରିତ କାମନାଟି ମୁହୂର୍ତ୍ତକ ପାଇଁ ସ୍ୱପ୍ନରେ ପ୍ରକାଶ ପାଇ ପୁଣି ତିରୋହିତ ହୋଇଯାଇପାରେ । ଉପର ଉଦାହରଣର ବାଳିକାର ଭାବନା ବିସ୍ତୃତ ରୂପ ନ ନେଇ କେବଳ କ୍ଷଣିକ ପାଇଁ ପ୍ରକାଶିତ ହୋଇପାରେ (ଯଥା: ସେ ଗୋଟିଏ ସୁନାର ଚପଲ ପିନ୍ଧି ଦୌଡୁଛି ।

ଗୌଣ ବିସ୍ତାରଣ : ଆମେ ଜାଣୁ ଯେ ନାଟକ କିମ୍ବା ଉପନ୍ୟାସରେ ଗୋଟିଏ ମୂଳ ଓ ବିସ୍ତୃତ କାହାଣୀ ରହିଥିବା ସ୍ଥଳେ ଏହା ସହିତ ଏକାଧିକ ଗୌଣ କାହାଣୀ (Sub-plot) ରହିଥାଏ । ଚିନ୍ତା କରୁଥିବା ବ୍ୟକ୍ତି ହୁଏତ ଦୀର୍ଘ ସମୟ ଧରି ବିସ୍ତୃତ ଭାବରେ କାମନା ବାସନାର ଜାଲ ବୁଣେ । ମାତ୍ର ସ୍ୱପ୍ନ ସମୟରେ ତାହାର ମୂଳ ଓ ପ୍ରଧାନ ଭାବନାଟି ପ୍ରକାଶ ନ ପାଇ ଗୌଣ (Secondary) ଓ ଅପ୍ରଧାନ ଭାବନାର ବିସ୍ତାରଣ ଘଟି ସ୍ୱପ୍ନ ସାମଗ୍ରୀ ନିର୍ମିତ ହୁଏ । ମୂଳ ଭାବନାଟି ଲୁଚି ରହିଥିବାରୁ ନିଦ୍ରା ସୁରକ୍ଷିତ ରହେ ଏବଂ କାମନା ମଧ୍ୟ ପରୋକ୍ଷଭାବେ ପ୍ରକାଶିତ ହୁଏ ।

ପୂର୍ବରୁ ସୂଚନା ଦିଆଯାଇଛି ଯେ ନିଦ୍ରା ଓ ସ୍ୱପ୍ନର ରହସ୍ୟ ଭେଦ କରିବା ପାଇଁ ବିଜ୍ଞାନ ଓ କଳାର ସମ୍ମିଳିତ ଉଦ୍ୟମ ରହିଛି । ଆଧୁନିକ ଉପକରଣ ମାଧ୍ୟମରେ ନିଦ୍ରାର ରହସ୍ୟ ଉନ୍ମୋଚିତ ହେଲେ ମଧ୍ୟ ସ୍ୱପ୍ନ କ୍ଷେତ୍ରରେ ଫ୍ରଏଡ୍‌ଙ୍କ ପରି ବିଶ୍ଳେଷଣ ଧର୍ମୀ ମତବାଦ ଉପରେ ନିର୍ଭର କରିବାକୁ ହେଉଛି ।

ପରବର୍ତ୍ତୀ ପର୍ଯ୍ୟାୟରେ କାର୍ଲ ୟୁଙ୍ଗ୍‌ଙ୍କ (CARL JUNG) ନବ ଫ୍ରଏଡୀୟ ସ୍ୱପ୍ନ ବିଶ୍ଳେଷଣରେ ସାମାନ୍ୟ ପରିବର୍ତ୍ତନ ଆଣିଛନ୍ତି । ୟୁଙ୍ଗ୍‌ଙ୍କ ମତରେ ସ୍ୱପ୍ନ କେବଳ ବ୍ୟକ୍ତିଗତ ଅଚେତନର (Individual Unconscious) ପରିପ୍ରକାଶ ନୁହେଁ; ଏହା ସମଷ୍ଟିଗତ ଅଚେତନର (Collective Unconscious) ପରିପ୍ରକାଶ । ଗୋଟିଏ ସଂଗ୍ରହାଳୟକୁ ଗଲେ ଆମେ ଯେପରି ବହୁ ଶତକର ସଂଗ୍ରହୀତ ଜିନିଷସବୁ ଦେଖିଥାଉ ସେହିପରି

ଆମର ମସ୍ତିଷ୍କରେ ଯୁଗ ଯୁଗର ସ୍ମୃତି ସଞ୍ଚିତ ରହିଛି। ସୁତରାଂ ଆମେ ସ୍ୱପ୍ନରେ ଯେଉଁ ସବୁ ସାମଗ୍ରୀ ଦେଖୁ ତାହା ଆମ ପୂର୍ବପୁରୁଷଙ୍କ ଅନୁଭବର ସ୍ୱାକ୍ଷର ମଧ୍ୟ ବହନ କରେ। ଉଦାହରଣ ସ୍ୱରୂପ, ସ୍ୱପ୍ନରେ ପରିଦୃଷ୍ଟ ସର୍ପକୁ ଫ୍ରଏଡ୍ ପୁରୁଷର ଯୌନାଙ୍ଗର ପ୍ରତୀକ ରୂପେ ଗ୍ରହଣ କରିଥିଲେ। ଏପରି ସ୍ୱପ୍ନ ବ୍ୟକ୍ତିର ଅବଦମିତ ଯୌନ କାମନାକୁ ପ୍ରକାଶ କରୁଛି ବୋଲି ମତବ୍ୟକ୍ତ କରୁଥିଲେ ମାତ୍ର ୟୁଙ୍ଗ୍‌ଙ୍କ ମତରେ ସର୍ପ ହେଉଛି ପୁରୁଷତ୍ୱର ପ୍ରତୀକ। ସ୍ୱପ୍ନରେ ସର୍ପ ଦେଖିବାର ପ୍ରକୃତ ତାତ୍ପର୍ଯ୍ୟ ହେଉଛି ପୌରୁଷର କାମନା। ୟୁଙ୍ଗ୍ ଯୁକ୍ତି କରୁଥିଲେ ଯେ ପୁରୁଷତ୍ୱର ପ୍ରତୀକ ରୂପେ ସର୍ପ କେତେକ ଗୋଷ୍ଠୀରେ ପୂଜା ପାଏ। ସୁତରାଂ ସର୍ପ ଏକ ପ୍ରକାର ସମଷ୍ଟିଗତ ଅଚେତନର ପ୍ରତିଫଳନ । ସେହିପରି ଜଣେ ବ୍ୟକ୍ତି ସ୍ୱପ୍ନରେ ନିଃବସ୍ତ୍ର ହେବାର ଦୃଶ୍ୟ ଯୌନକାମନାର ପରିପ୍ରକାଶ ନୁହେଁ, ଏହା ଉନ୍ମୁକ୍ତ ମନର ପରିପ୍ରକାଶ ହୋଇପାରେ। ମୋଟ ଉପରେ ୟୁଙ୍ଗ୍ ଜଣେ ପଣ୍ଡିତ ବ୍ୟକ୍ତି ଥିଲେ। ସଂସ୍କୃତ ସମେତ ବିଭିନ୍ନ କ୍ଲାସିକାଲ୍ ଭାଷା ଓ ବିଭିନ୍ନ ସଂସ୍କୃତିରେ ତାଙ୍କର ଅଗାଧ ଜ୍ଞାନ ଥିଲା। ତାହାକୁ ଭିତ୍ତିକରି ସମଷ୍ଟିଗତ ଅଚେତନ ଓ ସାଂସ୍କୃତିକ ଆଦିରୂପ (Cultural Archetypes) ଉପରେ ସେ ମତବ୍ୟକ୍ତ କରିଛନ୍ତି।

ଉପସଂହାରୀୟ ମନ୍ତବ୍ୟ ରୂପେ କୁହାଯାଇପାରେ ଯେ ଫ୍ରଏଡ୍‌ଙ୍କ ମୂଳ ତତ୍ତ୍ୱ ସାମାନ୍ୟ ପରିବର୍ତ୍ତିତ ହୋଇଥିଲେ ମଧ୍ୟ ମୂଳ ଭାବଧାରା ସମ୍ମାନିତ ସ୍ଥାନ ଅଧିକାର କରିଛି । ଆଧୁନିକ ଶରୀର ବିଜ୍ଞାନୀମାନେ ସ୍ୱପ୍ନତତ୍ତ୍ୱ ସମ୍ପର୍କରେ ବିଶେଷ ପ୍ରାମାଣିକ ତଥ୍ୟ ଯୋଗାଇ ପାରି ନାହାଁନ୍ତି । ସ୍ୱପ୍ନ କେବଳ ନିଦ୍ରାକାଳୀନ ବୃନ୍ତ ମସ୍ତିଷ୍କରୁ (Brain - Stem) ନିର୍ଗତ ହେଉଥିବା ଅନାବନା ବିକ୍ଷିପ୍ତ ବିଚ୍ଛୁରଣ ବୋଲି ସେମାନେ ମତ ଦେଇଛନ୍ତି। ଏ ଦୃଷ୍ଟିରୁ ନିଦ୍ରାର ଜୀବଭିତ୍ତିକ (Biological) ତଥ୍ୟ ସାମଗ୍ରୀ ବିଶେଷ ଗ୍ରହଣୀୟ ହେଲେ ମଧ୍ୟ ସ୍ୱପ୍ନ ବ୍ୟାଖ୍ୟା ପ୍ରସଙ୍ଗରେ ଫ୍ରଏଡୀୟ ଓ ନବ ଫ୍ରଏଡୀୟ ଚିନ୍ତନର ପ୍ରାଧାନ୍ୟ ଏବେ ମଧ୍ୟ ସ୍ୱୀକାର କରାଯାଇଛି ।

ନିଦ୍ରା ବିପର୍ଯ୍ୟୟ

ସୁନିଦ୍ରା ମନୁଷ୍ୟର ଏକ ବିଶେଷ ଆବଶ୍ୟକ। ଏହାକୁ ସ୍ୱାସ୍ଥ୍ୟର ଅନ୍ୟତମ ସ୍ତମ୍ଭ ରୂପେ ବିଚାର କରାଯାଇଛି। ସୁନିଦ୍ରା ଆମ କ୍ଳାନ୍ତିହରଣର ସହାୟକ ହୁଏ। ଗଭୀର ନିଦ୍ରା ସମୟରେ ଶରୀର ଓ ମସ୍ତିଷ୍କର କେତେକ କ୍ଷତି ପୂରଣ ହୁଏ। ମସ୍ତିଷ୍କରେ ନୂତନ ସ୍ନାୟୁକୋଷ ଗଠିତ ହୁଏ। ସ୍ମୃତିର ସଂରକ୍ଷଣ ଓ ସ୍ମରଣ ସଫଳତାରେ ମଧ୍ୟ ଏହା ସାହାଯ୍ୟ କରେ। ପ୍ରତ୍ୟେକ ସୁସ୍ଥ ବ୍ୟକ୍ତି ଛଅଘଣ୍ଟାରୁ ଆଠଘଣ୍ଟା ନିଦ୍ରାରେ କାଟନ୍ତି। ନିଦ୍ରାକାଳୀନ ସମୟର ପ୍ରାୟ ଅଧାଅଧି ସମୟରେ ଡୋଳାର କ୍ଷିପ୍ରଗତି (Rapid Eye Movement ବା Rem) ସଂଘଟିତ ହୋଇ ବ୍ୟକ୍ତି ସ୍ୱପ୍ନର ଅନୁଭବ ପାଇବା ସ୍ଥଳେ ଅନ୍ୟ ସମୟରେ (ଗଭୀର କିମ୍ବା ନନ୍‌ରେମ୍ ନିଦ୍ରା) ଗଭୀର ନିଦ୍ରାର ଅନୁଭବ ପାଇଥାଏ।

ସୁସ୍ଥତାର ଅଧିକାରୀ ହୋଇଥିବା ବ୍ୟକ୍ତି ଅଧିକାଂଶ ସମୟରେ ଗଭୀର ନିଦ୍ରାର ଅନୁଭବ ପାଇଲେ ମଧ୍ୟ ଅନ୍ୟ କେତେକ ବ୍ୟକ୍ତି ନିଦ୍ରା ବିପର୍ଯ୍ୟୟର (Sleep disorder) ଶରବ୍ୟ ହୁଅନ୍ତି। ନିଦ୍ରାଜନିତ ବିପର୍ଯ୍ୟୟ ସାଧାରଣତଃ ଦୁଇ ଧରଣର ହୋଇଥାଏ। ନିଦ୍ରାହୀନତା (Insomnia) ଏବଂ ନିଦ୍ରାବହୁଳତା (Hypersomnia)। ନିଦ୍ରାହୀନତା କହିଲେ ଆରମ୍ଭରୁ ନିଦ ନ ହେବା କିମ୍ବା ନିଦ ଭାଙ୍ଗିଗଲେ ପୁନଶ୍ଚ ଶୋଇବାରେ ଅସଫଳ ହେବାର ଅସୁବିଧାକୁ ବୁଝାଏ। ନିଦ୍ରାବହୁଳତା କହିଲେ ଅତି ବେଶୀ ସମୟ ଶୋଇ ରହିବା କିମ୍ବା ଯେତେବେଳେ ସେତେବେଳେ ନିଦ ଭୋଗିବାର ସମସ୍ୟାକୁ ବୁଝାଏ। ଏ ଦୁଇଟି ଧରଣର ବିପର୍ଯ୍ୟୟକୁ ବାଦ୍‌ଦେଲେ ତୃତୀୟ ଧରଣର ମଧ୍ୟ ଗୋଟିଏ ବିପର୍ଯ୍ୟୟ ରହିଛି। ରେମ୍ ନିଦ୍ରା ବା କ୍ଷିପ୍ର ଚକ୍ଷୁଗତିର ନିଦ୍ରାକୁ କେନ୍ଦ୍ର କରି କେତେକ ସମସ୍ୟା ଉପୁଜିଥାଏ।

ଯେତିକି ଲୋକଙ୍କର ନିଦ୍ରାଗତ ସମସ୍ୟା ରହିଛି, ସେମାନଙ୍କଠାରୁ ଅଧିକ ସଂଖ୍ୟକ ଲୋକ ନିଦ୍ରାଜନିତ ସମସ୍ୟାରେ ଅଭିଯୋଗ କରନ୍ତି। ଏପରି ଲୋକମାନଙ୍କୁ

ନିଦ୍ରା-ଗବେଷଣାଗାରରେ ରଖି ଏମାନଙ୍କୁ ପର୍ଯ୍ୟବେକ୍ଷଣ କଲେ ଦେଖାଯାଏ ଯେ ଏମାନଙ୍କର ନିଦ୍ରା ସ୍ୱାଭାବିକ। ନିଦ୍ରାହୀନତାର ଅଭିଯୋଗ କରୁଥିବା ବହୁ ବ୍ୟକ୍ତି ସ୍ୱାଭାବିକ ପରିମାଣର (ଛ ଘଣ୍ଟା) ନିଦ୍ରାର ଅନୁଭବ ପାଆନ୍ତି କିନ୍ତୁ ସେମାନେ ପ୍ରତିରାତିରେ ଆଠଘଣ୍ଟାର ନିଦକୁ ସ୍ୱଭାବିକ ମନେକରି ଏପରି ଅଭିଯୋଗ ବ୍ୟକ୍ତ କରନ୍ତି। ସେମାନେ ମନେ ମନେ ଧରି ନିଅନ୍ତି ଯେ ସେମାନଙ୍କର ଆଉ ଦୁଇଘଣ୍ଟା ଶୋଇବା ଆବଶ୍ୟକ। ସୁତରାଂ ଶଯ୍ୟାରେ ପଡ଼ି ରହି ଅସ୍ୱସ୍ତି ଅନୁଭବ କରନ୍ତି। ଆଉ ଅଧିକ ସମୟ ନିଦ ନ ହେବା ଫଳରେ ସେମାନେ ଏହାକୁ ସମସ୍ୟା ମନେ କରିବା ସ୍ୱାଭାବିକ।

ନିଦ୍ରାହୀନତା

କେତେକ କ୍ଷେତ୍ରରେ ଚିକିତ୍ସକ ନିଦ୍ରାହୀନତାର ସମସ୍ୟା ସୃଷ୍ଟି କରନ୍ତି। ଅଳ୍ପ କିଛିଦିନ ଧରି ନିଦ ନ ହେଉଥିବା ଲୋକକୁ ନିଦ୍ରା ପାଇଁ ଔଷଧ ସେବନର ପରାମର୍ଶ ଦେବା ଫଳରେ ସମସ୍ୟା ଉପୁଜେ। ନିଦ ବଟିକା ବ୍ୟବହାର କରି ଶୋଇବାକୁ ଗଲେ ବଟିକା ଉପରେ କ୍ରମଶଃ ନିର୍ଭରଶୀଳତା ବୃଦ୍ଧିପାଏ। ନିଦ୍ରାହୀନତାର ବିପର୍ଯ୍ୟୟ ଭୋଗୁଥିବା ଲୋକଟି ବଟିକା ନ ଖାଇଲେ ନିଦ ହୁଏ ନାହିଁ। ପୁଣି ବଟିକା ଖାଇବା ପାଇଁ ଶରୀର ଅସ୍ତବ୍ୟସ୍ତ ହୁଏ।

କେତେକ ବ୍ୟକ୍ତିଙ୍କର ନିଦ୍ରା ସମୟରେ ଶ୍ୱାସକ୍ରିୟାଜନିତ କେତେକ ଜଟିଳତା ଫଳରେ ନିଦ୍ରାହୀନତା ଉପୁଜିଥାଏ। ଏହାକୁ Sleep Apnea କୁହନ୍ତି। ନିଦରେ ଶୋଇଥିବା ସମୟରେ ହଠାତ୍ ନିଃଶ୍ୱାସ ବନ୍ଦ ହୋଇଯିବା ପରି ଅନୁଭୂତ ହୁଏ। ନିଦ ଭାଙ୍ଗିଗଲେ ପୁନଶ୍ଚ ନିଦ ଆସିବାରେ ଅସୁବିଧା ହୁଏ। ଗୋଟିଏ ରାତିରେ ଏପରି ବହୁବାର ଘଟିପାରେ। ନିଦ୍ରାହୀନତାର ଏପରି ଶରବ୍ୟ ହୋଇ ଲୋକଟି ହୁଏତ ସ୍ୱାଭାବିକ ନିଃଶ୍ୱାସ ପ୍ରଶ୍ୱାସର ପ୍ରୟାସ କରି ପୁନଶ୍ଚ ଶୋଇବାର ଉଦ୍ୟମ କରେ। ହୁଏତ ନିଦ ହୋଇପାରେ କିମ୍ବା ଏକାଧିକ ବାର ନିଃଶ୍ୱାସ ବନ୍ଦ ହୋଇଯିବାର ଅନୁଭବ ଘଟି ନିଦ୍ରାଭଙ୍ଗ ହୋଇପାରେ।

ଶ୍ୱାସକ୍ରିୟାଜନିତ ନିଦ୍ରା ବିପର୍ଯ୍ୟୟ (Apnea) ଦୁଇ ଧରଣର ହୋଇପାରେ। ପ୍ରଥମ କାରଣ ହୋଇପାରେ ଯେ ଶ୍ୱାସନଳୀ ରୁଦ୍ଧ ହୋଇଯାଇ ସମସ୍ୟା ଉପୁଜିଛି। ଦ୍ୱିତୀୟ କାରଣଟି ବ୍ୟକ୍ତିର ମସ୍ତିଷ୍କ ଯେପରି ଭାବରେ ଶ୍ୱାସକ୍ରିୟାକୁ ଉଦ୍ଦୀପିତ କରିବାର କଥା ସେପରି ଉଦ୍ଦୀପନା ଦେଇ ନାହିଁ। ଶ୍ୱାସକ୍ରିୟାଜନିତ ନିଦ୍ରା-ବିପର୍ଯ୍ୟୟ ଅପେକ୍ଷାକୃତ ଅଧିକ ସଂଖ୍ୟାରେ ପୁରୁଷ, ମେଦ ବହୁଳ ବ୍ୟକ୍ତି ଓ ବୟସ୍କମାନଙ୍କ କ୍ଷେତ୍ରରେ ପରିଲକ୍ଷିତ ହୁଏ।

ଅନ୍ୟ ଦୁଇପ୍ରକାର ନିଦ୍ରାହୀନତା ଗୋଡ଼ର ଅସ୍ୱସ୍ତି – କେନ୍ଦ୍ରିତ। କେତେକଙ୍କ

କ୍ଷେତ୍ରରେ ଲୋକ ଶୋଇଥିବା ଅବସ୍ଥାରେ ଗୋଡ଼ରେ ଖିଲ ପଶି ବାରମ୍ବାର ନିଦ ଭାଙ୍ଗିଯାଏ ଏବଂ ଆଉ ନିଦ ହୁଏ ନାହିଁ। ଲୋକମାନେ ନିଦ୍ରାହୀନତାର ଅଭିଯୋଗ କରନ୍ତି ଏବଂ ଦିନ ବେଳେ ଅନାବଶ୍ୟକ ଭାବରେ ଶୋଇ ରହନ୍ତି। ଅନ୍ୟ ପ୍ରକାର ଗୋଡ଼-ଅସ୍ୱସ୍ଥି ହେଉଛି ଅବିଶ୍ରାନ୍ତ (Restless) ଗୋଡ଼। ଗୋଡ଼ର ଅସ୍ୱସ୍ତି ନେଇ ଲୋକ ଏତେ ବେଶୀ ଛଟପଟ ହୁଏ ଯେ ନିଦ ଲାଗିବାରେ ଅସୁବିଧା ହୁଏ।

ନିଦ୍ରାହୀନତାର ଉପଶମ ପାଇଁ କେତେକ ଚିକିତ୍ସକ ଏବଂ ଉପଦେଶକ ସୀମିତ ନିଦ୍ରା ପଦ୍ଧତିର ପରାମର୍ଶ ଦିଅନ୍ତି। ବ୍ୟକ୍ତିର ଶୋଇବା ସମୟ ଖୁବ୍ କମାଇ ଦିଆଯାଏ । ସମ୍ଭବତଃ ନିଦ୍ରା ପରିମାଣକୁ ଖୁବ୍ କମାଇଦେଲେ ଲୋକଟି ପ୍ରବଳ ଭାବରେ ଶୋଇବାର ଆବଶ୍ୟକତା ଅନୁଭବ କରିବ। ଏପରି ଅନୁଭବ ଆସିଲେ ନିଦର ପିରମାଣକୁ ଅଳ୍ପ ବଢ଼ାଇବାକୁ ଅନୁମତି ଦିଆଯିବ। ଏପରି ପ୍ରଣାଳୀର ପ୍ରୟୋଗ ଫଳରେ ଦୀର୍ଘଦିନ ଧରି ନିଦ୍ରାହୀନତାର ସମସ୍ୟା ଅନୁଭବ କରୁଥିବା ବ୍ୟକ୍ତି ଉପକାର ପାଇବାର ସମ୍ଭାବନା ରହିଛି ।

ମାତ୍ରାଧିକ ନିଦ୍ରାଳୁତା

ନିଦ୍ରାହୀନତାର ଅପର ପାର୍ଶ୍ୱରେ ହେଉଛି ନିଦ୍ରାଳୁତା ବା ମାତ୍ରାଧିକ ନିଦ୍ରାଳୁତା (Hypersomnia)। ପ୍ରାୟ ଦୁଇ ହଜାର ବ୍ୟକ୍ତିଙ୍କ ମଧ୍ୟରୁ ଜଣଙ୍କର ଏପରି ସମସ୍ୟା ରହିଥାଏ । ଏହାର ଗୋଟିଏ ରୂପ ହେଉଛି ଦିନବେଳା କ୍ଷଣକୁ କ୍ଷଣ ଶୋଇ ପଡ଼ିବା (Narcolepsy) ଏପରି ଲୋକମାନେ ଜାଗ୍ରତ ସମୟରେ ମଧ୍ୟ ମଝିରେ ମଝିରେ ଶୋଇ ପଡ଼ନ୍ତି। କଥା କହୁ କହୁ ମଝିରେ ବାରମ୍ବାର କିଛି ମିନିଟ୍ ପାଇଁ ଶୋଇପଡ଼ିବା ଦୃଶ୍ୟ ପରିଦୃଷ୍ଟ ହୁଏ। ଏପରି ସମସ୍ୟା ଦର୍ଶାଉଥିବା ଲୋକମାନେ ସାଧାରଣତଃ ଅନ୍ୟମାନଙ୍କ ତୁଳନାରେ ରାତିରେ ଘଣ୍ଟାଏ ଅଧିକ ଶୁଅନ୍ତି। ସମ୍ଭବତଃ ଘଣ୍ଟାଏ ଅଧିକ ଶୋଇଲେ ମଧ୍ୟ ତ୍ରୁଟିପୂର୍ଣ୍ଣ ଓ ଅଗଭୀର ନିଦ୍ରା ଫଳରେ କିଛିଟା ଅଭାବ ରହିଯାଇଥିଲା ପରି ମନେ ହୁଏ। ଦୂରଦର୍ଶନର କାର୍ଯ୍ୟକ୍ରମ ଦେଖୁଥିବା ସମୟରେ, ସୋଫା ଉପର ଶୋଇଯାଇଥିବାର ଦୃଶ୍ୟ କିମ୍ବା କୌଣସି ବିରାଟ ବକ୍ତୃତା କକ୍ଷରେ ଭାଷଣ ଶୁଣୁ ଶୁଣୁ ଚେୟାର ଉପରେ ଶୋଇଯାଇଥିବାର ଦୃଶ୍ୟ ବିରଳ ନୁହେଁ। ଏପରିକି ଗାଡ଼ି ଚଳାଉଥିବା ଅବସ୍ଥାରେ ଶୋଇଯିବାର ଘଟଣା ଫଳରେ ଦୁର୍ଘଟଣା ଘଟିବାର ନଜିର ମଧ୍ୟ ରହିଛି।

ମାତ୍ରାଧିକ ନିଦ୍ରାଳୁତାର ଅନ୍ୟ ଗୋଟିଏ ରୂପ ହେଉଛି Cataplexy ପେଶୀ ସ୍ତମ୍ଭନ । କ୍ଷିପ୍ର ଚକ୍ଷୁଗତି ନିଦ୍ରା (REM ନିଦ୍ରା) ସମୟରେ ବେଳେବେଳେ ମାଂସପେଶୀ ହଠାତ୍ ନିଷ୍କ୍ରିୟ ହୋଇଉଠେ। ଏ ସମୟରେ ଚେତା ହଜିଯାଇ ନ ଥାଏ; କିନ୍ତୁ ନିଦ୍ରାରେ ଘୋର ବ୍ୟାଘାତ ଘଟେ। କୌଣସି ଆବେଗଜନିତ (Emotional) କାରଣରୁ ଏପରି

ଘଟିଥାଏ ବୋଲି କେତେକ ମତ ଦିଅନ୍ତି। ଅବଶ୍ୟ ଏପରି ପେଶୀ ସ୍ତମ୍ଭନ ନକାରାତ୍ମକ ହେଲେ ମଧ୍ୟ ଏହା ବିପଜ୍ଜନକ ନୁହେଁ। ନିଷ୍କ୍ରିୟ ହୋଇଯାଇଥିବା ପେଶୀଟିକୁ ବ୍ୟକ୍ତି ନିଜେ କିମ୍ବା ଅନ୍ୟ କେହି ଛୁଇଁଦେଲେ ସକ୍ରିୟତା ଫେରିଆସେ।

ପେଶୀ ସ୍ତମ୍ଭନ ପରି ଅତି ନିଦ୍ରାଳୁତା (Narcolepsy) ମଧ୍ୟ ବିଶେଷ ଭାବରେ ଭାବାବେଗ ପ୍ରଭାବିତ। କଥିତ ଅଛି ଦାସତ୍ୱ ପ୍ରଥାକୁ କେନ୍ଦ୍ର କରି ଯୁକ୍ତରାଷ୍ଟ୍ର ଆମେରିକାର ଉତ୍ତର ଭୂଖଣ୍ଡ ଓ ଦକ୍ଷିଣ ଭୂଖଣ୍ଡ ମଧ୍ୟରେ ଗୃହଯୁଦ୍ଧ ଚାଲିଥିବା ବେଳେ ଭୂମିତଳ ରେଳପଥର ନେତା ଥିଲେ ହାରିୟଟ୍ ଟୁବ୍‌ମ୍ୟାନ। ସେ କୃଷ୍ଣକାୟ ଦାସମାନଙ୍କୁ ଉତ୍ତର ଭୂଖଣ୍ଡକୁ ପଠାଇବାରେ ସାହାଯ୍ୟ କରୁଥିଲେ କାରଣ ଉତ୍ତର ପଟେ ସେମାନେ ଅପେକ୍ଷାକୃତ ଅଧିକ ସୁରକ୍ଷା ପାଇବେ । ମାତ୍ର ଯୁଦ୍ଧକାଳୀନ ପରିସ୍ଥିତି ଯୋଗୁ ସେ ସଦାସର୍ବଦା ମାନସିକ ଚାପରେ ରହୁଥିଲେ। ବିପଦଜ୍ଜନକ କାର୍ଯ୍ୟ ମଧ୍ୟରେ ଥାଇ ମଧ୍ୟ ସେ ନିଦ୍ରା-ଆକ୍ରାନ୍ତ ହୋଇ ମଝିରେ ମଝିରେ ଶୋଇ ପଡୁଥିଲେ। ଏପରି ଅସ୍ୱାଭାବିକତା ଅନେକକର ଦୃଷ୍ଟି ଆକର୍ଷଣ କରିଥିଲା ।

ଅନ୍ୟ କେତେକ ରେମ୍-ନିଦ୍ରାଗତ ବିପର୍ଯ୍ୟୟ

କେତେକ ନିଦ୍ରା ବିପର୍ଯ୍ୟୟ ରେମ୍ ବା ସ୍ୱପ୍ନକାଳୀନ ନିଦ୍ରା ସହିତ ସମ୍ପୃକ୍ତ। ଶୋଇଥିବା ସମୟରେ ଭୟଙ୍କର ସ୍ୱପ୍ନ ଦେଖି ହଠାତ୍ ଉଠି ପଡ଼ିବା ଏବଂ ପୁନଶ୍ଚ ନିଦ ନ ହେବା ଏ ଧରଣର ବିପର୍ଯ୍ୟୟ। ଏଠାରେ ଉଲ୍ଲେଖ କରାଯାଇପାରେ ଯେ ଲୋକମାନେ ବିଶେଷତଃ କିଶୋର କିଶୋରୀ ଏବଂ ଯୁବକ ଯୁବତୀ ସୁଗଭୀର ନିଦ୍ରାର (Lucid Sleep) ପ୍ରତ୍ୟାଶା ରଖନ୍ତି। ବୈଜ୍ଞାନିକ ପରିଭାଷାରେ ଏହା ହେଉଛି ମନ୍ଥର ତରଙ୍ଗର ନିଦ୍ରା। ଏପରି ସୁଗଭୀର ନିଦ୍ରା ସମୟରେ ବ୍ୟକ୍ତି ସ୍ୱପ୍ନ ଦେଖିଲେ ମଧ୍ୟ କିଛିଟା ସଚେନତା ଥାଏ ଏବଂ ଏପରି ସଚେତନତା ତାକୁ ସ୍ୱପ୍ନକୁ ନିୟନ୍ତ୍ରଣ କରିବାରେ ସଫଳ ହୁଏ। ଏ ଅବସ୍ଥାରେ ଭୟଙ୍କର ସ୍ୱପ୍ନ ଦେଖିବାର ସମ୍ଭାବନା କ୍ଷୀଣ। ଅନ୍ୟ ପକ୍ଷରେ ଗଭୀର ସ୍ୱପ୍ନର ଅନୁଭବ ନ ଥିଲେ ଭୟଙ୍କର ସ୍ୱପ୍ନ (Nightmares) ଦେଖି ନିଦ୍ରା ବ୍ୟାଘାତ ହେବାର ସମ୍ଭାବନା ଅଧିକ ରହିଥାଏ।

ନିଦ୍ରାଳୁତାର ମୂଲ୍ୟାୟନ

ଅନାବଶ୍ୟକ ଓ ଅବାଞ୍ଛିତ ଭାବରେ ଦିନବେଳେ ଶୋଇପଡ଼ିବା ଉତ୍ତମ ଅଭ୍ୟାସ ନୁହେଁ। ବିଶେଷତଃ ଛାତ୍ରଛାତ୍ରୀ ଓ କର୍ମଜୀବୀମାନେ ଅନିୟନ୍ତ୍ରିତ ଭାବରେ ଶୋଇ ପଡ଼ିବା ଖରାପ ଧରଣର ଅଭ୍ୟାସ। ଏ ଅଭ୍ୟାସର ପରିବର୍ତ୍ତନ ପୂର୍ବରୁ ନିଜ ନିଦ୍ରାଳୁତାର ଏକ ମୂଲ୍ୟାୟନ କରିବାକୁ ହେବ। ଏପ୍‌ୱର୍ଥ ନାମକ ଜଣେ ବିଶେଷଜ୍ଞ ନିଦ୍ରାଳୁତାର ପରିମାପ ପାଇଁ ଗୋଟିଏ ପ୍ରଶ୍ନାବଳୀ ପ୍ରସ୍ତୁତ କରିଛନ୍ତି।

ନିମ୍ନରେ କେତୋଟି ଘଟଣା ଉଲ୍ଲେଖ କରାଯାଇଛି। ପ୍ରତିଟି ଘଟଣାରେ ଆପଣ କେତେ ମାତ୍ରାରେ ଢୁଳାଇପଡ଼ନ୍ତି, ତାହା ନିମ୍ନଲିଖିତ ମାପକ ଅନୁଯାୟୀ ସୂଚିତ କରନ୍ତୁ।

❖ ଆପଣ ଆଦୌ ଢୁଳାଇ ନ ପଡ଼ିଲେ ଘଟଣାଟି ପାଇଁ '୦' (ଶୂନ୍ୟ) ଦିଅନ୍ତୁ।

❖ ଢୁଳାଇବାର ସମ୍ଭାବନା ଖୁବ୍ କମ୍ ଥିଲେ '୧' ଦିଅନ୍ତୁ

❖ ଢୁଳାଇବାର ସମ୍ଭାବନା ମଧ୍ୟମ ମାତ୍ରାରେ ହେଲେ '୨' ଦିଅନ୍ତୁ

❖ ଢୁଳାଇବର ସମ୍ଭାବନା ଖୁବ୍ ହେଲେ '୩' ଦିଅନ୍ତୁ

ଘଟଣା / ଅବସ୍ଥା	ଢୁଳାଇବାର ସମ୍ଭାବନା
୧. ବସିରହିବା ଏବଂ କିଛି ପଢ଼ିବା	
୨. ଦୂରଦର୍ଶନର କାର୍ଯ୍ୟକ୍ରମ ଦେଖିବା	
୩. କୌଣସି ପ୍ରେକ୍ଷାଳୟ କିମ୍ବା ସର୍ବସାଧାରଣ ସ୍ଥାନରେ ବସି ରହିବା	
୪. ଅପରାହ୍ଣର ବିଶ୍ରାମ ନେବା ପାଇଁ ଖଟରେ ପଡ଼ିରହିବା	
୫. କୌଣସି ସ୍ଥାନରେ ବସି ଅନ୍ୟ ସହିତ କଥାବାର୍ତ୍ତା ହେବା	
୬. ଖାଇସାରି ନିରବରେ ବସି ରହିବା	
୭. କାର୍ ମଧ୍ୟରେ ଥାଇ ଛକ ଜାଗାରେ କିଛି ସମୟ ଅଟକି ରହିବା	

ସମୁଦାୟ ଫଳାଙ୍କ

ଆପଣଙ୍କ ନିଦ୍ରାଳୁତାର ସମୁଦାୟ ଫଳାଙ୍କ (ସ୍କୋର୍) ୧୦ ହେଲେ ତାହା ମାତ୍ରାଧିକ ବିଚାର କରାଯିବ। ଏହାଠାରୁ ଅଧିକ ଫଳାଙ୍କ ହେଉଥିଲେ ଆପଣ ନିଦ୍ରାଶୈଳୀ ଓ ଜୀବନଶୈଳୀରେ ପରିବର୍ତ୍ତନ ଆଣିବା ନିତାନ୍ତ ଜରୁରୀ।

ଅନ୍ୟ ପକ୍ଷରେ ଆପଣ ନିଦ୍ରାହୀନତାର ଶରବ୍ୟ ନିମ୍ନଲିଖିତ ମାର୍ଗଦର୍ଶନର ସହାଯ୍ୟ ନିଅନ୍ତୁ।

❖ ଶୋଇବା ପୂର୍ବରୁ ସୁଖକର ଓ ସହଜିଆ ସାମଗ୍ରୀ କିଛି ପଢ଼ନ୍ତୁ। ଗଭୀର ଚିନ୍ତନ ଆବଶ୍ୟକ କରୁଥିବା ସାମଗ୍ରୀ ପଢ଼ନ୍ତୁ ନାହିଁ।

❖ ପ୍ରତି ରାତିରେ ଯଥା ସମ୍ଭବ ଏକା ସମୟରେ ଶୋଇବାର ଅଭ୍ୟାସ କରନ୍ତୁ।

❖ ଗରମ ଜଳରେ ସ୍ନାନ କିମ୍ବା ଗରମ ପାଣିରେ ଗାମୁଛା ଓଦା କରି ପୋଛାପୋଛି ହୋଇପାରନ୍ତି (ଶୟନ ପୂର୍ବରୁ)।

❖ ଅତ୍ୟଧିକ ଚା କିମ୍ବା କଫି ପିଅନ୍ତୁ ନାହିଁ। ବିଶେଷତଃ ଶୋଇବାର ଘଣ୍ଟାଏ ଦୁଇଘଣ୍ଟା ପୂର୍ବରୁ ପିଅନ୍ତୁ ନାହିଁ।

❖ ପ୍ରତିଦିନ ବ୍ୟାୟାମ କରନ୍ତୁ କିନ୍ତୁ ଶୋଇବାର ଅବ୍ୟବହିତ ପୂର୍ବରୁ ବ୍ୟାୟାମ କରନ୍ତୁ ନାହିଁ।

- ଧୂମପାନ କରନ୍ତୁ ନାହିଁ।
- ଦିନରେ ଦୀର୍ଘ ସମୟ ଶୋଇବାର ଅଭ୍ୟାସ ଛାଡ଼ନ୍ତୁ।
- ଦୁଶ୍ଚିନ୍ତା କରନ୍ତୁ ନାହିଁ।
- ଦିନେ ଦିନେ ହଠାତ୍ ନିଦ ନ ଆସିପାରେ।
- ଅଯଥା ବ୍ୟତିବ୍ୟସ୍ତ ହୁଅନ୍ତୁ ନାହିଁ। ଏହା ସାମୟିକ ହୋଇପାରେ। ବେଶୀ ଦୁଶ୍ଚିନ୍ତା କଲେ ନିଦ୍ରାହୀନତାର ସମସ୍ୟା ଅଧିକ ଜଟିଳ ହେବ।
- ଚେଷ୍ଟା ସତ୍ତ୍ୱେ ନିଦ ନ ଆସିଲେ ଖଟରେ ଏପଟ ସେପଟ ହୋଇ ବ୍ୟତିବ୍ୟସ୍ତ ହୁଅନ୍ତୁ ନାହିଁ। ଅଧଘଣ୍ଟାରେ ବେଶୀ ନିଦ୍ରାହୀନ ରହିଲେ ଖଟରୁ ଉଠି ଆସି ସହଜିଆ କାମ (ଯଥା: ଜାମାପାତ୍ର ଯଥା ସ୍ଥାନରେ ରଖିବା, ଇସ୍ତ୍ରୀ କରିବା, ସହଜିଆ ସମାଗ୍ରୀ ପଢ଼ିବା ଇତ୍ୟାଦି) କରନ୍ତୁ। ସମ୍ଭବତଃ ଆପଣଙ୍କୁ ନିଦୁଆ ଲାଗିବ।

■

ସ୍ମୃତି ଓ ସମୟ

ସମୟର ପ୍ରବାହ ସହ ସ୍ମୃତିର ବିଲୟ ଘଟିଥାଏ, ସମ୍ଭବତଃ ସମସ୍ତେ ଏ କଥା କୁହନ୍ତି । କିନ୍ତୁ ମନୋବୈଜ୍ଞାନିକ ଦୃଷ୍ଟିକୋଣରୁ ଏହା ପୂରାପୂରି ସତ୍ୟ ନୁହେ. ଏ ସିଦ୍ଧାନ୍ତ ସମ୍ପର୍କରେ ଆପଣ ଭାବିଛନ୍ତି କି ?

କେବଳ ଜନମାନସରେ ନୁହେଁ, ମନସ୍ତତ୍ତ୍ୱବିଦ୍‌ମାନେ ମଧ୍ୟ ଦୀର୍ଘଦିନ ଧରି ସ୍ମୃତି ଓ ସମୟର ସମ୍ବନ୍ଧ ବିଷୟରେ ଏକ ସରଳୀକୃତ ସିଦ୍ଧାନ୍ତରେ ବିଶ୍ୱାସ ରଖିଥିଲେ। ସମୟର ଗତିରେ ସ୍ମୃତି ଧୀରେ ଧୀରେ ମଳିନ ହୋଇ ଶେଷରେ ବିଲୁପ୍ତ ହଏ, ଏ ଭଳି ଏକ ଧାରଣା ବଳବତ୍ତର ଥିଲା। ମାତ୍ର ଏବେ ଏ ଧାରଣାର ପରିବର୍ତ୍ତନ ଘଟିଛି।

ସ୍ମୃତି ସମ୍ପର୍କୀୟ ଗବେଷଣାର ଜନକ କୁହାଯାଉଥିବା ମନୋବିଜ୍ଞାନୀ ଏବିଙ୍ଗହସ୍ (Ebbinghaus) ୧୮୮୫ ମସିହାରେ କ୍ଲାସିକାଲ୍ ପରୀକ୍ଷଣ (Experiment) କରି ସୂଚାଇଲେ ଯେ ଆମେ ଶିକ୍ଷା କରିଥିବା (ବା ମନେରଖିଥିବା ସ୍ମରଣ ସାମଗ୍ରୀ) ସମାଗ୍ରୀର ଅଧାଅଧି ଅଳ୍ପସମୟ ମଧ୍ୟରେ ଭୁଲିଯାଉ। ଅବଶିଷ୍ଟ ଅର୍ଦ୍ଧକେ ଧୀରେ ଧୀରେ ବିସ୍ମୃତ ହୁଏ । ସେ ଯେଉଁ ଗ୍ରାଫ୍ ଦ୍ୱାରା ଏହାକୁ ପ୍ରକାଶ କଲେ ତାହାକୁ ପ୍ରସିଦ୍ଧ ଏବିଙ୍ଗ୍‌ହସ୍ ବକ୍ର କୁହାଯାଏ । ସିଦ୍ଧାନ୍ତଟି ବହୁଦିନ ଧରି ଅନ୍ୟ ମନୋବିଜ୍ଞାନୀ ଓ ଲୋକମାନେ ସ୍ୱୀକାର କରିନେଇଥିଲେ।

ଏଠାରେ ଉଲ୍ଲେଖ କରାଯାଇପାରେ ଯେ ଏବିଙ୍ଗ୍‌ହସ୍ ପ୍ରଥମେ ନିଜ ଉପରେ ପରୀକ୍ଷା କରିଥିଲେ। ଗବେଷଣାଗାରରେ ସ୍ମୃତି ସମ୍ପର୍କରେ ଗବେଷଣା କରିବା ସମୟରେ ସେ ଅର୍ଥପୂର୍ଣ୍ଣ ଶବ୍ଦ ବା ବାକ୍ୟ ବ୍ୟବହାର କରୁ ନଥିଲେ। କାରଣ ସହଜରେ ଅନୁମେୟ, ସ୍ମରଣ ସାଗ୍ରୀର ତାଲିକାରେ ଅର୍ଥପୂର୍ଣ୍ଣ ଶବ୍ଦାବଳୀ (ଯଥା : ନଦୀ, ଧନୁ) ରହିଲେ କେତେକ ସାମଗ୍ରୀ ଅତିପରିଚିତ ହେବାସ୍ଥଳେ ଅନ୍ୟ ଶବ୍ଦ ଅଳ୍ପପରିଚିତ ହୋଇପାରେ। ପୁଣି ଆଉ କେତେକ ଶବ୍ଦ ଅପରିଚିତ ରହିପାରେ। ସୁତରାଂ ସ୍ମରଣ ସାମର୍ଥ୍ୟ ଆକଳନ

କଲାବେଳେ ଭିନ୍ନ ଭିନ୍ନ ପ୍ରଭାବ ରହିବ। ସୁତରାଂ ଗବେଷକମାନେ ଗବେଷଣାଗାରରେ ଅର୍ଥହୀନ ଶବ୍ଦସବୁ (ଯଥା: Kub, Nad, କିମ୍ବା ଓଡ଼ିଆରେ ଗୁଫ, ପାଘ ଇତ୍ୟାଦି) ବ୍ୟବହାର କଲେ। ଏହିପରି ଅର୍ଥହୀନ ଶବ୍ଦସବୁ ବ୍ୟବହାର କରି ଏବିଙ୍ଗହସ୍ ସ୍ମରଣ କ୍ଷେତ୍ରରେ ସମୟର ନକାରାତ୍ମକ ପ୍ରଭାବ ପ୍ରତିପାଦନ କରିଥିଲେ। ସମୟ ଅନୁସାରେ ସ୍ମରଣ ଓ ପୁନଃସ୍ମରଣର ବିଳୟ ହୁଏ, ଏ ଧାରଣା ମୋଟାମାଟି ସ୍ୱୀକୃତି ଲାଭ କରିଥିଲେ।

ପରବର୍ତ୍ତୀ ପର୍ଯ୍ୟାୟରେ ଏ ସିଦ୍ଧାନ୍ତଟିକୁ ସୂକ୍ଷ୍ମାତିସୂକ୍ଷ୍ମ ଭାବରେ ଅନୁଧ୍ୟାନ କରିବାର ଅବକାଶ ସୃଷ୍ଟି ହେଲା। ଆମର ଦୈନନ୍ଦିନ ଜୀବନରେ ଆମେ ଅର୍ଥହୀନ ଶବ୍ଦ କ୍ୱଚିତ୍ ଶିକ୍ଷା କରିଥାଉ। ଅର୍ଥପୂର୍ଣ୍ଣ ଶବ୍ଦ, ବାକ୍ୟ, ପଦ୍ୟ, ଛବି, ସଂଖ୍ୟା ଓ ସଂଗୀତ ଇତ୍ୟାଦି ମନେ ରଖିବାର ପ୍ରୟାସ କରୁ ଏବଂ ପୁନଃସ୍ମରଣ କରୁ। ଏସବୁର ପୁନଃସ୍ମରଣ କଲାବେଳେ ପ୍ରଥମ ଥର ତୁଳନାରେ ନିଶ୍ଚିତଭାବର ଅଧିକ ସାମଗ୍ରୀ ବିସ୍ମୃତ ହେବ କି ? ପ୍ରକୃତରେ ଦେଖାଗଲା ଯେ ଏ ପ୍ରଥମ ପୁନଃସ୍ମରଣ ପ୍ରୟାସ ତୁଳନାରେ ଦ୍ୱିତୀୟ ଥର ବା ତୃତୀୟଥର ତାତ୍ତ୍ୱିକ ଦୃଷ୍ଟିକୋଣରୁ ସମୟର ଗତି ସହିତ ଅଧିକ ସ୍ମରଣ ଓ ବିସ୍ମରଣ ପରି ଦୁଇଟି ପ୍ରକ୍ରିୟା ଏକସଙ୍ଗେ ସଂଘଟିତ ହେଉଛି।

ସମୟର ଗତି ସତ୍ତ୍ୱେ ସ୍ମୃତିର ବିଲୁପ୍ତ ଓ ବିକାଶ କିପରି ଏକସଙ୍ଗରେ ଚାଲିଥାଏ ତାହାର ଆଲୋଚନା ପୂର୍ବରୁ ଆଉ ଗୋଟିଏ ସିଦ୍ଧାନ୍ତ ଆମକୁ ମନେ ରଖିବାକୁ ହେବ। ତାହା ହେଉଛି ବିଭିନ୍ନ ଧରଣର ସ୍ମୃତିସାମଗ୍ରୀର ବିସ୍ମରଣ କ୍ଷିପ୍ରତା ଏକ ପ୍ରକାର ନୁହେଁ। ବିଭିନ୍ନ ଧରଣର ସ୍ମୃତି ସାମଗ୍ରୀ ବିଭିନ୍ନ ଗତିରେ ବିସ୍ମୃତ ହୋଇଥାଏ। ତାହାର ଏକ ସଂକ୍ଷିପ୍ତ ଆଲୋଚନା କରାଯାଇପାରେ।

ସ୍ମୃତି ସାମଗ୍ରୀ ଓ ବିସ୍ମରଣର କ୍ଷିପ୍ରତା

ଆମେ ଯେଉଁସବୁ ସାମଗ୍ରୀ ଶିକ୍ଷାକରୁ କିମ୍ବା ମନେ ରଖିବାକୁ ଚେଷ୍ଟାକରୁ, ସେପରି ସାମଗ୍ରୀକୁ ବିଭିନ୍ନ ଭାବରେ ବର୍ଗୀକରଣ କରାଯାଇପାରେ। ତେବେ ସ୍ମରଣ ଓ ବିସ୍ମରଣ ଦୃଷ୍ଟିକୋଣରୁ ତାହା ତିନିପ୍ରକାର ବୋଲି ବିଚାର କରାଯାଇଛି।

ପ୍ରଥମ ବିଭାଗଟିକୁ ଘୋଷଣାତ୍ମକ ସ୍ମୃତି (Declarative Memory) କୁହାଯାଇପାରେ । ଏହା ବିଶେଷ ଭାବରେ ସୂଚନାଧର୍ମୀ। ଭାରତର ପ୍ରଧାନମନ୍ତ୍ରୀ ଶ୍ରୀଯୁକ୍ତ ନରେନ୍ଦ୍ର ମୋଦି। ଏହା ଏକ ସୂଚନାତ୍ମକ ବା ଘୋଷଣାତ୍ମକ ସ୍ମୃତି। ଏହି ବସ୍ତୁଟିକୁ କାର୍ କୁହାଯାଏ। ଏଇ ବସ୍ତୁଟିକୁ କଲମ କୁହାଯାଏ - ଏପରି ମନେ ରଖିବାର ସାମଗ୍ରୀ ହେଉଛି ଭାଷାଗତ (Semantic Memory) ସ୍ମୃତି।

ଦ୍ୱିତୀୟ ଧରଣର ସ୍ମରଣ ସାମଗ୍ରୀ ହେଉଛି ଘଟଣା-ଭିତ୍ତିକ ସ୍ମୃତି (Episodio Memory)। ଆପଣ ଗତକାଲି ପ୍ରାତଃ ଭୋଜନ ସମୟରେ କ'ଣ ଖାଇଥିଲେ,

ପନ୍ଦରଦିନ କେଉଁ ବନ୍ଧୁଙ୍କ ସହିତ ସାକ୍ଷାତ୍ ହୋଇଥିଲା ଏବଂ ତାଙ୍କ ସହ କ'ଣ କଥାବାର୍ତ୍ତା ହୋଇଥିଲା - ଏସବୁ ଦୈନନ୍ଦିନ ଜୀବନର ଘଟଣାଭିତ୍ତିକ ସ୍ମୃତି। ଆମର ନିତିଦିନିଆ ଜୀବନରେ ଯାହାସବୁ ଘଟିଯାଇଛି, ତାହାର ଅଂଶ ବିଶେଷକୁ ମନେ ରଖିବାର ପ୍ରୟାସ ହେଉଛି ଘଟଣା-ଭିତ୍ତିକ ସ୍ମୃତି।

ତୃତୀୟ ପ୍ରକାର ସ୍ମୃତି-ସାମଗ୍ରୀ ହେଉଛି କୌଶଳ-ଭିତ୍ତିକ (Procedural) ସ୍ମୃତି। କମ୍ପ୍ୟୁଟର କିପରି ବ୍ୟବହାର କରିବାକୁ ହୁଏ, କାର୍ କିପରି ଚଳାଇବାକୁ ହୁଏ ଏବଂ ଖାଦ୍ୟ କିପରି ପ୍ରସ୍ତୁତ କରିବାକୁ ହୁଏ - ଏସବୁର କାର୍ଯ୍ୟ କୌଶଳ ମନେରଖିବାର ପ୍ରୟାସ ହେଉଛି କୌଶଳ-ଭିତ୍ତିକ ସ୍ମୃତି। ଯେ କୌଣସି କାର୍ଯ୍ୟ କିପରି କୁଶଳତାର ସହିତ ସମ୍ପାଦନ କରାଯିବ, ତାହାର, ସ୍ମରଣ-ସାମଗ୍ରୀ ଏ ଧରଣର ଅନ୍ତର୍ଭୁକ୍ତ।

କୌତୂହଳର ବିଷୟ ହେଉଛି ଯେ ଏ ତିନୋଟି ଧରଣର ବିସ୍ମରଣର ଗତି ସମାନ ନୁହେଁ। ଘଟଣା-ଜନିତ ସ୍ମୃତି-ସାମଗ୍ରୀର ବିଲୟ ଦ୍ରୁତ ଗତିରେ ଘଟିଥାଏ। କେଉଁଠାରେ କାହା ସହିତ ଦେଖାହୋଇଲା ଏବଂ କ'ଣ ସବୁ କଥାବାର୍ତ୍ତା ହୋଇଥିଲା - ଏପରି ସବୁ ସାମଗ୍ରୀ ଆମେ ଶୀଘ୍ର ଭୁଲିଯାଉ। ତା'ଠାରୁ ମନ୍ଥର ହେଉଛି ସୂଚନାଧର୍ମୀ ନିର୍ଘୋଷଣ ସ୍ମୃତି । ଏହାର ବିସ୍ମରଣ କ୍ଷିପ୍ରତା ମଧ୍ୟମ ଧରଣର। କାର୍ଯ୍ୟ-ଭିତ୍ତିକ ବା କୌଶଳ-ଭିତ୍ତିକ ସ୍ମୃତିର ବିସ୍ମରଣ କ୍ଷିପ୍ରତା ଖୁବ୍ ମନ୍ଥର। ଧରାଯାଉ ଆପଣ କାର୍‌ଟି କିପରି ଚଳାଇବାକୁ ହୁଏ, ତାହା ଶିକ୍ଷା କରିଛନ୍ତି। ବେଶ୍ କିଛିଦିନ ଗାଡ଼ିଟି ଚଳାଇ ନଥିବାରୁ ଆପଣଙ୍କର ମନେ ହୋଇପାରେ ଯେ ଆପଣ ଭୁଲି ଯାଇଛନ୍ତି। କିନ୍ତୁ ପ୍ରକୃତରେ ଆପଣ ଭୁଲି ନାହାନ୍ତି। ପ୍ରଥମେ କାର ଚଳାଇବା ଶିକ୍ଷା କରିବା ସମୟରେ ହୁଏତ ଆପଣ ୧୦୦ ଘଣ୍ଟା ଅଭ୍ୟାସ କରିଥିଲେ। ତା'ପରେ ଦକ୍ଷତାର ଗୋଟିଏ ସ୍ତରକୁ ଆସିଥିଲେ। ବର୍ତ୍ତମାନ କୌଶଳଟି ଭୁଲିଯାଇଥିବାର ମନେହେଲେ ମଧ୍ୟ ଆପଣ ଦେଖିବେ ଯେ ୨୦ ଘଣ୍ଟାର ପୁନଃ ଅଭ୍ୟାସପରେ ଆପଣ ପୂର୍ବ ଦକ୍ଷତାର ସ୍ତରକୁ ଫେରି ଆସିଛନ୍ତି। ସୁତରାଂ ଏହାକୁ ବିସ୍ମରଣ କୁହାଯିବ ନାହିଁ । କୌଶଳ-ଭିତ୍ତିକ ସ୍ମୃତି-ସାମଗ୍ରୀ ଖୁବ୍ ଧୀରେ ଧୀରେ ବିଲୁପ୍ତ ହୁଏ। ସ୍ଥୁଳତଃ ଘଟଣାଭିତ୍ତିକ ସ୍ମରଣ-ସାମଗ୍ରୀ ଦ୍ରୁତଗତିରେ, ସୂଚନାଧର୍ମୀ ନିର୍ଘୋଷଣ ସ୍ମୃତି ମଧ୍ୟମ ଗତିରେ ଏବଂ କୌଶଳ-ଭିତ୍ତିକ ସ୍ମରଣ-ସାମଗ୍ରୀ ଖୁବ୍ ମନ୍ଥର ଗତିରେ ବିସ୍ମୃତ ହୋଇଥାଏ।

ଏହି ମନୋବୈଜ୍ଞାନିକ ସତ୍ୟଟିକୁ ଜାଣି ନପାରି ଲୋକମାନେ ଅଯଥା ବ୍ୟତିବ୍ୟସ୍ତ ହୁଅନ୍ତି। ବିଶେଷତଃ ବୃଦ୍ଧବୃଦ୍ଧାମାନେ ଦୈନନ୍ଦିନ ଘଟଣାର କଥା (ଯଥା: ଅନ୍ୟର ନାମ, ଅନ୍ୟର ବ୍ୟକ୍ତିଗତ ବିବରଣୀ) ମନେ ରଖି ନ ପାରି ବିଷାଦଗ୍ରସ୍ତ ହୋଇପଡ଼ନ୍ତି। ସେମାନଙ୍କର କିଛି ମନେ ରହୁ ନାହିଁ ବୋଲି କ୍ଷୋଭ ପ୍ରକାଶ କରନ୍ତି।

ଏହା ଯଥାର୍ଥ ନୁହେଁ । ଏ ପ୍ରକାର ସ୍ମୃତି-ସାମଗ୍ରୀର ବିସ୍ମରଣ ଘଟିଥିଲେ ମଧ୍ୟ ଅନ୍ୟ ସାମଗ୍ରୀ ସଂରକ୍ଷିତ ରହିପାରେ, ଏହାର ସମ୍ଭାବନା ଖୁବ୍ ବେଶୀ । ଏ ତିନୋଟି ମୌଳିକ ବିଭାଗ ବ୍ୟତୀତ ଅନ୍ୟ ଧରଣର ସ୍ମୃତି ସାମଗ୍ରୀ ମଧ୍ୟ ରହିଛି । ଗୋଟିଏ ବିଶେଷ ଧରଣର ସ୍ମୃତି ହେଉଛି ଫ୍ଲାସ୍-ବଲ୍‌ବ ସ୍ମୃତି (Flash-Bulb) । ଗତକାଲି ମଧ୍ୟାହ୍ନ ଭୋଜନରେ ଆପଣ କ'ଣ ଖାଇଥିଲେ, ତାହା ହୁଏତ ଆପଣଙ୍କର ମନେନଥିବ । କିନ୍ତୁ ଓଡ଼ିଶାର ମହାବାତ୍ୟା ଦିନ ଆପଣ କ'ଣ ଖାଇଥିଲେ ସେ ପ୍ରଶ୍ନର ଉତ୍ତର ଆପଣ ସହଜରେ ଦେଇପାରିବେ । ଏ କ୍ଷେତ୍ରର ଆପଣଙ୍କର ସ୍ମୃତି ଖୁବ୍ ସଜଳ । କୌଣସି ବିଶିଷ୍ଟ ଘଟଣା ସହିତ ସ୍ମୃତି ସାମଗ୍ରୀକୁ ଯୋଡ଼ିବା ଫଳରେ ସ୍ମୃତି ସାମଗ୍ରୀ ଅମଳିନ ରହେ ।

ଆଉ ଗୋଟିଏ ବିଶେଷ ଧରଣର ସ୍ମୃତି ହେଉଛି ଆତ୍ମଜୀବନୀମୂଳକ ସ୍ମୃତି (Autobiographical Memory) । ନିଜର ଜୀବନୀ ଲେଖିବା ସମୟରେ ଏପରି ସ୍ମୃତି ଉପରେ ନିର୍ଭର କରିବାକୁ ହୁଏ । ଏହାର ବିସ୍ମରଣ ଗତି ମଧ୍ୟ ମଧ୍ୟମ ଧରଣର । ତେବେ ଏପରି ସ୍ମୃତିସାମଗ୍ରୀର ପୁନଃସ୍ମରଣ କରିବା ସମୟରେ ଏକ ଜଟିଳତା ରହିଛି । ପ୍ରତି ବ୍ୟକ୍ତିର ଅଳ୍ପବହୁତେ ଆତ୍ମପ୍ରୀତି ରହିଥିବାରୁ ସ୍ମରଣ ସମୟରେ ନିଜର ଦୋଷତ୍ରୁଟିକୁ ଅଧିକ ଭୁଲିଯିବା ଏବଂ ନିଜର ସଫଳତା ଓ ସବଳତାକୁ ଅତିରଞ୍ଜିତ କରିବାର ପ୍ରବଣତା ପ୍ରକାଶ ପାଇପାରେ । ମୋଟାମୋଟି ଭାବରେ ବିଭିନ୍ନ ପ୍ରକାର ସ୍ମରଣ-ସାମଗ୍ରୀର ବିସ୍ମରଣ କ୍ଷିପ୍ରତା ସମାନ ନୁହେଁ । କେତେକ ସ୍ଥଳରେ ଏହା ଦ୍ରୁତ ହେବା ସ୍ଥଳେ ଅନ୍ୟ କ୍ଷେତ୍ରରେ ଏହା ମନ୍ଥର ।

ସ୍ମରଣ-ବିସ୍ମରଣର ଅନୁପାତ

ପ୍ରବନ୍ଧର ଆରମ୍ଭରେ ଯୁକ୍ତି କରାଯାଇଛି ଯେ ସ୍ମରଣ-ବିସ୍ମରଣ ଦୁଇଟି ପ୍ରକ୍ରିୟା ଏକସଙ୍ଗରେ ଚାଲିଥାଏ । ଏହାର ଅର୍ଥ ହେଉଛି ଯେ ଆମେ କୌଣସି ସାମଗ୍ରୀ ଶିକ୍ଷା (ଗ୍ରହଣ) କଲାପରେ ତାହାକୁ ପ୍ରଥମଥର ପାଇଁ ପୁନଃସ୍ମରଣ କଲାବେଳେ ଯାହା ସ୍ମରଣ କରିଥାଉ ଦ୍ୱିତୀୟଥର, ତୃତୀୟଥର କିମ୍ବା ଚତୁର୍ଥଥର ପୁନଃସ୍ମରଣ କଲାବେଳେ ସ୍ମରଣ-ସାମଗ୍ରୀ ନିଶ୍ଚୟ କମିବ ବୋଲି ପୂର୍ବରୁ ଧାରଣା ଥିଲା । କିନ୍ତୁ ଆଧୁନିକ ଗବେଷଣା ଅନୁଯାୟୀ ଏଥିରେ ନିଶ୍ଚିତତାନାହିଁ । ଦ୍ୱିତୀୟଥର ବା ତୃତୀୟଥର ପୁନଃସ୍ମରଣ କଲାବେଳେ ସ୍ମରଣ ସାମଗ୍ରୀର ପରିମାଣ ବଢ଼ିପାରେ । ଅନ୍ୟ ପ୍ରକାରରେ କହିଲେ କୁହାଯିବ ଯେ ବିସ୍ମୃତ ସାମଗ୍ରୀ ତୁଳନାରେ ସ୍ମୃତ ସାମଗ୍ରୀର ପରିମାଣ ଅଧିକ ହୋଇପାରେ । ତେବେ ଗୁରୁତ୍ୱପୂର୍ଣ୍ଣ ପ୍ରଶ୍ନ ହେଉଛି : ସମୟଗତି ସତ୍ତ୍ୱେ ବିସ୍ମୃତିକୁ କମାଇ ସ୍ମରଣ-ସାମଗ୍ରୀକୁ ବଢ଼ାଯିବ କିପରି ?

ଏହା ଏକ ସାଧାରଣ କଥା ଯେ ଆମେ ଯାହା ଦେଖୁ ବା ଶୁଣୁ ତାହା ପ୍ରଥମେ

ଖୁବ୍ ଅଳ୍ପସମୟ (ପ୍ରାୟ ୨୦ ସେକେଣ୍ଡ) ପାଇଁ ଏକ ଛବି କିମ୍ବା ପ୍ରତିଧ୍ୱନି ରୂପେ ମନରେ ରହେ । ଏହାକୁ ଇନ୍ଦ୍ରିୟ-ଭିତ୍ତିକ ସ୍ମୃତି (Sensory Memory) କୁହାଯାଏ। ଆମେ ଏହାକୁ ଅଦରକାରୀ ମନେକଲେ ତାହା ତତ୍କ୍ଷଣାତ୍ ଅସ୍ଥାୟୀ ହୋଇ ଉଭେଇଯାଏ। ମାତ୍ର ଧରାଯାଉ ଜଣେ ଡାକ୍ତର ତାଙ୍କର ଫୋନ୍ ନମ୍ବରଟି କହୁଛନ୍ତି। ଏ କ୍ଷେତ୍ରରେ ସେ କହିବା ସମୟରେ ଆମେ ଧ୍ୟାନଶୀଳ ହେବୁ ଏବଂ ମନେରଖିବାକୁ ଚେଷ୍ଟା କରିବୁ। ମାତ୍ର ନମ୍ବରଟିର ପୁନରାବୃତ୍ତି କରା ନଗଲେ ଆମେ ନମ୍ବରଟି ଭୁଲିଯାଇପାରୁ। ଶୁଣିବା ମାତ୍ରେ ମନେ ରଖିବାର ଆମେ ଯେଉଁ ପ୍ରୟାସ କରୁ ତାହାକୁ ଅଳ୍ପମିଥ୍ୟାଦୀ ସ୍ମୃତି (Short-Term Memory) କୁହନ୍ତି। ପୁନରାବୃତ୍ତି ନ କରାଗଲେ ମଧ୍ୟ (ଡାକ୍ତର ଆଉ ଥରେ ତାଙ୍କର ନମ୍ବରଟି ନ କହିଲେ ମଧ୍ୟ) ଆମେ ଅଳ୍ପ ସମୟ ପାଇଁ ନମ୍ବରଟି ମନେ ରଖିପାରୁ। ବର୍ତ୍ତମାନ ନମ୍ବରଟିକୁ ଦୀର୍ଘ ସମୟ ପାଇଁ ମନେ ରଖିବାକୁ ଆପଣ କ'ଣ କରିବେ ? ନମ୍ବରଟିର ପୁନରାବୃତ୍ତି ଡାକ୍ତର କରିବେ କିମ୍ବା ଆପଣ କରିବେ। ବାରମ୍ବାର କହିବା ଫଳରେ ନମ୍ବରଟି ଅଳ୍ପମିଆଦି ସ୍ତରରୁ (Short Term Memory ବା STM) ଦୀର୍ଘ ମିଆଦୀ ସ୍ତରକୁ (Long-Term Memory ବା LTM) ଉନ୍ନୀତ ହେବ। ସରଳ ଭାଷାରେ କହିଲେ ପ୍ରତ୍ୟେକ ସ୍ମରଣ ସାମଗ୍ରୀ ଇନ୍ଦ୍ରିୟ-ଭିତ୍ତିକ ସ୍ମୃତିରୁ ଅଳ୍ପମିଆଦୀ ସ୍ମୃତି ଏବଂ ଅଳ୍ପମିଆଦୀ ସ୍ମୃତିରୁ ଦୀର୍ଘମିଆଦୀ ସ୍ମୃତି ସ୍ତରକୁ ଗତି କରିଥାଏ। ଅଧିକ ସମୟ ମନେରଖିବା ପାଇଁ ପୁନରାବୃତ୍ତିର ଅଭ୍ୟାସ (Rehearsal) ଅପରିହାର୍ଯ୍ୟ। ପୁନରାବୃତ୍ତି ଯେତେବେଶୀ ହେବ ସ୍ମରଣ ସଫଳତା ସେତେ ଅଧିକ ରହିବ ।

ବିସ୍ମରଣ ପ୍ରକ୍ରିୟାକୁ ଦୁର୍ବଳ କରି ସ୍ମରଣ ପ୍ରକ୍ରିୟାକୁ ବଳବତ୍ତର କରିବାକୁ ହେଲେ ପୁନରାବୃତ୍ତିର ଅଭ୍ୟାସ ଏକ ସଫଳ ମାର୍ଗ ଏଥିରେ ସନ୍ଦେହ ନାହିଁ। ତେବେ ଆଉ ଗୋଟିଏ ଦୁଇଟି ପ୍ରକ୍ରିୟା ସମ୍ପର୍କରେ ଏଠାରେ ସୂଚନା ଦେବା ଖୁବ୍ ପ୍ରାସଙ୍ଗିକ ହେବ।

ବିଶିଷ୍ଟ ମନସ୍ତତ୍ତ୍ୱବିତ୍ ସିଗମଣ୍ଡ୍ ଫ୍ରଏଡ୍ ମାନସିକ ରୋଗୀମାନଙ୍କର ଚିକିତ୍ସା କରୁଥିବା ସମୟରେ ସମ୍ମୋହନ (Hypnosis) ପଦ୍ଧତିର ପ୍ରୟୋଗ କରୁଥିଲେ। ରୋଗୀ ନିଜର ତିକ୍ତ ଓ ଦୁଃଖଦ ସ୍ମୃତିକୁ ମନେ ପକାଇବାକୁ ଦ୍ୱିଧା ଅନୁଭବ କରୁଥିବାରୁ ଫ୍ରଏଡ୍ ସେମାନଙ୍କୁ ସମ୍ମୋହିତ କରି ସେମାନଙ୍କ ସ୍ମୃତି ଭଣ୍ଡାରରୁ ସତକଥା ବାହାର କରୁଥିଲେ। ମାତ୍ର ଥରେ ଲଣ୍ଡନରେ ଫ୍ରଏଡ୍‌ଙ୍କ କୌଶଳ କାମ କଲା ନାହିଁ, ଫ୍ରଏଡ଼ ଶତଚେଷ୍ଟା କରି ମଧ୍ୟ ଜଣେ ଭଦ୍ରମହିଳାକୁ ସମ୍ମୋହିତ କରିପାରିଲେ ନାହିଁ। ତା'ପରେ ଫ୍ରଏଡ୍ ଅନ୍ୟ ଏକ ପଦ୍ଧତି ଅନୁସରଣ କଲେ।

ସେ ମହିଳାଙ୍କର ଏକାଗ୍ରତା ବୃଦ୍ଧି କରିବାର ପ୍ରୟାସ କଲେ। ଫ୍ରଏଡ୍ ଦେଖିଲେ

ମହିଳାଜଣକ ଏକାଗ୍ରତା ହାସଲ କଲାପରେ ତାଙ୍କର ଅବଦମିତ ସ୍ମୃତିସବୁ ଧୀରେ ଧୀରେ ପ୍ରକାଶ କରୁଛନ୍ତି। ସମ୍ମୋହନ ଫଳରେ ଯାହା ସମ୍ଭବ ହୋଇଥାଆନ୍ତା, ତା'ଠାରୁ ଅଧିକ ସଫଳତା ମିଳୁଛି। ଫ୍ରଏଡ୍ ନିଜେ ବିଶ୍ୱାସ କରିନଥିଲେ ଯେ ସମ୍ମୋହନ ପଦ୍ଧତି ବଦଳରେ ଏକାଗ୍ରତା ପଦ୍ଧତି ଏତେ ପରିମାଣରେ ସଫଳତା ଦେବ। ବ୍ୟକ୍ତିର ଅଚେତନ ସ୍ତରରେ ଗଚ୍ଛିତ ଥିବା ଅବାଞ୍ଛିତ ସ୍ମୃତିସବୁ ସେ ସ୍ମରଣ କରିପାରିବ। ଫ୍ରଏଡ୍‌ଙ୍କ ଏପରି ସାଫଲ୍ୟ ଆଧୁନିକ ମନୋବିଜ୍ଞାନୀମାନଙ୍କର ଏକ ମଡ଼େଲ ରୂପେ କାର୍ଯ୍ୟକଲା। ମୂଳକଥା ହେଉଛି ବ୍ୟକ୍ତିକୁ ଚିନ୍ତନ କରିବାରେ ଅଭିପ୍ରେରିତ କରିପାରିଲେ ସେ ଅଧିକ ସ୍ମରଣ ସାଫଲ୍ୟ ଦର୍ଶାଇବ ।

ବର୍ତ୍ତମାନ ଏ ପରିପ୍ରେକ୍ଷୀରେ ଆଉ ଗୋଟିଏ ପ୍ରଶ୍ନ ମନକୁ ଆସିବା ସ୍ୱାଭାବିକ। ଜଣେ ଲୋକ ଦୁର୍ଦ୍ଦିନର ସମ୍ମୁଖୀନ ହେବା ପରେ ଆମେ ତା'ର ଦୁଃଖଦ ପୁରୁଣା ସ୍ମୃତିକୁ ଭୁଲିଯିବାକୁ ପରାମର୍ଶ ଦେଉ। ଡାକ୍ତର ଏ ଧରଣର ପରାମର୍ଶ ରୋଗୀକୁ ଦିଅନ୍ତି। ମନୋଚିକିତ୍ସକ ମାନସିକ ରୋଗୀକୁ ଏ ପରାମର୍ଶ ଦିଅନ୍ତି। ପିତାମାତା, ଅଭିଭାବକ, ଉପଦେଶକ ଓ ଶୁଭେଚ୍ଛୁ ଖରାପ ଘଟଣାର ଶରବ୍ୟ ହୋଇଥିବା ଲୋକଙ୍କୁ କୁହନ୍ତି : "ତୁମେ ଅତୀତର କଥା ଭୁଲିଯାଅ।" ପ୍ରଶ୍ନ ହେଉଛି ଏପରି ପରାମର୍ଶ କେତେ ମାତ୍ରାରେ କାର୍ଯ୍ୟକାରୀ ହୁଏ ? ବ୍ୟକ୍ତିଟି ଭୁଲେ କି ବେଶୀ ମନେ ପକାଏ ? ପ୍ରକୃତରେ ଏ ପ୍ରଶ୍ନଟିର ସମାଧାନ ଏ ପର୍ଯ୍ୟନ୍ତ ହୋଇ ନାହିଁ। କେତେକ ଅତ୍ୟାଧୁନିକ ସ୍ନାୟୁବିଜ୍ଞାନର ଗବେଷଣାରୁ ଦେଖାଯାଉଛି ଯେ "ଭୁଲିଯାଅ" ପରାମର୍ଶ ଦେଲେ ମସ୍ତିଷ୍କର ବିସ୍ମରଣ କେନ୍ଦ୍ରଟି ସକ୍ରିୟ ହେଉଛି। ଏହା ଅର୍ଥ ହେଉଛି ଯେ ଭୁଲିଯିବାର ପରାମର୍ଶ ବିସ୍ମରଣର ସହାୟକ। ମାତ୍ର ଅନ୍ୟ କେତେକ ମନୋବୈଜ୍ଞାନିକ ପରୀକ୍ଷାରୁ ଦେଖାଯାଉଛି, ଦୁଃଖଦ କଥା ମନେ ପଡୁଛି । ସମ୍ଭବତଃ ଭବିଷ୍ୟତରେ ଅଧିକ ପରୀକ୍ଷା ନିରୀକ୍ଷା ଏ ଜଟିଳ ପ୍ରଶ୍ନର ସମାଧାନ କରିବ।

ମାର୍ଗଦର୍ଶନର ପେଟିକା

୧. ଆମେ ଯାହା ଶିକ୍ଷାକରୁ ତାହାର ସ୍ମରଣ ବିସ୍ମରଣ ଏକ ସଙ୍ଗରେ ଚାଲିଥାଏ। ସୁତରାଂ ପ୍ରଥମ ଚେଷ୍ଟାରେ ଆମେ ଯାହା ବିସ୍ମରଣ କରିଛୁ, ଦ୍ୱିତୀୟଥର ଚେଷ୍ଟା କରିବା ସମୟରେ ବିସ୍ମରଣ ଯେ ବଢ଼ିବ ଏଥିରେ ନିଶ୍ଚିତତା ନାହିଁ। ଦ୍ୱିତୀୟଥର ଆମର ସ୍ମରଣ ସାଫଲ୍ୟ ଅଧିକ ହୋଇପାରେ।

୨. ସବୁଧରଣର ସ୍ମୃତି ସାମଗ୍ରୀର ବିସ୍ମରଣ କ୍ଷିପ୍ରତା ସମାନ ନୁହେଁ। ଦୈନନ୍ଦିନ ଜୀବନର ଘଟଣା ଆଧାରିତ ସ୍ମୃତିର ଶୀଘ୍ର ବିଲୟ ଘଟେ। ସୂଚନାତ୍ମକ ସ୍ମୃତି ମଧ୍ୟମ ମାତ୍ରାର ଭୁଲିଥାଉ। କାଯ୍ୟକୌଶଳର ସ୍ମୃତି ଖୁବ୍ ଧୀରେ ବିସ୍ମୃତ ହୁଏ।

ସୁତରାଂ କ'ଣ ଖାଇଥିଲେ ବା କି କଥା ହୋଇଥିଲେ ତାହା ମନେ ନ ପଡ଼ିଲେ ସବୁ ସ୍ମୃତି ପାଶୋର ଯାଇଛି, ଏପରି ଅଳ୍ପବୁଦ୍ଧି ବିଚାର କରି ଦୁଃଖୀ ହୁଅନ୍ତୁ ନାହିଁ।

୩. ସ୍ମରଣ ସାଫଲ୍ୟ ପାଇଁ ସ୍ମୃତି ସାମଗ୍ରୀର ପୁନରାବୃତ୍ତିର ଅଭ୍ୟାସ କରନ୍ତୁ। ଚିନ୍ତନ ଓ ଏକାଗ୍ରତା ସ୍ମରଣ ସାଫଲ୍ୟର ସହାୟକ।

୪. "ଅତୀତର ଦୁଃଖର କଥା ଭୁଲିଯାଆନ୍ତୁ" - ଏପରି ପରାମର୍ଶ ଦେବା ସମୟରେ ଦୁଇଟିର ସମ୍ଭାବନା ପ୍ରତି ସଜାଗ ରହନ୍ତୁ। ଏହା କାର୍ଯ୍ୟକାରୀ ହୋଇ ବ୍ୟକ୍ତିକୁ ସାହାଯ୍ୟ କରିପାରେ କିମ୍ବା ଅତୀତର ଦୁଃଖଦ ସ୍ମୃତିକୁ ଅଧିକ ମନେ ପକାଇଦେଇ ପାରେ। ସୁତରାଂ କହିବା ସମୟରେ ସତର୍କତା ଅବଲମ୍ବନ କରନ୍ତୁ।

■

ଆନୁବଂଶିକ ପ୍ରଭାବ : କେତେ ବ୍ୟାପ୍ତ, କେତେ ସୀମିତ

ମହାକବି ଭଟ୍ଟନାରାୟଣଙ୍କ 'ବେଣୀ ସଂହାରମ୍' ନାଟକର ବୀର କର୍ଣ୍ଣ କହିଥିଲେ- "ଦୈବାୟତ୍ତଂ କୁଳେ ଜନ୍ମ, ମଦାୟତ୍ତଂ ଚ ପୌରୁଷମ୍।" ସେ କହିଥିଲେ - "ମୁଁ ସୂତ ବା ସୂତପୁତ୍ର ହୋଇପାରେ ଅଥବା ଅନ୍ୟ କିଛି ହୋଇପାରେ। ଉଚ୍ଚକୁଳରେ ଜନ୍ମଗ୍ରହଣ କରିବା ଦୈବର ଅଧୀନ କିନ୍ତୁ ପୁରୁଷାକାର ମୋର ଅଧୀନ।" ଅଶ୍ୱତ୍‌ଥମାଙ୍କ ଧିକ୍‌କାରର ଏହା ଥିଲା ପ୍ରତ୍ୟୁତ୍ତର।

ମନୁଷ୍ୟର ପ୍ରକୃତି କେତେ ମାତ୍ରାରେ ତା'ର ଅନୁବଂଶକ (Genetic) ଉପାଦାନ ଦ୍ୱାରା ନିୟନ୍ତ୍ରିତ ଏବଂ କେତେ ପରିମାଣରେ ପରିବେଶ ଦ୍ୱାରା ପ୍ରଭାବିତ ଏ ପ୍ରଶ୍ନଟି ନୂତନ ନୁହେଁ । ଆଦିମ ଯୁଗରୁ ଏ ପ୍ରଶ୍ନ ମନୁଷ୍ୟ ମନରେ ଆଲୋଡ଼ନ ସୃଷ୍ଟି କରିଛି। ଏହାର ଉତ୍ତର ମଧ୍ୟ ସ୍ଥିର ଓ ଅପରିବର୍ତ୍ତିତ ନ ରହି ଏପଟ ସେପଟ ଘୂର୍ଣ୍ଣଗତିରେ ଦୋଳାୟିତ ହୋଇଛି । ତେବେ ୨୦୦୦ ମସିହା ବେଳକୁ ଜେନୋମ୍ ଗବେଷଣାର ଅୟମାରମ୍ଭ ଏବଂ ମନୁଷ୍ୟର ପ୍ରତିଟି ସ୍ୱଭାବ ପାଇଁ ଶରୀରର ଏକ ନିର୍ଦ୍ଦିଷ୍ଟ ଜିନ୍‌କୁ ଚିହ୍ନଟ କରିବାର ପ୍ରକ୍ରିୟା ଆରମ୍ଭ ହେବା ପରେ ପ୍ରଶ୍ନଟି ଏକ ନୂଆ ମୋଡ଼ ନେଇଛି। ପ୍ରଶ୍ନଟିକୁ ଅଧିକ ସତର୍କତାର ସହ ନିରୀକ୍ଷଣ କରିବାର ଅବକାଶ ଆସିଛି।

ସାଧାରଣ ଭାବେ ଲୋକବିଶ୍ୱାସ ରହିଛି ଯେ ପିଲାମାନେ କେତେକ ପୂର୍ବଗଠିତ ମିଜାଜ ନେଇ ଜୀବନଯାତ୍ରା ଆରମ୍ଭ କରନ୍ତି। ଶିଶୁମାନଙ୍କର ମିଜାଜ ଓ ଆବେଗିକ ଶୈଳୀ ବଂଶାନୁଗତି ପ୍ରକ୍ରିୟାରେ ପିତାମାତାଙ୍କଠାରୁ ଆସିଥାଏ ବୋଲି ବିଶ୍ୱାସ କରାଯାଏ। ଶିଶୁମାନଙ୍କର ଜୀବନ-ଅଭିଜ୍ଞତା ସୀମିତ ହୋଇଥିବାରୁ ଏବଂ ଶିଶୁମାନଙ୍କର ମିଜାଜ ଦୀର୍ଘଦିନ ଅପରିବର୍ତ୍ତିତ ରହୁଥିବାରୁ ଏପରି ବିଶ୍ୱାସ ଅଧିକ ଦୃଢ଼ ହୁଏ।

ମନୁଷ୍ୟର ବ୍ୟକ୍ତିତ୍ୱ ଓ ସ୍ୱଭାବ କେତେ ମାତ୍ରାରେ ନିଜର ପିତାମାତାଙ୍କଠାରୁ ଜିନ୍ ସୂତ୍ରରେ ଆସିଛି, ତାହା ଜାଣିବା ପାଇଁ ମୁଖ୍ୟତଃ ଯମଜମାନଙ୍କ ଅନୁଧାନ ଉପରେ ନିର୍ଭର କରାଯାଇଛି । ଯମଜ ସନ୍ତାନମାନେ ଦୁଇ ଧରଣର : ସମରୂପ ଯମଜ (Identical Twins) ଏବଂ ଭାତୃକ ଯମଜ (Fraternal Twins) । ଗୋଟିଏ ଗର୍ଭାଣୁରୁ ଦୁଇଟ ସମରୂପ ଯମଜ ଜନ୍ମ ନେଉଥିବାରୁ ଏମାନଙ୍କ ମଧ୍ୟରେ ବଂଶାନୁଗତିରେ ମାତ୍ରା ଖୁବ୍ ଅଧିକ । ଅନ୍ୟ ପକ୍ଷରେ ଭାତୃକ ଯମଜମାନଙ୍କର ପିତାମାତା ସମାନ ହେଲେ ମଧ୍ୟ ଦୁଇଟି ପୃଥକ୍ ଗର୍ଭାଣୁରୁ ଏମାନେ ଜନ୍ମ ନେଉଥିବାରୁ ବଂଶାନୁଗତିର ପରିମାଣ କମ । ସୁତରାଂ ସମରୂପ ଯମଜମାନଙ୍କ ମଧ୍ୟରେ ଥିବା ସାଦୃଶ୍ୟ ବା ପାର୍ଥକ୍ୟକୁ ଭାତୃକ ଯମଜମାନଙ୍କର ସାଦୃଶ୍ୟ ବା ପାର୍ଥକ୍ୟ ସହିତ ତୁଳନା କରାଯାଇ ବଂଶାନୁଗତିର ଭୂମିକା ନିର୍ଦ୍ଧାରଣ କରାଯାଇଛି ।

ଆନୁବଂଶିକ ନିର୍ଦ୍ଧାରଣ (Genetic Determination) ପରିପ୍ରେକ୍ଷୀରେ ଯମଜ ଅଧ୍ୟୟନ (Twin studies) ହିଁ ମୌଳିକ ଭିତ୍ତିଭୂମି । ଯମଜ ଅଧ୍ୟୟନକୁ ଭିତ୍ତିକରି ଗବେଷକମାନେ ଦେଖିଛନ୍ତି ଯେ ମନୁଷ୍ୟର ସ୍ୱଭାବ ଓ ବ୍ୟକ୍ତିତ୍ୱ କ୍ଷେତ୍ରରେ ବଂଶାନୁଗତିର କିଛିଟା ଭୂମିକା ଥିଲେ ମଧ୍ୟ ସବୁକ୍ଷେତ୍ରରେ ବଂଶାନୁଗତିର ଭୂମିକା ୫୦ ପ୍ରତିଶତ ଏବଂ ପରିବେଶର ପ୍ରଭାବ ୫୦ ପ୍ରତିଶତ ଭାବିବସିବା ଏକ ପ୍ରକାର ଅଜ୍ଞତା । କେତେକ ସ୍ଥଳରେ ବଂଶାନୁଗତିର ଅପେକ୍ଷାକୃତ ଅଧିକ ପ୍ରଭାବ ଥିବା ସ୍ଥଳେ ଅନ୍ୟ କ୍ଷେତ୍ରରେ ଏହାର ପ୍ରଭାବ ନଗଣ୍ୟ । ମୋଟାମୋଟି ଭାବରେ ସାମାଜିକତା, ଲଜ୍ଜାଶୀଳତା, ଆବେଗ ପ୍ରବଣତା (Emotionality), ମାନସିକ ଚାପ ଅନୁଭବ କରିବାର ପ୍ରବଣତା, ମାନସିକ ଭାରସାମ୍ୟ ରକ୍ଷାକରିବାର ସାମର୍ଥ୍ୟ ଏବଂ ଅନୁକୂଳ ଓ ପ୍ରତିକୂଳ ଆବେଗ ମଧ୍ୟରେ ଭାରସାମ୍ୟ ରକ୍ଷାକରିବାର ଦକ୍ଷତାରେ ବଂଶାନୁଗତିର ଭୂମିକା ଉଲ୍ଲେଖଯୋଗ୍ୟ ମନେହୁଏ ।

ଆନୁବଂଶିକ ପ୍ରଭାବର ପରିସୀମା ସାଧାରଣତଃ ୨୦ ପ୍ରତିଶତରୁ ୬୦ ପ୍ରତିଶତ (ଏକ ପଞ୍ଚମାଂଶରୁ ତିନି ପଞ୍ଚମାଂଶ) ହେବା ପରି ପ୍ରାଥମିକ ଆକଳନରୁ ଜଣାଯାଏ । ଏହା କମ୍ ମାତ୍ରାର ପ୍ରଭାବ କି ବେଶୀ ମାତ୍ରାର ପ୍ରଭାବ ? ଏହା ବିଚାରକର ଦୃଷ୍ଟିଭଙ୍ଗୀ ଉପରେ ନିର୍ଭର କରେ । ଆନୁବଂଶିକ ପ୍ରଭାବରେ ଦୃଢ଼ ବିଶ୍ୱାସ ପୋଷଣ କରୁଥିବା ବ୍ୟକ୍ତି ୧୦୦ ପ୍ରତିଶତ ପ୍ରଭାବରୁ ସାମାନ୍ୟ କିଛି କମ୍ ପ୍ରଭାବକୁ ମଧ୍ୟ ଗ୍ରହଣ କରିବାକୁ ଅସମ୍ମତ ହେବେ । ଅନ୍ୟ ପକ୍ଷରେ ପରିବେଶ ବିଶେଷଜ୍ଞମାନେ ୨୦ ପ୍ରତିଶତ ପ୍ରଭାବକୁ ଉନ୍ନତ ପ୍ରଭାବ ବୋଲି ଯୁକ୍ତି ବାଢ଼ିବେ ।

ଅନେକ ବ୍ୟକ୍ତି ଜିନ୍‌କୁ ଆମ ଭାଗ୍ୟର ନିର୍ଦ୍ଧାରକ ବୋଲି ଧରି ନିଅନ୍ତି । ଆମର

ବଂଶାନୁଗତି ଫଳରେ ଆମେ ଜନ୍ମ ସୂତ୍ରରେ ଆଣୁଥିବା DNA ଆମର ବ୍ୟକ୍ତିତ୍ୱକୁ ପୂରାପୂରି ନିୟନ୍ତ୍ରଣ କରେ ବୋଲି ବିଚାର କରନ୍ତି । ଏପରି ଧାରଣା ଭ୍ରମାତ୍ମକ । ଉଦାହରଣ ସ୍ୱରୂପ ଶୀଜୋଫ୍ରେନିୟା (Schizophrenia) ବା ଚିତ୍ତଭଂଶୀ ବାତୁଳତା ପରି ମାନସିକ ରୋଗ କ୍ଷେତ୍ରରେ ବଂଶାନୁଗତିର ଭୂମିକା ଥିଲେ ମଧ୍ୟ ଗୋଟିଏ ସମରୂପ ଯମଜର ଏପରି ସମସ୍ୟା ରହିଥିଲେ ଅନ୍ୟ ଯମଜର ରୋଗସମ୍ଭାବନା ୫୦ ପ୍ରତିଶତ ମଧ୍ୟରେ ସୀମିତ । ସେହିପରି ଡିପ୍ରେସନ୍ ବା ବିଷାଦ କ୍ଷେତ୍ରରେ ମଧ୍ୟ ମଧ୍ୟମ ମାତ୍ରାରେ ବଂଶାନୁଗତ ପ୍ରଭାବ ରହିଛି । ତଥାପି ନାରୀ ପୁରୁଷ ଭେଦରେ ଏ ସମ୍ଭାବନାର ମାତ୍ରା ପରିବର୍ତ୍ତିତ ହୁଏ । ନାରୀମାନଙ୍କ କ୍ଷେତ୍ରରେ ବଂଶାନୁଗତିର ପ୍ରଭାବ (ଡିପ୍ରେସନ ପରିପ୍ରେକ୍ଷୀରେ) ୪୦ ପ୍ରତିଶତ ହେବା ସ୍ଥଳେ ପୁରୁଷମାନଙ୍କ କ୍ଷେତ୍ରରେ ଏହା ୩୦ ପ୍ରତିଶତ ମଧ୍ୟରେ ସୀମିତ ରୁହେ ।

ଜିନ୍ ନିର୍ଦ୍ଧାରିତ ଜନ୍ମଗତ ସ୍ୱଭାବ

କେତେକ ସ୍ୱଭାବ ପୂରାପୂରି ଜିନ-ନିର୍ଦ୍ଧାରିତ ଏବଂ ପରିବେଶର ପରିବର୍ତ୍ତନ ସତ୍ତ୍ୱେ ସେଗୁଡ଼ିକ ଅପରିବର୍ତ୍ତିତ ରହେ ବୋଲି କେତେକ ବିଶେଷଜ୍ଞ ବିଶ୍ୱାସ କରନ୍ତି । ହାର୍ଭାଡ଼ ବିଶ୍ୱବିଦ୍ୟାଳୟର ମନୋବିଜ୍ଞାନୀ କାଗାନ୍ ଏପରି ଜଣେ ବିଶେଷଜ୍ଞ । ବିଶେଷତଃ ସେ ବିଶ୍ୱାସ କରୁଥିଲେ ଯେ ଲଜ୍ଜାଶୀଳତା ଏପରି ଗୋଟିଏ ଜନ୍ମଗତ ଗୁଣ । ପିଲାଦିନର ଲାଜୁଆ ଭାବ ଦର୍ଶାଉଥିବା ପିଲାଟି କିଶୋର, ଆଦ୍ୟଯୌବନ ଏବଂ ଏପରିକି ବୃଦ୍ଧାବସ୍ଥାରେ ମଧ୍ୟ ଲଜ୍ଜାଶୀଳତା ଦର୍ଶାଏ ।

କାଗାନ୍ ଖୁବ୍ ଶୃଙ୍ଖଳିତ ବିଧିବଦ୍ଧ ପ୍ରଣାଳୀରେ ଗବେଷଣା କରୁଥିଲେ । ଶିଶୁର ଜନ୍ମ ପରେ ପରେ ତାକୁ ନିରୀକ୍ଷଣ କରୁଥିଲେ । ଶିଶୁର ମିଜ୍ଞାସ ଚିହ୍ନଟ କରିବା ପାଇଁ ସେମାନଙ୍କ ପିତାମାତାଙ୍କୁ ପର୍ଯ୍ୟବେକ୍ଷଣ ଅନୁସନ୍ଧାନ କରୁଥିଲେ । କେବଳ ଲଜ୍ଜାଶୀଳତା କାହିଁକି, ଶିଶୁର ଶାନ୍ତଭାବ, ଚିଡ଼ିଚିଡ଼ି ହେବାର ପ୍ରକୃତି ଓ ଉତ୍କଣ୍ଠା ପରି ଅନ୍ୟ କେତେକ ଆବେଗିକ ଶୈଳୀ କ୍ଷେତ୍ରରେ ସ୍ଥିରତା ଓ ପରିବର୍ତ୍ତନହୀନତା ଲକ୍ଷ୍ୟ କରାଗଲା । ପୁଣି ବିଂଶଶତକର ଅଷ୍ଟମ ଓ ନବମ ଦଶକ ବେଳକୁ ମସ୍ତିଷ୍କ ବିଜ୍ଞାନର ବିକାଶ ଘଟିବା ଫଳରେ ଲଜ୍ଜାଶୀଳତା ବା ଉତ୍କଣ୍ଠା (Anxiety) ସମୟରେ ମସ୍ତିଷ୍କରେ କ'ଣ ଘଟୁଛି ସେ ସମ୍ପର୍କରେ କୌତୂହଳ ଜନ୍ମିଲା । ଦେଖାଗଲା ଯେ ମସ୍ତିଷ୍କର ଏକ କ୍ଷୁଦ୍ର ଅଂଶବିଶେଷ ଆମିଗଡ଼ାଲାରେ (Amygdala) ସକ୍ରିୟତା ପ୍ରକାଶ ପାଇବା ସମୟରେ ମନୁଷ୍ୟ ବ୍ୟବହାରରେ ଅନ୍ତର୍ବାଧା (Inhibition) ପ୍ରକାଶ ପାଉଛି । ଛୋଟପିଲା, କିଶୋର କିଶୋରୀ ଏବଂ ତରୁଣ ତରୁଣୀମାନେ ଭୟ ଉତ୍କଣ୍ଠା ଓ ଲଜ୍ଜାଶୀଳତା ଦର୍ଶାଇବା ସମୟରେ ଆମିଗଡ଼ାଲାରେ ସୁସ୍ପଷ୍ଟ ସକ୍ରିୟତା ପ୍ରକାଶ ପାଉଛି । ନୂତନ ବ୍ୟକ୍ତି, ବସ୍ତୁ ଓ ପରିବେଶର

ସମ୍ମୁଖୀନ ହେବା ମାତ୍ରେ ଏପରି ମସ୍ତିଷ୍କଗତ ସକ୍ରିୟତା ପ୍ରକାଶ ପାଉଛି ଏବଂ ଏହି ନକାରାତ୍ମକ କ୍ରିୟାକଳାପ ସମୟରେ ବ୍ୟକ୍ତିତ୍ୱ ସ୍ତରରେ ଲଜ୍ଜାଶୀଳତା ପରି ନକାରାତ୍ମକ ଆଚରଣ ପରିଦୃଷ୍ଟ ହେଉଛି। ଏସବୁ ପର୍ଯ୍ୟବେକ୍ଷଣକୁ ଭିତ୍ତିକରି କେତେକ ବିଶେଷଜ୍ଞ ଧରିନେଲେ ଯେ ଅନ୍ତର୍ନିହିତ ଅନ୍ତର୍ବାଧା ଏବଂ ବାହ୍ୟିକ ଲଜ୍ଜାଶୀଳତା ଏକ ଅପରିବର୍ତ୍ତନୀୟ ସ୍ୱଭାବ। ସମ୍ଭବତଃ ଲାଜୁଆ ହେବାର ଜନ୍ମ ହୋଇଥିବା ଶିଶୁଟି ଜୀବନସାରା ଲାଜୁଆ ହୋଇ ରହିଯିବ।

କିନ୍ତୁ ଏହି ପ୍ରଚଳିତ ଧାରଣାକୁ ଧରାଶାୟୀ କରି ଯେଉଁ ନୂତନ ପରିକଳ୍ପନା ପ୍ରତିଷ୍ଠା ଲାଭ କଲା ତାହା ହେଉଛି ଜନ୍ମଗତ ପ୍ରକୃତି ଉପରେ ପରିବେଶ ବିଜୟର ତତ୍ତ୍ୱ। ପିତାମାତା ଶିକ୍ଷକ ଶିକ୍ଷୟତ୍ରୀ ଏବଂ ଅନ୍ୟସବୁ ଯତ୍ନକାରୀ ଶିଶୁକୁ କିପରି ପରିପାଳନ କରୁଛନ୍ତି, ତାହାର ଉତ୍କର୍ଷ ନିର୍ଣ୍ଣୟାତ୍ମକ ଭୂମିକା ଗ୍ରହଣ କରିବାର ସିଦ୍ଧାନ୍ତ ବଳିଷ୍ଠ ରୂପରେଖ ନେଲା।

ପରିବେଷ୍ଟନୀର ପ୍ରଭାବ

ଜିନ୍‌ର ଉପସ୍ଥିତି ବା ଅନୁପସ୍ଥିତି ବଡ଼ କଥା ନୁହେଁ। ବଡ଼ କଥା ହେଉଛି ଅନୁଭବର ଉତ୍କର୍ଷ। ଗୋଟିଏ ତା'ର ମଧ୍ୟ ଦେଇ ବିଦ୍ୟୁତ୍ ଶକ୍ତି ପ୍ରବାହିତ ହେଲେ ମଧ୍ୟ ତା'ର ସଂଯୁକ୍ତ ବଲବଟି ଜଳି ନଥାଏ। ବଲବଟି ଜଳିବା ପାଇଁ ସମ୍ପୃକ୍ତ ସୁଇଚଟିକୁ ଅନ୍ କରିବାକୁ ହୁଏ। ଠିକ୍ ସେହିପରି ଏକ ନିର୍ଦ୍ଦିଷ୍ଟ ସମ୍ଭାବନାକୁ ଧାରଣ କରୁଥିବା ଜିନ୍‌ଟି ଶରୀରରେ ରହିଥିଲେ ମଧ୍ୟ ତାହାକୁ ସକ୍ରିୟ କରିବା ପାଇଁ କେତେକ ରାସାୟନିକ ଟ୍ୟାଗର (Chemical Tags) ଆବଶ୍ୟକତା ରହିଛି। ଏହି ରାସାୟନିକ ଟ୍ୟାଗ୍‌ସବୁ ଅନ୍ ସୁଇଚର କାମ କରିଥାଏ। ଏଗୁଡ଼ିକ ସକ୍ରିୟ ହେଲେ ଜିନ୍ ଅନ୍ ହୋଇ କାର୍ଯ୍ୟକ୍ଷମ ହୁଏ। ଅନ୍ୟ ପକ୍ଷରେ ରାସାୟନିକ ଟ୍ୟାଗ୍ ଅନ୍ ନ ହୋଇ ଅଫ୍ ରହିଲେ ଜିନ୍ ନିଷ୍କ୍ରିୟ ରହେ। ଜିନ୍‌ର ଉପସ୍ଥିତି ସତ୍ତ୍ୱେ ସମ୍ପୃକ୍ତ ଗୁଣଟି ପ୍ରକାଶ୍ୟ ରୂପ ନେଇ ନଥାଏ।

ଗବେଷଣାଗାରରେ ନିୟନ୍ତ୍ରିତ ପରିବେଶ ମଧ୍ୟରେ ଅନୁଧ୍ୟାନ କରାଯାଇଥିବା ଜୀବବିଜ୍ଞାନୀମାନଙ୍କର କେତେକ ଗବେଷଣାକୁ ବାଦ୍ ଦେଲେ ସାମାଜିକ ଜଗତର କେତେକ ଦୃଷ୍ଟାନ୍ତମୂଳକ ଅନୁଧ୍ୟାନ ବେଶ ପ୍ରଣିଧାନର ବିଷୟ। ବିଂଶ ଶତକର ଅଷ୍ଟଦଶକରେ ହଲାଣ୍ଡ ଦେଶର ଏକ ବଡ଼ ଏକାନ୍ନବର୍ତ୍ତୀ ପରିବାରର ଚଉଦଜଣ ପୁରୁଷଙ୍କ ଉପରେ ଏ ସର୍ବେକ୍ଷଣ କେନ୍ଦ୍ରୀଭୂତ ଥିଲା। ଏ ପରିବାରଟି ଏକାନ୍ନବର୍ତ୍ତୀ ପରିବାର। କିନ୍ତୁ ପରିବାରର କୁଖ୍ୟାତି ରହିଥିଲା। ପରିବାରର ଚଉଦଜଣ ପୁରୁଷ ବିଭିନ୍ନ ହିଂସାତ୍ମକ ଅପରାଧରେ ଜଡ଼ିତ ଥିଲେ। ବିଭିନ୍ନ ଧର୍ତ୍ତବ୍ୟ ଅପରାଧ ପାଇଁ ଦୋଷୀ ସାବ୍ୟସ୍ତ ହୋଇଥିଲେ। ୧୯୯୮ରେ ବିଶେଷଜ୍ଞମାନେ ଦର୍ଶାଇଲେ ଯେ ଏ ପରିବାରର ପ୍ରତ୍ୟେକ ପୁରୁଷଙ୍କ X (ଏକ୍‌ସ) କ୍ରୋମୋଜୋମ୍‌ରେ

ସମାନ ଧରଣର ଗୋଟିଏ ଜିନ୍ ରହିଛି ଏବଂ ଏହି ଜିନ୍ MAOA ନାମକ ଏକ Enzyme ପ୍ରସ୍ତୁତ କରେ। ଏହି Enzyme ମସ୍ତିଷ୍କରେ କେତେକ କ୍ଷତିକାରକ ଜୀବରସ (Neurotransmitter) ତିଆରି କରେ । ଏହି ଜୀବରସ ଅପରାଧପ୍ରବଣତାର ମୂଳ ଉତ୍ସ। ଏହି ପର୍ଯ୍ୟବେକ୍ଷଣକୁ ଭିତ୍ତି କରି "MAOA ଜିନ୍‌କୁ ହିଂସ୍ର ଆଚରଣ ଜିନ୍" ବୋଲି ଅଭିହିତ କରାଗଲା।

ଏହାପରେ ପରେ ନିଉଜିଲାଣ୍ଡରେ ୪୪୨ ଜଣ ପୁରୁଷମାନଙ୍କ ଉପରେ ବିଜ୍ଞାନସମ୍ମତ ପଦ୍ଧତିରେ କରାଯାଇଥିବା ଏକ ଗବେଷଣା MAOA ଜିନ୍‌ର ଭୂମିକା ସମ୍ପର୍କରେ ଏକ ସ୍ୱଷ୍ଟ ଧାରଣା ଗଠନ କଲା। ଗବେଷକମାନେ ପ୍ରଥମେ ଛବିଶ ବର୍ଷ ବୟସ ପୂର୍ବରୁ ଅସାମାଜିକ ଓ ଧର୍ତ୍ତବ୍ୟ ଅପରାଧ କରିଥିବା ଯୁବକମାନଙ୍କୁ ଚିହ୍ନଟ କଲେ। ନ୍ୟାୟାଳୟ ଓ ପୋଲିସ ରେକର୍ଡ଼ରୁ ଏପରି କାର୍ଯ୍ୟ ସମ୍ଭବ ହେଲା। ପୁନଶ୍ଚ ଚିହ୍ନଟ କରାଯାଇଥିବା ବ୍ୟକ୍ତିମାନଙ୍କ ଉପରେ ମନସ୍ତାତ୍ତ୍ୱିକ ପରିମାପକସବୁର ପ୍ରୟୋଗ କରାଯାଇ ସେମାନଙ୍କର ମାନସିକ ସ୍ଥିତିର ଆକଳନ କରାଗଲା। ସେମାନେ କେତେ ପରିମାଣରେ ମାନସିକ ବିପର୍ଯ୍ୟୟର ଅଧିକାରୀ ତାହା ମଧ୍ୟ ନିର୍ଦ୍ଧାରଣ କରାଗଲା। ଗବେଷଣାର ଅନ୍ୟ ଗୋଟିଏ ବିଶିଷ୍ଟ ଦିଗ ହେଉଛି ଯେ ଗବେଷଣାରେ ଅନୁଧ୍ୟାନ କରାଯାଇଥିବା ବ୍ୟକ୍ତିମାନଙ୍କର ବାଲ୍ୟକାଳ କିପରି ଘଟିଛି ତାହାର ପୁଙ୍ଖାନୁପୁଙ୍ଖ ଅନୁସନ୍ଧାନ କରାଗଲା। ଏହି ଗବେଷଣାର ଫଳାଫଳ ଖୁବ୍ ବିସ୍ମୟକର ଏବଂ ଆକର୍ଷଣୀୟ ଥିଲା। ଦେଖାଗଲା ଯେଉଁ ବ୍ୟକ୍ତିମାନଙ୍କର ବାଲ୍ୟକାଳ ମଧୁର ଓ କମନୀୟ ଏବଂ ଯେଉଁମାନେ ଯତ୍ନକାରୀର ସ୍ନେହଶ୍ରଦ୍ଧା ମଧ୍ୟରେ ପ୍ରତିପାଳିତ ହୋଇଛନ୍ତି ସେମାନଙ୍କ ଶରୀରରେ MAOA ଜିନ୍ ଥିଲେ ମଧ୍ୟ ଅପରାଧ ପ୍ରବଣତା ପ୍ରକାଶ ପାଉ ନାହିଁ ଓ ନଷ୍ଟକାରୀ ଜିନ୍‌ଟି ନିଷ୍କ୍ରିୟ ହୋଇ ରହିଯାଉଛି। ଅନ୍ୟ ପକ୍ଷରେ ବାଲ୍ୟକାଳର ଅବହେଳା ଓ ନିର୍ଯ୍ୟାତନା MAOA ଜିନ୍‌ର ପରିପ୍ରକାଶକୁ ତ୍ୱରାନ୍ୱିତ କରୁଛି। ଏପରି ଶିଶୁମାନେ କିଶୋର ଓ ବଡ଼ ହେବା ପରେ ଅସାମାଜିକ ଓ ଅପରାଧମୂଳକ ଆଚରଣ ପ୍ରଦର୍ଶନ କରୁଛନ୍ତି।

ଶିଶୁ ପରିପାଳନର ସକାରାତ୍ମକ ଦିଗଟିକୁ ଅଧିକ ବିଜ୍ଞତା, ଅଧିକ ସତର୍କତାର ସହିତ ପୁନଶ୍ଚ ଅନୁଧ୍ୟାନ କରାଗଲା। ଏ କ୍ଷେତ୍ରରେ ଗବେଷକମାନେ ନିଉଜିଲାଣ୍ଡର ସେହି ୪୪୨ ପୁରୁଷମାନଙ୍କ ବ୍ୟକ୍ତିତ୍ୱର ଅନ୍ୟ ଗୋଟିଏ ନକାରାତ୍ମକ ଦିଗ ଅନୁଶୀଳନ କଲେ। ତାହା ହେଉଛି ଡିପ୍ରେସନ୍ ବା ବିଷାଦ।

ଏଠାରେ ଉଲ୍ଲେଖ କରାଯାଇପାରେ ଯେ ୨୦୦୦ ମସିହାରେ ଆରମ୍ଭ ହୋଇଥିବା ଜେନୋମ ଗବେଷଣା ଏକ ବିଶ୍ୱସ୍ତରୀୟ ଗବେଷଣା। ବିଶ୍ୱର ପ୍ରାୟ ସବୁଦେଶର ବିଶେଷଜ୍ଞ ଏହା ସହିତ ସଂପୃକ୍ତ। ଏହି ଗବେଷଣାର ମୌଳିକ ଉଦ୍ଦେଶ୍ୟ

ହେଉଛି ମଣିଷ ଶରୀରରେ ୪୬ କ୍ରୋମୋଜୋମ୍ (ପିତାଙ୍କଠାରୁ ୨୩ ଓ ମାତାଙ୍କଠାରୁ ୨୩ଟି) ମଧ୍ୟରୁ କେଉଁ କ୍ରୋମୋଜୋମ୍‌ରେ କେଉଁ ଗୁଣର ଜିନ୍‌ଟି ରହିଯାଇଛି। ଛବିଶଟି ଯୁଗ୍ମ କ୍ରୋମୋଜୋମ ମଧ୍ୟରୁ କେତୋଟିରେ କିଛି ସଂଖ୍ୟକ ଜିନ୍ ଚିହ୍ନଟ ହୋଇସାରିବା ସ୍ଥଳେ ଚିହ୍ନଟ କାର୍ଯ୍ୟ ଅବ୍ୟାହତ ରହିଛି। ଏହି ଜୋନୋମ୍ ଗବେଷଣା ପ୍ରକ୍ରିୟାରେ ଦେଖାଯାଇଛି ଯେ ୧୭ ତମ କ୍ରୋମୋମୋଜମ୍‌ରେ ସ୍ଥାନିତ ସେରେଟୋନିନ୍ ଟ୍ରାନ୍ସପୋର୍ଟର ଜିନ୍ (Seretonin transporter gene) ମନୁଷ୍ୟର ବିଷାଦ ସହିତ ସମ୍ପୃକ୍ତ। ସରଳ ଭାଷାରେ ଏହାକୁ ବିଷାଦ ଜିନ୍ କୁହାଯାଇପାରେ।

ମାତ୍ର ଗବେଷକମାନେ ଲକ୍ଷ୍ୟ କଲେ ଯେ ଏପରି ଜିନ୍ ଥିବା ସତ୍ତ୍ୱେ ଉତ୍ତମ ଓ କମନୀୟ ବାତାବରଣ ମଧ୍ୟ ପ୍ରତିପାଳିତ ହୋଇଥିବା ଲୋକଙ୍କର ବିଷାଦ ପ୍ରକାଶ ପାଉ ନାହିଁ । କେବଳ ବାଲ୍ୟକାଳୀନ ଅବହେଳା ଓ ନିର୍ଯ୍ୟାତନା ହିଁ ବିଷାଦକୁ ପ୍ରକାଶ ଓ ବିସ୍ତାରିତ କରୁଛି। ସୁତରାଂ ଜିନ୍‌କୁ ଭାଗ୍ୟର ନିର୍ଦ୍ଧାରକ ବୋଲି ଗ୍ରହଣ କରିବା ଏକ ପ୍ରକାର ଅଜ୍ଞତା ମାତ୍ର।

ସବୁଠାରୁ ଅଧିକ ତାତ୍ପର୍ଯ୍ୟପୂର୍ଣ୍ଣ ହେଉଛି ଜୀବବିଜ୍ଞାନୀ ମାଇକେଲ୍ ମିନିଙ୍କ ଗବେଷଣା । ମିନିଙ୍କର ଏହି ଗବେଷଣା ମୂଷାଙ୍କ ଉପରେ କରାଯାଇଥିଲେ ମଧ୍ୟ ଏହାର ଫଳାଫଳ ମଣିଷ ସମାଜର ସୌନ୍ଦର୍ଯ୍ୟ ଓ ସମୃଦ୍ଧି ପାଇଁ ଅତ୍ୟନ୍ତ ଅର୍ଥପୂର୍ଣ୍ଣ। ବିଂଶଶତକର ନବମ ଦଶକରେ ଏହି ଗବେଷଣାଟି କରାଯାଇଥିଲା। ମିନି ଦୁଇଦଳର ମୂଷାଛୁଆ ନେଲେ। ଗୋଟିଏ ଦଳର ବ୍ୟବହାର କୋମଳ ଓ ମଧୁର। ଅନ୍ୟ ଦଳର ବ୍ୟବହାର ଆକ୍ରମଣାତ୍ମକ। ମିନି ଦେଖିଲେ ଯେ କୋମଳ ଓ ମଧୁର ବ୍ୟବହାର ଦର୍ଶାଉଥିବା ମୂଷାମାନେ Stress ବା ଚାପ ସତ୍ତ୍ୱେ ଅସ୍ଥିରତା ଦର୍ଶାଉନାହାନ୍ତି। ପରିମାପକରୁ ଦେଖାଗଲା ଯେ ଏମାନଙ୍କର ଚାପଗତ ହରମୋନ୍‌ର ମାତ୍ରା ଖୁବ୍ କମ୍। ଅନ୍ୟ ପକ୍ଷରେ ହିଂସ୍ର ଆଚରଣ ଦର୍ଶାଉଥିବା ମୂଷାମାନେ ଅଧିକ ଚାପଗ୍ରସ୍ତ । ଏମାନଙ୍କର ଚାପ ହରମୋନ୍‌ର ମାତ୍ରା ଅଧିକ। ପ୍ରତିପାଦନ କଲା ଯେ ଯତ୍ନକାରୀ (ବିଶେଷତଃ ମା'ର) ସ୍ନେହ ଶ୍ରଦ୍ଧା ହିଁ ମୂଳକଥା। ଛୋଟ ସନ୍ତାନକୁ ଜାବୋଡ଼ି ଧରି ଆଲିଙ୍ଗନ କରି ମା' ଯେଉଁ ସ୍ତନ୍ୟ ଓ ସ୍ନେହ ଆଦର ଦିଏ ତାହା ଶରୀର ଓ ମସ୍ତିଷ୍କକୁ ଯଥେଷ୍ଟ ପ୍ରଭାବିତ କରେ। ଏହାର ସୁଫଳ ଏତେ ପରିବ୍ୟାପ୍ତ ଯେ ସନ୍ତାନ ମଧ୍ୟରେ କୌଣସି ନକାରାତ୍ମକ ଜିନ୍ ଥିଲେ ମଧ୍ୟ ତାହା ନିଷ୍କ୍ରିୟ ହୋଇ ରହିଯାଏ।

ଗବେଷକ ମିନି ଆଉ ଟିକିଏ ଦୂରକୁ ଯାଇ ଅଧିକ ତତ୍ତ୍ୱ ଦେଲେ। ଖରାପ ଆଚରଣର ମୂଷାଛୁଆମାନଙ୍କୁ କୋମଳ ମା'ମାନଙ୍କ ପାଖରେ ଛାଡ଼ିଲେ ଏବଂ ଭଲ ଆଚରଣର ମୂଷା ଛୁଆମାନଙ୍କୁ ହିଂସ୍ର ମା'ମାନଙ୍କ ପାଖରେ ଛାଡ଼ିଲେ। ପ୍ରଭାବକୁ

ଗମ୍ଭୀରତାର ସହ ଲକ୍ଷ୍ୟକଲେ । ଦେଖାଗଲା ଯେ ପରିପାଳନଭଙ୍ଗୀ ହିଁ ଫଳାଫଳକୁ ରୂପ ଦେଉଛି । କୋମଳ ଓ ଶ୍ରଦ୍ଧାଶୀଳ ଯତ୍ନକାରୀର ପ୍ରତିପାଳନରେ ବିକଶିତ ହେଉଥିବା ସନ୍ତାନମାନେ କୋମଳ ଓ ମଧୁର ହେଉଛନ୍ତି । ଆହୁରି ଆଶ୍ଚର୍ଯ୍ୟର କଥା ଯେ ଏହି କୋମଳ ଓ ମଧୁର ସ୍ୱଭାବର ସନ୍ତାନମାନେ ଭବିଷ୍ୟତରେ ମା' ହେବାପରେ ସେମାନେ ମଧ୍ୟ ମଧୁର ଆଚରଣ ଦର୍ଶାଉଛନ୍ତି ।

ସ୍ଥୂଳତଃ ମନେରଖିବାକୁ ହେବ ଯେ ପରିବେଶର ଉତ୍କର୍ଷ ହିଁ ମଞ୍ଜିକଥା । ଜିନ୍‌ ବନ୍ଧୁକରେ ଭରା ହୋଇଥିବା ଗୁଳିସଦୃଶ ମାତ୍ର ପରିବେଶ ହିଁ ଗୁଳିଚାଳନାକୁ ସକ୍ରିୟ କରିପାରେ କିମ୍ବା ନିଷ୍କ୍ରିୟ କରିପାରେ ।

ମଣିଷର ହିଂସ୍ର ଆଚରଣ କାହିଁକି

ଅତୀତରେ ସକାଳର ଚା'କପ୍ ସହିତ ପାଖରେ ସମ୍ବାଦପତ୍ରଟି ଧରିବସିବା ବେଶ୍ ଏକ ସୁଖକର ଅନୁଭୂତି ଥିଲା। ସକାଳେ, ସନ୍ଧ୍ୟାବେଳେ ଏବଂ ଶୋଇବାର ଅବ୍ୟବହିତ ପୂର୍ବରୁ ରେଡ଼ିଓ ଶୁଣିବା କିମ୍ବା ଦୂରଦର୍ଶନ ଦେଖିବା ଖୁବ୍ ଆମୋଦଦାୟକ ରହିଥିଲା। ମାତ୍ର ବର୍ତ୍ତମାନ ଏପରି ଅନୁଭବର ସମ୍ଭାବନା ନାହିଁ। ରେଡ଼ିଓ, ଖବରକାଗଜ ଓ ଦୂରଦର୍ଶନର ବାର୍ତ୍ତା ମାଧ୍ୟମରେ ବିଷପ୍ରବାହର ମାତ୍ରା ଏତେ ଅଧିକ ଯେ ତାହା ଆମର ମନପ୍ରାଣକୁ କେବଳ ଅବସନ୍ନ କରୁ ନାହିଁ, ଦୀର୍ଘଦିନ ବଞ୍ଚି ରହିବାର ଜୀବନଶକ୍ତିକୁ ଅବଶ କରିଦେଉଛି । ଦୁଷ୍କର୍ମ, ଦୁର୍ଘଟଣା, ଅପରାଧ ଓ ହିଂସ୍ର ଆଚରଣର ଦୃଶ୍ୟବହୁଳ ଚିତ୍ର ଆମକୁ ପଙ୍ଗୁ କରିଦେଉଛି। ମନରେ ପ୍ରଶ୍ନ ଉଠୁଛି : ଏପରି ହିଂସ୍ର ଆଚରଣ ବୃଦ୍ଧି ପାଉଛି କାହିଁକି ? କେବେ ଏଥିରୁ ନିସ୍ତାର ମିଳିବ ? କେବେ ଏହାର ଅବସାନ ହେବ ?

ସମ୍ଭବତଃ ଏ ପ୍ରଶ୍ନଗୁଡ଼ିକର ପୂର୍ଣ୍ଣ ସନ୍ତୋଷଜନକ ଉତ୍ତର ଦେବା ବେଶ୍ କଷ୍ଟସାଧ୍ୟ । ସମସ୍ୟାଟି ଅତି ଜଟିଳ ହୋଇଥିବାରୁ ସମାଧାନର ପ୍ରକ୍ରିୟାଟିକୁ ସରଳ ମନେକରିବା ଯୁକ୍ତିଯୁକ୍ତ ହେବ ନାହିଁ। ବର୍ଦ୍ଧିଷ୍ଣୁ ହିଂସ୍ର ଆଚରଣର ଅନ୍ତରାଳରେ ଅନେକଗୁଡ଼ିଏ ଦିଗ ସକ୍ରିୟ ଥିବାରୁ କୌଣସି ଗୋଟିଏ ଆଭିମୁଖ୍ୟକୁ ଆଧାରକରି ସଠିକ୍ ଉତ୍ତର ଦେବା ସମ୍ଭବ ନୁହେଁ।

ମଣିଷର ହିଂସ୍ର ପ୍ରକୃତିକୁ ଅତୀତରେ ମଧ୍ୟ ସ୍ୱୀକାର କରାଯାଇଛି। ମନୁଷ୍ୟର ଚିନ୍ତା ରାଜ୍ୟରେ ବିପ୍ଳବ ସୃଷ୍ଟି କରିଥିବା ବିବର୍ତ୍ତନ ମତବାଦର ପ୍ରଖ୍ୟାପକ ଚାର୍ଲସ୍ ଡାର୍‌ଉଇନଙ୍କ ଗୋଟିଏ ବିଶେଷ ଉକ୍ତି ପ୍ରଣିଧାନର ବିଷୟ। ସେ କହିଥିଲେ -

"Man with all his noble qualities still bears in his bodily frame the indelible stamp of his lowly origin" (ମନୁଷ୍ୟର ଦିବ୍ୟତା ଥିଲେ ମଧ୍ୟ ତା' ମଧ୍ୟରେ ପଶୁତ୍ୱର ଅଲିଭା ଛାପ ରହିଯାଇଛି)।

ବିବର୍ତ୍ତନ (Evolution) ପରିପ୍ରେକ୍ଷୀରେ ଡାର୍‌ଉଇନ୍ ଏ କଥା ମଧ୍ୟ ଯୁକ୍ତି କରିଛନ୍ତି ଯେ ଜୀବନ ଧାରଣ କରି "ତିଷ୍ଠି ରହିବା ପାଇଁ ସଂଗ୍ରାମ" ଏବଂ "ଯୋଗ୍ୟତମର ସୁରକ୍ଷା" ଏହି ଉଦ୍‌ବର୍ତ୍ତନ ନୀତିର ପରିପ୍ରକାଶ ହୋଇଥିବାରୁ ଅନ୍ୟ ପ୍ରାଣୀମାନଙ୍କ ପରି ମନୁଷ୍ୟର ମଧ୍ୟ ଆକ୍ରମଣାତ୍ମକ ମନୋଭାବ ଏକ ସ୍ୱଭାବିକ ପ୍ରକ୍ରିୟା । ଏଥିପାଇଁ ଏହି ଆକ୍ରମଣାତ୍ମକ ମନୋଭାବ ବଂଶାନୁଗତଭାବରେ ଗୋଟିଏ ପିଢ଼ିରୁ ଅନ୍ୟ ପିଢ଼ିକୁ ଗତି କରିଥାଏ। ତିଷ୍ଠି ରହିବା ପାଇଁ ଜୀବନ-ସଂଗ୍ରାମର ଏହି ପ୍ରତିଦ୍ୱନ୍ଦ୍ୱିତା ଏବଂ ତା'ର ପରିପ୍ରକାଶ ଆକ୍ରମଣାତ୍ମକ ଆଚରଣ ପରି ଡାର୍‌ଉଇନ୍-ଚିନ୍ତାଧାରାକୁ ପୂରାପୂରି ଅସ୍ୱୀକାର କରାଯାଇ ନ ଥିଲେ ମଧ୍ୟ ଅନ୍ୟ ବିଶେଷଜ୍ଞମାନେ ଏଥିରେ କିଛିଟା ପରିବର୍ତ୍ତନ ପ୍ରକଟ କରିଛନ୍ତି । ଡାର୍‌ଉଇନ୍‌ଙ୍କ ମତବାଦ ଏକ ଭୌତିକ ଉଦ୍‌ବର୍ତ୍ତନର ସୂଚକ। ମାତ୍ର ଏହା ସହିତ ସମାନ୍ତରତା ରକ୍ଷା କରି ଆଉ ଗୋଟିଏ ଉଦ୍‌ବର୍ତ୍ତନ ସକ୍ରିୟ ଅଛି ବୋଲି ବିଶେଷଜ୍ଞମାନଙ୍କର ମତ। ଏହା ହେଉଛି ନୈତିକ ଉଦ୍‌ବର୍ତ୍ତନ। ତାହା ହୋଇ ନଥିଲେ ମନୁଷ୍ୟ ଅସହାୟ ଶିଶୁର ଯତ୍ନ ନିଅନ୍ତା କାହିଁକି ? ରୋଗୀ ଓ ବୃଦ୍ଧବୃଦ୍ଧା ମାନବର ସେବା ଦାୟିତ୍ୱ ଗ୍ରହଣ କରନ୍ତା କାହିଁକି ? ସୁତରାଂ ଭୌତିକ ଉଦ୍‌ବର୍ତ୍ତନ ସହିତ ନୈତିକ-ସାମାଜିକ ଉଦ୍‌ବର୍ତ୍ତନ ମଧ୍ୟ ସମାନ୍ତରାଳ ଭାବରେ ଗତିକରୁଛି। ଅବଶ୍ୟ ଅନେକ କ୍ଷେତ୍ରରେ ଆମେ କେବଳ ଭୌତିକ ବିବର୍ତ୍ତନର ପ୍ରକାଶ୍ୟ ରୂପରେଖ ପ୍ରତିଯୋଗିତା, ସଂଘର୍ଷ ଓ ହିଂସ୍ର ଆଚରଣ ବେଶୀ ଦେଖିବାର ସୁଯୋଗ ପାଇଥାଉ।

କିଛିବର୍ଷ ତଳେ ଉଇଲ୍‌ସନ୍ ନାମକ ଜଣେ ପ୍ରାଣୀବିଜ୍ଞାନୀ ବିଜ୍ଞାନାଗାରର ନିୟନ୍ତ୍ରିତ ପରିବେଶ ମଧ୍ୟରେ ପରୀକ୍ଷା ନିରୀକ୍ଷା କରି ଦର୍ଶାଇଲେ ଯେ ବଂଶାନୁକ୍ରମିକତାରେ ପ୍ରାଣୀଜଗତରେ କେବଳ ଆକ୍ରମଣାତ୍ମକ ବ୍ୟବହାର ଗୋଟିଏ ପୁରୁଷରୁ ଉତ୍ତର ପୁରୁଷକୁ ଗତି କରିନଥାଏ, ନିଃସ୍ୱାର୍ଥପର ସେବା ଓ ପରୋପକାର ପରି ସାମାଜିକ ଗୁଣ ମଧ୍ୟ ବଂଶାନୁଗତିରେ ପ୍ରବାହିତ ହୁଏ। କହିବା ଅନାବଶ୍ୟକ ଯେ ଏପରି ସାମାଜିକ ଗୁଣର ନୈତିକ ମୂଲ୍ୟ ଥିବାରୁ ଏହା ମଧ୍ୟ ଗୋଟିଏ ପିଢ଼ିରୁ ଅନ୍ୟ ପିଢ଼ିକୁ ଗତିକରେ।

ପରସ୍ପର ବିରୋଧୀ ଦୁଇଟି ଉଦ୍‌ବର୍ତ୍ତନ (ଭୌତିକ ବନାମ ନୈତିକ ଉଦ୍‌ବର୍ତ୍ତନ) ସମାନ୍ତରାଳ ଭାବରେ ଗତି କରୁଥିଲେ ମଧ୍ୟ ଭୌତିକ ଉଦ୍‌ବର୍ତ୍ତନର ପରିପ୍ରକାଶକୁ ଆମେ ଅଧିକ ଦେଖିଥାଉ।

ବିଶ୍ୱର ଅନ୍ୟତମ ଚିନ୍ତକ ସିଗମଣ୍ଡ୍ ଫ୍ରଏଡ୍ ମଧ୍ୟ ଡାର୍‌ଉଇନ୍‌ଙ୍କ ପରି ମନୁଷ୍ୟର ନିମ୍ନତର ପ୍ରବୃତ୍ତି ସମ୍ପର୍କରେ ସୂଚନା ଦେଇଥିଲେ। ମନସ୍ତାତ୍ତ୍ୱିକ ଦୃଷ୍ଟିକୋଣରୁ ମନୁଷ୍ୟ ବ୍ୟକ୍ତିତ୍ୱର ତିନୋଟି ଉପାଦାନ ରହିଛି ବୋଲି ଫ୍ରଏଡ୍ ବିଶ୍ୱାସ କରୁଥିଲେ । ସେଗୁଡ଼ିକ ହେଉଛି ଆଦିମ, ଅହମ୍ ଓ ପରମ ଅହମ୍। ମନୁଷ୍ୟ ସମେତ ପ୍ରତ୍ୟେକ ପ୍ରାଣୀ ଏକ

ଜୈବିକ ଅବସ୍ଥାରୁ ଜନ୍ମଲାଭ କରିଥିବାରୁ ପ୍ରାଥମିକ ପର୍ଯ୍ୟାୟରେ ଜୀବଭିତ୍ତିକ ସହଜାତ ପ୍ରବୃତ୍ତି ତାହାକୁ ନିୟନ୍ତ୍ରଣ କରେ। ଏହା ତାହାର ଇଡ୍ ବା ଆଦିମ ଉପାଦାନ (ID)। ଯାହା ତା'କୁ ସୁଖ ଦେବ, କେବଳ ତାହା ହିଁ ଅନ୍ୱେଷଣ କରେ। ଉଦାହରଣ ସ୍ୱରୂପ ଏହି ନୀତିରେ ପରିଚାଳିତ ହୋଇ ନବଜାତ ଶିଶୁଟି ସବୁଜିନିଷ ପାଟିରେ ପୂରାଏ। ମାତ୍ର ଶିଶୁଟି ଧୀରେ ଧୀରେ ଅନୁଭବ କରେ ଯେ ପରିବେଶରେ ସବୁଜିନିଷ ସୁଖ ଦିଏ ନାହିଁ। ଶିଶୁଟି ପିନ୍‌ଟିଏ ପାଟିରେ ପୂରାଇ ଯନ୍ତ୍ରଣା ଅନୁଭବ କରେ। ସୁତରାଂ ତା'ର ଅନୁଭବ ହୁଏ ଯେ ଜୀବନକୁ ବିପନ୍ନ କରୁଥିବା ବସ୍ତୁକୁ ତ୍ୟାଗ କରିବାକୁ ହେବ। ଏହା ହେଉଛି ବ୍ୟକ୍ତିତ୍ୱର ଅହମ୍ (Ego) ଉପାଦାନ। ଏହା ବାସ୍ତବତାର ନିୟମ ଦ୍ୱାରା ପରିଚାଳିତ। ବ୍ୟକ୍ତିତ୍ୱର ତୃତୀୟ ଉପାଦାନଟି ହେଉଛି ପରମ ଅହମ୍ (Super-Ego)। ଆମର ଦୈନନ୍ଦିନ ପରିଭାଷାରେ ଆମେ ଏହାକୁ ବିବେକ କହିଥାଉ। ଏହା ନୈତିକ ନିୟମ ଦ୍ୱାରା ପରିଚାଳିତ ।

ଫ୍ରଏଡୀୟ ବିଚାର ଧାରାରେ ମନୁଷ୍ୟ ବ୍ୟକ୍ତିତ୍ୱର ତିନୋଟି ଉପାଦାନ ଆଦିମ, ଅହମ୍ ଓ ପରମ ଅହମ୍ ଯଥାକ୍ରମେ ଶରୀରଭିତ୍ତିକ, ପାରିପାର୍ଶ୍ୱିକ ଓ ନୈତିକ ନିୟମ ଦ୍ୱାରା ପରିଚାଳିତ । ସ୍ୱାଭାବିକ ବ୍ୟକ୍ତିତ୍ୱରେ ଏ ତିନୋଟି ଉପାଦାନ ମଧ୍ୟରେ ସମନ୍ୱୟ ରହିଥାଏ । ଫ୍ରଏଡ୍ ଏ ତିନୋଟି ଉପାଦାନକୁ ଗୋଟିଏ ଗାଡ଼ିର ତିନୋଟି ଅଶ୍ୱ ସହିତ ତୁଳନା କରିଛନ୍ତି । ତିନୋଟିଯାକ ଅଶ୍ୱ ପରସ୍ପର ସହିତ ସଂଯୋଗ ରକ୍ଷା କରି ଗାଡ଼ିଟିକୁ ଟାଣିଲେ ଗାଡ଼ିଟି ସ୍ୱାଭାବିକ ଗତିରେ ଚାଲିଥାଏ। ମାତ୍ର କୌଣସି ଅଶ୍ୱ ଅମାନିଆ ହୋଇ ଦୌଡ଼ାଦୌଡ଼ି କଲେ ଗାଡ଼ି ପାଇଁ ବିପର୍ଯ୍ୟୟ ସୃଷ୍ଟିହୁଏ।

ଇଡ୍ ବା ଆଦିମ ପ୍ରବୃତ୍ତି ଶକ୍ତିଶାଳୀ ଓ ଅମାନିଆ ହୋଇ ମଣିଷକୁ ନିୟନ୍ତ୍ରଣ କଲେ ମଣିଷର ନୈତିକ ସ୍ଖଳନ ଘଟିବ। ଦେହଜ ଓ ଇନ୍ଦ୍ରିୟ ସୁଖର ପ୍ରବଳ ଆକର୍ଷଣ ମନୁଷ୍ୟକୁ ବିପଥଗାମୀ କରାଇବ। ସେହିପରି ଅହମ୍‌ର ମାତ୍ରାଧିକ ପ୍ରଭାବ କେତେକ କୁପରିଣତି ସୃଷ୍ଟି କରିବ। ପାରସ୍ପରିକ ସଂଯୋଗ ଫଳରେ କିପରି ସ୍ୱାଭାବିକତା ରକ୍ଷା କରାଯାଏ, ତାହା ଗୋଟିଏ ଉଦାହରଣ ଦ୍ୱାରା ସ୍ପଷ୍ଟ କରାଯାଇପାରେ। ମନେକରାଯାଉ ଜଣେ ଅତିଥିଙ୍କୁ ଗୋଟିଏ ପ୍ଲେଟ୍‌ରେ ଅନେକଗୁଡ଼ିଏ ରସଗୋଲା ଦିଆଗଲା। ଏ କ୍ଷେତ୍ରରେ ଇଡ୍-ପ୍ରଭାବିତ ହୋଇ ତରବରରେ ଖାଇବା ପାଇଁ ବ୍ୟକ୍ତି ଜଣକ ବ୍ୟଗ୍ର ହୋଇପାରନ୍ତି। ଏହା ଆଦିମ ପ୍ରକୃତି। ବର୍ତ୍ତମାନ ଅହମ୍ ଉପାଦାନଟି ଚେତାଇଦେବ ଯେ ଖାଇବା ପୂର୍ବରୁ ଅତିଥି-ସତ୍କାରକଙ୍କ ଅନୁରୋଧ ଆସିବା ଉଚିତ। ସୁତରାଂ ବ୍ୟକ୍ତି କିଛିକ୍ଷଣ ଅପେକ୍ଷା କରିବେ। ଅତିଥି ସତ୍କାରକ ଅନୁରୋଧ ଜଣାଇଲେ ସେ ଖାଇବା ଆରମ୍ଭ କରିବେ। କେତୋଟି ରସଗୋଲା ଖାଇବା ପରେ ବ୍ୟକ୍ତିଙ୍କର ପରମ-ଅହମ୍ ବା ବିବେକ୍

ସକ୍ରିୟ ହେବ। ଅନ୍ତଃସ୍ୱର ଶୁଣାଯିବ ଯେ ମାତ୍ରାଧିକ ପରିମାଣରେ ରସଗୋଲା ଖାଇବା ସ୍ୱାସ୍ଥ୍ୟ ପକ୍ଷରେ କ୍ଷତିକାରକ। ଏଠାରେ ବ୍ୟକ୍ତି ଜଣକ ଖାଇବା ବନ୍ଦ ରଖିବେ।

ଲକ୍ଷ୍ୟ କରିବାର କଥା ଯେ ବ୍ୟକ୍ତିତ୍ୱର ତିନୋଟି ଉପାଦାନ ମଧ୍ୟରେ ସଂଯୋଗ ବ୍ୟକ୍ତିକୁ ସ୍ୱାଭାବିକ କରିଥାଏ। ଅନ୍ୟ ପକ୍ଷରେ ସମନ୍ୱୟର ଅଭାବ ଅସ୍ୱାଭାବୀ ବ୍ୟବହାର ଉପୁଜାଇଥାଏ। ହିଂସ୍ର ଆଚରଣ ପରିପ୍ରେକ୍ଷୀରେ କୁହାଯାଇପାରେ ଯେ, ଅନିୟନ୍ତ୍ରିତ ଆଦିମ ପ୍ରବୃତ୍ତି ସମସ୍ୟାର ମୂଳ କାରଣ।

ମନୁଷ୍ୟର ବନ୍ୟ ଓ ହିଂସ୍ର ଆଚରଣ ସମ୍ପର୍କରେ ଡାର୍‌ଉଇନ୍ ଓ ଫ୍ରଏଡ୍‌ଙ୍କ ପରି କ୍ଲାସିକାଲ୍ ଚିନ୍ତକମାନଙ୍କ ବ୍ୟତୀତ ପରବର୍ତ୍ତୀ ପର୍ଯ୍ୟାୟରେ ନୂତନ ଓ ଗବେଷଣା-ଲବ୍ଧ ଜ୍ଞାନର ବିକାଶ ଘଟିଛି। ସେଗୁଡ଼ିକ ମୁଖ୍ୟତଃ ଜୀବଭିତ୍ତିକ, ମନସ୍ତାତ୍ତ୍ୱିକ ଓ ସମାଜ-ଭିତ୍ତିକ ଦୃଷ୍ଟିକୋଣରୁ ବିଚାର କରାଯାଇପାରେ।

ଜୀବଭିତ୍ତିକ କାରଣ:

ହିଂସ୍ର ଆଚରଣର ଅନ୍ତରାଳରେ ଏକାଧିକ କାରଣ ସକ୍ରିୟ ରହିଥାଏ। ଏକ ନିର୍ଦ୍ଦିଷ୍ଟ ବ୍ୟକ୍ତିଙ୍କର ହିଂସ୍ର ଓ ଅନୈତିକ ଆଚରଣ କ୍ଷେତ୍ରରେ କେଉଁ ଉପାଦାନଟି ଅଧିକ ଗୁରୁତ୍ୱପୂର୍ଣ୍ଣ ଭୂମିକା ନେଇଛି ତାହା ସ୍ଥିର କରିବା କଷ୍ଟକର ବ୍ୟାପାର। ତେବେ ଅନୁଶୀଳନ ସମୟରେ ସବୁ ଦିଗର ସମ୍ଭାବନାକୁ ଖୋଲା ରଖିବା ଯୁକ୍ତିଯୁକ୍ତ।

ସମାଜ-ବିରୋଧୀ ବ୍ୟକ୍ତିତ୍ୱ କ୍ଷେତ୍ରରେ କେତେକ ଶରୀରଭିତ୍ତିକ କାରଣର ସନ୍ଧାନ ମିଳିଛି। ସାଧାରଣ ଜନବସତିରେ ପରିଦୃଷ୍ଟ ସମାଜ-ବିରୋଧୀ ବ୍ୟକ୍ତିତ୍ୱଙ୍କ ସଂଖ୍ୟା ଅନୁପାତରେ ଯମଜମାନଙ୍କ ମଧ୍ୟରେ ସମାଜ-ବିରୋଧୀ ବ୍ୟକ୍ତିତ୍ୱଙ୍କ ସଂଖ୍ୟା ବେଶି ହୋଇଥିବାରୁ ବଂଶଗତ କାରଣକୁ ପୂରାପୂରି ବାଦ୍‌ଦେବା ସମ୍ଭବ ନୁହେଁ। ପୁଣି ସମରୂପୀ ଯମଜମାନଙ୍କ (Identical Twins) ମଧ୍ୟରେ ଦେଖାଯାଉଥିବା ସମାଜବିରୋଧୀ ବ୍ୟକ୍ତିତ୍ୱର ମାତ୍ରା ଭାତୃଜ ଯମଜ (Fraternal Twins) ମଧ୍ୟରେ ପରିଦୃଷ୍ଟ ସମାଜ-ବିରୋଧୀ ବ୍ୟକ୍ତିତ୍ୱ ଅପେକ୍ଷା ଅଧିକ ଦେଖାଯାଏ । ଏଠାରେ ସୂଚନା ଦିଆଯାଇପାରେ ଯେ ସମରୂପୀ ଯମଜ କ୍ଷେତ୍ରରେ ଗୋଟିଏ ଭ୍ରୂଣରୁ ଦୁଇଟି ଶିଶୁ ରୂପନେବା ସ୍ଥଳେ ଭାତୃଜ ଯମଜ କ୍ଷେତ୍ରରେ ଦୁଇଟି ପୃଥକ୍ ଭ୍ରୂଣ ଦୁଇଟି ସନ୍ତାନର ରୂପ ନିଅନ୍ତି।

ସମାଜ-ବିରୋଧୀ ବ୍ୟକ୍ତିତ୍ୱମାନଙ୍କର ଆଉ ଗୋଟିଏ ଶରୀର-ଭିତ୍ତିକ ସ୍ୱାତନ୍ତ୍ର୍ୟ ଉଦ୍‌ଘାଟିତ ହୋଇଛି। ଦେଖାଯାଇଛି ଯେ ସମାଜ-ବିରୋଧୀ ବ୍ୟକ୍ତିତ୍ୱ ଦର୍ଶାଉଥିବା ଲୋକମାନଙ୍କ ମଧ୍ୟରୁ ବେଶ୍ ସଂଖ୍ୟକ ଲୋକଙ୍କର ଲିଙ୍ଗ ନିର୍ଦ୍ଧାରକ କ୍ରୋମୋଜୋମ୍‌ରେ କିଛିଟା ଅସ୍ୱାଭାବିକତା ଦେଖାଯାଏ। ସମସ୍ତେ ଜାଣନ୍ତି ଯେ ପୁରୁଷମାନଙ୍କର ଏହି କ୍ରୋମୋଜୋମ୍ XY ହେବା ସ୍ଥଳେ ନାରୀମାନଙ୍କର XX ହୋଇଥାଏ । ମାତ୍ର ସମାଜ-

ବିରୋଧୀ ବ୍ୟକ୍ତିତ୍ୱ ଦର୍ଶାଉଥିବା ପୁରୁଷର ଏହି ଲିଙ୍ଗନିର୍ଣ୍ଣାୟକ କ୍ରୋମୋଜୋମ୍‌ଟି XY ନ ହୋଇ XYY ହୋଇଥାଏ। ଡେନ୍‌ମାର୍କରେ ହୋଇଥିବା ଏକ ବିଧିବଦ୍ଧ ଗବେଷଣାରେ ସମାଜ-ବିରୋଧୀ ବ୍ୟକ୍ତିମାନଙ୍କୁ ପରୀକ୍ଷା କରାଯାଇ ଏହା ସପକ୍ଷରେ ପ୍ରମାଣ ମିଳିଛି।

ନୃଶଂସ ଭାବରେ ଅନ୍ୟମାନଙ୍କୁ ହତ୍ୟା କରିଥିବା କିମ୍ବା ଜଘନ୍ୟ ଅପରାଧରେ ଲିପ୍ତ ଥିବା କେତେକ ବ୍ୟକ୍ତିଙ୍କର ମସ୍ତିଷ୍କଗତ ଅସ୍ୱାଭାବିକତା ପରିଦୃଷ୍ଟ ହୁଏ। ମସ୍ତିଷ୍କର ଟ୍ୟୁମର (ଆଭ୍ୟନ୍ତରୀଣ ଘା’) କବଳିତ ହୋଇ କେତେକ ବ୍ୟକ୍ତି ମାତ୍ରାଧିକ ହିଂସ୍ର ଆଚରଣ ପ୍ରଦର୍ଶନ କରନ୍ତି।

ଅପରାଧ-ପ୍ରବଣତା ପରିପ୍ରେକ୍ଷୀରେ ହରମୋନ୍‌ର ପ୍ରଭାବକୁ ଅସ୍ୱୀକାର କରାଯିବ ନାହିଁ। ଏହା ବିଜ୍ଞାନସମ୍ମତ ଯେ ପୁରୁଷ ହର୍‌ମୋନ୍ କିଛି ମାତ୍ରାରେ ଆକ୍ରମଣାତ୍ମକ ମନୋଭାବକୁ ଉଦ୍ଦୀପିତ କରେ ଏବଂ ନାରୀ ହର୍‌ମୋନ୍ ଆକ୍ରମଣାତ୍ମକ ଭାବପ୍ରକାଶରେ ଅନ୍ତର୍ବାଧା ସୃଷ୍ଟିକରେ । ବିଶେଷତଃ ଟେଷ୍ଟୋଷ୍ଟେରୋନ୍ (Testosterone) ଏକ କ୍ଲାସିକ୍ ଉଦାହରଣ । ଏହି ପୁରୁଷ ହର୍‌ମୋନ୍ ଅଧିକ ମାତ୍ରାରେ ପୁରୁଷ ଶରୀରରେ ଏବଂ କମ୍ ମାତ୍ରାରେ ନାରୀ ଶରୀରରେ ପ୍ରବାହିତ ହୁଏ। ଏହା ଆକ୍ରମଣାତ୍ମକ ମନୋଭାବକୁ ଉଦ୍ଦୀପିତ କରୁଥିବାରୁ ଅନେକ ଯୁକ୍ତ କରନ୍ତି ଯେ ଏହାର ଆଧିକ୍ୟ-ପୁରୁଷମାନଙ୍କର ନେତୃତ୍ୱର ସଫଳତା ଦିଗରେ ସହାୟକ ହୁଏ ଏବଂ ନାରୀମାନଙ୍କର ଉଚ୍ଚସ୍ତରୀୟ ନେତୃତ୍ୱ ଦକ୍ଷତାର ଅନ୍ତରାୟ ହୁଏ।

ମାତ୍ର ଏ କଥା ମଧ୍ୟ ସ୍ମରଣ କରାଇ ଦିଆଯାଇପାରେ ଯେ କେତେକ ବାହ୍ୟ ଅବସ୍ଥା ଏହି ହର୍‌ମୋନ୍‌ର ମାତ୍ରାକୁ ବଢ଼ାଇ ଦେଇପାରେ କିମ୍ବା କମାଇ ଦେଇପାରେ। ଉଦାହରଣ ସ୍ୱରୂପ, ପ୍ରତିଦ୍ୱନ୍ଦିତାପୂର୍ଣ୍ଣ କ୍ରୀଡ଼ାପ୍ରତିଯୋଗିତା ଦେଖୁଥିବା ସମୟରେ ଜିତୁଥିବା ଦଳଟିର ସପକ୍ଷରେ ଥିବା ଲୋକମାନଙ୍କର ଏହି ହରମୋନ୍ ଅଧିକ ବଢ଼ିଯାଏ। ଅନ୍ୟପକ୍ଷରେ ହାରୁଥିବା ଦଳର ସମର୍ଥକମାନଙ୍କ ଶରୀରରେ ଏହି ହରମୋନ୍‌ର ମାତ୍ରା କମିବାକୁ ଲାଗେ । ଏହା କହିବାର ତାତ୍ପର୍ଯ୍ୟ ହେଉଛି ଯେ ଶରୀରରେ ଅଧିକ ମାତ୍ରାରେ ଟେଷ୍ଟୋଷ୍ଟେରୋନ୍ ପ୍ରବାହିତ ହେଉଥିଲେ କୌଣସି ଉତ୍ତେଜନାପୂର୍ଣ୍ଣ ଘଟଣା ବା ଅବସ୍ଥା ବ୍ୟକ୍ତିଟିକୁ ଅଧିକ ମାତ୍ରାରେ ଆକ୍ରମଣାତ୍ମକ ମନୋଭାବରେ କବଳିତ କରି ଅପରାଧ ଦିଗରେ ଆକର୍ଷଣ କରିପାରେ।

ମନସ୍ତାତ୍ତ୍ୱିକ ଉପାଦାନ :

ଆଧୁନିକ ଜଗତରେ ହିଂସ୍ର ଆଚରଣ ବୃଦ୍ଧିପାଇବା କ୍ଷେତ୍ରରେ ତ୍ରୁଟିପୂର୍ଣ୍ଣ ଜୀବନଶୈଳୀ ଏବଂ ଉତ୍ତେଜନା-ପ୍ରବଣ ପରିବେଶ ଦାୟୀ ହେଲେ ମଧ୍ୟ ଅନ୍ୟ

କେତେକ ସୂକ୍ଷ୍ମତର ଦିଗପ୍ରତି ସଚେତନ ହେବାକୁ ପଡ଼ିବ। ବହୁବର୍ଷ ପୂର୍ବେ ମନସ୍ତତ୍ତ୍ୱବିଦ୍‌ମାନେ ଗୋଟିଏ ସରଳ ଅଥଚ ଶକ୍ତିଶାଳୀ ନିୟମର ସୂଚନା ଦେଇଥିଲେ। ତାହା ହେଉଛି : ବ୍ୟର୍ଥତା ଆକ୍ରମଣାତ୍ମକ ମନୋଭାବ ଗଠନ କରେ; କୌଣସି କାରଣରୁ ବ୍ୟକ୍ତିର ଲକ୍ଷ୍ୟ ବା ଅଭୀପ୍‌ସା ପରିପୂରିତ ନ ହେଲେ ତାହାର ଅବଦମିତ କ୍ରୋଧ ପରିପ୍ରକାଶର ବାଟ ଖୋଜେ। କୌଣସି ଗୋଟିଏ ବାଟ ପାଇଲେ ଏହି ରୁଦ୍ଧ କ୍ରୋଧ ଓ ଆବେଗ ଅନ୍ୟ ବସ୍ତୁ ବା ବ୍ୟକ୍ତି ଦିଗରେ ପ୍ରେରିତ ହୁଏ।

କୌତୂହଳର ବିଷୟ ଯେ ଏହି ଅବଦମିତ କ୍ରୋଧ ବ୍ୟର୍ଥତାର ମୂଳ କାରଣ ପ୍ରତି ପ୍ରେରିତ ନ ହୋଇ ଅସହାୟ ଅବସ୍ଥାରେ ଥିବା ଦୁର୍ବଳ ବ୍ୟକ୍ତି ଦିଗରେ ପ୍ରେରିତ ହୁଏ। ଉଦାହରଣ ସ୍ୱରୂପ, କର୍ମସଂସ୍ଥାର ଜଣେ କର୍ମଚାରୀ ପଦୋନ୍ନତି ନ ପାଇଲେ କିମ୍ବା ମାଲିକଙ୍କ ଭର୍ତ୍ସନା ପାଇଲେ ସେ ମାଲିକ ବିରୁଦ୍ଧରେ ହୁଏତ ନିଜର ରାଗ ପ୍ରକାଶ କରନ୍ତି ନାହିଁ। କାରଣ ସେ ଜାଣନ୍ତି ଯେ ମାଲିକ ଅଧିକ କଠୋର ଶାସ୍ତିବିଧାନ କରିବେ। ତେଣୁ ସେ କ୍ରୋଧାନ୍ୱିତ ହୋଇ ହୁଏତ କର୍ମସଂସ୍ଥାର କିଛି ଆସବାବପତ୍ର ନଷ୍ଟ କରନ୍ତି କିମ୍ବା କୁକୁରଟିକୁ ପଦାଘାତ କରନ୍ତି କିମ୍ବା ନିଜର ଛୋଟ ପିଲାମାନଙ୍କୁ ମାରଧର୍ କରନ୍ତି। ହିଂସ୍ର ଆଚରଣ ମାଲିକଙ୍କ ବିରୁଦ୍ଧରେ ପ୍ରକାଶ ନ ପାଇ ଅପେକ୍ଷାକୃତ କ୍ଷମତାହୀନ ଲୋକ ବିପକ୍ଷରେ ପ୍ରକାଶ ପାଏ।

ବର୍ତ୍ତମାନ ଏପରି ବ୍ୟର୍ଥତାରୁ ସୃଷ୍ଟି ହେଉଥିବା କ୍ରୋଧ ଓ ତଜ୍ଜନିତ ହିଂସ୍ର ଆଚରଣ ବୃଦ୍ଧି ପାଇବାର ଅନ୍ୟତମ କାରଣ ହେଉଛି ମନୁଷ୍ୟର କ୍ରମବର୍ଦ୍ଧିଷ୍ଣୁ ଆକାଂକ୍ଷା ଓ ଅଭିଳାଷ । ମଣିଷର ବାହ୍ୟିକ ସୁଖସ୍ୱାଛନ୍ଦ୍ୟ ବୃଦ୍ଧି ପାଇଛି ସତ; ହେଲେ ତା'ର ଅଭିଳାଷ ମଧ୍ୟ ଲଗାମହୀନ ଅବସ୍ଥାରେ ଦୂରକୁ ଦୂରକୁ ଗତି କରୁଛି। ନଭଶ୍ଚୁମ୍ବୀ ଅଭିଳାଷକୁ ପରିପୂରଣ କରିନପାରି ମଣିଷ ହତାଶ ହେଉଛି ଏବଂ ଅନେକ ସମୟରେ ଅନୈତିକ ପନ୍ଥାର ଆଶ୍ରୟ ନେଉଛି।

କେତେକ ମନସ୍ତାତ୍ତ୍ୱିକ କାରଣ କୁପ୍ରବୃତ୍ତିକୁ ବୃଦ୍ଧି କରିବା ସ୍ଥଳେ ଅନ୍ୟ କେତେକ ଉପାଦାନ ହିଂସ୍ର ବା ଅନ୍ୟସବୁ ଅନୈତିକ ଆଚରଣତାକୁ ରୋକିବା ପାଇଁ ଆବଶ୍ୟକ ମାନସିକ ନିୟନ୍ତ୍ରଣକୁ ହୁଗୁଳା କରିଛି। ସଂଯତ ଓ ନୀତିଗତ ଜୀବନ ଯାପନ ପାଇଁ ଆତ୍ମସଂଯମ ଓ ଆଭ୍ୟନ୍ତରୀଣ ଶୃଙ୍ଖଳା ଏକାନ୍ତ ଆବଶ୍ୟକ। ବର୍ତ୍ତମାନ ପରିବାର ଓ ସ୍କୁଲ କଲେଜର ଶିକ୍ଷା ଓ ସାମାଜୀକରଣ (Socialisation) ପ୍ରକ୍ରିୟାରେ ଶୃଙ୍ଖଳାବୋଧର ସ୍ଥାନ ପୂର୍ବପରି କେନ୍ଦ୍ରସ୍ଥଳରେ ନାହିଁ। ତା' ସହିତ ମନୋରଞ୍ଜନଧର୍ମୀ ଜୀବନଶୈଳୀ ଓ ଗଣମାଧ୍ୟମରେ ବହୁପ୍ରସାରିତ ରୁଚିହୀନ କାର୍ଯ୍ୟକ୍ରମ ଆତ୍ମସଂଯମକୁ ଦୁର୍ବଳ କରୁଛି।

ଗବେଷକମାନେ ଦେଖୁଛନ୍ତି ଯେ ହିଂସ୍ର ଓ ଅପରାଧମୂଳକ କାର୍ଯ୍ୟକ୍ରମରେ

ଲିପ୍ତଥିବା ପିଲାମାନଙ୍କର ବୁଦ୍ଧିମତ୍ତା ସାଧାରଣ ପିଲାଙ୍କର ବୁଦ୍ଧିମତ୍ତାଠାରୁ (Intelligence) ଅଧିକହୋଇପାରେ, କମ୍ ହୋଇପାରେ କିମ୍ବା ସମାନ ସ୍ତରର ହୋଇପାରେ । ମାତ୍ର ବୁଦ୍ଧିମତ୍ତାର ଦୁଇଟି ଉପାଦାନ ହେଉଛି ଭାଷାଗତ ବୁଦ୍ଧିମତ୍ତା ଏବଂ ଭାଷାଭିନ୍ନ ଅନ୍ୟସବୁ ବ୍ୟବହାରିକ ବୁଦ୍ଧିମତ୍ତା। ଲକ୍ଷ୍ୟ କରାଯାଇଛି ଯେ ଭାଷାଭିନ୍ନ ବୁଦ୍ଧିମତ୍ତା କ୍ଷେତ୍ରରେ ଅସ୍ୱାଭାବୀ ଆଚରଣ ଦର୍ଶାଉଥିବା ପିଲାଙ୍କର ବୁଦ୍ଧିମତ୍ତା ବେଶୀ କିମ୍ବା କମ୍ କିମ୍ବା ସମାନ-ସ୍ତରୀୟ ରହିଲେ ମଧ୍ୟ ଭାଷାଗତ ବୁଦ୍ଧିମତ୍ତା କ୍ଷେତ୍ରରେ ଏପରି ପିଲାମାନେ ପଛୁଆ । ଏହା କହିବାର ଏକ କୌତୂହଳପୂର୍ଣ୍ଣ ଦିଗ ରହିଛି। ବଡ଼ ହେଉ ବା ସାନ ହେଉ ଶୃଙ୍ଖଳିତ ଓ ନିୟନ୍ତ୍ରିତ ଜୀବନଯାପନ କରୁଥିବା ବ୍ୟକ୍ତିମାନେ ଅଧିକ ପରିମାଣରେ ଆତ୍ମକଥନ (Inner Speech) ବ୍ୟବହାର କରନ୍ତି। ମୁଁ ଏପରି କଲେ ମୋର ପ୍ରିୟଜନ କ୍ଷୁବ୍‌ଧ ହେବେ; ଅନ୍ୟମାନେ କଷ୍ଟପାଇବେ - ଏପରିସବୁ ବିବେକଧର୍ମୀ ଆତ୍ମକଥନ ଆତ୍ମସଂଯମରେ ବେଶ୍ ସହାୟକ ହୁଏ। ଅନ୍ୟପକ୍ଷରେ ହିଂସ୍ର ଆଚରଣ ଦର୍ଶାଉଥିବା ବ୍ୟକ୍ତି ବିଶେଷଙ୍କର ବିବେକିତାପୂର୍ଣ୍ଣ ଆତ୍ମକଥନର ଅଭ୍ୟାସ କ୍ଷୀଣ।

ମନସ୍ତାତ୍ତ୍ୱିକ କାରଣ ବିଶ୍ଳେଷଣ ପରିପ୍ରେକ୍ଷୀରେ ଅନେକ ମନୋବିଜ୍ଞାନୀ ହିଂସ୍ର ଆଚରଣ ସହିତ ଜଡ଼ିତଥିବା ବ୍ୟକ୍ତିମାନଙ୍କର ବ୍ୟକ୍ତିତ୍ୱ (ଅପରାଧ ଘଟିବା ପରେ) ନିର୍ଦ୍ଧାରଣ କରିବାର ପ୍ରୟାସ କରିଛନ୍ତି। ଯେଉଁ ବ୍ୟକ୍ତିତ୍ୱସୂଚକ ଉପାଦାନ ଚିହ୍ନଟ କରାଯାଇଛି, ତାହାର ବର୍ଣ୍ଣନା ଏ ପ୍ରବନ୍ଧର କଳେବର ମଧ୍ୟରେ ସମ୍ଭବପର ନୁହେଁ। ତେବେ ଗୋଟିଏ ଦିଗ ସୁସ୍ପଷ୍ଟ। ତାହା ହେଉଛି ଅନୁଭୂତିବିହୀନତା (ସମ୍ବେଦନଶୀଳତାର ଅଭାବ)। ଏମାନେ ନିଜର ପ୍ରିୟଜନଙ୍କ ମୃତ୍ୟୁରେ ମଧ୍ୟ କାନ୍ଦିପାରନ୍ତି ନାହିଁ କି ଅନ୍ୟ କେହି ଭୟଙ୍କର ରୋଗରେ ଆର୍ତ୍ତଚିତ୍କାର କରୁଥିଲେ ମଧ୍ୟ ଦୁଃଖ ଅନୁଭବ କରିନଥାନ୍ତି । ବହୁ ଅପରାଧୀମାନଙ୍କ ଇତିହାସରେ ଏ ଦିଗଟି ଲକ୍ଷ୍ୟ କରାଯାଇଛି।

ମନୋବୈଜ୍ଞାନିକ ଦୃଷ୍ଟିକୋଣରୁ ମାନସିକ ଉପାଦାନ ବ୍ୟକ୍ତିମନରେ ହିଂସାର ଏକ ପ୍ରବଣତା ସୃଷ୍ଟିକରେ। ସେହି ବ୍ୟକ୍ତି ଉତ୍ତେଜନା ପ୍ରବଣ ଅବସ୍ଥା ବା ପରିସ୍ଥିତିର କବଳରେ ପଡ଼ିଗଲେ ଅନୈତିକ ଆଚରଣ ସମ୍ଭାବନା ଖୁବ୍ ବଢ଼ିଯାଏ ଏବଂ ହିଂସ୍ର ଆଚରଣ ରୂପ ନିଏ ।

ସମାଜ-ଭିତ୍ତିକ କାରଣ

ପୂର୍ବରୁ ସୂଚନା ଦିଆଯାଇଛି ଯେ ହିଂସ୍ର ଆଚରଣର ଉନ୍ମେଷ ଓ ବିସ୍ତାର ଅନ୍ତରାଳରେ ଏକାଧିକ କାରଣ ସକ୍ରିୟ ରହିଛି। ଶରୀରଭିତ୍ତିକ ଓ ମନସ୍ତାତ୍ତ୍ୱିକ କାରଣ ବ୍ୟତୀତ ସମାଜ ଓ ପରିବେଶର ଭୂମିକା ମଧ୍ୟ ଆଲୋଚନାର ସାମଗ୍ରୀ।

ଅନୁକୂଳ ପରିବେଶ ଆମକୁ ଯେପରି ସ୍ପୃହଣୀୟ ବ୍ୟବହାର ଦିଗରେ ପ୍ରରୋଚିତ

କରେ, ଅନୈତିକ ଓ ଉତ୍ତେଜନାପୂର୍ଣ୍ଣ ବାତାବରଣ ସେପରି ଭାବରେ ଆମକୁ ଖରାପ ଦିଗରେ ପ୍ରଭାବିତ କରେ। ଶ୍ରେଣୀଗୃହରେ ଶାନ୍ତସୁଶୀଳ ହୋଇ ଅଧ୍ୟୟନରତ ରହିଥିବା ଛାତ୍ର କିମ୍ବା ଛାତ୍ରୀଟି ଛାତ୍ର ଆନ୍ଦୋଳନ ସମୟରେ ଭଦ୍ରଲୋକର କାର୍‌ଟିକୁ ଆକ୍ରମଣ କରିବା ଏକ ବିରଳ ଦୃଶ୍ୟ ନୁହେଁ। ଦୀର୍ଘ ଦିନର ଅଧ୍ୟାପକ ଜୀବନରେ ଲେଖକଙ୍କର ଏପରି ନିଜସ୍ୱ ଅନୁଭୂତି ରହିଛି।

ସାମାଜିକ ଓ ପରିବେଶଗତ ଅନୁଶୀଳନ ପରିପ୍ରେକ୍ଷୀରେ ପରିବାରର ଭୂମିକା ସମ୍ପର୍କରେ ସମସ୍ତେ ଅଳ୍ପବହୁତେ ଜାଣନ୍ତି। ପରିବାରରେ ସଂଘର୍ଷ ଓ ମୂଲ୍ୟବୋଧର ଅବକ୍ଷୟ ନିଶ୍ଚିତ ଭାବରେ ଅବସ୍ଥାକୁ ଜଟିଳ କରୁଛି। ସ୍କୁଲ କଲେଜରେ ମଧ୍ୟ ଅନୁରୂପ ଅବସ୍ଥା। ବିଶୃଙ୍ଖଳିତ ବଳୟରୁ ବାହାରୁଥିବା ପିଲାମାନେ ହିଂସ୍ର ଆଚରଣ ଦର୍ଶାଇବାର ଅଧିକ ସମ୍ଭାବନା ରହିଛି।

ବୃହତ୍ତର ଗୋଷ୍ଠୀ ବା ପରିବେଶ ମଧ୍ୟ ଅସ୍ୱାଭାବୀ। ଲୋକର କେବଳ ବ୍ୟକ୍ତିତ୍ୱ ନ ଥାଏ, ପରିବେଶର ମଧ୍ୟ ବ୍ୟକ୍ତିତ୍ୱ ରହିଛି। ଏହି ବ୍ୟକ୍ତିତ୍ୱ କ୍ରମଶଃ ବିକାରଗ୍ରସ୍ତ ହୋଇ ପଡୁଛି। ପ୍ରଖ୍ୟାତ ସମାଜବିଜ୍ଞାନୀ ଡୁର୍ଖେମ ଏହାକୁ ଆନୋମି (Anomie) ବା ଅଜରାକତା ବୋଲି କହିଛନ୍ତି। ଏପରି ଏକ ପରିବେଶରେ ମାନଦଣ୍ଡ ସବୁ ଅବହେଳିତ ଓ ବ୍ୟକ୍ତିବିଶେଷ ଅସହାୟତାର କବଳିତ। ସୁତରାଂ ଶୃଙ୍ଖଳିତ ଜୀବନଚର୍ଯ୍ୟା ଧୀରେ ଧୀରେ ଅଧିକରୁ ଅଧିକତର କଷ୍ଟସାଧ୍ୟ ହେଉଛି।

ହିଂସ୍ର ଆଚରଣ ପ୍ରସଙ୍ଗରେ ଦୂରଦର୍ଶନ ଓ ଅନ୍ୟସବୁ ଗଣମାଧ୍ୟମର ଦାୟିତ୍ୱଶୀଳତା ସମ୍ପର୍କରେ ପ୍ରଶ୍ନଉଠିବା ସ୍ୱାଭାବିକ। ଅନେକ ସମୟରେ ଗଣମାଧ୍ୟମର ବଡ଼ପଣ୍ଡାମାନେ ଏପରି ପ୍ରଶ୍ନକୁ ଏଡ଼ାଇବାକୁ ଯାଇ କୁହନ୍ତି ଯେ ସେମାନେ ଗଣାମାଧ୍ୟମରେ କେବଳ ସମାଜର ପ୍ରତିଛବି ତୋଳି ଧରୁଛନ୍ତି; ସୁତରାଂ ସେମାନେ ନିର୍ଦ୍ଦୋଷ। ନିକଟ ଅତୀତରେ ଆମେରିକା ଯୁକ୍ତରାଷ୍ଟ୍ରରେ ଏହିପରି ଏକ ବିବାଦୀୟ ପରିସ୍ଥିତି ସୃଷ୍ଟି ହୋଇଥିଲା।

ଆମେରିକାର ତିନୋଟି ମୁଖ୍ୟ ଟେଲିଭିଜନ ସଂସ୍ଥା (ABC, NBC ଏବଂ CBS) ଯୁକ୍ତିକଲେ ଯେ ସେମାନେ ସମ୍ପୂର୍ଣ୍ଣ ଭାବରେ ନିରପେକ୍ଷ; କେବଳ ସାମାଜିକ-ଚିତ୍ରର ବାହକ । ମାତ୍ର ମନୋବିଜ୍ଞାନୀମାନେ ବିଜ୍ଞାନସମ୍ମତ ସର୍ବେକ୍ଷଣ ମାଧ୍ୟମରେ ଏହି ଯୁକ୍ତିର ସତ୍ୟାସତ୍ୟ ପରଖ କଲେ। ଗବେଷକମାନେ ଦେଖିଲେ ଯେ ଆମେରିକାରେ ସଂଘଟିତ ହେଉଥିବା ଅପରାଧ ମଧ୍ୟରୁ ୮୭ ପ୍ରତିଶତ ଅପରାଧ ହେଉଛି ହିଂସାହୀନ ଅପରାଧ; କେବଳ ୦.୨ ପ୍ରତିଶତ ଅପରାଧରେ ନରହତ୍ୟା ସଂଶ୍ଳିଷ୍ଟ। ଅନ୍ୟ ପକ୍ଷରେ ଦୂରଦର୍ଶନରେ ପ୍ରଦର୍ଶିତ ହେଉଥିବା ଅପରାଧମୂଳକ ଦୃଶ୍ୟ ମଧ୍ୟରୁ ୫୦ ପ୍ରତିଶତ ଦୃଶ୍ୟରେ ଜଘନ୍ୟ ହତ୍ୟାର ଦୃଶ୍ୟ ରହିଛି। ବାସ୍ତବ ସମାଜର

ଘଟଣା ଓ ପ୍ରଦର୍ଶିତ ଦୃଶ୍ୟ ମଧ୍ୟରେ ରହିଥିବା ଏହି ବିରାଟ ବ୍ୟବଧାନ ଦୂରଦର୍ଶନର ଭୂମିକା ସମ୍ପର୍କରେ ନୀତିଗତ ଆଲୋଡ଼ନ ସୃଷ୍ଟି କରିବା ସ୍ୱାଭାବିକ (ଗବେଷଣା ପତ୍ରିକା American Psychologist ଦ୍ରଷ୍ଟବ୍ୟ)। ଏହା ଏକ ଆମେରିକା ଘଟଣା ହେଲେ ମଧ୍ୟ ଆମ ପାଇଁ ପ୍ରଣିଧାନର ବିଷୟ।

ହିଂସ୍ର ଆଚରଣର କାରଣସବୁର ବିଶ୍ଳେଷଣ କେବଳ ଏକ ବୌଦ୍ଧିକ ବ୍ୟାୟାମ ନୁହେଁ । ସମସ୍ୟାଟି ବହୁଦିଗ ସଂଶ୍ଳିଷ୍ଟ; ସୁତରାଂ ସମାଧାନ ମଧ୍ୟ ବିଭିନ୍ନ ଦିଗକୁ ଅଂଗୀଭୂତ କରିବା ନିତାନ୍ତ ପ୍ରୟୋଜନ। ଉପଯୋଗୀ ଆଇନ୍ ବ୍ୟବସ୍ଥା କିଛି ମାତ୍ରାରେ ପ୍ରତିକାର ଆଣିଲେ ମଧ୍ୟ ହିଂସାମୁକ୍ତ ଜୀବନ ଓ ସମାଜ ପାଇଁ ବହୁ ସ୍ତରରେ ଓ ବହୁ କ୍ଷେତ୍ରରେ ପ୍ରୟାସ ଆବଶ୍ୟକ। ବ୍ୟକ୍ତିଗତ, ପାରିବାରିକ, ଆନୁଷ୍ଠାନିକ, ସାମାଜିକ ଓ ବିଶ୍ୱଜୀବନର ପ୍ରତିଟି ସ୍ତରରେ ଉଦ୍ୟମ ପ୍ରୟୋଜନ। ପୁଣି ପ୍ରତି ସ୍ତରରେ ଭୌତିକ, ମନସ୍ତାତ୍ତ୍ୱିକ, ସାମାଜିକ ଓ ଆଇନଗତ ସଂସ୍କାର ଆବଶ୍ୟକ। ସାମୂହିକ ସ୍ତରରେ ଏହା ଏକ ଆନ୍ଦୋଳନର ରୂପରେଖ ନ ନେବା ପର୍ଯ୍ୟନ୍ତ ହିଂସାବଳୟରୁ ନିଜକୁ ସୁରକ୍ଷିତ ରହିବା ସମ୍ଭାବନା ବେଶୀ ଆଶାପ୍ରଦ ମନେହୁଏ ନାହିଁ।

■

ମୃତ୍ୟୁଚିନ୍ତନ : ଏକ ମନସ୍ତାତ୍ତ୍ୱିକ ବିଚାର

ମୃତ୍ୟୁ ଏକ ଅବାଞ୍ଛିତ ଘଟଣା। ଏହା ଏକ ନିଷ୍ଠୁର ବାସ୍ତବତା। ଏ ଦିଗରେ ସମସ୍ତଙ୍କର ମନୋବୃତ୍ତି ସମାନ ଧରଣର ହୋଇ ନଥାଏ। ଦୁଇଟି ବିପରୀତଧର୍ମୀ ମନୋବୃତ୍ତିର କଥା ବିଚାର କରାଯାଇପାରେ। ବିଜୟ ଚାଳିଶ ବର୍ଷ ବୟସର ଜଣେ ଯୁବକ। ମୃତ୍ୟୁର କଥା ମଜାରେ ପଡ଼ିବା ମାତ୍ରେ ସେ ଭୟଭୀତ ହୋଇଉଠେ। ଅନେକ କୁହନ୍ତି ଯେ ବିଜୟର ବୟସ କମ୍ ଥିବା ସମୟରେ ତା'ର ବଡ଼ଭାଇ କାର୍ ଦୁର୍ଘଟଣାରେ ପ୍ରାଣ ହରାଇଥିଲେ। ସେହିଦିନଠାରୁ ବିଜୟ ମନରେ ଭୀତି ପଶିଯାଇଛି। ସେ କୌଣସି ଅନ୍ତେଷ୍ଟିକ୍ରିୟାରେ ଯୋଗ ଦେଇ ନଥାଏ। ତା'ର ମୃତ୍ୟୁ ପୂର୍ବରୁ ତା'ର ପତ୍ନୀ କିମ୍ବା ସନ୍ତାନଙ୍କ ଅକାଳ ବିୟୋଗ ଘଟିଲେ ସେ କିପରି ଅବସ୍ଥା ସହିତ ଖାପଖୁଆଇ୍, ତାହା କେବଳ ଅନୁମାନର ବିଷୟ।

ଅନ୍ୟ ପକ୍ଷରେ ଗୀତା ଜଣେ ସତୁରୀ ବର୍ଷର ବିଧବା ମହିଳା। ତାଙ୍କର ମନୋବୃତ୍ତି ଭିନ୍ନ ଧରଣର। ଦୀର୍ଘ ପଚାଶ ବର୍ଷର ସଫଳ ବିବାହିତ ଜୀବନ କାଟିବା ପରେ ନିକଟ ଅତୀତରେ ସେ ତାଙ୍କର ପତିଙ୍କୁ ହରାଇଛନ୍ତି। ଏମିତି ବିୟୋଗ ତାଙ୍କୁ କିପରି ବ୍ୟଥା ଦେଇଛି ସେ କଥା ସେ ଖୋଲାଖୋଲି ବନ୍ଧୁ ଓ ବାନ୍ଧବୀମାନଙ୍କ ସହିତ କଥାବାର୍ତ୍ତା କରନ୍ତି। ସେ ନିୟମିତ ଭାବରେ ତାଙ୍କ ସ୍ୱାମୀଙ୍କ ଫଟୋ ପାଖରେ ଫୁଲ ଦିଅନ୍ତି। ସେ ଏକାକୀ ରୁହନ୍ତୁ ଏ କଥା ତାଙ୍କର ପତି ଚାହୁଁ ନ ଥିଲେ। ସୁତରାଂ ସେ କିଛି ପରିମାଣରେ ବୁଲାବୁଲି କରନ୍ତି । ବନ୍ଧୁବାନ୍ଧବଙ୍କ ଘରକୁ ଯାଆନ୍ତି। ପତିଙ୍କ ଫଟୋକୁ ଚାହିଁ ମନେ ମନେ କୁହନ୍ତି: "ଚିନ୍ତା କରନି। ଅଳ୍ପଦିନ ମଧ୍ୟରେ ମୁଁ ତୁମ ପାଖରେ ପହଞ୍ଚିଯିବି।"

ଏହି ଦୁଇଧରଣର ମନୋବୃତ୍ତି ମଧ୍ୟରୁ କେଉଁଟିକୁ ଆପଣ ଅଧିକ ପସନ୍ଦ କରିବେ ? ମୃତ୍ୟୁର ଧାରଣା ଖୁବ୍ ଜଟିଳ। ଭୌତିକ ଓ ଆଇନ୍ ଦୃଷ୍ଟିରୁ ଏହା ଜୀବନର ପରିସମାପ୍ତି। ଶ୍ୱାସକ୍ରିୟା ହୃଦ୍‌ସ୍ପନ୍ଦନ ଓ ମସ୍ତିଷ୍କର କ୍ରିୟାକଳାପର ପରିସମାପ୍ତି ମୃତ୍ୟୁର

ସଂକେତ ଦିଏ। ଏପରି ଘଟଣାର ସମ୍ମୁଖୀନ ହେଲେ ଆମ୍ଭମାନଙ୍କ ମଧ୍ୟରୁ କେହି କେହି ବିଜୟ ପରି ମୃତ୍ୟୁକୁ ଅସ୍ୱୀକାର କରନ୍ତି। ଅନ୍ୟ କେହି ଗୀତା ପରି ଖୋଲା ମନରେ ଘଟଣଶଟିକୁ ଗ୍ରହଣ କରି ନିଅନ୍ତି। ସମ୍ଭବତଃ ଆମ୍ଭମାନଙ୍କ ମଧ୍ୟରୁ ଅଧିକାଂଶ ଏହି ଦୁଇପ୍ରକାର ପ୍ରାନ୍ତୀୟ ମନୋଭାବ ମଝିରେ ରହି ସମନ୍ୱୟ ରକ୍ଷା କରିବାର ପ୍ରୟାସ କରିଥାଉ।

ଆମର ଦୈନନ୍ଦିନ ଜୀବନରେ ସମନ୍ୱୟ ରକ୍ଷା ପାଇଁ ମୃତ୍ୟୁକୁ କିଛି ପରିମାଣରେ ଅସ୍ୱୀକାର କରିବା ଉପଯୋଗୀ ହୋଇଥାଏ। ପ୍ରକୃତରେ ନିଜର ମୃତ୍ୟୁ ଏତେବଡ଼ ନିଷ୍ଠୁର ସତ୍ୟ ଯେ ତାହାର ସିଧାସଳଖ ସମ୍ମୁଖୀନ ହେବାର ଚିନ୍ତା ଭୟଙ୍କର ହୋଇଥାଏ। ସୁତରାଂ ମୃତ୍ୟୁକୁ ଅସ୍ୱୀକାର କରିବା ଫଳରେ ଭୟ ଓ ଉଦ୍‌ବେଗର ମାତ୍ରା କମ୍ ହୁଏ। ପୁଣି ଅସ୍ୱୀକାର କରିବା ଫଳରେ ନିଜର ପ୍ରିୟଜନଙ୍କଠାରୁ ଦୂରେଇ ଯିବାର ଦୁଶ୍ଚିନ୍ତା ମଧ୍ୟ କମ୍ ହୁଏ। ମନୁଷ୍ୟର ମାନସିକ ସୁସ୍ଥତା ଓ ଆତ୍ମମର୍ଯ୍ୟାଦାବୋଧ ବହୁ ପରିମାଣରେ ତା'ର ସମ୍ପର୍କଶୀଳତା ଉପରେ ପ୍ରତିଷ୍ଠିତ। ମୃତ୍ୟୁକୁ ଅସ୍ୱୀକାର କରିବା ମାଧ୍ୟମରେ ସମ୍ପର୍କଶୀଳତା ବିପର୍ଯ୍ୟସ୍ତ ହେବାର ଆଶଙ୍କା ଆସି ନଥାଏ।

ମୃତ୍ୟୁକୁ ଅସ୍ୱୀକାର କରିବାର ଆଉ ଗୋଟିଏ ଯୁକ୍ତି ଅଛି। ଅନେକ ବ୍ୟକ୍ତି ବୌଦ୍ଧିକ ସ୍ତରରେ ଯୁକ୍ତି କରନ୍ତି ଯେ ଅବଶ୍ୟମ୍ଭାବୀ ଘଟଣା ସମ୍ପର୍କରେ ଚିନ୍ତା କରି ଲାଭ କ'ଣ ? ମୃତ୍ୟୁ ଓ ଟ୍ୟାକସ୍ ଅନିବାର୍ଯ୍ୟ। ସୁତରାଂ ତା' ସମ୍ପର୍କରେ ଅଯଥା ଚିନ୍ତାର କି ଆବଶ୍ୟକତା ରହିଛି ।

ମାତ୍ର ବିଜୟର ଚିନ୍ତନ ଶୈଳୀ ପରି ମାତ୍ରାଧିକ ଅସ୍ୱୀକାର କରିବାର ମାନସକିତା ଉପଯୋଗୀ ହୋଇ ନଥାଏ। "ମୋର କିଛି ଦେବାର ନାହିଁ" କିମ୍ବା "ମୋର କିଛି ଯାଏ ଆସେ ନାହିଁ" ଏପରି ଚିନ୍ତନର ବଶବର୍ତ୍ତୀ ହୋଇଥିବା ଲୋକଙ୍କ ଜୀବନ ସାଧାରରତଃ ବିଶୃଙ୍ଖଳିତ ହୋଇଥାଏ। ସେମାନେ ଅନିୟନ୍ତ୍ରିତ ଧୂମ୍ରପାନ କରନ୍ତି, ଅଖାଦ୍ୟ ଖାଆନ୍ତି, ମଦ୍ୟପାନ କରନ୍ତି ଏବଂ ବେପରୁଆ ଗାଡ଼ିଚାଳନା କରନ୍ତି। ଏସବୁ ଅକାଳ ମୃତ୍ୟୁର କାରଣ ହୋଇପାରେ। ମୃତ୍ୟୁକୁ ଅତି ମାତ୍ରାରେ ଅସ୍ୱୀକାର କରୁଥିବା ଲୋକମାନେ ସାଧରାଣତଃ ବର୍ଷୀୟାନ୍ ବ୍ୟକ୍ତି କିମ୍ବା ରୋଗଗ୍ରସ୍ତ ବ୍ୟକ୍ତିଠାରୁ ନିଜକୁ ଦୂରରେ ରଖନ୍ତି। ଏପରି ଆଚରଣ ଫଳରେ ଜୀବନର ନଶ୍ୱରତା ସମ୍ପର୍କରେ ସଚେତନତା କିଛିଟା କମିଯାଏ। ଫଳରେ ଜୀବନକାଳ ମଧ୍ୟରେ କେତକେ ମହତ୍ତ୍ୱପୂର୍ଣ୍ଣ କାର୍ଯ୍ୟ ଶେଷ କରିବାର ଆଗ୍ରହ ଓ ଉଦ୍ୟମ ସେପରି ତୀବ୍ର ହୋଇ ନଥାଏ।

ମୃତ୍ୟୁ-ସଚେତନତା :

ଉପର ବର୍ଣ୍ଣିତ ବିଜୟର ଉଦାହରଣ ପରିପ୍ରେକ୍ଷୀରେ ମୃତ୍ୟୁକୁ ଅସ୍ୱୀକାର କରିବା

ମାତ୍ରା ବେଶୀ ହୋଇପାରେ। ମାତ୍ର ଆମ ସମସ୍ତଙ୍କର ଏପରି ଚିନ୍ତନ ଅଳ୍ପବହୁତ ରହିଥାଏ । ଆପଣ ନିଜର ମୃତ୍ୟୁ ସମ୍ପର୍କରେ କେତେ ବେଶୀ ଚିନ୍ତା କରନ୍ତି ? - ଏପରି ପ୍ରଶ୍ନଟି ପଚରାଗଲେ "କେବେ କେବେ ଚିନ୍ତା କରିବାର" ଲୋକମାନଙ୍କର ସଂଖ୍ୟା ବେଶ୍ କିଛି ହୋଇ ନଥାଏ । ପୁଣି ଏପରି ଲୋକମାନଙ୍କୁ ସୁନିର୍ଦ୍ଦିଷ୍ଟ ଭାବରେ କେତେ ବେଶୀ ବୋଲି ପଚରାଗଲେ ଫଳାଫଳ ଏହିପରି ହୋଇଥାଏ।

ପ୍ରାୟ ଅଧାଅଧି ଲୋକ କୁହନ୍ତି ଯେ ସେମାନେ ସମୟ ସମୟରେ ନିଜର ମୃତ୍ୟୁ କଥା ଚିନ୍ତା କରନ୍ତି; ଏକ-ଚତୁର୍ଥାଂଶ ଲୋକ କୁହନ୍ତି ଯେ ସେମାନେ ବେଶୀ କିମ୍ବା ଖୁବ୍ ବେଶୀ ନିଜର ମୃତ୍ୟୁ କଥା ଚିନ୍ତା କରନ୍ତି। ପ୍ରାୟ ଏକ-ଚତୁର୍ଥାଂଶ ଲୋକ 'କ୍ୱଚିତ୍' ଏ ବିଷୟରେ ଚିନ୍ତା କରନ୍ତି।

ଅବଶ୍ୟ ମୃତ୍ୟୁ-ସଚେତନତା ସ୍ଥିର ଓ ଅପରିବର୍ତ୍ତିତ ନ ଥାଏ। ଦୈନନ୍ଦିନ ଜୀବନର ଗତିଶୀଳତା ମଧ୍ୟରେ ଅଧିକାଂଶ ବ୍ୟକ୍ତିଙ୍କର ଏପରି ସଚେତନତା ହୁଏତ ନଥାଏ। ମାତ୍ର କୌଣସି କୌଣସି ଦୁର୍ଘଟଣା ଏବଂ ପରିଚିତ ବ୍ୟକ୍ତିଙ୍କର ମୃତ୍ୟୁ ଓ ମୃତ୍ୟୁ ସମ୍ବାଦ ଏ ସଚେତନତାକୁ ଅଙ୍କୁରିତ ଓ ପ୍ରସାରିତ କରେ। ଲୋକମାନଙ୍କୁ ସିଧାସଳଖ ମୃତ୍ୟୁ-ସଚେତନତା ସମ୍ପର୍କରେ ପ୍ରଶ୍ନ ପଚରାଗଲେ ସେମାନେ ଏ ଦିଗରେ କିଛି ଚିନ୍ତା କରୁ ନାହାନ୍ତି ବୋଲି କହିଥାନ୍ତି। ମାତ୍ର ପରୋକ୍ଷ ପ୍ରଣାଳୀରେ ଅନୁଧ୍ୟାନ କଲେ ଦେଖାଯାଏ ଯେ ଲୋକେ ଏ ବିଷୟରେ ସଚେତନ।

ବୟସାନୁକ୍ରମରେ ମଧ୍ୟ ମୃତ୍ୟୁ-ସଚେତନାର ପରିବର୍ତ୍ତନ ଘଟେ। କୌତୂହଳର ବିଷୟ ଯେ ପଚିଶ ବର୍ଷରୁ ତିରିଶବର୍ଷ ବୟସ ମଧ୍ୟରେ ଏ ସଚେତନତା ବୃଦ୍ଧି ପାଏ। ସମ୍ଭବତଃ ସେମାନଙ୍କ ଆଗରେ ଏକ ସୁଦୀର୍ଘ ଭବିଷ୍ୟତ ଜୀବନର ଆହ୍ୱାନ ରହିଛି, ଏପରି ଏକ ସମ୍ବେଦନଶୀଳ ପ୍ରତୀକ୍ଷଣ ମୃତ୍ୟୁ ଭାବନାକୁ ଗଭୀର କରେ। ଏହି ସମୟରେ ବାହ୍ୟ ପରିବେଶରେ ବନ୍ୟା, ଭୂମିକମ୍ପ, ଘୂର୍ଣ୍ଣିବାତ୍ୟା ଓ ଅନ୍ୟ କିଛି ଦୁର୍ବିପାକ ମୃତ୍ୟୁଚେତନାକୁ ଗଭୀର କରେ। ସନ୍ତ୍ରାସବାଦୀଙ୍କ ଆକ୍ରମଣର ମଧ୍ୟ ନିଶ୍ଚିତ ଭୂମିକା ନିଏ।

ଯୌବନରେ ପଦାର୍ପଣ କରିବା ପରେ ପରେ ଲୋକମାନେ ଅଧିକ ମୁକ୍ତ ଭାବରେ ମୃତ୍ୟୁ ସମ୍ପର୍କରେ ଆଲୋଚନା କରନ୍ତି। ପରିଚିତ ବ୍ୟକ୍ତିମାନଙ୍କର ମୃତ୍ୟୁ ସମ୍ବାଦ ଓ ଅସୁସ୍ଥତାର ଖବର ଚିନ୍ତନ ପ୍ରକ୍ରିୟାକୁ ଜଟିଳ କରେ। ପରିଶେଷରେ ବାର୍ଦ୍ଧକ୍ୟ ସମୟରେ ଭୀତି ବୃଦ୍ଧିପାଏ । ମାତ୍ର ଅତୀତ ଜୀବନର ସଫଳତା ଓ ପରିପୂର୍ଣ୍ଣତାର ଅନୁଭବ ଥିଲେ ମୃତ୍ୟୁଚିନ୍ତନ କମ୍ ହୁଏ । ଅନେକ ବୃଦ୍ଧବୃଦ୍ଧାଙ୍କର ଧାର୍ମିକ ବିଶ୍ୱାସ, ପରଜନ୍ମରେ ଆସ୍ଥା ଏବଂ ଆତ୍ମାର ଅବିନଶ୍ୱରତା ସମ୍ପର୍କୀୟ ବିଶ୍ୱାସବୋଧ ମୃତ୍ୟୁଭୟକୁ ବେଶ୍ କମାଇଦିଏ।

କେବଳ ମୃତ୍ୟୁ ନୁହେଁ, ବାର୍ଦ୍ଧକ୍ୟକାଳୀନ ମାନସିକ ବେଦନା କମାଇବାରେ ଧାର୍ମିକ ଓ ଆଧ୍ୟାତ୍ମିକ ବିଶ୍ୱାସ ଗୁରୁତ୍ୱପୂର୍ଣ୍ଣ ଭୂମିକା ନେଇଥାଏ। ଜୀବନର ଶେଷ ପର୍ଯ୍ୟାୟରେ ମୃତ୍ୟୁକୁ ଅପେକ୍ଷା କରିଥିବା ବହୁ ବୃଦ୍ଧବୃଦ୍ଧା ଏପରି କହୁଥିବାର ଶୁଣାଯାଏ, "ମୁଁ ମୋର ମୃତ୍ୟୁ ନେଇ ଆଦୌ ଚିନ୍ତିତ ନୁହେଁ। କିନ୍ତୁ ମୋର ସେବାଯତ୍ନ ନେଇ ମୋର ପ୍ରିୟଜନ ଯେପରି ଯନ୍ତ୍ରଣା ନ ପାଆନ୍ତୁ, ସେ କଥା ଭାବି ମୁଁ ଅଧିକ ବିବ୍ରତ।"

ମୃତ୍ୟୁ-ସନ୍ନିକଟ ଅନୁଭବ :

ମୃତ୍ୟୁ-ସନ୍ନିକଟ ଅନୁଭବ (Near-death experience) ଚର୍ଚ୍ଚାର ଏପରି ଏକ ଇଲାକା ଯେଉଁଠାରେ ସହମତି ଅପେକ୍ଷା ବାଦ୍‌ବିସମ୍ବାଦ ଅଧିକ ପରିଦୃଷ୍ଟ। ବିଜ୍ଞାନ-ସମ୍ମତ ପଦ୍ଧତିର ଅଭାବ ଦର୍ଶାଇ ଅନେକ ମନୋବିଜ୍ଞାନୀ ଏହାର ଅସ୍ତିତ୍ୱକୁ ଅସ୍ୱୀକାର କରନ୍ତି। ମାତ୍ର ଅନ୍ୟ କେତେକ ଯୁକ୍ତି କରନ୍ତି ଯେ ଶ୍ୱାସକ୍ରିୟା ଓ ମସ୍ତିଷ୍କର କ୍ରିୟାକଳାପର ଅନୁପସ୍ଥିତି ମୃତ୍ୟୁର ସଂଜ୍ଞା ହେଲେ ମଧ୍ୟ ଏହା ଏକମାତ୍ର ସଂଜ୍ଞା ନୁହେଁ। ସ୍ଥୂଳ ଶରୀର ଓ ସୂକ୍ଷ୍ମ ଶରୀର ମଧ୍ୟରେ ଯେଉଁ ଶକ୍ତି ପ୍ରବାହିତ ହୁଏ ଶକ୍ତି ପ୍ରବାହର ସେହି ସଂଯୋଗର ଅନୁପସ୍ଥିତି ଦିଏ ମୃତ୍ୟୁ।

ଧରାଯାଉ ଜଣେ ବ୍ୟକ୍ତି ଭୟାନକ ଦୁର୍ଘଟଣାର ଶରବ୍ୟ ହୋଇ ଚେତା ହରାଇଲେ । ତାଙ୍କୁ ଚିକିତ୍ସାଳୟକୁ ନିଆଗଲା ଏବଂ ସବୁପ୍ରକାର ଜୀବନ ସହାୟକ ଯନ୍ତ୍ରପାତି ସହିତ ତାଙ୍କୁ ସମ୍ପୃକ୍ତ ରଖାଗଲା। ଦୁଇ ତିନିଦିନ ପରେ ସେ ଚେତା ଫେରିପାଇଲେ ଏବଂ ଅନୁଭବ କଲେ ଯେ ସେ ମୃତ୍ୟୁର ଦ୍ୱାରଦେଶରୁ ସତେ ଯେପରି ଫେରିଆସିଛନ୍ତି। ଏପରି ବ୍ୟକ୍ତିମାନେ ବିଗତ ଦିନର ଅନୁଭବ ପଚାରିଲେ ହୁଏତ ଅନେକ କହିବେ ଯେ ସେମାନଙ୍କର କିଛି ସ୍ମରଣ ନାହିଁ। ତେବେ କେତେକ ଲୋକ ଏହି ସ୍ୱତନ୍ତ୍ର ମୁହୂର୍ତ୍ତର ସ୍ମୃତି ଓ ଅନୁଭବ କହିଥାନ୍ତି। ଏହାକୁ ମୃତ୍ୟୁ-ସନ୍ନିକଟ ଅନୁଭୂତି କୁହାଯାଏ।

ଭୌତିକ ଶରୀର ଅଚେତନ ଅବସ୍ଥାରେ ଥିବା ସମୟରେ ସେମାନେ କେଉଁସବୁ ଦୃଶ୍ୟ ଦେଖିବାର ସ୍ମୃତି ବର୍ଣ୍ଣନା କରୁଛନ୍ତି କିମ୍ବା କ'ଣ ସବୁ ଶୁଣିବାର ସ୍ମୃତିର ବିବରଣୀ ଦେଉଛନ୍ତି ସେସବୁ ଗୁରୁତ୍ୱପୂର୍ଣ୍ଣ ନ ହୋଇପାରେ। ଏସବୁ ଭ୍ରାନ୍ତ ପ୍ରତ୍ୟକ୍ଷଣ ମନେକରି ବିଚାରକୁ ଜଣେ ଆଣି ନପାରେ। କେତକେ ବ୍ୟକ୍ତି ଉଜ୍ଜ୍ୱଳ ଆଲୋକର କଥା କହିବା ସ୍ଥଳେ ଅନ୍ୟ କେତେକ ପରଲୋକଗତ ବନ୍ଧୁବାନ୍ଧବଙ୍କ ସହ ସାକ୍ଷାତର କଥା କହିଥାନ୍ତି। ବର୍ଣ୍ଣନାର ବୈଚିତ୍ର୍ୟ ଅପେକ୍ଷା ପରବର୍ତ୍ତୀ ପରିବର୍ତ୍ତନ ଅଧିକ କୌତୂହଳପ୍ରଦ। ଚେତନ ଅବସ୍ଥାକୁ ଫେରିଆସିବା ପରେ ମନୋବୃତ୍ତିରେ ଗଭୀର ପରିବର୍ତ୍ତନ ଲକ୍ଷ୍ୟ କରାଯାଏ।

ମୃତ୍ୟୁ-ସନ୍ନିକଟ ଅନୁଭବର ଅଧିକାରୀ ହୋଇଥିବା ଲୋକମାନଙ୍କର ମୃତ୍ୟୁଭୟ ଯଥେଷ୍ଟ କମିଯାଇଥାଏ । ବର୍ତ୍ତମାନର ଜୀବନକୁ ଅଧିକ ମହତ୍ତ୍ୱ ଦେବା ଏବଂ ମହତ ଉଦ୍ଦେଶ୍ୟରେ ବିନିଯୋଗ କରିବାର କାମନା ବୃଦ୍ଧିପାଏ। ଆଧ୍ୟାତ୍ମିକତା ବୃଦ୍ଧି ପାଏ। ଅନ୍ୟମାନଙ୍କ ମଙ୍ଗଳ କାମନା ମଧ୍ୟ ବଢ଼େ ଏବଂ ପାର୍ଥିବ ପଦାର୍ଥର ଆକର୍ଷଣ କମେ।

ମୃତ୍ୟୁ-ସନ୍ନିକଟ ଅନୁଭବର ଅଧିକାରୀ ହୋଇଥିବା ଲୋକମାନେ ଜାତି ଧର୍ମ ବର୍ଣ୍ଣ ଏବଂ ନାରୀ ପୁରୁଷ ନିର୍ବିଶେଷରେ ଜୀବନର କିଛିଟା ରୂପାନ୍ତର ଉପଲବ୍ଧି କରନ୍ତି। ରୀତିମତ ମଦ୍ୟପାନ କରୁଥିବା ଲୋକମାନେ ମଦ୍ୟପାନ ତ୍ୟାଗ କରିପାରନ୍ତି। ସେହିପରି ବଡ଼ ଧରଣର ଅପରାଧୀ ସମାଜ ମଙ୍ଗଳ କାର୍ଯ୍ୟରେ ମନ ଦେଇପାରନ୍ତି। ନାସ୍ତିକ ବ୍ୟକ୍ତିମାନେ ଭଗବତ୍ ବିଶ୍ୱାସରେ ଅନୁପ୍ରାଣିତ ହୋଇପାରନ୍ତି। ଅନେକ ଆଧୁନିକ ମନୋବିଜ୍ଞାନୀ ଏପରି ସବୁ ବିସ୍ମୟକର ପରିବର୍ତ୍ତନକୁ ଆକସ୍ମିକ ସ୍ନାୟୁଗତ (ମସ୍ତିଷ୍କଗତ) ପରିବର୍ତ୍ତନ ମାଧ୍ୟମରେ ବୁଝାଇବାର ପ୍ରୟାସ କରିଛନ୍ତି।

ମୃତ୍ୟୁଚିନ୍ତନର ସୋପାନ

ମୃତ୍ୟୁ ସମ୍ପର୍କିତ ଭୟ, ଆଶଙ୍କା ଓ ଉଦ୍‌ବେଗର ମାତ୍ରା କମ୍ ବା ବେଶୀ ହୋଇପାରେ; ମାତ୍ର କୌଣସି ବ୍ୟକ୍ତି ଏଥିରୁ ପୂରାପୂରି ମୁକ୍ତ ନୁହଁନ୍ତି। ମୃତ୍ୟୁ ଭୟର ସ୍ୱରୂପକୁ ଚିହ୍ନଟ କରିବା ପାଇଁ କେତେକ ବିଶେଷଜ୍ଞ ପ୍ରୟାସ କରିଛନ୍ତି। ବିଶେଷତଃ ଚିକାଗୋ ବିଶ୍ୱବିଦ୍ୟାଳୟର ଏଲିଜାବେଥ୍ କୁବଲର୍-ରସ୍ ନାମକ ଜଣେ ମନୋବିଜ୍ଞାନୀ ଏ ଦିଗରେ ବିଧିବଦ୍ଧ ଗବେଷଣା କରିଛନ୍ତି। ଅସାଧ ରୋଗରେ ପୀଡ଼ିତ ହୋଇ ମୃତ୍ୟୁ ସହିତ ସଂଗ୍ରାମ କରୁଥିବା ପ୍ରାୟ ୫୦୦ ରୋଗୀଙ୍କ ସହିତ ଦୀର୍ଘ ସମୟ ଅନ୍ତରଙ୍ଗ ସାକ୍ଷାତକାର୍ ମାଧ୍ୟମରେ ସେ କେତେକ ଜ୍ଞାତବ୍ୟ ତଥ୍ୟ ଯୋଗାଇଛନ୍ତି।

ଅତୀତରେ ଚିକିତ୍ସକମାନେ ରୋଗୀକୁ ଭୟାବହ ରୋଗର ସ୍ୱରୂପ ଏବଂ ସମ୍ଭାବ୍ୟ ଜୀବନର ଅବଧି ବିଷୟରେ କୌଣସି ଧାରଣା ଦେଉ ନଥିଲେ। ବର୍ତ୍ତମାନ ପରିବେଶର ପରିବର୍ତ୍ତନ ଘଟିଛି। ଚିକିତ୍ସକ ବିଶଦ ଭାବରେ ରୋଗୀ ଏବଂ ତାହାର ଆତ୍ମୀୟମାନଙ୍କ ସହ ଆଲୋଚନା କରୁଛନ୍ତି। ସୁତରାଂ ନିଜର ଦୁର୍ଦ୍ଦଶା ସମ୍ପର୍କରେ କିଛିଟା ଧାରଣା ରୋଗୀର ରହିଛି। ସେ ମୃତ୍ୟୁର ନିକଟବର୍ତ୍ତୀ ହେବା ସଙ୍ଗେ ସଙ୍ଗେ ଚିନ୍ତନ ପ୍ରକ୍ରିୟାର ମଧ୍ୟ ପରିବର୍ତ୍ତନ ଘଟୁଛି। ଏହି ପରିବର୍ତ୍ତନର ଏକ ବିଶେଷ ଧାରା ଓ ସୋପାନ ରହିଛି।

ପ୍ରଥମ ସୋପାନଟି ମୃତ୍ୟୁକୁ ଅସ୍ୱୀକାର କରିବାର ସୋପାନ। ମୃତ୍ୟୁ ସହିତ ସଂଗ୍ରାମ କରୁଥିବା ବ୍ୟକ୍ତିଙ୍କର ଭାବାବେଗ ଏପରି ଭାଷାରେ ପ୍ରକାଶ ପାଏ : "ନାଃ ! ନାଃ ! ମୋର କାହିଁକି ଏ ଦୁର୍ଯ୍ୟୋଗ ? ମୁଁ ତ କିଛି ଅନ୍ୟାୟ କରି ନାହିଁ। ମୁଁ କଷ୍ଟ ପାଇବି କାହିଁକି ?" ଭାବାବେଗର ଗଭୀରତମ ପ୍ରଦେଶରୁ ଏପରି ବେଦନାର ସ୍ୱର

ଆସିଥାଏ। ଡାକ୍ତର ଓ ଅନ୍ୟମାଙ୍କ ଆଲୋଚନାରୁ ଭାସି ଆସୁଥିବା ଦୁଃଖଦ ସୂଚନା ସହିତ ଖାପଖୁଆଇବା ପାଇଁ ଯେ କିଛି ସମୟ ଦିଏ। ପରେ ପରେ ରୋଗୀ କିଛି ପରିମାଣରେ କ୍ରୋଧ ପ୍ରକାଶ କରେ। ଏ ଅବସ୍ଥାରେ ଡାକ୍ତର ଓ ଅନ୍ୟମାନେ ପୂରାପୂରି ନିରବ ନ ରହିଲେ ମଧ୍ୟ ଦୀର୍ଘସମୟ ରୋଗ ବିଷୟରେ ଆଲୋଚନା କରିବା ଅନୁଚିତ। ମଝିରେ ମଝିରେ ଦୁଇ ତିନିମିନିଟ୍ ଆଲୋଚନା କରି ପୁଣି ନିରବ ରହିଯିବା ବିଜ୍ଞତାର ବିଷୟ। ଏପରି କଲେ ରୋଗୀର ମାନସିକ ପ୍ରସ୍ତୁତି ଧୀରେ ଧୀରେ ଦାନା ବାନ୍ଧିବ।

ଦ୍ୱିତୀୟ ସପୋନଟି କ୍ରୋଧ ଓ ବିରୋଧର ସୋପାନ। ଏହି ସୋପାନରେ ଦୁର୍ଦ୍ଦଶାଗ୍ରସ୍ତ ବ୍ୟକ୍ତିର ରାଗ ବଢ଼ିଯାଏ। ବିଶେଷତଃ ବ୍ୟକ୍ତିର ପରିପାର୍ଶ୍ୱରେ ସୁଖ ଓ ସ୍ୱାସ୍ଥ୍ୟର ଅଧିକାରୀ ହୋଇଥିବା ଲୋକମାନେ ଏ କ୍ରୋଧର ଶରବ୍ୟ ହୁଅନ୍ତି। ରୋଗର ପରିପାର୍ଶ୍ୱରେ ହସଖୁସି ଓ ମଜା କରୁଥିବା ଲୋକମାନେ କ୍ରୋଧର ଶିକାର ହୁଅନ୍ତି। ବ୍ୟକ୍ତି ନିଜର ପରିଚିତ ଓ ନିକଟସ୍ଥ ସୁସ୍ଥ ଲୋକଙ୍କ ପ୍ରତି ନିଜର ରାଗ ଓ ଅସୂୟା ଦର୍ଶାଏ। ଏ ଅବସ୍ଥାରେ ଦୁର୍ଦ୍ଦଶାଗ୍ରସ୍ତ ରୋଗୀ ପ୍ରତି ଅନ୍ତରଙ୍ଗ ଓ ନିକଟସ୍ଥ ବ୍ୟକ୍ତିମାନେ ସହନଶୀଳତା ପ୍ରଦର୍ଶନ କରିବା ଉଚିତ। ରୋଗୀର ରାଗ ଯେ ପ୍ରକୃତରେ ବ୍ୟକ୍ତିଗତ କ୍ରୋଧ ନୁହେଁ ଏବଂ ମାନସିକ ଯନ୍ତ୍ରଣାରୁ ମୁକ୍ତି ପାଇବାର ଏକ ମାର୍ଗ ମାତ୍ର - ଏପରି ବିଚାର ଓ ବୁଝାମଣା ନେଇ ସମ୍ବେଦନଶୀଳ ହେବାକୁ ପଡ଼ିବ।

ତୃତୀୟ ସୋପାନଟି ହେଉଛି ଦର କଷାକଷି ବର୍ଷର ସୋପାନ। ଏ ବ୍ୟକ୍ତି ଅନ୍ୟମାନଙ୍କ ସହିତ ଦରକଷାକଷି ଆରମ୍ଭ କରେ। ହୁଏତ ଅନେକ ଲୋକ ବିଶ୍ୱାସ କରନ୍ତି ଯେ ଈଶ୍ୱର ହେଉଛନ୍ତି ସର୍ବଶକ୍ତିମାନ। ସେ କୃପାକଲେ ବ୍ୟକ୍ତି ଅଧିକ କାଳ ବଞ୍ଚି ରହିପାରିବ । ବ୍ୟକ୍ତି ମନକୁମନ କହିବାକୁ ଆରମ୍ଭ କରେ : "ପ୍ରଭୁ ! ମୁଁ ଜାଣେ ଯେ ମୋର ଦିନକାଳ ସରି ଆସୁଛି। ତଥାପି ତୁମର ଦୟାହେଲେ ମୁଁ ଆଉ କିଛିଦିନ ବଂଚି ରହିବି। ଅନ୍ତତଃ ମୋ ପୁଅର କଲେଜ ଶିକ୍ଷା ଶେଷ ହେବା ପର୍ଯ୍ୟନ୍ତ ତିଷ୍ଠି ରହିବି। ଝିଅର ବିବାହ ପର୍ଯ୍ୟନ୍ତ ମୋର କିଛି ହେବ ନାହିଁ। ଏପରି ହେଲେ ଅବଶିଷ୍ଟ ଜୀବନରେ ମୁଁ କିଛି ଭଲକାମ କରିବି। ପରିବାରର ଲୋକମାନଙ୍କୁ ଆନନ୍ଦ ଦେବି। ସମାଜର ମଙ୍ଗଳ ପାଇଁ ନିଶ୍ଚୟ କିଛି କରିଯିବି ।" ନାସ୍ତିକ ଲୋକମାନେ ମଧ୍ୟ ନିଜର ବଂଚିରହିବାର ବିନିମୟରେ ଏକାଧିକ ଜନହିତକର କାର୍ଯ୍ୟ କରିବାର ଶପଥ କରନ୍ତି।

ଶେଷ ସୋପାନଟି ହେଉଛି ଗ୍ରହଣଶୀଳତାର ସୋପନା। ମୃତ୍ୟୁ ଯେ ଅନିବାର୍ଯ୍ୟ ଏହା ଅନୁଭବ କରିବା ପରେ ବ୍ୟକ୍ତିର ଭାବାବେଗ ଆଉ ତୀବ୍ର ରହେ ନାହିଁ। ସେ ଅନୁମାନ କରେ ଯେ ମୃତ୍ୟୁ ଅବଶ୍ୟମ୍ଭାବୀ। ତାଙ୍କୁ କେହି ଦେଖିବାକୁ ଆସୁଥିଲେ ସେ କେବଳ ଅଳ୍ପ ଲୋକଙ୍କୁ ଆସିବାର ସୁଯୋଗ ଦିଅନ୍ତି। ମୁଖ୍ୟତଃ ଏକାକୀ ରହିବାକୁ

ପସନ୍ଦ କରନ୍ତି। ଅନେକେ ଲୋକ ନିଜ ଗୃହରେ ଶେଷ ମୁହୂର୍ତ୍ତ କଟାଇବାକୁ ଇଚ୍ଛା କରନ୍ତି। ନିଜ ପ୍ରିୟଜନମାନଙ୍କର ବ୍ୟଥାର କଥା ଭାବି ବିଷାଦଗ୍ରସ୍ତ ହୋଇପଡ଼ନ୍ତି।

ବିଜ୍ଞାନସମ୍ମତ ପଦ୍ଧତିରେ ମୃତ୍ୟୁ-ଚିନ୍ତନର କେତୋଟି ସୋପାନ ସୁନିର୍ଦ୍ଦିଷ୍ଟ କରାଯାଉଥିଲେ ମଧ୍ୟ ସବୁଲୋକ ଯେ ସମାନ ଭାବରେ ଏହିସବୁ ସୋପାନ ଦେଇ ଗତି କରନ୍ତି, ତାହା ସୁନିଶ୍ଚିତ ଭାବରେ କୁହାଯିବ ନାହିଁ। ମୃତ୍ୟୁ-ସହିତ ସଂଗ୍ରାମ କରୁଥିବା କେତେକ ବ୍ୟକ୍ତିଙ୍କର କ୍ରୋଧ ମୁଖ୍ୟତଃ ପ୍ରକାଶ ପାଏ ଏବଂ ଏହାର ପ୍ରଭାବ ଦୀର୍ଘକାଳ ରହେ । ଅନ୍ୟ କେତେକ ବ୍ୟକ୍ତିଙ୍କ କ୍ଷେତ୍ରରେ ବିଷାଦ (Depression) ବ୍ୟକ୍ତିକୁ ଅଧିକ ଆଚ୍ଛନ୍ନ କରେ । ବ୍ୟକ୍ତି ହୁଏତ ନିଜସ୍ୱ ଶୈଳୀରେ ମୃତ୍ୟୁର ମୁକାବିଲା କରେ। ବ୍ୟକ୍ତି ପୁରୁଷ କି ନାରୀ ଏବଂ ବ୍ୟକ୍ତିର ବୟସ ଶିକ୍ଷାଦୀକ୍ଷା ଓ ସାମାଜିକ-ସାଂସ୍କୃତିକ ପୃଷ୍ଠଭୂମି ଏବଂ ସର୍ବୋପରି ନିର୍ଦ୍ଦିଷ୍ଟ ସମସ୍ୟା (ରୋଗ) ଉପରେ ନିର୍ଭର କରି ସମନ୍ୱୟର ଶୈଳୀ ଭିନ୍ନ ଭିନ୍ନ ହୋଇଥାଏ ।

ଆପଣଙ୍କ ମୃତ୍ୟୁ ସମ୍ପର୍କିତ ଉଦ୍‌ବେଗର ସ୍ତର କିପରି ?

ନିମ୍ନରେ କେତୋଟି ବାକ୍ୟ ଦିଆଯାଇଛି। ପ୍ରତିଟି ବାକ୍ୟ ଭଲରୂପେ ପଢ଼ନ୍ତୁ। ପ୍ରତିଟି ବାକ୍ୟ ସହିତ ଆପଣ କେତେ ମାତ୍ରାରେ ଅମତ କିମ୍ବା ଏକମତ ତାହା ବିଚାର କରି ନିମ୍ନ ସୂଚନା ଅନୁଯାୟୀ ପ୍ରତିଟି ବାକ୍ୟ ପାଇଁ ଗୋଟିଏ ଗୋଟିଏ ସଂଖ୍ୟା ଲେଖି ରଖନ୍ତୁ।

☞ ଅତିବେଶି ଅମତ ହୋଇଥିଲେ ବାକ୍ୟଟି ପାଇଁ ୧ ଲେଖନ୍ତୁ। ବେଶୀ ଅମତ ହୋଇଥିଲେ ବାକ୍ୟ ପାଇଁ ୨ ଲେଖନ୍ତୁ। କିଛି ମାତ୍ରାରେ ଅମତ ହୋଇଥିଲେ ୩ ଲେଖନ୍ତୁ । ନିଷ୍ପତ୍ତି ନ କରିପାରିଲେ ୪ ଲେଖନ୍ତୁ। କିଛି ମାତ୍ରାରେ ଏକମତ ହୋଇଥିଲେ ୫ ଲେଖନ୍ତୁ । ବେଶୀ ଏକମତ ହୋଇଥିଲେ ୬ ଲେଖନ୍ତୁ। ଅତି ବେଶୀ ଏକମତ ହୋଇଥିଲେ ୭ ଲେଖନ୍ତୁ।

୧) ମୁଁ ମୃତ୍ୟୁ ସମ୍ପର୍କରେ କିଛି ପଢ଼ିବା ସମୟର ଅସ୍ୱସ୍ତି ଅନୁଭବ କରେ।

୨) ମୋର ଶୁଦ୍ଧିକ୍ରିୟା କିପରି ହେବ, ସେପରି ଯୋଜନାର ଭାବନା ମୋତେ ଅସ୍ଥିର କରେ।

୩) ଜଣକର ଜୀବନ ସରିଆସୁଛି, ଏପରି ଲୋକଙ୍କୁ ଦେଖାକରି ଯିବାକୁ ମୁଁ କୁଣ୍ଠାବୋଧ କରିବି।

୪) ମୋର ମୃତ୍ୟୁପର ବ୍ୟବସ୍ଥା ସମ୍ପର୍କରେ ଆଲୋଚନା କରିବା ମୋ ପକ୍ଷରେ କଷ୍ଟକର ବ୍ୟାପାର।

୫) ମୁଁ କୌଣସି ଶୁଦ୍ଧିକ୍ରିଆ ଜନିତ କାର୍ଯ୍ୟକ୍ରମକୁ ଯାଏ ନାହିଁ।

୬) ମୋର ମୃତ୍ୟୁ ଚିନ୍ତା ମୋତେ ଅସ୍ଥିର କରେ।

୭) ମୁଁ ଦୁଃସାହସିକ କାର୍ଯ୍ୟକ୍ରମରୁ ନିଜକୁ ଦୂରରେ ରଖିଥାଏ।

୮) ଶବଯାତ୍ରାର ଦୃଶ୍ୟ ମୋ ପାଖରେ ଅସହ୍ୟ।

୯) ମୃତ୍ୟୁପର ଶୂନ୍ୟତା ମୋ ମନରେ ଦୁଶ୍ଚିନ୍ତା ଆଣେ।

୧୦) କୌଣସି ପରିଚିତ ବ୍ୟକ୍ତିଙ୍କ ମୃତ୍ୟୁ ସ୍ଥଳକୁ କେହି ମୋତେ ଡାକିଲେ ମୁଁ ଏଡ଼ାଇଯାଏ ।

ଏହି ମାପକାଠି ଆପଣଙ୍କୁ କିଛିଟା ସୂଚନା ଦେବା ପାଇଁ ଅଭିପ୍ରେତ। ବୈଜ୍ଞାନିକ ଦୃଷ୍ଟିକୋଣରୁ ଏହାକୁ ଅଭ୍ରାନ୍ତ ମନେକରିବା ଅନୁଚିତ। ଆପଣ ପ୍ରତିଟି କାବ୍ୟପାଇଁ ଲେଖି ରଖିଥିବା ସଂଖ୍ୟା (୧ରୁ ୭) ମଶାଇ ଦିଅନ୍ତୁ ଏବଂ ନିମ୍ନମତେ ବାଖ୍ୟା କରନ୍ତୁ।

୭୦ରୁ ୫୫ : ମୃତ୍ୟୁ-ସମ୍ପର୍କିତ ଉଦ୍‌ବେଗ ଖୁବ୍ ବେଶୀ

୫୪ରୁ ୪୦ : ମଧ୍ୟମ ମାତ୍ରାର ଉଦ୍‌ବେଗ

୩୯ରୁ ୨୫ : ଆପଣ ଉଦ୍‌ବେଗଗ୍ରସ୍ତ କିମ୍ବା ଉଦ୍‌ବେଗବିହୀନ ନୁହନ୍ତି।

୨୪ରୁ ୧୦ : ମୃତ୍ୟୁ-ସମ୍ପର୍କିତ ଉଦ୍‌ବେଗ ପ୍ରାୟ ନାହିଁ।

ସ୍ୱାତିକ୍ରମଣ

(Generativity)

ସାର୍ଥକ ଜୀବନର ଏକ ଅନ୍ତଃସ୍ରୋତ

ସାର୍ଥକତାର ଅନ୍ୱେଷଣ ଏକ ନିଆରା ମାନବିକ ପ୍ରକୃତି। ଜୀବନକୁ ଅର୍ଥପୂର୍ଣ୍ଣ ଭାବରେ ଗଢ଼ିତୋଳିବାର ଉଦ୍ୟମ ମଣିଷକୁ ଅନ୍ୟ ପ୍ରାଣିମାନଙ୍କ ମେଳରେ ଏକ ସ୍ୱାତନ୍ତ୍ର୍ୟ ପ୍ରଦାନ କରିଥାଏ । ସାର୍ଥକତା କହିଲେ ମଣିଷ କ'ଣ ବୁଝିଥାଏ, ସାର୍ଥକତାର କେଉଁ ଛବିଟି ମଣିଷ ମନରେ ଅଙ୍କିତ ହୁଏ ଏବଂ ସେ ଦିଗରେ ମଣିଷ କ'ଣ କରେ - ଏସବୁର ଚର୍ଚ୍ଚା ବହୁଦିନରୁ ଆରମ୍ଭ ହୋଇଛି। ଦାର୍ଶନିକମାନେ ଏ ଦିଗରେ ପ୍ରାରମ୍ଭିକ ଦାୟିତ୍ୱ ନେଇଥିଲେ ମଧ୍ୟ ବର୍ତ୍ତମାନ ମନୋବିଜ୍ଞାନୀମାନେ ଏହାର ଏକ ବିଧିବଦ୍ଧ ନକ୍‌ସା ପ୍ରସ୍ତୁତ କରିଛନ୍ତି।

ଲକ୍ଷ୍ୟସାଧନର ଗୁଣାତ୍ମକ ଦିଗ

ସାର୍ଥକ ଓ ପରିପୂର୍ଣ୍ଣ ଜୀବନର ଅର୍ଥ କ'ଣ ? ଏ ପ୍ରଶ୍ନର ଉତ୍ତର ଦେବାକୁ ଯାଇ ଅଧିକାଂଶ ମନୋବିଜ୍ଞାନୀ ମତ ଦିଅନ୍ତି ଯେ ବ୍ୟକ୍ତିଗତ ଜୀବନର ଲକ୍ଷ୍ୟକୁ ବାଦ୍ ଦେଇ ସାର୍ଥକତାର ଆଲୋଚନା ନିରର୍ଥକ। ମଣିଷ କେଉଁ ଲକ୍ଷ୍ୟ ନେଇ ଜୀବନ ଧାରଣ କରୁଛି ଏହି ଲକ୍ଷ୍ୟର ଗୁଣାତ୍ମକ ଦିଗ ହିଁ ଜୀବନର ସାର୍ଥକତା ପରିପୂର୍ଣ୍ଣ ସୂଚିତ କରେ। କିଛିସମୟ କାଳ ପାଇଁ ଗୋଟିଏ ଜଳଜାହଜ ବନ୍ଦରରେ ଆଶ୍ରୟ ନେଇପାରେ, ମାତ୍ର ବନ୍ଦରରେ ଆଶ୍ରୟ ନେବା ଜାହାଜର ମୂଳ ଲକ୍ଷ୍ୟ ନୁହେଁ। ଗୋଟିଏ ବ୍ୟୋମଯାନ ମଧ୍ୟ ସାମୟିକ ଭାବରେ ବିମାନ ବନ୍ଦରରେ ଅଟକି ଯାଇପାରେ। କିନ୍ତୁ ଭୂମିର ଊର୍ଦ୍ଧ୍ୱକୁ ଉଠି ଯାତ୍ରୀମାନଙ୍କୁ ଦୂରସ୍ଥାନକୁ ନେଇଯିବା ହିଁ ବ୍ୟୋମଯାନର ପ୍ରକୃତ ଉଦ୍ଦେଶ୍ୟ। ଠିକ୍ ସେହିପରି ମଣିଷ ହୁଏତ ଜୀବନରକ୍ଷା ପାଇଁ ଖାଦ୍ୟଖାଏ, ପାଣିପିଏ ଏବଂ ବିଶ୍ରାମ ନିଏ। କିନ୍ତୁ ଏସବୁକୁ ଜୀବନ ଲକ୍ଷ୍ୟର ମର୍ଯ୍ୟାଦା ଦିଆଯାଇପାରିବ ନାହିଁ।

ତାତ୍ପର୍ଯ୍ୟପୂର୍ଣ୍ଣ ପ୍ରଶ୍ନଟି ହେଉଛି କେଉଁସବୁ ଲକ୍ଷ୍ୟ ଜୀବନର ସୁଖ ଓ ସନ୍ତୋଷ ପ୍ରଦାନ କରିପାରିବ ? କେଉଁ ଲକ୍ଷ୍ୟ ଅଭାବରେ ଜୀବନରେ ବିଷାଦ ଓ ହତାଶା

ଭରିଯିବ ? କେଉଁ ଲକ୍ଷ୍ୟର ଉପସ୍ଥିତିରେ ଜୀବନରେ ମାନସିକ ସ୍ୱାସ୍ଥ୍ୟ ଓ ପ୍ରସନ୍ନତା ବୃଦ୍ଧି ପାଇବା ସଙ୍ଗେ ସଙ୍ଗେ ବ୍ୟକ୍ତିଗତ ଅଭିବୃଦ୍ଧି ସାଧିତ ହେବ ?

ପ୍ରାରମ୍ଭିକ ପର୍ଯ୍ୟାୟରେ, ମନୋବିଜ୍ଞାନୀମାନେ ଏପରି ଜୀବନାର୍ଥବୋଧକ ଲକ୍ଷ୍ୟର (କିମ୍ବା ଲକ୍ଷ୍ୟ ସମୂହର) ଚିହ୍ନଟ କରିବାକୁ ପ୍ରୟାସ କଲାବେଳେ ଉତ୍ତରଟିରେ କିଛି ମାତ୍ରାରେ ଭିନ୍ନତା ଥିଲା। ମାତ୍ର ପରବର୍ତ୍ତୀ ପର୍ଯ୍ୟାୟରେ ସେମାନେ ଅଧିକ ଗମ୍ଭୀତାର ସହ ଅନୁସନ୍ଧାନ କଲେ। ଏକାଧିକ ଅନୁଶୀଳନ ପଦ୍ଧତି ପ୍ରୟୋଗ କରାଗଲା। କେତେକ ସ୍ଥଳରେ ସର୍ବେକ୍ଷଣ କରାଯିବା ସମୟରେ, ଅନ୍ୟ କେତେକ ସ୍ଥାନରେ ପର୍ଯ୍ୟବେକ୍ଷଣ ଏବଂ ଅନ୍ୟ ପରିସ୍ଥିତିରେ ସଂପରୀକ୍ଷଣ (Experimental Method) ପ୍ରୟୋଗ କରାଗଲା। ଏପରି ବିଭିନ୍ନ ଧରଣର ଜନବସତିରେ ଅନୁଧ୍ୟାନ କରାଗଲା। ଛାତ୍ରଛାତ୍ରୀ, ଗୃହିଣୀ, କର୍ମଜୀବୀ ମହିଳା, ବୟସ୍କ ବୟସ୍କା ବ୍ୟକ୍ତିସମୂହ ଓ ଅନ୍ୟ ସବୁବର୍ଗର ଲୋକମାନେ ଅନୁଶୀଳନ ପରିସରଭୁକ୍ତ ହେଲେ । କ୍ରମଶଃ ଅନୁଶୀଳନର ଫଳାଫଳରେ ଏକତ୍ୱ ଓ ନିର୍ଦ୍ଦିଷ୍ଟତା ପରିଦୃଷ୍ଟ ହେଲା।

ସବୁପ୍ରକାର ଲକ୍ଷ୍ୟ ମଧ୍ୟରେ ଯେଉଁ ଲକ୍ଷ୍ୟଟି ମନୁଷ୍ୟ ଜୀବନକୁ ସାର୍ଥକ କରେ ସେହି ଲକ୍ଷ୍ୟଟିକୁ ସ୍ୱାତିକ୍ରମଣ (Generativity ବା Transcendence) କୁହାଯାଇପାରେ। ଏହାର ଅର୍ଥ ହେଉଛି ନିଜର ବ୍ୟକ୍ତିଗତ ସ୍ୱାର୍ଥର ଗଣ୍ଡି ମଧ୍ୟରୁ ବାହାରି ଆସି ସାମୁହିକମଙ୍ଗଳ ପାଇଁ କାର୍ଯ୍ୟ କରିବା, ପାର୍ଥିବ ଜୀବନର ଶେଷ ହେଲେ ମଧ୍ୟ ଉତ୍ତରପୁରୁଷ ପାଇଁ କିଛି ଛାଡ଼ିଦେଇ ବିଦାୟ ନେବା ଏବଂ ନିଜର ବ୍ୟକ୍ତିଗତ ସ୍ୱାର୍ଥର ସୀମା ବାହାରକୁ ଚାଲିଯିବା । ମନସ୍ତାତ୍ତ୍ୱିକ ସ୍ତରରେ ନିଜକୁ ଅତିକ୍ରମ କରିବାର ଇଚ୍ଛା ଏଥିରେ ପ୍ରତିଫଳିତ ହେଉଥିବାରୁ ଏହାକୁ ସ୍ୱାତିକ୍ରମଣ କୁହାଯାଇପାରେ।

ଏ ଦିଗରେ ଗବେଷଣା କରୁଥିବା ତିନୋଟି ଗବେଷକଦଳ ପ୍ରଥମେ ତିନୋଟି ଲକ୍ଷ୍ୟପୁଞ୍ଜର ସନ୍ଧାନ ଦେଲେ। ପ୍ରତ୍ୟେକଟି ଲକ୍ଷ୍ୟପୁଞ୍ଜ ମାନବ ଜୀବନର ସାର୍ଥକତା ପାଇଁ ବିଶେଷ ସହାୟକ ବୋଲି ଯୁକ୍ତିକଲେ। ନିମ୍ନ ସାରଣୀରେ ତାହା ପ୍ରଦତ୍ତ। ଲକ୍ଷ୍ୟ କରିବାର କଥା ଯେ ପ୍ରତିଟି ଲକ୍ଷ୍ୟପୁଞ୍ଜରେ ସ୍ୱାତିକ୍ରମଣ ସ୍ଥାନପାଇଛି।

୧ମ ଲକ୍ଷ୍ୟସମୂହ	୨ୟ ଲକ୍ଷ୍ୟ ସମୂହ	୩ୟ ଲକ୍ଷ୍ୟସମୂହ
ସେବା	ଅନ୍ତରଙ୍ଗତା	ବଡ଼ ସଫଳତା
ସମ୍ପର୍କଶୀଳତା	ବଡ଼ଧରଣର ସଫଳତା	ଧାର୍ମିକ ବିଶ୍ୱାସ
ଧାର୍ମିକ ବିଶ୍ୱାସ	ଧାର୍ମିକ ବିଶ୍ୱାସ/ଆଧ୍ୟାତ୍ମିକତା	ଅନ୍ତରଙ୍ଗତା
ସ୍ୱାତିକ୍ରମଣ	ସ୍ୱାତିକ୍ରମଣ	ସ୍ୱାତିକ୍ରମଣ

ଉପର ସାରଣୀରେ ଏହା ସ୍ପଷ୍ଟ ଯେ, ଉଚ୍ଚତମ ଲକ୍ଷ୍ୟଚୟନରେ ଅଳ୍ପମାତ୍ରାରେ ପ୍ରାର୍ଥକ୍ୟ ଥିଲେ ମଧ୍ୟ ସ୍ୱାତିକ୍ରମଣ ପ୍ରତ୍ୟେକ ତାଲିକାରେ ସ୍ଥାନ ପାଇଛି । ସବୁମନୋବିଜ୍ଞାନୀ ଏହାର ମହତ୍ତ୍ୱକୁ ସ୍ୱୀକୃତି ଦେଇଛନ୍ତି ।

ବର୍ତ୍ତମାନ ଅଧିକ ସୁନିର୍ଦ୍ଦିଷ୍ଟ ପ୍ରଶ୍ନ ହେଉଛି : କେଉଁ କାରଣରୁ ଅନ୍ତରଙ୍ଗତା, ଆଧ୍ୟାତ୍ମିକତା ଓ ସ୍ୱାତିକ୍ରମଣରେ ମନୁଷ୍ୟର ସୁଖଶାନ୍ତି ଓ ବିକଶିତ ଜୀବନ ସହିତ ସମ୍ପର୍କ ରହିଛି ଏବଂ କେଉଁ ଉପାୟରେ ଏ ତିନୋଟି ଲକ୍ଷ୍ୟର ଅଭିପ୍ରେରଣାକୁ ବଳବତୀ କରାଯାଇ ପାରିବ ?

ଅନ୍ତରଙ୍ଗତାର କିଛି ମାତ୍ରାରେ ଗୁରୁତ୍ୱ ରହିଛି । ସମ୍ପର୍କଶୀଳତାକୁ ପ୍ରାଧାନ୍ୟ ଦେବା ଏବଂ ଏହାର ବିକାଶ ଦିଗରେ କାର୍ଯ୍ୟକରିବା ମାଧ୍ୟମରେ ବ୍ୟକ୍ତିଗତ ଅଭିବୃଦ୍ଧି ସାଧିତ ହୁଏ । ବାଲ୍ୟ ଜୀବନରୁ ଆରମ୍ଭ କରି ଜୀବନର ଶେଷ ପର୍ଯ୍ୟାୟ ପର୍ଯ୍ୟନ୍ତ ନିବିଡ଼ ସମ୍ପର୍କ ମାନସିକ ଶକ୍ତି ଓ ସ୍ୱାସ୍ଥ୍ୟ ପ୍ରଦାନ କରିଥାଏ । ଏପରିକି ନିକଟ ଅତୀତରେ କରାଯାଇଥିବା କେତେକ ଅନୁଧ୍ୟାନରୁ ଦେଖାଯାଇଛି ଯେ ଅନ୍ତରଙ୍ଗ ସମ୍ପର୍କ ମାଧ୍ୟମରେ ମିଳିଥିବା ସାମାଜିକ ସାହଚର୍ଯ୍ୟ ଦ୍ୱାରା ଏଡ଼ସ୍ ରୋଗୀମାନେ ବି କିଛିଟା ସକାରାତ୍ମକ ମାନସିକ ଉପାଦାନ ପାଇଥାଆନ୍ତି ।

ଆଧ୍ୟାତ୍ମିକତା-ସମ୍ପର୍କିତ ଲକ୍ଷ୍ୟ କହିଲେ କ'ଣ ବୁଝାଯାଏ ତାହା ଅଳ୍ପବହୁତେ ଅନେକ ଲୋକ ଜାଣନ୍ତି । ଅବଶ୍ୟ ଗମ୍ଭୀରତାର ସହ ଲୋକେ ଅଧିପ୍ରେରିତ ହୋଇ ନଥାନ୍ତି । ଏକ ଉଚ୍ଚତର ଶକ୍ତି ପ୍ରତି ଆନୁଗତ୍ୟ ଏବଂ ଜୀବନରେ ଦିବ୍ୟତା ଓ ପବିତ୍ରତାର ଅନ୍ୱେଷଣ ଏହାର ମୂଳ ଉପାଦାନ । ପାର୍ଥିବ ଜଗତର ଊର୍ଦ୍ଧ୍ୱରେ ଏକ ଦିବ୍ୟ ଉପସ୍ଥିତିକୁ ସ୍ୱୀକାର କରିବା ଏବଂ ଏହା ସହିତ ସମ୍ପର୍କ ସ୍ଥାପନ କରିବା ଆଧ୍ୟାତ୍ମିକ ଲକ୍ଷ୍ୟର କେନ୍ଦ୍ରବିନ୍ଦୁ । ଏହା ମଧ୍ୟ ଜୀବନକୁ ପରିପୁଷ୍ଟ କରେ ।

ସ୍ୱାତିକ୍ରମଣ (Generativity) ହେଉଛି ଅନ୍ୟମାନଙ୍କ ପାଇଁ ନିଜକୁ ଉତ୍ସର୍ଗ କରିବାର ମନୋଭାବ । ଉତ୍ତର ପୁରୁଷକୁ ଆଖିରେ ରଖି ଏପରି ଉତ୍ସର୍ଗ କରାଯାଏ । କହିବା ଅନାବଶ୍ୟକ ଯେ ଏପରି ମନୋଭାବ ଜୀବନରେ ସନ୍ତୋଷ ଓ ଆନନ୍ଦ ଆଣିଥାଏ ।

ସ୍ୱାତିକ୍ରମଣର ଏକାଧିକ ମାଧ୍ୟମ ରହିଛି । ଆଦର୍ଶ ଶିଶୁ ପରିପାଳନ ମଧ୍ୟ ସ୍ୱାତିକ୍ରମଣର ପରିପ୍ରକାଶ । ନିଜର ସ୍ୱାର୍ଥ ଏବଂ ଆଗାମୀ ଜୀବନର ଆର୍ଥିକ ସୁରକ୍ଷାର କଥା ଚିନ୍ତା ନ କରି ଯେଉଁମାନେ ଭବିଷ୍ୟତ ବଂଶଧର ନିର୍ମାଣର କାର୍ଯ୍ୟ କରୁଛନ୍ତି, ଏପରି ଅଭିପ୍ରେରଣା ଜୀବନ ଲକ୍ଷ୍ୟକୁ ମହତ୍ତ୍ୱପୂର୍ଣ୍ଣ କରିଥାଏ । ସେହିପରି ଏକ 'ମିଶନ'ର ଅଭିରୁଚି ନେଇ ଶିକ୍ଷାର୍ଥୀମାନଙ୍କୁ ଶିକ୍ଷାଦାନ କରିବା ଏକ ସ୍ୱାତିକ୍ରମଣ

ପ୍ରକ୍ରିୟା। ଅନୁରୂପ ମନୋଭାବ ନେଇ ଆଗାମୀ ପିଢ଼ିର ଲୋକମାନଙ୍କୁ ତାଲିମ ବା ପ୍ରଶିକ୍ଷଣ ଦେବା ମଧ୍ୟ ଏ ଧରଣର ଜୀବନ ଲକ୍ଷ୍ୟ। ଅନ୍ୟର ଦୁଃଖ, ଦୁର୍ଦ୍ଦଶା ଓ ମାନସିକ ବିପର୍ଯ୍ୟୟ ସମୟରେ ଉପଦେଶନ (Counselling) ଦେଇ ସେମାନଙ୍କ ମନରେ ସ୍ଥିରତା ଓ ଦୃଢ଼ତା ସୃଷ୍ଟି କରିବା ଏକ ବିଶେଷ ଧରଣର ସ୍ୱାତିକ୍ରମଣ। ମନେ ରଖିବାକୁ ହେବ ଯେ, ଏପରିସବୁ କ୍ରିୟାକଳାପରେ ବ୍ୟବସାୟିକ ସ୍ୱାର୍ଥର ଲେଶମାତ୍ର ଚିହ୍ନ ରହିବ ନାହିଁ। ମୁଖ୍ୟତଃ ଆଗାମୀ ପିଢ଼ି ପାଇଁ ଯାହା ବାଞ୍ଛନୀୟ ଓ ମୂଲ୍ୟବାନ, ସେ ଦିଗରେ ଧ୍ୟାନ ରହିବ। ଏ ଧରଣର ମନୋବୃତ୍ତିର ପରିପ୍ରକାଶ ଅନ୍ତର୍ଜଗତରେ ରହିବ ଏବଂ ବାହ୍ୟିକ ସାଧାରଣ ଜୀବନରେ ମଧ୍ୟ ପ୍ରକାଶିତ ହେବ। ଏହା ଫଳରେ ଶାରୀରିକ ଓ ମାନସିକ ବିକାଶ ପ୍ରାୟ ସୁନିଶ୍ଚିତ।

ସାମାଜିକ ଦୃଷ୍ଟିକୋଣରୁ ବ୍ୟକ୍ତିର ସ୍ୱାତିକ୍ରମଣ ମନୋବୃତ୍ତି ଏକ ବିଶିଷ୍ଟ ଧରଣର ସାମାଜିକ ସମ୍ବଳ। ଏପରି ମନୋବୃତ୍ତି ଫଳରେ ବ୍ୟାପକ ଅର୍ଥରେ ସମାଜ ଏବଂ ସମାଜର ଅନ୍ୟସବୁ ଅନୁଷ୍ଠାନିକ ସଂଗଠନ (ଯଥା : ପରିବାର, ବିଦ୍ୟାଳୟ, ଶିକ୍ଷାୟତନ, ସାଂସ୍କୃତିକ ଅନୁଷ୍ଠାନ ଓ ଧର୍ମୀୟ ଅନୁଷ୍ଠାନ) ଉପକୃତ ହେଉଥିବାରୁ ଏପରି ସାମାଜିକ ଅବଦାନର ମହତ୍ତ୍ୱ ଖୁବ୍ ବେଶୀ।

ଏହା ସତ୍ୟ ଯେ ସ୍ୱାତିକ୍ରମଣ ଲକ୍ଷ୍ୟରେ ଅନୁପ୍ରାଣିତ ହୋଇ ଯେଉଁମାନେ ସମଷ୍ଟିଗତ ଭାବରେ ଆଗାମୀ ପିଢ଼ିର କଲ୍ୟାଣ ପାଇଁ କାର୍ଯ୍ୟକରନ୍ତି, ସେମାନଙ୍କ କାର୍ଯ୍ୟ କେବଳ ଆଗାମୀ ପିଢ଼ିକୁ ସୁସ୍ଥ ଓ ବିକଶିତ କରି ନ ଥାଏ, ବର୍ତ୍ତମାନର ପିଢ଼ି ମଧ୍ୟ ସୁଫଳ ପାଆନ୍ତି । ନିଜକୁ ଓ ସମୟକୁ ଅତିକ୍ରମ କରିବାର ପ୍ରକ୍ରିୟାରେ ଯେଉଁ ତରଙ୍ଗ ସୃଷ୍ଟିହୁଏ ତାହାର ତରଙ୍ଗାୟିତ ପ୍ରଭାବ ସମସାମୟିକ ଜୀବନକୁ ମଧ୍ୟ ସ୍ପର୍ଶ କରେ।

ମୂଳତଃ ଏକ ସକାରାତ୍ମକ ଏବଂ ଅନୁକୂଳିତ ଜୀବନର (Positive Life) ଯେଉଁ ମନସ୍ତାତ୍ତ୍ୱିକ ପରିକ୍ରମଣ କରାଯାଇଛି, ସେହି ସ୍ୱର୍ଣ୍ଣ ତ୍ରିଭୁଜର ତିନୋଟି ବିନ୍ଦୁ ହେଉଛି ଅନ୍ତରଙ୍ଗତା, ଆଧ୍ୟାତ୍ମିକତା ଏବଂ ସ୍ୱାତିକ୍ରମଣ। ଏକ ସୁଖମୟ ଓ ପରିପୂର୍ଣ୍ଣ ଜୀବନ ପାଇଁ ସ୍ୱାତିକ୍ରମଣ (Generativity) ଏକ ସୁନ୍ଦର ମାଧ୍ୟମ। ଏହି ମହାନ ଜୀବନ ଲକ୍ଷ୍ୟର କେତେକ ବିଶେଷତ୍ୱ ଏଠାରେ ସୂଚିତ କରାଯାଇଛି। ବ୍ୟକ୍ତି ଜୀବନରେ ଏ ମନୋଭାବକୁ ପ୍ରକଟ କରୁଥିବା ଅନ୍ତର୍କଥନର କେତୋଟି ବାକ୍ୟ ନିମ୍ନ ସାରଣୀରେ ପ୍ରକାଶ କରାଯାଉଛି ।

ସ୍ୱାତିକ୍ରମଣ ଲକ୍ଷ୍ୟ-ପ୍ରେରିତ ଆତ୍ମକଥନ

- ମୋ ମନକୁ ବିଷାଦଗ୍ରସ୍ତ କରିବାକୁ ମୁଁ ଦିଏ ନାହିଁ।
- ଶାରୀରିକ ସୁସ୍ଥତା ପ୍ରତି ଧ୍ୟାନ ଦିଏ।

- ବର୍ତ୍ତମାନର ବନ୍ଧୁ ଓ ବାନ୍ଧବୀଙ୍କ ମାଧ୍ୟମରେ ନୂତନ ଓ ଅପରିଚିତ ବ୍ୟକ୍ତିଙ୍କ ସହ ସମ୍ପର୍କ ଗଢ଼େ।
- ଅନ୍ୟମାନଙ୍କୁ ସୁଖ ଓ ଆଶାର ଅନୁଭବ ଦେବାରେ ପ୍ରୟାସ କରେ।
- ଅନ୍ୟମାନେ ଯେପରି ଯାହା, ସେହିପରି ଭାବେ ମୁଁ ସେମାନଙ୍କୁ ଗ୍ରହଣ କରେ ।
- ଅନ୍ୟମାନଙ୍କୁ ସନ୍ତୁଷ୍ଟ କରିବା ପାଇଁ ଛଳନାର ଆଶ୍ରୟ ନିଏ ନାହିଁ।
- ପାର୍ଥିବ ବିଷୟବସ୍ତୁ ଲାଗି ମୋର ବିଶେଷ ଆକର୍ଷଣ ନାହିଁ।
- ସବୁ ଅବସ୍ଥାରେ ମୁଁ ଅନ୍ୟମାନଙ୍କ ପ୍ରତି କୃତଜ୍ଞତା ଜ୍ଞାପନ କରେ।
- ଅନ୍ୟର ସୌଜନ୍ୟ ଦେଖିଲେ ଅନୁରୂପ ଭାବରେ ପ୍ରତିଉପକାର ପାଇଁ ଆଗ୍ରହୀ ହୁଏ ।
- ନିଜକୁ ସୁସ୍ଥ ଓ ସୁଖୀ ରହବାକୁ ସର୍ବଦା ପ୍ରୟାସ କରେ।
- ଯାହା କଲେ ଈଶ୍ୱର ପ୍ରୀତ ହେବେ ସେପରି କାର୍ଯ୍ୟକରେ।

ସଂକଟ ଓ ସମୃଦ୍ଧି

ସଂକଟ ଓ ସମୃଦ୍ଧିର ସହାବସ୍ଥାନ ଆପାତତଃ ଅବିଶ୍ୱାସ୍ୟ ମନେହୁଏ। ମାତ୍ର ଏ ସ୍ଥୂଳ ଧାରଣାର ଊର୍ଦ୍ଧ୍ୱକୁ ଯାଇ ସୂକ୍ଷ୍ମ ବିଶ୍ଳେଷଣ କଲେ ହୃଦ୍‌ବୋଧ ହୁଏ ଯେ, ଏ ଦୁଇଟିର ସହାବସ୍ଥାନ କେବଳ ସମ୍ଭବପର ନୁହେଁ, ବହୁ କ୍ଷେତ୍ରରେ ସଂକଟ ହିଁ ସମୃଦ୍ଧିର କାରଣ ହୋଇଥାଏ। ଦୁର୍ଗତିରେ ମଣିଷ ପ୍ରଗତିର ସ୍ୱପ୍ନ ଦେଖେ, ଦୁର୍ଦ୍ଦିନରେ ସୁଦିନର କଳ୍ପନା କରେ ଏବଂ ବିପଦର ତାଡ଼ନା ମଧ୍ୟରେ ସଂପଦର ଅନ୍ୱେଷଣ କରେ।

ଏ ଅବିଶ୍ୱାସ୍ୟ ପରିଣତିର କ୍ଷେତ୍ର କାଳ୍ପନିକ ନୁହେଁ। ପ୍ରଥମେ ଜ୍ଞାନ ଜଗତରେ ସଂଘଟିତ ହେଉଥିବା ପଦ୍ଧତିଗତ ସମସ୍ୟା (Paradigm Crisis) ଏବଂ ପଦ୍ଧତି ରୂପାନ୍ତର (Paradigm Shift) କଥା ବିଚାର କରାଯାଉ। ଥୋମାସ କୁନ୍ (Thomas Kuhn) ନାମକ ଜଣେ ପଦାର୍ଥ ବିଜ୍ଞାନୀ ଜ୍ଞାନ ରାଜ୍ୟର ପରିବର୍ତ୍ତନ ଲକ୍ଷ୍ୟକରି ଦୁଇଟି ଚିନ୍ତାଗର୍ଭକ ପୁସ୍ତକ ଲେଖିଛନ୍ତି। ପୁସ୍ତକ ଦୁଇଟିର ଶିରୋନାମା ହେଉଛି - Essential Tension ଏବଂ Structure of Scientific Revolution।

କୁନ୍ ଯୁକ୍ତି କରନ୍ତି ଯେ ମନୁଷ୍ୟ ତା'ର ପ୍ରଚଳିତ ଅସୁବିଧାକୁ ସ୍ୱୀକାର କରିନିଏ। କିନ୍ତୁ ସ୍ୱାଭାବିକ ଜୀବନଯାତ୍ରାରେ ଏପରି ଏକ ସମସ୍ୟା ଉପୁଜେ, ଯେଉଁ ସମସ୍ୟାଟି ପୂର୍ବ ପ୍ରଚଳିତ ପଦ୍ଧତିରେ ସମାଧାନ ହୋଇ ନଥାଏ। ଧରାଯାଉ ଗୋଟିଏ ସମୟରେ ମଣିଷ ବିଶ୍ୱାସ କରୁଥିଲା ଯେ ପୃଥିବୀ ସମତଳ ଏବଂ ଏପରି ଧାରଣା ନେଇ ସେମାନେ ନୌଯାତ୍ରା କରୁଥିଲେ। କିନ୍ତୁ ସମୟ ସମୟରେ ଦେଖାଗଲା ଯେ ସେମାନେ ଏକ ନିର୍ଦ୍ଦିଷ୍ଟ ସ୍ଥାନରେ ପହଞ୍ଚିବାର ଯୋଜନା କଲେ ମଧ୍ୟ ପୃଥକ୍ ଏକ ସ୍ଥାନରେ ପହଞ୍ଚି ଯାଇଛନ୍ତି। କାହିଁକି ପୂର୍ବାନୁମାନରେ ଏମିତି ତ୍ରୁଟି, ଏହା ବିଜ୍ଞାନୀମାନଙ୍କ ମନରେ ଗଭୀର ମାନସିକ ଚାପ ସୃଷ୍ଟି କଲା। ଏହି ମାନସିକ ଚାପର ଶରବ୍ୟ ହୋଇ ସେମାନେ ଅଧିକରୁ ଅଧିକ ଅନ୍ୱେଷଣ କଲେ। ପରିଶେଷରେ ସେମାନେ ଆବିଷ୍କାର କଲେ ଯେ

ପୃଥିବୀର ଆକାର ଗୋଲାକୃତି । ସେହିପରି ପୃଥିବୀ ସ୍ଥିର ଏବଂ ସୂର୍ଯ୍ୟ ଏହାର ଚତୁଃପାର୍ଶ୍ୱରେ ଘୂରୁଛି, ଏପରି କଳ୍ପନା ନେଇ କିଛି କାରବାର ଚଳିଯାଉଥିଲା । ମାତ୍ର ଏପରି ତ୍ରୁଟିପୂର୍ଣ୍ଣ ବିଶ୍ୱାସ କେତେକ ଜଟିଳତା ସୃଷ୍ଟି କରିବାରୁ ସୂର୍ଯ୍ୟର ସ୍ଥିରତା ଓ ପୃଥିବୀର ଗତିଶୀଳତାର ନୂଆ ତଥ୍ୟ ସ୍ୱୀକୃତି ଲାଭକଲା ।

ବିଜ୍ଞାନରାଜ୍ୟରେ ଏକ ବିରାଟ ବିସ୍ମୟ ହେଉଛି କ୍ୱାଣ୍ଟମ୍ ମେକାନିକ୍ସ । ବସ୍ତୁର କ୍ଷୁଦ୍ରତମ ଅଂଶ ଅଣୁ ପରମାଣୁ ଯେ ପୁନଶ୍ଚ କ୍ଷୁଦ୍ରତର କରଯାଇପାରେ, ଏହା ସମ୍ଭାବନାର ପରିସରକୁ ନିଆସିବା ପର୍ଯ୍ୟନ୍ତ ବସ୍ତୁର ଗତି ବୁଝାଇବା ପାଇଁ ନିଉଟନଙ୍କ ନିୟମ ପ୍ରୟୋଗ କରାଯାଉଥିଲା । ମାତ୍ର ପରମାଣୁଠାରୁ ଆହୁରି କ୍ଷୁଦ୍ରତର ପ୍ରୋଟନ୍, ନିଉଟ୍ରନ୍ ଏବଂ ଇଲେକ୍ଟ୍ରନ୍‌ର ପରିକଳ୍ପନା ଆସବା ପରେ ଜ୍ଞାନରାଜ୍ୟରେ ପୁନର୍ଗଠନର ଆବଶ୍ୟକତା ଅନୁଭୂତ ହେଲା । ପୁନଶ୍ଚ କ୍ୱାଣ୍ଟମ୍ ତଥ୍ୟ ଅନୁଯାୟୀ ପ୍ରମାଣିତ ହେଲା ଯେ, ଇଲେକ୍ଟ୍ରନ୍ ଓ ପ୍ରୋଟନ୍ ଘନ ପଦାର୍ଥ ନୁହେଁ। ସେଗୁଡ଼ିକ କେବଳ ଶକ୍ତିକଣିକାର କମ୍ପନ ମାତ୍ର। ଏପରି ସବୁ ଆବିଷ୍କାର ପରେ ପଦାର୍ଥବିଜ୍ଞାନର ନୀତିନିୟମ ନୂତନ ରୂପରେଖ ନେଲା। ସ୍ଥୂଳତଃ ଜ୍ଞାନବିଜ୍ଞାନ ରାଜ୍ୟରେ ସମସ୍ୟାକୁ ଝୁଣ୍ଟି ପଡ଼ିବାର ପ୍ରକ୍ରିୟାରେ ଅନୁସନ୍ଧାନ ତୀବ୍ରତର ରୂପ ନେଇଛି ଏବଂ ଏହାର ପରିଣତି ସ୍ୱରୂପ ନୂତନ ତଥ୍ୟ ନୂତନ ସମାଧାନର ମାର୍ଗ ଉନ୍ମୋଚିତ ହୋଇଛି।

ଆଜି ମନୁଷ୍ୟ କରୋନା ପରି ମହାମାରୀ-ଜନିତ ମହାଭୀତିର ଶିକାର ହୋଇଥିବା ସମୟରେ ଯେଉଁ ପ୍ରଶ୍ନଟି ସବୁଠାରୁ ଗଭୀର ଆଲୋଡ଼ନ ସୃଷ୍ଟି କରିଛି ତାହା ହେଉଛି କ'ଣ ହେବ ଭବିଷ୍ୟତର ରୂପରେଖ ? ମଣିଷ ଏହି ବିପଦରୁ ମୁକୁଳି ପାରିବ ତ ? ଜୀବନଯାତ୍ରା ପୁନଶ୍ଚ ସ୍ୱାଭାବିକ ହେବ ତ ? ଆମର ଉତ୍ତର-ପୁରୁଷ ଆଶା ଆଉ ବିଶ୍ୱାସର ସ୍ୱପ୍ନ ଦେଖିବେ ତ ? ଅତୀତରେ ଘଟି ଯାଇଥିବା ମହାବିପର୍ଯ୍ୟୟ ବିଶ୍ଳେଷଣ କଲେ ହୃଦ୍‌ବୋଧ ହେବ ଯେ ନିରାଶାର ବାଦଲ କ୍ରମପ୍ରସାରିତ ହେଉଥିଲେ ମଧ୍ୟ ଅନ୍ତରାଳରେ ଆଶାବାଦର ସୂର୍ଯ୍ୟରଶ୍ମି ସକ୍ରିୟ ରହିଛି ।

ଟ୍ରମା-ପରବର୍ତ୍ତୀ ବିପର୍ଯ୍ୟୟ

ଜୀବନକୁ ସୁନ୍ଦର ଓ ବିଶ୍ୱକୁ କମନୀୟ କରିବାର ସକଳ ପ୍ରଚେଷ୍ଟା ସତ୍ତ୍ୱେ ବେଶ୍ କିଛି ଲୋକଙ୍କର ଜୀବନ ଦୁର୍ବିସହ ହୋଇଉଠେ। ବିଭୀଷିକାର ଭୟାନକ ରୂପ ଜୀବନର ସୁଖଶାନ୍ତି ଛଡ଼ାଇନେଇ ଯନ୍ତ୍ରଣାର ନାଗଫାଶରେ ବାନ୍ଧିଦିଏ। ଏ ବିଭୀଷିକା ପୃଥକ୍ ପୃଥକ୍ ରୂପନେଇ ଭିନ୍ନ ଭିନ୍ନ ଲୋକମାନଙ୍କ ପାଖକୁ ଆସେ। କେତେବେଳେ ଆକସ୍ମିକ ଦୁର୍ଘଟଣାର ରୂପ ନିଏ ତ କେତେବେଳେ ରାସ୍ତା ପାର୍ଶ୍ୱରେ ଜଘନ୍ୟ ଅପରାଧର ଶିକାର ବନାଏ। କିଛି ବ୍ୟକ୍ତି ଏପରି ବିପଦର ସମ୍ମୁଖୀନ ହେବା ସ୍ଥଳେ ଅନ୍ୟ କେହି

ପାରିବାରିକ ନିର୍ଯ୍ୟାତନାର ଶରବ୍ୟ ହୋଇ ଦୁଃଖୀ ହୁଅନ୍ତି । ପୁଣି ଅନ୍ୟ କେହି ଦୁରାରୋଗ୍ୟ ପୀଡ଼ା କବଳରେ ପଡ଼ି ନିଜେ ଅସ୍ଥିର ହେବା ସଙ୍ଗେ ସଙ୍ଗେ ପରିବାର ବର୍ଗଙ୍କୁ ଉତ୍ପୀଡ଼ିତ କରିଥାନ୍ତି ।

ବିଭୀଷିକା କେବଳ ଯେ ବ୍ୟକ୍ତିଗତ ସ୍ତରରେ ଯନ୍ତ୍ରଣା ସୃଷ୍ଟି କରିଥାଏ ତାହା ନୁହେଁ । ପ୍ରାକୃତିକ ଦୁର୍ବିପାକରେ ତାଣ୍ଡବଲୀଳା ଗୋଷ୍ଠୀଗତ ଜୀବନରେ ବିପର୍ଯ୍ୟୟ ସୃଷ୍ଟିକରି ଯନ୍ତ୍ରଣାର ଗଭୀର ଛାପ ଆଣିଥାଏ । ୧୯୯୯ ମସିହାରେ ଓଡ଼ିଶାର ଉପକୂଳବର୍ତ୍ତୀ ଅଞ୍ଚଳରେ ଅକ୍ଟୋବର ମାସରେ ଘଟି ଯାଇଥିବା ମହାବାତ୍ୟାର ପ୍ରଳୟଙ୍କାରୀ ରୂପ ଏବେ ବି ଅସ୍ପଷ୍ଟ ହୋଇ ନାହିଁ । ଲକ୍ଷ ଲକ୍ଷ ଲୋକମାନଙ୍କର ଜୀବନରେ କାରୁଣ୍ୟର ଦାଗ ଛାଡ଼ିଦେଇଥିବା ଏହି ବିଭୀଷିକାର ପ୍ରଭାବ କଳ୍ପନା କରିବା ସହଜ ନୁହେଁ । ଆବାଳବୃଦ୍ଧବନିତା ସମସ୍ତେ ମହାବାତ୍ୟାର ଶରବ୍ୟ ହୋଇଥିଲେ ମଧ୍ୟ ବେଶ୍ କିଛିସଂଖ୍ୟକ ଲୋକଙ୍କର ଦାରୁଣ କ୍ଷତି ସେମାନଙ୍କୁ ଉତତ୍ରାସର (Trauma) ବଳୟ ଭିତରକୁ ଟାଣି ନେଉଥିଲା । ମା' ନିଃସହାୟ ହୋଇ ଠିଆ ହୋଇଥିବା ବେଳେ ସମୁଦ୍ର ଜୁଆରରେ ତା'ର ଶିଶୁ ସନ୍ତାନର ଶବ ଏବଂ ପିଲାମାନଙ୍କର ଆର୍ତ୍ତଚିତ୍କାର ମଧ୍ୟରେ ପିତାମାତା ଭାଙ୍ଗି ପଡୁଥିବା ବିରାଟ ବୃକ୍ଷତଳେ ଚାପି ହୋଇଯିବାର ଭୟାନକ ପରିଣତି ଏହି ଟ୍ରମାର ଅଂଶବିଶେଷ । ମହାବିପର୍ଯ୍ୟୟର ଅନୁଭବ ଫଳରେ ମାନସିକ ଶକ୍ତିର ବିଲୟ ଘଟି ଏକ ବିଶେଷ ଧରଣର ମାନସିକ ବିକୃତି ସୃଷ୍ଟି ହୁଏ । ମନୋବିଜ୍ଞାନୀ ଓ ମନୋଚିକିତ୍ସକମାନେ ଏହାକୁ ଟ୍ରମା-ପରବର୍ତ୍ତୀ ବିକୃତି (Post-Traumatic Stress Syndrome ବା PTSD) ଆଖ୍ୟା ଦେଇଛନ୍ତି ।

ସୁନାମୀ ସମେତ ବିଭିନ୍ନ ପ୍ରାକୃତିକ ଦୁର୍ବିପାକର ପୁନରାବୃତ୍ତି ଫଳରେ ଉତ୍ତ୍ରାସ-ପରବର୍ତ୍ତୀ ମାନସିକ ବିକୃତି ବା PTSD ପରିଭାଷା ସହିତ ଏବେ ବହୁଲୋକ ପରିଚିତ । ସୁତରାଂ ଏଠାରେ ତାହାର ବର୍ଣ୍ଣନା ଦିଆ ଯାଉ ନାହିଁ । କେବଳ ସଂକ୍ଷେପରେ କୁହାଯିବ ଯେ ବିପର୍ଯ୍ୟୟ ସମୟରେ ବ୍ୟକ୍ତି ପ୍ରଥମେ ସ୍ତମ୍ଭୀଭୂତ ହୋଇଥାଏ, ତା'ପରେ ଗଭୀର ଭାବରେ ଭୟଭୀତ ହୁଏ ଏବଂ ପରେ ପରେ କ୍ରୋଧାନ୍ୱିତ ହୁଏ । ଆବେଗର ପ୍ରଭାବରେ ଶରୀର ମଧ୍ୟସ୍ଥ କ୍ରିୟାକଳାପ ଏକ ଜରୁରୀକାଳୀନ ରୂପ (ଯଥା : ଦ୍ରୁତ ହୃତ୍‌ସ୍ପନ୍ଦନ) ନିଏ । ବ୍ୟକ୍ତି କିଛି କରିବାକୁ ଚେଷ୍ଟା କରେ । ମାତ୍ର ପରିଣତି ସମ୍ପୂର୍ଣ୍ଣ ନିୟନ୍ତ୍ରଣହୀନ ହୋଇଥିବାରୁ ପରମୁହୂର୍ତ୍ତରେ ଅବଶ ହୋଇପଡ଼େ ।

ସାଧାରଣତଃ ଲକ୍ଷ୍ୟ କରାଯାଏ ଯେ ଟ୍ରମାର ଶରବ୍ୟ ହୋଇଥିବା ବ୍ୟକ୍ତିମାନେ ଗୋଟିଏ ସପ୍ତାହରୁ ମାସେ ପର୍ଯ୍ୟନ୍ତ ମାତ୍ରାଧିକ ଭୟଭୀତ ଅବସ୍ଥାରେ ରୁହନ୍ତି । ମାସକପରେ ବ୍ୟକ୍ତି ଏକ କିଂକର୍ତ୍ତବ୍ୟମୂଢ଼ (Confused) ଅବସ୍ଥାକୁ ଆସେ । ଗୋଳମାଳିଆ ଚିନ୍ତା

ମନରେ ପ୍ରବେଶ କରେ। ସାମାଜିକ ସଂସର୍ଗ ଦୁର୍ବଳ ରହିଥାଏ। ଅନ୍ୟ କେତେକ କ୍ଷେତ୍ରରେ ଭାବାବେଗ କମିଯାଇ ସ୍ୱାଭାବିକ ଅବସ୍ଥାକୁ ଗତି କରୁଥିବାର ସୂଚନା ମିଳୁଥିଲେ ମଧ୍ୟ ଛ' ମାସ ପରେ ପୁଣି ତୀବ୍ରତା ପ୍ରକାଶ ପାଏ।

ଟ୍ରମା ପରବର୍ତ୍ତୀ ଲକ୍ଷଣ ଖୁବ୍ ଜଟିଳ। ଘଟଣାର ପ୍ରଥମ ଛ' ମାସ ହେଉଛି ପ୍ରଥମ ପର୍ଯ୍ୟାୟ; ଏହା ତୀବ୍ର ଅନୁଭବର ପର୍ଯ୍ୟାୟ। ପରବର୍ତ୍ତୀ ସମୟ ହେଉଛି (ପ୍ରଥମ ଛ'ମାସ ପରେ) ଅନୁଭବହୀନ (Numbing) ପର୍ଯ୍ୟାୟ। ବ୍ୟକ୍ତି ଏକାକୀ ରହିବାକୁ ଚାହେଁ; ଅନ୍ୟମାନଙ୍କଠାରୁ ଦୂରେଇ ରହିବାକୁ ପସନ୍ଦ କରେ। ବିଷାଦଗ୍ରସ୍ତ ହୋଇପଡ଼େ। ବାହାରର ଘଟଣାସବୁ ତା' ମନରେ କୌଣସି ପ୍ରତିକ୍ରିୟା ସୃଷ୍ଟି କରୁଛି ବୋଲି ମନେ ହେଉ ନଥିବାରୁ ଏ ସ୍ତରକୁ ଅନୁଭବବିହୀନ କୁହାଯାଇଛି।

ଭୟ ଓ କ୍ରୋଧ ଦୀର୍ଘଦିନ ଧରି ଶରୀରରେ ତିଷ୍ଠି ରହିବା ସମ୍ଭବ ନୁହେଁ। ମସ୍ତିଷ୍କ ମଧ୍ୟ ଦୀର୍ଘଦିନ ଧରି ଏହାକୁ ଗ୍ରହଣ କରିପାରେ ନାହିଁ। ସେହି କାରଣରୁ ବ୍ୟକ୍ତିର ମନ ଓ ଶରୀର ପ୍ରତିକ୍ରିୟାଶୀଳତା ଦର୍ଶାଇବା କମାଇ ଦିଅନ୍ତି। ବାହ୍ୟ ଉଦ୍ଦୀପକ ବ୍ୟକ୍ତିର ପରିସର ମଧ୍ୟରେ ରହିଲେ ମଧ୍ୟ ସେସବୁ ପ୍ରତିକ୍ରିୟା ସୃଷ୍ଟି କରିପାରନ୍ତି ନାହିଁ। ବ୍ୟକ୍ତି ସାମାଜିକ ସଂସର୍ଗ ତ୍ୟାଗକରେ।

ମୁଖ୍ୟତଃ ମହାଭୀତି ପରବର୍ତ୍ତୀ ଅସ୍ୱାଭାବିକ ଲକ୍ଷଣ ସବୁ ତିନି ପ୍ରକାର ହୋଇଥାଏ । ପ୍ରଥମ ଲକ୍ଷଣ ଶାରୀରିକ। ବ୍ୟକ୍ତି ଅନାବଶ୍ୟକ ଭାବେ ଅତି ସଚେତନ (Hypervigilant) ରୁହେ। ଶବ୍ଦ ନ ଥାଇ ମଧ୍ୟ ସେ ଚମକିପଡ଼େ। ନିରାପତ୍ତା ନେଇ ଚିନ୍ତିତ ରହୁଥିବାରୁ ଅତି ଜାଗରଣଶୀଳ ଅବସ୍ଥାରେ ରହିଥାଏ। ଗଛରୁ ପତ୍ରଟିଏ ପଡ଼ିଲେ କିମ୍ବା କେହି ଛୁଇଁଦେଲେ ସେ ଚମକିପଡ଼େ । ନିଦ୍ରାଜନିତ ଅସୁବିଧା ଅନୁଭୂତ ହୁଏ। ସ୍ମରଣଶକ୍ତି ହ୍ରାସପାଏ। ଏକାଗ୍ରତାର ଅଭାବ ଘଟେ । ଏସବୁ ଶାରୀରିକ ଲକ୍ଷଣ ବ୍ୟତୀତ ଆଉ କେତେକ ରୋଧକ (Intrusive) ଲକ୍ଷଣ ପ୍ରକାଶ ପାଏ। ଭୟଙ୍କର ସ୍ୱପ୍ନ ଦେଖି ନିଦ ଭାଙ୍ଗିଯାଏ। ଭୟପ୍ରଦ ଚିନ୍ତା ସବୁ ମନକୁ ଆବୋରି ବସେ। ଅତୀତର ଦୁଃଖଦ ଘଟଣାର ପୂର୍ବ ଚିତ୍ରପଟ (Fashback) ଉଦ୍‌ଭାସିତ ହୋଇ ମନକୁ ଅସ୍ଥିର କରେ। ତୃତୀୟ ଧରଣର ଲକ୍ଷଣସବୁ ସଂସର୍ଗ ବର୍ଜନ ଲକ୍ଷଣ। ବ୍ୟକ୍ତି କେବଳ ସାମାଜିକ ସଂସର୍ଗ ତ୍ୟାଗକରେ ନାହିଁ; ଅନ୍ୟର ସୁଖଦୁଃଖରେ ନିଜର ସୁଖଦୁଃଖ ପ୍ରକାଶ କରିବାର ସାମର୍ଥ୍ୟ ହରାଏ। ଆଗ୍ରହ ସୀମିତ ରୁହେ । ଆନନ୍ଦ ନିରାନନ୍ଦ ପ୍ରକାଶ ସୀମାବଦ୍ଧ ହୁଏ।

ସ୍ଥୂଳତଃ ମହାବିପର୍ଯ୍ୟୟ ପରବର୍ତ୍ତୀ ଲକ୍ଷଣ ସବୁ ଶାରୀରିକ, ରୋଧକ ଏବଂ ସାମାଜିକ ସଂସର୍ଗ ବର୍ଜନର ରୂପନେଇ ପ୍ରକାଶ ପାଏ। ସ୍ୱାଭାବିକ ଜୀବନଯାପନ କରୁଥିବା ବ୍ୟକ୍ତି ତୁଳନାରେ ଟ୍ରମାରେ ଶରବ୍ୟ ହୋଇଥିବା ପିଲା ଓ ବ୍ୟକ୍ତିବିଶେଷ

ମାତ୍ରାଧିକ ପରିମାଣରେ ଅସ୍ୱାଭାବୀ ବ୍ୟବହାର ଦର୍ଶାଉଥିବାରୁ ଏସବୁ ଲକ୍ଷଣକୁ ଟ୍ରମା-ପରବର୍ତ୍ତୀ ବିକୃତି (PTSD) ପର୍ଯ୍ୟାୟଭୁକ୍ତ କରାଯାଉଛି।

ଟ୍ରମା-ପରବର୍ତ୍ତୀ ବିକାଶ

ପୂର୍ବ ଆଲୋଚନାରେ ସୂଚନା ଦିଆଯାଇଛି ଯେ ଉତ୍‌ତ୍ରାସ (ଟ୍ରମା) ସମୟରେ ଲୋକମାନଙ୍କର ଶରୀରିକ ଓ ମାନସିକ ଯନ୍ତ୍ରଣା ସହିତ ବିଶ୍ୱାସବୋଧ ମଧ୍ୟ ବିପର୍ଯ୍ୟସ୍ତ ହୁଏ । ନିଜର ସାମର୍ଥ୍ୟ ସମ୍ପର୍କରେ, ଏକ ନ୍ୟାୟପୂର୍ଣ୍ଣ ଜଗତ ସମ୍ପର୍କରେ ଏବଂ ନିଜର ଗୁଣାବଳୀ ବିଷୟରେ ବିଶ୍ୱାସ ଭାଙ୍ଗିଯାଏ। ମୋର କାହିଁକି ଏପରି ଘଟିଲା ଏବଂ ମୁଁ କିଛି ଦୋଷ ନକରି ଯଦି କ୍ଷତିଗ୍ରସ୍ତ ହେଲି, ଅନ୍ୟ ସମସ୍ତେ ମଧ୍ୟ ବିପଦଗ୍ରସ୍ତ ହୋଇପାରନ୍ତି – ଏପରି ଭାବନା ବାରମ୍ବାର ମନକୁ ଆଚ୍ଛନ୍ନ କରେ।

ମାତ୍ର ଆଶ୍ଚର୍ଯ୍ୟର କଥା ଯେ, ଆରମ୍ଭରେ ଅନୁଭବ ମାରାତ୍ମକ ହୋଇଥିଲେ ମଧ୍ୟ ଧୀରେ ଧୀରେ କିଛି ଲୋକ ଏହି ଆବର୍ତ୍ତ ମଧ୍ୟରୁ ବାହାରି ଆସନ୍ତି। ହିଟ୍‌ଲରଙ୍କ ସମୟରେ ଯନ୍ତ୍ରଣା ଶିବିରରେ ଅକଥନୀୟ ଅତ୍ୟାଚାର ଭୋଗିଥିବା, ବଡ଼ ବଡ଼ ଭୂମିକମ୍ପର ଶରବ୍ୟ ହୋଇଥିବା ଏବଂ ୨୦୦୧ ମସିହାରେ ନିୟୁୟର୍କ ନଗରୀରେ ବିଶ୍ୱ ବାଣିଜ୍ୟ ସୌଧର ସନ୍ତ୍ରାସବାଦୀ ଆକ୍ରମଣରେ ଶିକାର ହୋଇଥିବା ଲୋକମାନଙ୍କୁ ଅଧ୍ୟୟନ କରି ସମାଜବିଜ୍ଞାନୀ ଓ ମନୋବିଜ୍ଞାନୀମାନେ ଏକ ମୋଟାମୋଟି ଆକଳନ ଦେଇଛନ୍ତି। ସେମାନଙ୍କ ମତରେ ପ୍ରାୟ ଦୁଇ-ତୃତୀୟାଂଶ ଲୋକ ଟ୍ରମା-ପରବର୍ତ୍ତୀ ମାନସିକ ପୀଡ଼ନର ଶରବ୍ୟ ହେବା ସ୍ଥଳେ ପ୍ରାୟ ଏକ-ତୃତୀୟାଂଶ ସକାରାତ୍ମକ ପରିବର୍ତ୍ତନର ଅନୁଭବ ପାଆନ୍ତି। ଏହାକୁ ଟ୍ରମା ପରବର୍ତ୍ତୀ ବିକାଶ (Post-Traumatic Growth ବା PTG) କୁହାଯାଇଛି।

ଅବଶ୍ୟ ଧୀରେ ଧୀରେ ବିକାଶ ଅନୁଭୂତ ହୁଏ। ଏପରି ଲୋକମାନେ ନିଜ ସମ୍ପର୍କରେ ଏବଂ ଜୀବନ ସମ୍ପର୍କରେ ଏକ ନୂତନ ଅନ୍ତର୍ଦୃଷ୍ଟି ଲାଭ କରନ୍ତି ଓ ଜୀବନର ପୁନର୍ଗଠନ କରନ୍ତି। ସାଧାରଣତଃ ତିନୋଟି କ୍ଷେତ୍ରରେ ସକାରାତ୍ମକ ପରବର୍ତ୍ତନ ଅନୁଭୂତ ହୁଏ। ପ୍ରଥମଟି ହେଉଛି ପ୍ରତ୍ୟକ୍ଷଣ (Perception) ଓ ଅନୁଭବର ପରିବର୍ତ୍ତନ। ଭୟାନକ ବିପଦ ମଧ୍ୟରୁ ବାହାରି ଆସିଥିବା ଲୋକମାନଙ୍କର ଆତ୍ମସାମର୍ଥ୍ୟବୋଧ ବଢ଼ିଯାଏ। ଜୀବନର ଭଙ୍ଗୁରତା ସତ୍ତ୍ୱେ ସେମାନେ ଯେ ଶକ୍ତିର ଅଧିକାରୀ, ଏପରି ଆତ୍ମପ୍ରତ୍ୟୟ ସୃଷ୍ଟି ହୁଏ। ନୈରାଶ୍ୟ ପରିବର୍ତ୍ତେ ଆଶାବାଦିତା ଦୃଢ଼ ହୁଏ। ଦ୍ୱିତୀୟତଃ ସମ୍ପର୍କଶୀଳତାରେ ପରିବର୍ତ୍ତନ ଆସେ। ପରିବାର ପ୍ରତି ଆନୁଗତ୍ୟ ବୃଦ୍ଧିପାଏ। ଅତୀତରେ ପରିବାରକୁ ଅବହେଳା କରୁଥିବା ଲୋକମାନେ ପରିବାର ପ୍ରତି ଅଧିକ ପ୍ରତିବଦ୍ଧ ହୁଅନ୍ତି। ମଦ୍ୟପାନ ବା ନିଶାସେବନର କୁଅଭ୍ୟାସ ରହିଥିଲେ ସେଗୁଡ଼ିକ ତ୍ୟାଗ କରନ୍ତି। ସାମାଜିକ ସମ୍ପର୍କକୁ

ଦୃଢ଼ କରିବା, ଦୟା ଓ ଅନୁକମ୍ପା ପ୍ରଦର୍ଶନ କରିବା ଏବଂ ଅନ୍ୟମାନଙ୍କୁ ସାହାଯ୍ୟ କରିବାର ମାନସିକତା ବୃଦ୍ଧିପାଏ । ତୃତୀୟତଃ ଅଧିକ ଗୁରୁତ୍ୱପୂର୍ଣ୍ଣ ପରିବର୍ତ୍ତନ ହେଉଛି ନିଜ ଜୀବନର ଲକ୍ଷ୍ୟ ପରିପ୍ରେକ୍ଷୀରେ ଅଗ୍ରାଧିକାରର ପରିବର୍ତ୍ତନ। ନୂତନ ଅନୁଭବର ଅଧିକାରୀ ହୋଇ ବ୍ୟକ୍ତି ଜୀବନର ମୂଲ୍ୟବୋଧ ପ୍ରତି ସଚେତନ ହୁଏ। ଜୀବନର ଅର୍ଥପୂର୍ଣ୍ଣ ଦୃଷ୍ଟିଭଙ୍ଗୀ ନେଇ ପ୍ରତ୍ୟକ୍ଷଣ କରିବାର ମନୋବୃତ୍ତି ଶକ୍ତିଶାଳୀ ହୁଏ। ସାମାଜିକ ପ୍ରତିପତ୍ତି ଓ ବୈଷୟିକ ପ୍ରଗତି ପରିବର୍ତ୍ତେ ସାର୍ଥକତାର ଜୀବନ ଅଧିକ ପ୍ରାଧାନ୍ୟ ଲାଭକରେ। ଟ୍ରମା-ପରବର୍ତ୍ତୀ ବିକାଶ ପର୍ଯ୍ୟାୟରେ ବହୁଲୋକ ଧର୍ମୀୟ ଚେତନା ଓ ଆଧ୍ୟାତ୍ମିକ ଲକ୍ଷ୍ୟ ଦିଗରେ ଅଭିପ୍ରେରିତ ହୁଅନ୍ତି ।

ଟ୍ରମା-ପରବର୍ତ୍ତୀ ଜୀବନ ବିକାଶ ପରିପ୍ରେକ୍ଷୀରେ ଭିକ୍ଟର ଫ୍ରାଙ୍କଲ୍‌ଙ୍କ ଜୀବନ-ବାର୍ତ୍ତା ଏକ ଉଜ୍ଜ୍ୱଳ ଦିଗ୍‌ଦର୍ଶକ। ଦ୍ୱିତୀୟ ବିଶ୍ୱଯୁଦ୍ଧ ସମୟରେ ହିଟ୍‌ଲରଙ୍କ ନାରକୀୟ ଯନ୍ତ୍ରଣା-ଶିବିରରେ ଯେଉଁମାନେ ଅତ୍ୟାଚାରିତ ହୋଇଥିଲେ ସେମାନଙ୍କ ଭିତରେ ଭିକ୍ଟର ଫ୍ରାଙ୍କ୍‌ଲ୍ ଅନ୍ୟତମ। ଫ୍ରାଙ୍କଲ୍ ଥିଲେ ସେ ସମୟର ପ୍ରଖ୍ୟାତ ସ୍ନାୟୁବିଜ୍ଞାନୀ ଓ ମନୋବିଜ୍ଞାନୀ। ସେ ଇହୁଦି ବଂଶଜ ଥିବାରୁ ନାଜୀ ଅତ୍ୟାଚାରର ଶିକାର ହେଲେ। ପ୍ରିୟଜନଙ୍କୁ ହରାଇଲେ। ସବୁଠାରୁ ଅଧିକ ନାରକୀୟ ପୋଲାଣ୍ଡର ଅସ୍‌ଉଇଜ୍ ମୃତ୍ୟୁ ଶିବିରରେ ତାଙ୍କୁ ରଖାଗଲା। ପ୍ରତିଦିନ ସଶ୍ରମ କାରାଦଣ୍ଡ ସହିତ ମୃତ୍ୟୁଭୟ ସଦାସର୍ବଦା ରହିଲା।

ସୌଭାଗ୍ୟବଶତଃ ହିଟ୍‌ଲରଙ୍କ ପତନ ପରେ ସେ କାରାମୁକ୍ତ ହୋଇ ବିଶ୍ୱବାସୀଙ୍କୁ ଯେଉଁ ଜୀବନମନ୍ତ୍ର ଦେଇଥିଲେ, ତାହା ହେଉଛି ଅର୍ଥପୂର୍ଣ୍ଣତାର ଅନ୍ୱେଷଣ (Search for Meaning)। ଫ୍ରାଙ୍କଲ୍‌ଙ୍କ ମତରେ ମଣିଷ ପରି ବଞ୍ଚିବାକୁ ହେଲେ ଜୀବନରେ ଅର୍ଥପୂର୍ଣ୍ଣତା ଭରିଦେବାକୁ ହେବ। ଅର୍ଥପୂର୍ଣ୍ଣ ସାର୍ଥକ ଲକ୍ଷ୍ୟ ଅନ୍ୟ କେହି ଆମ ଉପରେ ଲଦିଦେଇ ପାରିବେ ନାହିଁ। ଆମକୁ ହିଁ ଏହା ଆବିଷ୍କାର କରିବାକୁ ହେବ। ମନୋବିଜ୍ଞାନୀ ଓ ମନୋଚିକିତ୍ସକ ଏଥିରେ ସହାୟତା କରିପରାନ୍ତି। ମାତ୍ର ଆମର ସାର୍ଥକ ଲକ୍ଷ୍ୟ ଆମକୁ ବାଛି ନେବାକୁ ହେବ। ଟ୍ରମା-ପରବର୍ତ୍ତୀ ବିକାଶ ପଥରେ ପାଦ ଦେଉଥିବା ଲୋକମାନେ ନିଜ ଜୀବନର ସାର୍ଥକ ଲକ୍ଷ୍ୟ ବାଛି ନିଅନ୍ତି ।

ଟ୍ରମାର ପରବର୍ତ୍ତୀ ପର୍ଯ୍ୟାୟରେ ଜୀବନରେ ପ୍ରାପ୍ତିର ଯେଉଁ ଅନୁଭବ ଆସେ ସେଥିରେ ଦୁଇଟି ସୁଫଳ ମିଳିଥାଏ। ବ୍ୟକ୍ତି ଅତୀତରେ ଯାହା ହରାଇଥାଏ, ତାହାକୁ ଏକ ଅର୍ଥପୂର୍ଣ୍ଣ ଭଙ୍ଗୀରେ ବୁଝିବାର ପ୍ରୟାସ କରେ। କୌଣସି ଜଣେ ପ୍ରିୟଜନଙ୍କୁ ହରାଇଥିଲେ, ଏପରି କ୍ଷତିକୁ ଏକ ବୃହତ୍ତର ପରିପ୍ରେକ୍ଷୀରେ ବିଚାର କରେ। ଈଶ୍ୱର ତାଙ୍କ ପାଖକୁ ନେଇଯାଇଛନ୍ତି, ଏପରି ଧର୍ମୀୟ ଚେତନା ନେଇ ଶାନ୍ତ ହୁଏ। ଅନ୍ୟ

କେତେକ କ୍ଷେତ୍ରରେ ପ୍ରାପ୍ତି-ଜନିତ ପରିଣତିକୁ ନେଇ କିଛିଟା ସବଳତା ଅନୁଭବ କରେ। ହୃଦ୍‌ଘାତ ଫଳରେ ନିଜର ପତିଙ୍କୁ ହରାଇଥିବା ମହିଳା ପ୍ରଥମେ ସମ୍ପୂର୍ଣ୍ଣ ଅସହାୟ ଓ ନିଃସହାୟ ମନେ କରନ୍ତି। ମାତ୍ର ଧୀରେ ଧୀରେ ସ୍ୱାଭାବିକତା ଫେରିପାଇ ଘରର ଯାବତୀୟ ଦାୟିତ୍ୱ ବୁଝିବା ଏବଂ ବାହାରର ଜଞ୍ଜାଳ ଠିକ୍ ରୂପେ ପରିଚାଳନା କଲାପରେ ଉପଯୋଗୀ ଅନୁଭବ ଆସେ। ଏପରି ଅନୁଭବ ହୁଏତ ବିଳମ୍ବରେ ଆସେ ମାତ୍ର ନିଶ୍ଚିତ ଭାବରେ ଆସିଥାଏ। ଟ୍ରମାର ଶରବ୍ୟ ହୋଇଥିବା କିଛି ଲୋକଙ୍କ ମଧ୍ୟରେ ଏପରି ଅଭିବୃଦ୍ଧି ବିସ୍ମୟକର ହେଲେ ମଧ୍ୟ ଅସମ୍ଭବ ନୁହେଁ।

ପ୍ରକୃତ ଘଟଣା-କୈନ୍ଦ୍ରିକ ବ୍ୟକ୍ତି ଇତିହାସ ଆମ ଧାରଣାକୁ ଅଧିକ ପ୍ରାଞ୍ଜଳ କରିପାରେ । ଦ୍ୱିତୀୟ ବିଶ୍ୱଯୁଦ୍ଧ ପରେ ୧୯୪୫ ମସିହାରେ ହିଟ୍‌ଲରଙ୍କ ନାଜୀ ଯନ୍ତ୍ରଣା-ଶିବିରରୁ ଉଦ୍ଧାର କରାଯାଇଥିବା ବହୁ ଅନାଥ ଶିଶୁମାନଙ୍କର ପରବର୍ତ୍ତୀ ବିକାଶ ସମ୍ପର୍କରେ ଅନୁଧ୍ୟାନ କରାଯାଇଥିଲା। ଏକାଧିକ ମନୋବିଜ୍ଞାନୀ ଏହାର ଅନୁଧ୍ୟାନ କରିଥିଲେ। ଏଠାରେ ଗୋଟିଏ ଘଟଣାର ସୂଚନା ଦିଆଯାଇପାରେ। ଇଂଲଣ୍ଡର ସରେ ସହରରେ 'ଲିଙ୍ଗଫିଲଡ୍' ଅନାଥାଶ୍ରମକୁ ଯେଉଁ ଚବିଶ ଜଣ ଶିଶୁ ଆସିଥିଲେ, ସେମାନେ ପୂର୍ବ-ସୂଚିତ ପୋଲାଣ୍ଡର ଅସ୍‌ଉଇଜ୍ ଶିବିରରୁ ଆସିଥିଲେ। ପ୍ରତି ମୁହୂର୍ତ୍ତରେ ଗ୍ୟାସ୍ ଚାମ୍ବରକୁ ପଠାହେଉଥିବାର ଦୃଶ୍ୟ ଏମାନେ ଦେଖିଥିଲେ। ଗଳିତ ଶବସବୁର ଦୁର୍ଗନ୍ଧ ଏମାନଙ୍କ ଶରୀରରେ ଲାଖି ରହିଥିଲା। ଇହୁଦି ପୋଡ଼ା ହୋଇଥିବା ଗ୍ୟାସ୍ କୋଠରିର ଧୂମ ଏମାନଙ୍କ ଦେହକୁ କବଳିତ କରିଥିଲା । ଅଧିକାଂଶ ଶିଶୁଙ୍କର ବୟସ ତିନି ବର୍ଷରୁ ଆଠ ବର୍ଷ ମଧ୍ୟରେ ସୀମିତ ଥିଲା। ଚାରୋଟି ଶିଶୁଙ୍କର ବୟସ ମାତ୍ର କିଛି ମାସର ହୋଇଥିଲା।

ସାରା ମସ୍କୋଭିଜ୍ ନାମକ ଜଣେ ମନୋବିଜ୍ଞାନୀ କ୍ରମାଗତ ଭାବରେ ଏହି ଶିଶୁମାନଙ୍କର ସ୍ଥିତି ଓ ଗତି ବିଧିବଦ୍ଧ ଭାବରେ ପର୍ଯ୍ୟବେକ୍ଷଣ କଲେ। ୧୯୭୯ ମସିହାରେ ସେ ଦେଖିଲେ ଯେ ସବୁଠାରୁ କମ୍ ବୟସରେ ଅନାଥାଶ୍ରମରେ ପ୍ରବେଶ କରିଥିବା ଶିଶୁମାନଙ୍କର ଉପସ୍ଥିତ ବୟସ ପ୍ରାୟ ୩୭ ବର୍ଷ। ଏହି ମନୋବିଜ୍ଞାନୀ ୧୯୭୯ରୁ ୧୯୮୪ ପର୍ଯ୍ୟନ୍ତ ନିରବଚ୍ଛିନ୍ନ ଭାବରେ ପର୍ଯ୍ୟବେକ୍ଷଣ ଓ ସାକ୍ଷାତ୍‌କାର୍ ମାଧ୍ୟମରେ ବିବରଣୀ ପ୍ରସ୍ତୁତ କଲେ। ତାଙ୍କର ମୁଖ୍ୟ ସିଦ୍ଧାନ୍ତ ଥିଲା ଯେ ଅତୀତର ଦୁଃଖଦ ବିପର୍ଯ୍ୟୟ କେତେକଙ୍କ ଜୀବନରେ ଏକ ସଂଗ୍ରାମଶୀଳ ରୂପରେଖ ଛାଡ଼ି ଯାଇଥିଲେ ମଧ୍ୟ ସବୁ ପ୍ରକାର ଦୁର୍ଗତି ସତ୍ତ୍ୱେ କେତେକ ପ୍ରଗତିର ସ୍ୱାଦ ଅସ୍ୱାଦନ କରିଛନ୍ତି।

୨୦୦୧ ମସିହାରେ ସେପ୍ଟେମ୍ବର ୧୧ ତାରିଖରେ ନିୟୁୟର୍କର ବିଶ୍ୱବାଣିଜ୍ୟ

ସୌଧରେ ହୋଇଥିବା ସନ୍ତ୍ରାସବାଦୀ ଆକ୍ରମଣରେ ବହୁଲୋକ ମୃତାହତ ହୋଇଥିଲେ। ଜର୍ଜ ବୋନାନୋ ନାମକ ଜଣେ ମନୋବିଜ୍ଞାନୀ ଏକ ବଡ଼ ଧରଣର ପ୍ରକଳ୍ପ ମାଧ୍ୟମରେ ଫଳାଫଳ ବିଶ୍ଳେଷଣ କଲେ। ବୋନାନୋଙ୍କ ଗବେଷଣା ଅନୁଯାୟୀ ଟ୍ରମାର ଶରବ୍ୟ ହୋଇଥିବା ଲୋମାନଙ୍କୁ ପାଞ୍ଚୋଟି ବିଭାଗରେ ବିଭକ୍ତ କରାଯାଇପାରେ। ଗୋଟିଏ ବର୍ଗର ଲୋକଙ୍କର ବିଷାଦ ଓ ମାନସିକ ବିକୃତି ଚିରଦିନ ରହିଯିବ। ଦ୍ୱିତୀୟ ବର୍ଗର ଲୋକମାନଙ୍କର ଦୁଃଖ ଓ ବେଦନା ଦୀର୍ଘସ୍ଥାୟୀ ହେବ। ତୃତୀୟ ଦଳର ଲୋକମାନଙ୍କର ବିଷାଦ ଧୀରେ ଧୀରେ କଟିବ। ଚତୁର୍ଥ ଦଳର ଲୋକମାନଙ୍କ ଶୋକାକୁଳ ଅବସ୍ଥା ଧୀରେ ଧୀେ କମିବ। ମାତ୍ର ଗୋଟିଏ ବର୍ଗର ଲୋକମାନେ କେବଳ ଦୁଃସ୍ଥିତି ସହିତ ସଫଳ ସଂଗ୍ରାମ କରନ୍ତି ନାହିଁ, ସେମାନେ ଟ୍ରମା-ପରବର୍ତ୍ତୀ ପର୍ଯ୍ୟାୟରେ ଅଧିକ ବିକଶିତ ହୁଅନ୍ତି। ଏମାନଙ୍କର ସଂଖ୍ୟା ମୋଟାମୋଟି ଭାବରେ ବିପର୍ଯ୍ୟୟଗ୍ରସ୍ତ ଲୋକମାନଙ୍କର ଏକ ତୃତୀୟାଂଶ ବୋଲି ବୋନାନୋ ମତବ୍ୟକ୍ତ କରିଥିଲେ। କେବଳ ବିଶ୍ୱବାଣିଜ୍ୟ ସୌଧର ବିପର୍ଯ୍ୟୟ ନୁହେଁ, ଅନେକ ମହାବିପତ୍ତିକୁ ବିଚାରକୁ ନେଇ ଏପରି ଏକ ସିଦ୍ଧାନ୍ତକୁ ସ୍ୱୀକୃତି ଦିଆଯାଇଛି।

ମୌଳିକ ପ୍ରଶ୍ନ : ସମୃଦ୍ଧିର ନିର୍ଦ୍ଧାରକ

ସଂକଟ ଆଉ ସମୃଦ୍ଧି ପରିପ୍ରେକ୍ଷୀରେ ସବୁଠାରୁ ତାତ୍ପର୍ଯ୍ୟପୂର୍ଣ୍ଣ ପ୍ରଶ୍ନଟି ହେଉଛି କେଉଁସବୁ ଉପାଦାନ ପୃଥକ୍ ପୃଥକ୍ ପରିଣତି ସୃଷ୍ଟି କରିବ ? କେଉଁମାନେ ବିକାଶର ଅଧିକାରୀ ହେବେ ?

ଏ ଦିଗରେ ସିଧାସଳଖ ଉତ୍ତର ଦେବା ସମ୍ଭବ ନୁହେଁ। ତେବେ ପ୍ରକୃତ ସିଦ୍ଧାନ୍ତ ନିରୂପଣ କ୍ଷେତ୍ରରେ ଯେଉଁ ଦୁଇ ତିନୋଟି ତାତ୍ତ୍ୱିକ ବିଚାର ରହିଛି, ତାହାର ସୂଚନା ସିଦ୍ଧାନ୍ତ ଗ୍ରହଣରେ ବେଶ୍ ସହାୟକ ହେବ। ତାତ୍ତ୍ୱିକ ଦିଗଗୁଡ଼ିକ ହେଉଛି - ବିଭୀଷିକା ପରିଚାଳନା ତତ୍ତ୍ୱ, ମୃତ୍ୟୁ-ନିକଟ ଅନୁଭବ ଏବଂ ମନସ୍ତାତ୍ତ୍ୱିକ ବିଶ୍ଳେଷଣ।

ଆର୍ନେଷ୍ଟ ବେକର୍ ନାମକ ଜଣେ ସଂସ୍କୃତି ବିଜ୍ଞାନୀ ୧୯୭୫ ମସିହାରେ ତାଙ୍କର ପୁଲିଜର୍ ପୁରସ୍କାର ପ୍ରାପ୍ତ ପୁସ୍ତକ Denial of Death ମାଧ୍ୟମରେ ଏକ ଆକର୍ଷଣୀୟ ତତ୍ତ୍ୱର ପ୍ରଖ୍ୟାପନ କଲେ। ତାଙ୍କ ମତରେ ମନୁଷ୍ୟର ସୁରକ୍ଷା ଭାବନାକୁ ବିପନ୍ନ କରିବାରେ ମୃତ୍ୟୁଭୟ ଅନ୍ତିମ ଓ ସାର୍ବଜନନୀ ମାଧ୍ୟମ। ମନୁଷ୍ୟର ସମସ୍ତ କାର୍ଯ୍ୟକଳାପର ଅନ୍ତରାଳରେ ଯୌନଲାଳସା ସକ୍ରିୟ ରହୁଥିବାର ଫ୍ରଏଡ୍ ଯୁକ୍ତି କରୁଥିବାସ୍ଥଳେ ବେକର୍ ଦର୍ଶାଇଲେ ଯେ ମୃତ୍ୟୁଚେତନା ଏକ ବିଶେଷ ଧରଣର ଅଭିପ୍ରେରକ। ଏହି ଚେତନା ଫଳରେ ମୃତ୍ୟୁକୁ ଅସ୍ୱୀକାର କରିବା ପାଇଁ ଏବଂ ମୃତ୍ୟୁର ପ୍ରଭାବକୁ ଏଡ଼ାଇ ଯିବା ପାଇଁ ମନୁଷ୍ୟ ବହୁ ଧରଣର ଉଦ୍ୟମ କରେ ବୋଲି ବେକର୍

ଯୁକ୍ତି କରୁଥିଲେ। ମୃତ୍ୟୁକୁ ଅସ୍ୱୀକାର କରିବା ପାଇଁ ମାନବୀୟ ଯୋଜନାସବୁକୁ ସମାଜ ଓ ସଂସ୍କୃତି ମଧ୍ୟ ସାହାଯ୍ୟ କରନ୍ତି। ସ୍ମୃତିସ୍ତମ୍ଭ ଏବଂ ଆଉ ସବୁ ପ୍ରତୀକ ସମାଜ ଓ ସଂସ୍କୃତିର ସହାୟକ ଉପାଦାନ।

ବେକର୍‌ଙ୍କ ଭାବଧାରାକୁ ଆଧାର କରି ଆଧୁନିକ ମନୋବିଜ୍ଞାନୀମାନେ ବିଭୀଷିକା ପରିଚାଳନା ତଥ୍ୟ (Terror Management Theory ବା TMT) ପ୍ରଖ୍ୟାପନ କଲେ। ଏହି ତଥ୍ୟ ଅନୁଯାୟୀ ମୃତ୍ୟୁର ବିଭୀଷିକା ଖୁବ୍ ଭୟପ୍ରଦ। ସୁତରାଂ ଏହି ଭୟରୁ ରକ୍ଷା ପାଇବା ପାଇଁ ମଣିଷ ନିଜର ଆତ୍ମମର୍ଯ୍ୟାଦାବୋଧ (Self Esteem) ବୃଦ୍ଧି ପାଇଁ ଯତ୍ପରୋନାସ୍ତି ଚେଷ୍ଟାକରେ ଏବଂ ସଂସ୍କୃତି-ପ୍ରଦତ୍ତ ସୁରକ୍ଷା ବ୍ୟବସ୍ଥାକୁ ଜାବୋଡ଼ି ଧରେ। ମନୋବିଜ୍ଞାନୀମାନେ ପୁନଶ୍ଚ ଯୁକ୍ତି କରନ୍ତି ମୃତ୍ୟୁଜନିତ ଭୟରୁ ମୁକୁଳିବା ପାଇଁ ମନୁଷ୍ୟର ପ୍ରୟାସ ବିବର୍ତ୍ତନ ଧାରାରେ ଅସ୍ଥିମଜ୍ଜାଗତ ହୋଇ ପଡ଼ିଛି । ସମାଜ ଓ ସଂସ୍କୃତିର ଗତାନୁଗତିକ ବ୍ୟବସ୍ଥା ମଧ୍ୟରେ ଅନେକ ଲୋକ ଧରିନିଅନ୍ତି ଯେ ଭୌତିକ ସମ୍ବଳ, ପ୍ରତିପ୍ରତ୍ତି ଓ ଧନସମ୍ପଦ ଏକ ସୁରକ୍ଷା କବଚ। ଏପରି କମ୍ବଳର ସାହାଯ୍ୟ ନେଇ ମୃତ୍ୟୁଭୟ ଏଡ଼ାଇବାକୁ ଅନେକ ଲୋକ ଚେଷ୍ଟା କରନ୍ତି।

କାସେର୍ ଓ ଶେଲଡ଼ନ୍ ନାମକ ଦୁଇଜଣ ମନୋବିଜ୍ଞାନୀ ଗୋଟିଏ ସୁନ୍ଦର ଉପାୟରେ ପ୍ରୟୋଗଶାଳାର ବାତାବରଣ ମଧ୍ୟରେ ପରୀକ୍ଷାମୂଳକ ପରିବେଶ ନିର୍ମାଣ କଲେ। ବେଶ୍ କିଛିସଂଖ୍ୟକ ଲୋକଙ୍କ ମନରେ ଶ୍ମଶାନ-ବୈରାଗ୍ୟ (Death Salience) ସୃଷ୍ଟି କରିବାର ଉଦ୍ୟମ କଲେ। ସେମାନଙ୍କୁ ନିଜ ଜୀବନର ଅନ୍ତିମ ଅବସ୍ଥା କଳ୍ପନା କରିବାର ପରାମର୍ଶ ଦେଲେ। ପ୍ରସ୍ତାବଟି ଏହିପରି ଥିଲା : ତୁମର ଶବଟି ପଡ଼ି ରହିଛି। ସଂସ୍କାର ପାଇଁ କୌଣସି ବ୍ୟବସ୍ଥା ହୋଇପାରି ନାହିଁ। ଦୁର୍ଗନ୍ଧ ନିର୍ଗତ ହେବା ଆରମ୍ଭ ହୋଇଛି। ପୋକମାଛିରେ ଜମାଟ ବାନ୍ଧିଲାଣି। ଇତ୍ୟାଦି ଇତ୍ୟାଦି।

ଦୁଃଖଦ ଓ ପ୍ରୀତିକର କଳପନା ଜଗତରେ କିଛି ସମୟ ରଖାଗଲା ପରେ ସେମାନଙ୍କୁ ଅନ୍ୟତ୍ର ନିଆଗଲା। ପ୍ରତ୍ୟେକଙ୍କୁ ଗୋଟିଏ ପ୍ରଶ୍ନାବଳୀ ଦିଆଗଲା। ସେମାନଙ୍କର କି କି ଆବଶ୍ୟକତା କି ଚାହିଦା ରହିଛି, ତାହାର ଆକଳନ କରିବା ପ୍ରଶ୍ନାବଳୀର ଉଦ୍ଦେଶ୍ୟ ଥିଲା।

କୌତୂହଳର ବିଷୟ ଯେ, ମୃତ୍ୟୁ ଚିନ୍ତନର ଅନୁଭବ ପରେ ସେମାନଙ୍କର ଭୌତିକ କାମନା ବଢ଼ିଯାଉଛି। କେତେ ପରିମାଣର ବେତନ ଗ୍ରହଣୀୟ ହେବ, କେଉଁ ଧରଣର ବାସଗୃହ ପସନ୍ଦଯୋଗ୍ୟ ହେବ, ଏବଂ ଗମନାଗମନ ପାଇଁ କି ଗାଡ଼ି କ୍ରୟ କରାଯିବ - ଏ ସବୁ ପ୍ରଶ୍ନ ମାଧ୍ୟମରେ ବ୍ୟକ୍ତିର ଭୌତିକ ଆକାଂକ୍ଷା ଓ ଆବଶ୍ୟକତାର ଆକଳନ କରାଗଲା। ଖୁବ୍ ସ୍ପଷ୍ଟ ଭାବରେ ଦେଖାଗଲା ଯେ, ପୂର୍ବରୁ ଯେଉଁ ସବୁ ଚାହିଦା ଓ

ଆବଶ୍ୟକତା ଥିଲା ତାହା ତୁଳନାରେ କାମନା ଅଧିକ ବୃଦ୍ଧି ପାଇଛି । ପରୀକ୍ଷଣରେ ଭାଗ ନେଇ ନଥିବା ଲୋକଙ୍କ ତୁଳନାରେ ମଧ୍ୟ ବିଷୟ କାମନା ବଢ଼ିଛି । ମୃତ୍ୟୁଭୟ ଅତିକ୍ରମ କରିବା ସମୟରେ ବ୍ୟକ୍ତି ଯେ ସଂସ୍କୃତିଦତ୍ତ ସୁରକ୍ଷା କୌଶଳ (ଏ କ୍ଷେତ୍ରରେ ଧନସମ୍ପତ୍ତି) ଉପଯୋଗ କରେ, ଏହାର ଏକ ପରୀକ୍ଷାମୂଳକ ପ୍ରମାଣ ମିଳିପାରିଥିଲା ।

ଏହି ପରୀକ୍ଷାରେ ଗୋଟିଏ ଦିଗ ସ୍ପଷ୍ଟ ହେଲେ ମଧ୍ୟ ଅନ୍ୟ ଗୋଟିଏ ଦିଗ ଅସ୍ପଷ୍ଟ ରହିଗଲା । ପୂର୍ବ ଆଲୋଚନା ଅନୁଯାୟୀ ମହାବିପର୍ଯ୍ୟୟ ପରେ ବେଶ୍ କିଛି ଲୋକ (ପ୍ରାୟ ଏକ-ତୃତୀୟାଂଶ) ବିକାଶର (Post-Traumatic Growth) ଅଧିକାରୀ ହୁଅନ୍ତି । ଅନ୍ୟ ପକ୍ଷରେ ବିଭୀଷିକା ପରିଚାଳନା ତତ୍ତ୍ୱ ଅନୁଯାୟୀ ମୃତ୍ୟୁଚେତନା ମନୁଷ୍ୟକୁ ବୈଷୟିକ କାମନାର ସୁରକ୍ଷା ବଳୟକୁ ଠେଲିଦିଏ । ବର୍ତ୍ତମାନ ଏହି ଦୁଇ ଆପାତତଃ ପରସ୍ପର ବିରୋଧୀ ସିଦ୍ଧାନ୍ତ ମଧ୍ୟରେ ସଂଗତି ଆସିବ କିପରି ?

ଏହା ସମାଧାନ ଦିଗରେ ମନୋବିଜ୍ଞାନୀମାନେ ଏକାଧିକ ପ୍ରୟୋଗାତ୍ମକ ଗବେଷଣା କରିଛନ୍ତି । ଗୋଟିଏ ବିଶିଷ୍ଟ ସର୍ବେକ୍ଷଣର ଦୃଷ୍ଟାନ୍ତ ଦିଆଯାଇପାରେ । ୧୯୯୪ ମସିହା ଜାନୁଆରୀ ମାସରେ ଯୁକ୍ତରାଷ୍ଟ୍ର ଆମେରିକାର ଲସ୍ ଆଞ୍ଜେଲସ୍ ନଗରର ଉତ୍ତର ସେତୁ ଅଞ୍ଚଳରେ ଏକ ଭୟାନକ ଭୂମିକମ୍ପ ଘଟିଥିଲା । ଏଥିରେ ଜନଜୀବନର ଭୀଷଣ କ୍ଷତି ଘଟିଥିଲା । ଘଟଣାର ପରେ ପରେ ଅଳ୍ପ କେତେକ ମନୋବିଜ୍ଞାନୀ ବିପର୍ଯ୍ୟୟର ସମ୍ମୁଖୀନ ହୋଇଥିବା କିନ୍ତୁ ଜୀବନ ହରାଇ ନଥିବା ଲୋକମାନଙ୍କର ଜୀବନଶୈଳୀ ଅନୁଧ୍ୟାନ କଲା । ବିପର୍ଯ୍ୟୟ ଫଳରେ ଲୋକମାନଙ୍କ ଜୀବନ ଲକ୍ଷ୍ୟ କିପରି ପରିବର୍ତ୍ତିତ ହୋଇଛି ତାହାର ନିର୍ଦ୍ଧାରଣ ମୁଖ୍ୟ ଉଦ୍ଦେଶ୍ୟ ଥିଲା ।

ଏକ ବିସ୍ତୃତ ପ୍ରଶ୍ନାବଳୀ ମାଧ୍ୟମରେ ସେମାନଙ୍କ ଲକ୍ଷ୍ୟ ବାହ୍ୟିକ (External) କି ଅନ୍ତର୍ନିହିତ (Internal), ତାହା ସ୍ଥିର କରାଗଲା । ମଝିରେ ସମୟର ବ୍ୟବଧାନ ରଖାଯାଇ ଦୁଇଥର ସର୍ବେକ୍ଷଣ କରାଗଲା । ଶାରୀରିକ ଆକର୍ଷଣଶୀଳତା, ଧନସମ୍ପତ୍ତି, ବୃତ୍ତିଗତ ଉନ୍ନତି ପ୍ରଶଂସା ପାଇବା ପରି ଲକ୍ଷ୍ୟ ସବୁ ବାହ୍ୟିକ । ଅନ୍ୟ ପକ୍ଷରେ ବନ୍ଧୁତ୍ୱଲାଭ, ସଂପ୍ରୀତିର ପ୍ରାପ୍ତି, ବ୍ୟକ୍ତିଗତ ବିକାଶ, ସର୍ଜନଶୀଳ କାର୍ଯ୍ୟ ଅନ୍ତର୍ନିହିତ ଲକ୍ଷ୍ୟ । ଏ ଗବେଷଣାର ଫଳାଫଳ ଖୁବ୍ କୌତୂହଳପ୍ରଦ ।

ବିଶ୍ଳେଷଣରୁ ଦେଖାଗଲା ଯେ ବିପର୍ଯ୍ୟୟ ପରବର୍ତ୍ତୀ ବିକାଶ (ସକାରାତ୍ମକ ପରିବର୍ତ୍ତନ ବା (Post-Traumatic Growth ବା PTG) କ୍ଷେତ୍ରରେ ତିନୋଟି ଉପାଦାନ ସକ୍ରିୟ । ପ୍ରଥମତଃ ଘଟଣାର ତୀବ୍ରତା ଏବଂ ଦୀର୍ଘତା ପ୍ରଭାବଶାଳୀ । ସମ୍ଭବତଃ ସେଇଥିପାଇଁ ଗବେଷଣାଗାରରେ ସୃଷ୍ଟି କରାଯାଇଥିବା ଶ୍ମଶାନ-ବୈରାଗ୍ୟ (ମୃତ୍ୟୁ ଚେତନା) ବିଶେଷ ଭାବରେ ଆମର ଅନ୍ତର୍ମନର ମୂଲ୍ୟବୋଧକୁ ପରିବର୍ତ୍ତନ କରି

ନଥାଏ। ବ୍ୟକ୍ତି ଉପର ଠାଉରିଆ ଭାବରେ କେକେ ବାହ୍ୟ ପରିବର୍ତ୍ତନ (ଭଲ ଖାଇବା, ଭଲ ଘରେ ରହିବା କିମ୍ବା ବିଳାସ ବ୍ୟସନରେ ଜୀବନ କାଟିବା) ନେଇ ଖୁସି ହୁଏ। ମରଣକୁ ଜୟ କରିଛି ବୋଲି ଭାବିନିଏ । ଅନ୍ୟ ପକ୍ଷରେ ବିପର୍ଯ୍ୟୟ-ପରବର୍ତ୍ତୀ ବିକାଶ କ୍ଷେତ୍ରରେ ବ୍ୟକ୍ତି ଜୀବନ ଅନିଶ୍ଚିତତାର ସଂକେତ ବହୁଦିନ ଧରି ଅନୁଭବ କରେ। ପରିବେଶର ଦୁଃସ୍ଥିତିର ତୀବ୍ରତା ଓ ଦୀର୍ଘତା ବିକାଶର ସମ୍ଭାବନା ବୃଦ୍ଧିକରେ।

ଦ୍ୱିତୀୟ ଉପାଦାନଟି ହେଉଛି ବ୍ୟକ୍ତିର ବ୍ୟକ୍ତିତ୍ୱର ଶୈଳୀ। କେତେକ ବ୍ୟକ୍ତିଙ୍କର ସ୍ୱଭାବ ହେଉଛି ବହିର୍ମୁଖୀ (Extrinsic)। ବିପର୍ଯ୍ୟୟ ସମୟରେ ଏମାନେ ପରିବର୍ତ୍ତିତ ହେଲେ ମଧ୍ୟ ମୁଖ୍ୟତଃ ବାହ୍ୟ ପରିବେଶ (ଭୌତିକ ସୁଖସ୍ୱାଛନ୍ଦ୍ୟ) ଦିଗରେ ଗତିକରନ୍ତି। ବ୍ୟକ୍ତିତ୍ୱ ବିଚାରରେ ଅନ୍ୟ କେତେକ ଅନ୍ତର୍ମୁଖୀ (Intrinsic)। ଏପରି ଅନ୍ତର୍ମୁଖୀତ୍ୱ ଥିବା ଲୋକମାନେ ବିପର୍ଯ୍ୟୟର ସମ୍ମୁଖୀନ ହେଲେ ସେମାନଙ୍କର ମୂଲ୍ୟବୋଧ ପରିବର୍ତ୍ତିତ ହେବାର ସମ୍ଭାବନା ରହିଛି। ଦୟା, କରୁଣା ଓ କ୍ଷମାଶୀଳତା ପରି ଗୁଣ ଅଧିକ ବିକଶିତ ହୁଏ। ଅନ୍ୟକୁ ସାହାଯ୍ୟ କରିବାର ମାନସିକତା ବେଶି ବୃଦ୍ଧିପାଏ। ସୁତରାଂ ଏପରି ଅନ୍ତର୍ମୁଖୀ ଭାବସମ୍ପନ୍ନ ବ୍ୟକ୍ତିମାନେ ବିକାଶର ଅଧିକାରୀ ହୁଅନ୍ତି।

ତୃତୀୟ ଉପାଦାନଟି ବେଶ୍ ଗୁରୁତ୍ୱପୂର୍ଣ୍ଣ। ଜୀବନର ଅନିତ୍ୟତା ସମ୍ପର୍କରେ ବାରମ୍ବାର ସଂକେତ ଆସିଲେ ମଧ୍ୟ ସାମୟିକ ଭାବରେ କେତେକ ଲୋକ ଭାବନା କରନ୍ତି। ମାତ୍ର ଏପରି ଚିନ୍ତନ ସଂସାରର କୋଳାହଳ ମଧ୍ୟରେ ମିଳାଇଯାଏ। ପରିବର୍ତ୍ତନ ସ୍ଥାୟୀ, ଗଭୀର ଓ ମୂଲ୍ୟବୋଧଭିତ୍ତିକ ହୋଇ ନଥାଏ। ଅନ୍ୟ ପକ୍ଷରେ ଅନ୍ୟ କେତେକ ବ୍ୟକ୍ତିଙ୍କର ଚିନ୍ତନ ଅଗଭୀର ନହୋଇ ଅନ୍ତର୍ମନ୍ଥନ (Reflection) ସୃଷ୍ଟି କରେ। ମରଣଶୀଳତାର ସଂକେତସବୁ ଆସିବା ପରେ ଏମାନେ ନିଜ ଜୀବନର ସମୀକ୍ଷା କରନ୍ତି, ଜୀବନ ଇତିହାସର ମୁଖ୍ୟ ଘଟଣା ସବୁ ଭାବି ବସନ୍ତି। ଅତୀତରେ ତ୍ରୁଟିବିଚ୍ୟୁତିର ବିଚାର କରନ୍ତି। ଫଳରେ ଜୀବନର ପୁନର୍ଗଠନ ଦିଗରେ ଅଭିପ୍ରେରଣା ସୃଷ୍ଟି ହୁଏ। ସ୍ଥୁଳତଃ ବ୍ୟକ୍ତିର ଅନ୍ତର୍ମୁଖୀ ବ୍ୟକ୍ତିତ୍ୱ, ବିପର୍ଯ୍ୟୟର ମାତ୍ରା (ଗଭୀରତା ଆଉ ଦୀର୍ଘତା) ଏବଂ ଚିନ୍ତନଶୈଳୀ (ଅଗଭୀର କି ଅନ୍ତର୍ମନ୍ଥନ) ସମୃଦ୍ଧିର ସମ୍ଭାବନା ସୃଷ୍ଟିକରେ।

ଶେଷ ବକ୍ତବ୍ୟ ରୂପେ କୁହାଯାଇପାରେ ଯେ ସଂକଟ ସଦାସର୍ବଦା ସମୃଦ୍ଧିର ଅନ୍ତରାୟ ନୁହେଁ। ବରଂ ମନୁଷ୍ୟର ଅନ୍ତର୍ମନରେ ସୁପ୍ତ ଭାବରେ ଲୁକ୍‌କାୟିତ ଥିବା ସମ୍ଭାବନାକୁ ଜାଗ୍ରତ କରିବା ପାଇଁ ସାମୟିକ ସଂକଟର ଭୂମିକା ଥିଲା ପରି ମନେ ହୁଏ। ସ୍ଥୁଳ ବିଚାରରେ ଏ ସିଦ୍ଧାନ୍ତଟି କପୋଳକଳ୍ପିତ ମନେହେଲେ ମଧ୍ୟ ସୂକ୍ଷ୍ମତର ବିଚାର ପ୍ରକୃତ ତଥ୍ୟର ପରିଚୟ ଦେଇଥାଏ।

■

କରୋନା ପରିପ୍ରେକ୍ଷୀରେ :

ଟ୍ରମା (ଉତ୍‌ତ୍ରାସ) - ପରବର୍ତ୍ତୀ ବିକାଶ ସମ୍ଭବ କି ?

ବିଶ୍ୱବିଶ୍ରୁତ କଥାକାର ଲିଓ ଟଲଷ୍ଟୟ୍‌ଙ୍କ ଅମରକୃତି 'ଆନା କାରେନିନା' ଉପନ୍ୟାସର ଗୋଟିଏ ବାଖ୍ୟା ହେଉଛି : "ସୁନିୟନ୍ତ୍ରିତ ପରିବାରରେ ମଧ୍ୟ ଆକସ୍ମିକ ଦୁର୍ଘଟଣା ଘଟିଥାଏ ।" କେବଳ ପାରିବାରିକ ଜୀବନରେ ନୁହେଁ, ବ୍ୟକ୍ତିଗତ, ଗୋଷ୍ଠୀଗତ, ରାଷ୍ଟ୍ରଗତ ଏବଂ ବିଶ୍ୱର ମହାଭୂଖଣ୍ଡରେ ବିପର୍ଯ୍ୟୟ ଓ ମହାବିପର୍ଯ୍ୟୟ ଘଟିବାର ସମ୍ଭାବନା ରହିଛି । ବ୍ୟକ୍ତିଗତ ଜୀବନର ପରିପ୍ରେକ୍ଷୀରେ ଖୁବ୍ ଅଳ୍ପ ବୟସରେ ପିତାମାତାଙ୍କ ମୃତ୍ୟୁ, ପ୍ରିୟଜନଙ୍କ ଅକାଳ ମୃତ୍ୟୁ, କର୍କଟ ରୋଗ ପରି ଦୈହିକ ଯନ୍ତ୍ରଣା ଏବଂ ପ୍ରାକୃତିକ ଦୁର୍ବିପାକର ଶିକାର ହେବା ବ୍ୟକ୍ତି ଜୀବନର ଗୋଟିଏ ଗୋଟିଏ ଉତ୍‌ତ୍ରାସ ବା ଟ୍ରମା । ସେହିପରି ବୃହତ୍ତର ଭୂଖଣ୍ଡରେ ଘଟୁଥିବା ବିପଦ ସବୁ (ସୁନାମି, ଭୂମିକମ୍ପ, ମହାବାତ୍ୟା, ବନ୍ୟା ଇତ୍ୟାଦି) ସାମୂହିକ ସ୍ତରରେ ଟ୍ରମା ସୃଷ୍ଟି କରିଥାଏ । ଜୀବନ ଅନିଶ୍ଚିତତାର ଏକ ସ୍ମାରକ ରୂପେ ଆଜିର କରୋନା ମହାମାରୀ ମଧ୍ୟ ସେହିପରି ଏକ ମହାବିପର୍ଯ୍ୟୟ ।

ମହାବିପର୍ଯ୍ୟୟର ଶରବ୍ୟ ହେଲେ ବ୍ୟକ୍ତିଗତ ଓ ସମଷ୍ଟିଗତ ଜୀବନରେ କି କି କ୍ଷତିହୁଏ, ତାହା ଏଠାରେ ଆଲୋଚ୍ୟ ନୁହେଁ । ତେବେ ସଂକ୍ଷେପରେ କୁହାଯାଇପାରେ ଯେ ଟ୍ରମାର (Trauma) ସମ୍ମୁଖୀନ ହୋଇ ମଣିଷ ମାତ୍ରାଧିକ ମାନସିକ ଚାପ ଫଳରେ ମନସ୍ତାତ୍ତ୍ୱିକ ସ୍ଥିତି ହରାଇଥାଏ । ବହୁ ଧରଣର ମାନସିକ ବିକୃତି ଜାତ ହୁଏ । ଏହାକୁ ଟ୍ରମା ପରବର୍ତ୍ତୀ ମାନସିକ ବିକୃତି (Post-Traumatic Stress Disorder ବା PTSD) କୁହନ୍ତି । ଏହା ଜୀବନ ପରିଚାଳନାର ଏକ ଅଚଳ ଅବସ୍ଥା ସୃଷ୍ଟି କରିଥାଏ । ୧୯୯୯

ମସିହାରେ ଓଡ଼ିଶାର ଉପକୂଳବର୍ତ୍ତୀ ଅଞ୍ଚଳରେ ଅକ୍ଟୋବର ମାସରେ ଘଟିଯାଇଥିବା ମହାବାତ୍ୟାର ପ୍ରଳୟଙ୍କରୀ ରୂପ ଏବେବି ଅସ୍ପଷ୍ଟ ହୋଇ ନାହିଁ। ଏଥିରେ କ୍ଷତିଗ୍ରସ୍ତ ହୋଇଥିବା ଲୋକମାନଙ୍କର ଜୀବନରେ କାରୁଣ୍ୟର ଗଭୀର ଦାଗ ଓ ମାନସିକ ବିକୃତି ଅକଳ୍ପନୀୟ।

ସାଧାରଣତଃ ଲକ୍ଷ୍ୟ କରାଯାଏ ଯେ ଏପରି ଟ୍ରମାର ଶରବ୍ୟ ହୋଇଥିବା ବ୍ୟକ୍ତିମାନେ ଗୋଟିଏ ସପ୍ତାହରୁ ମାସେ ପର୍ଯ୍ୟନ୍ତ ଭୟଭୀତ ଅବସ୍ଥାରେ ରୁହନ୍ତି। ଭୟ ସହିତ କ୍ରୋଧ ମଧ୍ୟ ମିଶିଥାଏ। ମାସକ ପରେ ଧୀରେ ଧୀରେ ତାହାର ରୂପାନ୍ତର ଘଟି ବ୍ୟକ୍ତି ଏକ କିଂକର୍ତ୍ତବ୍ୟବିମୂଢ଼ (Confused) ଅବସ୍ଥାକୁ ଆସେ। ଗୋଳମାଳିଆ ଚିନ୍ତା ମନରେ ପ୍ରବେଶ କରେ । ସାମାଜିକ ସଂସର୍ଗ ଦୁର୍ବଳ ହୁଏ।

କେତେକ ବ୍ୟକ୍ତିଙ୍କ କ୍ଷେତ୍ରରେ ମାତ୍ରାଧିକ ଭୟ ଓ କ୍ରୋଧ ଅପରିବର୍ତ୍ତିତ ରହେ। ଅନ୍ୟ କେତେକଙ୍କ କ୍ଷେତ୍ରରେ ଏପରି ମାନସିକ ବିକୃତି ଗୋଟିଏ ମାସ ପରେ କମିଯାଇ ବ୍ୟକ୍ତି ସ୍ୱାଭାବିକତା ଆଡ଼କୁ ଗତିକରିବାର ଦେଖାଯାଏ। ପୁଣି ଅନ୍ୟ କେତେକଙ୍କ କ୍ଷେତ୍ରରେ ଛ'ମାସ ପରେ ତୀବ୍ରତା ପ୍ରକାଶ ପାଏ। ଟ୍ରମା-ପରବର୍ତ୍ତୀ ବିକୃତି ଲକ୍ଷଣର ଦୁଇଟି ପର୍ଯ୍ୟାୟ ରହିଛି। ପ୍ରଥମ ପର୍ଯ୍ୟାୟଟି (ପ୍ରଥମ ଛ'ମାସ) ତୀବ୍ର ଅନୁଭବର ପର୍ଯ୍ୟାୟ। ମାତ୍ରାଧିକ ଭୟ, କ୍ରୋଧ ଓ ବିଷାଦ ବ୍ୟକ୍ତିକୁ ଅସହାୟ କରେ। ମାତ୍ରାଧିକ ବିଷାଦ ଫଳରେ ଆତ୍ମହତ୍ୟାର ଭାବନା ଆସିଥାଏ। ଦ୍ୱିତୀୟ ପର୍ଯ୍ୟାୟଟି (ଛ'ମାସ ପରେ) ଅନୁଭବବିହୀନ (Numbing) ସ୍ତର। ବ୍ୟକ୍ତି ଅନୁଭବବିହୀନ ହୋଇପଡ଼େ। ଅନ୍ୟର ଦୁଃଖରେ ଦୁଃଖୀ ଅନୁଭବ କରିବା କିମ୍ବା ଅନ୍ୟର ସୁଖରେ ସୁଖୀ ଅନୁଭବ କରିବାର ପ୍ରବଣତା ନ ଥାଏ। ବ୍ୟକ୍ତି ଅନାବଶ୍ୟକ ଭାବେ ସଚେତନ (Hypervigilant) ରହେ । ଗଛରୁ ପତ୍ରଟିଏ ପଡ଼ିଲେ ପଥର ପଡ଼ିବାର ଶବ୍ଦ ଭାବି ଚମକି ଉଠେ। ଭୟଙ୍କର ସ୍ୱପ୍ନ ଦେଖେ। ଅତୀତର ଦୁଃଖଦ ଘଟଣାର ଭୟପ୍ରଦ ପୂର୍ବଚିତ୍ରପଟ (Flashback) ବାରମ୍ବାର ସ୍ମରଣ କରି ଅସ୍ଥିର ହୋଇଉଠେ । ସ୍ଥୂଳତଃ ଶାରୀରିକ ଓ ମାନସିକ ବିପର୍ଯ୍ୟୟର ମାତ୍ରା ଏତେ ଅଧିକ ହୁଏ ଯେ ମନୋଚିକିତ୍ସକଙ୍କ ଚିକିତ୍ସା ଓ ସହାୟତା ବିନା ଏହି ବିକୃତିବଳୟରୁ ବାହାରି ଆସିବା ପ୍ରାୟ ଅସମ୍ଭବ ହୋଇଉଠେ । ପ୍ରାକୃତିକ ଦୁର୍ବିପାକର ମାତ୍ରା ବୃଦ୍ଧି ପାଉଥିବାରୁ ବିଭିନ୍ନ ଚିକିତ୍ସାଳୟରେ ଏବେ ସ୍ୱତନ୍ତ୍ର ଭାବରେ (PTSD) ବିଭାଗ ସ୍ଥାପିତ ହେଉଛି।

ଟ୍ରମା-ପରବର୍ତ୍ତୀ ବିକାଶ

ଟ୍ରମାର ପରିଣତି ବେଶ୍ ଦୁଃଖଦ ଓ ଭୟଙ୍କର ହେଲେ ମଧ୍ୟ ଏହାର ଏକ ବିସ୍ମୟକର ଦିଗ ରହିଛି। ସମାଜବିଜ୍ଞାନୀ ଓ ମନୋବିଜ୍ଞାନୀମାନେ ଲକ୍ଷ୍ୟ କରିଛନ୍ତି ଯେ

ଟ୍ରମାର ଶରବ୍ୟ ହୋଇଥିବା ସବୁଲୋକ ମାନସିକ ବିକୃତିର ଶିକାର ହୁଅନ୍ତି ନାହିଁ। ଗବେଷକମାନେ ଦ୍ୱିତୀୟ ବିଶ୍ୱଯୁଦ୍ଧ ସମୟର ହିଟ୍‌ଲର୍‌ଙ୍କ ନାଜୀ ଯନ୍ତ୍ରଣା ଶିବିରରେ ଅକଥନୀୟ ଦୁର୍ଦ୍ଦଶା ଭୋଗ କରିଥିବା ଇହୁଦିମାନଙ୍କୁ ପର୍ଯ୍ୟବେକ୍ଷଣ କରିଛନ୍ତି। ମୃତ୍ୟୁ ଶିବିରରୁ ଉଦ୍ଧାର କରାଯାଇଥିବା ଏବଂ ବିଶ୍ୱର ବିଭିନ୍ନ ଦେଶରେ ଅନାଥାଶ୍ରମରେ ପ୍ରତିପାଳିତ ଶିଶୁମାନଙ୍କୁ ଅନୁଧ୍ୟାନ କରିଛନ୍ତି। ୧୯୯୪ ମସିହାରେ କାଲିଫର୍ଣ୍ଣିଆର ଉତ୍ତର ସେତୁ ଅଞ୍ଚଳରେ ଭୂମିକମ୍ପ-ପ୍ରପୀଡ଼ିତ ଲୋକଙ୍କର ଇତିହାସ ଅନୁଶୀଳନ କରିଛନ୍ତି। ୨୦୦୧ ମସିହାରେ ନିଉୟର୍କ ନଗରୀରେ ବିଶ୍ୱ ବାଣିଜ୍ୟ ସୌଧରେ ସନ୍ତ୍ରାସବାଦୀଙ୍କ ପ୍ରଚଣ୍ଡ ଆକ୍ରମଣରେ କ୍ଷତିଗ୍ରସ୍ତ ଲୋକଙ୍କର ସର୍ବେକ୍ଷଣ କରାଯାଇଛି । ଭାରତ ସମେତ ଏସିଆ ମହାଦେଶରେ ସୁନାମୀ ଓ ଅନ୍ୟସବୁ ପ୍ରାକୃତିକ ବିପର୍ଯ୍ୟୟର ଫଳାଫଳ ଅନୁଶୀଳନ କରାଯାଇଛି। ମୋଟାମୋଟି ଭାବରେ ଦେଖାଯାଇଛି ଯେ କ୍ଷତିଗ୍ରସ୍ତ ହୋଇଥିବା ଲୋକମାନଙ୍କ ମଧ୍ୟରୁ ପ୍ରାୟ ଦୁଇ-ତୃତୀୟାଂଶ ବ୍ୟକ୍ତି ମାନସିକ ବିକୃତିର (PTSD) ଶରବ୍ୟ ହେଲେ ମଧ୍ୟ ପ୍ରାୟ ଏକ-ତୃତୀୟାଂଶ ବ୍ୟକ୍ତି ଟ୍ରମା-ପରବର୍ତ୍ତୀ ବିକାଶର (Post-Traumatic Growth ବା PTG) ଅଧିକାରୀ ହୁଅନ୍ତି। ଏମାନେ ଉତ୍‌ତ୍ରାସର ବଳୟରୁ ବାହାରି ଆସି ଜୀବନର ପୁନର୍ଗଠନ କରନ୍ତି, ଜୀବନକୁ ଅଧିକ ବିକଶିତ କରନ୍ତି।

ସମୟକ୍ରମେ ଟ୍ରମାରୁ ବାହାରି ଆସିଥିବା ବ୍ୟକ୍ତି ନିଜ ସମ୍ପର୍କରେ ଏବଂ ନିଜର ଜୀବନ ସମ୍ପର୍କରେ ଗଭୀରତମ ଜ୍ଞାନର ଅଧିକାରୀ ହୁଅନ୍ତି। ଏପରି ଜ୍ଞାନ ବ୍ୟକ୍ତିର ସମ୍ପର୍କଶୀଳତା ଓ ଲକ୍ଷ୍ୟସାଧନକୁ ପରିପକ୍ୱ କରେ, ପାରିପାର୍ଶ୍ୱିକ ଅବସ୍ଥା ସହ ସମନ୍ୱୟଶୀଳତା ବୃଦ୍ଧି କରିବାରେ ସହାୟକ ହୁଏ।

ବିକାଶମୂଳକ ପରିବର୍ତ୍ତନ ତିନୋଟି କ୍ଷେତ୍ରରେ ସ୍ପଷ୍ଟ ପ୍ରତିଫଳିତ ହୁଏ। ପ୍ରଥମତଃ ବ୍ୟକ୍ତିର ପ୍ରତ୍ୟକ୍ଷଣ (Perception) ଓ ଅନୁଭବରେ ଗୁଣାତ୍ମକ ପରିବର୍ତ୍ତନ ଘଟେ। ବ୍ୟକ୍ତିର ଆତ୍ମବିଶ୍ୱାସ ଓ ଆତ୍ମପ୍ରତ୍ୟୟ ବୃଦ୍ଧିହୁଏ। ନିଜର ଓ ଅନ୍ୟମାନଙ୍କ ଜୀବନର ନଶ୍ୱରତା ବୁଝିପାରି ଅନ୍ତସାରଶୂନ୍ୟ ଉଦ୍ଦେଶ୍ୟସବୁରେ ନିମଜ୍ଜିତ ନ ହୋଇ ଅପେକ୍ଷାକୃତ ମୂଲ୍ୟବୋଧଭିତ୍ତିକ ଲକ୍ଷ୍ୟ ସବୁରେ ପ୍ରବୃତ୍ତ ହୁଏ।

ଦ୍ୱିତୀୟ ଧରଣର ସକାରାତ୍ମକ ପରିବର୍ତ୍ତନ ସମ୍ପର୍କଶୀଳତାକୁ କେନ୍ଦ୍ରକରି ହୋଇଥାଏ । ବ୍ୟକ୍ତି ପରିବାର ପ୍ରତି ଅଧିକ ଆନୁଗତ୍ୟ ଅନୁଭବ କରେ। ପରିବାରର ଲୋକ ଓ ଆତ୍ମୀୟସ୍ୱଜନଙ୍କ ସହ ସମ୍ପର୍କ ନିବିଡ଼ ହୁଏ। ଧୂମପାନ ଓ ମଦ୍ୟପାନ ପରି କୁଅଭ୍ୟାସ ପୂର୍ବରୁ ରହିଥିଲେ ବ୍ୟକ୍ତି ସେସବୁ ବଦଭ୍ୟାସ ତ୍ୟାଗ କରିବାରେ ଆଗଭର ହୁଏ । ଅଧିକ ଦୟାପ୍ରବଣ ହୁଏ ଏବଂ ଅନ୍ୟକୁ ସାହାଯ୍ୟ କରିବାର ମାନସିକତା ବଳବତୀ ହୁଏ ।

ତୃତୀୟତଃ ସବୁଠାରୁ ଅଧିକ ତାତ୍ପର୍ଯ୍ୟପୂର୍ଣ୍ଣ ପରିବର୍ତ୍ତନ (ବିକାଶ) ହେଉଛି ଜୀବନଲକ୍ଷ୍ୟର ପରିବର୍ତ୍ତନ। ଅଗ୍ରାଧିକାର ବଦଳେ। ଅତୀତରେ ଗୁରୁତ୍ୱହୀନ ମନେ କରାଯାଉଥିବା ଲକ୍ଷ୍ୟ ଓ ଉଦ୍ଦେଶ୍ୟ ଗୁରୁତ୍ୱପୂର୍ଣ୍ଣ ସ୍ଥାନ ନିଏ। ଜୀବନରେ ପ୍ରକୃତରେ କ'ଣ ଗୁରୁତ୍ୱପୂର୍ଣ୍ଣ - ଏପରି ଏକ ବୋଧଶକ୍ତି ବିକଶିତ ହୁଏ। ଆଧ୍ୟାତ୍ମିକ ଦୃଷ୍ଟିକୋଣର ବିସ୍ତାର ଘଟେ। ନୂତନ ଲକ୍ଷ୍ୟ ନୂତନ ସଂକଳ୍ପ ଜନ୍ମ ନେଇପାରେ। ଜଗତର ଅଳୀକ ଓ ବୈଷୟିକ କାମନା (ଧନ ସମ୍ପତ୍ତି, ପଦବୀ, ପ୍ରତିପତ୍ତି) ପରିବର୍ତ୍ତେ ଉଚ୍ଚତର ମୂଲ୍ୟବୋଧ ଦିଗରେ ଅଭିପ୍ରେରଣା ଜାତ ହୁଏ।

ଟ୍ରମା-ପରିପ୍ରେକ୍ଷୀରେ ବିଶ୍ୱର ବିଶିଷ୍ଟ ମନୋବିଜ୍ଞାନୀ ଓ ମନୋଚିକିତ୍ସକ ଭିକ୍ଟର୍ ଫ୍ରାଙ୍କଲ୍ ଗୋଟିଏ ଚମତ୍କାର କଥା କହିଛନ୍ତି। ଫ୍ରାଙ୍କଲ୍ ନିଜେ ହିଟ୍‌ଲର୍‌ଙ୍କ ନାଜୀ ଯନ୍ତ୍ରଣା-ଶିବିରରେ ଜଣେ ଦୀର୍ଘକାଳୀନ ବନ୍ଦୀ ଥିଲେ। ସେ ସବୁଠାରୁ ଅଧିକ ଯନ୍ତ୍ରଣାଦାୟକ ଶିବିର ପୋଲାଣ୍ଡର ଅସ୍‌ଉଇଜ୍ ଶିବିରରେ ସଶ୍ରମ କାରାଦଣ୍ଡ ଭୋଗୁଥିଲେ। ଯେ କୌଣସି ମୁହୂର୍ତ୍ତରେ ଗ୍ୟାସ ଚେମ୍ବରକୁ ନିଆଯାଇ ତାଙ୍କୁ ମୃତ୍ୟୁବରଣ କରିବାର ଆଶଙ୍କା ରହିଥିଲା। ତାଙ୍କର ଚାରିପାର୍ଶ୍ୱରେ ପ୍ରତିଦିନ ହଜାର ହଜାର ଇହୁଦିଙ୍କୁ ମୃତ୍ୟୁଦଣ୍ଡ ଦିଆଯାଉଥିଲା। ଏସବୁର ବିଭୀଷିକା ମଧ୍ୟରେ ସେ ବଞ୍ଚିଥିଲେ, ପ୍ରତିଦିନ କିଛି ଲେଖୁଥିଲେ ଏବଂ ବାହାରି ଆସିଲେ ସେ ଅନ୍ୟମାନଙ୍କ ପାଇଁ ଜୀବନର ଶଙ୍ଖଧ୍ୱନି କରିବେ ବୋଲି ମନେ ମନେ ଶପଥ କରିଥିଲେ।

ହିଟ୍‌ଲର୍‌ଙ୍କ ପତନ ପରେ ସେ ବାହାର ଜଗତକୁ ଆସିଲେ ଏବଂ ତାଙ୍କର ପୂର୍ବ କର୍ମସ୍ଥଳୀ ଭିଏନାରେ ଚିକିତ୍ସାକେନ୍ଦ୍ର ସ୍ଥାପନ କଲେ। ମଣିଷ ମନରୁ ଭୟ ଓ ବିଷାଦ ଦୂର କରିବା ତାଙ୍କର ମୌଳିକ ଉଦ୍ଦେଶ୍ୟ ଥିଲା। ତାଙ୍କର ମୂଳମନ୍ତ୍ର ଥିଲା ଜୀବନ ପାଇଁ ସାର୍ଥକତାର (Meaning) ଅନ୍ୱେଷଣ। ଜୀବନରେ ସାର୍ଥକତାର ଅନ୍ୱେଷଣ କରୁଥିବା ଲୋକମାନେ ଉନ୍ନତ ଓ ସୁଖମୟ ଜୀବନ ଯାପନ କରନ୍ତି। ଜୀବନର ଅର୍ଥ କୌଣସି ବ୍ୟକ୍ତି ଅନ୍ୟ ପାଇଁ ଖୋଜିଦେଇ ପାରିବ ନାହିଁ। ନିଜକୁ ହିଁ ଅନ୍ୱେଷଣ କରିବାକୁ ହେବ। ହୁଏତ ଉପଦେଶକ, ଚିକିତ୍ସକ ଓ ଅନ୍ୟମାନେ ଏଥିରେ ସାହାଯ୍ୟ କରିବେ। ମାତ୍ର ଅନ୍ୱେଷଣର ପ୍ରୟାସକୁ ନିଜେ ହିଁ ସକ୍ରିୟ ରଖିବାକୁ ହେବ। ଜୀବନର ଅର୍ଥବୋଧ ଅନ୍ୱେଷଣ କରୁଥିବା ବ୍ୟକ୍ତି ପ୍ରକୃତ ଜୀବନର ଅନୁଭବ ପାଆନ୍ତି। ଏମାନେ କେବଳ ବିରୁଦ୍ଧଶକ୍ତିର ମୁକାବିଲା କରନ୍ତି ନାହିଁ; ପ୍ରତିରୋଧ ପାର ହୋଇ ବିକଶିତ ଜୀବନର ସ୍ୱାଦ ପାଆନ୍ତି। ଫ୍ରାଙ୍କଲ୍‌ଙ୍କ ଏହି ଆହ୍ୱାନ ଟ୍ରମା ପରବର୍ତ୍ତୀ ବିକାଶ ପାଇଁ ଏକ ନିଶ୍ଚିତ ସହାୟକ।

କହିବା ଅନାବଶ୍ୟକ ଯେ ଫ୍ରାଙ୍କଲ୍‌ଙ୍କ ବାର୍ତ୍ତାର ସାରମର୍ମ ବୁଝିଥିବା ଲୋକମାନେ

ସହଜରେ ଟ୍ରମା ବଳୟରୁ ବାହାରି ଆସନ୍ତି। ଅତୀତର କ୍ଷୟକ୍ଷତି ବିଶେଷ ଭୟଙ୍କର ମନେ ନ ହୋଇ ଈଶ୍ୱରଙ୍କ ଜାଗତିକ ଯୋଜନାର ଏକ ଅଂଶବିଶେଷ ମନେହୁଏ। ଫଳରେ ସହ୍ୟ କରିବାର ଧୈର୍ଯ୍ୟ ବଢ଼େ। ପୁଣି ନୂତନ ଜୀବନକୁ ଅର୍ଥପୂର୍ଣ୍ଣ ଭାବରେ ଗ୍ରହଣ କରିନେବାରେ ସକାରାତ୍ମକ ମାନସିକତା ସୃଷ୍ଟି ହୁଏ। ମୂଳତଃ ଟ୍ରମା-ପରବର୍ତ୍ତୀ ଜୀବନରେ ବିକାଶର ଅନୁଭବ ପାଉଥିବା ଲୋକମାନେ କିଛିଟା ନିଜର ମାନସିକ ଶକ୍ତି ଏବଂ ଅନ୍ୟ କେତେକ ସହାୟକ ଉପାଦାନ ଦ୍ୱାରା ଉପକୃତ ହୁଅନ୍ତି।

ବିକାଶର ନିର୍ଦ୍ଧାରକ

ପୂର୍ବ ଆଲୋଚନାରେ ଯୁକ୍ତି କରାଯାଇଛି ଯେ ବ୍ୟକ୍ତିଗତ ଜୀବନରେ କିମ୍ବା ସମଷ୍ଟିଗତ ଜୀବନରେ ଟ୍ରମାର ସମ୍ମୁଖୀନ ହୋଇଥିବା ଲୋକମାନଙ୍କ ମଧ୍ୟରୁ ଦୁଇ-ତୃତୀୟାଂଶ ବ୍ୟକ୍ତି ମାନସିକ ବିକୃତିର (PTSD) ଶରବ୍ୟ ହେବା ସ୍ଥଳେ ପ୍ରାୟ ଏକ ତୃତୀୟାଂଶ ବ୍ୟକ୍ତି ଜୀବନ ବିକାଶର (PTG) ଅଧିକାରୀ ହୁଅନ୍ତି। ବର୍ତ୍ତମାନ ସବୁଠାରୁ ଗୁରୁତ୍ୱପୂର୍ଣ୍ଣ ପ୍ରଶ୍ନ ହେଉଛି : କେଉଁ କେଉଁ ଉପାଦାନ ନିର୍ଦ୍ଧାରଣ କରିବ କିଏ ହେବ ଅଭିବୃଦ୍ଧିର (PTG) ଅଧିକାରୀ ? ଏହା ପ୍ରକୃତରେ ଏକ ତାତ୍ପର୍ଯ୍ୟପୂର୍ଣ୍ଣ ପ୍ରଶ୍ନ କାରଣ ଏହାର ଉତ୍ତର ଉପରେ ନିର୍ଭର କରି ମାନସିକ ସ୍ୱାସ୍ଥ୍ୟସେବା, ସାମାଜିକ ସୁରକ୍ଷା ବ୍ୟବସ୍ଥା ଓ ସାମୂହିକ କଲ୍ୟାଣ ଯୋଜନାର ପରିକଳ୍ପନା କରାଯିବ।

ନିଶ୍ଚିତ ଉତ୍ତରର ସୂଚନା ଦେବା ପୂର୍ବରୁ ଟ୍ରମା ପରିପ୍ରେକ୍ଷୀରେ ଯେଉଁ କେତୋଟି ତାତ୍ତ୍ୱିକ ବିଚାର ରହିଛି, ତାହାର ସଂକ୍ଷିପ୍ତ ବର୍ଣ୍ଣନା ଦିଆଯାଇପାରେ। ୧୯୭୩ ମସିହାରେ ଆର୍ଣ୍ଣେଷ୍ଟ୍ ବେକର୍ The Denial of Death ନାମକ ଏକ ପୁସ୍ତକ ଲେଖି ଚହଳ ସୃଷ୍ଟି କରିଥିଲେ । ଏହି ପୁସ୍ତକଟି ପୁଲିଟ୍‌ଜର ପୁରସ୍କାର ପାଇଥିଲା। ମୃତ୍ୟୁ ପର ଜୀବନର ଚରମ ଦୁର୍ଦ୍ଦିନକୁ ଅସ୍ୱୀକାର କରି ଜୀବନରେ କିପରି ଅଗ୍ରସର ହେବାକୁ ପଡ଼ିବ, ତାହାର ଆଲୋଚନା ଏ ପୁସ୍ତକର ମୁଖ୍ୟ ଆଲୋଚନା ସାମଗ୍ରୀ। ଅଧିକ ଆକର୍ଷଣୀୟ ଦିଗ ହେଉଛି ଯେ ଏହାକୁ ଆଧାର କରି କେତେକ ମନୋବିଜ୍ଞାନୀ ବିଭୀଷିକା ପରିଚାଳନା ତତ୍ତ୍ୱ (Terror Management Theory ବା TMT) ନାମରେ ଏକ ତତ୍ତ୍ୱର ପ୍ରଖ୍ୟାନ କଲେ। ବିଭୀଷିକା ପରିଚାଳନା ତତ୍ତ୍ୱ ଅନୁଯାୟୀ ମଣିଷ ଯେତେବେଳେ ମୃତ୍ୟୁ ପରି କୌଣସି ଏକ ବିଭୀଷିକାର ସମ୍ମୁଖୀନ ହୁଏ, ସେତେବେଳେ ନିଜର ସ୍ଥିତି ସମ୍ଭାଳିବା ପାଇଁ କେତେକ ମାନସିକ ସୁରକ୍ଷା ବ୍ୟବସ୍ଥାର ଉପଯୋଗ କରେ । ହୁଏତ ଆତ୍ମମର୍ଯ୍ୟାଦା (Self-esteem) ବୃଦ୍ଧି କରିବା ପାଇଁ କିଛି କରିବସେ। ବ୍ୟକ୍ତି ବସବାସ କରୁଥିବା ସମାଜ ସଂସ୍କୃତିରେ ନିଜକୁ ସୁରକ୍ଷିତ ରଖିବାର ବ୍ୟବସ୍ଥା ଥିଲେ ତାହାର ବ୍ୟବହାର କରାଯାଏ।

ମୃତ୍ୟୁ ଓ ମୃତ୍ୟୁର ଭୟ ନିଶ୍ଚିତ ଭାବରେ ଏକ ବିଭୀଷିକା। ଏହାର ପରିଚାଳନା ପାଇଁ ମାନସିକ ସୁରକ୍ଷା କୌଶଳ ଏକାନ୍ତ ପ୍ରୟୋଜନ। ପରୀକ୍ଷାମୂଳକ ଭାବରେ ଏହା ପ୍ରମାଣ କରିବା ପାଇଁ ଦୁଇଜଣ ମନୋବିଜ୍ଞାନୀ ପ୍ରୟୋଗଶାଳାରେ ଏକ କୃତ୍ରିମ ବାତାବରଣ ସୃଷ୍ଟି କଲେ। ସେମାନେ କିଛିଲୋକଙ୍କୁ ନେଇ ମରଣଶୀଳତାର ସ୍ମାରକ ସ୍ୱରୂପ (Reminder of Mortality) ଚିତ୍ରସବୁ ଦେଖାଇଲେ। କମ୍ପ୍ୟୁଟର ସାହଯ୍ୟ ନେଇ ଶ୍ମଶାନର ଚିତ୍ରପଟ, ମୃତଶରୀର ଓ ସେହିପରି ଛବିସବୁ ଦେଖାଇ ଶ୍ମଶାନ ବୈରାଗ୍ୟ ସୃଷ୍ଟି କରିବାର ଉଦ୍ୟମ କଲେ। ପୁନଶ୍ଚ ଗବେଷଣାରେ ଅଂଶ ଗ୍ରହଣ କରିଥିବା ପ୍ରତିଭାଗୀଙ୍କୁ ସେମାନଙ୍କ ଜୀବନର ଅନ୍ତିମ ଦଶା, ନିଜର ଶବ, ଶବ ପଡ଼ି ରହିବାର ଦୃଶ୍ୟ ଇତ୍ୟାଦି କଳ୍ପନା କରିବାର ଅନୁରୋଧ କଲେ। ସ୍ଥୂଳତଃ ପ୍ରତିଭାଗୀଙ୍କ ମନରେ ମୃତ୍ୟୁ ଚେତନା (Death Salience) ଜନ୍ମାଇବାର ପ୍ରୟାସ କଲେ।

ମୃତ୍ୟୁ ଚେତନାର କଳ୍ପନା ମଧ୍ୟରେ ରହିବା ପରେ ଗୋଟିଏ ପ୍ରଶ୍ନାବଳୀ ମାଧ୍ୟମରେ ଲୋକମାନଙ୍କର ମନୋବୃତ୍ତି, ଅଭୀପ୍ସା ଓ ଆଭିମୁଖ୍ୟର ଆକଳନ କରାଗଲା। ଦେଖାଗଲା ଯେ ଏପରି ସଚେତନାର ପୂର୍ବ ସ୍ଥିତି ତୁଳନାରେ ଲୋକମାନଙ୍କର ଲୋଭ ବଢ଼ିଛି, ବିଷୟ କାମନା ବଢ଼ିଛି। ପୂର୍ବ ଅପେକ୍ଷା ସେମାନେ ଅଧିକ ବେତନର ବୃତ୍ତି ପ୍ରତ୍ୟାଶା କରନ୍ତି। ପୂର୍ବ ତୁଳନାରେ ବେଶୀ ସୁନ୍ଦର ବାସଗୃହର କାମନା କରନ୍ତି। ବର୍ତ୍ତମାନ ଯାତାୟତ ପାଇଁ ଅଧିକ ମୂଲ୍ୟର କାର୍‌ଟିଏ ଚାହାଁନ୍ତି। ମୋଟ ଉପରେ ମୃତ୍ୟୁ ଚେତନା ପୂର୍ବରୁ ବୈଷୟିକ ଧନ ସମ୍ପତ୍ତିର କାମନା ଯେଉଁ ସ୍ତରରେ ଥିଲା, ବର୍ତ୍ତମାନ ତାହା ବୃଦ୍ଧି ପାଇଛି। କେବଳ ପ୍ରୟୋଗଶାଳାର ପରୀକ୍ଷା ନୁହେଁ, ମୃତ୍ୟୁ ଚେତନାରେ ଭାଗ ନେଇ ନଥିବା ଦଳ ତୁଳନାରେ ମଧ୍ୟ ଏମାନଙ୍କର ଲୋଭ ଓ ଭୌତିକ ବାସନା ଅପେକ୍ଷାକୃତ ଅଧିକ ରହିଛି। ମନୋବିଜ୍ଞାନୀଙ୍କ ଯୁକ୍ତି ଅନୁଯାୟୀ ମନୁଷ୍ୟ ମୃତ୍ୟୁ ପରି ବିଭୀଷିକାର ସମ୍ମୁଖୀନ ହେଲେ ତାହାର ମୁକାବିଲା ଲାଗି ସମାଜ ଓ ସଂସ୍କୃତି ଦେଇଥିବା ସୁରକ୍ଷା କମ୍ବଳର ଆଶ୍ରୟ ନେଇ ନିଜକୁ ସୁରକ୍ଷିତ ରଖେ । ଧନ ସମ୍ପତ୍ତି ଓ ସାମାଜିକ ପ୍ରତିପତ୍ତି ଏକରକମ ସାମାଜିକ ପ୍ରତିରକ୍ଷାର ସାମଗ୍ରୀ । ସୁତରାଂ ମୃତ୍ୟୁଚିନ୍ତା ପରି ଭୟପ୍ରଦ ଅବସ୍ଥାରେ ଲୋକେ ଏହାର ବ୍ୟବହାର କରନ୍ତି।

ସୂକ୍ଷ୍ମ ଭାବରେ ବିଚାର କଲେ ଦେଖାଯିବ ଯେ ଟ୍ରମା ପରବର୍ତ୍ତୀ ବିକାଶ ଏବଂ ବିଭୀଷିକା ତଥ୍ୟ ମଧ୍ୟରେ ଗୋଟିଏ ବିରୋଧାଭାସ (Paradox) ରହିଛି। ଟ୍ରମା-ପରବର୍ତ୍ତୀ ବିକାଶ ଅନୁଯାୟୀ ଟ୍ରମା ପରେ ବ୍ୟକ୍ତି ମନରେ ଅନ୍ତର୍ନିହିତ ସଦ୍‌ଗୁଣର (ଦୟା, କ୍ଷମା, କରୁଣା ଇତ୍ୟାଦି) ବିକାଶ ଘଟେ। ମାତ୍ର ବିଭୀଷିକା ତତ୍ତ୍ୱ ଅନୁଯାୟୀ ବ୍ୟକ୍ତି ମହାବିପତ୍ତିର ସମ୍ମୁଖୀନ ହେଲେ ବହିର୍ଜଗତର ଭୌତିକ ସମ୍ବଳ (ଧନ, ସମ୍ପତ୍ତି, ପ୍ରତିପତ୍ତି) ପ୍ରତି

ଆକର୍ଷିତ ହୁଏ। ସୁତରାଂ ପ୍ରଶ୍ନ ହେଉଚି କେଉଁମାନେ ଅନ୍ତର୍ନିହିତ ମୂଲ୍ୟବୋଧ ଦିଗରେ ଯିବେ ଏବଂ କେଉଁମାନେ ଭୌତିକ ସମ୍ବଳର କାମନା କରିବେ ?

ଏହି ପ୍ରଶ୍ନର ସମାଧାନ ପାଇଁ ଅଧିକ ସତର୍କତା ଓ ଅଧିକ ଗଭୀରତାର ସହିତ ଗୋଟିଏ ସଂପରୀକ୍ଷଣ (Experiment) କରାଗଲା। ଏହି ସଂପରୀକ୍ଷଣରେ ପ୍ରତିଭାଗୀମାନଙ୍କୁ ଏକ ବିଭୀଷିକାମୟ ଘଟଣାର କଳ୍ପନା କରିବା ପାଇଁ ନିର୍ଦ୍ଦେଶ ଦିଆଗଲା । କୁହାଗଲା ଯେ ଗୋଟିଏ ଉଚ୍ଚମହଲାର କୌଣସି ଏକ ପ୍ରକୋଷ୍ଠରେ ଶୋଇଥିବା ସମୟରେ ଗଭୀର ରାତିରେ ତୀବ୍ର ଶବ୍ଦ ଶୁଣି ନିଦ ଭାଙ୍ଗି ଯାଇଛି। ହଠାତ୍ ତାଙ୍କର ଅନୁଭବ ହେଲା ଯେ ସମଗ୍ର ପ୍ରାସାଦଟି ଅଗ୍ନିର କବଳରେ। ବିଭୀଷିକାମୟ ବାତାବରଣ ମଧ୍ୟରେ ଲୋକମାନେ ପ୍ରାଣରକ୍ଷା ପାଇଁ ଦୌଡ଼ାଦୌଡ଼ି କରୁଛନ୍ତି। ସମଗ୍ର ବାତାବରଣଟି ଧୂମମୟ । ସେ ଦ୍ୱାର ଖୋଲି ବାହାରିଯିବା ପାଇଁ ଚେଷ୍ଟା କରିବା ସତ୍ତ୍ୱେ ଅଗ୍ନି କବଳିତ ହୋଇ ପ୍ରାଣ ହରାଇବାର ଆଶଙ୍କା ରହିଛି । ଏହିପରି ଏକ କାଳ୍ପନିକ ଦୁଃଖଦ ଦୃଶ୍ୟପଟର କଳ୍ପନା କଲାପରେ ପ୍ରତିଭାଗୀଙ୍କୁ ଏହା ବିଷୟରେ ଚିନ୍ତନ କରିବା ପାଇଁ ଆହ୍ୱାନ କରାଯାଇଛି।

ଏହାପରେ ଗବେଷକମାନେ ଏପରି ସଂପରୀକ୍ଷଣ ମଧ୍ୟ ଦେଇ ଗତି କରିଥିବା ଲୋକମାନଙ୍କର ମନୋବୃତ୍ତିର ପରିବର୍ତ୍ତନ ଅନୁଧ୍ୟାନ କରିଛନ୍ତି। ଦେଖାଯାଇଛି ଏମାନଙ୍କ ମୂଲ୍ୟବୋଧର ଏକ ଅନ୍ତର୍ନିହିତ ପରିବର୍ତ୍ତନ ଘଟିଛି। ଅଧିକରୁ ଅଧିକ ବୈଷୟିକ କାମନା (ଧନ ସମ୍ପତ୍ତି, ସାମାଜିକ ପ୍ରତିପତ୍ତି) ପରିବର୍ତ୍ତେ ମାନବୀୟ ମୂଲ୍ୟବୋଧ (ଦୟା, କ୍ଷମା, କରୁଣା ପ୍ରତି ଅନୁରାଗ ବୃଦ୍ଧିପାଇଛି। ଆଧ୍ୟାତ୍ମିକ ଚିନ୍ତନ ଓ ମନୋଭାବ ବୃଦ୍ଧି ପାଇଛି। ଏଠାରେ ସ୍ମରଣ କରାଇଦିଆଯାଇପାରେ ଯେ, କେବଳ ଶ୍ମଶାନ ବୈରାଗ୍ୟ ସୃଷ୍ଟି କରିବାର ପରୀକ୍ଷାରେ (ଶ୍ମଶାନର ଛବି ଦେଖାଇବା ଇତ୍ୟାଦି) ଲୋକମାନଙ୍କର ପରିବର୍ତ୍ତନ ଭୌତିକ ଓ ପାର୍ଥିବ କାମନା (ଅଧିକ ବେତନ, ଭଲ ବାସଗୃହ ଇତ୍ୟାଦି) ଦିଗରେ ବୃଦ୍ଧି ପାଇଥିଲା । ମାତ୍ର ବର୍ତ୍ତମାନର ସଂପରୀକ୍ଷଣ ପରେ ଆଧ୍ୟାତ୍ମିକତା, ଅର୍ଥପୂର୍ଣ୍ଣ ଜୀବନ ଓ ମାନବୀୟ ମୂଲ୍ୟବୋଧ ପ୍ରତି ଆକର୍ଷଣ ପରିଦୃଷ୍ଟ ହେଲା। ଗବେଷକଙ୍କ ମତରେ ଏପରି ପରିବର୍ତ୍ତନ ପାଇଁ ଗୁରୁତ୍ୱପୂର୍ଣ୍ଣ ହେଉଛି ଅନ୍ତର୍ମନ୍ଥନ (Reflection)। ମୃତ୍ୟୁ ସମ୍ପର୍କରେ ଅନ୍ତର୍ମନ୍ଥନ (Death Reflection) ହିଁ ବ୍ୟକ୍ତିକୁ ଅନ୍ତର୍ମନର ପରିବର୍ତ୍ତନ ପାଇଁ ଅଭିପ୍ରେରିତ କରିଥାଏ । ଅନ୍ତର୍ମନ୍ଥନ (Death-Reflection) ସମୟରେ ବ୍ୟକ୍ତି ନିଜ ଜୀବନ ଇତିହାସର ସମୀକ୍ଷା କରେ, ତ୍ରୁଟିବିଚ୍ୟୁତିର ବିଚାର କରେ ଏବଂ ସଂସ୍କାରମୁଖୀ ଜୀବନ ପାଇଁ ପ୍ରତିବଦ୍ଧ ହୁଏ ।

ବାସ୍ତବ ଜଗତର ଆଉ ଗୋଟିଏ ବିଶେଷ ପର୍ଯ୍ୟବେକ୍ଷଣ ଉପର ସିଦ୍ଧାନ୍ତକୁ

ଘନୀଭୂତ କରେ। ଗଭୀରତା – ମନସ୍ତତ୍ତ୍ୱର (Depth-Psychology) ଚର୍ଚ୍ଚା କରୁଥିବା ଖୁବ୍ ଅଳ୍ପ କେତେକ ମନୋବିଜ୍ଞାନୀ କତିପୟ ଲୋକଙ୍କର ମୃତ୍ୟୁସମୀପ ଅନୁଭବର (Near-Death Experience ବା NDE) ଗବେଷଣା କରିଛନ୍ତି। ଜୀବନ ପାଇଁ ସଂଘର୍ଷ କରୁଥିବା ଲୋକଟି ଶାରୀରିକ ସ୍ତରରେ ମୃତ୍ୟୁବରଣ କରିଗଲେ କଥା ସରିଗଲା। ମାତ୍ର ମୃତ୍ୟୁର ସନ୍ନିକଟବର୍ତ୍ତୀ ହୋଇ ସଂଗ୍ରାମଶୀଳ ଅବସ୍ଥାରେ ରହିଥିବା ଲୋକମାନଙ୍କର କେତେକ ବିଶିଷ୍ଟ ଧରଣର ଅନୁଭବ ରହିଛି। ବହୁ ସମୟରେ ଦେଖାଯାଇଛି ଯେ ଏପରି ଲୋକମାନେ ମୃତ୍ୟୁ ସମ୍ପର୍କରେ ଗଭୀର ଚିନ୍ତନ କରୁଥିବା ସମୟରେ ଜୀବନର ପୁନଃ ସମୀକ୍ଷା କରନ୍ତି । ଏ ସମୟରେ ଆଧ୍ୟାତ୍ମିକତା ବିକଶିତ ହେବାର ସ୍ପଷ୍ଟ ପ୍ରମାଣ ରହିଛି।

ଶେଷ ବକ୍ତବ୍ୟ

କରୋନା ମହାମାରୀ ପରି ମହାବିପର୍ଯ୍ୟୟରେ ପରବର୍ତ୍ତୀ ପର୍ଯ୍ୟାୟରେ କେଉଁମାନେ ଉନ୍ନତ ଜୀବନଶୈଳୀର ଅଧିକାରୀ ହେବ, ସେ ଦିଗରେ ସୁଚିନ୍ତିତ ଓ ସୁପରିକଳ୍ପିତ ଗବେଷଣାଲବ୍ଧ ସିଦ୍ଧାନ୍ତ ରହିଛି।

ପ୍ରଥମତଃ ଟ୍ରମା ପରବର୍ତ୍ତୀ ବିକାଶ (PTG) ପାଇଁ ଟ୍ରମାର ଅନୁଭବ ଅପେକ୍ଷାକୃତ ତୀବ୍ର (Intense) ଓ ଦୀର୍ଘକାଳୀନ (Durable) ହେବା ଦରକାର। ଖୁବ୍ ଅଳ୍ପ ସମୟର ଟ୍ରମା ଓ କିଛି ମାତ୍ରାର ବିଭୀଷିକା ପରିବର୍ତ୍ତନ ସୃଷ୍ଟି କଲେ ମଧ୍ୟ ଏହା ବାହ୍ୟିକ କାମନା ପାଇଁ ଅଭୀପ୍ସା ଆଣିପାରେ। ମାତ୍ର ଅନ୍ତର୍ନିହିତ ମୂଲ୍ୟବୋଧଭିତ୍ତିକ ପରିବର୍ତ୍ତନ ହୋଇ ନଥାଏ । ଆଭ୍ୟନ୍ତରୀଣ ପରିବର୍ତ୍ତନ ପାଇଁ ତୀବ୍ର ଓ ଦୀର୍ଘ ଅନୁଭବ ଆବଶ୍ୟକ ।

ଦ୍ୱିତୀୟତଃ ମୃତ୍ୟୁ ସମ୍ପର୍କିତ କାଁ ଭାଁ ଭାବନା ବଦଳରେ ଗଭୀର ଓ ଅନ୍ତର୍ମନ୍ଥନ (Death-Reflection) ଅନ୍ତର୍ନିହିତ ପରିବର୍ତ୍ତନ ଓ ବିକାଶ ପାଇଁ ପ୍ରୟୋଜନ। ପ୍ରବନ୍ଧରେ ବର୍ଣ୍ଣିତ ଅନୁଧ୍ୟାନ ବ୍ୟତୀତ ଅନ୍ୟସବୁ ସର୍ବେକ୍ଷଣରେ ମଧ୍ୟ ଏତାଦୃଶ ପ୍ରମାଣ ମିଳିଛି। ୧୯୯୪ ମସିହାରେ କାଲିଫର୍ଣ୍ଣିଆର ଉତ୍ତର ସେତୁ ଅଞ୍ଚଳରେ ଘଟିଥିବା ଭୂମିକମ୍ପର ଶରବ୍ୟ ହୋଇଥିବା ଲୋକମାନଙ୍କ କ୍ଷେତ୍ରରେ ମଧ୍ୟ ଅନୁଭବର ତୀବ୍ରତା, ଦୀର୍ଘତା ଓ ଅନ୍ତର୍ମନ୍ଥନର ଭୂମିକା ସମ୍ପର୍କ ଓ ପ୍ରମାଣ ମିଳିଛି।

ପରିଶେଷରେ କୁହାଯିବ ଯେ ସାଧାରଣତଃ ଅନ୍ତର୍ମୁଖୀ ଭାବସମ୍ପନ୍ନ ବ୍ୟକ୍ତିମାନେ ଆଲୋଚିତ ଉପାଦାନ ସମୂହର ଉପସ୍ଥିତିରେ ଉନ୍ନତ ଜୀବନଶୈଳୀର ଅଧିକାରୀ ହୁଅନ୍ତି। ବହିର୍ମୁଖୀ ବ୍ୟକ୍ତିଙ୍କ କ୍ଷେତ୍ରରେ ଆଲୋଚିତ ଉପାଦାନ କିଛିମାତ୍ରାରେ ସଫଳ ହୁଏ ।

■

କରୋନା ପରିପ୍ରେକ୍ଷୀରେ :

ବିପଦ ସଂକୁଳ ବିଶ୍ୱରେ ଭୟର ମୁକାବିଲା

ସାମ୍ପ୍ରତିକ ବିଶ୍ୱରେ ଭୟର ଏକ କଳାବାଦଲ ଚତୁର୍ଦ୍ଦିଗକୁ ଆଚ୍ଛନ୍ନ କରିଛି। ଚୀନ୍‌ରୁ ଆରମ୍ଭ ହୋଇଥିବା କରୋନା ଭୂତାଣୁର ସଂକ୍ରମଣ ଦୀର୍ଘଦିନ ଧରି ସେ ଦେଶର ଜନଜୀବନକୁ ଅସ୍ତବ୍ୟସ୍ତ କଲାପରେ ଏବେ ଭୟର ସମ୍ପ୍ରସାରିତ ବଳୟ ସମଗ୍ର ପୃଥିବୀରେ ଆତଙ୍କ ସୃଷ୍ଟି କରିଛି। ବିକଶିତ ଓ ବିକାଶମୁଖୀ ଦେଶ ଏହା କବଳରୁ ବର୍ତ୍ତି ନାହାନ୍ତି। ଚିକିତ୍ସା ଓ ପ୍ରତିରୋଧତା ଅଭାବରେ ହଜାର ହଜାର ଲୋକ ଆସନ୍ନ ମୃତ୍ୟୁ ଭୟର ଦୁଶ୍ଚିନ୍ତା ମଧ୍ୟରେ ବନ୍ଦୀ ହୋଇ ପଡ଼ିଛନ୍ତି। ଭାରତପରି ଜନବହୁଳ ଓ ଅଭାବୀ ସ୍ୱାସ୍ଥ୍ୟ ସୁଯୋଗ ରହିଥିବା ଦେଶରେ ମାନସିକ ଚାପ ସହଜରେ ଅନୁମେୟ। ବିଶେଷଜ୍ଞମାନଙ୍କ ପରାମର୍ଶକ୍ରମେ ଜାତୀୟ ସରକାର 'ତାଲାବନ୍ଦ ଓ ଲୋକସଂସର୍ଗଶୂନ୍ୟତା' ପରି କେତକେ ପଦକ୍ଷେପ ନେଇଥିଲେ ମଧ୍ୟ ଏହା ସମ୍ପୂର୍ଣ୍ଣ ସମାଧାନର ରାସ୍ତା ନୁହେଁ ବୋଲି ଅନେକ ଅନୁଭବ କରୁଛନ୍ତି। ବାହ୍ୟିକ ବ୍ୟବସ୍ଥା ସତ୍ତ୍ୱେ ଅନ୍ୟ ଯେଉଁ ସମ୍ବଳଟିର ବିଶେଷ ଆବଶ୍ୟକତା ରହିଛି, ତାହା ହେଉଛି ଅନ୍ତର୍ନିହିତ ମାନସିକ ପ୍ରତିରୋଧତା (Pshychological Resilience)। ଭୟରେ ମନ ଦୁର୍ବଳ ହୋଇପଡ଼ିଲେ ଶରୀରର ରୋଗପ୍ରତିରୋଧକ ଶକ୍ତି (Immunity) ଦୁର୍ବଳ ହେବ। ଏହି ଦୁର୍ବଳତାର ସୁଯୋଗ ନେଇ ରୋଗ ସହଜରେ ଆମକୁ ଆକ୍ରମଣ କରିବ। ସୁତରାଂ ପ୍ରତିବିଧାନ ପାଇଁ ଆମେ କେବଳ ଭୌତିକ ବ୍ୟବସ୍ଥା ମଧ୍ୟରେ ନିଜକୁ ସୀମିତ ନ ରଖି ଅନ୍ତର୍ଜଗତର ସମ୍ବଳକୁ ଦୃଢ଼ କରିବାକୁ ହେବ। ଭୟ ବଦଳରେ ନିର୍ଭୀକତା ଆମର ପ୍ରକୃତ ବନ୍ଧୁ ରୂପେ କାର୍ଯ୍ୟ କରିବ।

କେବଳ ଭାରତବର୍ଷ ନୁହେଁ, ସମଗ୍ର ବିଶ୍ୱର ଅବସ୍ଥାକୁ ଦୟନୀୟ

କୁହାଯାଇପାରେ । ଏହା ଏକ ଅଉଅଜ (ଅସ୍ପଷ୍ଟ, ଉଦ୍‌ବାୟୀ, ଅନିଶ୍ଚିତ ଓ ଜଟିଳ) ଅବସ୍ଥା। ଅନ୍ତର୍ଜାତୀୟ ପରିଭାଷାରେ ଏହାକୁ (Volatile, Uncertaion, Complex & Ambiguous ବା VUCA) ବିଶ୍ୱ କୁହାଯାଇଛି। ବୈଜ୍ଞାନିକ ସାଫଲ୍ୟ ସତ୍ତ୍ୱେ ଜୀବନରେ ବହୁ ଅସ୍ପଷ୍ଟତା ରହିଯାଉଛି। ଉଦ୍‌ବାୟୀ ବସ୍ତୁପରି ଅବସ୍ଥା କେବେ ଆକାରହୀନ ବାଷ୍ପୀୟ ଅବସ୍ଥାକୁ ଚାଲିଯାଉଛି। ପୁଣି ଅନିଶ୍ଚିତତାର ବତାବରଣ ବଢ଼ିବାରେ ଲାଗିଚି। ଏସବୁ ଜଟିଳତା ମନରେ ଭୟ ସଞ୍ଚାର କରିବା ସ୍ୱାଭାବିକ।

ସାମଗ୍ରିକ ଚେତନାକୁ ବିପର୍ଯ୍ୟସ୍ତ କରୁଥିବା ଏହି ବିପଦସଂକୁଳ ପରିବେଶ ମଧ୍ୟରେ ଆମେ ନିଜ ସ୍ଥିତିକୁ ଧରି ରଖିବା କିପରି ? ଭୟର ବଳୟ ମଧ୍ୟରେ ମାନସିକ ନିରାପତ୍ତା ବଜାୟ ରଖିବା କିପରି ? ବ୍ୟକ୍ତିଗତ ଓ ପାରିବାରିକ ସ୍ତରର ସ୍ୱାଭାବିକ ଅର୍ଥପୂର୍ଣ୍ଣ ଜୀବନଯାପନ କରିବା କିପରି ? ଭୟ ଓ ଉଦ୍‌ବେଗ (Anxiety) ବିରୁଦ୍ଧରେ ସଂଗ୍ରାମ କରିବା କିପରି ?

ଉଜୁଡ଼ିଯାଇଥିବା ଅବସ୍ଥାର ମୁକାବିଲା କରି, ନିଜ ଅନ୍ତର୍ଜଗତର ସମ୍ବଳକୁ ପର୍ଯ୍ୟାପ୍ତ କରିବାର ମାନସିକତା ସମୟର ଏକ ବିରାଟ ଆହ୍ୱାନ। ମନୁଷ୍ୟ କେବଳ ସମୟକୁ ଭୟ କରେ ନାହିଁ, ସମୟ ମଧ୍ୟ ମନୁଷ୍ୟକୁ ଭୟକରେ, ଏ କଥା ସ୍ମରଣ କରି ଭୟ ଓ ଉଦ୍‌ବେଗ ବିରୁଦ୍ଧରେ ଜୟଯାତ୍ରା ଜାରୀ ରଖିବାକୁ ହେବ। ନିମ୍ନପ୍ରଦତ୍ତ କେତେକ ପଦକ୍ଷେପ ନିଶ୍ଚୟ ସହାୟକ ହେବ।

୧. ନିଜସ୍ୱ ଆବେଗ ଅନୁଭବକୁ ସ୍ୱୀକାର କରନ୍ତୁ

ଯେ କୌଣସି ଜଟିଳ ଓ ବୃହତ୍ ଧରଣର ଘଟଣାର ଅବବୋଧ ପାଇଁ ସମୟ ଆବଶ୍ୟକ । ଅନବରତ ଭାବରେ କେବଳ ଗଣମାଧ୍ୟମର ସାହାଯ୍ୟ ନେବା ଆପଣଙ୍କୁ କ୍ଳାନ୍ତ କରିଦେବ। ନିଜସ୍ୱ ଅନୁଭବ ପାଇଁ ସମୟ ଦିଅନ୍ତୁ। ଧୀରସ୍ଥିର ହୋଇ ଚିନ୍ତା କରନ୍ତୁ।

୨. ଦୈନନ୍ଦିନ ଜୀବନର ସ୍ୱାଭାବିକତା ରକ୍ଷା କରନ୍ତୁ

ପୂର୍ବ ସୂଚନା ଅନୁଯାୟୀ ଦିନସାରା ଦୂରଦର୍ଶନ ପାଖରେ ବସି ଖବର ଶୁଣନ୍ତୁ ନାହିଁ । ଠିକ୍ ସମୟରେ ଶୋଇବାକୁ ଯାଆନ୍ତୁ, ବ୍ୟାୟାମ କରନ୍ତୁ ଏବଂ ଭଲ ରୂପେ ଖାଦ୍ୟ ଖାଆନ୍ତୁ । ଯେପରି କାର୍ଯ୍ୟରେ ଆନନ୍ଦ ପାଆନ୍ତି ତାହା କରନ୍ତୁ। ପରିବାର ଓ ବନ୍ଧୁବର୍ଗଙ୍କ ସହିତ ସଂଯୋଗ ରକ୍ଷା କରନ୍ତୁ। ଯୋଗ ଓ ଧ୍ୟାନ ନିଶ୍ଚିତ ଭାବରେ ସହାୟକ ହେବ।

୩. ମାନସିକ ସ୍ତରରେ ନିରାପଦ ସ୍ଥାନର କଳ୍ପନା କରନ୍ତୁ

ମାନସିକ ସ୍ତରରେ ନିରାପଦ ସ୍ଥାନର କଳ୍ପନା କରନ୍ତୁ। ଏପରି ଚିନ୍ତନ ମାନସିକ

ଚାପ କମାଇବାରେ ସହାୟକ ହେବ। କଳ୍ପନା କରିବା ସମୟରେ ଗୋଟିଏ ଧରଣର କୌଶଳ ବିଶେଷ ପ୍ରଭାବଶାଳୀ ହେବ। କଳ୍ପନା କରିବା ସମୟରେ ଗୋଟିଏ ପ୍ରକାର ଇନ୍ଦ୍ରିୟାନୁଭୂତ ସାମଗ୍ରୀ ଉପରେ ପ୍ରଥମେ ଗୁରୁତ୍ୱଦେବେ, ତା'ପରେ ଅନ୍ୟ ଏକ ଇନ୍ଦ୍ରିୟାନୁଭୂତ ଜିନିଷ ଏବଂ ତା'ପର ଅନ୍ୟ ଏକ ସାମଗ୍ରୀ। ଉଦାହରଣ ସ୍ୱରୂପ ପ୍ରଥମେ ଦର୍ଶନୀୟ ବସ୍ତୁର ପରିକଳ୍ପନା, ଦ୍ୱିତୀୟରେ ଶବ୍ଦଭିତ୍ତିକ ସମ୍ବେଦନ ଓ ତା'ପରେ ସ୍ପର୍ଶଭିତ୍ତିକ କିମ୍ବା ଘ୍ରାଣଭିତ୍ତିକ ଅନୁଭବ ଉପରେ କେନ୍ଦ୍ରିତ ରହିବାର ଅଭ୍ୟାସ ଖୁବ୍ ପ୍ରଭାବଶାଳୀ ରହିବ।

୪. ଦୟା, କରୁଣା ଓ କୋମଳତାର ଅନୁଭବ

ମନରେ ଯେଉଁସବୁ ପ୍ରୀତିପ୍ରଦ ତଥା ଅପ୍ରୀତିକର ଭାବନା ଓ ଆବେଗ ଆସୁଛି, ସେସବୁକୁ ଜୋରଜବରଦସ୍ତ ଦୂରେଇଦେବାର ଆବଶ୍ୟକତା ନାହିଁ। ସେସବୁକୁ ପର୍ଯ୍ୟବେକ୍ଷଣ କରନ୍ତୁ। ଅନ୍ତରଙ୍ଗ ବନ୍ଧୁ ବା ବାନ୍ଧବୀ ସହିତ ଆଲୋଚନା କରିପାରନ୍ତି। ଯଥୋଚିତ ସ୍ଥାନରେ ଗୀତ ଶୁଣନ୍ତୁ। ଧ୍ୟାନ ଖୁବ୍ ଭଲ। ନିଜର ନାସିକା ଉପରେ ଧ୍ୟାନ ରଖି ନିଃଶ୍ୱାସ ପ୍ରଶ୍ୱାସ ଉପରେ ନିଜର ଅଭିନିବେଶ (Attention) କେନ୍ଦ୍ରିତ ରଖିପାରିଲେ ନିଶ୍ଚିତ ଉପକାର ପାଇବେ । ଉପସ୍ଥିତ ମୁହୂର୍ତ୍ତ ପ୍ରତି ସଚେତନ ରହିବାର ଏହା ହେଉଛି ପ୍ରକୃଷ୍ଟ ମାର୍ଗ।

୫. ସମ୍ଭବ ହେଲେ ବର୍ଣ୍ଣନାତ୍ମକ ଲେଖାଟିଏ ଲେଖନ୍ତୁ

ଆପଣ କିପରି ପରିବେଶ ମଧ୍ୟ ଦେଇ ଗତି କରୁଛନ୍ତି ଏବଂ କ'ଣ ଅନୁଭବ କରୁଛନ୍ତି - ଏପରି ଲେଖାଟିଏ ଲେଖି ପାରିଲେ ଏହା ଖୁବ୍ ଫଳପ୍ରଦ ହେବ। ଆପଣ ସଙ୍ଗଠିତ ଭାବରେ ଲେଖିବାକୁ ଉଦ୍ୟମ କଲାବେଳେ କିଛି ପରିମାଣରେ ଅସ୍ପଷ୍ଟତା ଦୂର କରୁଛନ୍ତି। ଲେଖିବାର ପ୍ରଯତ୍ନ ହେଉଛି ନିୟନ୍ତ୍ରଣର ପ୍ରଯତ୍ନ - ଏ କଥା ମନେ ରଖନ୍ତୁ।

୬. ସହାୟତା ଲୋଡ଼ନ୍ତୁ

ଅନ୍ୟମାନଙ୍କର ସହଯୋଗ ଓ ସହାୟତା ନିଶ୍ଚିତ ଭାବରେ ଉପକାର କରିଥାଏ । ଅନ୍ତରଙ୍ଗ ବନ୍ଧୁ ବାନ୍ଧବୀଙ୍କ ସହିତ ସଂଯୋଗ ଓ ଭାବର ଆଦାନପ୍ରଦାନ ଖୁବ୍ ସହାୟକ। ସୁତରାଂ ସକ୍ରିୟତା ସହ ଏହାର ଉପଯୋଗ କରନ୍ତୁ।

୭. ସକାରାତ୍ମକ ଭାବନାର ବିନିଯୋଗ କରନ୍ତୁ

ସବୁବେଳେ ସ୍ମରଣ ରଖନ୍ତୁ ଯେ ଜୀବନରେ ଯନ୍ତ୍ରଣା ଥିଲେ ମଧ୍ୟ ସାର୍ଥକତା ରହିଛି, ପ୍ରାପ୍ତି ଅଛି। ଅଧିକାରୁ ଅଧିକ ସକାରାତ୍ମକ ଘଟଣା ଚିନ୍ତା କରନ୍ତୁ ଏବଂ ଶୁଭଦାୟକ କଥା ଚିନ୍ତା କରନ୍ତୁ। ସଂସାରରେ ଅନେକ ଲୋକ ଯେଉଁ ସୁଯୋଗ ଓ ସଫଳତା ପାଇ

ନାହାନ୍ତି ତାହା ଆପଣ ପାଇଛନ୍ତି - ଏକଥା ବାରମ୍ବାର ସ୍ମରଣ କରନ୍ତୁ। ନିଜ ଜୀବନର ସବଳ ଦିଗ ଓ ସମନ୍ୱୟଶୀଳତାର କଥା ଭାବିଲେ ମାନସିକ ଦୁର୍ବଳତା ଦୂରେଇଯିବ।

୮. ଜୀବନର ମୂଲ୍ୟବୋଧ ପ୍ରତି ନିଜର ପ୍ରତିବଦ୍ଧତା ସ୍ମରଣ କରନ୍ତୁ

ଆପଣଙ୍କ ଜୀବନର କିଛି ନା କିଛି ମାନବିକ ମୂଲ୍ୟବୋଧ ରହିଛି। ଏହା ଅହିଂସା ସାଧୁତା, ଦୟାଳୁତା, ପରିଶ୍ରମଶୀଳତା କିମ୍ବା ପାରିବାରିକ ସଂପ୍ରୀତି ହୋଇପାରେ। ଅନ୍ୟ କିଛି ମୂଲ୍ୟବୋଧକୁ ଆପଣ ଗୁରୁତ୍ୱ ଦେଇପାରନ୍ତି। ଏହାକୁ ସ୍ମରଣ କରନ୍ତୁ ଏବଂ ଏହାକୁ ଅଧିକ ସକ୍ରିୟ ଓ ଶକ୍ତିଶାଳୀ କିପରି କରିପାରିବେ ତାହାର ଯୋଜନା କରନ୍ତୁ।

୯. ଅନ୍ୟ ପ୍ରତି ଶ୍ରଦ୍ଧା (କୃତଜ୍ଞତା) ଅନୁଭବ କରନ୍ତୁ

ଅତୀତରେ କିମ୍ବା ବର୍ତ୍ତମାନ ଯେଉଁ ବ୍ୟକ୍ତିମାନଙ୍କର ସ୍ନେହ, ଶ୍ରଦ୍ଧା ଓ ସହାୟତା ଆପଣଙ୍କୁ ବର୍ତ୍ତମାନର ସ୍ତରରେ ପହଞ୍ଚିବାର ସହାୟତା ଦେଇଛି, ସେପରି ବ୍ୟକ୍ତିମାନଙ୍କ କଥା ମନେ ପକାନ୍ତୁ। ଆପଣଙ୍କ ପାଖରେ ସେମାନଙ୍କ ଉପସ୍ଥିତି କଳ୍ପନା କରନ୍ତୁ। କେଉଁ ଉପାୟରେ ଆପଣ ସେମାନଙ୍କ ପ୍ରତ ନିଜର ଶ୍ରଦ୍ଧା ଓ କୃତଜ୍ଞତା ପ୍ରକାଶ କରିପାରିବେ, ତାହାର ପରିକଳ୍ପନା କରନ୍ତୁ।

୧୦. ଗଠନମୂଳକ କାର୍ଯ୍ୟକ୍ରମର ଯୋଜନା କରନ୍ତୁ

ଆପଣ ଅନୁଭବ କରୁଥିବା ଉଦ୍‌ବେଗ ଓ ଭୟର ରୂପାନ୍ତରଣ କରି ତାକୁ ଏକ ରଚନାତ୍ମକ ରୂପରେଖ ଦିଅନ୍ତୁ। ସଂସାରରେ ସେବାମୂଳକ କାର୍ଯ୍ୟ କରିବାର ତାଲିକା କ୍ଷୁଦ୍ର ନୁହେଁ। ଅସହାୟ ଲୋକମାନଙ୍କର ମଙ୍ଗଳ ପାଇଁ ଅନେକ କାର୍ଯ୍ୟ କରାଯାଇପାରେ। ନିଜର ରୁଚି ଓ ସାମର୍ଥ୍ୟକୁ ଭିତ୍ତି କରି ଗଠନମୂଳକ କାର୍ଯ୍ୟ ଆରମ୍ଭ କରନ୍ତୁ। ଭୟ ଓ ଉଦ୍‌ବେଗକୁ ଜୟ କରିବାର ଏ ଏକ ଅମୋଘ ଅସ୍ତ୍ର।

ଆଲୋଚିତ ପଦକ୍ଷେପ ବ୍ୟତୀତ ଅନ୍ୟ କେତୋଟି ପନ୍ଥା ମଧ୍ୟ ବେଶ୍ ସହାୟକ ହେବ।

୧. ତରବର ନ ହୋଇ ସମୟ ନିଅନ୍ତୁ

ଭୟ ଓ ଉଦ୍‌ବେଗ ସୃଷ୍ଟି କରୁଥିବା ଏକ ପ୍ରଚଣ୍ଡ ଜଟିଳ ଘଟଣାକୁ ବୁଝିବା ପାଇଁ ବେଶ୍ ସମୟ ପ୍ରୟୋଜନ। ସୁତରାଂ ତରବର ନ ହୋଇ କିଛି ସମୟ ନିଅନ୍ତୁ। ହୁଏତ ଧୀରେ ଧୀରେ ଶାନ୍ତ ଅନୁଭବ କରିବେ। ପନ୍ଦର ମିନିଟ୍ ବାହାରେ ବୁଲିପାରନ୍ତି, ସ୍ନାନ କରିପାରନ୍ତି କିମ୍ବା କପେ ଚା' କି କଫି ପିଇପାରନ୍ତି। ଶାନ୍ତ ହେଲାପରେ ଘଟଣା ସମ୍ପର୍କରେ ଚିନ୍ତା କରିପାରିବେ ଏବଂ ସମନ୍ୱୟ ରକ୍ଷାକରିବାର ବାଟ ବାହାର କରିପାରିବେ।

୨. ସବୁଠାରୁ ଅଧିକ କ୍ଷତିକାରକ କ'ଣ ଘଟିପାରେ ?

ସବୁଠାରୁ ଅଧିକ କ୍ଷତିକାରକ ଘଟଣା କ'ଣ ଘଟିପାରେ ? ଏପରି ସମ୍ଭାବନା

ବିରୁଦ୍ଧରେ ଯେତେ ଚିନ୍ତା କରିବେ, ଖରାପ ଭାବନା ସେତେ ଅଧିକ ଅସ୍ଥିର କରିବ। ବରଂ ଯେଉଁ ସ୍ଥାନରେ ଠିଆ ହୋଇଛନ୍ତି, ସେଇ ସ୍ଥାନରେ ରୁହନ୍ତୁ। ପେଟ ଉପରେ ହାତର ପାପୁଲି ରଖନ୍ତୁ ଏବଂ ଧୀରେ ଧୀରେ ନିଃଶ୍ୱାସ ପ୍ରଶ୍ୱାସ ନିଅନ୍ତୁ। ଏହା ଫଳରେ ଶରୀର ଧୀରେ ଧୀରେ ଶାନ୍ତ ହେବ। ଏହି ପ୍ରକ୍ରିୟାରେ ଚାପଶୂନ୍ୟ ହେବାକୁ ହୁଏତ ଘଣ୍ଟାଏ ଲାଗିବ, କିନ୍ତୁ ଅବଶେଷରେ ଭୟ ଚାଲିଯିବ। ଖାପଖୁଆଇବାର ରାସ୍ତା ଦେଖାଯିବ।

୩. ନିଜକୁ ଅବରୁଦ୍ଧ ନ ରଖି ମୁକ୍ତ ରଖନ୍ତୁ

ଭୟକୁ ଯେତେ ଏଡ଼ାଇଯିବାକୁ ପ୍ରୟାସ କରିବେ ଘଟଣା ଅଧିକ ଭୀତିପ୍ରଦ ମନେହେବ । ସୁତରାଂ ଘଟଣାର ସମ୍ମୁଖୀନ ହେବା ଏକ ଫଳପ୍ରଦ ପ୍ରୟାସ।

୪. କାଳ୍ପନିକ ଭୟଠାରୁ ଦୂରରେ ରହି ବାସ୍ତବତା ପରଖି ନିଅନ୍ତୁ

ଭୟ ପ୍ରକୃତ ବାସ୍ତବତାଠାରୁ ଅଧିକ ଭୟପ୍ରଦ। ଅନେକ ସମୟରେ ଲୋକମାନେ କେତେକ ଘଟଣା ସମ୍ପର୍କରେ ମାତ୍ରାଧିକ କଳ୍ପନା ଜଳ୍ପନା କରି ଅଧିକ ଭୟଭୀତ ହୋଇପଡ଼ନ୍ତି । ବାସ୍ତବତା କିନ୍ତୁ ଏପରି ଭୀତିପ୍ରଦ ନୁହେଁ। ବାସ୍ତବତାକୁ ପରଖି ନେବାର ମନୋଭାବ ରଖିଲେ ଭୟ ଧୀରେ ଧୀରେ ଚାଲିଯିବ।

୫. ପୂରାପୂରି ତ୍ରୁଟିଶୂନ୍ୟତାର ପ୍ରତ୍ୟାଶା ରଖନ୍ତୁ ନାହିଁ

ଦକ୍ଷତାର ସହିତ କାର୍ଯ୍ୟ ସମ୍ପାଦନ କରିବା ଆମ୍ଭମାନଙ୍କର ଲକ୍ଷ୍ୟ ହୋଇପାରେ। ମାତ୍ର ସଦାସର୍ବଦା ପୂର୍ଣ୍ଣ ସଫଳତା ଓ ପୂରାପୂରି ତ୍ରୁଟିଶୂନ୍ୟତା ଆଶା କରିବା ଯୁକ୍ତିଯୁକ୍ତ ନୁହେଁ । ଜୀବନରେ କିଛିଟା ବିଫଳତା, କିଛି ପରିମାଣରେ ପ୍ରତିବନ୍ଧକ ଅବଶ୍ୟ ଆସିବ। ସୁତରାଂ ଏହାକୁ ଜୀବନର ଗତିଧାରାରେ ସ୍ୱାଭାବିକ ବିଚାର କଲେ ଅଯଥା ଭୟ ରହିବ ନାହିଁ।

୬. ମାନସିକ ଦୃଶ୍ୟପଟ ଅଙ୍କନ କରନ୍ତୁ

ସମୟ ସମୟରେ ଆଖିବନ୍ଦ କରି ମାନସିକ ସ୍ତରରେ ଏକ ନିରାପଦ ଶାନ୍ତିମୟ ସ୍ଥାନର କଳ୍ପନା କରନ୍ତୁ। ସମୁଦ୍ର କୂଳରେ ବିଚରଣ କରିବା, ମନୋଜ୍ଞ ପ୍ରାକୃତିକ ଦୃଶ୍ୟ ଉପଭୋଗ କରିବା ଏପରି ଅନୁଭବ ହୋଇପାରେ। ଏପରି ସୁଖଦ ଅନୁଭବ ମନରେ ଶାନ୍ତଭାବ ଭରିଦେବ।

୭. କଥାବାର୍ତ୍ତା କରନ୍ତୁ

ଭୟଭ୍ରଦ ଭାବନାକୁ ମନ ମଧ୍ୟରେ ଚାପି ନ ରଖି ନିଜର ଅନ୍ତରଙ୍ଗ ବନ୍ଧୁ ବା ବାନ୍ଧବୀ କିମ୍ବା ପରିବାରର ପ୍ରିୟଜନଙ୍କ ସହିତ କଥାବାର୍ତ୍ତା କରିବା ଉଚିତ। ଅବସ୍ଥା ଅସମ୍ଭାଳ ହେଲେ ବିଶେଷଜ୍ଞଙ୍କ ସହିତ ପରାମର୍ଶ କରିପାରନ୍ତି। କିନ୍ତୁ ପ୍ରାରମ୍ଭିକ ପର୍ଯ୍ୟାୟରେ ଅନ୍ୟମାନଙ୍କ ସହିତ ଭାବର ଆଦାନ ପ୍ରଦାନ ମନକୁ ହାଲୁକା ଓ ଭୟଶୂନ୍ୟ କରିବ।

୮. ମୌଳିକ କଥା ସବୁ କାର୍ଯ୍ୟକାରୀ କରନ୍ତୁ

ଭୟ ଓ ଉଦ୍‌ବେଗ ସହିତ ଖାପଖୁଆଇବା ସମୟରେ ଜୀବନର ମୌଳିକ ଦିଗପ୍ରତି ଉଦାସୀନ ହେବା ବାଞ୍ଛନୀୟ ନୁହେଁ। ଆବଶ୍ୟକ ନିଦ୍ରାର ଉପଯୋଗ କରନ୍ତୁ। ଖାଇବା ପିଇବାରେ ଅବହେଳା କରନ୍ତୁ ନାହିଁ। ବ୍ୟାୟାମ କରନ୍ତୁ। ଦୈନନ୍ଦିନ ଜୀବନର ଅଭ୍ୟାସ ସବୁ ଯଥାରୀତି ପାଳନ କରନ୍ତୁ। ଏକ ସୁସଂଯତ ଓ ସ୍ୱାସ୍ଥ୍ୟପ୍ରଦ ଜୀବନ ଶୈଳୀ ବିଶେଷ ପ୍ରୟୋଜନ।

୯. ନିଜକୁ ପ୍ରୋତ୍ସାହନ ଦିଅନ୍ତୁ

ନିଜପ୍ରତି କୌଣସି ହୀନମନ୍ୟତା ନ ରହୁ। ନିଜର କାର୍ଯ୍ୟ ଓ ଜୀବନଶୈଳୀ ପ୍ରତି ଏକ ପ୍ରଶଂସାସୂଚକ ମନୋଭାବ ବେଶ୍ ଫଳପ୍ରଦ ହୋଇପାରିବ। ନିଜେ ଖୁସି ହୋଇ ବାହାରେ ବୁଲି ଆସିବା, କୌଣସି ଏକ ହୋଟେଲରେ ବନ୍ଧୁମାନଙ୍କ ସହ ଖାଇବାକୁ ଯିବା ଏବଂ ଅନ୍ୟର ଉପହାର ଗ୍ରହଣ କରିବା ସମୟରେ ନିଜର ଶ୍ରଦ୍ଧାଜ୍ଞାପନ କରିବା ଏକପ୍ରକାର ସକାରାତ୍ମକ ମାନସିକତା।

ସାମୂହିକ ସ୍ତରରେ ଘଟଣା ଯେତେ ବିପଜ୍ଜନକ ହେଲେ ମଧ୍ୟ ମୌଳିକ ଏକକ ହେଉଛି ବ୍ୟକ୍ତି। ପ୍ରତି ବ୍ୟକ୍ତି ନିଜର ଅନ୍ତର୍ଜଗତରେ ଯେଉଁ ସମ୍ବଳ ସୃଷ୍ଟି କରିବ, ତାହା ରୋଗପ୍ରତିରୋଧ ଶକ୍ତିକୁ ବଳିଷ୍ଠ କରିବ। ଅନ୍ତର୍ଜଗତରେ ପ୍ରତିରୋଧତା ଏବଂ ବାହ୍ୟ ଜଗତର ପ୍ରତିବିଧାନର ସମ୍ମିଳିତ ରୂପରେଖ ହିଁ ବିଶ୍ୱଜାଗତିକ ଭୟର ମୁକାବିଲା କରି ମନୁଷ୍ୟ ଜୀବନକୁ ଶାନ୍ତ ଓ ନିରାପଦ କରିପାରିବ।

■

ଜ୍ଞାନତପସ୍ୱୀ ଶ୍ରୀଅରବିନ୍ଦ ଓ ମନୋବିଜ୍ଞାନୀ ଫ୍ରଏଡ୍‌ଙ୍କ ଦୃଷ୍ଟିରେ ଅଚେତନ ମନ

ଆମର 'ଜ୍ଞାତ' ଆମକୁ ଯେଉଁ ପରିମାଣରେ ପ୍ରଭାବିତ କରେ ସେହି ତୁଳନାରେ ଆମର 'ଅଜ୍ଞାତ' ଆମକୁ ଅପରିମିତ ପରିମାଣରେ ପ୍ରଭାବିତ କରେ। ଏ ଦୃଷ୍ଟିରୁ ବ୍ୟକ୍ତିର ବ୍ୟକ୍ତିତ୍ୱ ତା'ର ଅସ୍ତିତ୍ୱ ସାଗରର ଏକ ପାଣି ଫୋଟକା ମାତ୍ର। ଜ୍ଞାନ ତପସ୍ୱୀ ଯୋଗୀ ଶ୍ରୀ ଅରବିନ୍ଦଙ୍କ ଏହି ଉକ୍ତିର ପରିପ୍ରେକ୍ଷୀରେ ବିଶ୍ୱବିଶ୍ରୁତ ମନୋବିଜ୍ଞାନୀ ସିଗମଣ୍ଡ୍ ଫ୍ରଏଡ୍, କାର୍ଲୟୁଙ୍ଗ୍ ଏବଂ ଅନ୍ୟ ମନସ୍ତତ୍ତ୍ୱବିଦ୍‌ଙ୍କର ଅଚେତନ ମନର ତୁଳନାତ୍ମକ ବିଚାର ଆମ ଜ୍ଞାନବଳୟକୁ ପ୍ରସାରିତ କରେ।

ଦର୍ଶନ ଶାସ୍ତ୍ରରେ ପ୍ରଖ୍ୟାତ ଇଉରୋପୀୟ ଦାର୍ଶନିକ ଲେବ୍‌ନିଜ୍ ଓ କାଣ୍ଟ୍ ପ୍ରଥମେ ଅଚେତନ ମନର ପରିକଳ୍ପନା ପ୍ରଖ୍ୟାପନ କଲେ। ବିଶିଷ୍ଟ ଜର୍ମାନ୍ ଦାର୍ଶନିକ ହାର୍ଟମ୍ୟାନ୍ ୧୮୬୯ ମସିହାରେ ଅଚେତନ ମନର ଦାର୍ଶନିକ ସ୍ୱରୂପ ଶୀର୍ଷକ ପୁସ୍ତକ ରଚନା କଲେ। ତାଙ୍କ ମତରେ ଅଚେତନ ମନ ବୁଦ୍ଧିଦୀପ୍ତ ଓ ଲକ୍ଷ୍ୟାଭିମୁଖୀ ଏବଂ ଏହା ବିଶ୍ୱକୁ ପରିଚାଳିତ କରେ। କିନ୍ତୁ ମନୁଷ୍ୟ ବ୍ୟବହାରର ଗତି ଓ ପ୍ରକୃତିକୁ ବୁଝିବା କ୍ଷେତ୍ରରେ ଅଚେତନମନର ଭୂମିକାକୁ ସ୍ପଷ୍ଟ କରିବାରେ ମନୋବିଜ୍ଞାନୀ ଫ୍ରଏଡ୍ ଓ ୟୁଙ୍ଗ୍‌ଙ୍କ ଅବଦାନ ହିଁ ଗୁରୁତ୍ୱପୂର୍ଣ୍ଣ। ଏହି ଦୁଇଜଣ ମନୋବିଜ୍ଞାନୀ ବ୍ୟକ୍ତିତ୍ୱର ଯେଉଁ ତତ୍ତ୍ୱ ପ୍ରଖ୍ୟାପନ କଲେ ସେଥିରେ ଅଚେତନ ମନର ପରିକଳ୍ପନା ସ୍ପଷ୍ଟ ଓ ପ୍ରାଞ୍ଜଳ ହୋଇ ଉଠିଲା।

ସିଗମଣ୍ଡ୍ ଫ୍ରଏଡ୍ ୧୮୮୫ ମସିହାରେ ଅଚେତନ ମନର ପରିକଳ୍ପନା ଘୋଷଣା କଲେ। ଏହାକୁ ଭିତ୍ତିକରି ୧୯୦୦ ମସିହାରେ ତାଙ୍କର ପ୍ରକାଶିତ ପୁସ୍ତକ 'ସ୍ୱପ୍ନ

ବିଚାର' (Interpretation of Dreams) ବିଶ୍ୱରେ ଏକ ଆଲୋଡ଼ନ ସୃଷ୍ଟିକଲା। ସମସାମୟିକ ଦାର୍ଶନିକ ଓ ମନୋବିଜ୍ଞାନୀ ଉଇଲିୟମ୍ ଜେମସ୍ (୧୯୦୧) କୁହନ୍ତି : ଅଚେତନ ମନର ପରିକଳ୍ପନା ବିଜ୍ଞାନ ରାଜ୍ୟରେ ଏକ ବିସ୍ମୟକର ଆବିଷ୍କାର। ଫ୍ରଏଡ଼ୀୟ ଚିନ୍ତନରେ ଅଚେତନ ମନ ହେଉଛି ଅପୂରିତ କାମନାର ଏକ ଗନ୍ତାଘର। ଆମର ବାସ୍ତବ ଓ ଚେତନ ସ୍ତରରେ ଯେଉଁ ସମସ୍ତ କାମନା, ଆକାଂକ୍ଷା, ଆବେଗ ଓ ସ୍ମୃତି ପରିପୂରିତ ଓ ଚରିତାର୍ଥ ହୋଇନଥାଏ ସେସବୁ 'ଅବଦମିତ' (Repressed) ହୋଇ ମନୋରାଜ୍ୟର ତଳଗହ୍ୱରକୁ ଚାଲିଯାଏ। ଏହା ସହଜରେ ଅନୁମେୟ ଯେ ଏ ସମସ୍ତ ଅବଦମିତ ସାମଗ୍ରୀ ସହିତ ଭୟ, ଉଦ୍‌ବେଗ ଓ ଆଶଙ୍କା ମିଶାମିଶି ହୋଇ ରହିଥାଏ। ଆମେ ଅଧିକ ଚାପ ଦେଇ ଯେପରି ଅଙ୍ଗାରକାମ୍ଳ ଗ୍ୟାସ୍‌କୁ ମୃଦୁପାନୀୟ ମଧ୍ୟରେ ଚାପି ରଖିଥାଉ ଅପୂରିତ ଓ ଅବଦମିତ କାମନା ସେପରି ଚାପି ହୋଇ ରହିଥାଏ। ବାସ୍ତବ ଓ ଚେତନ ସ୍ତରରେ ଏହା ପରିଦୃଷ୍ଟ ହୋଇ ନ ଥାଏ। ଏହି ଅବଦମିତ ସାମଗ୍ରୀରେ ଭାବାବେଗ ଥିବାରୁ ଆମର ଅଜ୍ଞାତରେ ଏହା ଆମର ବ୍ୟବହାରକୁ ପ୍ରଭାବିତ କରେ। ପୁନଶ୍ଚ ଆମେ ନିଦ୍ରିତ ଥିବା ଅବସ୍ଥାରେ ମନର କଟକଣା ବା ନିରୀକ୍ଷକର (Censor) କ୍ରିୟାଶୂନ୍ୟତାର ସୁଯୋଗ ନେଇ ସ୍ୱପ୍ନ ମାଧ୍ୟମରେ ନିଜକୁ ପ୍ରକାଶ କରେ। ସେଥିପାଇଁ ଫ୍ରଏଡ୍ କହୁଥିଲେ : ସ୍ୱପ୍ନ ହେଉଚି ଅଚେତନ ମନର ରାଜମାର୍ଗ ।

ଫ୍ରଏଡ୍ ଗୋଟିଏ ସୁନ୍ଦର ରୂପକ ମାଧ୍ୟମରେ ଅଚେତନ ମନର ବିଶାଳତା ଓ ପ୍ରଭାବଶୀଳତା ପ୍ରକାଶ କରିଥିଲେ। ତାଙ୍କ ମତରେ ଗୋଟିଏ ଜଳପୂର୍ଣ୍ଣ ପାତ୍ରରେ ଖଣ୍ଡିଏ ବରଫ ଛାଡ଼ିଦେଲେ ତାହାର କେବଳ ଏକ-ଦଶମାଂଶ ଜଳର ଉପରିଭାଗକୁ ଦେଖାଯିବ। ଅବଶିଷ୍ଟ ଦଶଭାଗରୁ ନ' ଭାଗ ଜଳ ମଧ୍ୟରେ ନିମଗ୍ନ ରହିବ। ସେହିପରି ଆମ ମନର ନ'ଭାଗ ହେଉଚି ଅଚେତନ; କେବଳ ଏକ ଦଶମାଂଶ ହେଉଚି ଚେତନଶୀଳ ମନ।

ବର୍ତ୍ତମାନ ଫ୍ରଏଡ଼ୀୟ ଅଚେତନ ମନର ସ୍ୱରୂପ ସମ୍ପର୍କରେ ଧାରଣା କରିବା ଖୁବ୍ ସହଜ। ଫ୍ରଏଡ୍ ମନର ତିନୋଟି ସ୍ତରର ପରିକଳ୍ପନା କରିଥିଲେ : ଅଚେତନ (Unconscious), ପ୍ରାକ୍‌ଚେତନ (Preconscious) ଏବଂ ଚେତନ (Conscious)। ଅଚେତନ ମନ ମନୋରାଜ୍ୟର ଅତଳ ଗହ୍ୱର ପ୍ରଦେଶରେ ଥାଏ ଏବଂ ଏହା ସମଗ୍ର ମନୋରାଜ୍ୟର ପ୍ରାୟ ନ'-ଦଶମାଂଶ ନିୟନ୍ତ୍ରଣ କରେ। ଅବଦମିତ (Repressed) ହୋଇ ରହିଥିବାରୁ ଏହା ଚେତନ ସ୍ତରକୁ ଆସି ନଥାଏ। ଆମର ସ୍ୱପ୍ନ ଓ ଦୈନନ୍ଦିନ ଜୀବନର ଭୁଲଭଟକା (ଗୋଟିଏ ଶବ୍ଦ ବା କଥା କହୁଥିବା ବେଳେ ମୁହଁରେ ଅନ୍ୟ ଗୋଟିଏ ଶବ୍ଦ ଚାଲିଆସିବା) ମାଧ୍ୟମରେ ଏହା ପ୍ରକାଶିତ ହୁଏ। ଗୋଟିଏ ଉଦାହରଣ

ଦ୍ୱାରା ଏହାକୁ ସ୍ପଷ୍ଟ କରାଯାଇପାରେ। ଧରାଯାଉ ଜଣେ କହିଲେ ଯେ "ଅକସ୍ମାତ୍ (By chance) ମୁଁ ଭୁଲବଶତଃ ଦୈବାତ୍ ବନ୍ଧୁଙ୍କ ଘରେ ମୋର ରୁମାଲଟି ଛାଡ଼ି ଆସିଲି।" ଅନେକ ଲୋକ ଏହାକୁ ଏକ ଆକସ୍ମିକ ଘଟଣାର ଦୃଷ୍ଟାନ୍ତ ବୋଲି କହିବେ। ମାତ୍ର ଫ୍ରଏଡ଼୍ ବିଶ୍ୱାସ କରୁଥିଲେ ଯେ କାରଣ ନ ଥାଇ କୌଣସି ପରିଣତି ନାହିଁ। ପଦାର୍ଥ ବିଜ୍ଞାନୀମାନେ ଯେପରି ବସ୍ତୁଗତ କାରଣ ଓ ଫଳାଫଳରେ (କୌଣସି କାରଣ ନ ଥିଲେ ପରିଣତି ନାହିଁ) ବିଶ୍ୱାସ କରନ୍ତି, ଫ୍ରଏଡ଼୍ ମଧ୍ୟ ମନସ୍ତାତ୍ତ୍ୱିକ କାରଣ ଓ ଫଳାଫଳରେ ବିଶ୍ୱାସ କରୁଥିଲେ। ଉପରେ ଦିଆଯାଇଥିବା ଉଦାହରଣରେ ଫ୍ରଏଡ଼୍ କିମ୍ବା ତାଙ୍କ ଅନୁଗତମାନେ କହିବେ ଯେ ଭୁଲବଶତଃ (By chance) ରୁମାଲଟି ଛାଡ଼ି ଆସିବା ଠିକ୍ କଥା ନୁହେଁ। ସମ୍ଭବତଃ ସେ ବ୍ୟକ୍ତିଙ୍କ ଅଚେତନ ମନରେ କାମନା ଥିଲା ଯେ ସେ ପୁନଶ୍ଚ ବନ୍ଧୁଙ୍କ ଘରକୁ ଯିବେ।" ସେଥିପାଇଁ ସେ ଜାଣି ଶୁଣି ରୁମାଲଟି ଛାଡ଼ି ଆସିଲେ। ଅଚେତନ ମନର ଏପରି ପରିପ୍ରକାଶକୁ ଭିତ୍ତିକରି ରଚିତ ହୋଇଥିବା ପୁସ୍ତକ ଦୈନନ୍ଦିନ ଜୀବନରେ ଭୁଲଭଟକା (Psychopathology in everyday-life) ଫଏଡ଼୍ଙ୍କର ଅନ୍ୟତମ ସାରସ୍ୱତ ସୃଷ୍ଟି।

ଫ୍ରଏଡ଼୍ଙ୍କ ପରିକଳ୍ପନା ଚେତନ, ପ୍ରାକ୍‌ଚେତନ ଓ ଅଚେତନ ମନର ପାର୍ଥକ୍ୟକୁ ସ୍ପଷ୍ଟ କରିବା ପାଇଁ ଅଧିକ ଉଦାହରଣ ଦିଆଯାଇପାରେ। ଧରାଯାଉ ଆପଣ ଏ ପ୍ରବନ୍ଧଟି ପାଠକରିବା ସମୟରେ ଏହାର କଥାବସ୍ତୁ ପ୍ରତି ସଚେତନ ଅଛନ୍ତି। ଆପଣ କେଉଁଠାରେ ବସି ଏହା ପାଠ କରୁଛନ୍ତି ଏବଂ ଆଖପାଖରେ କେଉଁମାନେ ଉପସ୍ଥିତ ଅଛନ୍ତି ଓ କିପରି ପରିବେଶ ରହିଛି - ଏସବୁ ଆପଣଙ୍କ ଚେତନ ମନର ଅଂଶ ବିଶେଷ। ମନେ କରାଯାଉ ଆପଣ ଅପରାହ୍ନରେ ଏ ପ୍ରବନ୍ଧଟି ପାଠ କରୁଛନ୍ତି ଏବଂ ଜଣେ ବନ୍ଧୁଙ୍କୁ ପୂର୍ବରୁ ଆମନ୍ତ୍ରଣ ଜଣାଇଥିଲେ ସନ୍ଧ୍ୟାବେଳେ ଆପଣଙ୍କୁ ସାକ୍ଷାତ କରିବା ପାଇଁ। ସମ୍ଭବତଃ ପ୍ରବନ୍ଧଟି ପାଠକରିବା ସମୟରେ ସେହି ବନ୍ଧୁଙ୍କ ସମ୍ପର୍କିତ ଭାବନା ଆପଣଙ୍କ ଚେତନ ମନରେ ନାହିଁ; କିନ୍ତୁ ଯେକୌଣସି ମୁହୂର୍ତ୍ତରେ ତାଙ୍କର ଭାବନା ଆପଣଙ୍କ ଚେତନାର ବଳୟ ମଧ୍ୟକୁ ପ୍ରବେଶ କରିବାର ବେଶ୍ ସମ୍ଭାବନା ରହିଛି। ଫ୍ରଏଡ଼ୀୟ ପରିଭାଷାରେ ଏପରି ଭାବନା ଆପଣଙ୍କ ପ୍ରାକ୍ ଚେତନାରେ (Preconscious) ସ୍ଥାନିତ ରହିଛି । ଅନ୍ୟ ଭାଷାରେ କହିଲେ ପ୍ରାକ୍‌ଚେତନା ହେଉଛି ସ୍ମରଣ ସାମଗ୍ରୀର ସ୍ତର।

ଲେଖକ ଏଠାରେ ଗୋଟିଏ କଥା ସ୍ପଷ୍ଟ କରିଦେବାକୁ ଚାହାନ୍ତି। ଆଜିକାଲି ମନସ୍ତତ୍ତ୍ୱ କିମ୍ବା ମନସମ୍ବନ୍ଧୀୟ କଥା କହିବା ସମୟରେ ବହୁଲୋକ ଅବଚେତନ ବା Subconscious ଶବ୍ଦଟିର ବହୁଳ ବ୍ୟବହାର କରନ୍ତି। ପ୍ରକୃତରେ ସିଗମଣ୍ଡ୍ ଫ୍ରଏଡ଼୍ ଅବଚେତନ ପରିଭାଷା ବ୍ୟବହାର କରି ନଥିଲେ। ସେ ମନର ଯେଉଁ ସ୍ତରଟିକୁ

ପ୍ରାକ୍‌ଚେତନ ବା Preconscious ବୋଲି ଆଖ୍ୟା ଦେଇଥିଲେ ତାହା ହିଁ ଆଜିକାଲି ଅବଚେତନ ବା Subconscious ନାମରେ ବ୍ୟବହାର କରାଯାଉଛି । ଆମର ସ୍ମୃତିଗଚ୍ଛିତ ଧାରଣା ସବୁ ଏହି ଅବଚେତନର ଅଂଶବିଶେଷ ।

ପୂର୍ବ ଆଲୋଚନା ଅନୁଯାୟୀ ଆମ ଚେତନଶୀଳ ମନର ସାମଗ୍ରୀ ସବୁ ସମୟକ୍ରମେ ସ୍ମରଣ-ବିସ୍ମରଣ ପ୍ରକ୍ରିୟାରେ ଗତିକରି ଅବଚେତନରେ ସଂରକ୍ଷିତ ରହିଥାଏ । ଅନ୍ୟ ପକ୍ଷରେ ଯେଉଁ ଚିନ୍ତନ ବା ଭାବନା ଯନ୍ତ୍ରଣାଦାୟକ କିମ୍ବା ଅନୈତିକ କି ସମାଜ ବିରୋଧୀ, ସେ ସମସ୍ତ ସାମଗ୍ରୀ ଅବଦମିତ ହୋଇ ଅଚେତନ ମନରେ ଲୁଚିରୁହେ । ଏସବୁ ଆବେଗ-ପ୍ରେରିତ ହୋଇ ଅଧିକ ଶକ୍ତିଶାଳୀ ହୋଇଥିବାରୁ ମନୁଷ୍ୟର ମାନସିକ ପୀଡ଼ନର ଏହା ମୁଖ୍ୟ କାରଣ ହୁଏ । ସେଇଥିପାଇଁ ଫ୍ରଏଡ୍ ତାଙ୍କର ମନୋବିଶ୍ଳେଷଣ (Psychoanalysis) ପଦ୍ଧତିରେ କଥାବାର୍ତ୍ତା ଓ ସମ୍ବେଦନଶୀଳ ଭାବ ଆଦାନପ୍ରଦାନ ମାଧ୍ୟମରେ ବ୍ୟକ୍ତିଙ୍କୁ ସମସ୍ୟାମୁକ୍ତ କରିବାର ପ୍ରୟାସ କରୁଥିଲେ । ସେଥିପାଇଁ ଲୌକିକ ଭାଷାରେ ଫ୍ରଏଡ୍‌ଙ୍କ ଚିକିତ୍ସା ପ୍ରଣାଳୀକୁ କଥାବାର୍ତ୍ତା ଚିକିତ୍ସା (Talk Therapy) କୁହାଯାଏ ।

ପରବର୍ତ୍ତୀ ପର୍ଯ୍ୟାୟରେ ଫ୍ରଏଡ୍ ଯେଉଁ ବ୍ୟକ୍ତିତ୍ୱର ତଥ୍ୟ (Theory of Personality) ପ୍ରଖ୍ୟାପନ କଲେ ସେଥିରେ ଅଚେତନ ମନର ଧାରଣାକୁ ସୁନ୍ଦର ଭାବରେ ସଂଯୋଜିତ କରାଗଲା । ଫ୍ରଏଡ୍‌ୀୟ ବିଚାରରେ ବ୍ୟକ୍ତିତ୍ୱରେ ତିନୋଟି ଉପାଦାନ କ୍ରିୟାଶୀଳ : ଆଦିମ (Id), ଅହମ୍ (Ego) ଏବଂ ପରମ ଅହମ୍ (Super-Ego) । ଆଦିମ ଉପାଦାନଟି ଶରୀର ଭିତ୍ତିକ ସହଜାତ ପ୍ରବୃତ୍ତି । ଏହାର ପ୍ରଭାବରେ ମନୁଷ୍ୟ ସମେତ ସକଳ ପ୍ରାଣୀ ଆନନ୍ଦର ଅନ୍ୱେଷଣ କରନ୍ତି । ଆତ୍ମରକ୍ଷା ଓ ବଂଶରକ୍ଷା ଏହାର ମୁଖ୍ୟ ପରିପ୍ରକାଶ । ଲିବିଡୋ ବା ଯୌନ ଲିପ୍‌ସା ଏକ ପ୍ରଧାନ ଅଭିପ୍ରେରକ । ଏହାର ଜୀବଭିତ୍ତିକ ଓ ସହଜାତ ପ୍ରବୃତ୍ତି (Instinct) ଲବ୍‌ଧ ହୋଇଥିବାରୁ ଏହା ମୁଖ୍ୟତଃ ଅଚେତନ । ବ୍ୟକ୍ତିତ୍ୱର ଦ୍ୱିତୀୟ ଉପାଦାନଟି ଅହମ୍ । ବାହ୍ୟ ଜଗତର (ପିତାମାତା, ପରିବାର, ଶିକ୍ଷାନୁଷ୍ଠାନ, କର୍ମସଂସ୍ଥା ଇତ୍ୟାଦି) ବ୍ୟକ୍ତିତ୍ୱ ଧୀରେ ଧୀରେ ଅଂକୁରିତ ଓ ବିକଶିତ ହେବା ପ୍ରକ୍ରିୟାରେ ବ୍ୟକ୍ତି ବାସ୍ତବତାର ନିୟମସବୁ ଶିଖେ । ଏହା ବହୁ ପରିମାଣରେ ଜ୍ଞାନଭିତ୍ତିକ (Cognitive) ହେଲେ ମଧ୍ୟ ଅଳ୍ପ ଅଂଶ ଅଚେତନ ସ୍ତରରେ ରହିଥାଇପାରେ । ବ୍ୟକ୍ତିତ୍ୱର ତୃତୀୟ ଉପାଦାନ ହେଉଛି ପରମ ଅହମ୍ । ଆମର ସାଧାରଣ ପରିଭାଷାରେ ଆମେ ଯାହାକୁ 'ବିବେକ' କହିଥାଉ ଫ୍ରଏଡ୍ ବ୍ୟକ୍ତିତ୍ୱର ସେହି ଉପାଦାନଟିକୁ ପରମ ଅହମ୍ କହୁଥିଲେ । ଶିଶୁ ଅବସ୍ଥାରୁ କ୍ରମବିକଶିତ ପର୍ଯ୍ୟାୟରେ ଥିବା ସମୟରେ ପିତାମାତା, ଅଭିଭାବକ, ଶିକ୍ଷକ ଶିକ୍ଷୟିତ୍ରୀ ଏବଂ ବୟସ୍କମାନେ ଆମକୁ ବହୁ ଉପଦେଶ

ଦିଅନ୍ତି। ନୈତିକ ଅନୈତିକ, କରଣୀୟ ଅକରଣୀୟ ଏବଂ ବାଞ୍ଛନୀୟ ଅବାଞ୍ଛନୀୟର କଥା କୁହନ୍ତି। ଏସବୁ ଭାବଧାରାର ଏକ ସମ୍ମିଳିତ ରୂପ ଆମ ମସ୍ତିଷ୍କରେ ସ୍ଥାନପାଏ ଏବଂ ବିବେକ ରୂପେ ଆମ ବ୍ୟବହାରକୁ ପରିଚାଳିତ କରେ। ଫ୍ରଏଡ଼୍ ଏହାକୁ ପରମ ଅହମ୍ ଆଖ୍ୟା ଦେଇଥିଲେ ଏବଂ ଏହା ବେଶ୍ ପରିମାଣରେ ଅଚେତନର ପରିପ୍ରକାଶ ବୋଲି ବିଚାର କରୁଥିଲେ।

ଫ୍ରଏଡ଼୍‌ଙ୍କ ବିଚାରରେ ଏକ ସାଧାରଣ ବା ସମନ୍ୱିତ ବ୍ୟକ୍ତିତ୍ୱରେ ଏ ତିନୋଟି ଉପାଦାନ ସମନ୍ୱୟ ରକ୍ଷାକରି କାର୍ଯ୍ୟ କରନ୍ତି। ଗୋଟିଏ ଉଦାହରଣ ସାହାଯ୍ୟରେ ଏହାକୁ ପ୍ରାଞ୍ଜଳ କରାଯାଇପାରେ। ଜଣେ ବ୍ୟକ୍ତି ଅନ୍ୟ ଗୃହରେ ଅତିଥି ହେଲେ ହୁଏତ ଗୃହକର୍ତ୍ତା ଗୋଟିଏ ପ୍ଲେଟ୍‌ରେ ବେଶ୍ କିଛି ରସଗୋଲା ଅତିଥିଙ୍କ ପାଖରେ ରଖିବେ। ତତ୍‌କ୍ଷଣାତ୍ ଅତିଥିଙ୍କ ବ୍ୟକ୍ତିତ୍ୱର ଆଦିମ ଉପାଦାନ ନିର୍ଦ୍ଦେଶ ଦେବ ରସଗୋଲା ଖାଇବା ପାଇଁ। ମାତ୍ର ଅହମ୍ ଉପାଦାନଟି ନିଃଶବ୍ଦରେ କହିବ : "ଏ ଘର ନିଜ ଘର ନୁହେଁ; ଅତିଥି ସତ୍କାରଙ୍କ ନିର୍ଦ୍ଦେଶ ଅପେକ୍ଷା କରିବାକୁ ହେବ। ବର୍ତ୍ତମାନ ଗୃହକର୍ତ୍ତାଙ୍କ ଅନୁରୋଧ ଆସିବା ପରେ ଖାଦ୍ୟ ଗ୍ରହଣ ଆରମ୍ଭ ହେବ।" ପୁନଶ୍ଚ ଅଳ୍ପ କେତୋଟି ରସଗୋଲା ଖାଇବା ପରେ ବ୍ୟକ୍ତିତ୍ୱର ତୃତୀୟ ଉପାଦାନ (ବିବେକ) ସ୍ୱର ଉତ୍ତୋଳନ କରି କହିବ ଯେ ମାତ୍ରାଧିକ ରସଗୋଲା ଶରୀର ପାଇଁ କ୍ଷତିକାରକ । ଲକ୍ଷ୍ୟ କରିବାର କଥା ଯେ ବ୍ୟକ୍ତିତ୍ୱର ତିନୋଟି ଉପାଦାନ (ଆଦିମ, ଅହମ୍ ଓ ପରମ ଅହମ୍) ସମନ୍ୱୟ ରକ୍ଷାକରି କାର୍ଯ୍ୟ କଲେ ବ୍ୟକ୍ତି ସୁରକ୍ଷିତ ଓ ସମନ୍ୱିତ ରହିବ। ସେଥିପାଇଁ ଫ୍ରଏଡ଼୍ ବ୍ୟକ୍ତିତ୍ୱକୁ ଏକ ତିନି-ଅଶ୍ୱଚାଳିତ ଘୋଡ଼ାଗାଡ଼ି ରୂପେ ବିଚାର କରୁଥିଲେ। ତିନୋଟି ଅଶ୍ୱ ପରସ୍ପର ମଧ୍ୟରେ ବୁଝାମଣା ରକ୍ଷାକରି ବ୍ୟକ୍ତିତ୍ୱକୁ ପରିଚାଳନା କଲେ ଅବସ୍ଥା ଭଲ ରୁହେ। ଅନ୍ୟ ପକ୍ଷରେ କୌଣସି ଏକ ଅଶ୍ୱ ବା ଉପାଦାନ ଅମାନିଆ ହୋଇ ନିୟନ୍ତ୍ରଣ ରକ୍ଷା ନ କଲେ ବ୍ୟକ୍ତିତ୍ୱ ବିପର୍ଯ୍ୟୟଗ୍ରସ୍ତ ହୋଇପଡ଼େ। ଅଚେତନ ମନ ବ୍ୟକ୍ତିତ୍ୱର ଆଦିମ ଉପାଦାନକୁ ପୂରାପୂରି କବଳିତ, ଅହମ୍ ଉପାଦାନକୁ ଅଳ୍ପ କିଛି ମାତ୍ରାରେ ଏବଂ ପରମ ଅହମ୍‌କୁ ବେଶ୍ କିଛି ମାତ୍ରାରେ କବଳିତ ରଖୁଥିବାରୁ ଅଚେତନ ମନ ବହୁ ସମୟରେ ବିପର୍ଯ୍ୟୟର କାରଣ ହୁଏ।

ମନୁଷ୍ୟର ସ୍ୱାଭାବିକ ଓ ଅସ୍ୱାଭାବିକ ବ୍ୟବହାରର ବିଶ୍ଳେଷଣ କ୍ଷେତ୍ରରେ ଫ୍ରଏଡ଼ୀୟ ଚିନ୍ତାଧାରା ବେଶ୍ ପ୍ରାସଙ୍ଗିକ ମନେ ହେଲେ ମଧ୍ୟ ଅନ୍ୟତମ ମନୋବିଜ୍ଞାନୀ କାର୍ଲ ୟୁଙ୍ଗ୍‌ଙ୍କ (Carl Jung) ଭାବଧାରାକୁ ବାଦ୍‌ଦେଇ ଏକ ସାମଗ୍ରିକ ଆକଳନ ପ୍ରସ୍ତୁତ କରିବା କଷ୍ଟକର ହୋଇଉଠେ । ବିଶେଷତଃ ୟୁଙ୍ଗ୍‌ଙ୍କ ସାମୂହିକ ଅଚେତନର (Collective Unconscious) ପରିକଳ୍ପନା ବେଶ୍ ଉପଯୋଗୀ ମନେହୁଏ ।

ବ୍ୟକ୍ତିଗତ ଅଚେତନ ଓ ସାମୂହିକ ଅଚେତନ :

ଉପର ଆଲୋଚନାର ଏହା ସ୍ପଷ୍ଟ ଯେ ଫ୍ରଏଡ଼୍ଙ୍କ ପରିକଳ୍ପିତ ଅଚେତନ ମନର ଧାରଣାର ଭିତ୍ତିଭୂମି ହେଉଛି 'ବ୍ୟକ୍ତିଗତ ଅନୁଭୂତି'। ବ୍ୟକ୍ତିର ଯେଉଁସବୁ କାମନା ବାସନା ଅପୂରିତ ରହିଥାଏ, ସେସବୁ ଅବଦମିତ ହୋଇ ମନୋରାଜ୍ୟର ଗଭୀର ପ୍ରଦେଶକୁ ଯାଏ, ସେସବୁ ସାମଗ୍ରୀ ଅଚେତନ ମନ ଗଠନ କରେ। ସ୍ୱେଡ଼େନର ମନୋବିଜ୍ଞାନୀ କାର୍ଲୟୁଙ୍ଗ (Carl Jung) ୧୯୧୨ ମସିହାରେ ଅଚେତନ ମନର ଆଉ ଏକ ସ୍ୱରୂପ ପ୍ରଖ୍ୟାପନ କଲେ । ୟୁଙ୍ଗ୍ ଜଣେ ପଣ୍ଡିତ ବ୍ୟକ୍ତିଥିଲେ ଏବଂ ବିଶ୍ୱର ଅନେକ ଲୋକସଂସ୍କୃତି ଓ ଭାଷା ସମ୍ପର୍କରେ ତାଙ୍କର ଅଗାଧ ଜ୍ଞାନ ରହିଥିଲା। ସେ ସଂସ୍କୃତ ଭାଷା ସହିତ ପରିଚିତ ଥିଲେ ଏବଂ ୟୁଙ୍ଗ୍ଙ୍କ ରଚନାରେ ମାୟା, ସ୍ୱସ୍ତିକ୍ ଓ ଛାୟା ପରି ଭାରତୀୟ ଶବ୍ଦାବଳୀର ପ୍ରୟୋଗ ଦେଖାଯାଏ। ଲୋକମାନେ ତାଙ୍କର ପାଣ୍ଡିତ୍ୟ ପାଇଁ ତାଙ୍କୁ ଜୁରିକ୍‌ର ସନ୍ଥ ବୋଲି ଆଖ୍ୟା ଦେଇଥିଲେ।

ୟୁଙ୍ଗ୍ ଅଚେତନ ମନର ଯେଉଁ ସ୍ୱରୂପ ପ୍ରଖ୍ୟାପନ କଲେ ତାହାକୁ ସେ ସାମୂହିକ ଅଚେତନ (Collective Unconscious) ଆଖ୍ୟା ଦେଲେ। ଏହାର ସଂଜ୍ଞା ଫ୍ରଏଡୀୟ ଅଚେତନଠାରୁ ପୂରାପୂରି ଭିନ୍ନ। ଫ୍ରଏଡ୍ ବିଶ୍ୱାସ କରୁଥିଲେ ଯେ ଆମର ବ୍ୟକ୍ତିଗତ ଜୀବନର ଅପୂରିତ କାମନା ବାସନା ଓ ଅନୈତିକ ଭାବନା ବ୍ୟକ୍ତିଗତ ଅଚେତନରେ ସ୍ଥାନିତ ହୋଇଥାଏ । ମାତ୍ର ୟୁଙ୍ଗ ବିଶ୍ୱାସ କରୁଥିଲେ ଯେ ସାମୂହିକ ଅଚେତନର ଭିତ୍ତିଭୂମି ହେଉଛି ଗୋଷ୍ଠୀଗତ ଓ ପୂର୍ବବଂଶଜଙ୍କ ଅନୁଭୂତିର ସଂଗ୍ରହାଳୟ। ଯେପରି ଆମେ ଗୋଟିଏ ସଂଗ୍ରହାଳୟକୁ ଗଲେ ସେଠାରେ ବହୁ ଯୁଗର ପଦାର୍ଥମାନ ଦେଖିଥାଉ, ସେହିପରି ମଣିଷ ମସ୍ତିଷ୍କରେ ଅତୀତ ଯୁଗର ବହୁ ସ୍ମୃତିସାମଗ୍ରୀ ଗଚ୍ଛିତ ଅଛି। ଏ ସମସ୍ତ ସମଷ୍ଟିଗତ ଅନୁଭବ ଆମର ସାମୂହିକ ଅଚେତନ ଗଠନ କରେ ଏବଂ ବ୍ୟବହାରକୁ ପ୍ରଭାବିତ କରେ।

ଗୋଟିଏ ଉଦାହରଣ ଦ୍ୱାରା ଏହାକୁ ସ୍ପଷ୍ଟ କରାଯାଇପାରେ। ଜଣେ ବ୍ୟକ୍ତି ସ୍ୱପ୍ନରେ ସର୍ପଟିଏ ଦେଖିଲେ ଫ୍ରଏଡ଼ୀୟ ମନସମୀକ୍ଷକ ଅର୍ଥକରିବେ ଯେ ସର୍ପ ହେଉଛି ଅବଦମିତ ଯୌନ କାମନାର ପରିପ୍ରକାଶ। ସର୍ପଟି ପୁରୁଷ ଯୌନାଙ୍ଗର ପ୍ରତୀକ ହୋଇଥିବାରୁ ବ୍ୟକ୍ତିର ଅବଦମିତ ଯୌନ ଲିପ୍‌ସା ଏପରି ଛଦ୍ମ ଭାବରେ ପ୍ରକାଶ ପାଇଛି। ଅନ୍ୟ ପକ୍ଷରେ ୟୁଙ୍ଗ ଯୁକ୍ତି କରିବେ ଯେ ସ୍ୱପ୍ନରେ ସର୍ପ ଦେଖିବାର ଅର୍ଥ ହେଉଛି ପୌରୁଷତ୍ୱର ଆକାଂକ୍ଷା। ପୃଥିବୀର ବହୁ ଦେଶରେ ପୁରୁଷତ୍ୱର ପ୍ରତୀକ ରୂପେ ସର୍ପପୂଜା ପ୍ରଚଳିତ ରହିଛି। ସୁତରାଂ ସର୍ପ ଦେଖିବାର ଅଭିଳାଷ ହେଉଛି ପୌରୁଷ ପାଇଁ ଅଭିଳାଷ।

ୟୁଙ୍ଗଙ୍କ ମତାନୁସାରେ ପ୍ରତି ସମାଜ ଓ ସଂସ୍କୃତି ଲୋକମାନଙ୍କ ମନରେ କେତେକ ସାମୂହିକ ଭାବକଳ୍ପ ଗଠନ କରେ ଏବଂ ବଂଶାନୁକ୍ରମେ ଲୋକମନରେ ଏଗୁଡ଼ିକ ଶକ୍ତିଶାଳୀ ହୁଏ। ୟୁଙ୍ଗ୍ ଏହାକୁ ଆଦିରୂପ (Archetypes) ବୋଲି କହୁଥିଲେ। ପ୍ରତି ସମାଜରେ କିଛି ମୁଖ୍ୟ ଆଦିରୂପ ହେଉଛି ପିତା, ମାତା, ଶିଶୁ, ଈଶ୍ୱର, ଦେବତା, ଅସୁର, ଜ୍ଞାନୀ, ସଇତାନ୍, ଜନ୍ମ, ମୃତ୍ୟୁ ଓ ପ୍ରକୃତି ମାତାର ପରିକଳ୍ପନା। ଲକ୍ଷ୍ୟ କରିବାର କଥା ଯେ ସ୍ୱପ୍ନ ସମୟରେ ଗୋଟିଏ ବ୍ୟକ୍ତି ନିଜକୁ ଅନାବୃତ୍ତ କଲେ ଫ୍ରଏଡ଼ୀୟମାନେ ଏହାକୁ ଯୌନକାମନାର ରୂପ ଦେବେ। ମାତ୍ର ସାମୂହିକ ଅଚେତନରେ ବିଶ୍ୱାସ କରୁଥିବା ବିଶେଷଜ୍ଞମାନେ କହିବେ ଯେ ନିଜକୁ ଅନାବୃତ୍ତ କରିବାର ଇଚ୍ଛା ହେଉଛି ନିଜକୁ ସରଳ, ନିଷ୍କପଟ ଓ କୃତ୍ରିମତାହୀନ କରିବାର ମନୋଭାବ।

ଏହା ସହଜରେ ଅନୁମେୟ ଯେ ଫ୍ରଏଡ୍‌ଙ୍କ ବ୍ୟକ୍ତିଗତ ଅଚେତନ ବ୍ୟକ୍ତି ଭେଦରେ ଭିନ୍ନ ଭିନ୍ନ ହେବା ସ୍ଥଳେ ସାମୂହିକ ଅଚେତନ ମଣିଷ ପାଇଁ ଗୋଟିଏ ପ୍ରକାର ହୋଇଥାଏ । ଅବଶ୍ୟ ଏଥିରେ ଯେ ସମାଜ ଓ ସଂସ୍କୃତିର ପ୍ରଭାବ ନାହିଁ, ସେ କଥା କୁହାଯାଉ ନାହିଁ। ଭାରତୀୟ କିମ୍ବା ପ୍ରାଚ୍ୟ ଦେଶର ଲୋକମାନଙ୍କ ଚିନ୍ତନରେ ଋଷି ଓ ସନ୍ନ୍ୟାସୀର ଆଦିରୂପ (ସାମୂହିକ ଅଚେତନ) ଗଠିତ ହେବାସ୍ଥଳେ ପାଶ୍ଚାତ୍ୟ ଦେଶର ଲୋକମନରେ କିମ୍ବା ସ୍ୱପ୍ନରେ ଏପରି ଭାବକଳ୍ପ ଆସି ନଥାଏ। ଫ୍ରଏଡ୍ ଓ ୟୁଙ୍ଗ୍‌ଙ୍କ ମଧ୍ୟରେ ଆଉ ଗୋଟିଏ ବିଶେଷ ପାର୍ଥକ୍ୟ ରହିଛି । ଫ୍ରଏଡ଼ୀୟ ମତାନୁସାରେ ବ୍ୟକ୍ତିଗତ ଅଚେତନର ମୂଳ ଉତ୍ସ ପ୍ରବୃତ୍ତିଗତ (Instinctual) ଓ ଜୀବଭିତ୍ତିକ ହୋଇଥିବାରୁ ଏପରି ଶକ୍ତିର ଠିକ୍ ରୂପାନ୍ତରଣ ନ ଘଟିଲେ ଏହା ବିପର୍ଯ୍ୟୟ ସୃଷ୍ଟି କରେ। ଅସ୍ୱାଭାବୀ ବ୍ୟବହାରର କାରଣ ହୁଏ। ଅନ୍ୟ ପକ୍ଷରେ ସାମୂହିକ ଅଚେତନ ବହୁଦୃଷ୍ଟିରୁ ଗଠନମୂଳକ ଶକ୍ତିର ଉତ୍ସ ହୋଇ ସର୍ଜ୍ଜନଶୀଳତାର କାରଣ ହୋଇଥାଏ। କଳାତ୍ମକ ସୃଷ୍ଟି କ୍ଷେତ୍ରରେ ସାମୂହିକ ଅଚେତନ ଭୂମିକା ଗ୍ରହଣ କରେ।

ଶ୍ରୀ ଅରବିନ୍ଦଙ୍କ ଦୃଷ୍ଟିଭଙ୍ଗୀ :

ଜ୍ଞାନତପସ୍ୱୀ ଶ୍ରୀ ଅରବିନ୍ଦଙ୍କ ଦୃଷ୍ଟିକୋଣରୁ ଅଚେତନ ମନର ବିଶାଳତାକୁ ଏକ ସାମଗ୍ରିକ ଦୃଷ୍ଟିରେ ବିଚାର ନକରି ଛୋଟ ଛୋଟ ଅଂଶ ବିଶେଷର ପରିଭାଷାରେ ଅନୁଶୀଳନ କରିବା ଏକ ବିରାଟ ଧରଣର ଭୁଲ୍। ଏହା ଛ'ଜଣ ଦୃଷ୍ଟିହୀନ ଲୋକଙ୍କର ହାତୀ ସମ୍ପର୍କରେ ଧାରଣା କରିବା ସହିତ ସମପର୍ଯ୍ୟାୟଭୁକ୍ତ। ଶ୍ରୀ ଅରବିନ୍ଦ କୁହନ୍ତି ଯେ ପ୍ରଥମେ ସମ୍ପୂର୍ଣ୍ଣ ଓ ସମଗ୍ରତାକୁ ବୁଝିବାକୁ ହେବ ଏବଂ ପରେ ଅଂଶ ବିଶେଷର ଆକଳନ କରିବାକୁ ହେବ। ତାହା ନ କରି ମନୋବିଜ୍ଞାନୀମାନେ ଖଣ୍ଡ ବିଖଣ୍ଡିତ ଅଂଶର ଧାରଣା କରନ୍ତି। ଫଳରେ ଏହା ଏକ ଭ୍ରମାତ୍ମକ ବିଚାର ହୋଇଥାଏ।

ଶ୍ରୀ ଅରବିନ୍ଦଙ୍କ ଦୃଷ୍ଟିରେ ମାନବୀୟ ସ୍ଥିତିର ସମଗ୍ରତାରେ ଚାରୋଟି ଉପାଦାନ ରହିଛି । ଉପରିଭାଗ ବା ଚେତନଶୀଳ ସ୍ଥିତି (Conscious self), ଅବଚେତନ (Subconscious), ସୀମାନିମ୍ନ ସ୍ତର (Subliminal) ଏବଂ ଅତିମାନସ ବା ଊର୍ଦ୍ଧ୍ୱାୟିତ ସ୍ଥିତି (Superconscious) ।

ପ୍ରଥମତଃ ମନୁଷ୍ୟ ବିଶ୍ୱର ଏକ ଅଂଶବିଶେଷ ହୋଇଥିବାରୁ ତାହାର ମାନସିକ ସ୍ଥିତି ମଧ୍ୟ ବିଶ୍ୱ ମାନସିକତା ସହିତ ସମ୍ପର୍କିତ । ମନୁଷ୍ୟର ଏକ ସାଧାରଣ ଚେତନଶୀଳ ସ୍ଥିତି ରହିଛି; କିନ୍ତୁ ବିବର୍ତ୍ତନ ନୀତିରେ ଏହା ଉଚ୍ଚତର ସ୍ଥିତି ଆଡ଼କୁ ଗତି କରୁଛି । ବିବର୍ତ୍ତନ ଧାରାରେ ଏହା ପୂର୍ଣ୍ଣ ବିକଶିତ ହୋଇ ଊର୍ଦ୍ଧ୍ୱରେ ଚେତନା ବା ଅତିମାନସ ଚେତନାରେ ପହଞ୍ଚିବ । ଶ୍ରୀଅରବିନ୍ଦଙ୍କ ବିଚାରରେ ପ୍ରକୃତ ଅଚେତନ (Unconscious) ବୋଲି କିଛି ନାହିଁ । ଯାହା କିଛି ଚେତନାଶୀଳତାର ବହିଃଦେଶରେ ରହିଛି ଏବଂ ତାହା ଚେତନଶୀଳତାରେ ଉପଲବ୍ଧ ନ ହେବାରୁ ଆମେ ଅଚେତନ ବୋଲି କହିଥାଉ, ସେସବୁ ସମୟକ୍ରମେ ବିକଶିତ ହୋଇ ଊର୍ଦ୍ଧ୍ୱାୟିତ ଚେତନାର ରୂପ ନେବ ।

କୌଣସି ବସ୍ତୁ, ପ୍ରାଣୀ କିମ୍ବା ଶରୀର ଚେତନା ରହିତ ନୁହେଁ । ସମ୍ଭବତଃ ଏହା ବିକଶିତ ଅବସ୍ଥାରେ ନାହିଁ । କିନ୍ତୁ ବିଭିନ୍ନ ଗତିରେ ଉଦ୍‌ବର୍ତ୍ତନ କ୍ରିୟାଶୀଳ ରହିଛି । ପ୍ରତି ଅଣୁ ପରମାଣୁରେ ସମାନ ଧରଣର ଜୀବନ ସକ୍ରିୟ । ହୁଏତ ପଦାର୍ଥଟି ଅବଚେତନ ସ୍ତରରେ ରହିଛି । ସବୁଠାରୁ ନିମ୍ନସ୍ତର ହେଉଛି କମ୍ପନହୀନ । ଏହା ଏକ ନିଦ୍ରିତ ଅବସ୍ଥା । ଏହା କ୍ରମଶଃ ଶକ୍ତିଚାଳିତ ଓ ବିବର୍ତ୍ତିତ ହୋଇ ଅବଚେତନ ସ୍ତରକୁ ଯିବ ଏବଂ ଅନ୍ତିମ ଲକ୍ଷ୍ୟ ହେବ ଅତିମାନସ ।

ଶ୍ରୀ ଅରବିନ୍ଦ ପୁଣି କୁହନ୍ତି ଯେ ମନୋବିଜ୍ଞାନୀ ଓ ଅନ୍ୟମାନେ ଯାହାକୁ 'ମନ' କୁହନ୍ତି ତାହା ଚେତନଶୀଳତାର କେବଳ ଉପରିଭାଗ । ଏହାର ସାମଗ୍ରୀ ହେଉଛି ଚିନ୍ତନ ଧାରଣା, ବୁଦ୍ଧିମତ୍ତା ଓ ଯୁକ୍ତିଯୁକ୍ତ ବିଚାର । ଶରୀର-ଚେତନା ଏହରା ଏକ ବିଶେଷ ଅଂଶ ।

ଲକ୍ଷ୍ୟକଲେ ଦେଖାଯିବ ଯେ ଅବଦମିତ ହୋଇ ଏବଂ ଚେତନଶୀଳତାରୁ ବହିଷ୍କୃତ ହୋଇ ଯାହା ଅଚେତନରେ ସ୍ଥାନିତ ହୁଏ ବୋଲି ଫ୍ରଏଡ୍ କହିଛନ୍ତି, ତାହା ଶ୍ରୀ ଅରବିନ୍ଦଙ୍କ ପରିକଳ୍ପିତ ଅବଚେତନର (Superconscious) ଅଂଶ ବିଶେଷ ।

ସମୟ ସମୟରେ ଶ୍ରୀ ଅରବିନ୍ଦ ସୀମାନିମ୍ନସ୍ତର (Subliminal) ପ୍ରୟୋଗ କରିଛନ୍ତି । ଚେତନାଶୀଳତାର ଜାଗ୍ରତ ବା ଅନୁଭବ ସ୍ତରର ଠିକ୍ ତଳେ ଥିବା ସ୍ଥିତିକୁ ଏହା ବୁଝାଇଥାଏ । ଶ୍ରୀ ଅରବିନ୍ଦଙ୍କ ଚିନ୍ତନରେ ଏହି ଅବଚେତନ ଓ ସୀମାନିମ୍ନକୁ ଏକାଠି କରି ବୁଝିବାର ଚେଷ୍ଟା କଲେ ସୁଫଳ ମିଳେ ।

ଉଦ୍‌ବର୍ତ୍ତନର ଅନ୍ତିମ ଲକ୍ଷ୍ୟ ହେଉଛି ଉର୍ଦ୍ଧାୟିତ ମାନସିକ ସ୍ତର ବା Superconscient । ଅନ୍ୟ ସବୁ ସ୍ତରଗୁଡ଼ିକ ସମୁଦ୍ରର ତରଙ୍ଗ ହେଲେ ଏହା ହେଉଛି ନିୟନ୍ତ୍ରଣ ଶକ୍ତି । ସେଥିପାଇଁ ଏହାକୁ ବର୍ଣ୍ଣନା କରିବା ପାଇଁ ଉଚ୍ଚତର ମନ, ଦୀପ୍ତିମୟ ମନ, ଅନ୍ତର୍ମନ ପରି ପରିଭାଷା ପ୍ରୟୋଗ କରଯାଇଛି । ମାନସିକ ବିବର୍ତ୍ତନର ଏହା ଶେଷବିନ୍ଦୁ ।

ଶେଷ ବକ୍ତବ୍ୟ

ଶ୍ରୀ ଅରବିନ୍ଦଙ୍କ ଦୃଷ୍ଟିରେ କୌଣସି ବ୍ୟକ୍ତି ଚେତନାରହିତ ନୁହଁନ୍ତି । ଏ ଦୃଷ୍ଟିରୁ ମନୋବିଜ୍ଞାନର 'ଅଚେତନ ମନ' ଶବ୍ଦଟିକୁ ଶ୍ରୀ ଅରବିନ୍ଦ ଅବାସ୍ତବ ବିଚାର କରନ୍ତି । ସିଗମଣ୍ଡ ଫ୍ରଏଡ୍ ଯାହାକୁ ଅଚେତନ ମନ କୁହନ୍ତି ତାହାର କିଛି ଅଂଶ ଶ୍ରୀ ଅରବିନ୍ଦଙ୍କ ଅବଚେତନ ସହିତ ସମ୍ପର୍କିତ ହୋଇପାରେ ମାତ୍ର ଏହା ସହିତ ଶ୍ରୀ ଅରବିନ୍ଦଙ୍କ ସୀମାନିମ୍ନ ଓ ଉର୍ଦ୍ଧାୟିତ ମନର କିଛି ମେଳ ନାହିଁ । କାର୍ଲ ୟୁଙ୍ଗ୍‌ଙ୍କ ସାମୂହିକ ଅଚେତନ ପରିକଳ୍ପନାଟି ଶ୍ରୀ ଅରବିନ୍ଦଙ୍କ ସୀମାନିମ୍ନ ପରିଭାଷା ସହିତ ସଂଯୋଗ ରହିଛି । ଅବଶ୍ୟ ୟୁଙ୍ଗ୍ ଶ୍ରୀ ଅରବିନ୍ଦଙ୍କ ଅବଚେତନ, ସୀମାନିମ୍ନ ଏବଂ ଉର୍ଦ୍ଧାୟିତ ମନ ମଧ୍ୟରେ ସୂକ୍ଷ୍ମ ପ୍ରଭେଦ ନ ଦର୍ଶାଇ ଏ ତିନୋଟି ସ୍ତରକୁ ଏକତ୍ର ସାମୂହିକ ଅଚେତନ ପରିକଳ୍ପନା ମଧ୍ୟରେ ରଖିଦେଲାପରି ମନେ ହୁଏ । ସମ୍ଭବତଃ ଯୋଗୀ ଶ୍ରୀ ଅରବିନ୍ଦ ତାଙ୍କର ଅନ୍ତର୍ଦୃଷ୍ଟି ଓ ଦୂରଦୃଷ୍ଟି ବଳରେ ମନୁଷ୍ୟମନରେ ଭବିଷ୍ୟତର ବିବର୍ତ୍ତନୀୟ ବିକଶିତ ଅବସ୍ଥାର ପରିକଳ୍ପନା କରିଛନ୍ତି । ଏ ଦୃଷ୍ଟିରୁ ଶ୍ରୀ ଅରବିନ୍ଦଙ୍କ ପ୍ରଖ୍ୟାପିତ ରୂପରେଖ ଅଧିକ ବିସ୍ତୃତ ଓ ସାମଗ୍ରିକ ।

■

ଲେଖକଙ୍କ ରଚନା ସମ୍ଭାର

ମନୋବୈଜ୍ଞାନିକ ରଚନା

୧. ବିଚିତ୍ର ମନ (୧୯୮୮)
୨. ମାନସିକ ବିକୃତି (୧୯୯୮)
୩. ଜୀବନ ପ୍ରବାହରେ ମାନସିକ ବିକୃତି (୨୦୦୦)
୪. ମନର ମାନଚିତ୍ର (୨୦୦୧)
୫. ମନସ୍ତାତ୍ତ୍ୱିକ ବିକାଶର ଶୈଶବ ପର୍ବ (୨୦୦୨)
୬. ମନସ୍ତାତ୍ତ୍ୱିକ ବିକାଶର ଗୋଧୂଳି ପର୍ବ (୨୦୦୪)
୭. ବ୍ୟକ୍ତିତ୍ୱ ଓ ନେତୃତ୍ୱ (୨୦୦୪)
୮. ନାରୀ ମନସ୍ତତ୍ତ୍ୱ (୨୦୦୫), ଦ୍ୱିତୀୟ ମୁଦ୍ରଣ : ୨୦୧୩
୯. ଶିଶୁମନର ବିଜ୍ଞାନ (୨୦୦୬)
୧୦. ସଚିତ୍ର ମନ (୨୦୦୭)
୧୧. ସବଳ ମନ, ସଫଳ ଜୀବନ (୨୦୦୭)
୧୨. ମନସ୍ତାତ୍ତ୍ୱିକ ବିକାଶର ବାଲ୍ୟ ପର୍ବ (୨୦୦୯)
୧୩. ମନ ଦିଗନ୍ତ (୨୦୧୦)
୧୪. ତଲ୍ଲୀନତା (୨୦୧୦), ଦ୍ୱିତୀୟ ମୁଦ୍ରଣ : ୨୦୧୫
୧୫. ମାନସିକ ସମସ୍ୟା ଓ ସମାଧାନ (୨୦୧୦)
୧୬. ମନସ୍ତାତ୍ତ୍ୱିକ ବିକାଶର କୈଶୋର ପର୍ବ (୨୦୧୧)
୧୭. ମନର ରହସ୍ୟ (୨୦୧୨)
୧୮. ଶୈଶବରୁ ବାର୍ଦ୍ଧକ୍ୟ (୨୦୧୨)
୧୯. ଜୀବନ ଓ ମନସ୍ତତ୍ତ୍ୱ (୨୦୧୪)
୨୦. ସାକ୍ଷାତ୍‌କାର (୨୦୧୭)
୨୧. ଚାପମୁକ୍ତ ଜୀବନ (୨୦୧୭)
୨୨. ସାହିତ୍ୟ ଓ ମନସ୍ତତ୍ତ୍ୱ (୨୦୧୭)
୨୩. ସମୟର ସଂଳାପ (୨୦୧୮)
୨୪. ସୁଖାନୁଭୂତିର ମର୍ମକଥା (୨୦୨୦)
୨୫. ମନ ପରିକ୍ରମା (୨୦୨୧)

୨୬. ମନର ଭୂଗୋଳ (୨୦୨୨)

୨୭. ବୈଭବ ମନୋବିଜ୍ଞାନ (୨୦୨୨)

ପ୍ରକାଶମୁଖୀ ମନୋବୈଜ୍ଞାନିକ ରଚନା

୨୮. ମନସ୍ତାତ୍ତ୍ୱିକ ବିକାଶର ଯୌବନ ପର୍ବ

୨୯. ମନର ବିଜ୍ଞାନ, ଜୀବନର କଳା

ଆଧ୍ୟାତ୍ମିକ ରଚନା ଅନୁବାଦ

୩୦. ଶିରିଡ଼ିର ସାଇବାବା (ଶ୍ରୀ ସୁରେଶ ଚନ୍ଦ୍ର ପଣ୍ଡାଙ୍କ ସହ) (୧୯୯୭), ଦ୍ୱିତୀୟ ମୁଦ୍ରଣ : ୨୦୦୫, ତୃତୀୟ ମୁଦ୍ରଣ : ୨୦୦୯

୩୧. ଦିବ୍ୟ ସମ୍ଭାଷଣ (୪ର୍ଥ ଭାଗ) (୧୯୯୯) (ଶ୍ରୀ ସତ୍ୟସାଇ ବାବାଙ୍କ ଦିବ୍ୟସମ୍ଭାଷଣର ଭାଷାନ୍ତର)

୩୨. ଶିରିଡ଼ିରୁ ପୁଟପର୍ତ୍ତି (୨୦୦୦) (ଆର୍.ଟି.କାକଡ଼େଙ୍କ ଲିଖିତ ପୁସ୍ତକ ଭାଷାନ୍ତର)

୩୩. ଶ୍ରୀ ସାଇ ସତ୍‌ଚରିତ ଗାଥା (୨୦୦୨); ଦ୍ୱିତୀୟ ମୁଦ୍ରଣ : ୨୦୧୨

୩୪. ଦିବ୍ୟ ସମ୍ଭାଷଣ (ପଞ୍ଚମ ଭାଗ) (୨୦୦୪) (ଶ୍ରୀ ସତ୍ୟସାଇ ବାବାଙ୍କ ଦିବ୍ୟସମ୍ଭାଷଣ ଭାଷାନ୍ତର)

୩୫. ଚେତନାଦୀପ୍ତ ଜୀବନ (୨୦୦୮) (ସ୍ୱାମୀ ଶ୍ରୀ ଶୁଦ୍ଧାନନ୍ଦଜୀଙ୍କ Conscious Living ର ଓଡ଼ିଆ ଭାଷାନ୍ତର)

୩୬. ସାଇ କଲ୍ଲୋଳ (୨୦୧୧)

୩୭. ବିବେକ ସଂପ୍ରୀତି (୨୦୧୨) (Rita Bruceଙ୍କ ଲିଖିତ Love of Conscience ର ଭାଷାନ୍ତର)

୩୮. ବ୍ରହ୍ମବିଦ୍ୟା-ଆଧାରିତ ବିଦ୍ୟାଳୟ ପ୍ରତିଷ୍ଠା (୨୦୧୫)

ପ୍ରକାଶ ଅପେକ୍ଷାରେ

୩୯. ଧ୍ୟାନଦୀପ୍ତ ଜୀବନ

୪୦. ଶ୍ରୀ ସତ୍ୟସାଇ ଚରିତ ଗାଥା ।

BLACK EAGLE BOOKS

www.blackeaglebooks.org
info@blackeaglebooks.org

Black Eagle Books, an independent publisher, was founded as a nonprofit organization in April, 2019. It is our mission to connect and engage the Indian diaspora and the world at large with the best of works of world literature published on a collaborative platform, with special emphasis on foregrounding Contemporary Classics and New Writing.

www.ingramcontent.com/pod-product-compliance
Lightning Source LLC
Chambersburg PA
CBHW020521080526
44583CB00013B/680
9781645603597